Beate Ochsner, Robert Stock (Hg.)
senseAbility – Mediale Praktiken des Sehens und Hörens

Edition Medienwissenschaft

Beate Ochsner, Robert Stock (Hg.)

senseAbility – Mediale Praktiken des Sehens und Hörens

[transcript]

MEDIALE TEILHABE
PARTIZIPATION ZWISCHEN ANSPRUCH UND INANSPRUCHNAHME

Der vorliegende Band wurde aus Mitteln der Exzellenzinitiative an der Universität Konstanz gefördert.

Der Sammelband geht aus den Forschungen des DFG-Projekts »Das Recht auf Mitsprache. Das Cochlea-Implantat und die Zumutungen des Hörens« hervor, das Teilprojekt der DFG-Forschergruppe »Mediale Teilhabe. Partizipation zwischen Anspruch und Inanspruchnahme« ist.

Bibliografische Information der Deutschen Nationalbibliothek
Die Deutsche Nationalbibliothek verzeichnet diese Publikation in der Deutschen Nationalbibliografie; detaillierte bibliografische Daten sind im Internet über http://dnb.d-nb.de abrufbar.

Umschlaggestaltung: Kordula Röckenhaus, Bielefeld
Lektorat: Anne Ganzert
Printed in Germany
Print-ISBN 978-3-8376-3064-0
PDF-ISBN 978-3-8394-3064-4

Gedruckt auf alterungsbeständigem Papier mit chlorfrei gebleichtem Zellstoff.
Besuchen Sie uns im Internet: *http://www.transcript-verlag.de*
Bitte fordern Sie unser Gesamtverzeichnis und andere Broschüren an unter: *info@transcript-verlag.de*

Inhalt

Perspektiven auf künstlerisch-ästhetische Praktiken

Vorwort

Beate Ochsner und Robert Stock

Der vorliegende Sammelband zielt darauf ab, mediale Praktiken des Sehens und Hörens in unterschiedlichen historischen, medialen, sozialen und environmentalen Anforderungsdispositiven zu analysieren. Dabei gehen wir von der Annahme aus, dass sensorische Prozesse der Wahrnehmung niemals direkt zugänglich oder einfach vorhanden sind, sondern immer schon in gewisser Weise in sozialen, technologischen und medialen Milieus übersetzt und produziert werden, die sie ihrerseits (mit-)verfertigen. Werden Sehen und Hören also durch mediale Praktiken konfiguriert, wird dabei auch der Ausgleich bzw. die Steigerung physiologischer Wahrnehmungen prozessiert. So ermöglichen technische Medien wie Mikroskope, Fernrohre oder Drohnen oder Telefone nicht nur eine Überbrückung raumzeitlicher Distanzen, sondern initiieren vielmehr eine (Selbst-)Referenz visueller und/oder auditorischer Wahrnehmungen.[1] Im Prozess der Denaturalisierung des sogenannten ›natürlichen‹ Sehens oder Hörens werden zugleich »anästhetische Felder«[2] erzeugt, die die Differenz zwischen Sicht- und Unsichtbarem bzw. Hör- und Nicht-Hörbarem neu verhandeln. Dies ist z.B. im Falle von Cochlea- oder Retina-Implantaten zu beobachten, im Rahmen derer Fähigkeiten des Hörens oder des Sehens teilweise ›wiederhergestellt‹ bzw. erweitert und gleichzeitig neue Differenzierungen etwa zwischen Hören und Cochlea-Implantat (CI)-Hören bzw. Sehen und mit dem Retina-Implantat-Sehen in Gang gesetzt werden.[3] Beschreibbar werden

1 Vogl, Joseph: »Medien-Werden. Galileis Fernrohr«, in: Mediale Historiographien 1 (2001), S. 115-123.

2 Ebd.

3 Blume, Stuart: The artificial ear: Cochlear implants and the culture of deafness. New Brunswick: Rutgers University Press; Ochsner, Beate: »Teilhabeprozesse oder: Das Versprechen des Cochlea-Implantats.«, in: AugenBlick. Konstanzer Hefte zur Medienwissenschaft 58 (2013), S. 112-123; Stock, Robert: »Retina Implantate. Neuroprothesen und

solch komplexe Abläufe, Übersetzungs- und Mediationsprozesse in heterogenen sensorischen Praktiken und Materialitäten, wie sie in den verschiedenen Beiträgen dieses Bandes vorgestellt und untersucht werden.

Mit dem titelgebenden Begriff der »senseAbility« fokussieren die vorliegenden Beiträge auch die Vielfalt von Fähigkeiten und Unfähigkeiten sensorischer Wahrnehmung, die gleichermaßen als Effekte komplexer Relationen zwischen Menschen, Körpern, materiellen Objekten und Techniken bzw. Technologien erkennbar werden.[4] Zudem geht es um den Begriff der »ability«, der aus der Sicht der *Disability Studies* etwa von Fiona Anne Kumari Campbell vor allem als »ableism«, d.h. als »network of beliefs, processes, and practices« zur Produktion eines »corporeal standard«[5] problematisiert wird. Denn vor dem Hintergrund eines Ableism-Diskurses würde die Ungleichbehandlung von Menschen mit Behinderungen gefördert und diese als ›anders‹ oder ›behindert‹ markiert. Dagegen steht Boris Traue und Lisa Pfahl zufolge der eingedeutsche Begriff des ›Ableismus‹ nicht für ein einheitliches Wissen bzw. Gegenwissen, sondern setzt sich aus solch »disparaten Praktiken, Wissensformen, Vor- und Teildiskursen sowie Sozialtechniken (wie etwa Klassifikationen, Eignungsprüfungen, Rechtsparagraphen, Verwaltungsverordnungen, Alltagspraktiken, Architekturen) zusammen, die erst in der Zusammenschau erkennbar werden«.[6] Mithin liegt der Schwerpunkt auf den Operationen der Vermittlung, den Intermediären und den Reinigungsarbeiten; eine Sichtweise, die es verhindert, dass bei separater Betrachtung von Operationen, Menschen, Organisationen oder Artefakten spezifische Fähigkeiten und Unfähigkeiten herausgestellt und markiert werden. So geht es in keinem der folgenden Beiträge darum, auf der

---

das Versprechen auf Teilhabe«, in: AugenBlick. Konstanzer Hefte zur Medienwissenschaft 58 (2013), S. 100-111.

4 Eine etwas andere Perspektive stellt die Medienwissenschaftlerin Vivian Sobchack zur Diskussion, die den von ihr geprägten Begriff der »sense-ability« auf eine Kippfigur zwischen passiver Hinnahme und aktiver Hingabe bezieht und auf diese Weise ein sinnliches Verständnis beschreibt, in dem ethische Verantwortung und ästhetische Sensibilität als Erweiterung des materiellen Selbst in das sensible Material der Umgebung verwoben werden. Sobchak, Vivian: Carnal Thoughts. Embodiment and Moving Image Culture, Berkeley/Los Angeles/London: University of California 2004, S. 286-319.

5 Campbell, Fiona Anne Kumari; The Great Divide. Ableism and Technologies of Disability Production, PhD Thesis, Centre for Social Change Research. School of Humanities and Human Services, Brisbane: Queensland University of Technology 2003, http://eprints.qut.edu.au/15889/ (letzter Zugriff: 10.06.2016), S. 37.

6 Traue, Boris/Pfahl, Lisa: »Ideologie«, in: Angermüller, Johannes/Nonhoff, Martin/Reisigl, Martin/Ziem, Alexander (Hg.), DikursNetz. Wörterbuch der interdisziplinären Diskursforschung. Frankfurt am Main: Suhrkamp 2014, S. 189-190, hier S. 189.

Basis definierter Unfähigkeiten Richtlinien für Fähigkeiten zu erarbeiten. Vielmehr wird untersucht, in welcher Weise sensorische Praktiken mit ihren (technologischen) Umgebungen interagieren, diese ausloten und wechselseitig mit ihnen verfertigt werden, um nicht nur Behinderungen sondern gerade auch Nicht-Behinderungen als Effekte spezifischer soziotechnischer Arrangements und Anforderungen durch die und um die Umgebungen erkennbar werden lassen. Damit stehen folglich jene sich stets verändernden Bedingungen sensorischer Prozesse und medialer Praktiken zur Diskussion, die zugleich ermöglichend und beschränkend, be- oder ›enthindernd‹ wirken können.

Mit ihren einzelnen Fallstudien zu historisch unterschiedlichen technosensuellen Praktiken spüren die Beitragenden jenen vielfältigen Verflechtungen zwischen Menschen, Medien, Dingen und (ihren) Umwelten nach, um diejenigen heterogenen Praktiken zu rekonstruieren und zu beschreiben, in die sie eingebunden sind, die sie konfigurieren oder die sie konstitutiv hervorbringen. In dieser Perspektive werden Technik und Technologie nicht als bloße Erweiterung der menschlichen Sinne aufgefasst, sondern ermöglichen (und bedingen) in der Interaktion mit dem menschlichem Körper und der Umwelt eine stets Werden begriffene, technosensuelle Subjektivität.

Der Sammelband ist nun nicht nach Praktiken des Hörens und Praktiken des Sehens bzw. ihrer Relation zur Produktion von Sozialstrukturen, neuen Zeit- und Raumverhältnissen, Macht- und Geschlechterbeziehungen sowie verschiedenen Medienkonstellationen untergliedert, sondern unterteilt sich in vier nach disziplinärer und methodischer Herangehensweise ausdifferenzierte Gruppen: So versammelt die erste Sektion Beiträge, die sich aus primär wissenschafts- und/oder diskurshistorischer Perspektive mit verschiedenen Praktiken des Hörens und Sehens beschäftigen. Dabei untersucht die Literatur- und Kulturwissenschaftlerin Nicola **Gess** die Verschränkungen von technischem Medium und der Poetologie des Wunderbaren in ausgewählten Diskursen um das Wunderbare von Fontenelle, Rist, Breitinger und Hoffmann. Die Relationierung von Wahrheit und Wunderbarem wird in den visuellen Praktiken eines Mediums sichtbar, das in der optischen Verfremdung und in literarischer Vermittlung Wahrheit sicht- und mithin beschreibbar zu machen scheint. Margarete **Vöhringer** widmet sich in ihrem Beitrag der Praxis des Sehens und Gesehen-Werdens in der Augenheilkunde des 19. Jahrhunderts. Dabei steht – so die Autorin – die Umkehrung des Blicks von außen nach innen, d.h. von der technologischen in die körperliche Umwelt und somit die Relationen zwischen Subjekt und Objekt bzw. Organ und Instrument im Vordergrund, die anhand der Praktiken des Augenspiegels beschreibbar werden. Der medientechnologischen Verschaltung zwischen akustischen Praktiken und frühneuzeitlicher Politik widmet sich Jan **Missfelder**, der in seinem Beitrag ausbuchstabiert, in welcher Weise Praktiken des Hören und Herrschens in wechselseitiger medientechnologisch induzierter Verfertigung zu befähigenden Medien der Politik werden. In seinem

Beitrag »Das Mensch-Telefon« nimmt Anthony **Enns** die Verschränkungen zwischen der Erfindung des Telefons und der Wahrnehmungskrise im 19. Jahrhundert in den Blick. Seine These lautet dabei, dass die Krise neben der Entwicklung optischer Medien vor allem akustische Praktiken des Organischen wie auch des Technischen (und umgekehrt) prägte. Auch Daniel **Morat** widmet seine Überlegungen dem frühen Entwicklungsstand des Telefons, wobei er ausgehend von einem Abschnitt aus Walter Benjamins Erinnerungsbuch – *Berliner Kindheit um neunzehnhundert* – alltägliche urbane Medienpraktiken des Sprechens und Hörens am Telefon fokussiert. Mit der Wissens- und Medienarchäologie des Cochlea-Implantates von 1930-1985 beschäftigt sich Shintaro **Miyazaki**. Dabei untersucht er das technoökologische Mediensystem als heterogenes Ensemble, das akustische Signale empfängt, transformiert, prozessiert und an die in der menschlichen Hörschnecke implantierte Elektrode sendet. Die medientechnologischen Praktiken bestimmten dabei Lage und Sinnlichkeit seiner TrägerInnen ebenso maßgeblich mit, wie deren Anforderungen und Gegebenheiten im Rahmen audiologischer Forschungen und biophysikalischer bzw. -chemischer Experimente die »Metall-Fleisch«-Konstellation mitkonfigurieren.

Die nächste Gruppe von Beiträgen legt das Augenmerk besonders auf Medialität und Materialität der untersuchten sensorischen Praktiken. Mit Fokus auf die medienpraxeologische Herangehensweise im Allgemeinen bzw. auf die Problematik, historisch mediale Praktiken ethnographisch zu begleiten und zu beobachten im Besonderen, eröffnen Jens **Schröter** und Axel **Volmar** mit ihrer Untersuchung der Praxis des HiFi-Hörens um 1979 die Reihe. Dabei rekurrieren die Autoren auf Andreas Reckwitz bzw. dessen Feststellung, dass ein solches methodisches Unterfangen die Forscher zu »Textanalytikern« macht, die im Rückgriff auf »besonders hilfreiche Quellen« nachweisen, wie (im Falle Schröters und Volmars) im 20. Jahrhundert mediale Praktiken des Hörens im Feld des HiFi-Hörens gelernt, problematisiert, durch spezifische Techniken realisiert und dadurch fortlaufend neu ausgehandelt wurden. In seinem Beitrag zur Drohnen-Vision arbeitet Moritz **Queisner** an einem Beispiel militärischer Drohnenoperationen heraus, wie sich die Relation von Bild und Betrachter durch mediale Techniken der Echtzeit-Visualisierung verändert und eine neue Praxis des Sehens hervorgebracht wird. Dabei werden neue Handlungsmöglichkeiten eröffnet, gleichzeitig aber auch neue mediale Anforderungen gestellt und Bedingungen eingezogen. Karin **Bijsterveld** beschäftigt sich mit einer auditiven Alltagspraxis von Autofahrern zu Beginn des 21. Jahrhunderts, nämlich Lärmschutzanlagen. Ihre These lautet, dass diese Praxis eines aufgezwungenen visuellen Entzugs durch Audio-Equipment, Hörbücher und innovativen Hör-Praktiken kompensiert wird, das den Fahrraum akustisch gestaltet. Dabei gerät das Auto zu einem Refugium, das Zuflucht vor der mit dem Unterirdischen assoziierten Autobahn mit Lärmschutzausstattung bietet. Ulrike **Bergermann**s Beitrag diskutiert die die Reaktivierung einer Besetzer-Taktik aus den

1970er Jahren in Form der Praxis ›menschlicher Mikrophone‹ im Kontext von Occupy Wall Street. In der Umgebung des Human Microphone – so die These – geht es nicht um stimmliche Stellvertretung, vielmehr sind die (Stimmen der) Vielen als neues Konzept von Polyphonie, Gemeinschaft und einer neuen Ästhetik zu diskutieren. Den Abschluss dieser und den Übergang zur nächsten Gruppe von Texten bereitet Holger **Schulze** vor, der in seinem Beitrag darlegt, wie die Praktiken menschlichen Hörens sich durch die gleichermaßen anthropozentrischen wie auch technikbezogenen Entwicklungen des auditiven Dispositiv weiterentwickelt haben. Die beschriebenen Praktiken zwischen »Apparatisierung und De-Apparatisierung« machen dabei einen »sonischen Materialismus« beschreibbar, der Klangwahrnehmungen als materielles Medium menschlich-körperlicher Existenz begreift.

Wenn die vorangegangenen Beiträge ihre Gegenstände aus wissenschaftshistorischer bzw. auf die Medialität der Praktiken bezogenen Perspektive untersucht haben, so stellt sich in der folgenden Gruppe (medien-)ethnographisch grundierter Texte die Frage, wie performative Praktiken des »Doing Seeing« bzw. »Doing Hearing« von Menschen mit Behinderungen konstituiert werden. Indem sie den blinden Jérôme im Rahmen seiner alltäglichen Navigationspraktiken begleitet, beleuchtet Arseli **Dokumacı** die Theorie der Affordanzen (James Gibson) im Licht von Behinderung, um – im Sinne Bruno Latours – den heterogenen Beziehungen zwischen Körpern, Sinnen und Dingen nachzuspüren und »das Soziale zu versammeln«. Ziel der Fallstudie ist es dabei nicht, neue Grenzen zwischen Fähigkeiten und Unfähigkeiten einzuziehen, sondern vielmehr die Überschneidungen zwischen den verschiedenen Praktiken des Sehens zu betonen. Ebenfalls mit Bezug auf das Phänomen der Blindheit beschreibt Michael **Schillmeier** in einer Fallstudie zu Praktiken des Geldes als »immutable mobile« (Bruno Latour) bzw. materielles Übersetzungsmedium rationalisierender und standardisierender Beziehungen, ein Szenario von Behinderung, das gleichermaßen behindernde wie auch befähigende sinnliche Alltagspraktiken hervorbringt. In einer ethnographischen Selbststudie untersucht Siegfried Heinz Xaver **Saerberg** das ›blinde Flanieren‹ als Navigationspraxis seines eigenen Sich-In-Beziehung-Setzens zur sozialen Mitwelt. Mit dem Ziel einer kritischen Reflexion auf Normalisierungs- und Selbsttechnologisierungspraktiken holt der Autor auf diese Weise die Techniken des ehemaligen »Freaks« in den urbanen Raum und gibt dessen Normalität doch gleichzeitig ein Element der Freakshow zurück. Anhand von Praktiken, im Rahmen derer Menschen mit geistiger Behinderung Gebärden erlernen, weisen Diana **Schmidt-Pfister** und Carola **Schneider** auf die im Zuge ihrer eigenen sozialwissenschaftlichen Forschungsarbeiten beobachteten zahlreichen Unwägbarkeiten hin, die sich bei der Mediatisierung dieser Praktiken ergeben. Dabei steht vor allem die Überlegung im Vordergrund, mit den vorhandenen Materialien zwar RezipientInnen mit kognitiven Einschränkungen zu adressieren, sie jedoch kaum als potentielle autonome NutzerInnen zu betrachten. So sollte die Aufmerksamkeit künftiger Medienproduktionen wie auch der Studien zur Mediennutzung durch die entsprechenden RezipientInnen konsequent auf die komplexen Interaktionen zwischen heterogenen Akteuren wie Nicht/Behinderung, Medialität und Materialität gerichtet werden. Ein Gespräch zwischen der Medienwissenschaftlerin und Disability-Forscherin Karin **Harrasser** und dem Hörakustiker Jürgen **Tchorz** beschließt diese Sektion mit (inter-)disziplinär motivierten Überlegungen zur Herangehensweise an Praktiken des Hörens, Nicht-Hörens und CI-Hörens. Dabei werden spannende Unterschiede aber auch zahlreiche Gemeinsamkeiten thematisiert, die die wissenschaftliche ›Behandlung‹ der zur Diskussion gestellten Praktiken betreffen.

Die mit dem Sehen und Hören verknüpften Kulturtechniken, wie sie in den Arbeiten der Sound Studies oder Visual Culture häufig aus historischer Perspektive erforscht wurden, untersuchen die folgenden Beiträge. So berichtet Volker **Mühleis** von der Unternehmung des Fotografen Geert Goiris, das »blicklose Sehen« als Aufzeichnung reiner Visualität bzw. erste Bedingung von Sehen und Nicht-Sehen in einem Vergleich zwischen Indifferenz des technischen Gerätes und sogenanntem ›natürlichen‹ oder physiologischen Sehen erfahr- und sichtbar zu machen. Sein zweites Beispiel, der blinde Fotograf Evgen Bavčar, ist nicht nur des Blickes, sondern auch des Sehens beraubt und nutzt das Aufzeichnen von Lichtstrahlen, um Blicke zu zeigen, die vom Austausch über das Sehen zeugen. Während Goiris eine neue Praxis des Sehens in sich völlig verdichtendem Weiß erkunden möchte, gestaltet Bavčar Fotos, die keinem Blick, sondern einer Vorstellung entsprungen sind und eröffnet auf diese Weise ebenfalls ein neues Sehen. Gleichfalls aus dem künstlerischen Bereich, dieses Mal am Beispiel des experimentellen Hörspiels, beschreibt Christiane **Heibach** die Rückkehr stimmlicher Praktiken als Medium der Poesie. Ihre Herangehensweise an technoästhetische Phänomene, wie Hörstücke sie darstellen, verweist darauf, dass ältere Differenzierungen wie jene zwischen Mono- und Multimedialität aber auch Grenzziehungen im sensorischen Bereich neu überdacht und modifiziert werden müssen, um den synästhetisch-synthetischen Komponenten der »Stimm(ungs)kunst« gerecht zu werden. Mit der Schnittstelle zwischen Klang und Vision beschäftigt sich auch Dieter **Daniels**, der die genuine audiovisuelle Hybridität mit der Analyse der technischen Apparate und Apparaturen sowie der damit im Zusammenhang stehenden Praktiken untersucht. Die Untersuchungen von Bild-Ton-Relationen, wie sie im Beitrag beschrieben werden, versteht Daniels dabei als Fallstudie für das gesamte Feld der Kunst-Technik-Beziehungen und als Vorläufer von Fragen heutiger Medienkunst und -theorie, die als *Audiovisuology* eine Praxis liefert, um mit der Hybridität umgehen zu können. Die Gruppe wie auch den Band beschließt ein Beitrag von Jan **Thoben**, der sich unter dem Stichwort der Optophonie ebenfalls experimentellen audiovisuellen Medienpraktiken und -techniken widmet. Wenn auch von einer Sackgasse gesprochen wird, in die die technische Entwicklung der Optophone geführt zu haben scheint, so erfahren die Geräte in medienkünstlerischen Praktiken des Hörens und Sehens eine gegenwärtige Reaktualisierung, die das Audiovisuelle in zunehmend technisch geprägten sensorischen Dispositiven stets neu zu konfigurieren sucht.

Diskurshistorische Perspektiven

Die Optik des Wunderbaren

Prisma, Fernrohr und Spiegel als Metaphern poetologischer Selbstreflexion

NICOLA GESS

In seiner *Critischen Dichtkunst* (1740) begeistert sich Johann Jakob Breitinger:

»Mit was für Ergetzen vernehmen wir die seltsamen Zeitungen, welche uns die Sternseher und übrigen Schüler der Natur von den entferntesten himmlischen und andern Cörpern [...] und von des Schöpfers weisen Absichten mit denselben, gebracht haben!«[1]

Ebenso sehr fasziniert ihn, »wie viele vormahls verborgene Schönheiten das Auge, mit einem Vergrösserungs-Glase bewaffnet, uns [auch, NG] in der Welt der kleinen Dinge entdecket hat«.[2] Ob ins Große oder ins Kleine: Teleskop und Mikroskop ermöglichen den Blick in vormals unbekannte Welten oder genauer: in Welten, die man bereits zu kennen glaubte, die sich dem technisch aufgerüsteten Auge nun aber gänzlich neu darstellen. Breitingers Faszination für diese Welten ist nichts Ungewöhnliches, ist im Gegenteil für einen der Aufklärung verpflichteten Denker so typisch wie topisch gestaltet, etwa im physikotheologischen Hinweis auf die weisen Absichten des Schöpfers. Breitinger partizipiert hier an einem Diskurs, der im Anschluss an Hans Blumenbergs Überlegungen zum Fernrohr in den letzten Jahren sowohl die wissenschafts- und kulturgeschichtliche Forschung stark beschäftigt hat, stellvertretend sei hier nur an die Bücher von Barbara Stafford, Jonathan Crary

Der Aufsatz geht zurück auf einen am 5. Dezember 2012 an der Freien Universität Berlin und später an den Universitäten Frankfurt a.M., Hagen und Bielefeld gehaltenen Vortrag.

1 Breitinger, Johann Jakob: Critische Dichtkunst. Faksimiledruck nach der Ausgabe von 1740. Mit einem Nachwort von Wolfgang Bender, Stuttgart: Metzler 1966, S. 110.

2 Ebd., S. 122.

und Engelhard Weigl erinnert,[3] als auch die Literaturwissenschaften, die sich für die Rolle des optischen Instruments in der Literatur interessiert haben, auch hier seien stellvertretend nur die monographischen Arbeiten von Ulrich Stadler und Ralph Köhnen erwähnt.[4] Weitgehend unterbelichtet blieb dabei jedoch die zentrale Funktion, die das optische Instrument in einem poetologischen Diskurs spielt, der für Breitinger von noch weit größerer Wichtigkeit war:[5] der Diskurs um das

3 Blumenberg, Hans: »Das Fernrohr und die Ohnmacht der Wahrheit«, in: Ders., Galileo Galilei. Sidereus Nuncius. Nachricht von neuen Sternen, Frankfurt a.M.: Suhrkamp 1980, S. 7-75; Stafford, Barbara Marie/Terpak, Frances (Hg.): Devices of Wonder. From the World in a Box to Images on a Screen. Catalog for an exhibition at the Getty Research, November 13, 2001 to February 6, 2002. (Getty Research Institute, 2001) Getty Catalog Press Release; Crary, Jonathan: Techniques of the Observer. On Vision and Modernity in the Nineteenth Century, Cambridge, Mass.: MIT Press 1990; Weigl, Engelhard: Instrumente der Neuzeit. Die Entdeckung der modernen Wirklichkeit, Stuttgart: Metzler 1990; erwähnt sei außerdem: Böhme, Hartmut: »Die Metaphysik der Erscheinungen. Teleskop und Mikroskop bei Goethe, Leuwenhoek und Hooke«, in: Schramm, Helmar/Schwarte, Lutger/Lazardzig, Jan (Hg.), Kunstkammer – Laboratorium – Bühne. Schauplätze des Wissens im 17. Jahrhundert, Berlin/New York: Walter de Gruyter 2003, S. 359-396.

4 Stadler, Ulrich: Der technisierte Blick. Optische Instrumente und der Status von Literatur. Ein kulturhistorisches Museum, Würzburg: Königshausen & Neumann 2003; Köhnen, Ralph: Das optische Wissen. Mediologische Studien zur Geschichte des Sehens, München: Wilhelm Fink 2009. Zu erwähnen sind des Weiteren: Stadler, Ulrich: »Von Brillen, Lorgnetten, Fernrohren und Kuffischen Sonnenmikroskopen. Zum Gebrauch optischer Instrumente in Hoffmanns Erzählungen«, in: E.T.A. Hoffmann Jahrbuch 1 (1992/1993), S. 91-105; Kosenina, Alexander: »Schönheit im Detail oder im Ganzen? Mikroskop und Guckkasten als Werkzeuge und Metaphern der Poesie«, in: Heßelmann, Peter (Hg.), Das Schöne soll sein. Aisthesis in der deutschen Literatur, Bielefeld: Aisthesis 2001, S. 101-127; Heinritz, Reinhard: »Teleskop und Erzählperspektive«, in: Poetica 24 (1992) 3-4, S. 341-355; Neumann, Gerhard: »Fernrohr, Mikroskop, Luftballon. Wahrnehmungstechnik und Literatur in der Goethezeit«, in: Schramm Helmar/Schwarte, Ludger /Lazardzig, Jan (Hg.), Spektakuläre Experimente. Praktiken der Evidenzproduktion im 17. Jahrhundert, Berlin: Walter de Gruyter 2008, S. 345-377; Vogl, Joseph: »Medien-Werden. Galileis Fernrohr«, in: Mediale Historiographien 4 (2001), S. 115-123.

5 Ausnahmen hiervon sind der Aufsatz von Martina Wagner-Egelhaaf zu Brockes (Wagner-Egelhaaf, Martina: »Gott und die Welt im Perspektiv des Poeten. Zur Medialität der literarischen Wahrnehmung am Beispiel Barthold Hinrich Brockes'«, in: Deutsche Vierteljahrsschrift für Literaturwissenschaft und Geistesgeschichte 71 (1997), H. 2, S. 183-216) und der Aufsatz von Maximilian Bergengruen zu Jean Paul (Bergengruen,

Wunderbare, ohne das keine Dichtungstheorie dieser Zeit auskommen konnte. Entsprechend ist auch Breitingers dichtungstheoretischer Dreh- und Angelpunkt die Forderung, Dichtung müsse nicht nur »auf die Wahrheit gegründet seyn«, sondern zugleich auch auf die »Neuheit« als eine »Mutter des Wunderbaren«[6] zielen, weil es ihr nur so möglich sei, im Rezipienten Verwunderung, d.h. zugleich eine angenehme Affektbewegung wie auch einen Antrieb zur Befriedigung der Wissbegierde zu erzeugen und so insgesamt zu gefallen. Auf der Suche nach einem Modell für diese Kombination greift Breitinger zur Optik und versteht Teleskop und Mikroskop als Instrumente, die auf dem Feld der Wissenschaften die gewünschte Verbindung von Wahrheit und Wunderbarem in Gestalt der sichtbar gemachten neuen Welten ermöglichen, eine Annahme, die der populärwissenschaftlichen Praxis der Zeit durchaus entspricht, welche, wie Natascha Adamowsky gezeigt hat, das Wunderbare als »gesellschaftliche Aufführungspraxis« inszeniert.[7]

Wahrheit und Wunderbares kommen bei Breitinger also zusammen mit Hilfe eines visuellen Mediums; eines Mediums, das das Altbekannte zum Wunderbaren verfremdet und zugleich den Anspruch hat, in dieser Verfremdung das eigentlich Wahre sichtbar zu machen, also eigentlich nicht Verfremdung, sondern säkulare Offenbarung zu sein.[8] Das Wunderbare soll zum Staunen animieren, das Staunen zur Erkenntnissuche und diese schließlich in der Einsicht münden, dass das vermeintlich Bekannte eine Täuschung und das vermeintlich Wunderbare die naturwissenschaftliche Wahrheit sei. Auch darauf zielt Breitingers rätselhafte Rede vom poetischen »Schein der Falschheit«, der auf seine Wahrheit hin zu durchdringen sei.[9] Das visuelle Medium nimmt in dieser Konzeption also keine qualitative, sondern lediglich eine quantitative Veränderung vor: Es vergrößert nur und macht

---

Maximilian: »›Heißbrennende Hohlspiegel‹. Wie Jean Paul durch die optische Magie seine Poetik sichtbar werden läßt«, in: Lange, Thomas/Neumeyer, Harald (Hg.), Kunst und Wissenschaft um 1800, Würzburg: Königshausen & Neumann 2000, S. 19-38), die sich allerdings auf einen einzigen Werkzusammenhang beschränken.

6 Breitinger: Critische Dichtkunst, S. 110.

7 Adamowsky, Natascha: »Das Wunderbare als gesellschaftliche Aufführungspraxis – Experiment und Entertainment im medialen Wandel des 18. Jahrhunderts«, in: Steigerwald, Jörn/Watzke, Daniela (Hg.), Reiz, Imagination, Aufmerksamkeit. Erregung und Steuerung von Einbildungskraft im klassischen Zeitalter (1680-1830), Würzburg: Königshausen & Neumann 2003, S. 165-186.

8 Brockes spricht, wenngleich im religiösen Kontext, von einer »dritte[n Offenbarung durch] Vergrößrungsgläser[...] [und] Telescopii[...]« (Brockes, Barthold Heinrich: »Die dritte Offenbarung«, in: Ders., Physikalische und moralische Gedanken über die drey Reiche der Natur, Hamburg u.a. 1748, Bd. 9, S. 437-439, hier S. 438).

9 Breitinger: Critische Dichtkunst, S. 141.

durch die Vergrößerung sichtbar, was ohnehin schon immer da, dem bloßen Auge nur entzogen war. Andererseits spielt sich jedoch, in vielen anderen Poetiken des Wunderbaren vom 17. bis ins frühe 19. Jahrhundert und unterschwellig auch bei Breitinger, das Instrument immer wieder in den Vordergrund und macht so auf seine Medialität ebenso aufmerksam wie auf die der sich nach seinem Vorbild ausrichtenden Literatur. Damit weist es zugleich auf die Künstlichkeit des ›Wunderbaren‹ hin, auf das diese Literatur zielt, und zwar unabhängig davon, ob man es dabei mit *miracula* oder *mirabilia* zu tun hat und auch unabhängig von der Frage, ob es sich dabei um ein durch das Subjekt (d.h. seine Unwissenheit) bestimmtes oder um ein ›objektiv‹ Wunderbares handelt. In jedem Fall ist das Staunen, das dieses Wunderbare erzeugt, immer auch durch dessen Künstlichkeit und Gemachtheit bedingt. Das soll im Folgenden in all seinen Konsequenzen anhand von optisch konzeptualisierten Überlegungen zum Wunderbaren bei Bernard le Bovier de Fontenelle, Johann Rist und E.T.A. Hoffmann gezeigt werden, wobei zunächst das Augenmerk auf das wunderbare Instrument und dann auf dessen Ästhetik des Spektakels gelegt und schließlich, vermittelt über Breitingers Verschiebung des Interesses vom Objekt zum Subjekt der Beobachtung, die Aporien der Selbstreflexion bei E.T.A. Hoffmann in den Blick genommen werden.

I. WUNDERBARES INSTRUMENT (FONTENELLE)

Fontenelle ist einerseits als Gegner des Glaubens an das mythische Wunderbare bekannt und hatte als solcher auch großen Einfluss auf deutsche Dichtungstheoretiker des frühen 18. Jahrhunderts.[10] Andererseits muss Fontenelle jedoch auch als Etablierer des von Breitinger propagierten neuen, über optische Instrumente hervorgebrachten Wunderbaren der Naturwissenschaften, insbesondere der Astronomie verstanden werden. In der *Vorrede über den Nutzen der Mathematik und der Naturwissenschaften* (1702) beurteilt Fontenelle die Untersuchung des Weltalls als eine der wichtigsten Aufgaben der Naturwissenschaften – eine Untersuchung, die

10 In *De l'origine des fables* (1724) äußert Fontenelle sein »Entsetzen« darüber »wie die ganze alte Geschichte eines Volkes [der Griechen, NG] nichts weiter als ein Wust von Wahnbildern, Hirngespinsten und Absurditäten« sei (Fontenelle, Bernard Le Bovier de: »Über den Ursprung der Mythen«, in: Ders., Philosophische Neuigkeiten für Leute von Welt und für Gelehrte. Ausgewählte Schriften, übers. von Ulrich Kunzelmann, hg. von Helga Bergmann, Leipzig: Reclam 1991, S. 228-242, hier S. 228). Er wendet sich hier gegen das mythische Wunderbare, das nicht nur zur Zeit der alten Griechen deren Weltanschauung und Geschichtsbild bestimmt habe, sondern nach Meinung Fontenelles auch in der Gegenwart in Geschichtsschreibung und Künsten noch wirkmächtig sei.

für ihn in direkter Korrelation mit dem Grad des Wunderbaren in der modernen Welt steht. Dabei verhält sich diese Korrelation gerade nicht so, wie die zwei gängigen Lesarten der Moderne vermuten lassen würden. Während sowohl für das Verständnis der Moderne als Fortschritts- als auch für ihr Verständnis als Verlustgeschichte die Zeit des Wunderbaren spätestens nach der Aufklärung abgelaufen ist, was von der einen begrüßt, von der anderen bedauert wird, steigt bei Fontenelle – in der Ablösung des alten metaphysischen Wunderbaren durch ein natürliches Wunderbares – der Grad des Wunderbaren mit dem wissenschaftlichen Fortschritt gerade umgekehrt *an*: »Dieses große Werk [d.h. das Weltall, NG], das immer wunderbarer erscheint, je mehr es bekannt wird«[11] – eine Überzeugung, die später auch Breitinger aufgreifen wird. Die Etablierung dieses neuen Wunderbaren nötigt Fontenelle zur kritischen Auseinandersetzung mit der Kategorie der *vraisemblance*. Denn die naturwissenschaftlichen Entdeckungen und die auf sie gestützten kühnen Thesen über die Verfassung des Universums halten sich nicht an die allgemeine Meinung, als die die Wahrscheinlichkeit in den poetologischen Schriften der Zeit häufig verstanden wird und die auch die herkömmliche Grenze der Tätigkeit der Einbildungskraft und des erlaubten Wunderbaren bildet. Wie Andreas Gipper gezeigt hat, ersetzt Fontenelle darum den Begriff der Wahrscheinlichkeit, die er eher als gewöhnliches Vorurteil kritisiert, durch den des Nicht-Unmöglichen, das in größerer Nähe zum Wahren steht.[12] Er schreibt in der Einleitung zu den *Gesprächen über die Vielzahl der Welten* (1686):

»Ich wollte mir nichts von den Bewohnern der Welten vorstellen, was gänzlich unmöglich und wahnhaft wäre. Ich habe mich bemüht, alles zu sagen, was man vernunftgemäß darüber denken konnte, und selbst die Phantasiebilder, die ich dem hinzugefügt habe, besitzen irgendeine wahre Grundlage«.[13]

Dieses ›Nicht-Unmögliche mit wahrer Grundlage‹ wird in den *Gesprächen über die Vielzahl der Welten* unmissverständlich als »wunderbar« markiert. Dies geschieht

11 Fontenelle, Bernard Le Bovier de: »Vorrede über den Nutzen der Mathematik und der Naturwissenschaften«, in: Ders.: Philosophische Neuigkeiten für Leute von Welt und für Gelehrte, S. 277-288, hier S. 284f.

12 Gipper, Andreas: Wunderbare Wissenschaft. Literarische Strategien naturwissenschaftlicher Vulgarisierung in Frankreich. Von Cyrano de Bergerac bis zur Encyclopédie, München: Fink 2002, S. 131-132. Bei Gipper findet sich auch ein hilfreicher Abriss der Forschung über Fontenelles *Entretiens*, insbesondere im Hinblick auf den Vulgarisierungsdiskurs: S. 121-126.

13 Fontenelle, Bernard Le Bovier de: »Gesprächen über die Vielzahl der Welten«, in: Ders.: Philosophische Neuigkeiten für Leute von Welt und für Gelehrte, S. 12-119, hier S. 15.

zum einen über die Affekte, die den Verfasser und Dialogpartner der Marquise in der Betrachtung des Himmels ergreifen: nämlich Staunen und Bewunderung.[14] Zum anderen, indem die Natur des Kosmos mit einem »große[n], einer Oper ähnliche[n] Schauspiel«[15] und das heißt mit derjenigen Kunstform verglichen wird, die im späten 17. Jahrhundert als *das* Spielfeld des Wunderbaren *par excellence* gilt. Anders als Gipper sehe ich in dieser Markierung des heliozentrischen Kosmos und seiner Welten als wunderbar weder einen Widerspruch zu Fontenelles *merveilleux*-Kritik, noch eine bloße Vulgarisierungsstrategie, die dem Publikum das Ungewohnte mit Hilfe eines reizvollen Bekannten schein-erklären und schmackhaft machen will.[16] Vielmehr verstehe ich diese Markierung als wesentlichen Bestandteil der Etablierung eines neuen, naturwissenschaftlichen Wunderbaren, weil auch die Oper hier nicht, wie häufig behauptet, als Vertreter des mythischen, sondern ebenfalls dieses neuen Wunderbaren ins Spiel gebracht wird, wie unten zu zeigen sein wird.

Das neue Wunderbare, das Fontenelle etabliert, ist zu seiner Erschließung auf das optische Instrument – im Fall der Astronomie das Fernrohr – angewiesen. Das wird zwar auch in den *Gesprächen* bemerkt, etwa wenn der Gesprächspartner von den Gelehrten spricht, die »täglich mit Fernröhren [auf den Mondländern] herumreisen«,[17] insgesamt jedoch kaum thematisiert. So schließt sich etwa an die Feststellung der Mangelhaftigkeit der Augen hier nicht der typische Hinweis auf das diesen Mangel ausgleichende Fernrohr an, sondern der auf die wissenschaftliche Spekulation: »Demnach bringen wahre Philosophen ihr Leben damit zu, daß sie *nicht* glauben, was sie sehen, und das zu *errathen* streben, was sie *nicht* sehen [Herv., NG]«.[18] Überhaupt ist die Trennung zwischen Fakten und Spekulation, Denkkraft und Einbildungskraft bei Fontenelle noch keineswegs so fest etabliert,

14 Fontenelle, Bernard Le Bovier de: Dialogen über die Mehrheit der Welten. Mit Anmerkungen und Kupfertafeln von Johann Elert Bode, Berlin: Christian Friedrich Himburg 1780, S. 5-7, 17, 31. Zu betonen ist allerdings, dass der zeitgenössische Übersetzer hier an einigen Stellen das französische »rêver« mit »Staunen« übersetzt. Laut Grimm ist diese Übertragung auf Haller zurückzuführen, der auf diese Weise das Wort »Staunen« in die deutsche Sprache eingeführt habe (vgl. Deutsches Wörterbuch von Jacob Grimm und Wilhelm Grimm. 16 Bde in 32 Teilbänden, Leipzig: Hirzel 1854-1961, hier Bd. 10, Abt. 2, Teil 1, Sp. 1177). Dem Begriff des Staunens wächst durch diese Genealogie ein imaginatives Potential zu, das nicht nur für seine wissenschaftstheoretische, sondern gerade auch für seine poetologische Funktionalisierung zentral ist.

15 Fontenelle: Dialogen über die Mehrheit der Welten, S. 12.

16 Vgl. Gipper: Wunderbare Wissenschaft, S. 128ff.

17 Fontenelle: Dialogen über die Mehrheit der Welten, S. 108.

18 Ebd., S. 12.

wie man mit Blick auf seine Kritik am mythischen Wunderbaren meinen könnte. In den *Gesprächen* spielt vielmehr die Imagination weiterhin eine entscheidende Rolle als dasjenige Vermögen, das für die Gedankenexperimente notwendig ist, die ebenso die *Gespräche* prägen, wie sie als Eröffnung neuer Möglichkeiten für den wissenschaftlichen Erkenntnisgewinn wesentlich sind.[19]

Doch kommen wir zurück zu der Beobachtung, dass Fontenelle in den *Gesprächen* die Rolle des optischen Instruments zu marginalisieren scheint. Der eben erwähnte Opernvergleich stellt diese Beobachtung in Frage, indem hier das Instrument über seine bloß instrumentelle Rolle hinauswächst und selbst als Exemplum des neuen Wunderbaren ins Zentrum der Aufmerksamkeit rückt. Fontenelles Tätigkeit als Librettist – schon in Zusammenarbeit mit seinem Onkel Corneille an *Psyché* (1678) und *Bellérophon* (1679) und später als Librettist von *Thétis et Pélée* (1689) und *Ennée et Lavinie* (1690) – belegt sein reges Interesse an der *tragédie merveilleuse*. Diese Begeisterung erscheint zunächst paradox, basiert der Plot dieser Werke doch typischerweise auf eben dem mythischen Wunderbaren, das Fontenelle so vehement kritisiert – und gerade deshalb ist sein Opernvergleich auch oft als bloße Vulgarisierungsstrategie gelesen worden. Jedoch ist die Faszination dieser Kunstform für Fontenelle meiner Ansicht nach gar nicht in den stereotypen Plots, sondern vielmehr in deren bühnentechnischen Konsequenzen zu suchen, weil er in diesen ein weiteres Beispiel des neuen, hier vor allem technischen Wunderbaren findet: das Maschinentheater. Genau in diesem Sinne wird der Opernvergleich in den *Gesprächen* eingesetzt. Es ist nicht das spektakuläre Bühnengeschehen selbst, das den Vergleich motiviert, sondern es sind die hinter ihm

19 Vgl. dazu ausführlich Gipper: Wunderbare Wissenschaft, S. 144ff. Vgl. zur Tradition dieser Verbindung von instrumentenbewehrtem Blick und Imaginationstätigkeit auch Blumenberg, der in seinem Buch über die Neugier schreibt, dass »die durch das Fernrohr neu erschlossenen Phänomene die Imagination genährt und beflügelt haben« (Blumenberg, Hans: Der Prozeß der theoretischen Neugierde, Frankfurt a.M.: Suhrkamp 1973, S. 435). Daston kontextualisiert diesen Zusammenhang, wenn sie schreibt, dass zwar seit Bacon Fakt und Fiktion, Denkkraft und Einbildungskraft einander entgegen gestellt seien, bis ins 18. Jahrhundert aber trotzdem die Einbildungskraft für Philosophie und Wissenschaft, also die Arbeitsgebiete der Vernunft, ebenso entscheidend war wie für die Kunst. Laut Daston ändert sich das erst zwischen 1780 und 1820, wenn Kunst und Wissenschaft in ihren Zielen und Profilen mehr und mehr von einander abweichen, insofern die Einbildungskraft zunehmend der Originalität und Subjektivität verpflichtet ist, die Wissenschaft sich hingegen immer deutlicher einer Objektivität der Fakten und ihrer allgemeinen Mitteilbarkeit verschreibt (Daston, Lorraine: »Angst und Abscheu vor der Einbildungskraft in der Wissenschaft«, in: Dies.: Wunder, Beweise und Tatsachen. Zur Geschichte der Rationalität, Frankfurt. a.M.: Fischer 2003, S. 99-126).

stehenden Maschinen, die Staunen und Bewunderung auslösen.[20] Fontenelle zeigt sich begeistert von der Bühnenmaschinerie und ihrer ingeniösen Konstruktion – und gleiches gilt für das optische Instrument.[21] Der Abwendung von der trügerischen Bühnenwelt entspricht die Abwendung vom Sehsinn, der dieser trügerischen Welt verhaftet bleibt; der Hinwendung zur Bühnenmaschinerie entspricht diejenige zum optischen Instrument, das die verborgene Mechanik sichtbar zu machen vermag. Fontenelles Begeisterung für das heliozentrische Weltbild geht einerseits mit der seit Galilei topischen Disqualifizierung des Sehsinns einher.[22] Der Naturphilosoph dürfe geradezu »nicht glauben, was [er] sehe[...]«, wenn er der Natur auf die Schliche kommen wolle, und gleiches gelte für den Operngeher, der das Maschinenwesen durchschauen wolle, denn »Räder und Gegengewichte [...] hat man Ihren Augen entzogen«.[23] An die Stelle der Augen tritt dann, ebenso topisch, »ein neues [und gefeiertes, NG] Sehorgan«,[24] wie es zwar nicht in den *Gesprächen*, wohl aber in der *Vorrede über den Nutzen der Mathematik und der Naturwissenschaften* heißt: Das Vergrößerungsinstrument, das dann, wie die Bühnenmaschine auch, selbst als hervorragendes Exemplum des neuen Wunderbaren ausgerufen wird – nichts sei »wunderbarer«, heißt es bei Fontenelle,[25] oder auch:

20 Vgl. zur Maschine als Gegenstand des Staunens u.a. Lazardzig, Jan: Theatermaschine und Festungsbau, Berlin: Akademie Verlag 2007, S. 61-86. Er bezieht sich vor allem auf die *teatrum machinarum*-Literatur, die die Maschinen als Gegenstände des Staunens inszeniert, indem sie ihr Funktionieren zum Teil verdeutlicht, zum Teil verschleiert. Lazardzig spricht hier von einer komplexen Dialektik von »Zeigen und Verbergen«, die auf eine Steigerung der *admiratio* angelegt ist (ebd., S. 68).

21 Vgl. zu dieser Verbindung von Theatermaschinerie und optischem Instrument und ihrer gemeinsamen Verpflichtung auf die »Entdeckung neuer Welten« auch Nelle, Florian: »Teleskop, Theater und die instrumentelle Offenbarung neuer Welten«, in: Schramm/Schwarte/Lazardzig, Spektakuläre Experimente, S. 66-83.

22 Vgl. zu dieser Disqualifizierung u.a. H. Blumenberg: »Das Fernrohr und die Ohnmacht der Wahrheit«, S. 17; zum Topos eines Misstrauens gegen das Auge, das ersetzt wird durch Zutrauen zu neuen Instrumenten vgl. auch Böhme, Hartmut: »Bildevidenz, Augentäuschung und Zeugenschaft in der Wissenschaft des Unsichtbaren im 17. Jahrhundert«, in: Bredekamp, Horst u.a. (Hg.), Dissimulazione onesta oder Die ehrliche Verstellung. Von der Weisheit der versteckten Beunruhigung in Wort, Bild und Tat, Hamburg: Phili & Philo Fine Arts 2007, S. 13-42.

23 Fontenelle: Dialogen über die Mehrheit der Welten, S. 12.

24 Ders.: »Vorrede über den Nutzen der Mathematik und der Naturwissenschaften«, S. 285.

25 Ebd., S. 278, auch zitiert bei Gipper: Wunderbare Wissenschaft, S. 162.

»Stellt alle unterschiedlichen Anwendungen zusammen, die vor hundert Jahren die Mathematik bieten konnte, so ähnelte doch nichts den Vergrößerungsinstrumenten, die sie uns seitdem bereitgestellt hat und die ein neues Sehorgan sind, das man früher nicht aus den Händen der Kunst erwarten durfte.«[26]

Ob Bühnenmaschinerie oder optisches Instrument: In beiden Fällen rückt hier die mediale Vermitteltheit des jeweiligen Schauspiels und damit das Medium selbst ins Zentrum der Aufmerksamkeit.[27] Der Fokus verschiebt sich: Als wunderbar erscheint nun nicht mehr nur die wissenschaftlich erkannte Ordnung der Natur, sondern das Erkenntnisinstrument selbst: Das Fernrohr und die mit ihm operierende Wissenschaft, die sich auch der Imagination bedient.

II. SPEKTAKEL DES WUNDERBAREN (RIST)

Fontenelles Einsatz für die Barockoper und seine Faszination für das optische Instrument können auch als Hinweise darauf gelesen werden, dass in seinem Denken untergründig noch ein älteres Wissens-Paradigma aktiv ist, in dem die spekulative Imagination noch nicht streng vom analytischen Denken getrennt wird und in dem vor allem Wissenschaft und Spektakel, rationale Erkenntnis und Schaulust noch keinen getrennten Sphären angehören, ja mehr noch: die Lust am Spektakel die Suche nach Erkenntnis überwiegt.[28] Im deutschen Sprachraum vermag Johann Rists Monatsgespräch *Die alleredelste Zeit-Verkürtzung der ganzen Welt* (1668) einen guten Eindruck von diesem älteren Paradigma zu vermitteln. Oberflächlich betrachtet weist das Buch durchaus Ähnlichkeiten mit Fontenelles *Gesprächen* auf, insofern es sich ebenfalls in die beliebte Gattung der Gesprächsfiktionen einreiht und eine in eine knappe Rahmenhandlung eingebettete Unterhaltung zwischen Gelehrten mit dem Ziel der Vermittlung von Redekunst und

---

26 Fontenelle: »Vorrede über den Nutzen der Mathematik und der Naturwissenschaften«, S. 285.

27 Vgl. zur Verschiebung der Faszination vom Betrachteten auf das Instrument selbst auch Nelle: »Teleskop, Theater und die instrumentelle Offenbarung neuer Welten«, S. 72; sowie auch Gipper, der beschreibt, wie sich der Fokus vom Schauspiel der Natur auf das des Wissens verlagert, also wunderbar nicht nur die neuen Welten im Kosmos, sondern die Instrumente des Wissenschaftlers selbst sind (Gipper: Wunderbare Wissenschaft, S. 162).

28 Vgl. zur spektakulären Wissensvermittlung im Barock: Stafford, Barbara Maria: Kunstvolle Wissenschaft. Aufklärung, Unterhaltung und der Niedergang der visuellen Bildung, Amsterdam: Verlag der Kunst 1998, S. 21-94.

diversen, konversationsgeeigneten Wissensgebieten, aber auch der christlich-moralischen Erbauung präsentiert.[29] Optische Instrumente spielen in Rahmenhandlung wie eigentlichem Gespräch eine wichtige Rolle – und Rist war gut bewandert auf diesem Gebiet der *magia naturalis*, wie Ferdinand van Ingen gezeigt hat.[30] Die entsprechenden Teile des Gesprächs und die in sie eingebetteten Erzählungen nehmen ihren ikono-narratologischen Ausgang bei dem in der Rahmenhandlung geschilderten Besuch der Bibliothek und des Studierzimmers des Gastgebers (der Rüstige = Johann Rist), die als Wunderkammern (»sonderbare Kammer«[31]) fungieren und neben anderen Natur-, Kunst- und Technikwundern auch eine Fülle von optischen Instrumenten und Bildern zur Schau stellen. Liegt schon in dieser Rahmenhandlung der Akzent ganz deutlich auf der Schaulust an den ausgestellten Objekten, so wird in den im Gespräch kommentierten Binnenerzählungen vollends deutlich, dass die Faszination für die Instrumente weniger aus einer etwaigen Erweiterung der Erkenntnismöglichkeiten denn aus einer Lust am Spektakel herrührt.[32] Zwar findet sich auch hier schon der Vorsatz, nicht Gegenstände des Aberglaubens, sondern »natürliche Dinge« thematisieren zu wollen – die Unterscheidung zwischen einem falschen und einem wahren, dem Erkenntnisgewinn verpflichteten Wunderbaren im Sinne Fontenelles ist hier also durchaus schon angelegt. Darauf folgt jedoch eine Binnenerzählung, die in eben diesem optischen Aberglauben schwelgt, und im Anschluss eine weitere, die jedes realistische Maß sprengt. Erzählt wird von den Wirkungen eines kleinen, mit Metallen gefüllten kreisrunden Glases, das im Winter in der warmen Betstube niedergestellt wurde:

29 Rist, Johann: Die Aller-Edelste Zeit-Verkürtzung der gantzen Welt, Frankfurt a.M.: o.N. 1703.

30 Vgl. Ingen, Ferdinand van: »Johann Rist und die Naturwissenschaften seiner Zeit«, in: Daphnis 36 (2007), S. 487-510. Ingen geht allerdings vorwiegend auf die März-Unterredung (1664) ein, deren Gegenstand die Naturwissenschaften im weitesten Sinn darstellen: Astrologie, Perpetuum mobile, Flugmaschinen, Magnet, Stein der Weisen. Vgl. auch Trepp, Anne-Charlott: Von der Glückseligkeit alles zu wissen. Die Erforschung der Natur als religiöse Praxis in der frühen Neuzeit, Frankfurt/New York: Campus 2009.

31 Rist: Die Aller-Edelste Zeit-Verkürtzung der gantzen Welt, S. 180.

32 Mit dem Begriff des Spektakels wird auf das barocke Spektakeltheater reflektiert, das hier als ein ebenso sinnlich überwältigendes wie seine eigenen medialen Bedingungen jederzeit reflektierendes Metatheater verstanden wird. Vgl. zu dieser Definition: Gess, Nicola/Hartmann, Tina: »Barocktheater als Spektakel. Eine Einführung«, in: Dies./Hens, Dominika (Hg.), Barocktheater als Spektakel. Maschine, Blick und Bewegung auf der Opernbühne des Ancien Regime, München: Fink 2015, S. 9-41.

»wie ich nun [...] nach ein paar Stunden aber wieder hinein gieng / siehe / da fand ich die Stube voller blauer und Goldfarber Flammen oder Strahlen / welche das Amalgama in dem runden Glase / das nunmehr schon auffzusteigen und wegen der allzu grossen Hitze / etwas zu starck zu wachsen begunte / hatte verursachet. Bald sahe ich durch die Fenster hinauß / und befand / daß der gantze Hof / Schnee / [...] wie auch die umbher schwebende Lufft lauter gelbe und blaue Flammen / oder vielmehr Stralen von sich schossen / welches zum Theil lustig / zum Theil auch erschrecklich war anzusehen. Ich rieff meine Leute zu mir in die Stube / daß sie das Spectackel nebenst mir ansehen solten«.[33]

Die Erzählung wird durch den autobiographischen Modus beglaubigt; Zuhörer und Erzähler halten die geschilderten Geschehnisse denn auch für natürlichen Ursprungs und kategorisieren sie dennoch eindeutig als »wunderbar« – so ist etwa vom »Wunderwercke«, vom »wunderlich[en] [A]n[...]sehen«, vom »Wunderfeuer« und dessen »wunderbahre[m] Geruch« die Rede.[34]

In Binnenerzählungen wie dieser deuten sich zwar die Konturen eines wissenschaftlich Wunderbaren an, es ist hier jedoch einerseits noch eng verbunden mit religiösen Motiven (Betstube, Aberglauben, und natürlich auch die Meditation über den eigenen Tod, in dem das Buch letztlich die alleredelste Zeitverkürzung findet und von dem her erst die wunderbaren Dinge der Welt ihren Wert erhalten), und andererseits ist dieses wissenschaftliche Wunderbare hier auch mit dem Verdacht des Betrugs besetzt – so wird immer wieder diskutiert, ob es sich bei den wunderbaren Effekten der optischen Instrumente nicht um Scharlatanerie handeln könnte. Wissensgeschichtlich gesehen liegt dieser Verdacht durchaus nahe, bediente sich doch, wie Stafford gezeigt hat, die aufklärerische Wissensvermittlung der gleichen optischen Tricks wie die auf Täuschung und Unterhaltung zielenden Gaukler und Scharlatane der Zeit und war gleichzeitig, wie Blumenberg und viele andere thematisiert haben, bekannt, dass die optischen Instrumente fehleranfällig waren und damit die Möglichkeit von Sinnestäuschungen, Fehlinterpretationen und Einbildungen durchaus gegeben war.[35] In gewissem Sinne ist bei Rist also noch präsent, was bei Fontenelle und Breitinger dann strategisch verdrängt wird: Dass nämlich das optische Medium keineswegs ein auch unabhängig von ihm Existentes und immer schon Vorhandenes nur sichtbar macht, sondern dass es das Gesehene vielmehr mitproduziert – im Verbund mit der Interpretationsleistung des Instrumentenbenutzers.

33 Rist: Die Aller-Edelste Zeit-Verkürtzung der gantzen Welt, S. 191f.

34 Vgl. ebd., S. 192.

35 Zum Zweifel an der Zuverlässigkeit der Instrumente, vgl. Stafford: Kunstvolle Wissenschaft, 95-152.

Folgt man Dastons Überlegungen, so wird im 16. und 17. Jahrhundert über die Präsentation wunderlicher Objekte auf die Erregung von Staunen gezielt, das wiederum die Neugier entfachen und so zur Aufmerksamkeit und schließlich zur Erforschung des betreffenden Objekts motivieren soll.[36] Auf Rists Text trifft diese These jedoch nur mit Einschränkungen zu. Zwar soll mit der Narration der optischen Effekte deutlich Staunen erzeugt werden, doch wird gleichzeitig das Scheitern des daraus resultierenden Erkenntnisdrangs vorgeführt und somit eine zirkuläre Rückkehr zum Staunen motiviert – angesichts des visuellen Spektakels, aber auch angesichts eines unerreichbaren Wissens. Der Text kann und will kein gewonnenes Wissen über das visuelle Spektakel vermitteln, sondern das potentielle Wissen wird als hermetisches mit einer Aura des Geheimnisses umgeben, das letztlich auch religiös-theologisch motiviert ist und das Binnenerzähler, Zuhörer und Erzähler nicht durchdringen können. So resümiert der Binnenerzähler: »seithero habe ich dem Dinge besser nachgedacht / und befunden / daß hierunter ein grosses Geheimnisse verborgen / welches gleichwol einem jedweden nicht zu offenbahren«.[37] Das ist das genaue Gegenteil zu Breitingers Position, dem es beim Wunderbaren ja gerade um die durch die Wissenschaften offenbarten Geheimnisse der Natur ging.

Weil Rist mit seinem Text vor allem auf eine narrativ erzeugte Schaulust zielt – ein Zuhörer bekennt z.B., er habe dem Spektakel »mit grosser Lust [...] zugeschauet«[38] – stehen hier auch nicht optische Instrumente der bloßen Vergrößerung, sondern der Verzerrung und Projektion im Zentrum des Interesses, und mehr noch: Zwischen diesen beiden Typen wird überhaupt kein kategorialer Unterschied gemacht, obwohl Erstere den analytischen Blick auf die Dinge ermöglichen sollen, Letztere diesen aber geradezu behindern. Dass diese Unterscheidung hier keine Rolle spielt und Letztere den Ersteren sogar vorgezogen werden, lässt sich natürlich einerseits als ernüchterte Einsicht in die faktische Fehleranfälligkeit der Vergrößerungsinstrumente lesen, deutet aber andererseits abermals darauf hin, dass die optischen Instrumente und ihre Effekte hier in eine Spektakel-Ästhetik eingelassen sind, der es weniger um Erkenntnisgewinn als vielmehr um möglichst ungewohnte und überraschende Perspektiven und die Erzeugung von genussvollem Staunen beim Zuschauer geht.

Diese Ausrichtung gilt auch für die *Alleredelsten Zeitverkürtzungen* selbst. Denn die besprochenen Passagen zu den optischen Spektakeln lassen sich als poetologische Reflexionen lesen, denen das Prinzip einer mehrfachen narrativen

36 Vgl. Daston, Lorraine: »Die kognitiven Leidenschaften. Staunen und Neugier im Europa der frühen Neuzeit«, in: Dies. (Hg.), Wunder, Beweise und Tatsachen, S. 77-99.

37 Rist: Die Aller-Edelste Zeit-Verkürtzung der gantzen Welt, S. 192.

38 Ebd.

Verschachtelung zu Grunde liegt: Die Binnenerzählungen berichten von optischen Effekten, die bei den Zuschauern Staunen und Bewunderung auslösen; die Erzählung der Binnengeschichten wiederum schindet mit den erzählten Effekten und einer Rhetorik der Übertreibung und Steigerung bei den textinternen Zuhörern Eindruck. Und die *Alleredelste Zeitverkürtzung* im Ganzen schließlich schwärmt ebenfalls schon in der Rahmenerzählung von den Spektakeln der Wunderkammern und zielt mit solchen Inhalten und ihrer hyperbolischen Präsentation auf das Erstaunen ihrer textexternen Zuhörer. Rist, der hier an einer auf das *far stupir* ausgerichteten Barockpoetik partizipiert, geht es also keineswegs nur um eine literarische Vermittlung proto-wissenschaftlicher Experimente, sondern das optische Spektakel wird – wie schon in Tesauros metaphorischer Umschreibung der dichterischen Metaphernkunst als aristotelisches Fernrohr – zum Vorbild eines genuin literarischen Spektakels genommen, auf das die *Alleredelste Zeitverkürtzung* zielt und mit dem sie Literatur als eine alleredelste Zeitverkürzung empfiehlt.

Nicht nur das ob seiner wunderbaren Wirkungen faszinierende optische Instrument, sondern auch die es allererst und dies höchst kunstvoll präsentierende Literatur rückt hier also ins Zentrum des Interesses und inszeniert das Wunderbare als ein Spektakel der Medialität. Was, wie die hyperbolischen Tropen, als bloßes Ornament der Narration daherkommt, kehrt vielmehr die Medialität der Literatur selbst heraus, wodurch zwar der Aufbau einer narrativen Illusion gestört, jedoch das bewundernde Staunen des Rezipienten erreicht wird.

III. DAS WAHRE DER EINBILDUNG (BREITINGER)

Wie eingangs gezeigt, soll Literatur für Breitinger in ihrer Verpflichtung auf die Verbindung von Wunderbarem und Wahrheit auf die Erkenntnisse der Naturwissenschaften zurückgreifen und sie dem Leser vermitteln.[39] An die Stelle des optischen Instruments tritt dabei der »poetische Pinsel«, der das von den Weltweisen erschlossene, verwundersame Neue ebenso gut wie dieses sichtbar machen kann:

39 Breitingers Poetik steht im Zeichen der »Sichtbarmachung des Unsichtbaren«, um eine Formulierung Blumenbergs (Blumenberg: »Das Fernrohr und die Ohnmacht der Wahrheit«, S. 18) aufzugreifen. Dabei geht es nicht um das ältere metaphysische Unsichtbare – dies spielt nur noch am Rande eine Rolle –, sondern um das Unsichtbare als »relative Grenzkategorie« (Böhme: »Bildevidenz, Augentäuschung und Zeugenschaft in der Wissenschaft des Unsichtbaren im 17. Jahrhundert«, S. 26). Im Sinne des mit dem optischen Vergrößerungsinstrument ins Unabsehbare aufgebrochenen Fortschritts, von dem Blumenberg spricht, ist hier mit dem Unsichtbaren immer schon das Noch-Unsichtbare, das Noch-Nicht-, aber möglicherweise Schon-Bald-Sichtbare gemeint.

»Da nun der poetische Pinsel das Vermögen hat, dem Gemüthe diese Schönheiten des Kleinen so wohl als des Grossen, die dem blossen Auge unbekannt sind, recht lebhaft vorzumahlen, so ist daraus offenbar [...], daß die poetischen Schildereyen dem Verstande auch in sichtbaren Dingen solche verwundersame Schönheiten vor Augen legen können, die dem sinnlichen Auge ganz verschlossen sind.«[40]

Der Vergleich des optischen Instruments mit einem »poetischen Pinsel« macht jedoch auch deutlich, dass das Instrument keineswegs einfach nur unmittelbar zeigt, was im Großen und Kleinen zu sehen ist, sondern dass es – wie der Pinsel des Malers und mehr noch die Worte des Dichters – rekonstruierend eingreift: Es produziert *Bilder*, die zudem der sprachlichen Beschreibung und Auslegung bedürfen. Das gilt natürlich ganz besonders für eine Zeit, in der, wie Böhme und andere betont haben, die Mikroskop- und Teleskop-Ansichten nicht nur notorisch unzuverlässig und interpretationsbedürftig, sondern zu ihrer Haltbarmachung auch darauf angewiesen waren, abgemalt zu werden.[41] Breitingers zögerliche Einsicht in diese Abhängigkeit des Sehens von seinen medialen Rahmenbedingungen – sechs Jahre später in Zedlers Universallexikon bereits eine skeptizistische Selbstverständlichkeit[42] – führt letztlich dazu, dass er auch Literatur nicht nur als Vermittlerin, sondern ebenso als Produzentin eigenen Wissens anzuerkennen beginnt. Er schreibt:

»folglich muß der Poet sich nicht alleine die Wercke der Natur, die durch die Kraft der Schöpfung ihre Würcklichkeit erlanget haben, bekannt machen, sondern auch, was in ihren Kräften annoch verborgen lieget, fleissig studieren, um so viel mehr, da dieses letztere, nemlich die Nachahmung der Natur in dem Möglichen, das eigene und Haupt-Werck der Poesie ist«.[43]

---

40 Breitinger: Critische Dichtkunst, S. 122f.

41 Böhme: »Bildevidenz, Augentäuschung und Zeugenschaft in der Wissenschaft des Unsichtbaren im 17. Jahrhundert«, S. 29ff.; vgl. auch Nelle: »Teleskop, Theater und die instrumentelle Offenbarung neuer Welten«, S. 71; Stadler: »Von Brillen, Lorgnetten, Fernrohren und Kuffischen Sonnenmikroskopen. Zum Gebrauch optischer Instrumente in Hoffmanns Erzählungen«, S. 95-100 sowie Stadler: »Der technisierte Blick«, S. 23-34.

42 Vgl. Kosenina, Alexander: »Das bewaffnete Auge. Zur poetischen Metaphorik von Mikroskop und Guckkasten«, in: metaphorik.de. Das Online-Journal zur Metaphorik in Sprache, Literatur und Medien 11 (2006), S. 53-80, hier S. 65, http://www.metaphorik.de/de/journal/11/das-bewaffnete-auge-zur-poetischen-metaphorik-von-mikroskop-und-guckkasten.html (letzter Zugriff: 21.06.2016).

43 Breitinger: Critische Dichtkunst, S. 57.

Mithilfe eines bis zum Zerreißen gespannten Nachahmungsbegriffs lässt Breitinger hier den poetischen Pinsel bloß mögliche, d.h. der Einbildungskraft entsprungene Welten malen, wobei die Einbildungskraft noch vorwiegend reproduktiv gedacht wird und die möglichen Welten nach wie vor den Gesetzen der Logik gehorchen müssen. Das Wunderbare erscheint hier nicht mehr als Verfremdung eines vermeintlich Bekannten, sondern als genuin Neues, neu nicht im Sinne einer »Ergänzung des Spektrums der möglichen Phänomene«, sondern als deren neue Zusammenstellung;[44] und nicht das optische Instrument kann einen Einblick in dieses Neue gewähren, sondern allein die Literatur, die zugleich die einzige Materialisierungsform seiner ansonsten immateriellen Existenz im Kopf des Dichters ist.

Während Breitinger mit diesem Möglichkeitsbegriff noch in der Tradition des die Imagination für den wissenschaftlichen Erkenntnisgewinn reklamierenden Fontenelle steht, geht er mit der Etablierung des Konzepts eines Wahren der Einbildung, mit Hilfe dessen er das Wunderbare ebenfalls rechtfertigt, dann darüber hinaus:

»Man muß also das Wahre des Verstandes und das Wahre der Einbildung wohl unterscheiden; es kan dem Verstand etwas falsch zu seyn düncken, das die Einbildung für wahr annimmt: Hingegen kan der Verstand etwas für wahr erkennen, welches der Phantasie als ungläublich vorkömmt; und darum ist gewiß, daß das Falsche bisweilen wahrscheinlicher ist, als das Wahre. Das Wahre des Verstandes gehöret für die Weltweißheit, hingegen eignet der Poet sich das Wahre der Einbildung zu«.[45]

Mit der Etablierung einer Wahrheit der Einbildungskraft wird, wie Tomas Sommadossi ausführt, nicht nur die Urteilskraft des Publikums zum Orientierungspunkt gewählt, sondern vor allem wird in Konflikten von Verstand und Einbildungskraft bzw. sinnlicher Wahrnehmung in der Dichtung Partei für letztere ergriffen.[46] Breitinger gibt konkrete Beispiele, etwa dass eine heftige Leidenschaft einen Menschen die Welt anders wahrnehmen lasse, als wenn er sie mit nüchternem Verstand beurteilen würde, der Dichter sich jedoch – der Wahrheit der Sinnlichkeit folgend – an dieser leidenschaftlichen Perspektive zu orientieren habe oder dass viele Menschen, auch wenn ihr Verstand es besser wisse, an die Welterklärungen von Mythos und Sage glauben würden und der Dichter, der mit dem Maßstab der

44 Sommadossi, Tomas: »›Mögliches‹, ›Neues‹ und ›Wunderbares‹ in Johann Jakob Breitingers ›Critischer Dichtkunst‹ (1740)«, in: Scientia poetica 12 (2008), S. 44-68, hier S. 53.

45 Breitinger: Critische Dichtkunst, S. 138f.

46 Sommadossi: »›Mögliches‹, ›Neues‹ und ›Wunderbares‹ in Johann Jakob Breitingers ›Critischer Dichtkunst‹«, S. 62.

Einbildungskraft messe, diese deshalb in seine Dichtung einbauen müsse[47] – hier bezieht Breitinger die entgegengesetzte Position zu Fontenelles Polemik gegen den Glauben an das mythische Wunderbare. Für Breitinger ist das, was sinnliche Evidenz hat, auch ästhetisch gerechtfertigt, wie Angelika Wetterer gezeigt hat.[48]

Mit dem Konzept einer Wahrheit der Einbildungskraft entwickelt Breitinger mithin eine Alternative zu dem am optischen Instrument gewonnenen poetologischen Modell, durch einen der naturwissenschaftlichen Wahrheit verpflichteten »Schein der Falschheit« die Verwunderung des Rezipienten erzielen zu wollen. Im alternativen Modell ist dieser »Schein der Falschheit« hingegen den Sinnen oder der Einbildungskraft verpflichtet. Nicht die Naturwissenschaft, sondern die Psychologie wird hier letztlich als das Feld des Wunderbaren bestimmt, wobei das Wunderbare nach wie vor dasjenige ist, was jenseits dieses Feldes als unmöglich oder unbegreifbar erscheint, innerhalb dieses Feldes aber gerade wahrscheinlich ist.[49] Übertragen auf die Diskussion um das optische Instrument bedeutet das, dass genau dasjenige, was für die Zweifel an dessen Erkenntnisleistung verantwortlich war, nun für psychologisch ›wahr‹ genommen wird, d.h. im Fokus des Interesses stehen hier nicht mehr Aussagen über das Objekt, sondern das wahrnehmende Subjekt, das ein für sich wahres Wunderbares produziert. Diese Verschiebung steht, so meine ich, im Zentrum von Hoffmanns Poetologie des Wunderbaren, die so vehement wie kaum eine andere auf optische Instrumente rekurriert.[50] Das möchte

47 Vgl. Breitinger: Critische Dichtkunst, S. 299.

48 Vgl. Wetterer, Angelika: Publikumsbezug und Wahrheitsanspruch. Der Widerspruch zwischen rhetorischem Ansatz und philosophischem Anspruch bei Gottsched und den Schweizern (= Studien zur deutschen Literatur, 68), Tübingen: Niemeyer 1981.

49 Insofern ist bei Breitinger durchaus schon angelegt, was in der Forschung Martin Wieland zugeschrieben wurde, dass er nämlich Breitingers poetologisches Prinzip der Etablierung eines Scheins der Falschheit, den es dann zu durchdringen gilt, psychologisiere und auf die Ebene der Figuren übertrage (Preisendanz, Wolfgang: »Die Auseinandersetzung mit dem Nachahmungsprinzip«, in: Jauss, Hans Robert (Hg.), Nachahmung und Illusion (= Poetik und Hermeneutik, 1), München: Eidos 1964, S. 72-93). Allerdings könnte Breitingers Rede von einem »Schein der Falschheit« in Bezug auf Sinne und Einbildungskraft auch anders interpretiert werden: nicht so, dass etwas dem Verstand falsch scheint, aber für die Sinne oder die Einbildungskraft wahr ist, sondern so, dass die Wahrheit der Sinne oder der Einbildungskraft als falscher Schein entlarvt und dann auf das Wahre des Verstandes hin aufgelöst wird. Breitingers Konzeption bleibt meiner Ansicht nach hier mehrdeutig, was zu divergierenden Lesarten führt.

50 Dazwischen passiert natürlich sehr viel, so müsste man etwa über die poetologische Reflexion des optischen Instruments bei Jean Paul sprechen (vgl. dazu u.a. Bergengruen: »›Heißbrennende Hohlspiegel‹«) oder auch über die grünen Gläser bei Kleist (vgl. dazu

ich abschließend am *Öden Haus* (1817) aus den *Nachtstücken* demonstrieren. Dabei soll nicht die geläufige These wiederholt werden, dass die optischen Instrumente für die Einbildungskraft des Dichters und die Gefahr einstünden, in ihren Welten den Kontakt zur Wirklichkeit zu verlieren,[51] sondern ich möchte über Hoffmanns Infragestellung der (Selbst-)Reflexion sprechen.

---

u.a. Müller-Tamm, Jutta: »Kleists ›grüne Gläser‹. Gefärbte Brillen, Blindheit und Erkenntnis um 1800«, in: Eickenrodt, Sabine (Hg.), Blindheit in Literatur und Ästhetik, Würzburg: Königshausen & Neumann 2012, S. 91-101) oder auch bei Brentano und Eichendorff (vgl. dazu u.a. Gess, Nicola: »›Wunderbare Beleuchtung‹. Zur Poetik des Wunderbaren bei Joseph von Eichendorff«, in: Jahrbuch des Freien Deutschen Hochstifts 2008, S. 265-289). Kosenina schreibt generalisierend über diesen Zeitraum, dass um 1800 im Vergleich etwa mit Brockes ein differenzierterer und reflektierterer Umgang mit optischen Instrumenten merklich und gefordert sei, der auch deren metaphorischen Gebrauch betreffe (vgl. Kosenina: »Das bewaffnete Auge«, S. 57).

51 Häufig erscheinen die optischen Instrumente bei Hoffmann als Metaphern für die Tätigkeit der Einbildungskraft oder vielmehr für die Gefahr, sich deren Produkten allzu unkritisch hinzugeben – was aus dem angehenden Dichter dann, wie im Fall Nathanaels aus dem *Sandmann*, einen scheiternden Dichter macht. Bei Hoffmann tritt diese Tätigkeit typischerweise in zwei, durchaus auch miteinander verbundenen Ausprägungen auf, nämlich der Verlebendigung und der Übertragung. Beide Verfahren werden von Hoffmann an anderen Stellen als poetologische Grundprinzipien seiner Dichtung ausgemacht (vgl. dazu Segebrecht, Wulf: »E.T.A. Hoffmanns Schule des Sehens«, in: Ders., Heterogenität und Integration. Studien zu Leben, Werk und Wirkung E.T.A. Hoffmanns (= Helicon. Beiträge zur deutschen Literatur, Band 20), Frankfurt a.M. u.a.: Lang 1996, S. 119-130). In der Einleitung zu den *Fantasiestücken in Callots Manier* erläutert Hoffmann deren Entstehung damit, dass sich ihm die Zeichnungen Callots bei langem und intensivem Hinschauen »beleben« würden und ihre Figuren »kräftig und in den natürlichsten Farben glänzend« hervorträten (Hoffmann, E.T.A.: »Fantasiestücke in Callot's Manier«, in: Ders., Sämtliche Werke in sechs Bänden, hg. von Hartmut Steinecke und Wulf Segebrecht, Bd 2/1, Frankfurt a.M.: Deutscher Klassiker Verlag 1993, S. 9-455, hier S. 17). Analog dazu verlebendigt Theodor das leblose Ölbild zum lebendigen Mädchen. Zuvor hatte sich seine Phantasie das »Zauberbild« des Mädchens allerdings erst erschaffen, um es dann in die Wirklichkeit übertragen zu können (Hoffman, E.T.A.: »Das öde Haus«, in: Ders., Sämtliche Werke in sechs Bänden, Bd. 3, S. 163-198, hier S. 174ff.). Diesen Vorgang hat Hoffmann wiederum den Einsiedler Serapion als poetologisches Prinzip formulieren lassen: «[Jeder strebe] recht ernstlich darnach, das Bild, das ihm im Innern aufgegangen recht zu erfassen mit allen seinen Gestalten, Farben, Lichtern und Schatten, und dann, wenn er sich recht entzündet davon fühlt, die Darstellung ins äußere Leben [zu] tragen« (Ders.: »Die Serapions-Brüder«, in: Ders., Sämtliche Werke in

IV. SPIEGEL-BILDER (HOFFMANN)

Das öde Haus setzt in der Rahmenhandlung mit poetologischen Überlegungen zum Wunderbaren ein. Kurz skizziert, wird hier zunächst das Wunderbare als scheinbar unmögliches und übernatürliches Ereignis unterschieden vom Wunderlichen als ein rational nicht zu rechtfertigendes, wohl aber emotional verständliches Verhalten; dann aber ergänzend behauptet, dass das Wunderliche immer aus dem Wunderbaren erwachse.[52] Zur Illustration dieser »Mischung« erzählt Theodor die Geschichte vom öden Haus, in der optische Instrumente – ein Opernglas, ein Spiegel, eine Laterna Magica – eine zentrale Rolle spielen.[53]

Gerhard Neumann hat die These vertreten, dass Hoffmanns Texte das Verfahren der optischen Anamorphose adaptieren, das Defiguration in Refiguration umschlagen lässt. Er findet dieses Verfahren sowohl im Einsatz optischer Instrumente bei Hoffmann wieder als auch im narrativen Muster der »progressive[n] Exploration des verdunkelten Faktischen, des verborgenen Triebgeschehens und des noch unentdeckten Zusammenhangs der Dinge«.[54] Auf den ersten Blick fügt sich auch

---

sechs Bänden, Bd 4, S. 9-1199, hier S. 69). Folgt man ihm, kommen in Theodors eigentümlichem Gebrauch des Spiegels also beide Verfahren zusammen: Übertragung und Verlebendigung lassen aus visioniertem Zauberbild und gemaltem Ölbild das lebendige Mädchen werden. Damit ermöglicht der Spiegel im Übrigen genau das, was man seit Aristoteles' Poetik der Metapher zutraut und ist zugleich selbst Metapher für diese Verfahren.

52 Hoffman: »Das öde Haus«, S. 164f. Im Unterschied zur inhaltlich und strukturell verwandten Erzählung *Der Sandmann*, ist die Forschungsliteratur zum *Öden Haus* recht überschaubar. An neueren Aufsätzen seien erwähnt: Sittig, Claus: »Vom Wunderlichen in der Poesie. Wissbegierde und Einbildungskraft in E.T.A. Hoffmanns ›Nachtstück‹ *Das Öde Haus*«, in: Murnane, Barry/Cusack, Andrew (Hg.), Populäre Erscheinungen. Der deutsche Schauerroman um 1800 (= Laboratorium Aufklärung, Band 6), München: Fink 2011, S. 231-248 sowie vor allem die sehr überzeugende Lektüre von Lieb, Claudia: »Und hinter tausend Gläsern keine Welt. Raum, Körper und Schrift in E.T.A. Hoffmanns ›Das öde Haus‹«, in: E.T.A. Hoffman Jahrbuch 10 (2002), S. 58-75.

53 Zum wissenschaftsgeschichtlichen Kontext zu Hoffmanns Rede von optischen Instrumenten vgl.: Stadler: »Von Brillen, Lorgnetten, Fernrohren und Kuffischen Sonnenmikroskopen«; Müller, Maik M.: »Phantasmagorien und bewaffnete Blicke. Zur Funktion optischer Apparate in E.T.A. Hoffmanns ›Meister Floh‹«, in: E.T.A. Hoffmann Jahrbuch 11 (2003), S. 104-121.

54 Neumann, Gerhard: »Anamorphose. E.T.A. Hoffmanns Poetik der Defiguration«, in: Kablitz, Andreas/Neumann, Gerhard (Hg.), Mimesis und Simulation, Freiburg: Rombach 1998, S. 377-417, hier S. 404.

die Erzählung *Das Öde Haus*, auf die Neumann nicht eingeht, dieser Lesart. Das eigentümliche Haus, das das Interesse des autodiegetischen Erzählers Theodor auf sich lenkt, ist deutlich de-figuriert: Zum einen verzerrt, nämlich zwischen zwei Häusern eingeklemmt und dadurch zu schmal, zugleich aber auch gestaucht, denn wo sich sonst nur das Erdgeschoss erstreckt, müssen hier gleich zwei Stockwerke Platz finden; zudem fehlen ihm die für ein Haus charakteristischen Öffnungen, weil die Fenster vermauert oder verklebt und weder Glocke, Schloss noch Drücker am Torweg zu entdecken sind, und es fehlt ihm auch die Farbe, seine Mauern sind »farb-los[...]«.[55] Dem Betrachter Theodor, der die Allee durchwandelt und seinen Blick von Haus zu Haus gleiten lässt, fällt dieses Haus darum sogleich als »wunderlich[...] selbstsame«[56] Abweichung auf, die ihm rätselhaft erscheint. Das Rätsel beginnt sich zu erschließen durch den Einsatz eines optischen Instruments, allerdings nicht eines dioptrischen Mediums, wie bei Neumann thematisiert, sondern eines Spiegels. Der Spiegel wird, wie bei katoptrischen Anamorphosen, eingesetzt, um ein Bild genauer zu betrachten, und durch seinen Einsatz refiguriert sich das Betrachtete zu einem den Betrachter anblickenden Bild eines jungen Mädchens.[57] Noch deutlicher wird das Verfahren der Refiguration einer Defiguration später, wenn Theodor den Spiegel anhauchen, ihn also verunklaren muss, um dann erst das Bild des Mädchens darin erkennen zu können.[58] Das wiederholt sich, wenn Theodor, durch die Sehnsucht nach dem Bild getrieben, in das rätselhafte Haus eindringt und dort abermals »aus dem Nebel eine hohe jugendliche Gestalt in reichen Kleidern hervorleuchte[t]«, welche sich allerdings als Kippbild erweist, indem sie – je nachdem wie weit Theodor von ihr entfernt steht – mal ein »von Alter und Wahnsinn gräßlich verzerrtes Antlitz«, mal die »Züge jenes holden Spiegelbildes« trägt.[59] Theodors hartnäckige Untersuchung des Rätsels des öden Hauses beginnt also mit den Spiegel-Beobachtungen und endet schließlich mit einer, wie es heißt, nicht zuletzt durch ihn »herbeigeführt[en]«[60] Aufklärung: Im Haus wohnt, bewacht von einem Verwalter, eine wahnsinnig gewordene alte Gräfin, die zu ihrem Schutz und zum Schutz Fremder dort eingesperrt gehalten wird und über magnetische Fähigkeiten verfügt, mithilfe derer sie Theodor an das Bild ihrer früheren jugendlichen Erscheinung gebunden hatte, bis dieser sich in seinem nächtlichen Besuch von diesem Bann befreien konnte.[61] Insofern ließe sich diese Erzählung also durchaus

55 Hoffman: »Das öde Haus«, S. 166.

56 Ebd.

57 Hoffman: »Das öde Haus«, S. 177f.

58 Ebd., S. 180.

59 Ebd., S. 188f.

60 Ebd., S. 198.

61 Ebd., S. 192-198.

als eine »progressive Exploration des verdunkelten Faktischen« verstehen, und zwar eines mit Neumann »romantischen« Faktischen, in dem irrationale Beweggründe und der rätselhafte Magnetismus eine Rolle spielen, der in der Erzählung von Fachleuten seinerseits als Königsweg zur Aufklärung der Geheimnisse des menschlichen Geistes erklärt wird. Mit Bezug auf die Unterscheidung von Wunderbarem und Wunderlichen müsste man dann von der progressiven Auflösung des vermeintlich Wunderbaren ins Wunderliche sprechen.[62]

Doch so rund diese Deutung anmutet, so unstimmig ist sie auch. Denn die Erzählung gibt eine ganze Reihe von Hinweisen darauf, dass am Schluss alles andere als eine Auflösung der rätselhaften Ereignisse erfolgt. Erstens bleibt vor allem die Wirkungsweise des Spiegels ganz bewusst ungeklärt: Theodor hört einfach auf, darüber nachzudenken, »wie aber der Spiegel – das tolle Zauberwesen überhaupt – doch weiter – weiter!«[63] – und hier bricht er ab; und am Schluss erklärt es erst der Arzt für »überflüssig«, ihn auf den »tiefern Zusammenhang aller dieser seltsamen Dinge aufmerksam zu machen« und anschließend auch Theodor für »ganz unnütz, mich [...] darüber etwa zu verbreiten«.[64] Und zweitens – und spätestens hier zeigt sich, dass es in diesen Verunklarungen nicht um eine Auflösung des Wunderlichen ins Wunderbare gehen kann, wie Sittig meint[65] – drängt diese Auflösungsgeschichte auf dem engen Raum von vier Seiten eine so wüste Mischung aus Märchenmotiven (böse Hexe, zwei Schwestern, eine gut – eine böse) und dem pathologischen und verbrecherischen Spektakulären (Kindesentführung, Ehebruch, Wahnsinnsanfälle) zusammen, dass sie nicht wie die Auflösung des Rätsels, sondern eher wie die Karikatur einer Auflösung erscheint.[66] Der Wunsch nach Aufklärung wird hier von einem offenbar nicht besonders einfallsreichen oder stilsicheren Erzähler etwas zu abrupt befriedigt, so dass man, wenn man an diese Auflösung glauben will, besser nicht noch einmal nachhakt – wie das ja auch Theodor bewusst nicht tut. Der Erzähler aber ist hier nicht Theodor selbst, sondern sein Arzt. Gut

62 Das würde etwa Burkhard Dohms Lektüre entsprechen, in der er am Beispiel des *Fräuleins von Scuderi* (1819) zeigt, wie durch Magnetismus und andere beglaubigte wissenschaftliche Überzeugungen der Zeit auch das Unwahrscheinliche als wahrscheinlich gekennzeichnet wird (Dohm, Burkhard: »Das unwahrscheinliche Wahrscheinliche. Zur Plausibilisierung des Wunderbaren in E.T.A. Hoffmanns ›Das Fräulein von Scuderi‹«, in: Deutsche Vierteljahrsschrift für Literaturwissenschaft und Geistesgeschichte 73 (1999), S. 289-318).

63 Hoffman: »Das öde Haus«, S. 190.

64 Ebd., S. 189f.

65 Vgl. Sittig: »Vom Wunderlichen in der Poesie«, S. 231-248.

66 Vgl. zu dieser »rasanten tour de force«, Lieb: »Und hinter tausend Gläsern keine Welt«, S. 63.

denkbar also, dass er die ganze Geschichte nur erfunden hat, um Theodors Bedürfnis nach einer Auflösung zu befriedigen. Insofern würde hier zwar, wie Neumann schreibt, die anamorphotische Refiguration im Modus des Erzählens vorgenommen, aber nur um zugleich als kalkulierte (Selbst-)Täuschung markiert zu werden.

Das eigentliche Problem, um das die Erzählung kreist und das auch an ihrem Ende nicht gelöst werden kann, betrifft aber nicht das Rätsel um das öde Haus, sondern dessen Beobachter. Theodor beginnt zwar als Detektiv des öden Hauses, wird dann aber zum Detektiv seiner selbst und muss an dieser Aufgabe scheitern, weil sie ihn in einen unendlichen Strudel der Selbstreflexion stürzt. Entscheidend dafür ist, dass, anders als in vielen anderen Erzählungen Hoffmanns, hier nicht ein dioptrisches, sondern ein katoptrisches Medium zum Einsatz kommt, dessen Funktion in der Erzählung es nun genauer zu untersuchen gilt. Der Blick in den Spiegel wiederholt für Theodor ein verdrängtes Kindheitstrauma:

»wenn ich mich [...] gelüsten ließ, Abends vor dem großen Spiegel in meines Vaters Zimmer stehen zu bleiben und hinein zu gucken [, dann sagte die Ammenfrau,] wenn Kinder Nachts in den Spiegel blickten, gucke ein fremdes, garstiges Gesicht heraus, und der Kinder Augen blieben dann erstarrt stehen. [...] Einmal glaubt' ich ein paar gräßliche glühende Augen aus dem Spiegel fürchterlich herausfunkeln zu sehen, ich schrie auf und stürzte dann ohnmächtig nieder«.[67]

Statt sich mit dem Spiegelbild zu (miss-)identifizieren (im Sinne von Lacans *méconnaissance*) und auf diese Weise ein Selbst-Bewusstsein zu entwickeln, sieht das Kind – beeinflusst durch das Ammenmärchen[68] – im Spiegel einen unheimlichen Fremden. Entsprechend ermöglicht der Spiegel hier gerade nicht die jubilatorische Inbesitznahme des vollständigen Körpers, sondern auch im Spiegel bleiben nur Partialobjekte sichtbar, die Augen des Fremden, später auch Gesicht oder Arm und Hand des Mädchens. Das Kindheitstrauma wiederholt sich in Theodors späteren Erlebnissen rund um das öde Haus. Blickt er in den vernebelten Spiegel, sieht er nie sich selbst, sondern verliebt sich entweder in das fremde Spiegelbild oder schreckt vor ihm mit Grausen zurück. Dafür steht das bereits beschriebene Kippbild ein, das Theodor im Nebel erscheint: »da war es mir, als sei das scheußliche Gesicht nur eine Maske von dünnem Flor, durch den die Züge jenes holden Spiegelbildes durchblickten«.[69] Alle Ereignisse rund um das öde Haus erscheinen auf diese Weise als projizierte Reflexionen Theodors. So lässt sich auch das merk-

67 Hoffman: »Das öde Haus«, S. 177f.

68 Vgl. dazu Lieb: »Und hinter tausend Gläsern keine Welt«, S. 61 und 70, die auf das Ammenmärchen am Ursprung des Traumas hinweist, sowie zu Lacan S. 69.

69 Hoffman: »Das öde Haus«, S. 189.

würdige Aussehen des öden Hauses erklären: Es ähnelt einer gigantischen Laterna Magica: einem weitgehend abgeschlossener Kasten, aus dem bisweilen Licht nach draußen zu schimmern scheint, der Bilder nach außen abgibt und aus dem eine geheimnisvolle Röhre hinaus ragt, aus der Rauch quillt; die Bilder der Laterna Magica wurden aufgrund ihrer Unschärfe auch oft »Nebelbilder« genannt – und mit Nebelbildern hat es ja auch Theodor zu tun. Bis hierhin ließe sich also durchaus noch sagen, dass der Spiegel als ein der progressiven Aufklärung verpflichtetes optisches Instrument fungiert, insofern er Theodor mit verdrängten Erinnerungen und mit Erlebnissen konfrontiert, die seine Selbstgewissheit irritieren und ihn zum Nachdenken über sich selbst anregen.[70]

Weit davon entfernt, ein »erlösende[r] Akt« zu sein, wie Peter von Matt schreibt,[71] und Theodor vor dem Schicksal Nathanaels im eng verwandten *Sandmann* (1817) zu bewahren, wie der Kommentar zum *Öden Haus* meint,[72] steht jedoch gerade dieses Nachdenken am Anfang aller Schwierigkeiten. Schon das Trauma und die späteren Spiegelerlebnisse stehen ein für das Problem der Selbstreflexion, das durch die Spiegelung nicht gelöst, sondern nur ins Unendliche potenziert werden kann.[73] In Theodors Erlebnissen mit dem Spiegel geht es vor

70 Auf die optischen Spektakel wird hier also nicht mit Schaulust und genussvollem Staunen reagiert, sondern Theodor weist sich als aufgeklärtes Subjekt aus, indem er nicht nur über die Beschaffenheit der wunderlichen Objekte, sondern insbesondere über sich selbst reflektiert.

71 Matt, Peter von: »Die gemalte Geliebte. Zur Problematik von Einbildungskraft und Selbsterkenntnis im erzählerischen Werk E.T.A. Hoffmanns«, in: Germanisch-Romanische Monatsschrift N.F. 21 (1971), S. 395-412, hier S. 412.

72 Vgl. Kommentar zum *Öden Haus*, in: Hoffmann, E.T.A.: Sämtliche Werke in sechs Bänden, Bd. 3, S. 1002-1012, hier S. 1007.

73 Vgl. Menninghaus, Winfried: Unendliche Verdopplung. Die frühromantische Grundlegung der Kunsttheorie im Begriff absoluter Selbstreflexion, Frankfurt a.M.: Suhrkamp 1987. Menninghaus zeigt (u.a. im Rückgriff auf *La double séance* (1970) von Derrida, der auch auf Hoffmann eingeht), wie Schlegel und Novalis gegen den identitätsphilosophischen Rahmen argumentieren, der auch noch Fichte und Schelling prägt, indem sie auf die Dualität in der Einheit hinweisen: Das echte Individuum ist ihnen schon ein Dividuum; Selbstreflexion ist immer schon eine immanente Selbstüberschreitung allen Selbst. Man kann vielleicht sagen, dass Hoffmann diese philosophische Kritik als literarische Kritik leistet bzw. in der Literatur vorführt, und zwar nicht nur am Spiegeltrauma, sondern auch daran, dass es kein Original zu den Bildern gibt und dass die Bilder mit ihren Spiegelbildern entstehen, also in einer ursprünglichen Duplizität befangen sind. Bei Hoffmann sind diese Bilder ambivalent bzw. sogar negativ besetzt, denn die ursprüngliche Spaltung führt bei ihm in den Wahnsinn. Als Lösung dafür deutet sich

allem um das Phänomen der Verdopplung in eine anschauliche und eine reflektierte Welt, wobei gerade die letztere als potentiell verrückte Welt erscheint. Theodor kann mit dem Phänomen der Verdopplung nicht umgehen. Er spaltet sein Spiegelbild von sich ab, begegnet ihm – wie Freud seinem unheimlichen Doppelgänger im Eisenbahnwaggon[74] – als einem zutiefst ambivalent besetzten Fremden.[75] Das zeigt sich etwa, als er bei einem gesellschaftlichen Anlass plötzlich auf »[s]ein Spiegelbild in den getreusten Zügen«[76] trifft und, eben noch ein nervliches Wrack, seine psychische Angegriffenheit dann in dieses Spiegelbild, in dem er die schöne Fremde zu erkennen meint, abspaltet, um selbst ausgeglichen und wie ein Arzt mit ihr zu verfahren: »[Ich] fand bald, daß ich ein zartes, holdes, aber in irgend einem psychischen Überreiz verkränkeltes Wesen neben mir hatte«, das er dann mit »heitern Wendungen des Gesprächs«, beruhigenden Worten und einem Schlückchen Champagner aufzumuntern sucht.[77]

Es bleibt jedoch nicht bei *einer* Spaltung. Der Fremde – die reflektierte Version des Ich – beobachtet nun Theodor: Die fremden Augen beginnen zu glühen, Theodors aber zu erstarren, er ist vom Spiegelblick gebannt.[78] Von diesem Erlebnis alarmiert, reflektiert nun wieder Theodor über den rätselhaften Fremden, woraus dann eine erneute Verdopplung entsteht usw. Das ist der Strudel, in den Theodor im Nachdenken über seine Erlebnisse mit dem Spiegel gestürzt und über den er krank

allenfalls die Nichtidentität von erzählendem und erzähltem Ich an, so dass auch Theodors Erzählung seiner Erlebnisse eine gewissermaßen therapeutische Funktion zukommt.

74 Freud, Sigmund: »Das Unheimliche» [1919], in: Ders., Gesammelte Werke chronologisch geordnet, Bd. 12: Werke aus den Jahren 1917-1920, hg. von Anna Freud u.a., London: Imago 1955, S. 227-268, hier S. 262f.

75 Die Doppelgängerthematik spielt in Hoffmanns Erzählungen bekanntermaßen eine wichtige Rolle, vgl. etwa in den *Elixieren des Teufels* (1815/16), im *Abenteuer der Silvesternacht* (1815), in *Prinzessin Brambilla* (1821) (dort sogar mit Referenz auf Fichte) u.a. Theodor jedoch hat keinen Doppelgänger. Siehe zur Doppelgängerthematik z.B. Lachmann, Peter: »Doppelgänger in E.T.A. Hoffmanns Spiegel-Lachtheater«, in: Neumann, Gerhard (Hg.), ›Hoffmanneske Geschichte‹. Zu einer Literaturwissenschaft als Kulturwissenschaft, Würzburg: Königshausen & Neumann 2005, S. 77-133.

76 Hoffman: »Das öde Haus«, S. 190.

77 Ebd., S. 191f.

78 Ebd., S. 178. Brüggemann interpretiert das als Medusenblick: die Bannung der Anderen durch den distanzschaffenden Spiegel (vgl. Brüggemann, Heinz: Das andere Fenster: Einblicke in Häuser und Menschen. Zur Literaturgeschichte einer urbanen Wahrnehmungsform, Frankfurt a.M.: Fischer 1989, S. 147). Zugleich ist der Spiegel hier Medium zur Sexualisierung des Blicks, vgl. zum erotischen Subtext der Erzählung: C. Lieb, »Und hinter tausend Gläsern keine Welt«, S. 59f.

wird. Zwar versucht er immer wieder, sich daraus zu befreien, sucht etwa den Arzt als eine objektive Instanz auf und führt unter dessen Aufsicht wissenschaftliche Versuchsreihen mit dem Spiegel durch. Doch führen die nicht nur für ihn zu keiner Auflösung, sondern ziehen auch noch den Arzt mit in den Strudel hinein: Beeinflusst durch Theodors Erzählung sieht dieser nun ebenfalls eine Fremde im Spiegel.[79]

Auch die Erzählung selbst wird in den Strudel der Verdopplungen gerissen, wie sich an den Vorgängen rund um das öde Haus zeigt. Anfangs scheinbar unbewohnt, liefert der Blick in den Spiegel dem Haus mehr und mehr Bewohner: das Mädchen, das der Erzähler Theodor immer wieder »mein Spiegelbild« nennt; deren Mutter, die sich in der Schwester – der wahnsinnigen Gräfin – verdoppelt, welche im übrigen ebenfalls behauptet, eine Tochter zu haben; die Zigeunerin, die am Schluss mit der Gräfin identisch zu sein scheint; der alte Hausverwalter, dessen glühende Augen ihn als Reinkarnation des Spiegelfremden aus der Kindheit kenntlich machen; Graf S. und ein Obrist, die beide dem magnetischen Liebeszauber erliegen und eine Reise nach Pisa unternommen haben; und auch der magnetismusbewanderte Mediziner ist doppelt vorhanden – einzig Theodor verfügt über keinen identifizierbaren Doppelgänger. Den Verdopplungen fehlt das lebende Original, wie sich exemplarisch an der Figur des Mädchens zeigt. Das Spiegelbild reflektiert kein tatsächliches Mädchen, sondern lediglich ein Bild, von dem nicht klar ist, ob es das Mädchen, die Mutter oder die Schwester zeigt, die allesamt nur ältere oder jüngere Kopien der Anderen sind. Am Ursprung steht bei all diesen Figuren also immer schon das Bild, das ein Spiegelbild bzw. aus der Abspaltung vom Spiegel allererst hervorgegangen ist.[80]

Auch strukturell folgt die Erzählung dem Prinzip der *mise en abyme*. In eine von einem hetero- und extradiegetischen Erzähler erzählte Rahmenhandlung, in der Theodor als notorischer Geisterseher charakterisiert wird, ist die von Theodor als homo- und intradiegetischem und durch die Rahmenhandlung als unzuverlässig qualifiziertem Erzähler berichtete Geschichte des öden Hauses eingelassen, in die wiederum zwei weitere, einander in einigen Punkten doppelnde Erzählungen eingebettet sind, allen voran die vermeintliche Auflösungsgeschichte, die von Theodors Arzt als hetero- und intradiegetischem Erzähler erzählt wird. Ebenso wenig wie Theodor mit den Verdopplungen umgehen kann, scheint die Erzählung ihrer *mise en abyme*-Struktur gewachsen zu sein, denn wie Theodor seinen Reflexionsprozess

79 Hoffman: »Das öde Haus«, S. 182f.

80 Auch die Bilder der Laterna magica sind Bilder ohne Urbilder und stehen metaphorisch für eine Literatur ein, die nicht mehr Abbilder, sondern eigene Bilder produzieren will. Der Spiegel ist hier nur noch leeres Versprechen eines Urbildes, bildet nicht mehr ab, sondern produziert eine unendliche Kette aufeinander verweisender Bilder.

plötzlich abbricht, enden auch die drei ineinander verschachtelten Erzählungen sehr abrupt mit der Weigerung des jeweiligen Erzählers, noch mehr zu sagen: Auf kurzen 20 Zeilen meint erst der Arzt, es sei überflüssig, noch mehr über die innerste Erzählung zu erzählen, dann hält es Theodor für unnütz, die mittlere Erzählung weiterzuverfolgen und schließlich bricht auch die Rahmenhandlung damit ab, dass man zwar erfährt, *dass* die Freunde »noch Manches« über Theodors Abenteuer sprachen, aber nicht *was*.[81] So steht der Spiegel hier nicht nur für die Aporien der Selbstreflexion ein, sondern auch für die einer selbstreflexiven Literatur; anhand des optischen Instruments reflektiert Literatur hier nicht nur über sich selbst, wie das in den Poetiken des Wunderbaren ja bereits angelegt ist, sondern sie führt vor allem die Probleme einer solchen literarischen Selbstreflexion vor.

Die Stellen, an denen die Erzählungen abbrechen, sind zugleich die Stellen, die das Wunderbare aufrufen, so Theodor, wenn er vom »tollen Zauberwesen« spricht,[82] der Arzt, wenn er den »tiefern Zusammenhang« der »seltsamen Dinge« erwähnt und nachträglich sein eigenes Entsetzen angesichts des fremden Bildes im Spiegel bekennt, und schließlich nochmals Theodor, wenn er vom »dämonische[n] Spiel« »mystische[r] Wechselwirkungen« orakelt.[83] Das Wunderbare wird so als die Stillstellung der Selbstreflexion lesbar; es füllt die Lücke, die sonst durch den Abbruch der Reflexion und ihrer Erzählung entstehen würde. Wenn in der Rahmenhandlung also davon die Rede ist, dass etwas übernatürlich und damit wunderbar *erscheint*,[84] so lässt sich das so lesen, dass das Wunderbare hier als bewusster Schein eingesetzt wird, der den Strudel der Selbstreflexion unterbrechen soll. Das Wunderliche hingegen steht dann ein für die Aporien dieser Selbstreflexion, für ihre Verdopplungen und Abspaltungen, die Theodor verrückt werden lassen. Theodors Definition in der Rahmenhandlung, dass das Wunderliche immer im Wunderbaren wurzele, erweist sich so als Fortführung derselben Abwehrstrategie, die ihn auch die Erzählung abbrechen lässt. Dazu passt, dass er aus Eberhards Synonymwörterbuch, auf das er sich in seiner Definition stützt, eben diejenige Passage auslässt, die das Wunderliche auf die besondere Affektstruktur und einen stets wechselnden Sinn vom Eigenen (»Eigensinn«) zurückführt – also eben die Passage, die ihn selbst als Inbegriff des Wunderlichen ausweisen würde. Einmal mehr wird hier abgebrochen und die so entstandene Lücke mit Begriff und geheimnisvoller Aura des Wunder-

81 Hoffman: »Das öde Haus«, S. 197f.

82 Ebd., S. 190.

83 Ebd., S. 198.

84 Ebd., S. 164f.

baren gefüllt, hier mit der besagten Behauptung des Wurzeln des Wunderlichen im Wunderbaren.[85]

V. SCHLUSS

Verbindet sich bei Rist mit dem optischen Instrument das Versprechen des Wunderbaren als ein Spektakel der Medialität, das auch und vor allem die Literatur zu leisten hat, so fungiert es bei Fontenelle als selbst wunderbares Instrument der Erkenntnis eines neuen und darum höchst erstaunlichen Wissens, deren Vermittlung die Literatur übernehmen soll. Diesen Gedanken greift Breitinger auf, um eine literarische Verbindung von Wahrheit und Wunderbarem zu ermöglichen; darüber hinaus entdeckt er aber das literarische Wunderbare als das Feld, auf dem das neue Interesse an der subjektiven Bedingtheit aller, auch der instrumentell erzielten Erkenntnis als das Interesse an einer Erkenntnis des Subjekts ausagiert werden kann. Bei Hoffmann steht das optische Instrument dann ein für die Aporien dieser Selbstreflexion, aus denen auch die Literatur keinen Ausweg weist. Die Verkehrung des Taschenfernrohrs in einen verfremdenden Spiegel produziert psychische und textuelle Störungen, die an die Stelle des wunderbaren Wissens vom Fremden das wunderlich gewordene Eigene setzen und auf Begriff und Aura des Wunderbaren nur mehr rekurrieren, um die moderne Unumgehbarkeit der *mise en abyme*-Strukturen zu verschleiern.

85 Vgl. Sittig: »Vom Wunderlichen in der Poesie«, S. 241, der aus dem Fehlen jedoch nur auf die Symptomthese schließt.

Der Augenspiegel

Sehen und Gesehen werden im 19. Jahrhundert

MARGARETE VÖHRINGER

Als der Berner Physiologe und Brillenträger Karl von Erlach Mitte des 19. Jahrhunderts bei einem Besuch in Berlin einem Bekannten in die Augen blickte, sah er in diesen Augen plötzlich ein starkes Leuchten.[1] Statt dieses Leuchten als eine besondere Wesensart seines Bekannten zu interpretieren oder sich zu fragen, was für eine Kraft dort im Auge aufschien, schloss Erlach darauf, dass die Augen von jenem Licht erleuchtet wurden, das sich in seiner Brille spiegelte. Erlach erklärte das Augenleuchten nach den Gesetzen der Optik und führte es fortan öffentlich in Vereinen vor. Etwa zur gleichen Zeit rief das Leuchten neue Aufmerksamkeit in der Augenheilkunde hervor allerdings nicht aufgrund von Erlachs Vorführungen, sondern in Folge eines neuen Instruments: des Augenspiegels.

Mit der physikalischen, statt etwa einer religiösen, Beschreibung dieser zufälligen Beobachtung ist Erlach ein typischer Vertreter der Physiologie des 19. Jahrhunderts, die sich bekanntlich an den Experimentalmethoden der Physik orientierte. Apparate zur Zeit- und Bewegungsmessung ebenso wie zur Visualisierung unterstützten die Wissenschaften dabei, genauer zu messen und genauer hin zu sehen: Sie machten unsichtbare körperliche Prozesse sichtbar, erlaubten es, kurze, kaum wahrnehmbare Reflexe zu registrieren, vergegenwärtigten vergangene Beobachtungen und ermöglichten es, Urteile zu verifizieren oder zu beschleunigen. So hielt die Chronofotografie in der Zeit ablaufende Bewegungen fest, stellte die Bewegung im Bild still und machte Bewegungsabläufe sichtbar, die zuvor nicht bekannt waren. Die Mikrofotografie zeigte eine Detailwelt, die dazu anregte, Fotografien mit der

1 Helmholtz, Hermann von: Beschreibung eines Augenspiegels zur Untersuchung der Netzhaut im lebenden Auge, Leipzig: Verlag von Johann Ambrosius Barth 1910 [1851], S. 11.

Lupe zu betrachten. Und der Augenspiegel erlaubte es erstmals, durch die Pupille in das Innere des Augapfels hineinzuschauen und so Abläufe im lebenden Körper zu beobachten, ohne diesen physisch zu verletzen. Doch mit Einführung neuer Sehhilfen wurde im 19. Jahrhundert der Bereich der Sichtbarkeit nicht nur erweitert, er wurde auch grundlegend verändert. Von den Gesetzen der Optik verschob sich die Aufmerksamkeit auf die Gesetze des Körperinneren. Prominent beschrieben hat diese Verschiebung vom optischen Regime des 18. zu jenem des 19. Jahrhunderts Jonathan Crary, der das Neue darin sah, dass der Körper als aktiver Produzent der optischen Erfahrung verstanden wurde. Die Modell-funktion von optischen Geräten wie der Camera Obscura reichte hiernach nicht mehr aus, um optische Phänomene zu verstehen, stattdessen wurde nach psycho-physiologischen Erklärungen gesucht.[2] Bemerkenswert ist allerdings, dass an dieser Umkehrung des Blicks von außen nach innen, von der technischen in die körperliche Umwelt, Instrumente wie der Augenspiegel beteiligt waren. Und dessen Rolle erscheint widersprüchlich: Zwar machte der Augenspiegel nicht mehr das reflektierende Brillenglas, sondern den dunklen Grund des Auges sichtbar, zugleich aber unterwarf er das Auge physikalischen Bedingungen. Was verraten die Erfindung und Anwendung des Augenspiegels über die Ordnungen der Dinge, die Verhältnisse zwischen Subjekt und Objekt und zwischen Organ und Instrument?

1. PHYSIOLOGIE

Hermann von Helmholtz kam nicht zuletzt durch die Beschreibung des Eingangs vorgestellten Karl von Erlach auf die Idee, den Augenspiegel zu konstruieren und reagierte damit auf ein unter Augenärzten allseits bekanntes Problem: Bei der Untersuchung von Patientenaugen stand der Arzt im wahrsten Sinne des Wortes immer sich selbst im Weg, sein Kopf hinderte das Licht daran, direkt die Netzhaut des Patienten zu beleuchten. Um den Beobachtungs- und Beleuchtungsstrahlengang zu parallelisieren, konstruierte Helmholtz »aus Brillengläsern und Deckgläschen für mikroskopische Objekte ein Gerät, mit dem das Licht einer seitlich stehenden Petroleumlampe durch einen halb durchsichtigen Spiegel so gelenkt werden konnte, dass es parallel zur Blickrichtung der untersuchten Person in das Auge fiel.«[3] Als Versuchsperson stellte sich Helmholtz' Ehefrau Olga zur Verfügung.

---

2 Crary, Jonathan: Techniques of the Observer: On Vision and Modernity in the Nineteenth Century, Cambridge, MA: MIT 1990.

3 Buck, Susanne: Der geschärfte Blick. Eine Kulturgeschichte der Brille (=Werkbund-Archiv 30), Frankfurt am Main: Anabas 2006, S. 110-111.

Abbildung 1: Helmholtz' Augenspiegel mit auswechselbaren Konkavlinsen

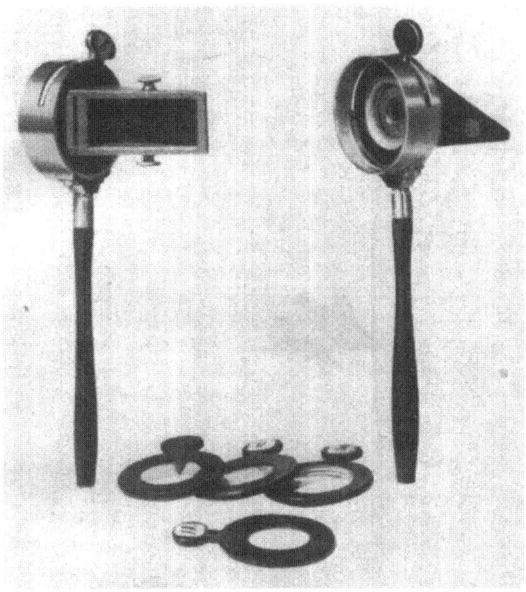

aus: Helmholtz, Hermann von: Hundert Jahre Augenspiegel, Leipzig: Georg Thieme 1951, S. 13.

Weniger bekannt ist ein zweites Problem, auf das Helmholtz mit seinem Augenspiegel reagierte und das er im *Handbuch der Physiologischen Optik* von 1867 beschrieb: Blickt der beobachtende Augenforscher in die Pupille seines Gegenüber, so sieht er in dessen Augen ein Spiegelbild seiner eigenen Pupille und umgekehrt. Diese Reziprozität im Blickverkehr erklärte er nicht als Effekt der Spiegelung, sondern der Fokussierung: »Ebenso wenig kann der Beobachter Licht aus dem Auge eines Anderen zurückkehren sehen, wenn dies letztere für die Pupille des Beobachters genau accommodiert ist.«[4] Demnach verhinderte das wechselseitige Scharfstellen von Beobachter und Beobachtetem, dass die lichtreflektierenden Teile des Auges und damit das Augenleuchten sichtbar werden. Der Augenspiegel behob das Problem, indem er ein so genanntes »Zerstreuungsbild« hervor brachte, das das Licht der Flamme nicht direkt »in das Auge fallen lässt, sondern von einem Spiegel reflectirt«, so dass »der Beobachter durch diesen Spiegel hindurchsieht«[5]. Während allerdings die Versuchsperson zerstreut auf den leuchtenden Spiegel blickte, musste der Beobachter weiterhin auf das Auge seines Gegenübers fokussieren, was

4 Helmholtz: Handbuch der Physiologischen Optik, 2. umgearbeitete Auflage, Hamburg und Leipzig: Verlag von Leopold Voss 1896, S. 203.

5 Helmholtz: Handbuch, S. 204.

angesichts der Entfernung zu seinem Objekt nicht so einfach war. Diesem Problem begegnete Helmholtz mit Glaslinsen: »Das einfachste Mittel, [...] die konvergierenden Strahlenbündel divergent zu machen, ist eine Konkavlinse, welche zwischen den Spiegel und das Auge des Beobachters eingeschoben wird [...]«[6] – wobei die Linsen wie Vergrößerungsgläser wirkten. Setzte man zudem Konvexlinsen ein, konnten vorliegende Sehschwächen sowohl des beobachteten wie des beobachtenden Forschers ausgeglichen werden.[7]

Abbildung 2: Ophthalmoskopischer Befund bei Embolie

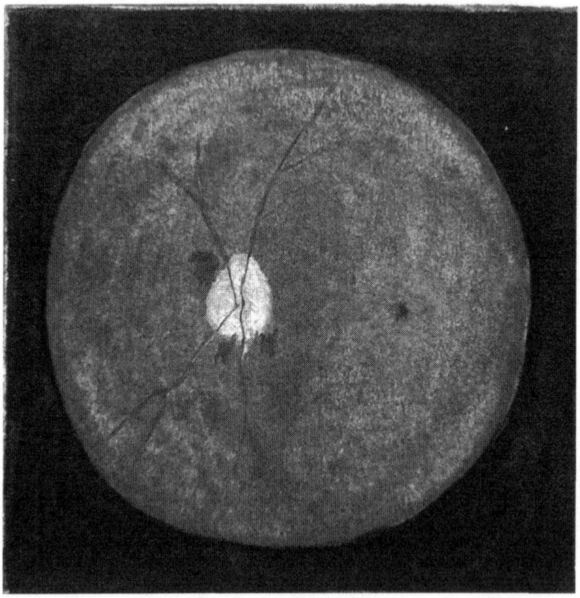

aus: »Vorträge über Ophthalmologie von Prof. A. Graefe«, Autograph Berlin 1858/ 59, GsMc22, Albrecht von Graefe Sammlung der Deutschen Ophthalmologischen Gesellschaft, Berliner Medizinhistorisches Museum der Charité.

»Nun sah Helmholtz die Pupille nicht mehr schwarz, sondern durch die im Inneren befindlichen Blutgefäße rot aufleuchten. Um die Einzelheiten des Augenhintergrundes erkennen zu können, erweiterte Helmholtz die Pupille mit Atropin.«[8] Was sich ihm hierbei zeigte, war aber nicht nur die Sichtbarmachung von etwas, das für das bloße Auge unsichtbar war, sondern noch viel mehr: Es zeigte sich ihm eine

6 Helmholtz: Beschreibung eines Augenspiegels, S. 21.

7 Ebd., S. 25.

8 Buck: Der geschärfte Blick, S. 110-111.

bislang auch technisch unerreichbare Bildwelt – Prozesse im Inneren des lebenden Körpers. Wenn Helmholtz »die Genauigkeit« untersuchte, »mit welcher das Auge Bilder entwirft«[9], und dazu horizontal vor der Flamme einen Faden entlang zog, der sich im Auge spiegelte, dann schaute er nichts anderem zu, als dem sehenden Auge selbst. In seinem *Handbuch* beschrieb er auf Grundlage solcher Experimente den Normalzustand des Augengrundes und all die Neuerungen, die sich für die Physiologie daraus ergaben, wie die Vorgänge bei der Akkomodation und der Aufbau der Nervenfasern.[10] Mit dem Augenspiegel in der Hand schien der Physiologe endlich den Traum seiner Disziplin realisieren zu können und das Körperinnere zu untersuchen, ohne es zu manipulieren.[11] Besonders bemerkenswert ist, dass Helmholtz das Kapitel zum Augenspiegel mit der Vorstellung seiner physiologischen Optik einleitete. Hier brachte er explizit das zur Sprache, was Jonathan Crary später als zentrales Moment des paradigmatischen Wandels im optischen Regime des 19. Jahrhunderts ausmachte:

»Die physiologische Optik unterscheidet sich also von der physikalischen Optik dadurch, dass erstere die Eigenschaften und Gesetze des Lichts nur in so fern behandelt, als sie zu den Gesichtswahrnehmungen in Beziehung stehen, während die physikalische Optik die Eigenschaften und Gesetze des Lichts untersucht, welche ihm unabhängig vom menschlichen Auge zukommen.«[12]

Ist dieser Unterschied haltbar, wenn man den Auftritt des Augenspiegels genauer betrachtet und seine Rolle als Instrument der Sichtbarmachung, als Werkzeug für physiologische Fragen und als Akteur einer disziplinären Neuausrichtung berücksichtigt?

2. AUGENHEILKUNDE

Die schnelle Akzeptanz des Augenspiegels erweckt den Eindruck, es sei ein einfaches Mittel zur Visualisierung des Augenhintergrunds gefunden worden. Das Instrument ermöglichte nicht nur, Augenleiden zu erkennen und zu behandeln,

9 Helmholtz: Die Beschreibung des Augenspiegels, S. 32.

10 Sattler, Hubert: »Einleitung«, in: Helmholtz: Beschreibung eines Augenspiegels, S. 4 und Helmholtz: Beschreibung eines Augenspiegels, S. 32.

11 Zum Anspruch der Physiologie, während des Experimentierens nicht in die lebendigen Prozesse einzugreifen siehe Canguilhem, Georges: Die Herausbildung des Reflexbegriffs im 17. und 18. Jahrhundert, München: Fink 2007.

12 Helmholtz: Handbuch, S. 47.

sondern auch andere Krankheiten wie Bluthochdruck und Diabetes zeigten sich beim Blick in das Auge hinein. Helmholtz sah das Potential des Augenspiegels für die Augenheilkunde nicht nur voraus, er hatte auch Ambitionen mit Augenärzten zu experimentieren. An seinen Vater schrieb er noch im Jahr der Erfindung: »Ich [...] werde dann womöglich mit unserem hiesigen Hauptaugenarzte Untersuchungen an Kranken anstellen und dann die Sache veröffentlichen.«[13]

Der Augenarzt, mit welchem Helmholtz hiernach in Austausch trat, war Albrecht von Graefe. Helmholtz besuchte dessen Berliner Augenklinik und berichtete in einem Brief an seine Frau, dass er dort »einige Fälle mit dem Augenspiegel [...] und eine große Sammlung von Zeichnungen« gezeigt bekommen habe.[14] Von Graefe hatte Helmholtz schon 1851 um ein Exemplar des Augenspiegels gebeten und diesen nach Erhalt als erster Arzt in der Augenheilkunde eingesetzt. In den folgenden Jahren entwickelte er eigene Varianten des Instruments, angepasst an seinen täglichen Gebrauch. Als Augenarzt war er nicht wie der Physiologe daran interessiert, den Normalzustand des Auges festzuhalten, sondern hatte mit der Diagnose von Fehlsichtigkeiten zu tun, die eine länger andauernde Untersuchung erforderte.

Hierzu musste der Augenspiegel handlicher werden, damit die Glaslinsen während der Untersuchung leichter austauschbar waren. Zudem benötigte der Augenarzt ein möglichst weites Gesichtsfeld, konnte hingegen auf allzu starke Vergrößerung verzichten, was den Arzt während der Untersuchung näher an den Patienten heran rückte.[15] Helmholtz zeigte die Vorteile solcher Geräte aus der Augenarztpraxis in seinem *Handbuch* auf, was belegt, wie genau er die Vorgänge in Graefes Klinik kannte.[16] Und diese Vorgänge waren durchaus folgenreich: Neben der Diagnose von Krankheiten ermöglichte der Augenspiegel, den bis dahin als ›Schwarzen Star‹ bezeichneten, unklaren Symptomkomplex auszudifferenzieren. Der Augenarzt

13 Helmholtz: »Brief an seinen Vater über die Erfindung des Augenspiegels, 1850«, in: Engelking, Ernst (Hg): Dokumente zur Erfindung des Augenspiegels durch Hermann von Helmholtz im Jahre 1850, München: Verlag von J. F. Bergmann 1950, S. 6.

14 Helmholtz: »Brief vom 6.8.1853«, in: Kremer, Richard L. (Hg.): Letters of Hermann von Helmholtz to his Wife, 1847-1859, Stuttgart: Franz Steiner Verlag 1990, S. 102.

15 Zur den verschiedenen Augenspiegeln siehe Schett, Alfred: »The Ophthalmoscope. Der Augenspiegel. Ein Beitrag zur Entwicklungsgeschichte bis zum Beginn des 20. Jahrhunderts«, in: Waugh, Richey L. (Hg.), Hirschberg history of ophthalmology. The monographs, Band 1, Oostende: Wayenborgh, 1996 sowie: Jaeger, Wolfgang (Hg.): Die Erfindung der Ophthalmoskopie, Heidelberg: Selbstverlag 1977.

16 Helmholtz: Handbuch, S. 224ff.

entwickelte neue Operationsmethoden, behandelte erstmals erfolgreich den grünen Star und tat sich durch einen besonders sozialen Umgang mit seinen Patienten hervor. Ärzte und Schüler aus Deutschland, der Schweiz, Amerika, Großbritannien und Russland kamen an von Graefes Klinik, um ihre Ausbildung zu erweitern und das hieß vor allem, um sich im Ophthalmoskopieren zu üben. In der Hand des Arztes wurde der Augenspiegel zu einem der wichtigsten medizinischen Instrumente. Umgekehrt war der Augenspiegel daran beteiligt, die Augenheilkunde als eigenständiges, von der Chirurgie unabhängiges Fach zu etablieren.

Abbildung 3: Augenspiegel-Untersuchung im umgekehrten Bild, ca. 1860

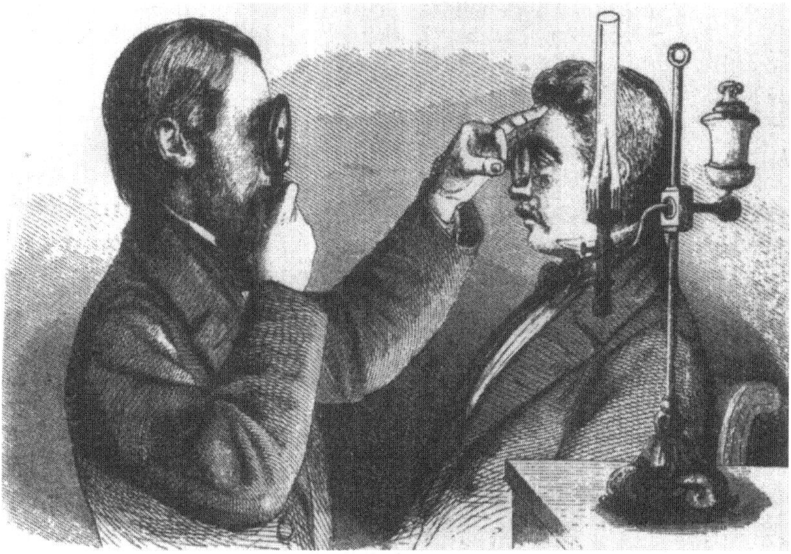

aus: Helmholtz: Hundert Jahre Augenspiegel, S. 19.

Aber das neue Instrumente setzte nicht nur neue Praktiken, Disziplinen und Wissen in die Welt, es bereitete auch Probleme und das erkannte schon Helmholtz selbst: Wollte man »durch veränderte Entfernung beider Gläser voneinander den Apparat allen Sehweiten des beobachteten und beobachtenden Auges anpassen (…)«, müsste man »den Kopf der beobachteten Person und das Instrument vollständig befestigen können«[17] – solch eine totale Arretierung eines lebenden Menschen war natürlich völlig unmöglich. Dennoch, auch ohne solche Zwangsmaßnahmen, befand sich der Proband oder Patient, dessen Augen untersucht wurden, in keiner natürlichen Situation: Er saß, so Helmholtz, »in einem dunklen Zimmer [...] neben der Ecke eines Tisches, auf welchem in gleicher Höhe mit dem Auge und seitwärts vom

17 Helmholtz: Beschreibung eines Augenspiegels, S. 25.

Gesicht eine gut brennende doppelzügige Lampe ohne Milchglas« stand. Auf dem Tisch befanden sich »in passender Sehweise« (was auch immer diese war), Fixationspunkte, »z.B. eine schwarze Tafel in Quadrate geteilt, deren jedes durch eine Ziffer bezeichnet« war.[18] So konnte man den Patienten auffordern, nacheinander die verschiedenen Punkte zu fixieren, damit das Licht immer auf eine andere Stelle auf der Netzhaut fiel und der beobachtende Arzt so nach und nach den gesamten Augenhintergrund betrachten konnte. Hinzu kam, dass ein Schirm zwischen Licht und Patient aufgestellt werden musste, damit die Lampe nicht zu grell schien und störende Hornhautreflexe erzeugte. Nebeneffekt solcher Reflexe war nämlich, dass sich die Patienten nicht lange genug untersuchen ließen, bis relevante Symptome sichtbar wurden, geschweige denn sichtbar festgehalten werden konnten.

3. SEHSCHULE

Auch wenn das Setting irgendwann stimmte, entscheidend war, dass der Beobachter – Physiologe oder Arzt – sich im Einstellen des Augenspiegels zwischen seinem Auge und dem Auge des Patienten übte: »Sieht man die Teile der Netzhaut nicht deutlich, während die Pupille leuchtend erscheint, so muss man ein anderes Konkavglas einlegen. Ein Beobachter welcher sich geübt hat, willkürlich die Adaptation seines Auges zu ändern« wird leicht das richtige Glas und die richtige Stellung des Instruments finden. Jene Ärzte, »welche wenig geübt sind durch optische Instrumente zu beobachten«, haben große Schwierigkeiten.[19] Dies bestätigt auch ein Augenarzt, der mehrmals an Helmholtz schrieb: »Ihr Spiegel ist aus-gezeichnet; aber ich sehe nichts damit.« Helmholtz antwortete ihm immer wieder: »Üben Sie.« In seinem letzten Brief schrieb der Arzt schließlich zurück: »Ich sehe.«[20]

Was er zunächst sah, war, wie der Briefverkehr nahe legt, nicht offensichtlich. Aus diesem Grund hat sich Helmholtz von Studierenden mit dem Augenspiegel in die Augen blicken lassen und sie im Sehen der zentralen Bestandteile der Netzhaut geübt.[21] Und aus diesem Grund entstanden schon bald erste Atlanten mit Augenhintergrundbildern, die zahlreiche Darstellungen von verschiedenen Krankheiten aber auch von verschiedenen Lebewesen wieder gaben. Der prominenteste unter diesen Atlanten wurde im Jahre 1863 von Richard Liebreich veröffentlicht, einem

18 Ebd., S. 28.

19 Ebd., S. 29.

20 Helmholtz: Hundert Jahre Augenspiegel, Leipzig: Georg Thieme 1951, S. 18.

21 Helmholtz, Handbuch, S. 224.

Assistenten sowohl von Helmholtz als auch von Graefe.[22] Was solche Atlanten ermöglichten, war vor allem eines: Die Erfahrung des Blicks ins Auge zu teilen und so das Sehen von Augenärzten zu schulen. Was bis dahin ausschließlich bei der Untersuchung des Auges von einem Arzt zum anderen weitergegeben wurde, konnte mithilfe der Bildbände einem größeren Publikum – und das heißt vor allem einer größeren Ärztegemeinschaft – zugänglich gemacht werden. Die Objektivität, die diese Bilder erzeugten, war allerdings fragwürdig.

Abbildung 4: Zwei Augenhintergrundbilder eines glaukomkranken Auges vor und nach der Operation, Albrecht von Graefes Archiv für Ophthalmologie

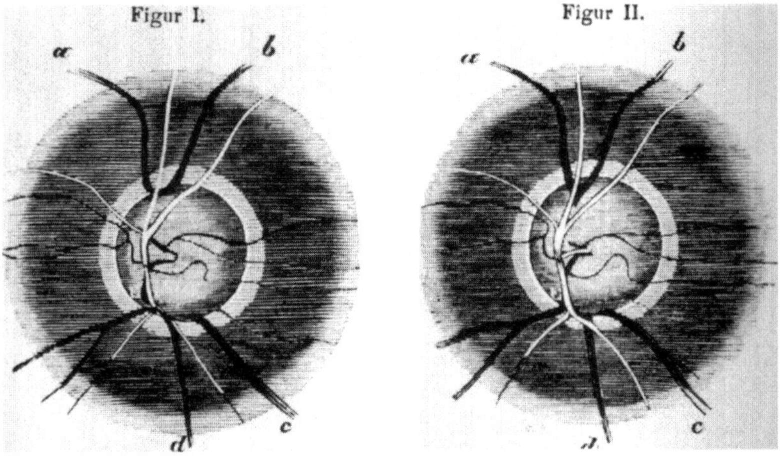

aus: Schmitz, E.-H.: Handbuch zur Geschichte der Optik, Bd. 3, Teil A, Bonn 1983, S. 101.

Nach Einführung der neuen Visualisierungsmethode waren ja zunächst einmal Bilder von Nöten, die den normalen Augenhintergrund zeigten – und dann erst Bilder, die Krankheiten offenlegten. Beide Varianten entstanden in den ersten Jahren nicht etwa mithilfe von Aufzeichnungsgeräten, sondern durch Handzeichnungen, die meistens die Ärzte selbst anfertigten. Zwischen dem, was der Arzt mit dem Augenspiegel sah und dem, was er aufzeichnete, gab es dabei ein mehr oder weniger langes Moment der Vermittlung des Sichtbaren von seinem Auge zu seiner Hand, in welches sich wenn nicht Erinnerungslücken so doch Vorstellungen einschleichen konnten, die ein gewisses Maß an ästhetischem Spielraum eröffneten. Die Bilder, die mithilfe des Augenspiegels entstanden, waren demnach keineswegs

22 Liebreich, Richard: Atlas der Ophthalmoscopie. Darstellung des Augenhintergrundes im gesunden und krankhaften Zustande, Berlin: Hirschwald 1863.

direkte Abbildungen, sie waren das Ergebnis eines aus mehreren Schritten bestehenden Visualisierungsprozesses, in den sich immer wieder unvorhersehbare Momente einschlichen – sei es beim Einstellen des Augenspiegels auf das beobachtete Auge, sei es bei der Übertragung des Gesehenen ins sichtbare Bild oder in die sprachliche Beschreibung. Und diese unvorhersehbaren Momente waren häufig ästhetischer Natur: »Der Anblick dieser scharf gezeichneten roten Gefäße auf dem hellen weißen Grunde ist von überraschender Zierlichkeit«,[23] notierte Helmholtz, ohne sich darüber zu wundern, ob diese Zierlichkeit etwas zur Evidenz der Beobachtung beitrug.

Abbildung 5: Phantomauge zur Ophthalmoskopie, Frankreich ca. 1860

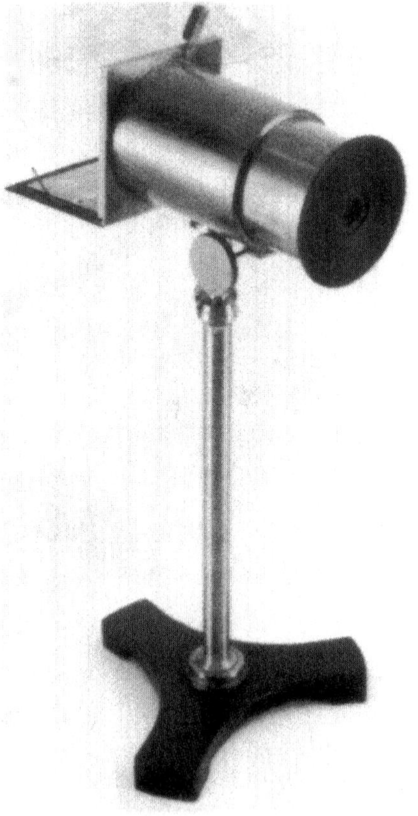

aus: Haugwitz Thilo von: Ophthalmologisch-optische Untersuchungsgeräte, Bücherei des Augenarztes 85, Stuttgart 1981, S. 203.

23 Helmholtz: Beschreibung eines Augenspiegels, S. 31.

Die Augen wiederum, die in der Ophthalmoskopie sichtbar gemacht wurden, waren alles andere als einfach nur natürliche Augen. Dies zeigt sich besonders deutlich in dem 1860 konstruierten so genannten »Phantomauge«, welches zur Übung im Ophthalmoskopieren verwendet wurde. Das »Netzhautbild« wurde in einem »abklappbaren Deckel auswechselbar angebracht«[24], so dass zur Beobachtung von natürlichen Augenkrankheiten Modellbilder verwendet wurden, die durch die zeichnende Hand des Physiologen relativ frei entstanden waren. In einem künstlichen Auge wurden so die Innenwelten von natürlichen Augen sichtbar gemacht. Das Organ wurde in das Instrument quasi eingefügt, während sich die beiden – Organ und Instrument – in der Versuchsanordnung beim Physiologen oder Arzt noch gegenüber standen. Aber auch da nicht ganz unvermittelt.

4. Das Auge im Labor

In den 1870er Jahren bezeichnete Etienne-Jules Marey das apparative Visualisieren als »graphische Methode«, sie ist die bis heute bekannteste Form des Sichtbarmachens unsichtbarer Prozesse im Labor des 19. Jahrhunderts. Sein Pulsschreiber sollte wie von selbst Vorgänge beobachteten, die wiederum wie von selbst vor sich zu gehen schienen und deren Ablauf man noch nicht verstand und deshalb irgendwie festhalten und aufzeichnen musste.

Für Marey aber war die graphische Methode nicht nur ein Hilfsmittel, die eine Visualisierung ermöglichte, sondern Ausdruck »von sehr flüchtigen, sehr feinen, sehr komplexen Bewegungen, die keine Sprache beschreiben könnte«[25]. Diese visuelle und technisch gestützte Sprache war zudem nicht einfach so zu verstehen – bei der Reproduktion der Geräte gab es Probleme:

»Bei ihrem Erscheinen versprachen die Geräte der Physiologie den authentischen Ausdruck der Phänomene selbst zu liefern. Unglücklicherweise jedoch waren die Dinge nicht so ein-

24 Haugwitz, Thilo von: Ophthalmologisch-optische Untersuchungsgeräte, Bücherei des Augenarztes Heft 85, Stuttgart: Ferdinand Enke Verlag 1981, S. 203f.

25 Marey, Etienne-Jules: Du mouvement dans les fonctions de la vie. Leçons faites au Collége de France, Paris 1868, S. 93. Zitiert nach Chadarevian, Soraya de: »Die ›Methode der Kurven‹ in der Physiologie«, in: Rheinberger, Hans-Jörg/Hagner, Michael (Hg.): Die Experimentalisierung des Lebens, Berlin: Akademie Verlag 1993, S. 28-49, S. 35.

fach. Man merkte bald, dass dieselben Phänomene, durch verschiedene Geräte inskribiert, verschiedene Kurven lieferten.«[26]

So war es oft unmöglich, zwischen den Eigenschwingungen der Geräte und den Bewegungen der physiologischen Objekte zu unterscheiden. Daher waren die Apparate auch trotz ihrer Standardisierung nicht »durchsichtig« und es zeigte sich nicht wie erhofft die Natur ganz »von selbst«[27]. Die graphische Methode erzeugte also eine »konventionelle Sprache«, denn sie entsprach nicht nur festgelegten Regeln, sondern auch einer ganz bestimmten Kommunikationspraxis, ohne die solche Kurven nicht zu verstehen waren, so wie sie auch für uns selbst bei längerem Hinsehen rätselhaft bleiben.[28]

Diese Einsicht, dass das Verstehen der mithilfe von Instrumenten gesammelten Daten und Bilder erst mit zunehmender Übung einsetzte, teilten Helmholtz und Marey. Damit die wissenschaftlich interessanten Augen überhaupt aussagekräftig wurden, mussten die Bilder vom Augenhintergrund miteinander vergleichbar und in diesem Sinne lesbar und Augenkrankheiten lehrbar werden. Hierfür wurde ein ziemlicher Aufwand betrieben: Die Geräte wurden immer weiter ausgefeilt und nach und nach standardisiert, so dass die Aufzeichnungen – zuerst Zeichnungen, später Photographien – schließlich normiert werden konnten. Dabei kamen dann aber auch noch lange nicht Augenbilder heraus, die einfach so für jedermann lesbar waren, sie waren nur für geübte Augen lesbar, für solche Leser, die die Konventionen dieser Sprache kannten, die wussten, wie man die Augenspiegel einstellte und die Bilder analysierte und zu anderen Ärzten kommunizierte – man musste wissen, wie ein normaler Augenhintergrund aussah, um Abweichungen zu erkennen.

Auch das Ziel, körperliche Prozesse selbst zur Erscheinung zu bringen, teilten Marey und Helmholtz. Doch angesichts der konkreten Versuchsanordnung hatte das Instrument bei Helmholtz eine andere Funktion inne – der Augenspiegel machte nicht etwas sichtbar, was das Auge nicht sieht, sondern es machte das Auge selbst sichtbar, beziehungsweise seine sonst unbemerkte Funktion als Vermittler von Zeichen. Die grafische Methode brachte für die *Sinnesphysiologie* (anders als für die Bewegungsstudien) eine entscheidende und die Sache verkomplizierende Problematik mit sich: Wenn in Helmholtz Labor das *Sehen* sichtbar gemacht

26 Marey: »Mesures à prendre pour l`uniformisation des méthodes et le contrôle des instruments employés en physiologie«, in: Comptes rendus des séances de l'Académie des Sciences 127, 1898, S. 376, zitiert nach Chaderavian: »Die ›Methode der Kurven‹«, S. 43.

27 Marey: Du mouvement, S. 108, zitiert nach Chaderavian: »Die ›Methode der Kurven‹«, S. 45.

28 Diese Überlegungen folgen den Ausführungen von Soraya de Chaderavians: »Die ›Methode der Kurven‹«, S. 45f.

werden sollte, war das Auge zugleich Objekt und Subjekt der Beobachtung. Das, was sich zeigen sollte – das Auge des Probanden –, fiel mit dem zusammen, wodurch es beobachtet wurde – dem Auge des Physiologen. Wie Helmholtz ausführte, war »der Beobachter [...] hierbei von den Aussagen des andern ganz unabhängig, da er selbst gleichsam mit dessen Auge, wenigstens mittels der brechenden Teile dieses Auges sieht«.[29]

Zwar schien die Wirklichkeit, die hier aus Auge und Instrument hervortrat, eine Wirklichkeit zu sein, die nur das Instrument und sein Nutzer, der Arzt oder Physiologe, verstehen konnten. Schon der Einsatz von Mareys Pulsschreiber zur Erforschung menschlicher Körperfunktionen hatte dazu geführt, dass diese Funktionen Teil des instrumentellen Ablaufs wurden, da sie unter künstlichen Umständen hervortraten und damit ebenso künstlich zu agieren schienen wie die Instrumente, die bei ihrer Untersuchung ja eigentlich nur assistieren sollten. Solch ein hierarchisches Verhältnis zwischen Mensch und Technik, bei der die Technik nur menschliche Fähigkeiten unterstützt und ergänzt, scheint es im konkreten Einzelfall gar nicht zu geben. Sobald sich die beiden Akteure näher kommen, interagieren sie, verändern sich gegenseitig, manipulieren sich und sind kaum mehr voneinander zu trennen. Und so nimmt auch das Auge im Labor eine multiple Rolle ein – es ist nicht nur Subjekt und Objekt der Experimentalsituation, sondern auch Organ und Instrument, wenn es in seiner physiologischen Beschaffenheit beobachtet wird und zugleich als Verlängerung des Beobachter-Auges dessen Blick erst eröffnet.

Der Einsatz solcher Instrumente im Labor des 19. Jahrhunderts wurde von Lorraine Daston und Peter Galison als entscheidendes Moment für die mechanische Objektivität beschrieben, die den Austausch zwischen den Wissenschaftlern entpersonalisierte.[30] Individuelles handwerkliches Geschick oder Beobachtungs-gabe schienen hiernach durch Instrumente gestützt und das Experimentieren einer größeren Gruppe von Forschern zugänglich gemacht zu werden. Helmholtz' Erfindung des Augenspiegels bestätigt diese Einschätzung: Der Augenspiegel verlängerte das Auge des Arztes und ermöglichte es, apparativ Vorgänge im lebenden Auge sichtbar zu machen, die zuvor nicht einmal an Augen von Leichen beobachtet werden konnten. Mithilfe eines handlichen Geräts, ein paar geschliffenen Gläsern und kleinen Bildern konnte nun jedem Arzt in der Ausbildung ein Wissen vom lebendigen Auge zugänglich gemacht werden.

Während Helmholtz' Beschreibung des Augenspiegels die Verlagerung des Interesses von den physikalischen auf die physiologischen Bedingungen des Sehens

29 Helmholtz: Beschreibung eines Augenspiegels, S. 33.

30 Siehe dazu beispielsweise Daston, Lorraine: »Objektivität und Flucht aus der Perspektive«, in: Dies., Wunder, Beweise und Tatsachen. Zur Geschichte der Rationalität, Frankfurt a.M.: Fischer 2001, S. 127-184.

noch bekräftigt, verdeutlicht ein Blick auf die konkreten praktischen Abläufe im Experiment, dass dieses Instrument mehr als nur den technisch gestützten Blick ins lebende Auge zu eröffnen vermochte. Durch die physikalische Synchronisierung von Beobachter und Beobachtetem kam es beim Augenspiegel zu einer Verschränkung von Körper und optischem Gerät, die wiederum dazu führte, dass sich der beobachtende Wissenschaftler gerade nicht von seinem Objekt distanzieren konnte. Die Mühen, eine mechanische Objektivität herbeizuführen, traten dadurch umso deutlicher hervor und führten zu einer solchen Komplexität der Untersuchung, dass der Einsatz des Physiologen oder Arztes sich nicht etwa reduzierte sondern neu verteilte: Nachdem er den Augenspiegel korrekt eingestellt und seine Beobachtungen gemacht hatte, musste der Arzt oder Physiologe selbst mühevoll und geduldig filigrane Zeichnungen des fein strukturierten Augenhintergrunds anfertigen, sie sammeln, vergleichen und vervielfältigen, so dass das, was am Ende als gesundes oder krankes Auge erkannt wurde, nicht aus einem direkten Blick ins Auge, sondern aus einer Kette von Übertragungen hervor gegangen war. Die Kontrolle über die Laborsituation wurde in mehrere Handlungsabläufe gesplittet. Das Auge des Physiologen agierte als Sehorgan und fiel dabei mit dem Auge des Beobachteten zusammen, das sowohl als Objekt wie auch als Instrument der Untersuchung im Einsatz war. Es blieben also zahlreiche Momente, in die sich subjektive Eindrücke, Unsicherheiten, Komplikationen und schließlich auch Fehlurteile einschleichen konnten. Demnach entstanden nicht effektivere Forschungs- und Kommunikationsverhältnisse, sondern vielmehr komplexe Gemengelagen aus Beobachter und Beobachtetem, aus Subjekt und Objekt, aus Auge und Instrument – Assemblagen also, die weder nur physiologische Ursachen hatten, noch rein physikalisch erklärbar waren und deren Anordnungen in jedem einzelnen Fall neu verhandelt werden müssen – nicht zuletzt, um zu verstehen, welches Wissen technische Medien sichtbar und welches sie (zugleich) unsichtbar machen: »Denn was man durch den Augenspiegel sieht, ist ein blutiges seltsames Geäder: die Netzhaut, nicht der sehende Blick des fremden Bewusstseins.«[31]

31 Kittler, Friedrich: Baggersee. Frühe Schriften aus dem Nachlass, München: Fink 2015, S. 22.

Verstärker

Hören und Herrschen bei Francis Bacon und Athanasius Kircher

JAN-FRIEDRICH MISSFELDER

AKUSTIK UND POLITIK

In seinem 1986 aus dem Nachlass publizierten Erzählungszyklus zu den fünf Sinnen thematisiert der italienische Schriftsteller Italo Calvino das Gehör als Fantasie über die Paradoxie absoluter Macht.[1] »Ein König horcht« – so der Titel der Erzählung – und sonst macht er nicht viel. Der König, von dem die Rede ist, sitzt so regungslos wie möglich auf seinem Thron im Innern seines Palastes und horcht auf alle möglichen Geräusche, die aus seinem Reich an sein royales Ohr dringen. Herrschaft, so suggeriert Calvino, erschöpft sich in diesem Horchen, dem Deuten der empfangenen Signale und der Angst vor der möglichen Entmachtung, welche sich vielleicht schon durch ungewöhnlichen Lärm, ungewohnte Stille oder mysteriöse rhythmische Klopfzeichen andeutet. Der Palast, in dem der König residiert, ist nichts weiter als ein gigantischer Resonanzraum zur akustischen Informationsgewinnung.

»Der Palast ist ganz Ohrmuschel, ganz Membrane, er ist ein grosses Ohr, in dem Anatomie und Architektur miteinander Namen und Funktionen tauschen: Gänge, Schnecken, Trompeten, Tympana, Labyrinthe. Du hockst zusammengekauert am tiefsten Grund, im Innern des Palastes-als-Ohr, deines Ohrs. Der Palast ist das Ohr des Königs.«[2]

---

1 Ich danke Andreas Bähr (Berlin) für kritische Lektüre und hilfreiche Hinweise.

2 Calvino, Italo: »Ein König horcht«, in: Ders., Unter der Jaguar-Sonne. Drei Erzählungen, München: dtv 1991, S. 67-107, hier S. 75. Vgl. zu diesem Text aus der Perspektive der Sound Studies und akustischen Phänomenologie Cavarero, Adriana: »Multiple Voices«,

Abbildung 1

aus: Kircher: Musurgia Universalis, unpaginiert.

Der Palast von Calvinos König hat frappierende Ähnlichkeit mit einem anderen, mehr als dreihundert Jahre älteren, akustischen Phantasma. In seinen Schriften *Musurgia Universalis* von 1650 und *Phonurgia Nova* von 1673 imaginiert der deutsche Jesuit und Universalgelehrte Athanasius Kircher gigantische Abhöranlagen zur Verstärkung und Übertragung von alltäglichen Klangereignissen auf Plätzen und Strassen durch schneckenförmige Kanäle in die Innenräume der Macht, in denen »ein König (oder ein anderer Herrschaftsträger) horcht« (Abb. 1). Kirchers akustische Techno-Utopie soll als Ausgangspunkt für eine Spurensuche zum Zusammenhang von akustischen Medien und politischen Praktiken, von Hören und Herrschen im 17. Jahrhundert dienen.

In den vergangenen Jahrzehnten haben sich die Kulturwissenschaften intensiv den visuellen und diskursiven Repräsentationsstrategien vormoderner Herrschaft zugewandt und Imagepolitik, Herrscherportraits, allegorische Bilder, Herrschereinzüge, Herrschaftsarchitektur und Panegyrik zum bevorzugten Gegenstand ihrer Forschung erhoben. Dagegen weiß man bislang sehr wenig über die akustische Dimension all dessen und noch weniger über eigenständige Klangstrategien und akustische Medien im Bereich frühneuzeitlicher Politik, also über »herrscherliche

in: Sterne, Jonathan (Hg.), The Sound Studies Reader, London/New York: Routledge 2012, S. 520-532.

Hallräume«[3]. Hier liegt ein unerhörtes Potential für eine klang- und mediensensible Kultur- und Geschichtswissenschaft, die politische Praktiken als sensorische Praktiken, deren mediale Gestaltbarkeit und sinnliche Wahrnehmbarkeit ins Auge und Ohr fassen möchte. Calvinos und Kirchers Phantasmagorien verdeutlichen aber auch, dass Hören und Herrschen als durch und durch mediale Praktiken zu betrachten sind. Sie ermöglichen einander wechselseitig und sind dabei ihrerseits durch Medientechnologien miteinander verschaltet. Erst als solche Dispositive, also als Arrangements von Techniken, Praktiken und Diskursen werden sie zu Medien der Politik, indem sie Herrschaft als Wahrnehmungspraktik hervorbringen und diese Medialität zugleich erst wahrnehmbar machen.

Mit der Engführung von Akustik und Politik sind mediale Praktiken und Diskursfelder miteinander in Beziehung zu setzen, die beide zu Beginn des 17. Jahrhunderts stark im Fluss waren. Das gilt insbesondere für die Akustik als Teil der sich ausdifferenzierenden Naturwissenschaft. Waren Klangexperimente seit der Antike immer wieder Gegenstand von naturforschenden Praktiken,[4] so tritt das Akustische als abgegrenzter Bereich der Naturerkenntnis erst im Verlauf des 17. Jahrhunderts eigentlich hervor.[5] Ganz ähnlich liegen die Dinge im Bereich der politischen Theorie. Auch hier setzte seit der Mitte des 16. Jahrhunderts ein verstärkter Prozess der Reflexion auf die Grundlagen und Praxisformen politischer Herrschaft ein, der auf seine medialen Implikationen hin erst noch zu befragen

3 Vgl. Berns, Jörg Jochen: »Instrumenteller Klang und herrscherliche Hallräume in der Frühen Neuzeit. Zur akustischen Setzung fürstlicher *potestas*-Ansprüche im zeremoniellen Rahmen«, in: Helmar Schramm u.a. (Hg.): Instrumente in Kunst und Wissenschaft. Zur Architektonik kultureller Grenzen im 17. Jahrhundert, Berlin: Walter de Gruyter 2006, S. 527-556; Ders., »Herrscherliche Klangkunst und höfische Hallräume. Zur zeremoniellen Funktion akustischer Zeichen«, in: Hahn, Peter-Michael u.a. (Hg.), Zeichen und Raum. Ausstattung und höfisches Zeremoniell in den deutschen Schlössern der Frühen Neuzeit, München: Deutscher Kunstverlag 2006, S. 49-64.

4 Vgl. zur Ur- und Frühgeschichte der Akustik Hunt, Frederick Vinton: The Science of Sound from Antiquity to the Age of Newton. New Haven/London: Yale University Press 1978.

5 Vgl. hierzu vor allem die Beiträge in Gozza, Paolo (Hg.): Number to Sound. The Musical Way to the Scientific Revolution, Dordrecht: Kluwer Academic 2000 sowie Gouk, Penelope: Music, Science and Natural Magic in Seventeenth-Century England, New Haven/London: Yale University Press 1999; Dies.: »Music and the emergence of experimental science in early modern Europe«, in: SoundEffects 2 (2012), S. 5-12; Dies.: »The Role of Acoustics and Music Theory in the Scientific Work of Robert Hooke«, in: Annals of Science 37 (1980), S. 373-605; Dies.: »Acoustics in the Early Royal Society, 1660-1680«, in: Notes and Records of the Royal Society of London 36 (1982), S. 155-175.

wäre. Es erscheint daher als sinnvoll, weder von einem rein akustischen Zusammenhang, noch von einem ausschließlich politischen auszugehen. Worum es vielmehr ginge, wäre ein Hybrid, ein Ausgangspunkt angesiedelt an der Schnittstelle von naturwissenschaftlicher Akustik und politischer Theorie. Die folgenden Überlegungen haben daher durchaus tentativen Charakter. Sie beabsichtigen weder, ein noch unbekanntes Feld zu kartieren, noch verallgemeinerbare Thesen zur akustischen Medialität von Politik in der Frühen Neuzeit zu formulieren. Vielmehr sind sie wenig mehr als exemplarische Tiefenbohrungen und Rekontextualisierungen teils durchaus bekannten Materials mit dem Zweck, das Potential einer akustischen Mediengeschichte des Politischen zuallererst herauszustreichen.[6]

BACONS SYNTHESIZER

Einsetzen könnte eine solche Spurensuche etwa mit Francis Bacons Utopieschrift *New Atlantis*, 1624 auf Latein erschienen und drei Jahre später auf Englisch. Von Bacon aus kann, so die These, ein diskursiver Bogen nachgezeichnet werden, welcher Experimentalpraxis, naturwissenschaftliche Theoriebildung, politische Theorie und neuartige Herrschaftspraktiken als mediale Konfigurationen verbindet und schließlich bis zu Kirchers großformatigen Projekten führt. Dabei erscheint die Verbindung von naturwissenschaftlicher Akustik und politischer Praxis in *New Atlantis* zunächst keinesfalls schlagend. Der Text ist in mehrfacher Hinsicht eigentümlich. Zunächst kommt die Schrift als eine vertraute und genretypisch in der Tradition von Morus' *Utopia* stehende Form daher: Schiffbrüchige landen auf einer Südseeinsel, werden von deren überaus wohlwollenden und zivilisatorisch weit überlegenen Bewohnern freundlich aufgenommen und in die Sitten und Gebräuche der Insel eingeführt. Doch im Gegensatz zu anderen frühneuzeitlichen Utopisten wie Morus, Tommaso Campanella oder Johann Valentin Andreae verweigert Bacon jede Schilderung der Inselgesellschaft als Idealstaat. Generationen von Bacon-Exegeten sahen sich ratlos oder irritiert mit der Tatsache konfrontiert, dass der Jurist und ehemalige Lord-Kanzler Englands die konkrete politische und soziale Struktur seines neuen Atlantis namens Bensalem kaum erwähnte, geschweige denn

6 Vgl. für erste Hinweise etwa Gouk, Penelope: »Music as a Means of Social Control: Some Examples of Practice and Theory in Early Modern Europe«, in: Cochrane, Tom u.a. (Hg.), The Emotional Power of Music: Multidisciplinary Perspectives on Musical Arousal, Expression, and Social Control, Oxford: Oxford University Press 2013, S. 307-313.

systematisch ausarbeitete.[7] Aus den disparaten und verstreuten Anspielungen, die sich dazu in Bacons Text finden lassen, ist wenig mehr herauszulesen als die Skizze einer gemeinwohlorientierten Monarchie auf patriarchalischer Grundlage, welche aussenpolitisch als »Machtstaat«[8] auftritt. Stattdessen steht im Zentrum des Werkes eine Wissenschaftsutopie. »[T]he lanthorn of this kingdom«[9] bildet eine Institution, die der experimentellen Erforschung der Natur und dem Zweck eines »enlarging the bounds of Human Empire«[10] gewidmet ist: *Salomon's House*, das als utopisches Urbild der einige Jahrzehnte später gegründeten Royal Society gehandelt wurde.[11] Angesichts dieses Widerspruchs zwischen Genreerwartung und Textrealität sind manche Bacon-Interpreten dazu übergegangen, *New Atlantis* den politischen Charakter gänzlich abzusprechen und vielmehr umgekehrt die Schilderungen von Gesellschaft und Geschichte Bensalems als utopische Allegorien einer perfekten wissenschaftlichen Methodik und Ethik zu lesen.[12]

Gefragt wäre demnach eine Lektüre, welche die scheinbare Dichotomie zwischen politischer und Wissenschaftsutopie aufbricht und dafür die wissenschaftlichen und experimentellen Praktiken in Salomon's House selbst als Elemente einer Medienkultur des Politischen versteht, welcher Francis Bacon und sein *New*

7 Vgl. als paradigmatischen Text zu dieser Problematik Weinberger, Jerry: »Science and Rule in Bacon's Utopia. An Introduction to the Reading of the New Atlantis«, in: American Political Science Review 70 (1976), S. 865-885.

8 Hardtwig, Wolfgang: »Von der Utopie zur Wirklichkeit der Naturbeherrschung«, in: Kroll, Frank-Lothar (Hg.), Neue Wege der Ideengeschichte. Festschrift für Kurt Kluxen, Paderborn u.a.: Schöningh 1996, S. 217-233, hier S. 221.

9 Bacon, Francis: »New Atlantis«, in: Vickers, Brian (Hg.), Francis Bacon, Oxford/New York: Oxford University Press 1996 (= The Oxford Authors), S. 457-489, hier S. 471.

10 Ebd., S. 480.

11 Vgl. Borlik, Todd Andrew: »The Whale under the Microscope. Technology and Objectivity in Two Renaissance Utopias«, in: Zittel, Claus u.a. (Hg.), Philosophies of Technology. Francis Bacon and his Contemporaries, 2 Bde., Leiden u.a.: Brill 2008, Bd. 1, S. 231-249, hier S. 231; zu einer eher spekulativen Analyse der möglichen Vorbilder von Salomon's House vgl. Grafton, Anthony: »Where was Salomon's House? Ecclesiastical History and the Intellectual Origins of Bacon's New Atlantis«, in: Jaumann, Herbert (Hg.), Die europäische Gelehrtenrepublik im Zeitalter des Konfessionalismus, Wiesbaden: Harassowitz 2001, S. 21-38.

12 Vgl. z.B. Colclough, David: »Ethics and Politics in the New Atlantis«, in: Price, Bronwen (Hg.), Francis Bacon's New Atlantis. New interdisciplinary essays, Manchester/New York 2002: Manchester University Press, S. 60-81.

Atlantis gemeinsam angehören.[13] Es geht dabei weniger um ein besseres Verständnis eines zentralen Textes der europäischen politischen Ideengeschichte, sondern vor allem um den Zusammenhang von medialen Praktiken, politischer Kultur und Wissensproduktion im frühen 17. Jahrhundert.

Deutlich wird dieser Zusammenhang an einer Passage in *New Atlantis*, die bislang relativ wenig Aufmerksamkeit in der Forschung auf sich gezogen hat. Die zentrale Forschungseinrichtung der Insel wird dem Erzähler des Textes von einem der »Fathers of Salomon's House« als eine Vielzahl von unterschiedlichen Experimentalstätten und Labors vorgestellt, in denen jedes erdenkliche Wissen um die »causes, and secret motions of things«[14] akkumuliert wird. Unter diesen befinden sich auch Klanglabors zur Erforschung akustischer Phänomene:

> »We have also sound-houses, where we practise and demonstrate all sounds, and their generation. [...] We represent small sounds as great and deep, likewise great sounds extenuate and sharp. [...] We have certain helps which set to the ear do further the hearing greatly. We have also diverse strange and artificial echos, reflecting the voice many times, and as it were tossing it: and some that give back the voice louder than it came; some shriller, and some deeper, yea, some rendering the voice differing in the letters or articulate sound from that they receive. We have also means to convey sounds in trunks and pipes, in strange lines and distances.«[15]

Die Sound-Houses von Bensalem erscheinen demnach als eine Art gigantischer Synthesizer, der alle erdenklichen Klänge produzieren, reproduzieren, verfremden, übertragen und verstärken kann. Innerhalb der Forschungsarchitektur von Salomon's House stehen die Sound-Houses neben drei anderen Labors, die ebenfalls Sinneswahrnehmungen zum Gegenstand haben, den »perspective-houses« zur Optik, den »perfume-houses« zur Olfaktorik sowie den »houses of deceits of the senses«, in denen allerlei Sinnestäuschungen praktiziert werden. Die explizite Abgrenzung letzterer von jenen transformatorischen Experimenten in den anderen

13 Vgl. für alternative Vorschläge der Verknüpfung von politischer und Wissenschaftsutopie Craig, Tobin L., »On the Significance of the Literary Character of Francis Bacon's New Atlantis for an Understanding of his Political Thought«, in: The Review of Politics 72 (2010), S. 213-239 oder Groh, Dieter (unter Mitarbeit von Birgit Biehler-Praxl): Göttliche Weltökonomie. Perspektiven der Wissenschaftlichen Revolution vom 15. bis zum 17. Jahrhundert, Berlin: Suhrkamp 2010, S. 448-464 sowie sehr inspirierend für den weiteren Kontext Keller, Vera: »Mining Tacitus. Secrets of Empire, Nature and Art in the Reason of State«, in: British Journal for the History of Science 45 (2012), S. 189-212.

14 Bacon: New Atlantis, S. 480.

15 Ebd., S. 485.

Sinneslabors legt den Schluss nahe, dass diese für Bacon gerade keine Sinnestäuschungen darstellen. Vielmehr bewegen sich die Sinnesmanipulationen in den Sound-Houses ganz offenbar im Rahmen einer legitimen Naturforschung. Dies wird deutlicher, wenn man die Klangexperimente von Salomon's House mit jenen kontrastiert, die Bacons Ruf als Inspirator der modernen Akustik (und Präger des Begriffs »Akustik«) begründen.[16] *New Atlantis* wurde 1626 posthum im Verbund mit Bacons Hauptwerk seiner experimentellen Naturgeschichte publiziert, der *Sylva Sylvarum.*[17] Dort finden sich in einem anderen narrativen Kontext eine Vielzahl von akustischen Experimenten wieder, von denen einige denen der Sound-Houses gleichen. Während die Klangmanipulationen in *New Atlantis* ausschließlich in ihren Effekten dargestellt werden, erörtert Bacon in der *Sylva* ihre Mittel und Techniken. Beiden gemein ist dabei ein besonderes Interesse an Klangverstärkung und -übertragung. Zwei Beispiele zur Illustration: Jene »strange and artificial echos«, welche den ›Toningenieuren‹ der Sound-Houses zur Klangverstärkung dienen, werden in der *Sylva* systematisch analysiert:

»There be two kinds of reflexions of sounds; the one at distance, which is the echo; wherein the original is heard distinctly, and the reflexion is also distinctly; [...]: the other in concurrence; when the sound (the reflexion being near at hand) returneth immediately upon the original, and so iterathes it not but amplifieth it. Thereupon we see that music upon the water soundeth more; and so likewise music is better in chambers wainscotted than hanged.«[18]

Und weiter: Die in den Sound-Houses konstruierten Hörhilfen werden in der *Sylva* technisch als Hörrohre konkretisiert:

»Let it be tried, for the help of hearing, [...] to make an instrument like a tunnel [...]. And let the narrow end of it be set close to the ear: and mark whether any sound, abroad in the open air, will not be heard distinctly from further distance than without that instrument; being [...] an ear-spectacle.«[19]

---

16 Vgl. hierzu ausführlicher Gouk, Penelope: »Music in Francis Bacon's natural philosophy«, in: Fattori, Marta (Hg.), Francis Bacon. Terminologia e fortuna nel XVII secolo, Roma: Edizioni dell'Ateneo 1985, S. 139-154; Dies.: Music, Science and Natural Magic, S. 157-170.

17 Vgl. Coclough, David: »›The Materialls for the Building‹. Reuniting Francis Bacon's Sylva Sylvarum and New Atlantis«, in: Intellectual History Review 20 (2010), S. 181-200.

18 Bacon, Francis: »Sylva Sylvarum«, in: Ders., Works, hg. von Spedding, James u.a., Bd. II, London: Longman 1859, S. 325-680, hier S. 399.

19 Ebd., S. 435.

Verstärkung und Übertragung bilden die zentralen Interessen von Bacons praktischer Wissenschaft der Akustik. Die Sound-Houses als Synthesizer werden damit von Bacon ebenso wie die Naturgeschichte der *Sylva* explizit als »higher kind of natural magic« deklariert, »not only a description of nature, but a breaking of nature onto great and strange works«[20] – kein spekulatives also, sondern ein praktisches Wissen in der *Magia Naturalis*-Tradition, welches auf technische Steuerung, Beherrschung und Manipulation von Natur und Gesellschaft gerichtet ist.[21]

Dies führt zum politischen Aspekt der hier beabsichtigten Kontextualisierung und zur Frage der Akustik politischer Repräsentation. Viele der in Salomon's House durchgeführten Experimente dürften den zeitgenössischen Lesern Bacons weniger utopisch vorgekommen sein, als man zunächst annehmen könnte. Um 1600 war in England eine Fülle von experimenteller Literatur erschienen, in denen ganz ähnliche Wunderwerke wie jene auf Bensalem beschrieben wurden.[22] Vor allem aber waren Experimente wie in Salomon's House reale und integrale Bestandteile der Hofkultur unter König James I. Dies betraf nicht nur spektakuläre Vorführungen von U-Booten in der Themse, wie sie z.B. der niederländische Virtuoso Cornelis Drebbel 1620 inszenierte,[23] sondern auch akustische Versuchsanordnungen. Als Experimentierfeld dienten dabei die unter James I. stark geförderten höfischen Maskenspiele, die sogenannten *Court Masques*.

Lord-Kanzler Bacon selbst war ein grosser Anhänger (und in seiner Jugend auch Autor) solcher Gesamtkunstwerke, in denen Musik, Tanz, Ben Jonsons panegyrische Dichtung und das Bühnendesign des seit 1605 am Hof tätigen Architekten und Bühnenbildners Inigo Jones der Glorifizierung des Herrschers und der allegorischen Thematisierung aktueller politischer Fragen diente.[24] In der 1625 publizierten zweiten Lieferung seiner *Essays* findet sich ein kurzer Text »Of Masques and Triumphs«, in dem Bacon ihre politische Bedeutung zunächst herunterspielt (»These things are but toys, to come amongst such serious observations«), schliesslich aber seine eigene Position zur Ästhetik der Masque gerade auch in akustischer Hinsicht spezifiziert:

20 Ebd., S. 378.

21 Zu Bacons Verständnis von Magia Naturalis vgl. Zetterberg, J. Peter: »Echos of Nature in Salomon's House«, in: Journal of the History of Ideas 43 (1982), S. 179-193 und Serjeantson, Richard: »Natural knowledge in New Atlantis«, in: Price, New Atlantis, S. 82-105.

22 Vgl. die Zusammenstellung bei Zetterberg, »Echos of Nature«, S. 189f.

23 Vgl. Colie, Rosalie L.: »Cornelis Drebbel and Salomon de Caus: Two Jacobean Models for Salomon's House«, in: Huntington Library Quarterly 18 (1955), S. 245-260.

24 Vgl. zur Funktion der Masque zusammenfassend Butler, Martin: The Stuart Court Masque and Political Culture, Cambridge u.a.: Cambridge University Press 2008.

»[T]he voices of the dialogue would be strong and manly, (a bass and a tenor, no treble). [...] Let the songs be loud and cheerful, and not chirpings or pulings. Let the music likewise be sharp and loud, and well placed.«[25]

Bacon, so ließe sich sagen, mag Musik nur, wenn sie laut ist. Bedarf nach Verstärkung besteht also nicht zuletzt, weil Lautstärke im Kontext der Masque nicht nur eine ästhetische, sondern vor allem auch eine politische Kategorie war.

Das betrifft zunächst einmal den gezielten Einsatz von »loud music«, also von lautstarken Blasinstrumenten wie Oboen, Trompeten und Dudelsäcken (im Gegensatz zur »soft music«) zu spezifischen, politisch sensiblen Situationen innerhalb der Masque. Dabei ist zunächst weniger entscheidend, dass »loud music« zum Einzug des Souveräns am Aufführungsort, dem 1606 gebauten und 1619 erneuerten Banqueting House, die Präsenz souveräner Autorität auf akustischem Wege an die versammelte Hofgesellschaft vermittelte. Vor allem sollte »loud music« ganz praktisch den bei Umbauten zwischen einzelnen Szenen entstehenden Lärm von Inigo Jones ingeniöser »machina versatilis«, also der Bühnenmaschinerie, übertönen. Solche Transformationen fanden vor allem zwischen der sogenannten Anti-Masque von niederem, profanem Sujet und der eigentlichen, durch die Höflinge getanzten Masque statt, welche vor allem die Macht des Herrschers zelebrierte. Insofern waren sie alles andere als unpolitische Szenenwechsel. Sie bezeichnen die durch den Souverän bewirkte Transformation einer verworrenen Lage in die Welt neoplatonischer Harmonie.[26] Damit hatte »loud music« hier nicht nur eine praktische, sondern auch stets eine politische Funktion. Lautstärke diente also im Kontext der höfischen Kultur der akustischen Verstärkung eines politischen Anspruchs des Souveräns. Echoeffekte, die andere in der *Sylva* geschilderte Verstärkungsmethode, dienten in der musikalischen Praxis der Masques dazu, den Klangraum von der Bühne auf den ganzen Saal auszuweiten und damit die Allgegenwart des Herrschers (z.B. im Fall der allegorischen Figur der *Fama*) akustisch umzusetzen.[27] Zusammen führte dies eine multimediale Überwältigungsästhetik zur Feier königlicher Transformationskraft vor Augen und vor allem Ohren.[28]

25 Bacon, Francis: Of Masques and Triumphs, in: Vickers, Bacon, S. 416f., hier S. 416.

26 Vgl. Sharpe, Kevin: Image Wars. Promoting Kings and Commonwealths in England, 1603-1660, New Haven/London: Yale University Press 2010, S. 48. Vgl. auch Walls, Peter: Music in the English Courtly Masque 1604-1640, Oxford: Oxford University Press 1996, S. 2f. und 152f.

27 Vgl. dazu Walls: Music, S. 44-46 und S. 305-308.

28 Vgl. zur Verknüpfung akustischer und visueller Strategien in den Masques Campbell, Lily B.: Scenes and Machines on the English Stage during the Renaissance, New York: Barnes & Noble 1960 [1923], bes. S. 170-173.

Zu all dem trug ganz entscheidend die Raumakustik des Banqueting House bei. Dass der Raum ganz nach den Prinzipien der Klangverstärkung gebaut war, welche Bacon in der *Sylva Sylvarum* theoretisierte, verdeutlicht ein Bericht des Kaplans des venezianischen Botschafters Orazio Busino über seine Seh- und Hörerfahrung der Masque »Pleasure reconciled to Virtue« von 1619: »[C]on due ordini di colonne lontane dal muro, quanto importa il corritore, l'un sopra l'altro [...] sopra il quale stà appoggiato il uolto della salla, il tutto è di legno intagliato, et dorato, con molto artificio, sino lo istesso corpo delle Colonne.«[29] Eine solche Konstruktion, die in Bacons Worten »wainscotted«, also holzverkleidet, war, machte Banqueting Hall zu einem gigantischen Resonanzkörper und war perfekt dazu geeignet, das politische Programm der Court Masques akustisch umzusetzen. Zugleich lieferte sie dem Höfling und Klangexperimentator Bacon lautstarkes Anhörungsmaterial. Welches politische Potential dem Banqueting House als Aufführungsort der Court Masques innewohnte, zeigt vor allem Inigo Jones Neubau von 1619–1622. Hier setzte er das James'sche Herrschaftsideal als »Great Britains SALOMON« symbolisch in neoplatonische, auf Zahlensymbolik und harmonisch perfekten Proportionen gegründete Architektur um.[30]

»Salomon's House«, Bacons Grossforschungseinrichtung in *New Atlantis*, lässt sich also konkret lokalisieren: Kaum ein Ort im England des frühen 17. Jahrhunderts verdiente diesen Namen mehr als Whitehall Palace, der salo-monische Hof, dessen Techno-Utopie mitten hineinführt in Praxisformen des Politischen. Banqueting House darin stellte nichts weniger als die zeitgenössischen »Sound-Houses« dar: der Ort, an dem sich politische Repräsentation, akustische Überwältigung und technologische Innovation zu einem politisch-akustischen Dispositiv verdichteten. Bacon, um 1620 auf dem Höhepunkt seiner Macht und Königsnähe, konnte also Technologie und Architektur des Theaters als Labor und Beobachtungsfeld für ei-

29 »Mit zwei Säulenreihen entfernt von der Wand, so dass ein Korridor entsteht, eine über der anderen, über denen die Decke des Saals gehängt ist. Alles ist aus mit viel Kunstfertigkeit graviertem und verziertem Holz gebaut bis hin zu den Säulen selbst.« Zitiert nach Jonson, Ben: Entire Works, hg. von C. H. Herford, Percy and Evelyn Simpson, Volume X: Play Commentary, Masque Commentary, Oxford: Clarendon Press 1950, S. 581, italienisch im Original.

30 Vgl. Hart, Vaughan: Art and Magic in the Court of the Stuarts, London/New York: Routledge 1994, bes. S. 136-154; Sharpe: Image Wars, S. 86f. Zur Architektur von Banqueting House vgl. auch Thurley, Simon: Whitehall Palace. An Architectural History of the Royal Apartments, 1240-1698, New Haven/London: Yale University Press 1999, S. 78-90 und vor allem Palme, Per: Triumph of Peace. A Study of the Whitehall Banqueting House, Stockholm: Almquist & Wiksell 1956.

gene Wissensproduktion nutzen und deren politische Bedeutung in seinen Schriften reflektieren.[31]

Wie aber hängen diese »herrscherlichen Hallräume«[32] mit akustischen Herrschaftstechnologien zusammen? Ein anderer englischer Utopist vermag hierzu einen Hinweis zu geben. Am 7. März 1621 richtete ein Francis Godwin, Bischof von Hereford und Autor des ersten englischsprachigen Science-Fiction-Romans mit dem Titel *The Man in the Moone*, ein Memorandum an die britische Regierung.[33] Hierin entwarf er ein Projekt, »to certify into any town or forteresse, never so streightly beseiged any errand needfull, and to receive answer of the same vpon these condicions.«[34] Diese Idee eines Kommunikationssystems, das unabhängig von den Imponderabilien menschlicher Botenkommunikation, fehlgehender Brieftauben oder abfangbarer Briefe[35] auch in kompliziertesten politischen Krisen- und Kriegssituationen fehlerfrei funktionieren sollte, arbeitete er 1629 schliesslich in einem Traktat mit dem Titel *Nuncius inanimatus* aus, als dessen fiktiven Erscheinungsort er nicht ohne Hintersinn »in Utopia« angab.[36] In diesem Text beschreibt Godwin (neben der Technologie des optischen Telegraphen) nicht nur genau solche akustischen Röhrensysteme, wie sie in *New Atlantis* begegnen, sondern weist er ihnen zugleich eine konkrete politische und militärische Funktion zu:

---

31 Vgl. zur Theatralität von *New Atlantis* Price, Bronwen: »›A Dark Light‹. Spectacle and Secrecy in Bacon's New Atlantis«, in: Davis, J.C./Ramiro Avilés, Miguel Angel (Hg.), Utopian Moments. Reading Utopian Texts, London: Bloomsbury 2012; allgemein zum Zusammenhang von Wissensproduktion und Theatertechnik auch Turner, Anthony: »Stagecraft and Mathematical Magic in Early Modern London«, in: Nuncius. Journal of the History of Science 22 (2007), S. 335-349.

32 Berns: »Instrumenteller Klang«, S. 527.

33 Vgl. zu Godwin als Science-Fiction-Autor Landwehr, Achim: »Barocke Unschärferelation. Reisen zum Mond im 17. Jahrhundert«, in: Zeitschrift für historische Forschung 42 (2015), S. 225-249, bes. S. 237-240.

34 Zitiert nach Poole, William: »Nuncius Inanimatus. Seventeenth-Century Telegraphy: the Schemes of Francis Godwin and Henry Reynolds«, in: The Seventeenth Century 21 (2006), S. 45-73, hier S. 47. Vgl. auch Calendar of State Papers, Domestic Series, James I., 1619–1623, London: Longman 1858, S. 232, Eintrag vom 7. März 1621: »Statement of a project for conveying intelligence into besieged towns and fortresses, and receiving answers therefrom under conditions specified.«

35 Vgl. Siegert, Bernhard, »Vögel, Engel und Gesandte. Alteuropas Übertragungsmedien«, in: Wenzel, Horst (Hg.), Gespräche – Boten – Briefe. Körpergedächtnis und Schriftgedächtnis im Mittelalter, Berlin: Schmidt 1997, S. 45-62.

36 Godwin, Francis: »Nuncius Inanimatus, in Utopia [London] 1629«, in: Smith College Studies in Modern Languages 19 (1937/38), S. 49-78.

»[T]here was a brazen pipe put into the wall, with that rare artifice that it run through each Tower and Castell [...] that if any one did but sound his voyce into it, let him be in the Tower soever, presently the sound went into the next, and so to the third, so that the sound passed through each of them without any interruption, to signify where about they feared the assault of the enemy.«[37]

Mit Hilfe einer solchen Klangübertragungstechnologie liessen sich also Instruktionen, Befehle und Informationen ohne Zeit- und Qualitätsverlust innerhalb von Befestigungsanlagen ebenso wie im gesamten Herrschaftsraum übertragen.

Es ist nicht belegt, ob Bacon mit Godwins Projekt vertraut war, da ja der *Nuncius inanimatus* erst drei Jahre nach seinem Tod im Druck erschien. Es ist aber zumindest denkbar, dass der Lord-Kanzler Godwins früheres Memorandum für ein derartiges akustisches Kommunikations- und Kontrollsystem von 1621 kannte. Belegbar ist jedoch eines: Akustische Röhrensysteme wie bei Godwin und in *New Atlantis* entworfen, avancierten im Verlauf des 17. Jahrhunderts zu einer zentralen Utopie politischer Kontrolle.[38]

KIRCHERS SCHNECKEN

Dies lässt sich besonders an Athanasius Kirchers eingangs angeführten Visionen gigantischer Beschallungs- und Abhöranlagen für Häuser, Plätze und ganze Städte demonstrieren. Sie fungieren gleichsam als grossräumige Funktionalisierungen der Hörrohrmodelle in Bacons *Sylva* und Godwins *Nuncius*. Kircher entwarf diese Installationen als Teile seiner allgemeinen Lehre von der Akustik und Musik, welche spekulatives Wissen und akustische Medientechnologien wie Musikautomaten, Theaterakustik, Echoräume und eben Abhöranlagen miteinander verknüpfte.[39]

37 Ebd., S. 59.

38 Vgl. Trinkner, Diana: »Von Spionen und Ohrenträgern, von Argusaugen und tönenden Köpfen. Anmerkungen zu Kontrollmechanismen in der Frühen Neuzeit«, in: Jahn, Bernhard u.a. (Hg.), Zeremoniell in der Krise. Störung und Nostalgie, Marburg: Jonas-Verlag 1998, S. 61-77.

39 Vgl. als Überblick über Kirchers Lehre der Musik und Akustik Godwin, Joscelyn: Athanasius Kircher's Theatre of the World, London: Thames & Hudson 2009, S. 157-178; für die technischen Details und Kontexte Ullmann, Dieter: »Athanasius Kircher und die Akustik der Zeit um 1650«, in: NTM N.S. 10 (2002), S. 65-77; Ders.: »Zur Frühgeschichte der Akustik. Athanasius Kirchers ›Phonurgia Nova‹«, in: Wiss. Zeitschrift der Friedrich-Schiller-Universität Jena, Math.-Naturwiss. Reihe 27 (1978), S. 355-360; Tronchin, Lamberto: »The ›Phonurgia Nova‹ of Athanasius Kircher: The Marvellous

Dabei geht Kircher in der *Musurgia* wie in der 1673 erschienenen *Phonurgia Nova*, welche deren spezifisch akustischen Aspekte aufgriff und ver-tiefte, ganz ähnlich wie Bacon von der Analyse scheinbar unerklärlicher Natur-phänomene aus. Vorbild für seine Abhörinstallationen ist dabei vor allem eine das »Ohr des Dionysios« genannte Höhlenanlage auf Sizilien, welche laut Kircher durch den Tyrannen Dionysios von Syrakus in Form eines menschlichen Ohres angelegt worden sei, um die in der Höhle inhaftierten Gefangenen belauschen zu können (Abb. 2).

Die von Kircher entworfenen artifiziellen Abhöranlagen setzen die Prinzipien der Klangverstärkung, wie er sie am Beispiel des »Ohrs des Dionysios« hatte studieren können, im sozialen und politischen Raum um. Kircher expliziert diese Funktion selbst in der Phonurgia als Eingriff in die akustische Ordnung der frühneuzeitlichen Kommune:

»Dann weiln das grosse und weite Endloch des Rohrs auf einen Marckt oder anderen öffentlichen Platz gerichtet ist, da sich immerzu Leute finden, so werden sich alle solche aussen vorgebrachte Wort und Reden in das Schneckenrohr einziehen und nachgehends aus dem offenen Mund sich hören lassen.«[40]

Sound World of the 17th Century«, in: Proceedings of Meetings on Acoustics 4 (2008), S. 1-9; Aschoff, Volker: »Phantasie und Wirklichkeit in der Frühgeschichte der Akustik«, in: Acustica 42 (1979), S. 121-132; Barbieri, Patrizio: »The Jesuit Acousticians and the Problem of Wind Instruments (ca. 1580-1680)«, in: Engelhardt, Markus/Heinemann, Michael (Hg.), Ars magna musices – Athanasius Kircher und die Universalität der Musik, Laaber: Laaber Verlag 2007, S. 155-204; Valleriani, Matteo: »Galileo's Abandoned Project in Acoustic Instruments at the Medici Court«, in: History of Science 50 (2012), S. 1-31; zu Kirchers Musik- und Klangtheorie allgemein Gouk, Penelope: »Making Music, Making Knowledge: The Harmonious Universe of Athanasius Kircher«, in: Stolzenberg, Daniel (Hg.), The Great Art of Knowing. The Baroque Encyclopedia of Athanasius Kircher, Stanford: Stanford University Press 2001, S. 71-83; Wald-[Fuhrmann], Melanie: Welterkenntnis aus Musik. Athanasius Kirchers »Musurgia universalis« und die Universalwissenschaft im 17. Jahrhundert, Kassel: Bärenreiter 2006 sowie Pangrazi, Tiziana: La musurgia universalis di Athanasius Kircher: Contenuti, fonti, terminologia, Firenze: Olschki 2009; zum Kontext jetzt anregend Bähr, Andreas: »Die Waffen des Athanasius Kircher SJ (1602-1680). Prolegomena zu einer biographischen Enzyklopädie«, in: Saeculum 65 (2015), S. 135-176.

40 Athanasius Kircher: Neue Hall- und Thon-Kunst [...]; Nördlingen: Friderich Schultes 1684, S. 116f.

Abbildung 2

aus: Kircher: Phonurgia Nova, S. 84.

Schon hier artikuliert Kircher die Asymmetrie der akustischen Situation. Das Hörrohr kanalisiert im Wortsinne die Öffentlichkeit der Piazza und liefert sie gebündelt dem hörenden Einzelnen aus. Während Kircher allein »viel wunderliche seltsame Kurzweilen« als Verwendungszweck der Einrichtung angibt und damit ihre politischen Kontexte eher verschleiert, werden diese weniger in seinen ansonsten eher technisch gehaltenen Beschreibungen der Anlage als in den mitgelieferten Illustrationen verdeutlicht. Hier wird die technologische Innovation architektonisch verortet und sozial kontextualisiert (Abb. 1 und 2). Man erkennt auf der Abbildung eine klare Dichotomie zwischen öffentlichem Außenraum, der von zahlreichen unterschiedlichen akustischen Akteuren bevölkert ist, und dem durch Mauern abgetrennten Innenraum, in dem einzelne, schon durch Kleidung und Accessoires als Obrigkeit markierte Figuren der herrscherlichen Praxis des Abhörens nachgehen. Technologisch ermöglicht wird diese durch jene schon oben erwähnten schneckenförmigen

Rohre, die beide Räume miteinander verbinden und jeweils an einem Ende in einer Büste auf einer kleinen Säule münden.

Die wissenschaftsgeschichtliche Forschung hat sich bislang meist vor allem um die Schnecken gekümmert und versucht, ihre Praktikabilität als Klangübertragungsmedien und Verstärker zu evaluieren.[41] Viel interessanter für die Frage nach dem Zusammenhang zwischen Akustik und Politik, zwischen Hören und Herrschen sind aber die *talking heads*, denen hier gelauscht wird. Als technologische Utopie und politische Medien haben sie eine ganz eigene Geschichte. Kircher selbst verweist in der *Phonurgia* auf Vorbilder in der altägyptischen Tradition und vor allem beim hochmittelalterlichen Aristoteliker Albertus Magnus. Dieser habe, so Kircher, »ein Bild eines Menschenkopffs so künstlich zugerichtet, daß es alle Wort deutlich außreden können.«[42] Diese Fähigkeit sei seinen Zeitgenossen, allen voran Thomas von Aquin aber als teuflische Magie erschienen, so dass der Hlg. Thomas voller Entsetzen das Werk von 40 Jahren Ingenieursarbeit mit einem einzigen Stockhieb zerstört habe. Aufgegriffen wurde diese Erfindung schließlich durch den Alchimisten und Magus Gianbattista della Porta in seiner 1558 erschienenen »Magia naturalis«. Della Porta formuliert auf die Frage »utrum materiales statuae aliquo artificio loqui possint«[43] hier erstmals die Hypothese, dass physikalische Klangübertragung durch Röhren einen illusionistischen Effekt haben könnte, wenn diese Röhren an sprechende Köpfe angeschlossen wären.

Als Imagination und Metapher waren sprechende Köpfe und Statuen im Stadtraum Roms schon seit Beginn des 16. Jahrhunderts präsent. So wurden verschiedene, oft antike Statuen auf römischen Plätzen zum anonymen Sprechen gebracht, indem an ihre Sockel Verse und Gedichte mit teils derben, satirischen und kritischen Inhalten angebracht wurden.[44] Diese Praxis, die *vox populi* als Stimme

41 Vgl. etwa Aschoff: »Phantasie und Wirklichkeit«.

42 Kircher: Neue Hall- und Thon-Kunst, S. 116.

43 Io[hannis] Baptistae Portae Neapolitani [...] Magiae Naturalis Libri Viginti, Hannover 1589, S. 588. Vgl. zu della Porta den kurzen Überblick bei Gampp, Axel Christoph: »Magia Naturalis. Wissen als Emanationslehre in der Frühen Neuzeit«, in: Ferrum 86 (2014); Gouk: Music, Science and Natural Magic, sowie aus medienwissenschaftlicher Perspektive Zielinski, Siegfried: Archäologie der Medien. Zur Tiefenzeit des technischen Hörens und Sehens, Reinbek bei Hamburg: Rowohlt 2002, S. 76-124.

44 Vgl. hierzu die Beiträge in Damianaki, Chrysa u.a. (Hg.): Ex Marmore. Pasquini, pasquinisti, pasquinate nell'Europa moderna, Roma: Vecchiarelli 2006 sowie Burkart, Lucas: »Weisheit und Wahrheit erheben die Stimme. Die Orakel des Athanasius Kircher und die sprechenden Statuen Roms«, in: Ders./ Asmussen, Tina / Rößler, Hole (Hg.), Theatrum Kircherianum. Wissenskulturen und Bücherwelten im 17. Jahrhundert, Wies-

des Stadtraums selbst zu artikulieren, wird durch Kirchers technologische Innovationen gleichsam wörtlich genommen, technisch umgesetzt und zugleich in ihrer politischen Ausrichtung invertiert. Diese nutzte die von della Porta und Bacon skizzierte Technologie vor allem als Überwältigungsstrategie in dem von ihm konzipierten Musaeum Kircherianum im jesuitischen Collegium Romanum, in dem sich seine polyhistorischen Interessen und vielfältigen Experimentalpraktiken in einem gewaltigen illusionistischen Maschinenpark konkretisierten.[45] Hier fanden sprechende Köpfe und akustische Röhrensysteme nicht nur zur Kommunikation zwischen der Eingangshalle des Museums und Kirchers weit entfernter Studierstube statt, sondern auch zur medialen Überwältigung der von weit her anreisenden Besucher. So existieren Berichte wie jener des deutschen Komponisten Wolfgang Caspar Printz von einer ganzen Galerie von sprechenden Köpfen, sowie Statuen, welche die Museumsgäste »mit einer kurzen, doch schönen und artlichen Rede, welche uns alle erstaunend machte«, empfing und dabei »nicht nur die Augen verwendete, sondern auch im Reden den Mund nicht anders als ein lebendiger Mensch.« An anderer Stelle wurde ein kleines Fenster im der Wand geöffnet, »da höreten wir eine frembde und artliche Harmoni, und wussten nicht, woher sie kam.«[46] Dieser akusmatische Effekt[47] zielte bei Kircher auf die technische Inszenierung von Wundern und zugleich auf die implizite Christianisierung jener Technologien, die bei Albertus Magnus und Thomas von Aquin noch als Teufelswerk gegolten hatten. Das Musaeum Kircherianum im römischen Jesuitenkolleg führte

baden: Harassowitz 2013, S. 23-48, allerdings ohne Bezug auf Kirchers eigene akustische Medienprojekte.

45 Vgl. Findlen, Paula: »Scientific Spectacle in Baroque Rome: Athanasius Kircher and the Roman College Museum«, in: Feingold, Mordechai (Hg.): Jesuit Science and the Republic of Letters, Stanford: Stanford University Press 2003, S. 225-284 sowie jetzt umfassend aus bildwissenschaftlicher Perspektive Mayer-Deutsch, Angela: Das Musaeum Kircherianum. Kontemplative Momente, historische Rekonstruktion, Bildrhetorik, Zürich/Berlin: diaphanes 2010; zu Kirchers Maschinen Gorman, Michael John: »Between the Demonic and the Miraculous. Athanasius Kircher and the Baroque Culture of Machines«, in: Stolzenberg, Great Art of Knowing, S. 59-70; Ders./ Wilding, Nick: »Athanasius Kircher e la cultura barocca delle macchine«, in: Sardo, Eugenio Lo (Hg.): Athanasius Kircher. Il museo del mondo, Roma: Edizioni de Luca 2001, S. 217-237.

46 zitiert nach Burkart, Lucas: »Athanasius Kircher und das Theater des Wissens«, in: Flemming Schock u.a. (Hg.): Dimensionen der Theatrum-Metapher in der Frühen Neuzeit. Ordnung und Repräsentation von Wissen, Hannover: Wehrhahn 2008, S. 253-273, hier S. 256.

47 Vgl. dazu Kane, Brian: Sound Unseen. Acousmatic Sound in Theory and Practice, Oxford/New York: Oxford University Press 2014.

dabei nur die zahlreichen akustischen Forschungsprojekte zusammen, die Kircher in Buchform oder im Rahmen der aristokratischen Repräsentationskultur verfolgte. Letzteres betraf vor allem die Installation von Musikautomaten und hydraulischen Orgeln in den Gärten und Parks der klerikalen und weltlichen Elite Roms seit der Mitte des 16. Jahrhunderts, welche Kircher teils schon vorfand und teils selbst weiter ausbaute.[48] Wie im Fall Bacons der englische Hof, bildete damit die römische Villenlandschaft als Herrschaftsarchitektur auch für Kircher einen realen und sozialen Experimentalraum seiner Forschungen und stellte diese damit explizit in den Kontext politischer Repräsentation.[49] Seine Visionen zur akustischen Verstärkung und Übertragung verblieben dagegen ganz im Medium des Buches. Gleichwohl verweisen Kirchers Texte, Experimente und Installationen beständig aufeinander und plausibilisierten sich wechselseitig.[50] Überdies schreiben sich auch die außerordentlich prachtvoll gestalteten Bücher durch ihre Dedikationen in die Ökonomie der höfischen Repräsentation ein. Durch die Wahl der Widmungsträger seiner akustischen Schriften, Erzherzog Leopold Wilhelm von Österreich für die *Musurgia* und Kaiser Leopold I. für die *Phonurgia*, zielte Kircher auf die höchste denkbare politische Ebene.[51] Deutlich wird durch das Zusammenwirken von Theorie, Experiment und sozialer Kontextualisierung, dass auch ein rein theoretisches Wissen immer seine potentielle Realisierung implizierte und diese Realisierung ihre politische Funktion im Rahmen medial gestützter Herrschaft finden konnte.

---

48 Vgl. etwa Camerota, Filippo: »Architecture and Science in Baroque Rome. The Mathematical Ornaments of the Villa Pamphilj«, in: Nuncius. Journal of the History of Science 15 (2000), S. 611-638; Butters, Suzanne B.: »Natural Magic, Artificial Music and Birds at Francesco de' Medici's Pratolino«, in: Sanger, Alice E. / Kulbrandstad Walker, Siv Tove (Hg.): Sense and the Senses in Early Modern Art and Cultural Practice, Farnham: Ashgate 2012, S. 31-61.

49 Vgl. dazu instruktiv Burkart, Lucas: »Utopisches Wissen im Garten des Papstes. Die hydraulische Orgel des Athanasius Kircher und der soziale Ort des Wissens«, in: Ders./Asmussen/Rößler: Theatrum Kircherianum, S. 81-112.

50 Vgl. zu Kirchers multimedialen Strategien der Evidenzproduktion Asmussen, Tina/Burkart, Lucas/Rößler, Hole: »Schleier des Wissens. Athanasius Kirchers Strategien der Sichtbarmachung in Stadt, Museum und Buch«, in: Dies.: Theatrum Kircherianum, S. 113-147.

51 Vgl. zu Kirchers Dedikationspolitik Burkart: »Utopisches Wissen«, S. 101f. Jörg Jochen Berns Behauptung, Kircher habe seine *Musurgia* »den Fürsten Europas gewidmet« (Berns: »Instrumenteller Klang«, S. 538), ist ebenso falsch wie die Feststellung Felicia Englmanns, Leopold I. habe noch in seiner Rolle als (10jähriger) Erzherzog ihre Publikation finanziert (vgl. Englmann, Felicia: Sphärenharmonie und Mikrokosmos. Das politische Denken des Athanasius Kircher, Köln u.a.: Böhlau 2006, S. 106).

Dies zeigt sich sogar besonders in den Buchwissen gebliebenen Röhrenverstärkern als Abhör- und Kontrolltechniken, insbesondere in Kirchers eigenen Funktionszuschreibungen der Installationen. So beschreibt er den Zweck seines »Technasma IV« in der *Phonurgia Nova* dergestalt, »daß man alle Wort und Reden, so auf einem Marckt oder offen=gemeinen Platz geredet werden, so deutlich und vernehmlich höre, als wann man allernechst darbey wäre, da dann niemand dem das Gehaimnuß nicht bewußt, wissen kann, wie dises geschihet oder zugehet.«[52] Praktischer Nutzen der Röhren- und Schneckenvorrichtung ist also Wissensakkumulation zum Zwecke der politischen Herrschaft. Sinnfällig und sinnesgeschichtlich spezifiziert wird dieser politische Imperativ beispielsweise in Cesare Ripas Allegorie der Staatsräson von 1603, welche ein Gewand trägt, das mit lauter Ohren bestickt ist (Abb. 3).

Bezieht Ripa diese Ohren noch metaphorisch auf das umfassende System von Spionage, das nötig ist, »um seine Pläne besser verfolgen zu können (per poter meglio guidare i suoi disegni)«, so wird diese Funktion bei Kircher technologisch implementiert.[53] Entscheidend ist auch hier wiederum die Asymmetrie des Wissens. Das zeitgenössische politische Kernkonzept der arcana imperii erfährt hier geradezu seine konkrete technische Umsetzung. Die geheime Abhörvorrichtung ermöglicht die Kenntnis von Geheimnissen, welche der Macht potentiell gefährlich werden könnten: »Wann nun dieses also verfertiget, wird gewißlich auf dem Marckt oder Platz nichts so still und verborgen können geschehen oder geredet werden [...], so man nicht im Gemach aus dem Rohr sollte hören können.«[54] Was Kirchers Geräte also physikalisch tun, nämlich Klänge zu kanalisieren und zu verstärken, leisten sie auch politisch. Sie ermöglichen – als Utopie – die gezielte Verstärkung potentiell sicherheitsrelevanten Wissens auf akustischem Wege. Der medienutopische Überschuss in Kirchers Modell besteht in der Ersetzung menschlicher Ohren und Augen, also Spione und Nachrichtenzuträger aller Arten, durch Apparate. Der Signalweg wird dabei radikal verkürzt. So wie Kircher selbst in seiner römischen Studierstube nicht mehr auf Boten angewiesen ist, die ihm Besucher melden, so ermöglichen seine Röhrensysteme zumindest potentiell dem Souverän selbst die Verbindung von hören und herrschen. Der König horcht, aber er kann nur horchen, indem er an akustische Medien angeschlossen bleibt.

52 Kircher: Neue Hall- und Thon-Kunst, S. 117.

53 Ripa, Cesare: Iconologia Overo Descrittione Di Diverse Imagini cauate dall'antichità, & di propria inuentione, Roma: Appresso Lepido Facii 1603, S. 427. Vgl. dazu auch Trinkner: »Kontrollmechanismen«, S. 65-67.

54 Kircher, Neue Hall- und Thon-Kunst, S. 118.

Abbildung 3

aus: Ripa: Iconologia, S. 427.

Zugleich funktioniert diese Verstärkungsleistung auch in umgekehrter Richtung. Hier geht es vor allem um den potentiell numinosen Effekt, den die akusmatischen Klanginstallationen erzielen konnten. Sprechende Statuen, Büsten, akusmatische Grotten und Stimmen aus dem scheinbaren Nichts gehörten insbesondere im 17. Jahrhundert zum akustischen Repertoire der medialen Präsenz Gottes auf Erden – eine Präsenz, die in der Aufklärung schließlich einer radikalen Decouvrierung unterworfen wurde.[55]

55 Vgl. hierzu insbesondere Schmidt, Leigh Eric: Hearing Things. Religion, Illusion, and the American Enlightenment, Cambridge, MA/London: Harvard University Press 2000.

Abbildung 4

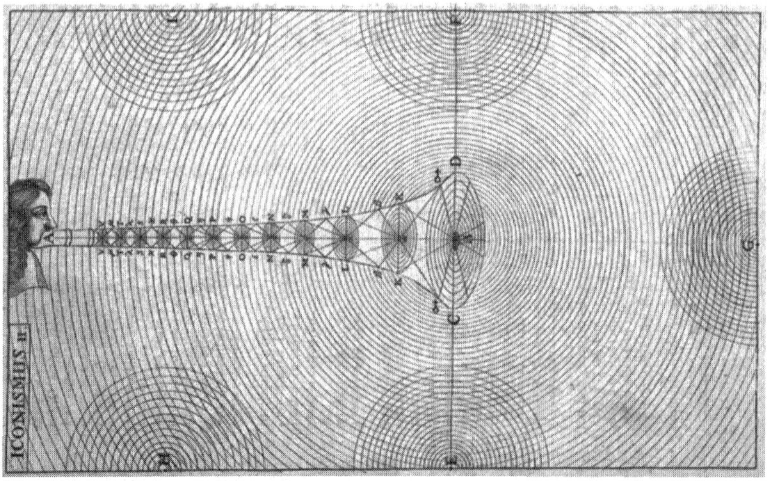

aus: Morland:Tuba Stentero-Phonica, S. 8.

In Kirchers Modell erlaubt die Röhrenkonstruktion eben nicht nur das Abhören von Straßen und Plätzen, sondern auch die akusmatische Präsenz der Stimme des Souveräns ebendort. Kircher veröffentlichte seine *Phonurgia Nova* 1673 u.a. als Reaktion auf die Publikation einer Abhandlung über eine »Tuba Stentoro-Phonica«, also einem Prototypen des Megaphons, durch Samuel Morland, Mitglied der Royal Society (Abb. 4). Kircher verwandte große argumentative Mühe darauf nachzuweisen, dass nicht Morland, sondern schon er selbst in seiner *Musurgia* von 1650 einen solchen Verstärker entworfen habe.[56] Interessanter als die Technikgeschichte ist hier aber wiederum der Kontext ihrer möglichen Funktionsweisen.[57] Morland widmete seine Erfindung direkt seinem Souverän, König Charles II, unter Angabe von »manifold uses« vor allem im Bereich militärischer Kommunikation zu Wasser, zu Lande, im Belagerungsfall oder vor der Schlacht: »A General may himself speak to his whole army, though forty or fifty thousand men or more, either to give orders to his Commanders and Officers, or to encourage and put life into his common soldiers.«[58] Morlands »Tuba Stentoro-Phonica« verleiht dem Feldherren die Stimme eben jenes Stentor, des griechischen Herolds im trojanischen Krieg, welche

56 Vgl. auch Kirchers Diskussion des sog. »Alexander-Horns« als Klangverstärker in Neue Hall- und Thon-Kunst, S. 93-95.

57 Vgl. zur Technikgeschichte Barbieri, Patrizio: »The Speaking Trumpet: Developments of Della Porta's ›Ear Spectacles‹ (1589–1967)«, in: Studi musicali 33 (2004), S. 205-248.

58 Morland, Samuel: A Description of the Tuba Stentoro-Phonica, London: W. Godbid 1672, S. 14.

die mehr als fünfzigfache Lautstärke einer normalen männlichen Stimme produziert haben soll. Verstärkung zum Zwecke militärischer und politischer Kontrolle also auch hier, gewidmet und bezogen auf den Souverän als Herr in Krieg und Frieden. In seiner *Phonurgia* geht Kircher denn auch über Morlands Vorstellungen hinaus, indem er mehrere Megaphone zu einer Art »barocken[n] Vorform des Rundfunks«[59] verkoppelt und dadurch einen akustischen Herrschaftsraum schafft, welcher von einer einzigen Stimme, jener des Souveräns, durchdrungen werden kann (Abb. 5). Auf diese Weise produziert die Verstärkertechnologie die Entgrenzung der menschlichen Stimme und ermöglicht damit dem Souverän übermenschliche, quasi-göttliche Kommunikationsformen.

Abbildung 5

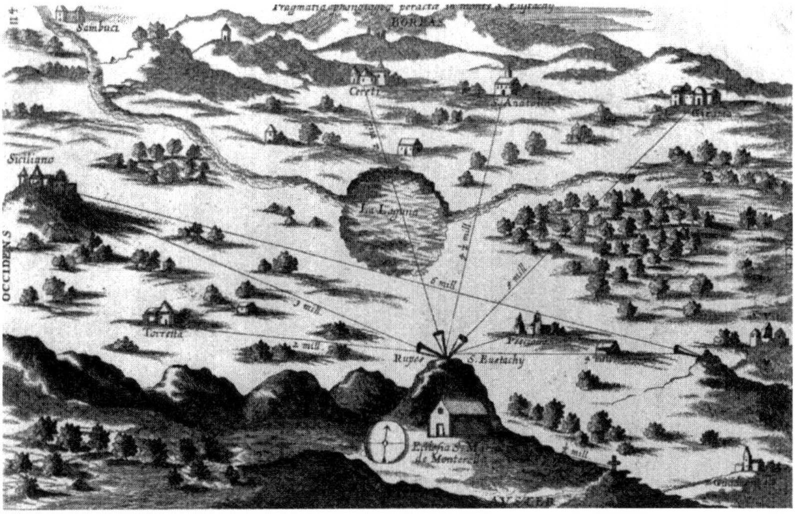

aus: Kircher: Phonurgia Nova, unpaginiert.

VERSTÄRKER-UTOPIEN

Die akustischen Installationen, welche Bacon und Kircher projektierten, wurden als solche nicht realisiert, sie blieben Medien in Latenz. Ihr utopischer Charakter zeigt sich dabei nicht nur in der mangelnden technischen Ausführbarkeit, sondern auch in ihren impliziten politischen Programmen. Im Fall Kirchers erstreckt sich die Analogie zwischen Akustik und Politik nicht nur auf die in der *Musurgia* prominent verhandelte Lehre von der universellen Harmonie, der die Ideologie einer (habs-

59 Berns: »Instrumenteller Klang«, S. 541.

burgischen) Universalmonarchie allegorisch entsprach.[60] Vielmehr zeigt sich im Anspruch auf Universalität des produzierten Wissens die konkrete Utopie, durch technische Medien umfassendes Herrschaftswissen zu erlangen und an einem Ort, der Residenz des Fürsten, zu bündeln. Ganz ähnlich verhält es sich bei Francis Bacon. Die politische Bedeutung seiner Utopieschrift *New Atlantis* liegt weniger in der Darstellung einer idealen Gesellschaftsordnung, als vielmehr in der politischen Funktionalisierbarkeit der entworfenen sensorischen Techniken und Praktiken. Der utopische Überschuss von Bacons und Kirchers Schriften besteht daher im Entwurf von Medientechnologien für eine Sensorik der politischen Repräsentation und Kontrolle sowie deren universeller Verfügbarkeit.

Bei beiden aber spielt die Akustik als eine praktische Wissenschaft von Klangverstärkung und -übertragung eine entscheidende Rolle. Diese versprachen die Überwindung der kommunikativen Beschränkungen frühneuzeitlicher Anwesenheitsgesellschaften und garantierten zugleich direkte, unvermittelte, wenngleich einzig durch technische Medien gesicherte Präsenz von Stimme und Ohr des Souveräns über grosse Entfernungen hinweg. Das dem Zusammenhang von Akustik und Politik zugrunde liegende Phantasma ist nicht nur die »herrscherliche Lenkung von Klang«,[61] sondern vor allem die daraus resultierende Idee einer politischen Allgegenwart als medialer Umsetzung der Ideologie der Absoluten Monarchie – analog etwa zur Multiplikationsfunktion des Körpers des Königs durch Herrscherportraits. Die von Bacon, Kircher und ihren Zeitgenossen projektierten akustischen Medien sind somit solche im strengen McLuhan'schen Sinne. Sie erscheinen nicht nur als allgemeine »Ausweitungen unserer Körper und Sinne«[62], sondern spezifischer als Verstärkungen der Sinne des Souveräns.

---

60 Vgl. Burkart: »Utopisches Wissen«, S. 102 sowie umfassender kontextualisierend Englmann: Sphärenharmonie und Mikrokosmos, S. 274-288 und S. 327-358.

61 Berns: »Instrumenteller Klang«, S. 541.

62 McLuhan, Marshall: Die magischen Kanäle. Understanding Media, Dresden/Basel: Verlag der Kunst 1995, S. 112.

Das Mensch-Telefon

Physiologische Akustik, auditive Wahrnehmung und die Entwicklung der Tontechnik im 19. Jahrhundert[1]

ANTHONY ENNS

Das Telefon wird von manchen Historikern als Prothese bezeichnet, mit der die natürlichen Hörschwellen des menschlichen Ohres überwunden und damit die Sinnesfunktionen der menschlichen Hörorgane verstärkt und erweitert werden konnten.[2] Andere wiederum beziehen die Erfindung des Telefons in die Entwicklungsgeschichte jener akustischer Automaten ein, die die Sprachfunktionen der menschlichen Stimmorgane technisch simulierten bzw. rekonstruierten und damit die Übermittlung von Sprache über weite Entfernungen ermöglichten. Nur wenige Forscher aber nehmen die Verknüpfungen zwischen der Erfindung des Telefons und der Wahrnehmungskrise im neunzehnten Jahrhundert in den Blick. Letztere

1 Eine englische Fassung dieses Aufsatzes ist im von Daniel Morat herausgegebenen Sammelband Sounds of Modern History: Auditory Cultures in the 19th and 20th Century erschienen. Der Autor und die HerausgeberInnen dieses Bands danken Berghahn Books für die Erlaubnis zur Übersetzung und Veröffentlichung.

2 Keith, Arthur: The Engines of the Human Body, London: Williams & Norgate 1919, S. 252-266; McLuhan, Marshall: Die magischen Kanäle, übersetzt von Meinrad Amann, Düsseldorf: Econ Verlag 1992, S. 305-315; Ronell, Avital: The Telephone Book. Technology, Schizophrenia, Electric Speech, Lincoln: University of Nebraska Press, 1989, S. 88f.; Seltzer, Mark: Bodies and Machines, New York: Routledge 1992, S. 10; Armstrong, Tim: Modernism, Technology, and the Body. A Cultural Study, Cambridge: Cambridge University Press 1998, S. 81; Mills, Mara: »Hearing Aids and the History of Electronics Miniaturization«, in: IEEE Annals of the History of Computing 33.2 (2011), S. 27; Mills, Mara: »Media and Prosthesis. The Vocoder, The Artificial Larynx, and the History of Signal Processing«, in: Qui Parle 21.1 (2012), S. 107-149, hier S. 115.

wird vor allem eng mit physiologischen Untersuchungen im optischen Bereich und der Entwicklung optischer Medien enggeführt, die ein neues Wahrnehmungskonzept einführten. Dazu zählen etwa Panoramen und Filme, anhand derer sich auch zeigte, dass visuelle Wahrnehmung von den Materialeigenschaften des menschlichen Auges abhängig ist. In diesem Kapitel soll jedoch aufgezeigt werden, dass die Wahrnehmungskrise auch die Erfindung neuer Soundtechniken im 19. Jahrhundert, wie z.B. den Phonautographen, das Telefon oder den Audiometer, prägte, die auf einem ähnlich mechanistischen Verständnis auditiver Wahrnehmung beruhten.

Dem Kunsthistoriker Jonathan Crary zufolge wurde die Wahrnehmungskrise des 19. Jahrhunderts vom wissenschaftlichen Fortschritt im physiologischen Bereich hervorgerufen. Crary beschreibt etwa, wie Immanuel Kants Begriff der »transzendentalen synthetischen Einheit der Apperzeption« der Wahrnehmungserfahrung eine apodiktische oder absolute Eigenschaft verleiht.[3] Physiologische Studien des 19. Jahrhunderts hingegen konnten zeigen, dass menschliche Wahrnehmungsprozesse von der komplexen und kontingenten Physiologie des Subjekts abhängig sind.[4] Sinneswahrnehmung konnte also keine Ansprüche mehr auf »essentielle Objektivität« oder »Gewissheit« erheben, sondern wurde allmählich als »fehlerhaft«, »unzuverlässig« und »willkürlich« verstanden.[5] Das Verständnis von Wahrnehmung als unzuverlässig oder subjektiv führte zur experimentellen Bestimmung und Berechnung der Empfindlichkeitswerte von Wahrnehmungsschwellen, die die präzisen Begrenzungen und Einschränkungen des Wahrnehmungsapparats sichtbar machen. Die Berechnung der Wahrnehmungsschwellen förderte auch die Entwicklung neuer Medientechniken, die speziell dafür entworfen wurden, Nutzen aus den neu entdeckten Einschränkungen zu ziehen. So wurde die Entwicklung des Panoramas zum Beispiel erst durch die Entdeckung der limitierten Tiefenwahrnehmung ermöglicht: Die neuen optischen Medien hingegen konnten diese Grenzen überschreiten und die Augen der Zuschauer effektiv täuschen. Durch die Vermessung und Standardisierung der Leistung menschlicher Sinnesorgane konnten solche Medien die inhärenten Schwachstellen des Wahrnehmungsapparats identifizieren und entsprechend manipulieren: »Wenn die empirische Wahrheit des Sehens im Körper lag, konnte das Sehen (ebenso wie die anderen Sinne) auch von externen Techniken der Manipulation und Stimulation annektiert und kontrolliert werden.«[6] Crary beschreibt die Entwicklungsgeschichte neuer Medien im

3 Crary, Jonathan: Aufmerksamkeit. Wahrnehmung und moderne Kultur, Frankfurt a.M.: Suhrkamp 2002, S. 53.

4 Ebd., S. 21.

5 Ebd.

6 Ebd., S. 22.

19. Jahrhundert folglich als Teil eines umfassenderen Normalisierungs- und Subjektivierungsprozesses, der »das Individuum [...] in etwas kalkulier- und regulierbares« transformiert.[7]

Friedrich Kittler stimmt mit Crary überein, dass »der Schwenk weg von der physikalischen Naturoptik [...] zur physiologischen Körperoptik [...] ein veritabler wissenschaftlicher Paradigmenwechsel«[8] war. Aber er behauptet auch, dass Crary die natürlichen Körperfunktionen überbewertete: »Crarys These würde [...] genauer, wenn er nicht von Physiologie, sondern von materiellen Effekten im allgemeinen gesprochen hätte, die gleichermaßen auf Menschenkörper wie auf technische Speichermedien wirken können.«[9] Statt neue Medien als Geräte zur Vermessung und Standardisierung der Wahrnehmungsleistungen der menschlichen Sinnesorgane zu beschreiben, weist Kittler also darauf hin, dass Medien gleichermaßen fähig sind, die Materialeffekte der Sinnesreize auch in Abwesenheit des Subjekts zu registrieren. Die logische Konsequenz dieses Wandels ist, dass Medien nicht nur prothetische Erweiterungen des menschlichen Sensoriums darstellen, sondern dass sie auch als technische Rekonstruktionen des Wahrnehmungsapparats fungieren: »Um Funktionen des Zentralnervensystems technisch zu implementieren (und damit überflüssig zu machen), musste es erst einmal nachgebaut werden.«[10] Kittler behauptet mithin nicht nur, dass Medien die menschlichen Sinnesorgane täuschen und manipulieren können, sondern dass sie zudem unabhängige und autonome Rekonstruktionen des menschlichen Wahrnehmungsapparats bilden, die den Körper selbst überflüssig machen.

Während es bei Crary und Kittler hauptsächlich um die Entwicklungsgeschichte der optischen Medien geht, wird in diesem Kapitel die Anregung Crarys aufgegriffen und untersucht, ob diese These auch auf andere Sinne, so zum Beispiel auch auf das Hören, zutrifft. Ebenso wie die Entwicklung optischer Medien auf den physiologischen Untersuchungen der visuellen Wahrnehmung im 19. Jahrhundert beruhte, so basierte die Entwicklung akustischer Medien auf physiologischen Untersuchungen zur auditorischen Wahrnehmung, die auf ähnliche Weise ein mechanistisches Verständnis des Hörens inaugurierten. Historiker wie James Lastra und Jonathan Sterne untersuchten den Einfluss der physiologischen Akustik auf die

7 Crary, Jonathan: Techniken des Betrachters. Sehen und Moderne im 19. Jahrhundert, Dresden: Verlag der Kunst, S. 28.

8 Kittler, Friedrich: Optische Medien. Berliner Vorlesung 1999, Berlin: Merve 2002, S. 199.

9 Ebd., S. 200.

10 Kittler: Grammophon Film Typewriter, Berlin: Brinkmann und Bose 1986, S. 115f.

Entwicklung der Tontechnik im 19. Jahrhundert,[11] sie erklärten jedoch nicht, in welchem Verhältnis diese technischen Innovationen zur damaligen Wahrnehmungskrise standen. Lastra kommt der Problematik vielleicht am nächsten, wenn er die Entwicklungsgeschichte des Telefons als ein Ergebnis der andauernden Bemühungen beschreibt, Schallvibrationen in visuelle Zeichen umzuwandeln. So ging er davon aus, dass diese akustischen Inskriptionen die »unmenschlichen«[12] Qualitäten der Schrift in die Erfahrung auditorischer Wahrnehmung hinein ausdehnte. Durch Aufzeichnung und Speicherung von Tönen waren Tontechnologien wie der Phonograph oder das Grammophon fähig, Stimmen von ihren Körpern zu trennen und sie in neue Kontexte einzubetten, in denen ihre Bedeutung verändert wurde. Wie Kittler schloss Lastra, dass die »Automatisierung« der auditiven Wahrnehmung zu einem »Mangel an Subjektivität« führe.[13] Dieser »Mangel an Subjektivität« war für Lastra allerdings vorrangig mit der »unmenschlichen« Qualität der Schrift verbunden und weniger mit den physiologischen Untersuchungen auditorischer Wahrnehmung, die auch ein neues Verständnis des menschlichen Ohres als technischer Apparat oder Transducer einführten, der Schallvibrationen registrieren und in elektrische Impulse umwandeln kann. In dieser mechanistischen Auffassung auditorischer Wahrnehmung fungiert das Ohr nicht nur als technologischer Apparat, sondern ist gleichzeitig fähig, materielle Effekte auch in Abwesenheit eines wahrnehmenden Subjektes aufzuzeichnen. Dabei führt der mechanistische oder medientechnische Begriff auditorischer Wahrnehmung einen umfassenden epistemologischen Paradigmenwechsel herbei, wobei der Körper selbst als Maschine anstatt die Maschine als prothetische Erweiterung des Körpers konzipiert wurde.

Im Folgenden sollen die Spuren dieses Paradigmenwechsels anhand der Verknüpfungen zwischen der Entwicklungsgeschichte neuer Tontechnologien im 19. Jahrhundert und den wissenschaftlichen Fortschritten im physiologischen Bereich verfolgt werden, die ein neues mechanistisches Verständnis der auditiven Wahrnehmung einführten. Darüber hinaus soll der These nachgegangen werden, inwieweit die neuen Tontechnologien den Körper durch die technologische Umwandlung akustischer Signale in elektrische Impulse verdrängen, was zu einem nicht nur mechanistischen, sondern eher elektrischen Verständnis der auditorischen Wahrnehmung führte. Die Standardisierung, Automatisierung und Elektrifizierung der auditorischen Wahrnehmung ermöglichten die technologische Rekonstruktion des Wahrnehmungsapparats, indem eine direkte Verbindung zwischen dem Apparat

---

11 Lastra, James: Sound Technology and the American Cinema. Perception, Representation, Modernity, New York: Columbia University Press 2000; Sterne, Jonathan: The Audible Past. Cultural Origins of Sound Reproduction, Durham, NC: Duke University Press 2003.

12 Lastra: Sound Technology and the American Cinema, S. 58.

13 Ebd.

und dem Gehirn hergestellt werden konnte, die Körper und Maschinen ununterscheid- und austauschbar machte. Die neuen Tontechnologien können daher nicht nur als »unmenschlich« betrachtet werden, weil sie die Qualitäten der Schrift in die Sprache einführten, sondern auch, weil sie das menschliche Ohr mit der Qualität des Transducers ausstatteten, die die epistemologische Wende des Begriffs der Technologie als Prothese hin zum Körper als technologischem Gerät mit sich brachte.

PHYSIOLOGISCHE AKUSTIK. DAS MECHANISTISCHE VERSTÄNDNIS DER AUDITIVEN WAHRNEHMUNG

Crary unterstreicht, dass die bedeutendsten physiologischen Forschungen im 19. Jahrhundert von dem deutschen Physiker Hermann von Helmholtz durchgeführt wurden, wobei er sich vorwiegend auf dessen Arbeit zur physiologischen Optik konzentrierte. Helmholtz jedoch war vorrangig für seine wegweisenden akustischen Studien berühmt. In seiner Vorlesung »Über die physiologischen Ursachen der musikalischen Harmonie«, die er im Winter 1857 in Bonn hielt, führte Helmholtz eine Unterscheidung zwischen Schallvibrationen und Tönen ein, die zur Grundlage aller nachfolgenden auditorischen Untersuchungen wurde. Um diese Unterscheidung zu demonstrieren benutzte er eine Sirene (die erste künstliche Schallquelle mit variabler Frequenz), die zeigte, dass die Frequenzen mancher Schallvibrationen so gering sind, dass sie vom menschlichen Ohr nicht als Töne wahrgenommen werden können:

> »Wenn die Sirene langsam umläuft und die Luftstösse deshalb langsam erfolgen, hören Sie noch keinen Ton. Wenn sie schneller und schneller läuft, wird dadurch in der Art der Lufterschütterungen nichts Wesentliches geändert; ausserhalb des Ohres kommt dabei nichts Neues hinzu, sondern, was neu hinzukommt, ist nur die Empfindung des Ohres, welches nun erst anfängt, von den Lufterschütterungen erregt zu werden; eben deshalb geben wir den schnelleren Luftzitterungen einen neuen Namen und nennen sie Schall. Wenn Sie Paradoxen lieben, können Sie sagen, die Luftzitterung wird zum Schalle, erst wenn sie das hörende Ohr trifft.«[14]

Dieses Experiment zeigte also, dass die auditorische Wahrnehmung eigentlich eine menschliche Erfahrung ist, die von den physiologischen Eigenschaften des Ohres

14 Helmholtz, Hermann von: »Über die physiologischen Ursachen der musikalischen Harmonie«, in: Vorträge und Reden, Braunschweig: Friedrich Vieweg 1896, S. 119-155, hier S. 128.

abhängt. Darüber hinaus hat Helmholtz mithilfe seines Experimentiergeräts die Hörschwellen des Ohres nicht nur identifiziert, sondern auch genau berechnet.

In seiner Vorlesung erklärte Helmholtz weiterhin, wie das Ohr atmosphärische Schallvibrationen in Töne übersetzt. Seinen Untersuchungen zufolge liegen »etwa 3000 [Bögen] auf der ganzen Länge von der Scheidewand der Schnecke, wie die Tasten eines Claviers, regelmäßig neben einander«.[15] Im Vorhofe des Ohres gibt es noch »elastische Anhängsel«, die »die Form steifer Härchen« haben und jedes solches Anhängsel ist, »ähnlich den Saiten des Claviers, auf einen Ton abgestimmt«.[16] Wenn eine Schwingung einer bestimmten Frequenz auf die Cochlea trifft, dann beginnt das haarähnliche Anhängsel zu vibrieren und die korrespondierende Nervenfaser erfährt eine Empfindung genau wie Klaviersaiten Mitschwingungen hervorbringen, wenn sie in der Nähe einer Stimmgabel einer bestimmten Tonhöhe sind.[17] In dieser Perspektive werden die wahrgenommenen Töne also nicht in der äußeren Welt, sondern vom inneren Ohr selbst generiert. Deswegen können die menschlichen Hörorgane Töne nicht nur empfangen, sondern auch reproduzieren und übermitteln. Die Klaviermetapher macht dabei deutlich, dass auditive Wahrnehmung bei Helmholtz zunehmend mechanistisch konzipiert ist.

Allerdings fügte Helmholtz hinzu, dass die auditive Wahrnehmung nicht nur auf den Materialeigenschaften des Ohres beruhe, sondern auch auf Methoden des Zuhörens, die die wahrgenommenen Töne entscheidend gestalten und bestimmen. Helmholtz unterschied dabei zwischen dem »leiblichen Ohr des Körpers« und dem »geistigen Ohr des Vorstellungsvermögens«:

»[W]ir müssen hier Zweierlei unterscheiden. Erstens, die Empfindung im Hörnerven, wie sie sich ohne Einmischung geistiger Thätigkeit entwickelt; zweitens, die Vorstellung, welche wir uns bilden in Folge dieser Empfindung. Wir müssen also gleichsam unterscheiden: das leibliche Ohr des Körpers und das geistige Ohr des Vorstellungsvermögen.«[18]

Diese Unterscheidung zeigt sich am deutlichsten in Helmholtz' Untersuchungen zu den oberen harmonischen Teiltönen:

»Alle unsere sinnlichen Wahrnehmungen sind nämlich nicht bloss Empfindungen der Nervenapparate, sondern es gehört noch eine eigenthümliche Thätigkeit der Seele dazu, um von der Empfindung des Nerven aus zu der Vorstellung desjenigen äusseren Objectes zu gelangen, welches die Empfindung erregt hat. Die Empfindungen unserer Sinnesnerven sind

15 Ebd., S. 140.

16 Ebd.

17 Ebd.

18 Ebd., S. 143.

uns Zeichen für gewisse äussere Objecte, und wir lernen zum grossen Theil erst durch Einübung die richtigen Schlüsse von den Empfindungen auf die entsprechenden Objecte zu ziehen... Alle Empfindungen, welche nicht Bezug auf äussere Objecte haben, pflegen wir im gewöhnlichen Gebrauchte der Sinne vollständig zu ignorieren, und erst bei der wissenschaftlichen Untersuchung der Sinnesthätigkeit werden wir darauf aufmerksam.... Es ist nicht genug, dass der Hörnerv den Ton empfindet; die Seele muss auch noch darauf reflectieren; ich unterschied deshalb vorher das leibliche und das geistige Ohr.«[19]

Nach Helmholtz ist die auditorische Wahrnehmung also nicht nur durch die physiologischen Eigenschaften des Ohres bedingt, sondern auch ein bewusster Akt der Interpretation, der sich innerhalb der »Seele« ereignet. Der Begriff des »geistigen« Ohres stellt somit einen Versuch von Helmholtz dar, das mechanistische Verständnis der Hörorgane mit Kants »Einheit der Apperzeption« in Einklang zu bringen, indem die physiologischen Operationen der Sinnesorgane von dem psychologischen Verfahren der Erkenntnis unterschieden wurden. Kurz gesagt spiegelt diese Theorie eine gewisse Furcht um die Implikationen seiner eigenen physiologischen Untersuchungen wider, die die Funktion der Erkenntnis teilweise verdrängt hatten. Helmholtz war offensichtlich nicht in der Lage oder zumindest unwillig, das traditionelle philosophische Verständnis des wahrnehmenden Subjekts ganz aufzugeben.

AKUSTISCHE AUTOMATEN. DIE TECHNISCHE REKONSTRUKTION DER MENSCHLICHEN STIMM- UND HÖRORGANE

Verschiedene Wissenschaftler haben versucht, den menschlichen Stimmapparat technisch zu reproduzieren: So war der österreichisch-ungarische Erfinder Johann Wolfgang Ritter von Kempelen seit 1769 mit dem Bau einer Maschine beschäftigt, die die menschliche Stimmerzeugung simulieren sollte. Die Maschine bestand aus einem Blasebalg – den Lungen – sowie einem aus Gummi gefertigten Mund. Dessen Resonanzeigenschaften konnten durch variierendes Verdecken seiner Öffnung beeinflusst werden. Dadurch erzeugte die Maschine einzelne Laute, die zu Wörtern zusammengefügt werden konnten. In seinem Buch *Mechanismus der menschlichen Sprache nebst Beschreibung einer sprechenden Maschine* schilderte Kempelen 1791 diese Sprachmaschine sehr detailliert, so dass andere sie nachbauen und modifizieren konnten.[20] In den 1840er Jahren entwarf der deutsche Erfinder

19 Ebd., S. 146-147.

20 Vgl. Kempelen, Wolfgang von: Mechanismus der menschlichen Sprache nebst der Beschreibung seiner sprechenden Maschine, Wien: J. B. Degen 1791, S. 388-456.

Joseph Faber eine auf Kempelens Überlegungen basierende Sprechmaschine, die dann von P.T. Barnum in den USA und Großbritannien unter dem Namen »Euphonia« ausgestellt wurde (Abb. 1).

Abbildung 1

aus: »The Euphonia«, in: Illustrated London News vom 08.08.1846, S. 96.

Für dieses Gerät verwendete Faber ebenfalls einen Blasebalg, um die Lungen zu simulieren. Eine Tastatur kontrollierte den künstlichen Mund, die Gummizunge und den Kehlkopf. Alfred Mayer veröffentlichte die folgende Beschreibung:

»Faber worked at the source of articulate sounds, and built up an artificial organ of speech, whose parts, as nearly as possible, perform the same functions as corresponding organs in our vocal apparatus. A vibrating ivory reed, of variable pitch, forms its vocal chords. There is an oral cavity, whose size and shape can be rapidly changed by depressing the keys on a keyboard. A rubber tongue and lips make the consonants; a little windmill, turning in its throat, rolls the letter *R*, and a tube is attached to its nose when it speaks French.«[21]

21 Mayer, Alfred M.: »On Edison's Talking Machine«, in: Popular Science Monthly 12 (1878), S. 719-724, hier S. 719.

Mithilfe von Tastatur und Blasebalg hatte Fabers Sprechmaschine angeblich die Fähigkeit, vollständige, aus verschiedenen Wörtern zusammengesetzte Sätze und auch Lieder wie zum Beispiel die Nationalhymne »God Save the Queen« zu erzeugen.

Alexander Melville Bell – ein Student der physiologischen Phonetik und Sprechtechnik – besuchte 1846 eine Vorstellung der von Faber konstruierten Sprechmaschine in der Ägyptischen Halle in London und war von der technischen Simulation der menschlichen Stimmorgane tief beeindruckt. Fast zwanzig Jahre später nahm er seine Söhne mit, darunter den sechzehnjährigen Alexander Graham Bell, um eine andere Sprechmaschine zu sehen, die vom britischen Wissenschaftler Charles Wheatstone entwickelt wurde und die eigentlich eine Rekonstruktion der von Kempelen entworfenen Sprechmaschine war. Danach bot er seinen Söhnen einen Preis, wenn es ihnen gelänge ein ähnliches Gerät zu bauen:

»Following their father's advice, the boys attempted to copy the vocal organs by making a cast from a human skull and molding the vocal parts in guttapercha. The lips, tongue, palate, teeth, pharynx, and velum were represented. The lips were a framework of wire, covered with rubber which had been stuffed with cotton batting. Rubber cheeks enclosed the mouth cavity, and the tongue was simulated by wooden sections – likewise covered by a rubber skin and stuffed with batting. The parts were actuated by levers controlled from a keyboard. A larynx ›box‹ was constructed of tin and had a flexible tube for a windpipe. A vocal-cord orifice was made by stretching a slotted rubber sheet over tin supports.«[22]

Genau wie Fabers Sprechmaschine hatte dieses Gerät also Gummilippen, eine Holzzunge, einen Blechkehlkopf und ein biegsames Rohr als Luftröhre. Nach Alexander Graham Bell konnte dieses Gerät einfache Vokale und Nasale erzeugen:

»My brother found, upon blowing through the windpipe, that the rubber vocal chords were thrown into vibration, producing a musical sound. By varying the tension of the rubber strips and by varying the force of the breath, he could make the thing squeak…or produce a good, sonorous vibration like a reed musical instrument.«[23]

Im Gegensatz zu Fabers Maschine konnte dieses Gerät aber nur das Wort »Mama« aussprechen und die einzige Verwendung, die Bells Söhne dafür fanden, war die Stimme eines Babys zu simulieren und damit den Nachbarn einen Streich zu

22 Flanagan, J. L.: »Voices of Men and Machines«, in: Journal of the Acoustical Society of America 51 (1972), S. 1375-1387, hier S. 1381.

23 Bell, Alexander Graham: »Prehistoric Telephone Days«, in: National Geographic Magazine 41 (1922), S. 223-241, hier S. 236

spielen. Bevor ihm also das Telefon in den Sinn kam, beschäftigte sich Alexander Graham Bell schon lange mit der technischen Simulation der menschlichen Stimmorgane.

Zur selben Zeit als der junge Bell seinen mechanischen Mund konstruierte, baute Johann Philipp Reis ein elektrisches Ohr, um seinen Studenten die Physiologie der Tonempfindungen zu erklären (Abb. 2). Ein trichterförmiges Loch wurde in die Mitte eines aus Holz geschnitzten Modellohrs gebohrt, und eine Blasenmembran darüber gespannt. Ein Platindraht drückte gegen diese Membran, die ihrerseits Schwingungen in einen batteriebetriebenen Stromkreis induzierte, und ein Hörer verwandelte den Strom wieder in Töne zurück. Reis nannte dieses Modell »das Telephon«, und es war das erste Mal, dass dieses Wort in Verbindung mit elektrischer Tonübertragung auftrat. Reis präsentierte sein Gerät im Oktober 1861 vor dem physikalischen Verein in Frankfurt am Main und er veröffentlichte die Ergebnisse seines Experiments ein paar Monate später im Jahresbericht des Vereins. Sein »Telephon« war allerdings noch kein praktisches Kommunikationsgerät, da es nicht in der Lage war, Vokaltöne klar zu übermitteln.[24]

Abbildung 2

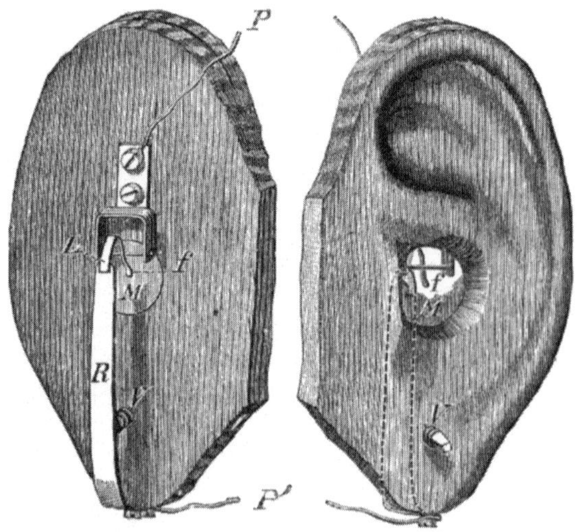

aus: Urbanitzky, Alfred Ritter von: Die Electricität im Dienste der Menschheit. Eine populäre Darstellung der magnetischen und elektrischen Naturkräfte und ihrer praktischen Anwendungen, Wien: Hartleben 1885, S. 878.

24 Reis, Johann Philipp: »Über Telephonie durch den galvanischen Strom«, in: *Jahresbericht des physikalischen Vereins zu Frankfurt am Main für das Rechnungsjahr 1860-1861*, Frankfurt a.M.: G. Naumann 1861, S. 57-64, S. 62.

Vier Jahre später interessierte sich auch Bell für die Simulation der Hörorgane. Er hielt vibrierende Stimmgabeln vor seinen Mund und nahm lautlos die Positionen der Stimmorgane für verschiedene Vokaltöne ein. Dadurch entdeckte er, dass jede Vokalposition eine bestimmte Stimmgabel verstärkte. Er benutzte auch leere Flaschen als Resonanzkörper, um die genauen Tonhöhen zu bestimmen. Alexander Ellis, ein Kollege seines Vaters, wies darauf hin, dass Bell eigentlich Hermann von Helmholtzens Experimente wiederhole, was Bell dazu anregte sich mit Helmholtz' wissenschaftlichen Untersuchungen auseinanderzusetzen.[25] Im Sommer 1866 konstruierte Bell eine Kopie des Helmholtz'schen Stimmgabelgeräts, das die konkrete physiologische Struktur des Ohrs durch die Kombination von Stimmgabeltönen, die mittels Elektrizität dauerhaft in Bewegung gehalten wurden, reproduzierte.[26] Wie schon bei Helmholtz beruhte Bells Experiment also auf einem mechanistischen Verständnis der auditiven Wahrnehmung, das die technische Rekonstruktion der menschlichen Hörorgane ermöglichte.

Der Phonautograph. Das menschliche Ohr als akustischer Selbstschreiber

Zur gleichen Zeit, in der Bell sich für das Problem mechanischer Simulation der menschlichen Physiologie interessierte, begann er sich in der Tradition seines Vaters mit dem Aufschreiben der Töne zu beschäftigen. Sein Vater entwickelte zum Beispiel ein »universelles Alphabet«, das er in seinem Buch *Visible Speech* (1867) veröffentlichte.[27] Die Buchstaben dieses Alphabets waren symbolische Darstellungen der Mund- und Zungenpositionen. Um die Wirksamkeit dieses phonetischen Systems zu beweisen, gab Bells Vater auch öffentliche Vorführungen. Während dieser Veranstaltungen wurde sein Sohn aus dem Zuschauerraum geschickt und die Zuschauer darum gebeten, schwierige Äußerungen in unbekannten Sprachen vorzuschlagen, die Bells Vater dann mit seinem Alphabet transkribierte. Wenn der junge Bell in den Raum zurückkam, las er die Buchstaben einfach vor, um die genauen Töne richtig zu reproduzieren. Bell junior wurde somit in eine lebende Sprechmaschine verwandelt: Sein Vater kontrollierte den Mund seines Sohns mithilfe

25 Der Unterschied zwischen den hier beschriebenen Bellschen und den Helmholtzschen Experimenten bestand darin, das bei Helmholtz die Stimmgabel elektrisch in Bewegung versetzt wurde.

26 Bruce, Robert V.: Bell. Alexander Graham Bell and the Conquest of Solitude, Boston: Little, Brown and Company 1973, S. 50f.

27 Bell, Alexander Melville: Visible Speech. The Science of Universal Alphabetics. London: Simpkin, Marshall and Company 1867.

eines phonetischen Systems statt einer Tastatur. Bells Vater kam später auf die Idee, die gleiche Methode im Sprachunterricht für Taubstumme zu verwenden, weshalb Bell mit 24 Jahren begann, phonetischen Unterricht an der *Boston School of the Deaf* zu geben. Er wandte das universelle Alphabet an, um seinen Schülern zu zeigen, wie man verschiedene Töne mit den Sprachorganen formt, und er benutzte Zeichnungen und Diagramme des Munds, so dass die Schüler sich ein Bild von Tongestaltungen machen konnten. Bell beschäftigte sich also schon von Anfang an mit der Frage, wie man akustische Information in einer symbolischen Form aufschreibbar machen konnte.[28]

Dieses Interesse führte Bell dazu, weitere Methoden zu entwickeln, um akustische Information in visuelle Formen umzuwandeln:

»[I]t was thought that my father's system of pictorial symbols, popularly known as visible speech, might produce a means whereby we could teach the deaf and dumb to use their vocal organs and to speak. The great success of these experiments urged upon me the advisability of devising methods of exhibiting the vibrations of sound optically, for use in teaching the deaf and dumb.«[29]

So versuchte Bell 1874 mit Rudolph Koenigs Druckwellenflamme Bilder der verschiedenen Töne einzufangen. Koenig baute dieses Gerät mit einer Membran, die über ein Loch in einem Gasrohr gespannt wurde. Mithilfe einer Sprachröhre konnten die gesprochenen Tonhöhen die Membran in Schwingung versetzen. Die vibrierende Membran löste Druckschwankungen in dem Gasrohr aus, wodurch sich die

---

28 Aus der Sicht der Deaf Community ist Bells lautsprachliche Erziehung sehr umstritten. Siehe z.B. Lane, Harlan L.: When the Mind Hears. A History of the Deaf, New York: Random House 1984, S. 353-361; Winefield, Richard: Never the Twain Shall Meet. Bell, Gallaudet, and the Communications Debate, Washington, DC: Gallaudet University Press 1987, S. 81-96; Van Cleve, John Vickrey/Crouch, Barry A.: A Place of Their Own. Creating the Deaf Community in America, Washington, DC: Gallaudet University Press 1989, S. 114-127; Winzer, Margaret A.: The History of Special Education. From Isolation to Integration, Washington, DC: Gallaudet University Press 1993, S. 190-197; Davis, Lennard J.: Enforcing Normalcy. Disability, Deafness, and the Body, London: Verso 1995, S. 81; Baynton, Douglas: »›A Silent Exile on This Earth‹: The Metaphorical Construction of Deafness in the Nineteenth Century«, in: Davis, Lennard (Hg.), The Disability Studies Reader, New York: Routledge 2006, S. 33-48; Esmail, Jennifer: Victorian Deafness. Signs and Sounds in Victorian Literature and Culture, Athens: Ohio University Press 2013, S. 181-188.

29 Bell: The Telephone. A Lecture Entitled Researches in Electric Telephony. London: Society of Telegraph Engineers 1878, S. 20.

Form der Gasflamme veränderte. Um die verschiedenen Flammengestaltungen deutlich sichtbar zu machen, wurden sie in vier Spiegeln am Rand eines drehenden Rads reflektiert. In den drehenden Spiegeln sah die Gasflamme wie ein breites Lichtband aus, das ein einzigartiges Zeichen für jeden Ton projizierte. Bell wollte seinen Schülern die Flammengestaltung der verschiedenen Töne zeigen, so dass sie die richtigen Töne reproduzieren würden, ohne die Töne selbst hören zu können: »[P]ictures of the vibrations due to each sound could be given, and thus the sounds be identified through all eternity.«[30] Der Versuch misslang jedoch, weil Bell die Flammenformen nicht fotografieren konnte.

Daraufhin wandte er sich Édouard-Léon Scotts »Phonautograph« zu, mit dem er hoffte, Eindrücke der Töne dauerhaft aufschreiben und speichern zu können. Scotts Gerät, das 1857 patentiert wurde, hatte eine Membran und eine dünne Borste oder eine andere Art empfindlicher Nadel, die am Zentrum dieser Membran befestigt wurde und damit visuelle Tonformen auf einer sich drehenden Walze aufschreiben konnte:

»If one spoke or sang into the large end of a wooden cone, the sound vibrated a membrane diaphragm stretched over the small end. A thin wooden rod, hinged at one end of the diaphragm, ran across the center of it and projected beyond the opposite edge. A bit of cork and glue joined the center of the diaphragm to the wooden rod, so that the vibrations were magnified at the rod's projecting free end. A bristle fastened to that end traced a curve on a piece of smoked glass being drawn past it. Each sound left a characteristic trace.«[31]

Scott hatte also denselben Traum wie Bells Vater: die Erfindung eines universellen Alphabets für alle Töne. Wie der Helmholtz'sche Vokal-Resonator nahm sich Scotts Phonautograph ebenfalls die anatomische Struktur des menschlichen Ohres zum Vorbild: Der Kegel simulierte das externe Ohr, die Membran das Trommelfell und die Borste die Mittelohrknöchelchen.

Koenig konstruierte 1859 eine modifizierte Version von Scotts Phonautograph, und ein Dozent der Otologie an der Universität Wien, Adam Politzer, baute 1861 eine wiederum veränderte Version von Koenigs Phonautographen. Um die Schwingungen des Trommelfells und der Mittelohrknöchelchen näher zu untersuchen, befestigte Politzer den Phonautograph an einem echten menschlichen Ohr. Dadurch gelang es ihm erstmals, die Bewegungen eines menschlichen Trommelfells aufzuzeichnen. Während dieser Experimente war ein amerikanischer Ohrenarzt namens Clarence Blake als Assistent von Politzer tätig, und ihre vorläufigen Feststellungen wurden 1864 veröffentlicht. Als Blake 1869 nach Boston zurückkehrte, gründete er

30 Zit. in Bruce: Bell, S. 111.

31 Ebd., S. 110f.

eine Ohrenklinik an der *Massachusetts Charitable Eye and Ear Infirmary*, um seine Experimente mit Politzer weiterzuführen.

1871 besuchte Blake eine Vorführung der »sichtbaren Sprache« Bells in Boston und lernte ihn daraufhin kennen. Kurz danach wurde Bell zum Professor der vokalischen Physiologie und Sprechtechnik an der neu gegründeten Universität Boston ernannt. 1874 besuchte er eine Vorführung einer verbesserten Version von Koenigs Phonautograph, die von einem Studenten Koenigs namens Charles Morey entwickelt worden war.[32] Als Professor hatte Bell auch die Gelegenheit, seine eigenen Experimente mit diesem Apparat durchzuführen und er bemerkte, dass es eine »bemerkenswerte Ähnlichkeit« zwischen der Leistung dieses Geräts und der Funktion des menschlichen Ohres gab.[33] Er war von diesem Gerät so begeistert, dass er sich entschied, seine eigene Version von Moreys Phonautographen zu konstruieren, die noch enger an den Mechanismus des Ohres angelehnt wurde.[34] Bell baute verschiedene Phonautographen, wobei er unterschiedliche Membrane verwendete, war jedoch stets unzufrieden mit der mangelnden Sensitivität der Geräte. In seiner Verzweiflung bat er Blake um Hilfe und beide Wissenschaftler arbeiteten gemeinsam an einer Reihe neuer Experimente.

Blake wusste bereits, dass Politzer ein Ohr benutzte um das Problem der Empfindlichkeit zu lösen; also schlug er Bell vor, einen Phonautograph mit einem echten menschlichen Ohr zu bauen (Abb. 3). In einem Vortrag, den er an der *British Society of Telegraphic Engineers* 1878 hielt, beschrieb Blake die folgenden Leitlinien für die Konstruktion eines »Ohren-Phonautographs«:

»In preparing the ear for use as a phonautograph, the roof of the cavity of the middle ear is first cut away; through this opening a narrow-bladed knife may be introduced to divide the tendon of the tensor tympani muscle and the articulation of the incus with the stapes. By means of a hair-saw a section of the middle ear is then made from before, backward through the divided articulation. This section removes the inner wall of the middle ear cavity with the portion of the bone containing the internal ear and exposes the inner surface of the drum membrane, with the malleus and incus attached.... [A] stylus made of a single fibre of wheat-straw is glued to the descending part of one of the small bones, parallel to the long axis of the bone. With this, tracing may be made upon a plate of smoked glass, sliding upon a glass bed at a right angle to the line of excursion of the drum membrane, and moved by clock-work or a falling weight.«[35]

32 Bell: The Telephone, S. 20.

33 Ebd.

34 Ebd., S. 21.

35 Blake, Clarence: »Sound in Relation to the Telephone«, in: Journal of the Society of Telegraph Engineers 7 (1878), S. 247-259, S. 250f.

Abbildung 3

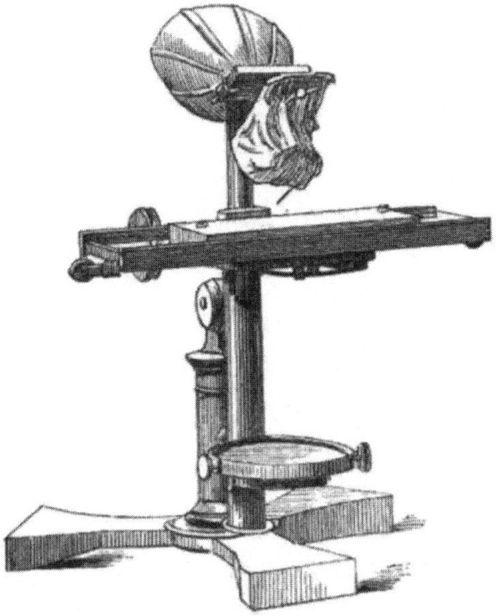

aus: A. G. Bell: The Telephone, S. 21.

Blake beschreibt hier, dass das Trommelfell von Schallvibrationen in Bewegung gesetzt und seine Schwingungen dann zur Borste geleitet wurden, von der sie in Form einer Wellenlinie auf einer vorbeiziehenden gerußten Glasscheibe aufgeschrieben wurden, die wiederum den Tonhöhen der ursprünglichen Vibrationen entsprach. Der »Ohren-Phonautograph« stellte damit gleichzeitig eine Technik des Aufschreibens und der Simulation dar. Er ist damit ein ideales Beispiel für das mechanistische Verständnis auditorischer Wahrnehmung: Das Ohr wurde als technischer Apparat konzipiert, der akustische Signale registrieren und in visuelle Zeichen umwandeln kann, die dadurch mathematisch messbar, analysierbar und berechenbar wurden. Wie Jonathan Sterne erläutert:

»[T]he use of human ears in experiments was thus intimately tied to the development of a mechanical understanding of the ear – an ear that had to be physically extracted and abstracted from a human body. The ear could become part of the phonautograph in part because it was already being treated as a mechanism to be understood through mechanical means.«[36]

36 Sterne, Jonathan: »A Machine to Hear for Them. On the Very Possibility of Sound's Reproduction«, in: Cultural Studies 15.2 (2001), S. 259-294, S. 273.

Blake behauptete, dass er ein echtes menschliches Ohr verwendete, weil es die notwendige feingliedrige Struktur besaß. Er betonte auch, dass man stets ein »möglichst normales« Exemplar benutzen solle, ohne jedoch zu erklären, wie die »Normalität« eines Ohres bestimmt werden könne.[37] Diese Hervorhebung einer angenommenen Normalität des Ohres als technischer Apparat macht noch deutlicher, dass der »Ohren-Phonautograph« Teil eines allgemeinen Trends darstellte, auditorische Wahrnehmung zu standardisieren und regulieren.

Es muss gleichzeitig berücksichtigt werden, dass eines der Hauptziele dieser Experimente darin bestand, Sprachunterricht für gehörlose Kinder zu entwickeln. Wie Bell erklärte:

> »My original skepticism concerning possible speech reading had one good result; it led me to devise apparatus that might help children...a machine to hear for them, a machine that would render visible to the eyes of the deaf the vibrations of the air that affect our ears as sound... It was a failure, but that apparatus, in the process of time, became the telephone.«[38]

Diese Aussage zeigt, dass Bells Erfindung nicht nur auf einem mechanistischen Verständnis auditorischer Wahrnehmung beruhte, sondern auch auf der Zielsetzung, sie technologisch zu rekonstruieren. Wie Sterne bemerkt:

> »›A machine to hear for them‹ suggests not amplifying hearing...but rather delegating hearing. In other words, Bell's planned practical application of the phonautograph, though it would never come to fruition, implies a programme for the use the phonautograph's mechanical descendents by people who were not deaf.«[39]

Mit anderen Worten befasste sich Bell mit der technischen Simulation des menschlichen Ohres nicht nur um Töne registrieren und visualisieren zu können, sondern auch um eine Maschine zu bauen, die das Ohr selbst ersetzen und damit die menschlichen Hörorgane überflüssig machen würde.

37 Blake, Clarence: »The Use of the Membrana Tympani as a Phonautograph and Logograph«, in: Archives of Ophthalmology and Otology 5 (1878), S. 110.

38 Zit. in Snyder: »Clarence John Blake and Alexander Graham Bell«, S. 30.

39 Sterne: »A Machine to Hear for Them«, S. 267.

DAS TELEFON. DIE TECHNISCHE SIMULATION UND ERSETZUNG DES MENSCHLICHEN OHRES

Während seiner Experimente mit dem »Ohren-Phonautograph« stellte Bell fest, dass die auf einer dünnen Membran agierenden Schallvibrationen auch relativ schwere Knochen bewegen konnten:

»While engaged in these experiments I was struck with the remarkable disproportion in weight between the membrane and the bones that were vibrated by it. It occurred to me that if a membrane as thin as tissue paper could control the vibration of bones that were, compared to it, of immense size and weight, why should not a larger and thicker membrane be able to vibrate a piece of iron in front of an electromagnet, in which case the complication of steel rods shown in my first form of telephone [...] could be done away with, and a simple piece of iron attached to a membrane be placed at either end of the telegraphic circuit.«[40]

Bell kam dann auf die Idee, dass eine Membran auch ein Eisenstück vor einem Elektromagnet am Ende eines Telegraphenkreises zum Vibrieren bringen könnte, um damit eine Stimmgabel in Bewegung zu setzen und einen bestimmten Ton zu erzeugen. Wenn Elektrizität angewandt werden könne, um mehrere Töne gleichzeitig zu übermitteln, dann, so vermutete Bell, könnten auch mehrere telegraphische Botschaften gleichzeitig von einem Stimmgabelklavier durch einen Stromkreis übermittelt werden. Die Botschaften könnten von mehreren Telegraphisten geschickt werden, wenn jeder eine andere Tonart des Instruments manipulierte, und sie könnten von verschiedenen Telegraphisten empfangen werden, wenn jeder Telegraphist nur auf die Signale einer bestimmten Tonhöhe hörte und alle anderen ignorierte. Bell entwarf somit einen »harmonischen Telegraphen«, der auch von Helmholtz' Experimenten inspiriert war. Allerdings hatte Bell Helmholtz falsch verstanden, weil er irrtümlicherweise glaubte, dass es Helmholtz schon gelungen war Vokaltöne durch Elektrizität zu übertragen. Tatsächlich gelang es Helmholtz aber nur Töne durch elektrische Impulse zu übertragen, genau wie zuvor bereits Reis. Das Missverständnis führte Bell zur Entdeckung des Wellenstroms, der in der Lage ist, akustische Tonschwingungen in elektrische Induktionsschwingungen umzusetzen. Insofern stellte Bells Telefon einen Weiterentwicklung gegenüber Reis Erfindung dar: Sein Hörer konnte mehrere Obertöne kombinieren wie auch multiplizieren und war dadurch fähig, Sprache verständlich zu übermitteln.[41]

---

40 Bell: The Telephone, S. 22.

41 Siehe auch Enns, Anthony: »Telepathie – Telefon – Terror. Ausweitungen und Verstümmelungen des Körpers«, in: Gess, Nicola/Schreiner, Florian/Schulz, Manuela K. (Hg.),

Das Telefon war ein Resultat wissenschaftlicher Versuche, auditorische Wahrnehmung durch elektrische Tontechnik zu simulieren, und es markierte einen tiefgreifenden Wandel von der sichtbaren zur elektrischen Sprache, da es Schallvibrationen nicht nur in Zeichen, sondern auch in elektrische Impulse umwandeln und übermitteln konnte. In einem Brief an seinen Vater betonte Bell, dass dieses Gerät in der Tat nach dem Vorbild des menschlichen Ohres konzipiert wurde.[42] Bells Assistenten Thomas Watson zufolge konstruierte Bell verschiedene Telefone mit unterschiedlichen Materialien, unter anderem eines, das die inneren Knochen und das Trommelfell eines Ohres enthielt, die er von Blake erhalten hatte. Laut Watson funktionierten sie alle: »They all worked, even the real ear telephone.«[43] Tatsächlich aber war das »Ohren-Telefon« am wenigsten leistungsfähig, weshalb sich Bell schließlich entschied, seine Bemühungen auf die Entwicklung eines gänzlich metallenen »Magneto-Telefons« zu konzentrieren, das dann 1876 vorgestellt wurde.

In seinem Vortrag, den er 1878 an der *British Society of Telegraphic Engineers* hielt, beschrieb Blake auch den Aufbau des »Ohren-Telefons«, und bestätigte außerdem, dass dieses Gerät funktionierte:

»With an ear so prepared, having a disk of ferrotype plate, seven millimeters in diameter, glued to the descending portions of both the malleus and incus, and with a proportionately small magnet and coil (resistance 44 ohms), I have been able to carry on conversation without difficulty over a line something more than six hundred feet in length, the ear telephone being used only as a receiving instrument.«[44]

Blake beschrieb das »Ohren-Telefon« als technologische Weiterentwicklung des menschlichen Ohres, weil es die Wahrnehmungsschwellen der Hörorgane überwand. Laut Blake beruhte das »Magneto-Telefon« ebenso auf der Struktur des menschlichen Ohres:

»The mouth-piece of the hand telephone may be compared to the external ear, the metal disc to the drum membrane, the air-chamber to the middle-ear cavity, the damping effect of the

---

Hörstürze. Akustik und Gewalt im 20. Jahrhundert, Würzburg: Königshausen & Neumann 2005, S. 89-112, hier S. 95.

42 Zit. in Snyder, Charles: »Clarence John Blake and Alexander Graham Bell. Otology and the Telephone«, in: Annals of Otology, Rhinology and Laryngology 83.4 (1974), S. 3-31, S. 19.

43 Watson, Thomas: Exploring Life. The Autobiography of Thomas A. Watson, New York: D. Appleton and Company 1926, S. 90.

44 Blake: »Sound in Relation to the Telephone«, S. 251

magnet to the traction of the tensor tympani muscle, and the induced current in the coil to the sentient apparatus.«[45]

Genau wie der »Ohren-Phonautograph« wurde das Telefon daher als technologische Rekonstruktion des Ohres dargestellt, welches wiederum das mechanistische Verständnis auditorischer Wahrnehmung widerspiegelt. Watsons Feststellung, dass das »Ohren-Telefon« am wenigsten leitungsfähig war ist ein noch stärkerer Beleg dafür, dass die technische Rekonstruktion des Ohres die Fähigkeiten der menschlichen Hörorgane vollständig überwinden konnte. Das Telefon war also nicht eine Prothese, die die Sinnesfunktionen des Ohres simuliert, verstärkt und erweitert, sondern es war eine technologische Rekonstruktion, die das Ohr überflüssig machte.

Die Vorstellung, dass das Telefon das Ohr ersetzen könnte, wurde am deutlichsten durch Bells Vorschlag veranschaulicht, eine direkte neurale Verbindung zwischen dem Telefon und dem Gehirn herzustellen. In einem Brief an Blake im Dezember 1874 skizzierte Bell diese Idee zum ersten Mal:

»When we take hold of the handles of an ordinary electro-magnetic machine, the muscles of our arms are made to *vibrate* at a rate corresponding to the making and breaking of the primary circuit. Now the thought struck me that if we could make the direct and reversed induced impulses succeed one another as regularly as the crests and depressions of waves – then an electrode applied to the ear so as to induce a vibration in the membrana tymp. – *should create the sensation of sound without the aid of any intermediate apparatus.*«[46]

Wäre die Telefonleitung also unmittelbar am Trommelfell befestigt, würde man keinen Telefonhörer brauchen, um die elektrischen Impulse wieder in Schallvibrationen umzuwandeln. Bell behauptete auch, dass er eine solche neurale Verbindung bereits herstellen könnte (Abb. 4):

»A number of permanent magnets were arranged upon a cylinder, which was revolved in front of electro-magnets. On filling my ears with water and applying the wires...as in the diagram, a soft musical note was heard. The sound stopped the moment the electrical circuit was broken.... Two ladies who were present submitted to the experiment and heard the note as clearly as I did.«[47]

45 Ebd., S. 252.

46 Bell: The Bell Telephone. The Deposition of Alexander Graham Bell in the Suit Brought by the United States to Annul the Bell Patents, Boston: American Bell Telephone Company 1908, S. 44f. (Hervorh. im Original).

47 Ebd., S. 45.

Obwohl die Rechtmäßigkeit des Experiments fraglich ist, spiegelt der Versuch den zur dieser Zeit weit verbreiteten Glauben wider, dass das Telefon direkt mit dem Zentralnervensystem verbunden sein könnte.

Abbildung 4

aus: Bell: The Bell Telephone, S. 45.

Das vielleicht eindrucksvollste Beispiel dafür war J. C. Chester, der gemeinhin als »das lebende Telefon« bekannt wurde. Chester war hörbehindert und lernte mit Hilfe von Alexander Melville Bells »sichtbarer Sprache« sprechen. Nach der Entwicklung des Telefons benutzte er dieses Gerät als Hörapparat: »[T]he dulled nerves of the ear are quickened by these powerful electric appliances and... he does hear.«[48] Chester entschied sich dann, das Telefon permanent an seinem Ohr zu befestigen:

»A gentleman meeting this walking telephone upon the road is offered the transmitter and receiver that hang upon the hook. The gentleman places one to the ear and talks through the other, sound being much assisted by the receiver in his ear. When he replies, he speaks through a tin horn connecting with the wires and trusts to the carrying effect of the telephone.«[49]

Das Ziel seiner Körpermodifikation bestand nach eigenen Aussagen darin, seine eigene auditorische Wahrnehmung durch den technischen Apparat wiederzubeleben, so dass er genau so gut wie jeder andere hören könne. Mit anderen Worten, er begriff das Telefon als Möglichkeit seine Gehörlosigkeit zu behandeln, da

48 Eldredge, Grant: »A New Telephone That Is Alive«, in: Buffalo Times vom 24.01.1897, n.p.

49 Ebd.

die Telefonleitung die Hörnerven praktisch ersetzen würde. Der »Hörapparat« stellte einen der ersten Versuche dar, ein elektrisches Hörgerät zu konstruieren. Die Behauptung, dass die abgestumpften Nerven eines Ohres von einer Telefonleitung ersetzt werden könnten, spiegelt des Weiteren die zur jener Zeit weit verbreitete Auffassung wider, dass elektrische Tontechnologien die neu entdeckten Einschränkungen der auditorischen Wahrnehmung überwinden und damit obsolet machen würden. Durch die Umwandlung der Schallvibrationen in elektrische Impulse schien das Telefon in der Lage zu sein, die Grenzen der menschlichen Sinnesorgane zu überschreiten und eine direkte Verbindung zwischen Maschine und Gehirn herzustellen.

Das Audiometer. Die neurale Verbindung zwischen den Ohrennerven und dem elektrischen Apparat

Wie das Telefon, so wurde auch das Audiometer als technischer Apparat konzipiert, der das menschliche Ohr simuliert, ergänzt und ersetzt. Wohl ursprünglich konstruiert, um eine genaue Messung des Hörvermögens zu gewährleisten, wurde beim Audiometer außerdem davon ausgegangen, dass dieses Gerät auch Hörschwächen kompensieren und sogar Gehörlosigkeit heilen könne. Als Messgerät hat das Audiometer die Normalisierung und Standardisierung der auditiven Wahrnehmung verstärkt, weil es die frequenzspezifische Bestimmung der Hörsensitivität empirisch vermaß, verglich und verifizierte. Als Therapiegerät hatte das Audiometer aber auch angeblich die Fähigkeit, die inhärenten Mängel und Schwachstellen des menschlichen Ohres durch seine technische Simulation, Rekonstruktion und Ersetzung zu überwinden.

Unmittelbar nach der Entwicklung des Telefons wurde eine Vielfalt von Audiometern in Deutschland, Ungarn, Russland, Großbritannien und den USA vorgestellt. Die ersten Modelle wurden als »Induktionsspulen-Audiometer« bekannt, und sie beruhten auf dem gleichen Prinzip wie das Telefon. Manche verwendeten sogar funktionierende Telefonhörer, um Schallvibrationen in elektrische Impulse umzuwandeln. Diese »Induktionsspulen-Audiometer« bestanden normalerweise aus zwei elektrischen Stromkreisen, die durch eine Induktionsspule verbunden waren. Der Primärkreislauf bestand aus einer Batterie, einem Stromunterbrecher und einer Primärinduktionsspule. Eine Unterbrechung des Stroms in diesem Stromkreis induzierte fließenden Strom im Sekundärkreislauf, und der Operator wurde dadurch befähigt, die Stärke des induzierten Stroms zwischen den zwei Stromkreisen zu kontrollieren und zu manipulieren.

Der Ohrenarzt Arthur Hartmann entwickelte 1878 das erste »Induktionsspulen-Audiometer«, um die Hörfähigkeit mithilfe eines Telefonhörers zu untersuchen. Er verfasste die folgende Beschreibung seines Geräts:

»Eine sehr exacte Abstufung [der Hörempfindung] erreichte ich mit Hilfe elektrischer Ströme. In den Kreis eines elektrischen Stromes wird eingeschaltet: 1) eine elektrische Stimmgabel, durch welche der Strom regelmäßig unterbrochen wird, 2) ein Rheochord oder ein Schlitteninduktorium, vermittelst dessen die Stromintensität beliebig, genau bestimmbar abgeändert werden kann, 3) ein Telephon, an welchem ein den Stimmgabelschwingungen entsprechender, je nach der Stromstärke schwächerer oder stärkerer Ton gehört wird.«[50]

Bei Hartmanns Gerät wurde der Primärkreislauf durch eine elektrisch angetriebene Stimmgabel unterbrochen, die im Sekundärkreislauf eine bestimmte Frequenz elektrisch induzierte. Aber es war dann David Edward Hughes, der 1879 das erste massenproduzierte Audiometer entwickelte. Bei seinem Gerät wurde der Strom von einer elektrischen Batterie durch zwei identische, auf einer stabilen Stange montierte, Induktionsspulen geleitet. Der Sekundärkreislauf, der mit einem Telefonhörer verbunden war, konnte auf der Stange in Richtung beider Enden geschoben werden. Wenn er sich genau in der Mitte befand, war der induzierte Strom im Sekundärkreislauf effektiv Null. Wenn er sich einem der beiden Enden näherte, stieg der induzierte Strom proportional an. Hughes nannte dieses Gerät den »electric sonometer«,[51] aber die Bezeichnung »Audiometer« erwies sich als weit beliebter und wurde bald zum Überbegriff für alle elektrischen Hörprüfungsapparate.

Im Dezember 1879 entwickelte Bell sein eigenes Audiometer und genau wie Hartmann und Hughes war es sein Hauptziel, das Telefon als medizinisches Instrument zur Messung des Hörvermögens zu nutzen. Wie andere »Induktionsspulen-Audiometer« bestand Bells Audiometer ebenfalls aus zwei Induktionsspulen. Eine Spule leitete einen unterbrochenen elektrischen Strom mit einer bestimmten Frequenz, der von der Drehung einer Armatur zwischen den beiden Polen eines Magneten generiert wurde. Die andere Spule wurde mit einem normalen Telefon-hörer verbunden. Wurden die zwei Spulen auf einer Skaleneinteilung einander angenähert, wurde der Ton im Telefonhörer immer stärker. Bell beschreibt die Ausführung des Stromkreises folgendermaßen:

50 Hartmann, Arthur: Die Krankheiten des Ohres und deren Behandlung, Kassel: Theodor Fischer 1881, S. 26.

51 Hughes, David Edward: »On an Induction-Currents Balance, and Experimental Researches Made Therewith«, in: Proceedings of the Royal Society 29 (1879), S. 56-65, S. 57.

»Interrupt the current passed through a flat coil. Observe sound induced in a secondary or telephone circuit [...] Rotate secondary or flat spiral until sound becomes inaudible. Continue to rotate until sound is again audible [...] Coils...might be fixed upon a base. At point *a* a ›dead spot‹ can be found – complete silence. Now let a sound be brought by a separate circuit to telephone B and let C be the telephone.«[52]

Mithilfe dieses Gerätes gelang es Bell, Töne verschiedener Frequenzen zu erzeugen, um den Hörbereich des Hörers zu bestimmen, und es konnte prinzipiell verwendet werden, um Menschen auf Gehörlosigkeit zu untersuchen.

Bells Audiometer wurde 1884 in der Zeitschrift *Deaf-Mute Journal* dokumentiert, und kurz darauf vor der *National Academy of Sciences* in Washington, DC vorgestellt. In seiner Rede vor der Akademie bemerkte Bell, dass er sein Gerät schon benutzte, um die Hörfähigkeit einiger Schüler in Washington zu prüfen:

»The use of this instrument proved that ten per cent of the more than seven hundred pupils examined...were hard of hearing (in their best ear), and seven per cent had very acute powers; the general range of audition being measured on the scale by the separation of the disks to a distance of from fifty to eighty centimeters, while the total range was from twenty to ninety centimeters.«[53]

Diese Tests zeigten also, dass manche Schüler, die früher als »unaufmerksam« oder »dumm« klassifiziert wurden, tatsächlich unter einer hochgradigen Schwerhörigkeit litten. Bells Audiometer zeigte auch, dass bis zu fünfzehn Prozent der Menschen, die zuvor als »taub« galten, eigentlich eingeschränkt hörfähig waren. Sein Audiometer bot folglich eine genauere Methode um das Hörvermögen messen, berechnen und analysieren zu können. Außerdem führte es auch Standardfrequenzen ein, um Hörschwellenpegel noch präziser zu identifizieren und zu klassifizieren.

Manche Leute waren zudem überzeugt davon, dass Bells Audiometer die auditorische Wahrnehmung nicht nur prüfen sondern auch verstärken könne, wie die Zeitschrift *Deaf-Mute Journal* berichtete:

»We had an opportunity to test our hearing capacity a few days since. Hitherto we believed it to be at zero, but much to our astonishment it was registered at 11 in one ear and 9 in the other. But the most curious part of it all was that immediately after, a very strong ear-trumpet was tried, and with the result that we could distinguish several of the vowel sounds, although

52 Zit. in Fellendorf, George W.: »Bell's Audiometer«, in: Asha 18.9 (1976), S. 563-565, S. 564.

53 »April Meeting of the National Academy of Sciences«, in: Science 5.117 (1885), S. 353-355, S. 354.

six months previous we could hear no sound at all. Two days after, the trumpet was again tried, but we could not hear any of the sounds except the letter O. Can it be that the testing apparatus had a stimulating effect upon the auditory nerves?«[54]

Genau wie J. C. Chester war dieser gehörlose bzw. schwerhörige Publizist gänzlich davon überzeugt, dass das Audiometer dazu verwendet werden könne, nicht nur seinen Hörverlust zu berechnen sondern auch die Beeinträchtigungen seines Ohres zu überwinden. Er prophezeite die Entwicklung eines zukünftigen technischen Hörapparats, der durch die elektrische Anregung der Ohrennerven möglicherweise die Fähigkeit der menschlichen Hörorgane überschreiten und eine direkte Verbindung zwischen dem Gerät und dem Gehirn herstellen würde. Ein solcher Apparat würde also die Gehörlosigkeit sowie die Ohren selbst umgehen.[55]

FAZIT

In seinem Kommentar zur Entwicklungsgeschichte des Telefons bemerkte Marshall McLuhan, dass Bells Telefonhörer auf der Knochen- und Membran-struktur des menschlichen Ohres beruhte und deswegen diese neue Tontechnik grundsätzlich organisch sei: »Es liegt daher sehr im Wesen des elektrischen Telefons, daß es sich so naturgetreu mit dem Organischen deckt.«[56] Diese Behauptung bezog sich ausdrücklich und eindeutig auf die physiologischen Untersuchungen von Bell und Blake, die ebenfalls Telefone mit echten menschlichen Ohren gebaut hatten. Aber McLuhans Kommentar stellt nicht eindeutig heraus, wie das »Organische« seinerseits zunehmend technisch konzipiert wurde. In seinen Untersuchungen zur physiologischen Akustik führte Helmholtz zum Beispiel ein mechanistisches Verständnis der auditorischen Wahrnehmung ein, indem er das Ohr als technischen Apparat darstellte und gleichzeitig eine technische Rekonstruktion des Ohres baute, die die Funktionen der auditorischen Wahrnehmung simulierte. Édouard-Léon Scotts »Phonautograph« wurde ebenso von der physiologischen Akustik inspiriert und war genau wie der Helmholtz'sche Vokal-Resonator dazu gedacht, die physiologischen Eigenschaften des menschlichen Ohres technisch zu simulieren. Bell und Blake gingen mit ihrem »Ohren-Phonautograph« noch einen Schritt weiter, da dieses Gerät das Ohr wörtlich vom Körper abtrennte und in eine autonome selbst-schreibende Maschine verwandelte. Die technische Rekonstruktion des Ohres bewies also deutlich, dass Sinnesorgane auch fähig sind, die materiellen Effekte der Sinnesreize

54 »Dr. Bell's Audiometer«, in: Deaf-Mute Journal vom 9.10.1884.

55 Vgl. die Beiträge von Miyazaki sowie Harrasser und Tchorz in diesem Band.

56 McLuhan: Die magischen Kanäle, S. 311.

in Abwesenheit des erkennenden Individuums zu registrieren. Der Begriff des »geistigen Ohres« wurde also mit einem Begriff des Ohres als rein technischem Apparat ersetzt.

Der »Ohren-Phonautograph« führte in der Folge zur Entwicklung des »Ohren-Telefons«, das eine Membran von einem echten Ohr verwendete. Doch wurde dieses Gerät bald vom »Magneto-Telefon« abgelöst, welches sich als empfindlicher als das menschliche Trommelfell erwies. Durch die elektrische Verstärkung des Schalls konnte das Telefon also die inhärenten Schwachstellen der auditiven Wahrnehmung der Menschen überwinden und die Überlegenheit des Telefons bestärkte den weit verbreiteten Glauben, dass die Telefontechnik möglicherweise auch fähig wäre, Gehörlosigkeit durch die elektrische Anregung der Ohrennerven zu heilen. Das Telefon beruhte folglich auf der physiologischen Struktur des Ohres und wurde auch entworfen, um die auditorische Wahrnehmung zu simulieren. Aber es drohte gleichzeitig, die menschlichen Hörorgane überflüssig zu machen und vollständig durch einen technischen Apparat zu ersetzen.

Das Telefon inspirierte des Weiteren die Entwicklung der »Induktionsspulen-Audiometer«, welche die gleiche Technik verwendeten, um das Hörvermögen des menschlichen Ohres zu vermessen, zu vergleichen und zu verifizieren. Die Sensibilität der auditorischen Wahrnehmung konnte nach den gleichen technischen Normen wie die Stärke elektrischer Stromkreise gemessen werden. Die Erfindung der neuen Tontechnologie im 19. Jahrhundert wurde also durch ein technologisches Verständnis der Wahrnehmung angetrieben und das Hauptziel der physiologischen Untersuchungen sowie der Entwicklung der neuen Tontechnik war, eine direkte Verbindung zwischen dem elektrischen Apparat und den Ohrennerven herzustellen. Anders gesagt, der Phonautograph, das Telefon und das Audiometer waren nicht einfach technische Prothesen, die die Sinnesfunktionen des Ohres simulierten, verstärkten und erweiterten, sondern auch technische Rekonstruktionen der Hörorgane, die die Wahrnehmung der Schallvibrationen in akustischer Form überflüssig machten. Töne wurden stattdessen in elektrische Impulse umgewandelt, die direkt ins Gehirn übermittelt und übersetzt werden konnten. Die »unmenschliche« Qualität dieser Tontechnologien war, dass sie die menschliche Sinneswahrnehmung als technologisches Verfahren behandelten, die menschlichen Sinnesorgane in Maschinen einbauten, die menschliche Sprache in elektrischen Strom umsetzten, und daher die menschliche »Seele« in einen Schaltkreis umwandelten, der nicht mehr mit dem Körper sondern nur noch mit Apparaten verbunden wurde.

Berliner Telefon um neunzehnhundert

Walter Benjamin am Apparat

DANIEL MORAT

In Großerzählungen der technischen Moderne wird das Telefon häufig in eine Geschichte der zunehmenden »Überwindung der Distanz« durch die modernen Verkehrsmittel und Übertragungsmedien eingeordnet.[1] Gleichzeitig hat die sozialwissenschaftliche Telefonforschung jedoch ergeben, dass das Telefon in erster Linie als »Medium der Nahraumkommunikation« genutzt wird.[2] Noch Ende des 20. Jahrhunderts waren die Mehrzahl der in Deutschland geführten Telefongespräche Ortsgespräche.[3] Dies gilt umso mehr für die Frühzeit der Telefonie, als es noch kaum Fernverbindungen gab. Schon aus Mangel an technischen Möglichkeiten zur Überbrückung größerer Distanzen wurden ab 1881 zunächst Ortsnetze in den deutschen Großstädten in Betrieb genommen, die sich erst allmählich zu Vororts-, Nachbarorts- und Bezirksnetzen weiteten. Die ersten regelmäßigen

1 Kaschuba, Wolfgang: Die Überwindung der Distanz. Zeit und Raum in der europäischen Moderne, Frankfurt a.M.: Fischer Taschenbuch 2004, S. 151-154. Stephen Kern spricht in Bezug auf das Telefon von der »annihilation of distance« (Kern, Stephen: The Culture of Space and Time 1880-1918, 2. Aufl., Cambridge, Mass./London: Harvard University Press 2003, S. 214).

2 Höflich, Joachim R: »Telefon: Medienwege – Von der einseitigen Kommunikation zu mediatisierten und medial konstruierten Beziehungen«, in: Faßler, Manfred / Halbach, Wulf R. (Hg.), Geschichte der Medien, München: Wilhelm Fink 1998, S. 187-225, hier S. 211.

3 Vgl. Lange, Ullrich: »Telefon und Gesellschaft. Eine Einführung in die Soziologie der Telefonkommunikation«, in: Forschungsgruppe Telefonkommunikation (Hg.), Telefon und Gesellschaft. Beiträge zu einer Soziologie der Telefonkommunikation, Berlin: Volker Spiess 1989, S. 9-44, hier S. 29.

Fernverbindungen zwischen weiter voneinander entfernt liegenden deutschen Städten folgten Ende der 1880er Jahre, die ersten internationalen Verbindungen zwischen europäischen Großstädten Ende der 1890er Jahre. Mit der Inbetriebnahme der Verbindung Berlin-Paris am 6. August 1900 war man vorerst an das Reichweitenende gelangt.[4] Anders als in den USA vollzog sich die telefonische Erschließung des ländlichen Raums in Deutschland zudem nur sehr langsam und flächendeckend erst in der zweiten Hälfte des 20. Jahrhunderts.[5]

Das Telefon war in den ersten Jahrzehnten seiner öffentlichen Nutzung also in erster Linie ein urbanes Medium, das vorwiegend der innerstädtischen Kommunikation diente. Dabei ging es auch um die Überwindung von Distanz. Der städtische Raum wurde durch die frühe Telefonnutzung jedoch nicht einfach aufgehoben, sondern in neuer Weise vermessen und vernetzt. Dies geschah zudem in medial vollkommen neuer Form. Fast gleichzeitig mit der Phonographie erfunden, aber noch vor dieser in den alltäglichen Gebrauch eingeführt, erlaubte das Telefon zum ersten Mal die mediale Trennung des Klangs von seiner Quelle bzw. – telefonspezifischer – die räumliche Trennung der Stimme von ihrem Träger oder ihrer Trägerin. Dies erzeugte eine neue Form der akustischen Anwesenheit bei körperlicher Abwesenheit und vermittelte in bisher unbekannter Weise zwischen Nähe und Distanz, zwischen ›hier‹ und ›dort‹.

Wie entwickelte sich der tägliche Umgang mit dieser »Schizophonie«?[6] Wie sind die medialen Praktiken des Sprechens und Hörens am Telefon in dessen Frühzeit und im urbanen Kontext genauer zu beschreiben? Die vorhandene Literatur zur deutschen Telefongeschichte ist sehr stark technikhistorisch ausgerichtet.[7] Eine sozialwissenschaftliche, stärker nutzungsorientierte Forschung zum Telefon setzte Ende der 1980er Jahre ein, bezog sich aber nur am Rande auf die Frühzeit des Telefonierens.[8] Ausführliche Studien zur Alltagsgeschichte des Telefons im späten

4 Vgl. Basse, Gerhard: »100 Jahre öffentlicher Fernsprechdienst in Deutschland«, in: Archiv für deutsche Postgeschichte (1981), Heft 1, S. 124-157, hier S. 140.

5 Vgl. König, Wolfgang: »Nutzungswandel, Technikgenese und Technikdiffusion. Ein Essay zur Frühgeschichte des Telefons in den Vereinigten Staaten und Deutschland«, in: Becker, Jörg (Hg.), Fern-Sprechen. Internationale Fernmeldegeschichte, -soziologie und -politik, Berlin: VISTAS 1994, S. 147-163.

6 Schafer, R. Murray: Die Ordnung der Klänge. Eine Kulturgeschichte des Hörens, Mainz: Schott 2010, S. 162.

7 Vgl. etwa Thomas, Frank: Telefonieren in Deutschland. Organisatorische, technische und räumliche Entwicklung eines großtechnischen Systems, Frankfurt a.M./New York: Campus 1995.

8 Vgl. neben Forschungsgruppe Telefonkommunikation, Telefon und Gesellschaft etwa Becker, Jörg (Hg.): Telefonieren (Hessische Blätter für Volks- und Kulturforschung

19. und frühen 20. Jahrhundert, wie sie für Nordamerika vorliegen, fehlen für Deutschland.[9] Zur Rekonstruktion früher telefonischer Praktiken in Deutschland ist man daher auf verstreute Quellen und Hinweise in der Literatur angewiesen.

Eine solche Quelle findet sich in Walter Benjamins *Berliner Kindheit um neunzehnhundert*. In dieser Anfang der 1930er Jahre entstandenen und 1950 posthum von Theodor W. Adorno herausgegebenen Textsammlung, in der Benjamin seine Kindheitserinnerungen zu einzelnen Denkbildern verdichtete, widmete er auch dem Telefon einen eigenen Abschnitt.[10] Im Folgenden soll dieser Abschnitt aus Benjamins Erinnerungsbuch als Lotse in die Kindertage der Telefonie in Berlin um 1900 dienen.

TELEFON UND STADT

»In meiner Kindheit ist das Telefon aufgekommen«, schrieb Benjamin in der *Berliner Chronik*, jenen ebenfalls aus dem Nachlass herausgegebenen autobiographischen Aufzeichnungen, aus denen Teile später in überarbeiteter Form in die *Berliner Kindheit um neunzehnhundert* eingegangen sind.[11] Die damit implizierte

---

24), Marburg: Jonas Verlag 1989; Bräunlein, Jürgen/Flessner, Bernd (Hg.): Der sprechende Knochen. Perspektiven von Telefonkulturen, Würzburg: Königshausen & Neumann 2000.

9 Vgl. für die USA etwa Fischer, Claude: America Calling. A Social History of the Telephone to 1940, Berkeley u.a.: University of California Press 1992; MacDougall, Robert: The People's Network. The Political Economy of the Telephone in the Gilded Age, Philadelphia: University of Pennsylvania Press 2014. Es gibt allerdings ein laufendes Forschungsprojekt, das die Geschichte des Telefonierens in Deutschland und den USA vergleichend untersucht; vgl. Caruso, Clelia: »Modernity Calling. Interpersonal Communication and the Telephone in Germany and the United States, 1880-1990«, in: Bulletin of the German Historical Institute 50 (2012), S. 93-105. Vgl. zur Wissenschaftsgeschichte des frühen Telefons auch den Beitrag von Anthony Enns in diesem Band.

10 Vgl. zur Entstehungs- und Überlieferungsgeschichte der »Berliner Kindheit«, die im Folgenden nach der »Fassung letzter Hand« zitiert wird, Lemke, Anja: »Berliner Kindheit um neunzehnhundert«, in: Burkhardt Lindner (Hg.), Benjamin-Handbuch. Leben, Werk, Wirkung, Stuttgart/Weimar: J. B. Metzker 2006, S. 653-663; vgl. außerdem Schneider, Manfred: Die erkaltete Herzensschrift. Der autobiographische Text im 20. Jahrhundert München u.a.: Hanser 1986, S. 105-150, der auf S. 107-110 auch besonders auf das Telefonkapitel eingeht.

11 Benjamin, Walter: Berliner Chronik. Revidierte Ausgabe, Frankfurt a.M.: Suhrkamp 1988, S. 58. Vgl. dazu auch Richter, Gerhard: Walter Benjamin and the Corpus of Auto-

Gleichaltrigkeit mit dem Telefon steigerte Benjamin in der *Berliner Kindheit um neunzehnhundert* zum imaginierten Geschwisterpaar: »Auf Tag und Stunde war das Telefon mein Zwillingsbruder.«[12] Tatsächlich besaßen seine Eltern, als Walter Benjamin am 15. Juli 1892 geboren wurde, in ihrer Wohnung am Magdeburgerplatz 4 bereits ein Telefon, das unter dem Namen des Vaters, Emil Benjamin, und der Nummer 8a 2741 im Berliner Telefonbuch eingetragen war.[13] Die erste Berliner Telefonverbindung ist allerdings knapp fünfzehn Jahre älter als Walter Benjamin. Sie wurde am 5. November 1877 zwischen dem Generalpostamt in der Leipziger Straße 15 und dem Generaltelegraphenamt in der Französischen Straße 33b eingerichtet.[14] Ihr Initiator war der Generalpostmeister Heinrich Stephan, der 1879 zum Staatssekretär des deutschen Reichspostamtes befördert und 1885 geadelt wurde.

Stephan hatte erst kurz zuvor von dem 1876 in den USA durch Alexander Graham Bell patentierten Telefon erfahren und dessen potentielle Bedeutung für den Nachrichtenverkehr offenbar schnell erkannt. Angeblich hatte er schon unmittelbar nach den ersten Versuchen mit dem Telefon den Plan, »jedem Berliner Bürger womöglich ein Telephon zu jedem anderen zur Disposition zu stellen«, wie Werner Siemens am 30. Oktober 1877 an seinen Bruder Karl schrieb.[15] Die Verbreitung des Telefons vollzog sich allerdings bei weitem nicht so schnell, wie

biography, Detroit: Wayne State University Press 2000, S. 163-197, der dafür plädiert, die *Berliner Chronik* als eigene Schrift ernst zu nehmen (und nicht nur als Vorstudie zur *Berliner Kindheit um neunzehnhundert*), in der dem Ohr und der auditiven Erfahrung eine besondere Bedeutung für Benjamins Erinnerungsprozess zukommt.

12 Benjamin, Walter: Berliner Kindheit um neunzehnhundert. Fassung letzter Hand, Frankfurt a.M.: Suhrkamp 1987, S. 18. Diese etwas enigmatische Formulierung impliziert nicht nur Gleichaltrigkeit, sondern variiert auch das in der gesamten *Berliner Kindheit um neunzehnhundert* virulente Thema der Anverwandlung des Kindes an seine dingliche Umwelt; vgl. Richter, Benjamin, S. 182ff.

13 Telephon-Adressbuch für das Deutsche Reich, II. Theil: Alphabetische Namens-Ordnung, 8. Ausgabe, Berlin: Verlag des Telephon-Adressbuch 1892, S. 27.

14 Vgl. dazu und zum Folgenden Grosse, Oskar: 40 Jahre Fernsprecher. Stephan – Siemens – Rathenau, Berlin: Verlag von Julius Springer 1917, hier S. 13 sowie Feyerabend, Ernst: 50 Jahre Fernsprecher in Deutschland 1877-1927, Berlin: Reichspostministerium 1927, hier S. 26.

15 Zit. n. Horstmann, Erwin: 75 Jahre Fernsprecher in Deutschland 1877-1952. Ein Rückblick auf die Entwicklung des Fernsprechers in Deutschland und auf seine Erfindungsgeschichte, Bonn: Bundesministerium für das Post- und Fernmeldewesen 1952, S. 143. Da Bell versäumt hatte, sein Patent auch für Deutschland anzumelden, konnte Werner Siemens das Bell-Telefon nachbauen und durch die *Telegraphenbauanstalt von Siemens & Halske* weiterentwickeln, produzieren und vermarkten lassen.

Stephan sich das offenbar vorstellte. Vor allen Dingen war seine Nutzungsweise als interpersonales Kommunikationsmedium von Bürger zu Bürger nicht von vornherein vorgegeben. Zunächst wurde das Telefon zur Erweiterung des Telegraphennetzes genutzt, d.h. Postämter ohne Telegraphenanschluss wurden mit Telegraphenämtern telefonisch verbunden, so dass Telegramme fernmündlich aufgegeben und weitergemeldet werden konnten. Seine Wahrnehmung als »sprechender Telegraph« führte in Deutschland auch zur administrativen Angliederung des Telefons an das Telegraphenwesen und damit zu seiner Unterstellung unter das Postmonopol des Staates, während der Ausbau der Telefonnetze in den USA und in anderen europäischen Staaten (zunächst) privatwirtschaftlich organisiert war.[16]

Als Stephan 1880 dann, durch Anfragen unter anderem der amerikanischen *Bell Telephone Company* unter Zugzwang gesetzt, die Initiative zur Etablierung eines Berliner Ortsnetzes mit Privatanschlüssen ergriff, war das Interesse zunächst verhalten. Emil Rathenau, Gründer der AEG und Vater Walter Rathenaus, wurde gewonnen, um in den Kreisen der Berliner Wirtschaft und des Berliner Großbürgertums für das Telefon zu werben. Doch auch sein Erfolg bei der Mobilisierung von Telefoninteressenten war begrenzt. So wurde der regelmäßige Betrieb der *Berliner Stadtfernsprecheinrichtung* am 1. April 1881 zunächst mit nur 48 Teilnehmern und zwei Vermittlungsämtern eröffnet.[17] Als im Juli 1881 das erste Berliner Telefonbuch erschien, verzeichnete es immerhin schon 400 Nummern, von denen 187 vergeben waren.[18] In den folgenden Jahren wuchs die Zahl der Anschlüsse in Berlin relativ rasch: 1889 war die Marke von 10.000 Anschlüssen erreicht, im Jahr 1898 waren es schon 34.500, 1914 schließlich 122.000.[19]

---

16 Vgl. Ruchatz, Jens: »Das Telefon – Ein sprechender Telegraph«, in: Kümmel, Albert/Scholz, Leander/Schumacher, Eckhard (Hg.), Einführung in die Geschichte der Medien, Paderborn: Wilhelm Fink 2004, S. 125-149; einen international vergleichenden Überblick über die Einführung des Telefons gibt auch Wessel, Horst A.: »Die Rolle des Telefons in der Kommunikationsrevolution des 19. Jahrhunderts«, in: North, Michael (Hg.), Kommunikationsrevolutionen. Die neuen Medien des 16. und 19. Jahrhunderts, Köln/Weimar/Wien: Böhlau 1995, S. 101-127.

17 Grosse, 40 Jahre, S. 52f. Dieser offiziellen Inbetriebnahme war ein Probebetrieb mit acht Teilnehmern seit dem Januar 1881 vorangegangen. Der Begriff »Fernsprecher« wurde von Heinrich von Stephan als deutsche Bezeichnung für das Telefon eingeführt, hat sich aber nicht vollständig durchgesetzt, so dass in den zeitgenössischen Quellen abwechselnd von »Fernsprecher« und »Telephon« die Rede ist.

18 Vgl. Komander, Gerhild H. M. (Hg.): Berlins erstes Telefonbuch 1881, Berlin: Berlin Story 2006, S. 22.

19 Vgl. ebd., S. 23. Zwischen 1881 und 1883 wurden in insgesamt 35 deutschen Städten Ortsnetze in Betrieb genommen, bis 1900 stieg die Zahl der Hauptanschlüsse im gesam-

Parallel zur Etablierung der ersten Ortsnetze experimentierte man international mit dem Telefon auch als Verbreitungsmedium für Musik und Nachrichten im Sinne eines »Proto-Rundfunksystems«.[20] Musikübertragungen per Telefon waren Attraktionen auf den internationalen Elektrizitätsausstellungen 1881 in Paris, 1882 in München und 1883 in Wien. In Paris bot das »Théatrophone« regelmäßige Opern- und Theaterübertragungen für einen festen Abonnentenkreis, in Budapest versorgte der »Telefon Hirmondó« seine Abonnenten noch bis in die 1920er Jahre hinein mit Nachrichten und einem täglichen Unterhaltungsprogramm, bevor diese Art der Telefonnutzung durch die Verbreitung des Radios verdrängt wurde.[21] In Berlin fanden ebenfalls schon 1881 erste Opernübertragungen ins kronprinzliche Palais und in das Haupttelegraphenamt statt. Ab 1889 konnte ein breiteres, wenn auch noch immer beschränktes Publikum in der neu eröffneten Urania Übertragungen aus dem drei Kilometer entfernten Opernhaus lauschen.[22]

Walter Benjamin scheint mit dieser Form der Telefonnutzung als Kind nicht in Berührung gekommen zu sein, jedenfalls kommt das in seinen Erinnerungstexten nicht vor. Er gehörte damit zur Mehrheit der Berliner, denn die soziale Reichweite der telefonischen Musikübertragungen blieb sehr begrenzt und das Telefon etablierte sich nicht langfristig als Musikmedium. In den ersten Jahrzehnten war die soziale Reichweite der Nutzung des Telefons als interpersonalem Kommunikationsmedium allerdings ebenfalls sehr begrenzt. Doch hier gehörte die Familie Walter Benjamins in die typische Gruppe der frühen Telefonnutzer. Emil Benjamin war als Teilhaber eines Berliner Antiquitäten- und Kunstauktionshauses zu einigem Wohlstand gelangt, den er nach dem Verkauf seiner Anteile in unterschiedliche Investitionsgeschäfte anlegte und dabei offenbar weiter vergrößerte.[23] Seine Geschäfte scheint Emil Benjamin zu einem nicht unerheblichen Teil von zu Hause

---

ten Reichspostgebiet auf 230.000, bis 1914 auf 885.000, die Millionenmarke wurde 1920 erreicht; vgl. Basse, 100 Jahre, S. 129 u. 132; Horstmann, 75 Jahre, S. 144f.

20 Marvin, Carolyn: When Old Technologies Were New. Thinking About Electric Communication in the Late Nineteenth Century, Oxford u.a.: Oxford University Press 1988, S. 222.

21 Vgl. neben ebd., S. 209-231 auch Höflich, Telefon, S. 187-196 sowie Ehardt, Christine: »Phones, Horns, and ›Audio Hoods‹ as Media of Attraction. Early Sound Histories in Vienna between 1883 and 1933«, in: Morat, Daniel (Hg.), Sounds of Modern History. Auditory Cultures in 19th- and 20th-Century Europe, New York/Oxford: Berghahn Books 2014, S. 101-125.

22 Vgl. Genth, Renate/Hoppe, Joseph: Telephon! Der Draht an dem wir hängen, Berlin: Transit 1986, S. 39-46.

23 Brodersen, Momme: Spinne im eigenen Netz. Walter Benjamin. Leben und Werk, Bühl-Moos: Elster 1990, S. 18f.

aus und per Telefon erledigt zu haben. In der *Berliner Chronik* erinnert sich Walter Benjamin, dass es in erster Linie das Telefon war,

»das von jener verborgenen Geschäfts- und Lieferantenwelt uns Kunde gab. Mein Vater telefonierte viel. Er, der nach außen hin fast immer ein verbindliches, lenkbares Wesen scheint gehabt zu haben, hat vielleicht nur am Telefon die Haltung und die Bestimmtheit besessen, die seinem, zeitweise großen, Reichtum mag entsprochen haben. Im Gespräch mit den vermittelnden Instanzen wurde diese Energie nicht selten lärmend und für den ›Ernst des Lebens‹[,] welcher durch die berufliche Tätigkeit meines Vaters versinnbildlicht wurde, waren die Streitigkeiten mit dem Telefonfräulein eigentlich das Emblem.«[24]

Als Geschäftsmann gehörte Emil Benjamin zu den typischen *early adopters* des Telefons, ja das Telefon war zunächst in erster Linie ein Geschäfts- bevor es auch ein Privatmedium wurde. Zu den ersten Teilnehmern der »Fernsprech-einrichtung« gehörten in Berlin neben Fabriken, Handelshäusern, Zeitungen und Verlegern vor allen Dingen Banken. Die Berliner Börse verfügte über neun öffentliche Fernsprechstellen, die von den Banken genutzt werden konnten, um ihre Aktiengeschäfte telefonisch abzuwickeln.[25] 1882, ein Jahr nach Inbetriebnahme der ersten Stadtnetze, listete das *Archiv für Post und Telegraphie*, neben den »obersten Reichs- und Staatsbehörden«, folgende Branchen als Telefonteilnehmer in Berlin auf:

»Handlungshäuser, Fabriken und Warengeschäfte, Transportunternehmungen, Versicherungsgesellschaften, Zeitungsexpeditionen, Buch- und Kunsthandlungen, Künstlerateliers, Buchdruckereien, Brauereien, Färbereien, Gasthöfe, Gastwirthe, Conditoreien, Apotheker, Aerzte, Architekten, Rentner, Rechtsgelehrte, Patentanwälte etc.«[26]

Diese Liste nahm das Branchen-Telefonbuch vorweg, das in Berlin im April 1886 zum ersten Mal als *Telephon-Bestell-Buch* erschien. Damit war auch eine Verknüpfung von Geschäfts- und Privatsphäre hergestellt, denn das *Telephon-Bestell-Buch* richtete sich gezielt an die privaten Konsumentinnen und Konsumenten, die ihre Einkäufe nun durch telefonische Bestellungen tätigen sollten. Damit ist zugleich die Geschlechterordnung des frühen Telefons berührt. Denn der Herausgeber des *Telephon-Bestell-Buchs* Willy Eschenbach empfahl dieses im Vorwort zwar grundsätzlich »allen Fernsprech-Angeschlossenen [...] zur gefälligen fleissigen Benutzung«,

24 Benjamin, Berliner Chronik, S. 57f.

25 Vgl. Komander, Berlins erstes Telefonbuch.

26 Anonym: »Weitere Entwicklung der Fernsprecheinrichtungen in den größeren Städten des Deutschen Reichs-Telegraphengebietes«, in: Archiv für Post und Telegraphie 7 (1882) 10, S. 314-317, hier S. 315.

»speciell aber den verehrten Hausfrauen«.[27] In der Forschungsliteratur geht man zumeist davon aus, dass das Telefon als Geschäftsmedium und als technisches Artefakt in den Anfangsjahren eine männliche Domäne gewesen sei. Erst später sei es zu einer »Feminisierung des Telefons« gekommen, die unmittelbar mit der bürgerlichen »Trennung von öffentlicher (männlicher) und privater (weiblicher) Sphäre« und der zunehmenden Nutzung des Telefons als Privatmedium zusammenhänge.[28]

Im Hause Benjamin scheint das Telefonieren tatsächlich weitgehend dem Vater vorbehalten gewesen zu sein, jedenfalls erscheint nur er als Telefonierender in Walter Benjamins Erinnerungen. Die Mutter machte ihre Besorgungen dagegen noch zu Fuß, offenbar regelmäßig in Begleitung des Sohns, denn Benjamin schreibt in der *Berliner Chronik*, er habe »in jenen frühen Jahren [...] ›die Stadt‹ nur als den Schauplatz der ›Besorgungen‹ kennen[gelernt]«, zu denen ihn die Mutter mitnahm.[29] Während also Benjamins Erinnerungen die Geschlechtertrennung in Bezug auf das frühe Telefon bestätigen,[30] deutet das *Telephon-Bestell-Buch* von 1887 doch darauf hin, dass das Telefon auch schon vor dem Ersten Weltkrieg zur »Stütze der Hausfrau«[31] geworden ist. Und so, wie sich ›die Stadt‹ für den jungen Benjamin aus der Abfolge der Geschäfte zusammensetze, die er mit seiner Mutter besuchte, so mag sich auch für eine Benutzerin oder einen Benutzer des *Telephon-Bestell-Buch* die Stadt neu dargestellt haben: Als Gesamtheit der im Telefonbuch verzeichneten und telefonisch erreichbaren Geschäfte, Händler und Handwerker.

Eine Telefon-Topographie der Stadt spiegelt sich jedoch nicht nur im *Telephon-Bestell-Buch*, sondern auch in der stadträumlichen Verteilung der privaten Telefonanschlüsse. 1895, vierzehn Jahre nach Inbetriebnahme des Berliner Telefonnetzes und drei Jahre nach Benjamins Geburt, veröffentlichte das *Archiv für Post und*

27 Eschenbach, Willy (Hg.): Telephon-Bestell-Buch, 2. Aufl., Berlin: Selbstverlag des Herausgebers 1887, S. III.

28 Höflich, Telefon, S. 212.

29 Benjamin, Berliner Chronik, S. 59.

30 Eine andere Behauptung aus der Forschungsliteratur bestätigen sie dagegen nicht, nämlich die, das Telefon gehöre »zu den Dingen, die das Bürgertum nicht eigenhändig zu bedienen wünschte« (Flichy, Patrice: Tele. Geschichte der modernen Kommunikation, Frankfurt a.M./New York: Campus 1994, S. 200.)

31 So eine Telefonwerbung von 1927, zit. n. Hengartner, Thomas: »Telephon und Alltag. Strategien der Aneignung und des Umgangs mit der Telephonie«, in: ders./Johanna Rolhoven (Hg.), Technik – Kultur. Formen der Veralltäglichung von Technik – Technisches als Alltag, Zürich: Chronos 1998, S. 245-262, hier S. 258. Vgl. für ein Beispiel weiblicher Telefonnutzung von 1888 auch Baumann, Margaret: »Eine kurze Geschichte des Telefonierens«, in: dies./Gold, Helmut (Hg.), Mensch Telefon. Aspekte telefonischer Kommunikation, Heidelberg 2000, S. 11-55, hier S. 22.

Telegraphie eine Bestandsaufnahme über die »bisherige und die voraussichtliche zukünftige Entwicklung der Stadtfernsprecheinrichtung in Berlin«.[32] Um den zukünftigen Bedarf an privaten Telefonanschlüssen zu prognostizieren, korrelierte der Verfasser Ed. Landrath die Zahl der Telefonanschlüsse pro Stadtviertel mit der dortigen Zahl der Wohnungen pro Grundstück und deren Mietpreisen. Diese Statistik zeigt sehr deutlich, dass das Telefon ein bürgerliches Luxusobjekt war. In den proletarisch geprägten Vierteln des Nordens und Ostens (Wedding, Gesundbrunnen, Oranienburger Vorstadt, Rosenthaler Vorstadt, Stralauer Vorstadt), wo die Zahl der Wohnungen pro Grundstück am höchsten und die Mietpreise am niedrigsten waren, gab es auch am wenigsten Telefonanschlüsse. In den Innenstadtvierteln und den vornehmeren Vorstadtvierteln des Westens, zu denen auch die Tiergarten-Vorstadt gehörte, in der die Benjamins wohnten, war die Dichte an Telefonanschlüssen dagegen wesentlich höher. Landrath kam daher zu dem naheliegenden Schluss, »daß die Aufnahmefähigkeit der einzelnen Stadtbezirke für Fernsprechanschlüsse im Allgemeinen um so größer ist, je höher sich der durchschnittliche Miethswert einer Wohnung stellt«.[33]

Darüber hinaus brachte Landrath auch die »außerordentliche Entwicklung der Vororte« mit dem Telefon in Verbindung. Sowohl die Verlegung der Fabriken in den Norden und Osten als auch das rasche Anwachsen der bürgerlichen Vororte und Villenkolonien im Westen seien, so Landrath, nicht zuletzt durch das Telefon ermöglicht worden, »da der Fernsprecher auch hier über die Nachtheile, die durch die Entfernung zwischen Wohnung und Geschäftslocal entstehen, hinweghilft. Diesem Umstand dürfte daher die sprunghafte Entwicklung des Westens der Stadt im Wesentlichen mit zuzuschreiben sein.«[34] Diesem schon damals sprichwörtlichen »Zug nach dem Westen« schlossen sich auch die Benjamins an, die aus dem alten Berliner Westen zunächst in die Carmenstraße 3 nach Charlottenburg zogen (wo Walter Benjamin das Gymnasium besuchte) und später, 1912, eine Villa im Grune-

32 Landrath, Ed.: »Die bisherige und die voraussichtliche zukünftige Entwicklung der Stadtfernsprecheinrichtung in Berlin«, in: Archiv für Post und Telegraphie 20 (1895) 23/24, S. 735-748 u. 767-781.

33 Ebd., S. 742. Interessanterweise unterschätze Landrath den zukünftigen Bedarf an Telefonanschlüssen trotz seiner detaillierten Statistik erheblich. Bei einer Bevölkerung von max. 2,5 Mio. rechnete er mit einem Bedarf von max. 33.000 Sprechstellen. 1914, als Berlin etwa 2 Mio. Einwohner hatte, gab es bereits knapp dreimal so viele Telefonanschlüsse.

34 Ebd., S. 777. Vgl. zum Verhältnis von Telefon und Suburbanisierung auch Flichy, Tele, S. 153f.

wald in der Delbrückstraße 23 erwarben.[35] So deckt sich das gutsituiert-bürgerliche Berlin von Walter Benjamins Kindheit und Jugend weitgehend mit den Teilen Berlins, in denen auch das Telefonnetz am dichtesten gewoben war, und das Telefon wird als ein Medium sowohl der sozialen Differenzierung als auch der Suburbanisierung erkennbar.[36]

DRINNEN UND DRAUSSEN

Denkt man mit Walter Benjamin über den Zusammenhang von Telefon und Stadt nach, so drängt sich nicht nur die Frage nach dem Verhältnis von Sozial- und Telefontopographie auf. In einem noch fundamentaleren Sinn berührten Benjamins frühe Telefonerfahrungen das Verhältnis von privatem Wohnraum und öffentlichem Stadtraum, von Drinnen und Draußen. In der *Berliner Kindheit um neunzehnhundert* schrieb Benjamin:

»Nicht viele, die den Apparat benutzen, wissen, welche Verheerungen einst sein Erscheinen in den Familien verursacht hat. Der Laut, mit dem er zwischen zwei und vier, wenn wieder ein Schulfreund mich zu sprechen wünschte, anschlug, war ein Alarmsignal, das nicht allein die Mittagsruhe meiner Eltern sondern das Zeitalter, in dessen Herzen sie sich ihr ergaben, gefährdete.«[37]

Das Telefonläuten als »Alarmsignal« kündigte für Benjamin die Ankunft eines neuen Zeitalters an, dessen Vorbote das Telefon war und das in die Ruhe des vorherigen Zeitalters einbrach. Im *Passagen-Werk* hat Benjamin dieses vorherige Zeitalter als Zeitalter des Wohnens charakterisiert:

»Das neunzehnte Jahrhundert war wie kein anderes wohnsüchtig. Es begriff die Wohnung als Futteral des Menschen und bettete ihn mit all seinem Zubehör so tief in sie ein, daß man ans Innere eines Zirkelkastens denken könnte, wo das Instrument mit allen Ersatzteilen in tiefe, meistens violette Sammethöhlen gebettet, daliegt. [...] Das zwanzigste Jahrhundert machte

35 Vgl. van Reijen, Willem/van Doorn, Herman: Aufenthalte und Passagen. Leben und Werk Walter Benjamins. Eine Chronik, Frankfurt a.M.: Suhrkamp 2001, S. 11-13.

36 Sowohl Charlottenburg als auch die Villenkolonie im Grunewald gehörten damals formal noch nicht zu Berlin, sie wurden erst 1920 bei der Bildung Groß-Berlins eingemeindet. Im Kontext der Berliner Fernsprecheinrichtung wurden sie als Vororte geführt. In der Wahrnehmung der Zeitgenossen waren diese Wohngegenden aber schon vor 1920 de facto mit Berlin zusammengewachsen – auch wer im Grunewald wohnte, war Berliner.

37 Benjamin: Berliner Kindheit, S. 18.

mit seiner Porosität, Transparenz, seinem Freilicht- und Freiluftwesen dem Wohnen im alten Sinne ein Ende.«[38]

Im bürgerlichen Interieur des späten 19. Jahrhunderts erschien das Telefon für Benjamin zunächst als Fremdkörper. Es wurde daher auch – zumindest in der Benjaminschen Wohnung – nicht in den repräsentativen Räumen aufgestellt, sondern »zwischen der Truhe für die schmutzige Wäsche und dem Gasometer in einem Winkel des Hinterkorridors«.[39] Im Laufe seiner Jugend aber, so Benjamin, erlebte er, wie das Telefon

»die Erniedrigungen seiner Erstlingsjahre im Rücken ließ. Denn als Lüster, Ofenschirm und Zimmerpalme, Konsole, Gueridon und Erkerbrüstung, die damals in den Vorderzimmern prangten, schon längst verdorben und gestorben waren, hielt, einem sagenhaften Helden gleich, der in der Bergschlucht ausgesetzt gewesen, den dunklen Korridor im Rücken lassend, der Apparat den königlichen Einzug in die gelichteten und helleren, nun von einem jüngeren Geschlecht bewohnten Räume.«[40]

So lange aber noch das alte Geschlecht die Vorderzimmer bewohnte, stellte das Läuten des Telefons aus dem Hinterkorridor ein Störgeräusch dar. Es signalisierte nicht nur den Beginn eines neuen Zeitalters, sondern auch das Eindringen des Außen in das Innen. In diesem Sinn trug es zur zunehmenden »Porosität« der bürgerlichen Wohnung bei und bedrohte die bürgerliche Subjektkultur.[41] In den 1920er Jahren hat Alfred Döblin, Telefon und Radio zusammennehmend, formuliert, diese beiden Medien machten »das Draußen zu einem Hier«: »Jede Wohnung wird gesprengt, es wohnt niemand allein unter seinem Dach und in seinen vier Wänden.«[42]

---

38 Benjamin: Das Passagen-Werk. Erster Band, hg. v. Rolf Tiedemann, Frankfurt a.M.: Suhrkamp 1983, S. 292.

39 Benjamin: Berliner Kindheit, S. 19.

40 Ebd., S. 18.

41 Dominik Schrage spricht deshalb von einem durch die Telefonie hergestellten »neu-artigen Typ von Selbst- und Weltverhältnis [...], welches die tradierten Ordnungskategorien von Innen- und Außenwelt, Privatraum und Öffentlichkeit, Physis und Psyche unterläuft« (Dominik Schrage, Utopie, Physiologie und Technologie des Fernsprechens. Zur Genealogie einer technischen Sozialbeziehung, in: Andreas Lösch u.a. (Hg.), Technologien als Diskurse. Konstruktionen von Wissen, Medien und Körpern, Heidelberg 2001, S. 41-58, hier S. 54).

42 Zit. n. Lange-Garritsen, Helga: Poetisches Telefonbuch, Heidelberg: Decker 1987, S. 27.

Es ist nicht ohne Bedeutung, dass diese »Sprengung« der Wohnung durch das Telefon, dass das Eindringen des Außen ins Innen akustisch geschah.[43] Benjamins Formulierung von den »Sammethöhlen« suggeriert eine gedämpfte Geräuschkulisse, in der laute Geräusche fehl am Platz waren. Das »Futteral« der bürgerlichen Wohnung mit ihrer von Benjamin beschriebenen Ausstaffierung sollte auch vor Lärm schützen. Das Telefon mit seinem lauten Klingeln rückt damit in den Kontext einer um 1900 zunehmend hitzig geführten Debatte über das Lärmproblem in großen Städten, das sowohl durch die zunehmende Dichte der Bevölkerung als auch durch Motorisierung und Elektrifizierung des öffentlichen Verkehrs befeuert wurde.[44] In dieser Debatte ging es nicht zuletzt um die Grenzen von Öffentlichkeit und Privatheit, um das Eindringen fremder Geräusche in die eigenen vier Wände, deren Funktion als Ort der Erholung, der Sammlung oder auch der geistigen Produktion dadurch gefährdet wurde. Der Hannoveraner Kulturphilosoph Theodor Lessing, Gründer des 1908 ins Leben gerufenen *Deutschen Lärmschutzverbands*, listete in seiner Kampfschrift *Der Lärm* das Telefonläuten unter die zahlreichen Geräusche, die ihn bei der geistigen Arbeit störten:

»Die Hämmer dröhnen, die Maschinen rasseln. Fleischerwägen und Bäckerkarren rollen früh vor Tag am Hause vorüber. Unaufhörlich läuten zahllose Glocken. Tausend Türen schlagen auf und zu. [...] Nun läutet das Telephon. Nun kündet die Huppe ein Automobil. Nun rasselt ein elektrischer Wagen vorüber. Ein Bahnzug fährt über die eiserne Brücke. Quer über unser schmerzendes Haupt, quer durch unsere besten Gedanken.«[45]

---

43 Interessanterweise gibt es in Benjamins *Berliner Kindheit um neunzehnhundert* auch einen Ort des sanften akustischen Übergangs von drinnen und draußen, nämlich die Loggia, von der aus das Kind dem »Takt der Stadtbahn und des Teppichklopfens« (ebd., S. 11) als einem Schlaflied lauschte; vgl. dazu Kornmeier, Uta: »Akustisches in der *Berliner Kindheit um neunzehnhundert*«, in: Klein, Tobias Robert (Hg.), Klang und Musik bei Walter Benjamin, München: Wilhelm Fink 2013, S. 47-53.

44 Vgl. dazu Morat, Daniel: »Zwischen Lärmpest und Lustbarkeit. Die Klanglandschaft der Großstadt in umwelt- und kulturhistorischer Perspektive«, in: Herrmann, Bernd (Hg.), Beiträge zum Göttinger Umwelthistorischen Kolloquium 2009-2010, Göttingen: Universitätsverlag Göttingen: 2010, S. 173-190; Payer, Peter: »Vom Geräusch zum Lärm. Zur Geschichte des Hörens im 19. und frühen 20. Jahrhundert«, in: Aichinger, Wolfram/Eder, Franz X./Leitner, Claudia (Hg.), Sinne und Erfahrung in der Geschichte, Innsbruck u.a.: StudienVerlag 2003, S. 173-191; zum Lärm als Problem allgemein Bijsterveld, Karin: Mechanical Sound. Technology, Culture, and Public Problems of Noise in the Twentieth Century, Cambridge, Mass.: MIT Press 2008 sowie Bijstervelds Beitrag in diesem Band.

45 Lessing, Theodor: Der Lärm. Eine Kampfschrift gegen die Geräusche unseres Lebens, Wiesbaden 1908, S. 14f. Vgl. zu Lessing und seinen Antilärmverein auch Baron, Law-

Für Lessing waren diese Geräusche eine Nervenmarter. Es ist daher kein Zufall, dass die Lärmdiskussion auch in enger Verbindung zur Debatte um die Nervosität stand, welche um 1900 vielfach als ein Signum der Epoche wahrgenommen wurde.[46] Zu den Gründen für die weitverbreitete »Nervosität unserer Zeit« zählte der Neurologe Wilhelm Erb neben dem »rapide[n] Anwachsen der Grosstädte« auch »den Lärm, die Hast und Unruhe, die mechanischen Erschütterungen in unserem heutigen Leben und Verkehr«.[47] In den Augen vieler Zeitgenossen trug das Telefon nicht nur zum Lärm, sondern auch zur »Hast und Unruhe« bei. Schon 1881, im Jahr der Inbetriebnahme des Berliner Telefonnetzes, schrieb Franz Mehring in der *Gartenlaube*, dass »die großstädtischen Fernsprechnetze«, welche »in eigenthümlicher Weise den öffentlichen und den privaten Verkehr« miteinander verbänden, »den Blutumlauf des großstädtischen Verkehrs dichter, schneller und damit fruchtbarer« machen würden.[48] Wie das Zitat Wilhelm Erbs gezeigt hat, bewerteten nicht alle Zeitgenossen die durch das Telefon beförderte Beschleunigung des großstädtischen Verkehrs so positiv wie Franz Mehring, sondern sahen darin eine Ursache für die grassierende Nervosität.

Auch in Walter Benjamins Erinnerungsschriften finden sich Zeichen der mit dem Telefon verbundenen Nervosität. Schon in der *Berliner Chronik* schrieb er, dass nicht nur das Klingeln des Telefons »lärmend« war, sondern auch der Vater bei seinen »Streitigkeiten mit dem Telefonfräulein«.[49] In der *Berliner Kindheit um neunzehnhundert* hieß es dazu ausführlicher:

---

rence: »Noise and Degeneration. Theodor Lessing's Crusade for Quiet«, in: Journal of Contemporary History 17 (1982) 1, S. 165-178; Lentz, Matthias: »›Ruhe ist die erste Bürgerpflicht‹. Lärm, Großstadt und Nervosität im Spiegel von Theodor Lessings ›Antilärmverein‹«, in: Medizin, Gesellschaft und Geschichte 13 (1994), S. 81-105.

46 Vgl. allg. Radkau, Joachim: Das Zeitalter der Nervosität. Deutschland zwischen Bismarck und Hitler, München/Wien: Hanser 1998; zur Verbindung von Nervositäts- und Lärmdiskussion Morat, Daniel: »Urban Soundscapes and Acoustic Innervation around 1900«, in: Beck, Robert/Krampl, Ulrike/Retaillaud-Bajac, Emmanuelle (Hg.), Les cinq sens de la ville. Du Moyen Age à nos jours, Tours: Presses universitaires François-Rabelais 2013, S. 71-83.

47 Erb, Wilhelm: Über die wachsende Nervosität unserer Zeit. Akademische Rede zum Geburtstagsfeste des höchstseligen Grossherzogs Karl Friedrich am 22. November 1893, Heidelberg 1893, S. 7 u. 31.

48 Mehring, Franz: »Großstädtische Fernsprechnetze«, in: Die Gartenlaube 28 (1881), S. 531-534, hier S. 531f.

49 Benjamin: Berliner Chronik, S. 57f.

»Meinungsverschiedenheiten mit den Ämtern waren die Regel, zu schweigen von den Drohungen und Donnerworten, die mein Vater gegen die Beschwerdestelle ausstieß. Doch seine eigentlichen Orgien galten der Kurbel, der er sich minutenlang und bis zur Selbstvergessenheit verschrieb. Seine Hand war dabei ein Derwisch, den der Taumel überwältigt. Mir schlug das Herz, ich war gewiß, in solchen Fällen drohe der Beamtin als Strafe ihrer Säumigkeit ein Schlag.«[50]

Die Telefonkurbel diente der Erzeugung eines Stroms, durch den im Vermittlungsamt eine Klappe zum Fallen oder später eine Lampe zum Leuchten gebracht wurde, um den Wunsch des Kurbelnden nach Verbindung mit einem anderen Telefonteilnehmer zu signalisieren. Wenn man weiterkurbelte, nachdem die Sprechverbindung zum Vermittlungsamt bereits hergestellt war, konnte es tatsächlich passieren, dass der Vermittlungsbeamte oder die Vermittlungsbeamtin einen Stromschlag erhielt.[51] Insofern war die Befürchtung des jungen Walter Benjamin nicht unbegründet. Auch ohne Stromschläge waren die Nerven der Vermittlungsbeamtinnen und -beamten jedoch hohen Belastungen ausgesetzt und es kam immer wieder zu überlastungsbedingten Zusammenbrüchen – sowohl bei der Technik als auch beim Personal. Da ab 1890 vermehrt (junge, ledige) Frauen in den Vermittlungsämtern angestellt wurden und sich die Tätigkeit in den Telefonzentralen in den folgenden Jahren zu einer fast ausschließlich weiblichen Domäne entwickelte, ist die Sprechverbindung zwischen männlichem Telefonnutzer und »Fräulein vom Amt« ebenfalls charakteristisch für die Geschlechterordnung des frühen Telefons.[52] Auch männliche Nervosität und weibliche Hysterie (so die zeitgenössische geschlechtliche Zuordnung der miteinander verwandten Krankheitsbilder) waren durch das Telefon verschaltet und konnten sich gegenseitig befördern. Dies zeigte sich etwa bei dem kollektiven Nervenzusammenbruch der Telefonistinnen des Amtes IV in der Lützowstraße in Berlin, das im Sommer 1902 mit einem neuen, für die Beamtinnen noch ungewohnten Schaltsystem ausgestattet wurde. Die Inbetriebnahme dieses neuen, von *Siemens & Halske* gelieferten Systems schildert Georg Siemens in seiner Firmengeschichte wie folgt:

50 Benjamin: Berliner Kindheit, S. 18f.

51 Vgl. Siegert, Bernhard: »Das Amt des Gehorchens. Hysterie der Telephonistinnen oder Wiederkehr des Ohres 1874-1913«, in: Hörisch, Jochen/Wetzel, Michael (Hg.), Armaturen der Sinne. Literarische und technische Medien 1870 bis 1920, München: Wilhelm Fink 1990, S. 83-106, hier S. 89f.

52 Vgl. Gold, Helmut/Koch, Annette (Hg.), Fräulein vom Amt, München 1993.

»Als aber im weiteren Verlaufe des Vormittags jene von den Fernsprechtechnikern gefürchtete Zeit herannahte, die sie die Hauptverkehrsstunde nennen, zeigte sich, daß die mit dem Neuen noch nicht vertraute Bedienung bei den Anforderungen des Verkehrs nicht mitkam. Die Anrufe stauten sich, die Fehlverbindungen häuften sich, die Mängel des Netzes brachten durch Übersprechen weitere Verwirrung. Gegen elf Uhr waren einige Tausend von Hause aus schon nervöse Berliner Geschäftsleute von einer gelinden Raserei befallen und das Bedienungspersonal des Amtes fassungslos. Plötzlich riß sich eine der Telephonistinnen die Sprechgarnitur vom Kopf und brach in Schreikrämpfe aus, und dieses Beispiel wirkte ansteckend: wenige Augenblick später war der Saal von schreienden und heulenden Frauen erfüllt, die von ihren Plätzen aufsprangen und zum Teil davonstürzten.«[53]

Emil Benjamin hätte durchaus zu den »von Hause aus schon nervösen Berliner Geschäftsleuten« gehören können, die hier den Nervenzusammenbruch der Telefonistinnen auslösten. Aber auch ohne Zusammenbruch wurden die Telefonzentralen bereits zeitgenössisch mit dem Nervendiskurs in Verbindung gebracht und metaphorisch als Nervenzentralen der modernen Großstadt und Gesellschaft beschrieben.[54] Der in dieser Metaphorik abgebildete Netzcharakter des Telefonsystems steht ebenfalls für die Verbindung von Drinnen und Draußen, für den Anschluss der einzelnen Wohnung an die Außenwelt und für die Möglichkeit dieser Außenwelt, jederzeit durch einen Anruf die Ruhe der bürgerlichen Wohnung zu stören, dem Kind einen Schrecken einzujagen und den Herrn des Hauses zur Raserei zu reizen.

STIMME UND MEDIUM

Der Schrecken des Kindes, so wie ihn Benjamin beschrieb, rührte nicht allein vom »Alarmsignal« des Klingelns her, sondern auch von den Geräuschen, die durch das Telefon an sein Ohr drangen. »Es mag am Bau der Apparate oder der Erinnerung liegen«, so Benjamin in den ersten Zeilen des Telefonkapitels,

---

53 Siemens, Georg: Geschichte des Hauses Siemens. Erster Band 1847-1903, München: Karl Alber 1947, S. 245; vgl. dazu ausführlich Killen, Andreas: Berlin Electropolis. Shock, Nerves and German Modernity, Berkeley/Los Angeles/London: University of California Press 2006, S. 162-211.

54 Vgl. Killen, Andreas: »Die Telefonzentrale«, in: Geisthövel, Alexa/Knoch, Habbo (Hg.), Orte der Moderne. Erfahrungswelten des 19. und 20. Jahrhunderts Frankfurt a.M./New York: Campus 2005, S. 81-90; als ein Beispiel für die metaphorische Verbindung von Telefon und Nerven etwa Anonym: Das überspannte Berlin. Galante Telephon-Geschichten, Berlin: Hermann Schmidt 1891.

»gewiß ist, daß im Nachhall die Geräusche der ersten Telefongespräche mir anders in den Ohren liegen als die heutigen. Es waren Nachtgeräusche. Keine Muse vermeldet sie. Die Nacht, aus der sie kamen, war die gleiche, die jeder wahren Geburt vorhergeht. Und eine neugeborene war die Stimme, die in den Apparaten schlummerte.«[55]

Der Ort, aus dem die Telefonstimme in den Hörer gelangte, erscheint hier als ein vorgeburtliches Jenseits. Im letzten Abschnitt des Telefonkapitels verkehrt sich das zum postmortalen Jenseits und die Telefonstimme wird zur Geisterstimme:

»In diesen Zeiten hing das Telefon entstellt und ausgestoßen zwischen der Truhe für die schmutzige Wäsche und dem Gasometer in einem Winkel des Hinterkorridors, von wo sein Läuten die Schrecken der berliner [sic] Wohnung vervielfachte. Wenn ich dann, meiner Sinne mit Mühe mächtig, nach langem Tasten durch den finstern Schlauch, anlangte, um den Aufruhr abzustellen, die beiden Hörer, welche das Gewicht von Hanteln hatten, abriß und den Kopf dazwischen preßte, war ich gnadenlos der Stimme ausgeliefert, die da sprach. Nichts war, was die Gewalt, mit der sie auf mich eindrang, milderte. Ohnmächtig litt ich, daß sie mir die Besinnung auf meine Zeit, meinen Vorsatz und meine Pflicht zunichte machte; und wie das Medium der Stimme, die von drüben seiner sich bemächtigt, folgt, ergab ich mich dem ersten besten Vorschlag, der durch das Telefon an mich erging.«[56]

Dies ist eine eindrückliche Beschreibung des Wahrnehmungseffekts, der durch die mediale Trennung der Stimme von ihrem Träger entstehen konnte. Für John Durham Peters ist es der Hauptzweck des Telefons, »Präsenz zu beschwören«, weshalb er es als »theologisches Medium« bezeichnet: »›Herr Watson, ich möchte, daß Sie kommen!‹ sagte Bell zu Watson während des ersten Telefonats, und diese Äußerung ist Symbol und Leitbild jeglicher Fernkommunikation – Ausdruck des Wunsches nach Präsenz des abwesenden anderen.«[57] Benjamins Evokation des spiritistischen Mediums weist in die gleiche Richtung, rückt die Beschwörung der Präsenz des Abwesenden aber zugleich ins Unheimliche. Es gehörte von Anfang an zur Faszination der frühen Audiomedien, Abwesende stimmlich präsent machen zu können. Bei der Phonographie und dem Grammophon bezog sich das besonders auf die Stimmen Verstorbener. So pries etwa eine frühe Anleitung zum Umgang mit »Sprechmaschinen« deren Bedeutung für die individuelle und kollektive Erinnerung:

55 Benjamin: Berliner Kindheit, S. 18.

56 Ebd., S. 19.

57 Peters, John Durham: »Das Telefon als theologisches und erotisches Problem«, in: Münker, Stefan/Roesler, Alexander (Hg.), Telefonbuch. Beiträge zu einer Kulturgeschichte des Telefons, Frankfurt a.M.: Suhrkamp 2000, S. 61-82, hier S. 61 u. 63.

»Teure Angehörige, liebe Freunde und berühmte Zeitgenossen, die längst in der Erde ruhen, sie sprechen nach Jahren wieder zu uns, mit derselben Lebendigkeit und Wärme, wir fühlen uns durch die Wachswalze neuerdings zurückversetzt in die glücklichen Tage der Jugend – wir hören die Sprache von Menschen, die ungezählte Jahre vor uns gelebt haben, welche wir nie kannten und deren Namen nur die Geschichte uns überliefert.«[58]

Das Telefon konnte (in der Zeit vor dem Anrufbeantworter bzw. der Mailbox) nicht in der gleichen Weise wie der Phonograph die Zeit überbrücken, sondern nur den Raum. Indem Benjamin die Stimme aus dem Telefon mit der Stimme aus dem Jenseits verglich, rückte er es aber dennoch in den gleichen Diskurskontext.[59] Vor allen Dingen aber vermittelte sich für Benjamin durch das Telefon keine »Lebendigkeit und Wärme«. Die Stimme aus dem Telefon erschien ihm vielmehr als eine fremde Macht, als musenfernes Nachtgeräusch. In vergleichbarer Weise schilderte auch Marcel Proust, »wie ihm die vertraute Stimme der Großmutter im Telefonat gänzlich fremd wird, weil sie von Mimik und Gestik der Sprechenden entkleidet als ›bloße Stimme‹ erscheint«.[60]

Es ist besonders interessant, dass dieser mediale Effekt von Benjamin als nicht mediatisiert beschrieben wurde: »Nichts war, was die Gewalt, mit der sie auf mich eindrang, milderte.« Das Medium des Telefons bewirkte für ihn gerade keine Filterung, keinen Abstand, sondern produzierte unmittelbare, unvermittelte Nähe. Und so, wie der Sprechende am Telefon ganz Stimme wurde, wurde der Hörende ganz Ohr, seiner anderen Sinne nicht mehr mächtig. Auf diese Weise wurde das

58 Parzer-Mühlbacher, Alfred: Die modernen Sprechmaschinen (Phonograph, Graphophon und Grammophon), deren Behandlung und Anwendung. Praktische Ratschläge für Interessenten, Wien/Pest/Leipzig: A. Hartleben 1902, S. 107.

59 Vgl. zu diesem Diskurskontext auch Hörisch, Jochen: Der Sinn und die Sinne. Eine Geschichte der Medien, Frankfurt a.M.: Eichborn 2001, S. 250f. Auch im Radiodiskurs der Zeit, in der Benjamin die *Berliner Kindheit um neunzehnhundert* schrieb, gab es noch Anklänge an den spiritistischen Charakter der Stimmen aus dem Äther; vgl. Knoch, Habbo: »Die Aura des Empfangs. Modernität und Medialität im Rundfunkdiskurs der Weimarer Republik«, in: Ders./Morat, Daniel (Hg.), Kommunikation als Beobachtung. Medienwandel und Gesellschaftsbilder 1880-1960, München: Wilhelm Fink 2003, S. 133-158. Vgl. dazu auch Kittler, Friedrich: Grammophon, Film, Typewriter, Berlin: Brinkmann & Bose 1986, S. 22: »Medien liefern immer schon Gespenstererscheinungen.«

60 Münker, Stefan: »Vermittelte Stimmen, elektrische Welten. Anmerkungen zur Frühgeschichte des Virtuellen«, in: Ders./Roesler, Alexander (Hg.), Telefonbuch. Beiträge zu einer Kulturgeschichte des Telefons, Frankfurt a.M.: Suhrkamp 2000, S. 185-198, hier S. 186.

Telefon für Benjamin zum Befehlsmedium, dem er sich hilf- und willenlos ausgeliefert fühlte.

Im ersten Satz gab Benjamin zu bedenken, es möge durchaus dem »Bau der Apparate« oder seiner Erinnerung geschuldet sein, dass ihm die Geräusche der ersten Telefongespräche »anders in den Ohren liegen als die heutigen«. Beides trifft wahrscheinlich zu, die Tonqualität der Telefonapparate von 1900 war eine andere als die von 1930, und die Erinnerung bewahrt unsere sinnlichen Eindrücke nicht einfach auf, sondern verändert sie im Laufe der Zeit. Doch es lässt sich noch ein dritter Grund vermuten, nämlich der des Lern- oder auch des Gewöhnungseffekts. Die Geräusche des frühen Telefons waren fremd, weil der ganze Apparat noch fremd war, weil der Umgang mit den körperlosen Stimmen noch gelernt werden musste. Das galt für das Kind, das zum ersten Mal telefonierte, aber auch viele Erwachsene mussten den Gebrauch des Telefons in dessen Frühzeit erst lernen. Daran erinnert die Vielzahl der Gebrauchsanweisungen aus dieser Zeit, die nicht nur die technische Nutzung des Apparats erläuterten, sondern als Benimmregeln für das Telefonieren auch Hinweise gaben wie (langsam und deutlich, aber nicht unbedingt laut) und was (man nenne zu Beginn des Gesprächs seinen Namen, man fasse sich kurz) zu sprechen war.[61]

Es steht zu vermuten, dass Benjamin in späteren Jahren nicht jedem Vorschlag unbesehen zustimmte, der ihm am Telefon gemacht wurde. Die Einübung ins Telefonieren und die Gewöhnung an die körperlosen Telefonstimmen milderten sicher auch für ihn deren unvermittelte Autorität. Doch die Schilderung der für das Kind bezwingenden Suggestionskraft der Stimme aus dem Telefon bleibt ein eindrückliches Zeugnis für dessen Frühzeit, auch wenn sie nur dem Schulfreund gehört haben mag, der die elterliche Mittagsruhe störte mit der Aufforderung: »Walter, ich möchte, dass Du kommst!«

61 Vgl. etwa Anonym: Fernsprechregeln oder Der Angeschlossene, wie er sein soll. Zugleich Winke für Anschlußlustige, 2. Aufl., Berlin: R. v. Decker 1884; zu den Gebrauchsanleitungen allg. Schwender, Clemens: Wie benutze ich den Fernsprecher? Die Anleitung zum Telefonieren im Berliner Telefonbuch 1881-1996/97, Frankfurt a.M. u.a.: Peter Lang 1997.

Elektroden im Ohr

Gewebe-Metall-Schaltkreise und Cochlea-Implantate – bis 1984

SHINTARO MIYAZAKI

> [D]ans le grand corps social de l'Empire qui est comme une énorme méduse échouée de toute sa rondeur sur toute la rondeur de la Terre, sont plantées des électrodes, des centaines, des milliers d'électrodes, des nombres à peine croyable d'électrodes.
>
> TIQQUN: ET LA GUERRE EST A PEINE COMMENCEE

Während das linksradikale Autorenkollektiv *Tiqqun* unseren neoliberal-kapitalistischen Gesellschaftskörper als erdengroße Qualle, in deren Gewebe Abertausende von Elektroden implantiert wurden, allegorisiert und mit dieser grotesken Beschreibung die zunehmende Kybernetisierung unseres Lebens ins Visier ihrer Kritik nimmt,[1] scheint die prosaische Wüstigkeit der Realität im frühen 21. Jahrhundert viel harmloser: Cochlea-Implantate zeigen, dass elektrodische Infrastrukturen längst ins Innere des Menschen eingepflanzt werden. Schlimm ist es nicht. Die Invasion der Elektroden in Menschenfleisch, das heißt bis zu einem gewissen Grade das avancierte »Medien-Werden«[2] menschlicher Physiologie, geschieht

1 »Im großen Gesellschaftskörper des Imperiums, der wie eine auf der runden Erdoberfläche gestrandete, riesige, erdgroße, runde Qualle ist, sind Hunderte, Tausende – ja, eine schier unglaubliche Menge an Elektroden implantiert.« (Übersetzung S.M.) Tiqqun: Et la guerre est à peine commencée, Regie: anonym, 2001, https://vimeo.com/54313688 (letzter Zugriff: 21.06.2016).

2 Vogl, Joseph: Medien-Werden. Galileis Fernrohr, in: Archiv für Mediengeschichte 1 (2001), S. 115-123.

ironischerweise nicht um abzuhören, zu überwachen und zu kontrollieren, sondern um zu helfen und Lebensqualität zu verbessern.

Abbildung 1: herkömmliches Cochlea-Implantat, frühes 21. Jahrhundert

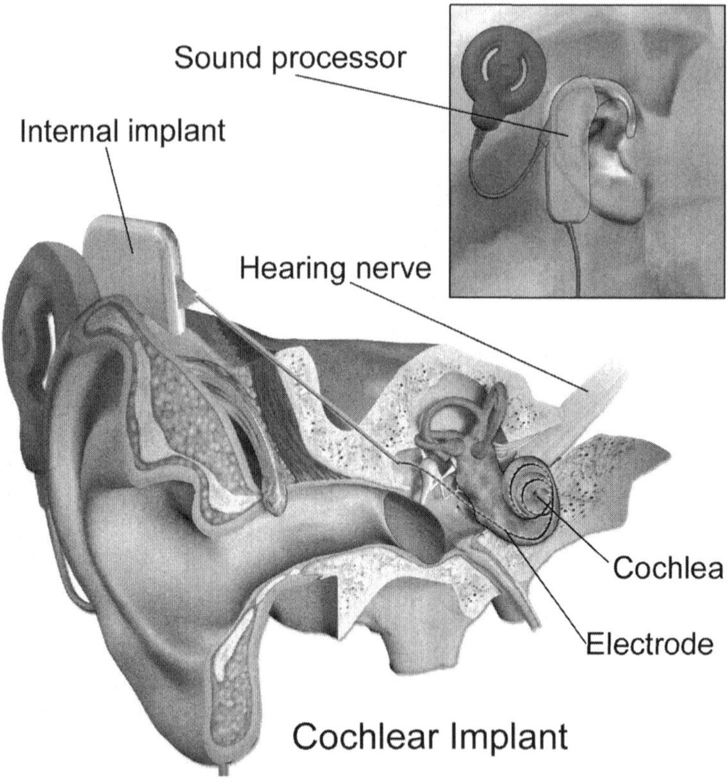

aus: Cochlear Implant by Blausen Medical Communications, Inc.; Wikiversity Journal of Medicine. DOI:10.15347/wjm/2014.010. ISSN 20018762.

Cochlea-Implantate sind technologisch hochentwickelte Hör-Systeme für Gehörlose deren Hörnerv nicht funktionsgestört ist, aber deren Haarsinneszellen in der Hörschnecke – Cochlea – durch Krankheiten oder Unfälle zerstört wurden (Abb. 1). Herkömmliche Hörgeräte helfen hier nicht, aber das Cochlea-Implantat. Es ist ein technisches Ensemble, das akustische Signale per Mikrophon empfängt, in Elektronik speichert, überträgt, prozessiert und zuletzt an die implantierte Elektrode in der Hörschnecke als Sequenz bioelektrischer Signale sendet. Aktuelle Varianten bestehen üblicherweise aus einem implantierten Empfänger, einem außen am Kopf angebrachten Sender und dem sogenannten Signalprozessor, der wie ein herkömmliches Hörgerät hinter dem Ohr getragen wird. Das Cochlea-Implantat ist daher eine

Medientechnologie, die die Lage seiner Trägerin[3] auf drastischer Weise bestimmt. Es erweitert ihre physiopathologisch bedingte Gehörlosigkeit durch eine avancierte Technoästhetik, die eine auditive Teilhabe an ihrer gesellschaftlichen und kulturellen Umwelt ermöglicht.

Laut der *Deutschen Cochlear Implant Gesellschaft e.V.* gab es per 31. Dezember 2011 weltweit rund dreihundertfünfzig Tausend Cochlea-Implantat-Trägerinnen, davon ungefähr dreißig Tausend in Deutschland. Im medienhistorischen und -theoretischen Diskurs bisher eher unbeachtet zeichnet sich die Relevanz des Cochlea-Implantats nicht nur durch eine technologische Grenzüberschreitung[4] ins Körperinnere und eine Verdrahtung von Elektronik mit Nerven- und Sinneszellen aus, sondern schließt auch einen Vorstoß in neue Möglichkeitsräume ästhetischer und soziotechnologischer Mediengestaltung und Kontrolle ein. Physiologische Prozesse der Wahrnehmung sind wie alle messbaren Vorgänge niemals direkt zugänglich, sondern werden, wie hier gezeigt wird, stets von medialen, epistemologischen, ästhetischen und sozialen Agenturen, Gefügen und Mitteln mitgeprägt, übersetzt, gestaltet und produziert.

1984 bewilligte die US-amerikanische Behörde *Food and Drug Administration* (FDA)[5] das erste Cochlea-Implantat für Erwachsene über 18 Jahre. Vorliegender Beitrag setzt dies als medien- und wissenshistorische Horizontgrenze und legt zunächst zwei wichtige Vorbedingungen für die Emergenz der Cochlea-Implantat-Forschung in den 1960er-Jahren dar: Einerseits das Wissen über Metall-Gewebe-Medien- oder Elektroden-Elektrolyt-Systeme, die um 1800 begann und andererseits das Prinzip der elektrischen Modellierung neuronaler und aurikularer Prozesse durch sogenannte Ersatzschaltkreise, das sich spätestens in den 1920er Jahren als wissenschaftliche Methode etablierte. Im Anschluss daran werden die ersten Implantationsversuche und Stimulationsexperimente der 1960er Jahre dargelegt, um danach die Phase der Langzeitstudien und ersten Erfolge zwischen 1970 und 1984 zu beschreiben. Zuletzt beschäftigt sich der Beitrag unter anderem mit biopolitischen Aspekten des Alltagslebens im *protected mode*, den die Cochlea-Implantat-Trägerin akzeptieren muss. Daraus werden schließlich allgemeine Schlussfolgerungen bezüglich aktuellen postmedialen, technoökologischen Medienkonstellationen gezogen.

---

3 Ich verwende hier zwecks Einfachheit ausschließlich die weibliche Variante, die männliche ist stets mitgemeint.

4 Friedrich, Kathrin/Gramelsberger, Gabriele: Techniken der Überschreitung. Fertigungsmechanismen »verlässlich lebensfähiger« biologischer Entitäten, in: Zeitschrift für Medienwissenschaft 4 (2011), S. 31-37.

5 Verantwortlich für den Schutz der öffentlichen Gesundheit in den USA.

METALL-FLEISCH-ÜBERGÄNGE 1780-1902

Ein Cochlea-Implantat besteht nicht nur aus Elektronik, sondern ist auch ein Fleisch-Metall-Medium. Damit die biotechnologische Invasion in die Cochlea geschehen konnte, war ein fundiertes Wissen über Elektroden und die elektrochemischen Effekte, die sie auf Nervenzellen, organisches Gewebe, biologische Elektrolyte und Flüssigkeiten bewirkten, notwendig. Die Geschichte des Cochlea-Implantats beginnt folglich nicht um 1960, sondern 180 Jahre früher um 1780 mit Luigi Galvanis (1737-1798) animalischer Elektrizität und dem Frosch.[6] Die Elektrosensibilität seines Schenkels machte ihn zum einfachen Messgerät und unverzichtbaren Agent innerhalb der Erforschung bioelektrischer Ströme. Der Froschschenkel zeigte nämlich die Existenz von Elektrizität mit einem Zucken an – man sprach vom galvanoskopischen oder stromprüfenden Frosch.[7]

Im März 1800 beschrieb Alessandro Volta (1745-1827) eine Apparatur – später Volta'sche Säule oder Voltasäule genannt –, mit der er Elektrizität nicht mehr wie bis dahin elektrostatisch durch Reibung, sondern elektrochemisch erzeugen konnte. Sie bestand aus übereinander geschichteten Kupfer- und Zinkscheiben, zwischen denen mit Salzwasser befeuchte Papp- oder Lederstücke gelegt wurden. Später im Juni wird der Bericht an einer Versammlung der *Royal Society of London* verlesen.[8] Die neuartige Stromquelle war zwar strikt non-organisch, doch verglich Volta sie mit den lebendigen Organen eines elektrischen Fisches. Im selben Bericht beschrieb er das in der Geschichte des Cochlea-Implantats viel zitierte einmalige Selbstexperiment der elektrischen Stimulation seiner Ohren: Er hörte ein unangenehmes Geräusch. Das Experiment war ihm zu gefährlich und wurde von ihm nie wiederholt.

Vor allem in England kam es zu Nachbauten und Modifizierungen der Voltasäule. Die feucht-wässrigen Medien zwischen den Metallen der Voltasäule wurden bald durch flüssige ersetzt. Humphry Davy (1778-1829), ab 1802 Mitglied der *Royal Society of London,* beschrieb bereits im Dezember 1800 einen Aufbau mit

6 Rieger, Stefan: »Der Frosch – ein Medium?«, in: Münker, Stefan/Roesler, Alexander (Hg.), Was ist ein Medium?, Frankfurt a.M.: Suhrkamp 2008, S. 285-303.

7 Dierig, Sven: Wissenschaft in der Maschinenstadt. Emil Du Bois-Reymond und seine Laboratorien in Berlin, Göttingen: Wallstein Verlag 2006, S. 101ff.; Schmidgen, Henning: Die Helmholtz-Kurven. Auf der Spur der verlorenen Zeit, Berlin: Merve 2009, S. 75.

8 Volta, Alexander: »On the Electricity Excited by the Mere Contact of Conducting Substances of Different Kinds. In a Letter from Mr. Alexander Volta, F.R.S. Professor of Natural Philosophy in the University of Pavia, to the Rt. Hon. Sir Joseph Banks, Bart. K.B.P.R.S.«, in: Philosophical Transactions of the Royal Society of London 90 (1800), S. 403-431.

Schwefelsäure als »Medium« und bezeichnete den Aufbau als Zelle.[9] Spätestens seit 1834 als sein Schüler Michael Faraday (1791-1867) in seiner berühmten Abhandlung zur elektrochemischen Dekomposition die heute noch üblichen Begriffe Elektrode, Elektrolyse, Anode und Kathode einführte,[10] hatte sich der Begriff Zelle vor allem in England in der Nomenklatur der Elektrochemie etabliert. Die bekanntesten dieser Zellen waren die Daniell-*Cell*, die Grove-*Cell*, die Bunsen-*Cell* und die Poggendorff-*Cell*.

All dies führte Ende der 1840er Jahre beim Berliner Physiologen Emil Dubois-Reymond (1818-1896) zum epistemischen Kurzschluss elektrochemischer Zellen mit biologisch-physiologischen Zellen.[11] Die unerklärbaren Vorgänge der Nervenzellen, die den Muskel- und Nervenstrom erzeugten und die er erforschte, wurden von ihm per Analogisierung mit der Elektrolyse einer elektrochemischen Zelle verglichen. Dubois-Reymond beschrieb den Froschmuskel als ein komplexes Gefüge elektrochemischer Zellen: Nervenzellen als Batterien.[12] Nicht nur das: Zur Experimentalpraxis von Physiologen wie Dubois-Reymond, Hermann von Helmholtz (1821-1894) und deren Schülern gehörten nicht nur Messgeräte wie der Froschschenkel, das Galvanometer oder Kymographen mit rauchgeschwärzten Druckwalzen, sondern auch die erwähnten Batterie-Zellen und Induktionsspulen, mit denen sie die tierische Membrane elektrisch stimulierten. Ende der 1870er Jahre kam ein neues Medium hinzu: das Telefon.

»Es gelingt nun leicht, auch durch die Ströme des Telephons Zuckungen zu erregen. [...] [S]o geräth der Schenkel in Zuckungen, sobald man in des Telephon A hineinspricht, -singt, -pfeift, oder auch nur dessen Trichter etwas kräftig auf den Tisch aufsetzt. Dabei zeigt sich, dass der Nerv für gewisse Laute empfindlicher ist, als für andere. Ruft man ihm zu: Zucke! So zuckt der Schenkel; auf das erste i in: Liege still! reagirt er nicht.«[13]

---

9 Davy, Humphry: »An Account of some Additional Experiments and Observations on the Galvanic Phenomena«, in: Journal of Natural Philosophy, Chemistry, and the Arts 4 (December, 1800), S. 394-402, hier 394.

10 Faraday, Michael: »Experimental Researches in Electricity. Seventh Series«, in: Philosophical Transactions of the Royal Society of London 124 (1834), S. 77-122, hier 118.

11 Dubois-Reymond, Emil Heinrich: Untersuchungen über thierische elektricität, Erster Band, Berlin: G. Reimer 1848, S. 200.

12 Ebd., 419. Vgl. auch Lenoir, Timothy: »Models and Instruments in the Development of Electrophysiology, 1845-1912«, in: Historical Studies in the Physical and Biological Sciences 17.1 (1986), S. 1-54, hier 14ff.

13 Dubois-Reymond, Emil Heinrich: »Über das Telephon. Sitzung am 30. Nov. 1877«, in: Archiv für Anatomie und Physiologie, Physiologische Abteilung (1877), S. 573-576, hier S. 576. Vgl. dazu Volmar, Axel: »Stethoskop und Telefon. Akustemische Technologien

Hinsichtlich ihres technischen Ensembles und der involvierten Machtstruktur unterscheiden sich diese kruden Stimulationsexperimente, in denen akustische Signale telefonisch in elektrische Ströme, die Nervengewebe stimulieren, umgewandelt wurden, nur graduell von den späteren Stimulationsexperimenten der beginnenden Cochlea-Implantats-Forschung in den 1960er Jahren. Statt des Froschschenkels wurde lediglich die Cochlea stimuliert. Zum Telefon kamen später Elektronenröhren-Verstärker, Oszillator und Oszilloskop hinzu. Genau darin liegen aber die Unterschiede, die zählen, denn mit dem je unterschiedlichen Einzug neuer Medien entstanden neue Modelle, Episteme und wissenschaftliche Methoden.

BIOELEKTRISCHE ERSATZSCHALTKREISE 1867-1952

Die Wende weg von der Nervenzelle als Batterie hin zur selben als Kondensator[14] zeitigt sich mit der Verbreitung der Telegrafie in den 1850er und 1860er Jahren. Cromwell F. Varley (1828-1883) war einer der ersten, der die relative hohe elektrische Kapazität einiger Elektrolyten – gemessen in Farad – experimentell festlegte und seine Laborergebnisse mit Kapazitätswerten von Telegrafenleitungen verglich (1871).[15] Nicht zufällig war die Messung und Berechnung elektrischer Kapazitätsphänomene zu dieser Zeit ein wichtiges Innovationsfeld. Es ging nämlich um die Realisierung der ersten transatlantischen Telegrafenleitung. 1867 präsentierte Varley in einen Vortrag an der *Royal Institution of Great Britain* in London sein künstliches Atlantikkabel. Es bestand aus mehreren parallel geschalteten Kondensatoren und seriell verbundenen Widerständen (Abb. 2). Elektrische Modelle von Telegrafenleitungen, auch *artificial line* genannt, waren für die Optimierung der Signalübertragung in längeren, meist submarinen Kabelleitungen unerlässlich. Sie ersetzten die unmenschlich langen Kabel der Telegrafie durch eine Anordnung einfacher Bauteile und ermöglichte dadurch ihre Erforschung und Modellierung unter kontrollierten Bedingungen im Labor, statt im Feld oder gar unter Wasser. Diese Praktik des analogen Modellierens technischer Prozesse der Signalübertragung

---

des 19. Jahrhunderts«, in: Schoon, Andi/Volmar, Axel (Hg.), Das geschulte Ohr. Eine Kulturgeschichte der Sonifikation, Bielefeld: transcript 2012, S. 71-93, hier S. 83.

14 Lenoir: »Models and Instruments«, S. 20.

15 Geddes, L. A.: »Historical evolution of circuit models for the electrode-electrolyte interface«, in: Annals of Biomedical Engineering 25.1 (1997), S. 1-14, hier S. 1; Varley, Cromwell Fleetwood: »Polarization of Metallic Surfaces in Aqueous Solutions. On a New Method of Obtaining Electricity from Mechanical Force, and Certain Relations between Electro-Static Induction and the Decomposition of Water«, in: Philosophical Transactions of the Royal Society of London 161 (1871), S. 129-136, hier S. 133f.

durch elektrische Schaltkreise mündete später in die Methode des Ersatzschaltkreises.[16] Im beginnenden 20. Jahrhundert wurde sie nicht nur zum Standardverfahren der Nachrichteningenieure, sondern fand auch Anwendung in der Physiologie.

Abbildung 2: elektrisches Modell einer Telegrafenleitung (artificial line), 1867

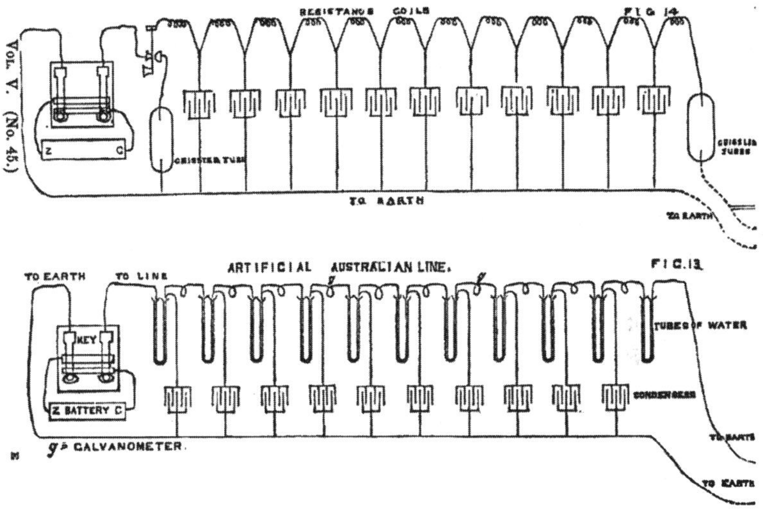

aus: Fig. 13 und 14 in Holland, Henry: »Cromwell F. Varley, On the Atlantic Cable (Friday, February 15, 1867)«, in: Notices of the Proceedings at the Meetings of the Members of the Royal Institution, with Abstracts of the Discourses 5 (1869), S. 49.

Mit der Etablierung elektronenröhrenbasierter Nachrichtentechnologien und Messinstrumente bahnte sich in den 1920er und 1930er Jahren in Großbritannien und den USA eine neue Phase der Nervenzellenforschung – die Neurologie – an.[17] Nicht mehr rauchgeschwärzte Druckwalzen, Induktionsspulen, optische Mikroskope und Ammoniumsulfat, sondern Kathodenstrahlröhren, fotoelektrische Zellen, Geigerzähler, Elektronenmikroskope und manometrische Apparate gehörten nun zu den neuen Insignien der Physiologie, wie 1947 ein britischer Physiologieprofessor

16 Wittje, Roland: »The Electrical Imagination: Sound Analogies, Equivalent Circuits, and the Rise of Electroacoustics, 1863-1939«, in: Osiris 28.1 (2013), S. 40-63; Johnson, D. H.: »Origins of the equivalent circuit concept: the voltage-source equivalent«, in: Proceedings of the IEEE 91.4 (2003), S. 636-640.

17 McComas, Alan J.: Galvani's Spark: The Story of the Nerve Impulse, Oxford: Oxford University Press 2011, S. 75ff.

schrieb.[18] Die bereits erwähnte Methode der Prozessmodellierung mittels Ersatzschaltkreis, für die Erforschung der Nervenzellen nicht unwichtig, würde diese Liste vervollständigen, denn die neue Elektronik ermöglichte nunmehr hochpräzise Messverfahren, die auch neue Modelle provozierten. Nicht mehr die physischen Eigenschaften, sondern die elektronisch messbaren prozessualen Eigenschaften einer Zelle, das heißt ihre Operativität wurde maßgebend. Solch ein Modell bestand nicht mehr aus architektonischen Elementen oder mechanischen Teilen, sondern aus elektrischen Widerständen und Kondensatoren.

1952 veröffentlichten Alan L. Hodgkin (1914-1998) und Andrew F. Huxley (1917-2012) eine Beschreibung ihres Modells – ein Ersatzschaltkreis – für die detaillierte Formalisierung der bioelektrischen Prozesse bei der Erzeugung einer pulsartigen Spannungsveränderung an der Membranoberfläche der Nervenfasern eines Tintenfischs – das Aktionspotential. 1963 erhielten sie dafür den Nobelpreis für Physiologie oder Medizin. Im Wesentlichen ist das Hodgkin-Huxley-Modell ein simples elektrisches Netzwerk, das aus drei Widerständen und einem Kondensator, alle parallel in Reihe geschaltet, besteht (Abb. 3, A). Hinter dem einfach aussehenden Ersatzschaltkreis stand aber eine komplizierte mathematische Beschreibung aus miteinander gekoppelten Differentialgleichungen.[19] Real-existierende Implementationen durch Analogcomputer oder Tunneldioden-Schaltungen konnten erst in den 1960er Jahren durch Richard FitzHugh (1922-2007) und Jinichi Nagumo (1926-1999) gebaut werden.[20] Das Schaltungsdiagramm war folglich nicht primär für den Nachbau konzipiert. Vielmehr diente es der visuellen Kondensierung des mathematischen Modells und ermöglichte damit sowohl die konzentrierte Kommunikation der operativen, zeitgebundenen Prozesse, die sie erforschten als auch, wie noch gezeigt wird, den Anschluss an vorher-gehende Forschungsergebnisse.

Um 1950 waren technomathematische Kristallisationen in Ersatzschaltkreise nicht ungewöhnlich, sondern längst Teil der medialen Praktik der Elektrophysiologie. Als Elektroingenieure wie William Henry Eccles (1875-1966), Heinrich Barkhausen (1881-1956), Hans Ferdinand Mayer (1895-1980) oder Edward Lawry Norton (1898-1983) in den 1920er Jahren teilweise unabhängig voneinander die Idee des Ersatzschaltkreises entwickelten,[21] hatte sie sich längst auch in der Physiologie etabliert. Kirchhoff'sche Regeln, die die Grundlagen aller Ersatzschaltkreise lieferten, fanden bereits 1850 bei Helmholtz Anwendung. Er zeichnete

---

18 Evans, C. Lovatt: »The Outlook for Physiology», in: The Lancet 249.6438 (1947), S. 89-93, hier S. 91. Dank an Max Stadler für diesen Hinweis.

19 McComas: Galvani's Spark, S. 217.

20 Nagumo, J./Arimoto, S./Yoshizawa, S.: »An Active Pulse Transmission Line Simulating Nerve Axon«, in: Proceedings of the IRE 50.10 (1962), S. 2061-2070.

21 Siehe Fußnote 16.

jedoch keine Schaltdiagramme, sondern nur Gleichungen. Wie bereits dargelegt, waren es vermutlich Ingenieure aus dem Umfeld der Telegrafie wie Varley,[22] die um 1860 als erste zwecks Modellierung und Prognose der Signal-übertragung mit künstlichen Ersatzleitungen – *equivalence circuits* oder *electrical analogues* – experimentierten.

Abbildung 3: A: Hodgkin-Huxley-Modell (1952); B: Tiermembran/Haut-Modell Martin Gildemeisters (1919); C: Blutzellen-Membran-Modell Hugo Frickes (1925) und D: Coles Ersatzschaltkreis (1941)

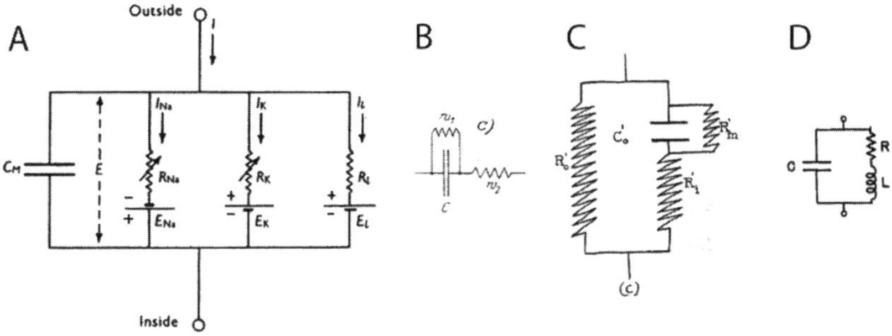

aus: A: Fig. 1 in Hodgkin, A. L., and A. F. Huxley: »A Quantitative Description of Membrane Current and Its Application to Conduction and Excitation in Nerve«, in: The Journal of Physiology 117.4 (1952), S. 501; B: Abb. 2 in Gildemeister, Martin: »Über elektrischen Widerstand, Kapazität und Polarisation der Haut«, in: Pflüger's Archiv für die gesamte Physiologie des Menschen und der Tiere 176.1 (1919), S. 88; C: Fig. 1 in Fricke, Hugo, and Sterne Morse: »The Electric Resistance and Capacity of Blood for Frequencies Between 800 and 4½ Million Cycles«, in: The Journal of General Physiology 9.2 (1925), S. 154; D: Fig. 1 in Cole, Kenneth S.: »Rectification and Inductance in the Squid Giant Axon«, in: The Journal of General Physiology 25.1 (1941), S. 30.

1919 benutzte Martin Gildemeister (1876-1943) Ersatzschaltkreise für die Darstellung der elektrischen Eigenschaften tierischer Membrane (Abb. 3, B), jedoch ohne Elektronenröhrentechnik. Hugo Frickes (1892-1972) Forschungen hingegen hätten sich ohne Elektronenröhre und Hochfrequenztechnologie (Radio) nie ereignet. Er untersuchte um 1925 die Widerstands- und Kapazitätswerte von Blutzellenmembranen (Abb. 3, C) bei einer Durchmessung mit Frequenzen von bis zu 4 MHz. Kenneth Stewart Cole (1900-1984), der später mit Hodgkin kollaborierte, war in den 1920er Jahren als Student sein Mitarbeiter. Cole, der auch Gildemeisters Forschungsergebnisse kannte, war maßgeblich für die Kultivierung der Ersatzschalt-

22 Holland, Henry: »Cromwell F. Varley, On the Atlantic Cable (Friday, February 15, 1867)«, in: Notices of the proceedings at the meetings of the members of the Royal Institution, with abstracts of the discourses 5 (1869), S. 45-59.

kreise im Wissensfeld der Elektrophysiologie verantwortlich. Seine Forschungen Ende der 1930er-Jahre zum Aktionspotential einer Tintenfisch-Nervenfaser und der entsprechende Ersatzschaltkreis (Abb. 3, D)[23] waren Ausgangspunkte für das Hodgkin-Huxley-Modell.

COCHLEA-EXPERIMENTE 1920-1960

Die Experimentalisierung und Erforschung neuronaler Grundlagen des Hörvermögens begann mit wichtigen Impulsen aus den Forschungslaboratorien der *AT&T* und *Western Electric,* später *Bell Telephone Laboratories*, die an der Optimierung der Telephonie und aufkommenden transnationalen Kommunikationsnetzwerke forschten. 1924 veröffentlichten Raymond L. Wegel (1889–?) und Clarence E. Lane (1892-1952) einen Ersatzschaltkreis der Cochlea. Wegel war auch bei der Entwicklung des ersten kommerziellen Audiometers, einem diagnostischen Gerät zur Ermittlung der Hörfähigkeit, beteiligt.[24] Interessanterweise ließ sich einige Jahre später Ernest Glen Wever (1902-1991) von den beiden technisch beraten.[25] 1930 beschrieb er zusammen mit Charles W. Bray (1904-1982) einen Effekt, der bei den Ohrphysiologen weltweites Aufsehen erregte:

»By placing an electrode on the cat's auditory nerve near the medulla, with a grounded electrode elsewhere on the body, and leading the action currents through an amplifier to a telephone receiver, the writers have found that sound stimuli applied to the ear of the animal are reproduced in the receiver with great fidelity.«[26]

---

23 Cole, Kenneth S.: »Rectification and Inductance in the Squid Giant Axon«, in: The Journal of General Physiology 25/1 (1941), S. 29-51.

24 Mills, Mara: »Deafening: Noise and the Engineering of Communication in the Telephone System«, in: Grey Room 43 (2011), S. 118-143, hier S. 129; Gerloff, Felix/Schwesinger, Sebastian: »Die Erfindung des Dezibels und Lärmmessung in der Stadt. Auditive Medien als Reservoir epistemischer Werkzeuge«, in: Navigationen 15/2 (2015), S. 51-75, hier S. 55.

25 Mills, Mara: »Cochlear Implants after Fifty Years. A History and an Interview with Charles Graser«, in: Gopinath, Sumanth/Stanyek, Jason (Hg.): The Oxford Handbook of Mobile Music Studies, Vol. 1, Oxford: Oxford University Press 2014, S. 261-297, hier S. 267.

26 Wever, Ernest Glen/Bray, Charles W.: »Auditory Nerve Impulses«, in: Science 71.1834 (1930), S. 215.

Ähnliche Stimulations- und Signalübertragungsexperimente wurden bald auch beim Menschen durchgeführt und als Elektrophonie bezeichnet. Die Elektroden wurden jedoch stets außerhalb der Cochlea implantiert. 1940 bewiesen R. Clark Jones (1916-2004), Stanley S. Stevens (1906-1973) und Moses H. Lurie (1893-1979), dass solche elektrophonischen Effekte nur bei intakten Haarsinneszellen zu beobachten sind.[27] Folglich musste für die bioelektrische Stimulation einer Cochlea ohne Haarsinneszellen die Elektrode näher zum Hörnerv oder direkt in sie implantiert werden. Dazu kam es erst in den 1960er Jahren.

KALIFORNISCHE EXPERIMENTE 1961-1966

Elektroden durch den Gehörgang in das Mittelohr zu stecken, wie es in den 1940er und 1950er Jahren getan wurde, ist relativ einfach, vergleicht man dies mit dem chirurgischen Prozess, der für ihre Einfädelung in die Cochlea notwendig ist. Es war deshalb kein Zufall, dass diese schwierige Aufgabe zuallererst von William F. House (1923-2012) bewältigt wurde. Ursprünglich als Zahnarzt ausgebildet, war er ein innovativer Hals-Nasen-Ohren-Chirurg, der sich für mikroskopgestützte Operationsverfahren am Ohr einsetzte. Ende der 1950er-Jahre entwickelte er mit dem Ingenieur Jack Urban (1902-1981)[28] Film-Apparaturen, mit denen das visuelle Geschehen unter einem Zeiss-Operationsmikroskops während einer Operation aufgezeichnet werden konnte – später ersetzt durch das Live-Fernsehbild. House beschäftigte sich unter anderem mit Knochenerkrankungen des Innenohrs (Otosklerose) oder Tumoren, die sich in den Hörnerven bilden (Akustikusneurinome), wobei sich wohl während der Operationen Gelegenheiten zu Stimulationsexperimenten ergaben. Als Hals-Nasen-Ohren-Chirurg stieß er mit solchen gewagten Experimenten bei manchen Kolleginnen auf Kritik, weshalb er die Operationen stets in Zusammenarbeit mit Neurologinnen durchführte.

Am 9. Januar 1961 implantierte House in Los Angeles mit Hilfe des Neurochirurgen John B. Doyle (*1927) und dessen Bruder James H. Doyle (*1928), einem Elektroingenieur, erstmals einem 40-jährigen Patienten eine Gold-Elektrode in die *Scala tympani (Perilymphe)*, ein Gang innerhalb der Cochlea gleich neben

27 Jones, R. Clark/Stevens, S. S./Lurie, M. H.: »Three Mechanisms of Hearing by Electrical Stimulation«, in: The Journal of the Acoustical Society of America 12.2 (1940), S. 281-290, hier S. 288.

28 Wohnhaft in Burbank im Norden von Los Angeles arbeitete Urban wohl für verschiedene Unternehmen aus der Luftfahrindustrie, aber auch für Walt Disney. Er war vermutlich bei der Konstruktion der elektronisch animierten Figur von Abraham Lincoln, die 1964 an der EXPO in New York und später im Disney-Park gezeigt wurde, beteiligt.

der Basilarmembran, worauf sich die Haarsinneszellen befinden. Am 4. März wurde im Bereich hinter dem Ohr ein auf Induktionsspulen basierendes Empfängersystem eingepflanzt. Aufgrund unvorhersehbarer Plastikallergien des Patienten wurde das Implantat nach zwei Wochen entfernt.[29] Die Stimulationsexperimente dieser kurzen Zeit waren für alle Beteiligte ermutigend, denn sie bewiesen nicht nur, dass die Stimulation der Cochlea möglich ist und beim Träger Hörwahrnehmungen erzeugen kann, sondern dass der Träger in einem eingeschränkten Bereich Tonhöhen von Testsignalen unterscheiden konnte. Das Innovationspotenzial schien wohl blendend, denn James Doyle, der als Ingenieur kommerzielles Potential vermutete, kontaktierte die Presse. Für House war dies deutlich zu früh. Schon Mitte 1961 beendete er die Zusammenarbeit mit den beiden Brüdern. James Doyle nahm dabei nicht nur das Wissen über die Elektronik und Stimulationsverfahren mit, sondern verweigerte auch jegliche Übergabe und Vermittlung an House.[30] Dies war das vorläufige Ende seiner Cochlea-Implantat-Forschung. House wandte sich wieder seiner üblichen Tätigkeit etwa im Feld der Akustikusneurinome zu. Wissenschaftliche Publikationen zu seinen innovativen Cochlea-Implantat-Experimenten erschienen erst in den 1970er Jahren.

Indes müsste sich Francis Blair Simmons (1930-1998), der gerade eine Assistenzprofessur in Hals-Nasen-Ohren-Chirurgie der *Stanford Medical School* erhielt, für die Nachrichten der ersten Implantation interessiert haben, denn er war auf die Elektrophysiologie des Ohrs spezialisiert und ein ehemaliger Forschungsassistent der *Harvard Psychoacoustic Laboratory*, an dem in den 1940er Jahren die bereits erwähnten extra-cochläeren Stimulationsexperimente stattfanden. Im Juli 1962 stimulierte er im Verlauf einer Tumorentfernung eines 18-jährigen Patienten in Zusammenarbeit mit einem interdisziplinären Team den freigewordenen Hörnerv. Im Mai 1964 implantierte er einem 60-jährigen Patienten eine Elektrode, die über das Mittelohr in die Cochlea führte. Die Verbindung mit dem Stimulator und den Messinstrumenten im Labor verlief transkutan, so dass hinter dem Ohrläppchen eine Steckbuchse durch den Knochen dahinter implantiert wurde.[31] Im Oktober 1965 wurde das Implantat entfernt. Ausführliche Stimulationsexperimente wurden

29 House, William F.: »Cochlear Implant«, in: Annals of Otology, Rhinology & Laryngology, Supplement 27, 85.3/2 (1976), S. 3-93, hier S. 5f.; Albert, Mudry/Mills, Mara: »The early history of the cochlear implant: A retrospective«, in: JAMA Otolaryngology–Head & Neck Surgery 139.5 (2013), S. 446-453, hier S. 448.

30 Ebd.

31 Simmons, F. Blair: »Electrical Stimulation of the Auditory Nerve in Man«, in: Archives of Otolaryngology 84/1 (1966), S. 2-54, hier S. 15.

in Stanford durchgeführt und später durch eine dreiwöchige Studie ergänzt,[32] die in einem Krankenhaus in New Jersey in der Nähe der Bell Telephone Laboratories erstellt wurde. 1965 erschien ein kurzer Bericht in *Science* und 1966 wurde ein längerer Artikel in *Archives of Otolaryngology* publiziert. Beide gelten seitdem als wichtige Referenzen der Cochlea-Implantat-Forschung.

Die *Electrical Stimulation of the Auditory Nerve in Man*, wie Simmons seine 1966 publizierte wegweisende Studie nannte, legte eine akribisch recherchierte Vorgeschichte, eine ausführliche Auflistung der wissenschaftlichen Grundlagen und eine detaillierte Beschreibung des technischen Aufbaus seiner Stimulationsexperimente dar. Seine interdisziplinäre Kompetenz verdankte er nicht nur den Einsichten seiner zahlreichen Kollaborateurinnen in Stanford und Kalifornien, sondern auch einigen Mitarbeiterinnen der *Bell Telephone Laboratories* an der Ostküste der USA. Die Hochburg medientechnologischer Forschung, Entwicklung und Innovation sorgte vermutlich nicht nur für die beste Labor- und Messelektronik, sondern lieferte auch Inspiration für neue Methoden, womöglich gar das Modellieren anhand von Ersatzschaltkreisen. Simmons lieferte nämlich eine dreifache Basis für die weitere Cochlea-Implantat-Forschung: erstens die Darlegung der elektrochemischen Eigenschaften der Elektrode, zweitens die Modellierung des Gewebe-Metall-Übergangs zwischen der Elektrode und dem Cochlea-Gewebe als einfacher Ersatzschaltkreis und drittens die Formulierung grundlegender Kriterien für die Zeitigung des Stimulationssignals. Um elektrolytisch erzeugte Gewebe-schäden zu vermeiden, wurde im Anschluss an John C. Lilly (1915-2001) ein zweiphasig-bipolarer Impuls als optimales Stimulationssignal definiert.[33]

Simmons Medienmetapher für den Gewebe-Metall-Schaltkreis, den die Elektrode mit dem Nervengewebe eingeht, war ein Mikrophon-Verstärker-Lautsprecher-System.[34] Mikrophone und Lautsprecher seien als elektro-akustische Transduktoren vergleichbar mit Elektroden-Elektrolyt-Systeme, die elektrische in neuronal-bioelektrische Signale wandeln. Bei beiden Systemen läge die Ursache für Verzerrungen sowohl bei den Einzelkomponenten als auch in ihrem Zusammenspiel. Obwohl sich nicht jeder involvierte elektrochemische Mikroprozess isolieren, messen und optimieren ließ, konnte der Metall-Gewebe-Schaltkreis, den die Elektrode mit dem umliegenden Nervengewebe bildet, als Ersatzschaltkreis modelliert werden. Die erwähnte Medienmetapher wandelte sich in ein analoges Modell um. Das elektrische Verhalten der Gewebe, Fluide, Ionen und Membrane der Cochlea

32 Simmons, F. Blair: »History of Cochlear Implants in the United States: A Personal perspective«, in: Schindler, Robert A./Merzenich, Michael M. (Hg.): Cochlear Implants New York: Raven Press 1985, S. 1-7, hier S. 4.

33 Simmons: »Electrical Stimulation of the Auditory Nerve in Man«, S. 22.

34 Ebd., S. 39.

wurde damit wie bereits bei Hodgkin/Huxley, Wegel/Lane, Cole, Fricke und Gildemeister durch Netzwerke von Kondensatoren und Widerstände modellierbar (Abb. 4); eine nicht unwichtige Bedingung für das Medien- und Elektronik-Werden der Cochlea. Denn ab sofort ließ sich die Cochlea nicht nur theoretisch, sondern klinisch-praktisch, ingenieurstechnisch wie ein Netzwerk elektrischer Bauteile behandeln. Sie wurde Teil kontrollierbarer Nachrichtentechnologie, Aus- und Eingang eines elektronischen Schaltkreises und eine direkte Koppelung von Hard- und Wetware.[35] Dazu kam es jedoch erst in den 1970er Jahren.

Abbildung 4: Technische und elektrische Eigenschaften der Elektroden und des umgebenden Gewebes

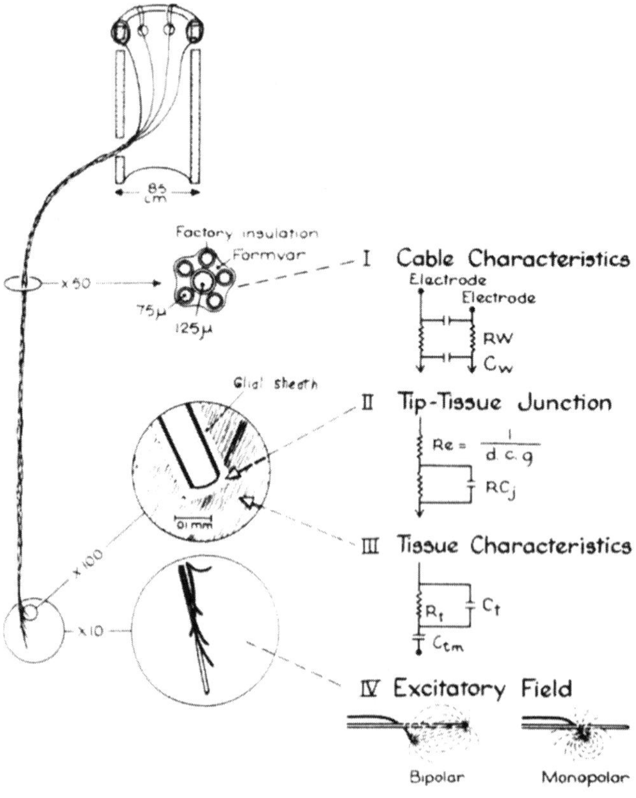

aus: Fig. 5 in Simmons, F. Blair: »Electrical Stimulation of the Auditory Nerve in Man«, in: Archives of Otolaryngology 84.1 (1966), S. 17.

35 Winthrop-Young, Geoffrey: »Hardware/Software/Wetware«, in: Mitchell, W.J.T./ Hansen, Mark B.N. (Hg.): Critical Terms for Media Studies, Chicago: Chicago University Press 2010, S. 186-198.

Obwohl Simmons Experimente und die publizierten Ergebnisse wissenschaftlich fundiert waren, stießen sie noch bei den meisten Spezialisten auf Ablehnung. Noch betrachteten viele die elektrische Stimulation der Cochlea als Zeit- und Ressourcenverschwendung.[36]

ELEKTRODEN IM OHR 1970-1984

Nicht nur das Aufkommen der Herzschrittmacher in den 1960er Jahren und die Verbreitung der Mikroelektronik, sondern auch die optimierte Biokompatibilität der Elektroden und des Isolationsmaterials sowie neue Erkenntnisse über die elektrische Stimulation der Cochlea durch Versuche mit Katzen und Meerschweinchen motivierten in den 1970er Jahren zu neuen Forschungsprojekten, Experimenten und Studien.[37] Bereits vier Jahre nach dem Bruch mit den Doyle-Brüdern begann William House – diesmal in Zusammenarbeit mit Jack Urban, mit dem er seit Ende der 1950er Jahre arbeitete – mit Recherchen, Präparationen und Testaufbauten für die Durchführung neuer Stimulationsexperimente. Weitere vier Jahre vergingen, bis er im September 1969 einem 61-jährigen Patienten eine Elektrode in die Cochlea operierte. Am 18. Juni 1970 wurde ein weiterer 41-jähriger Patient und am 10. Oktober eine 44-jährige Patientin operiert. Vor allem der zweite Patient, Charles Graser (*1929), erwies sich als hervorragendes Experimentalsubjekt, so dass House ihn schnell zum Vorzeigepatienten machte. Nach einer zweijährigen Phase anfänglicher Tests im Labor bekam Graser ab Mai 1972 einen von Jack Urban entwickelten portablen Stimulator den er mit nach Hause tragen durfte.[38] Er war damit der erste Cochlea-Implantat-Träger, der sein neues Medium im Feld testen konnte.

Im April 1973 präsentierte House seine erste Langzeitstudie beim Jahrestreffen der *American Otological Society*. Noch wurde er mit harscher Kritik konfrontiert, doch die Zahl der Gleichgesinnten nahm zu. Nach weiteren Implantationen, Studien, neuen Teammitgliedern, Patienten und viel Überzeugungsarbeit erfolgte 1984 die offizielle Bewilligung der US-amerikanischen Behörde *Food and Drug Administration* (FDA), die den Einsatz des House/3M-Implantats für hörgeschädigte Erwachsene über 18 Jahre zuließ.

36 Vgl. dazu die »Discussions« in House, William F./Urban, Jack: »Long Term Results of Electrode Implantation and Electronic Stimulation of the Cochlea in Man«, in: Annals of Otology, Rhinology & Laryngology 82.4 (1973), S. 504-517, hier 511-517.

37 House: »Long Term Results«, S. 505.

38 House: »Cochlear Implant«, S. 12.

Graser war ein signifikanter Agent dieser Medien-, Wissens- und Sozialgeschichte.[39] Er war nicht nur ein lebender Beweis, dass Cochlea-Implantate funktionieren können, sondern wirkte auch auf produktgestalterischer und technoästhetischer Ebene in den Forschung- und Entwicklungsprozess späterer Implantate ein. »By the end of 1970, C. G. was the principal test subject. As an ex-ham radio operator, he was a sophisticated listener and could fully describe the different signals presented as stimuli.«[40]

Nach zahlreichen Stimulationsexperimenten durch Urban stellte sich bis Ende 1970 heraus, dass besonders bei Alltagsgeräuschen und für Sprachsignale eine Amplitudenmodulation des Eingangssignals mit einer Trägerfrequenz von 16 kHz optimal wäre.[41] Die Signale vom Mikrophon wurden zuerst gefiltert und dann mit dem hochfrequenten Trägersignal gekoppelt, so dass die rhythmischen Eigenschaften des Eingangssignals, seine Hüllkurven, erhalten blieben. Diese Einstellungen und das Ein-Elektrodensystem[42] wurden in das spätere House/3M übernommen und bis in die 1980er-Jahre behalten (Abb. 5). Interessanterweise beruhte diese Stimulationsmethode nicht auf einer wissenschaftlich beweisbaren Begründung, sondern alleine auf dem ästhetischen Urteil Grasers und der technisch-klinischen Machbarkeit. Zusätzlich zu dieser signaltechnischen und medienästhetischen Mitgestaltung gab Graser auch wichtige Impulse für die Entwicklung der magnetbasierten Halterung des Sendermoduls am Kopf, die noch heute bei den meisten Cochlea-Implantaten im Einsatz ist. Natürlich war Graser nicht der einzige, jedoch einer der ersten dieser engagierten Patienten-Kollaborateure, die aktive

39 Vgl. dazu einschlägig, Blume, Stuart: »Cochlear Implantation: Establishing clinical feasibility, 1957-1982«, in: Rosenberg, Nathan/Gelijns, Annetine C./Dawkins, Holly (Hg.), Sources of Medical Technology: Universities and Industry (Vol. 5 of Medical Innovation at the Crossroads), Washington 1995, S. 97-124; Mara Mills: »Do Signals have Politics? Inscribing Abilities in Cochlear Implants«, in: Pinch, Trevor/Bijsterveld, Karin (Hg.), The Oxford Handbook of Sound Studies, Oxford: Oxford University Press 2012, S. 320-346; Mudry, Albert/Mills, Mara: »The Early History of the Cochlear Implant«; Mills: »Cochlear Implants after Fifty Years«.

40 House: Cochlear Implant, S. 11.

41 Ebd.

42 Im vorliegenden Beitrag geht es vor allem um die frühen ›analogen‹, das heißt nicht computerisierten, nicht-digitalen Verfahren, mit denen bioelektrische Signale an den Hörnerv geschickt wurden. Die Stimulation in aktuellen Systemen erfolgt durch digital-kontrollierbare Signale. Die Elektroden bestehen nicht aus *einer,* sondern aus bis zu 22 unabhängig adressierbaren Mikroelektroden. Die Geschichte dieser computerbasierten Cochlea-Implantats beginnt in den späten 1970er Jahre in Australien mit den Forschungen von Graeme M. Clark (*1935).

Rollen in den neuen Laboratorien der aufkommenden Cochlea-Implantat-Forschung einnahmen.

Das House/3M-Implantat ermöglichte der Trägerin vorerst das Erkennen von Sprachrhythmen, ohne jedoch deren Melodie extrahieren zu können, so dass Sprachkommunikation nur in Kombination mit Lippenlesen möglich war. Alltagsgeräusche konnten so nach ihrer rhythmischen Signatur erkannt werden, die Frequenzanteile der Klänge konnten die Trägerinnen jedoch nur sehr reduziert wahrnehmen.[43] Nichtsdestotrotz schien das für manche Patientinnen besser zu sein als Stille. Die neue Mobilität des Cochlea-Implantats erweiterte sein mediales Wirkungsfeld. Hinzu kamen nicht nur neue Signal- und Geräuschquellen aus dem Alltag zuhause und dem städtischen Umfeld, sondern auch neue Erkenntnisse über die psychologischen Lernprozesse, die das Cochlea-Implantat im Hörsystem einer Patientin erzeugte.

Abbildung 5: Blockschaltung des House-Urban, Einkanal-Cochlea-Implantats, ca. 1983

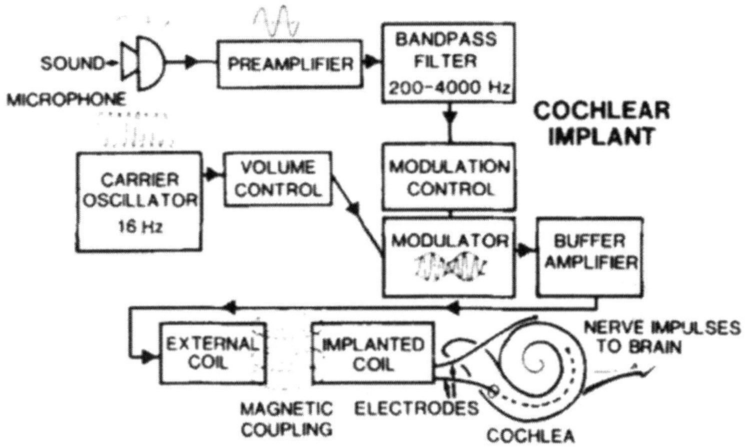

aus: Fig. 1 in Edgerton, Bradly J. et.al: »The Effects of Signal Processing by the House-Urban Single-Channel Stimulator on Auditory Perception Abilities of Patients with Cochlear Implants«, in: Annals of the New York Academy of Sciences 405.1 (1983), S. 312.

Nicht nur die Elektrode, die Elektronik und die Stimulationssignale, sondern auch die Charakteristika der neuen akustischen Signale und die kognitiv-neuronale Veranlagung der Patientin mussten berücksichtigt werden. Dadurch ergaben sich drei

43 Edgerton, Bradly J. u.a.: »The Effects of Signal Processing by the House–Urban Single-Channel Stimulator on Auditory Perception Abilities of Patients with Cochlear Implants«, in: Annals of the New York Academy of Sciences 405.1 (1983), S. 311-322.

Skalierungsstufen, in denen sich das Medien-Werden des Cochlea-Implantats manifestierte: die Mikroebene des Gewebe-Metall-Schaltkreises, die Makroebene der Signalübertragung im Cochlea-Implantat und die Metaebene des kognitiven Hörsystems der Patientin.

Medien-Werdungen korrelieren auch mit Transparent-Werdungen. Das Cochlea-Implantat bildet dabei keine Ausnahme. Optimal funktionierende Systeme sollten nach einer gewissen Anpassungszeit idealerweise kaum wahrgenommen werden. Als Graser 1972 den ersten tragbaren Prototyp testete, war dies kaum der Fall, ja viel eher ungewollt. Bereits in den vorhergehenden Experimenten war er stets das wichtigste Rückkopplungselement und sollte nun im Feldtest die im Labor gewonnenen Einstellungen der Verstärkung, Filterung und Modulation testen. Er war Teil des Experimentalsystems, übte dadurch notgedrungen eine starke Medienreflexivität aus und konnte die Elektronik seines Prototyps noch selber einstellen. In den nachfolgenden Versionen verschwand diese Möglichkeit. Seit dem kam es zum *protected mode*.[44]

GESCHÜTZTE TEILHABE

Weil Fehler menschlich sind, sind präventive Maßnahmen ubiquitär, um die Ausweitung geschützter Zonen zu sichern. In der Mediengeschichte des 20. Jahrhunderts sind solche Einschränkungen reichlich auffindbar. In den 1920er Jahren war das Rückkoppelungsverbot der Radioempfänger eine wichtige Bedingung für die Transformation der militärischen Funks zum Massenmedium Radio. Der militärisch-industriellen Logik entflohen, landeten solche Verbote seitdem stets im technischen Design neuer Medientechnologien. Seit 1982 gibt es in Intels Computerprozessoren den *protected mode*, der Speicherzugriffsrechte für Softwareprozesse begrenzte und damit Schutzmechanismen einführte, die Programmierfehler in der Speicherverwaltung verhindern sollten. Das Protektorat des Betriebssystems war zum Wohl des Benutzers. Derartige Kontrollverluste stehen im Schatten der gleichzeitig entstehenden Möglichkeiten. Die Souveränitätsabgabe der Speicherverwaltung diente nicht nur der Fehlerbeseitigung, sondern erhöhte auch deren Arbeitsleistung.

1984 führte das House/3M-Implantat diese Logik der Souveränitätsabgabe bei gleichzeitiger Eröffnung neuer Medienangebote fort. Die Teilhabe am kulturellen, gesellschaftlichen und wirtschaftlichen Leben, die das Cochlea-Implantat verspricht, ging mit einem Kontrollverlust einher. Die konventionelle Cochlea-

---

44 Kittler, Friedrich: »Protected Mode«, in: Ders., Draculas Vermächtnis – Technische Schriften, Leipzig: Reclam Verlag 1993, S. 208-224.

Implantat-Trägerin kann die technischen Einstellungen nicht selber modifizieren, sondern bedarf dafür die Hilfe einer Fachkraft. Was Dubois-Reymonds Frosch-Telefon (1877), Wever und Brays verkabelte Katzen (1930) und das House/3M-Implantat (1984) mehr als alles andere zusammenschließt, ist neben dem Prinzip der elektrischen Exzitation das unilaterale soziotechnische Kontrollverhältnis zwischen Sender und Empfänger oder zugespitzter zwischen Meister und Diener. Graser setzte dieses Machtgefüge zeitweise außer Kraft, obwohl auch er vor allem bei den stundenlangen Stimulationsversuchen dieses einseitige Machtverhältnis verspürte. Mit der Mobilwerdung des Cochlea-Implantats verschwand aber der Meister, der die Stimulation auslöste. Die Stimulationselektronik gab die Kontrolle der Stimulation an die Alltags- und Stimmgeräusche ab. Es entstand eine Feedback-Schleife zwischen den Geräuschen, die die Trägerin selber erzeugt – wie die Stimme, aber auch Klopf- und Bewegungsgeräusche und den bioelektrischen Signalen, die die Trägerin hörte.

Unter Protektorat entwickeln sich nicht selten Widerstände, die jedoch im Fall des Cochlea-Implantats nicht nur seitens der Patienten entstanden. Oft meldete sich die Elektronik durch Störfälle, denn das Mikrophon und die vielen Kabel wirken nicht nur als Stromleiter, sondern auch als Antenne.

»The instrument picks up interference from fluorescent lights, power lines, and other items. If the instrument is turned 90 degrees, it usually stops the interference. Passing slowly under a high voltage line will quickly cause one to turn the system down very quickly. I have already learned not to use my electric razor up close to my right ear with the sound on. Placing the razor by the mike is not at all uncomfortable.«[45]

»As I was exiting the aircraft through the boarding tunnel, the instrument momentarily went crazy. Just as I was telling my wife that the instrument was out, it calmed down, and I realized I had walked over a cable or by a cable or metal detector, or some other energy source.«[46]

Solche medienästhetischen Erfahrungen zeigten Graser, dass er durch das Cochlea-Implantat Teil einer sonst unsichtbaren Medienökologie elektromagnetischer Felder und Kommunikationsprozesse wurde, die selbst heute noch widerständig sind.[47]

45 Mills: »Cochlear Implants after Fifty Years«, S. 281.

46 Ebd., 291.

47 Tognola, Gabriella u.a.: »Electromagnetic interference and cochlear implants«, in: Annali dell'Istituto Superiore Di Sanità 43.3 (2007), S. 241-247.

2005, rund vier Jahrzehnte nach Graser, beschreibt der Autor, Essayist und Cochlea-Implantat-Träger Michael Chorost (*1964) weitaus subtilere Phänomene, die nicht mehr Effekt der Hardware, sondern der Software waren.

»I cocked my head and listened. ›It sounds CIS-y‹ I said. And it did. A little bit bell-like. My voice sounded thin to me, as if I were at high altitude. The new ware might be eight times faster than the version of CIS I had tried before, but it was clearly still part of the same family. I could immediately tell a few other things. No weird binggg effects anymore; that problem had evidently been solved. [...] Within an hour or two, I'd gotten an approximate fix on the software. It was creamy, which was good, and subdued, which was bad. [...] It was like changing a computer screen's resolution from 640x480 to 1280x1024. Things were sharper, but also smaller.«[48]

Chorosts Ausführungen beweisen Medienkompetenz. Er ist sich bewusst, dass seine klangästhetische Urteilskraft auf einem ständigen Adaptationsprozess zwischen neuen Software-Parametern und seiner Neuroplastizität beruht. Jede Softwareaktualisierung erzeugt einen ästhetischen Widerstand, den er durch Übung und Adaption weglernen muss. Epistemisch-ästhetische Störungen spielen damit auch bei Aktivierungs- und Einstellungsprozessen aktueller Cochlea-Implantat-Trägerinnen mit. Wie eine Studie von Beate Ochsner und Robert Stock zeigt, sind es besonders postlingual hörgeschädigte Trägerinnen, die solche Widerständigkeiten in Blogs und Büchern notieren.[49] Das Protektorat zeigt sich jedoch noch viel schlichter. Wie bereits beim House/3M-Implantat lassen sich die wichtigsten Einstellungen in den aktuellen Implantaten weder ändern, noch selber programmieren.

Am Beispiel des Cochlea-Implantats zeigt sich nicht nur das Ausmass der Protektoratserweiterung und Grenzüberschreitung, welche die Medientechnologie heute ermöglicht, vielmehr stellt sich heraus, dass Mensch, Tier und Maschine nicht erst in kybernetischen Systemen und Schaltkreisen des 20. Jahrhunderts konvergierten. Zusammenschlüsse des Lebendigen mit dem Technologischen finden durch Metall-Gewebe-Medien, das heißt durch Elektroden, Elektrolyte, Elektronen und Ionen statt. Diese Geschichte der Signalübertragung, der Transduktion zwischen Organismen, Objekte und Apparate beginnt bereits im 19. Jahrhundert. Das *Take off*[50] der Elektrostimulation von der Motorik, Therapie und Lebenserhaltung in die

48 Chorost, Michael: Rebuilt. How Becoming Part Computer Made Me More Human, Boston/New York: Houghton Mifflin Harcourt 2005, S. 111f.

49 Ochsner, Beate/Stock, Robert: »Das Hören des Cochlea-Implantats«, in: Historische Anthropologie 22/3 (2014), S. 408-425.

50 Kittler, Friedrich: »Vom Take Off der Operatoren«, in: Ders., Draculas Vermächtnis, S. 149-160.

Hoheitsräume der Ästhetik geschah durch die Intrusion der Elektrode ins Innenohr. Während die Strompulse bei Hofdamen, Fröschen und Herzschrittmachern für muskuläres Entzücken sorgten, sind die Signale des Cochlea-Implantats an die Perzeption adressiert. Nicht nur ist diese Geschichte eine der Neutralisation, Gleichstellung, Analogisierung und Retikularisierung[51] von Leben und Nicht-Leben, sie ist eine der Rhythmen, Impulse und Signale in den Verbindungen. Ohne die bioelektrischen Signale gäbe es für die Cochlea-Implantat-Trägerin keine auditive Wahrnehmung.

Das Medien-Werden des Cochlea-Implantats steht exemplarisch für weitere bereits existente Kontexte avancierter Fleisch-Metall-Medien – Wetware – wie die *Deep Brain Stimulation*, Retina-Implantate und weitere Gehirnimplantate wie das *BrainGate*. Cochlea-Implantate sind nicht nur die prosaische Erdung spekulativ-zukünftiger Traumwelten des Science-Fiction-Films wie sie in *The Matrix* (1999) oder *Existenz* (1999) zu sehen sind, in denen die Lebenswelten der Protagonistinnen per Brain-Maschine-Interface mit virtuellen Computerwelten verkoppelt werden. Sie provozieren auch die triviale Erkenntnis, dass neurologisch gesteuerte Körperfunktionen wie Motorik, Perzeption, Kognition und vielleicht gar das Denken auf derselben Basis bioelektrischer Signale – Aktionspotentiale – operieren. Auf dieser Basis sind das Denken in Medien und das Tun durch Medien – Medientheorie und Medienpraxis praktisch ununterscheidbar.

51 Berry, David M.; Galloway, Alexander R.: A Network is a Network is a Network: Reflections on the Computational and the Societies of Control, in: Theory, Culture & Society (June, 2015), S. 1-22, hier S. 7.

Perspektiven auf Medialität und Materialität

»HiFi hören. HiFi-Praxis für kritische Käufer und Fachhändler«

Eine Fallstudie zum Problem der Analyse historischer Medienpraktiken

Jens Schröter und Axel Volmar

> Die Betriebspraxis ist wesentlich komplizierter als die Meßpraxis. Die Meßpraxis ist nicht hinreichend praxisnah. [...]
>
> Was und wie ein Mensch hört, ist das Ergebnis eines (lebenslangen) Lernprozesses. Deshalb hört jeder Mensch anders. Deshalb hat jeder Mensch, zumindest in Nuancen, seine eigene, subjektive Vorstellung von dem, wie ein guter, ›natürlich‹ klingender Lautsprecher sich anzuhören habe. Einen ›Norm-Hörer‹ gibt es nicht. Folglich geht auch die Forderung nach einem technisch normierten Klang am Wesen des Menschen vorbei.
>
> Heinz-Josef Nisius

Im folgenden Text wird eine Fallstudie zur Praxis des ›HiFi-Hörens‹ um 1979 entwickelt. Methodisch soll dabei ein wesentliches Problem in der Auseinandersetzung mit ›Medialen Praktiken‹ diskutiert werden – wie man sich nämlich *historischen* medialen Praktiken annähern kann. Dazu werden im ersten Teil die theoretischen und methodologischen Probleme einer ›praxeologischen Mediengeschichte‹ diskutiert, aus der mehrere Möglichkeiten der Durchführung einer solchen Geschichtsschreibung hervorgehen. Im zweiten Teil soll eine solche Möglichkeit, nämlich die Analyse am Beispiel eines HiFi-Handbuchs von 1979 mit dem schönen Titel *HiFi hören. HiFi-Qualität? Sie hören es! HiFi-Praxis für kritische Käufer und Fachhändler* durchgeführt werden.[1] Anhand dieser Publikation wollen wir zeigen, dass die Analyse solcher Handbücher und Praxisratgeber ein möglicher Weg ist, um Rückschlüsse auf historische mediale Praktiken, hier: auf ein vergangenes *Doing Hearing* zu erlangen. Die Ergebnisse werden schließlich im Fazit zusammengefasst.

ZUR THEORIE UND METHODE

Dass der vorliegende Band sich überhaupt dezidiert ›Medialen Praktiken‹ zuwendet, hat seinen Grund in einer gegenwärtig beobachtbaren Verlagerung der deutschen medienwissenschaftlichen Diskussion. Diese verschiebt sich in Richtung einer praxistheoretischen oder praxeologischen Forschung, schon wird der *practice turn* ausgerufen – eine Entwicklung, die schon seit längerer Zeit durch die Rezeption der Cultural Studies in Deutschland vorbereitet wurde.[2] Es soll also nicht mehr um ›Medien‹ gehen (wie etwa ›die Photographie‹), sondern um ›mediale Praktiken‹ (wie zum Beispiel ›photographische Praktiken‹), nicht mehr um die (aus technischen Eigenschaften abgeleitete) Spezifik eines Mediums, sondern um seinen Gebrauch – was radikaler noch die Frage stellt, ob das Medium nicht erst im Gebrauch entsteht und man womöglich, wie Erhard Schüttpelz vorschlägt, die liebgewordene »Einteilung in Einzelmedien nicht für viele zukünftige Betrachtungen ganz fallenlassen sollte.«[3]

Dies wirft allerdings bereits das *erste* Problem auf, wie man zu einer Auswahl von Medienpraktiken als Gegenstand der eigenen Forschungen überhaupt kommt. Zu sagen: Man beschäftige sich nicht mit der ›Phonographie‹, sondern mit ›phonographischen Praktiken‹ setzt voraus, begrifflich bereits die ›Phonographie‹ bestimmt zu haben, ihr also eine Spezifik zuzusprechen, um überhaupt aus der Vielzahl verfügbarerer Praktiken jene auszuwählen, die relevant sind. Es scheint, als müsse man die klassische Einteilung in Einzelmedien schon voraussetzen, um überhaupt historisches Material selektieren zu können. Doch im vorliegenden Band

1 Nisius, Heinz Josef: HiFi hören. HiFi-Qualität? Sie hören es! HiFi-Praxis für kritische Käufer und Fachhändler, Würzburg: Vogel 1979. Die Eingangszitate befinden sich auf S. 85 und 45.

2 Vgl. http://gepris.dfg.de/gepris/projekt/269878230 vom 02.04.2015, dort findet sich das Konzept des medienwissenschaftlichen DFG-Symposions zum ›Practice Turn‹. Für eine Einführung in die ›Praxistheorie‹ vgl. Reckwitz, Andreas: »Grundelemente einer Theorie sozialer Praktiken«, in: Zeitschrift für Soziologie 32.4 (2003), S. 282-301.

3 Schüttpelz, Erhard: »Die medienanthropologische Kehre der Kulturtechniken«, in: Archiv für Mediengeschichte 6 (2006), S. 87-110, hier S. 93.

werden die medialen Praktiken nach unspezifischeren übergreifenden Kategorien, nämlich den adressierten Sinnesqualitäten – Sehen oder Hören – klassifiziert. Man kann also die Praktiken danach klassifizieren, ob sie zum Sehen oder Hören (bzw. zu beidem) beitragen, ohne die verwendeten Medien vorher bestimmen zu müssen.

Das *zweite* Problem ist, dass die Verfahren (um gegenwärtige mediale Praktiken *in situ* zu beobachten, zum Beispiel die teilnehmende Beobachtung als zentrales Verfahren der Ethnographie[4]) nicht auf historische Praktiken angewendet werden können – doch wäre es wünschenswert, etwas über vergangene Praktiken zu erfahren, da erst dadurch auch gegenwärtige Praktiken richtig verstanden werden können. Allerdings: kann man vergangene Praktiken überhaupt beobachten? Ihre einzigen Zeugnisse sind doch hinterlassene Spuren, die sich zumeist in Texten wiederfinden, die über die Praktiken berichten. Die Diskussion darüber ist in verschiedene Stränge aufgegliedert, unter anderem bezüglich der Frage nach der Möglichkeit einer ›historischen Ethnographie‹[5] oder auch nach einer »technischen Gebrauchsgeschichte«[6] im Anschluss an die Arbeiten von Bruno Latour. Die verschiedenen Ansätze und ihre internen Probleme sowie ihre Passung zueinander können hier nicht diskutiert werden – wir stützen uns hier speziell auf Jens Wietschorke, der unter Berufung auf Andreas Reckwitz[7] darauf hinweist, dass »der Kulturanthropologe [...] in der historischen Forschung [...] also gleichsam notwendigerweise zum Textanalytiker [avanciert], denn hier sieht sich der Praxeologe [...] an das textuelle oder artefaktförmige Material«[8] gebunden. Wietschorke gibt darüber hinaus den wichtigen Hinweis bezüglich »der mögliche[n] Antwort auf die große methodologische Frage nach der historischen Rekonstruktion von Akteursperspektiven und Handlungsmustern – und damit das Schlüsselproblem historischer

4 Vgl. Kalthoff, Herbert: »Beobachtung und Ethnographie«, in: Ayaß, Ruth/Bergmann, Jörg (Hg.), Qualitative Methoden der Medienforschung, Mannheim: Verlag für Gesprächsforschung 2011, S. 146-182.

5 Vgl. Wietschorke, Jens: »Historische Ethnografie. Möglichkeiten und Grenzen eines Konzepts«, in: Zeitschrift für Volkskunde 106 (2010), S. 197-224.

6 Schüttpelz, Erhard: »Die medientechnische Überlegenheit des Westens. Zur Geschichte und Geographie der immutable mobiles Bruno Latours«, in: Döring, Jörg/Thielmann, Tristan (Hg.), Mediengeographie. Theorie – Analyse – Diskussion, Bielefeld: transcript 2009, S. 67-110, hier S. 90.

7 Vgl. Reckwitz, Andreas: »Praktiken und Diskurse. Eine sozialtheoretische und methodologische Relation«, in: Kalthoff, Herbert/Hirschauer, Stefan/Lindemann, Gesa (Hg.), Theoretische Empirie. Zur Relevanz qualitativer Forschung, Frankfurt a.M.: Suhrkamp 2008, S. 188-209.

8 Wietschorke: »Historische Ethnografie«, S. 210.

Ethnografie«[9], dass es entscheidend vom Quellen-material abhängt, ob eine Beobachtung historischer Praktiken gelingt: So könnten zum Beispiel bezogen auf die von ihm diskutierten Fälle der historischen Rekonstruktion konflikthafter Praktiken zwischen ›der weißen‹ und ›der schwarzen Bevölkerung‹ in den amerikanischen Südstaaten im 19. Jahrhundert »Gerichts-protokolle, ethnologische Reisebeschreibungen, Sozialreportagen, Missions-berichte, Tagebücher von Kolonialbeamten«[10] hilfreiche Quellen bilden. Also müsste die parallele Frage für den vorliegenden Band lauten: Welche Quellen sind besonders hilfreich, um historische (mediale) Praktiken des Hörens zu erschließen? Unsere These ist, dass medial(isiert)es Hören im 20. Jahrhundert speziell im diskursiven Feld des ›High-Fidelity-Musikhörens‹ gelernt, problematisiert, auf spezifische Technik bezogen und dadurch fortlaufend neu ausgehandelt wurde.[11] Natürlich war Hören schon immer eine Praxis, und auch im 19. und frühen 20. Jahrhundert gab es Anleitungen zum ›richtigen‹ Hören, etwa im Konzertsaal,[12] doch hat sich der Ort dieses Diskurses über das richtige Hören bzw. das Hören als Praxis mit dem Wachsen der Tonträgerindustrie im 20. Jahrhundert in mehrfacher Hinsicht verschoben: von der hochkulturellen Musikkritik zur Unterhaltungs-industrie, von der Klassischen Musik zu mehr populärer Musik, vom Konzertsaal ins Wohnzimmer, und eben vor allem von der Live- bzw. Aufführungssituation zur Schallreproduktion. These ist also, dass speziell Anleitungen zum Gebrauch technischer Schallreproduktionsmedien – vom Phonograph über Grammophon und Radio bis zur Stereo-Anlage – einen primären Ort für die Erziehung von Hörern und die Ausbildung und Stabilisierung medialer Praktiken des Hörens im 20. Jahrhundert bilden.

Um den Gegenstandsbereich weiter einzuengen, scheint es uns sinnvoll, dazu das literarische Genre des ›HiFi-Praxishandbuchs‹ zu untersuchen. Wie schon die vorangestellten Motti aus unserem Untersuchungsgegenstand – Heinz Josef Nisius' HiFi-Handbuch von 1979, also am Vorabend des Einzugs digitaler Musik-

9 Ebd.: S. 221.

10 Ebd., S. 221.

11 Zur allgemeinen Geschichte moderner Hörtechniken (»techniques of listening« bzw. »audile techniques«), vgl. Sterne, Jonathan: The Audible Past. Cultural Origins of Sound Reproduction, Durham: Duke University Press 2003, S. 2-24.

12 So hat beispielsweise James Johnson in seiner vielbeachteten Studie über die Pariser Operngeschichte gezeigt, wie um 1800 die moderne Praxis des aufmerksamen und disziplinierten Zuhörens entstand. Vgl. Johnson, James H.: Listening in Paris. A Cultural History, Berkeley: University of California Press 1995. Zur Geschichte des musikalischen Hörens im Konzert des frühen 20. Jahrhunderts vgl. Ziemer, Hansjakob: Die Moderne hören. Das Konzert als urbanes Forum 1890-1940, Frankfurt a.M.: Campus 2008.

technologie in die Haushalte[13] – belegen, ist die Praxis des Hörens zentraler Gegenstand dieses und ähnlicher Bücher. Zwar sagt das noch nicht zwingend etwas über die tatsächlichen Praktiken von HiFi-Nutzern aus, die man in einem weitergehenden Forschungsprojekt vielleicht über Leserbriefe, *oral history* und Ähnliches erschließen müsste. Die bloße Existenz solcher Handbücher aber zeigt, dass es keineswegs von selbst klar war, was eine Praxis des ›richtigen Hörens‹ überhaupt war und ist. Vielmehr kann man dieses Handbuch als Niederschlag eben jener umstrittenen Praktiken und den mit ihnen verbundenen Diskursen lesen, wie denn zu hören sei bzw. wie mediale Technologien (Schallplatte, Verstärker, Lautsprecher etc.) und Hören aufeinander einzurichten seien. Gleichzeitig vermitteln die beschriebenen Praktiken, die angehenden HiFi-Adepten zum ›richtigen‹ Hören führen bzw. erziehen sollen, implizit erstaunlich viel über zeitgenössische Wertvorstellungen. Solche Handbücher sind zudem bereits Resultat eines Prozesses, in dem sich herausschälte, dass abstrakte, etwa aus der ›technischen Spezifik‹ von HiFi-Geräten herausgelesene Handlungsanweisungen in der Praxis keineswegs zu befriedigenden Resultaten führten: »Grundsätzliche Überlegungen sind sicher wichtig, aber bekanntlich hat die Praxis ihre eigenen Tücken. Auch in einem übergreifenden Konzept können niemals alle Elemente eines ›praktischen‹ Problems (alle problematischen Elemente der Praxis) hinreichend erfaßt oder erkennbar gemacht werden«.[14] Offensichtlich sind also diese Diskurse bereits bezüglich des Verhältnisses zwischen Technik und Praxis hochgradig selbstreflexiv – und können mithin als Niederschlag einer historischen Theorie des *Doing Hearing* dechiffriert werden.

HIFI-QUALITÄT? SIE HÖREN ES!

Der 1979 erschienene Ratgeber von Heinz Josef Nisius *HiFi hören. HiFi-Qualität? – Hören Sie es! HiFi-Praxis für kritische Käufer und Fachhändler* beschreibt, wie sich Leser im ausufernden Angebot von HiFi-Technik zurechtfinden und eine optimale HiFi-Anlage zusammenstellen können. Der Autor vermittelt dazu technisches Wissen über die einzelnen Komponenten (Tonabnehmer, Zuspieler, Verstärker, Lautsprecher) in verständlicher Form und erklärt, welche Tücken sich beim Zusammenschalten der Komponenten zu einer »Übertragungskette«[15] ergeben können. Das Buch gibt aber zugleich Aufschluss darüber, wie das Hören als spezifische

13 Vgl. Nisius: HiFi hören, S. 197ff. Nisius ist ausgebildeter Radio- und Fernsehtechnikermeister und war u.a. als Studiendirektor an einer berufsbildenden Schule für Nachrichtentechnik tätig.

14 Ebd., S. 152.

15 Ebd., S. 10.

Praxis kulturell und diskursiv geformt werden kann. Nisius thematisiert dabei ganz bestimmte Arten des Hörens: Es geht nicht um Musikhören im Allgemeinen, sondern speziell um *mediatisiertes* Hören, das heißt um die primär häusliche Rezeption von Musikaufnahmen über hochwertige Wiedergabetechnik (*High Fidelity*) sowie damit einhergehend um die Fähigkeit, die klangliche Qualität technischer Komponenten durch ein kritisches, systematisches Hören beurteilen zu können. Ein solches Testhören stellt sozusagen ein dem ›eigentlichen‹ Musikhören vorgelagertes Hören dar, das sich dezidiert mit den klanglichen Merkmalen und Problemen des technischen Mediums beschäftigt. Dass die richtige Vorgehensweise dem Verständnis Nisius' nach dabei keineswegs selbsterklärend ist, zeigt der Zusatz im Untertitel des Buches, dass nicht nur »kritische Käufer«, sondern auch Fachhändler dazu angeleitet werden müssen, bestimmte Hörsituationen in technischer und räumlicher Hinsicht herzustellen und die richtige diskursive Einbettung für optimale Hörtests zu schaffen.

Abbildung 1: Heinz Josef Nisius, ca. 1980

Quelle: HiFi-Stereophonie 9 (1980), S. 1120.

Um »mit Genuß Musik hören zu können«, benötige man erstens eine im Rahmen der gegebenen finanziellen Möglichkeiten optimale Anlage sowie die Fähigkeit, »›mit Musik und eigenen Ohren‹ die Qualität von HiFi-Geräten feststellen« zu können.[16] Eine optimale Anlage ermögliche »Durchhörbarkeit«, das heißt akustische Transparenz und räumliche Auflösung, die nur schwer durch »objektive«,

16 Nisius: HiFi hören, S. 5.

technische Messungen erfassbar sei.[17] Um das zu erreichen, sei die Zusammenstellung einer nach hörästhetischen Gesichtspunkten (und unter Berücksichtigung des gesetzten finanziellen Rahmens) optimalen Anlage nötig.[18] Dafür müsse der HiFi-Aspirant zunächst die grundsätzliche Entscheidung treffen, ob er eine Kompakt-Anlage oder eine Baustein-Anlage erwerben wolle. Nisius zufolge haben Kompakt-Anlagen, in denen verschiedene Komponenten desselben Herstellers (abgesehen von den Lautsprechern) zumeist in einem einzigen Gehäuse untergebracht sind, zwar den Vorteil eines einheitlichen Designs. Er macht jedoch implizit deutlich, dass sich ein ernsthafter HiFi-Hörer seine Anlage selbstverständlich aus hochwertigen Einzel-Komponenten zusammenstellt (der sogenannte ›Baustein-Weg‹) – nicht zuletzt, um einzelne Komponenten zum Zwecke der »Optimierung« der technischen Qualität zu einem späteren Zeitpunkt austauschen zu können: »Unübertroffene Flexibilität gegenüber technischem Fortschritt und wachsendem Qualitätsanspruch des Anlagenbesitzers, weil jeweils gezielt und an der optimalen Stelle Geräte durch neue bzw. bessere ausgewechselt werden können.«[19] Da die Entwicklung gerade bei »Wandlern«, das heißt Tonabnehmer-systemen und Lautsprechern, noch sehr im Fluss sei, bedeute das »für den HiFi-engagierten und auf klangliche Perfektion bedachten Musikfreund, daß er sich auf ein Auswechseln von Lautsprechern und Tonabnehmersystemen etwa im Zwei-jahresrhythmus einstellen sollte.«[20] Durch die Mischung von Geräten unterschied-licher Hersteller entstünde allerdings zumeist ein optisches »Durcheinander«, das »den Einspruch der stilbewußten Hausfrau hervorrufen« könne.[21]

Nisius plädiert im Hinblick auf die Auswahl der Geräte für subjektive Hörtests im Gegensatz zu technischen Messungen und professionellen Testurteilen (etwa in Zeitschriften). Gerätetests lieferten zwar »objektive« Werte und könnten durchaus einer ersten Orientierung dienen – ihre Aussagekraft sei jedoch begrenzt, weil (siehe Motto) praxisfern. Zudem zeigt er exemplarisch anhand von zwei verschiedenen Testverfahren, die mit jeweils unterschiedlichen Parametern und Test-

---

17 Ebd., S. 19.

18 Nisius empfiehlt für die Zusammenstellung und die Prüfung von HiFi-Anlagen, mit den Lautsprechern anzufangen, da diese das »schwächste Glied der Kette« (ebd., S. 24) darstellten. In der HiFi-Kultur gebe es zwei wesentliche Hörertypen: erstens diejenigen, die eine möglichst originalgetreue Reproduktion von Aufführungssituationen erreichen wollen und zweitens diejenigen, die sich eine möglichst werktreue Repräsentation der Partitur wünschen. Beide Hörideale verlangten jedoch nach einem optimalen, möglichst neutralen Wiedergabesystem.

19 Ebd., S. 17.

20 Ebd., S. 49.

21 Ebd., S. 23.

methoden arbeiten, dass wissenschaftliche Testreihen in sich objektiv sein, sich aber im Ergebnis dennoch widersprechen können. So wirbt Nisius für Hörtests zu Hause, indem er die Legitimität und damit den Wert offizieller Testurteile generell in Frage stellt. Er begründet seine Ansicht mit dem in der Tat klugen Argument, dass diese Tests zwar »objektiv«, aber nicht »valide«, das heißt gültig in Bezug auf die spätere Hörsituation seien: »Daß bei späteren Kontrolltests die im eigentlichen Test erzielten Ergebnisse reproduziert werden, bestätigt zwar die Objektivität der Testmethode, keineswegs aber ihre Validität.«[22] Die unzureichende »Validität« von technischen Daten liefere daher die wesentliche Motivation für subjektive Hörtests, insbesondere bei Wandlern, das heißt Tonabnehmern und Lautsprechern,[23] denn: »Viele technische Daten haben für den Praktiker, den ›anwendenden‹ Musikfreund, keine Bedeutung.«[24] Darüber hinaus höre jeder Mensch anders. So gebe es keinen »Normhörer« (siehe Motto), weshalb jeder ernsthafte HiFi-Hörer quasi in der Pflicht stehe, sein eigenes Hören zu schulen, um qualifizierte subjektive Urteile abgeben zu können. Verweise auf die weibliche Form erübrigen sich, da Nisius implizit ausschließlich männliche Hörer anspricht: Frauen tauchen im gesamten Buch – und das ist typisch für den HiFi-Diskurs als solchen – nicht als potentielle ›Musikfreundinnen‹, sondern lediglich als Störquellen auf. HiFi-Hörer sind Männer, die aber auf jeden Fall ›Familie‹ haben und sich bei der Verfolgung des Baustein-Weges Ärger mit der Ehe- bzw. »Hausfrau« einhandeln, da diese offenbar als einziges Familienmitglied über visuelles Stilempfinden verfügt. Schon hier zeigt sich, dass die mediale Hörpraxis, die das Handbuch seinen Lesern beizubringen sucht, von zeittypischen Ideologemen durchzogen ist.

Wie aber soll der Klang von Komponenten subjektiv beurteilt werden, ohne dass dabei die angestrebte Validität ausbleibt? Der HiFi-Hörer wird zunächst am Beispiel von Lautsprecherboxen mit einer Reihe von Merkmalen konfrontiert, die eine qualitative Einschätzung der Klangcharakteristik ermöglichen sollen. Bei Hörvergleichen zwischen zwei oder mehr unterschiedlichen Modellen sei dabei auf möglichst eindeutig bestimmbare Kriterien in Form von »Gegensatzpaaren« zu achten, um eine möglichst hohe Validität der Testergebnisse zu gewährleisten:[25]

22 Ebd., S. 127.

23 Ebd., S. 80-82.

24 Ebd., S. 85. Nisius begründet das damit, dass die Wiedergabebedingungen im Testlabor von denen im Wohnzimmer des Konsumenten abwichen, und dass die Testergebnisse lediglich innerhalb einer bestimmten Messmethode ›objektiv‹ und reproduzierbar seien (das erkläre, warum verschiedene Testreihen mit anderen Kriterien zu teilweise erheblich unterschiedlichen Testurteilen gelangten). Der Wert von Messungen bzw. Messwerten wird auf diese Weise infrage gestellt und der Hörer zum subjektiven Urteil erzogen.

25 Ebd., S. 92-100.

- hell – dunkel
- vordergründig, präsent – entfernt
- schlank – voluminös
- flächig – räumlich
- offen – verhangen
- neutral – verfärbt
- ausgewogen – unausgewogen
- transparent, durchsichtig[26] – verschwommen
- weich – rau, hart
- angenehm, natürlich – lästig

Während der ideale Lautsprecher verständlicherweise ein ausgewogenes und möglichst unverfärbtes Klangbild aufweisen solle, bestünden dennoch unterschiedliche Präferenzen, die aus der Existenz individueller Hörertypen resultiere, die mit jeweils bestimmten Erwartungen an das »Medium HiFi-Stereophonie« heranträten:

»Vielen bedeutet HiFi-Stereophonie die Übertragung des Konzertsaals in den Wohnraum; Anhänger dieser Auffassung bevorzugen Boxen, die ein weiträumiges, entfernt klingendes, nicht unbedingt sehr brillantes, aber Tiefenstaffelung abbildendes Klangbild erzeugen. Sie sind manchmal bereit, für die Erfüllung dieser Forderung Verfärbungen in Kauf zu nehmen. Anderen soll HiFi-Stereophonie die Partitur transparent werden lassen. Sie bevorzugen ein präsentes, ggf. flächiges, aber ›verfärbungsfreies‹ Klangbild. Der samtig-saftige und voluminöse Klang, den ›Dokumentaristen‹ bevorzugen, schlägt sie weniger in Bann als vielmehr jene ›Indiskretion‹, die eine exakte Klangdefinition der Instrumente zuläßt.«[27]

26 Siehe ebd., S. 99 zur Durchsichtigkeit: »Eine durchsichtige Box zeichnet sich in den meisten Fällen durch eine feine Klangdefinition aus. Man teste mit Soloinstrumenten, die man sehr genau kennt! Haben Trompeten nicht einen zu engen, spitzen Klang? Klingt die Sologeige ›raumfüllend‹, weich, ›gestrichen‹, mit viel ›Körper‹, ›Glanz‹ und ›Holz‹? Zischt das Becken oder klingt es? Knödelt der Heldentenor oder strahlt seine Stimme (so er eine hat)? Hat die Pauke einen Klang, der sich nach Tonhöhe, Stärke des Anschlags und verwendetem Schlegel deutlich ändert, oder klingt sie das eine wie das andere Mal? Ist der Flügel tatsächlich ein Flügel? Meist klingen Flügel breiig, sie ›schwimmen‹.« Wir haben diese Stelle ausführlich zitiert, um deutlich zu machen, wie Nisius die Leser und potentiellen Hörer zu einer geradezu quälenden Selbstbefragung ihres eigenen Hörens anhält – und welche sprachlichen Kategorien mobilisiert werden müssen (›Knödeln‹, ›Zischen‹, ›spitz‹ oder ›breiig‹ klingen), um das Hören selbst beschreiben zu können.

27 Ebd., S. 100.

Ähnlich wie etwa bei Weinproben hat die Bestimmung komparativ anhand von wenigen, das heißt drei bis höchstens fünf Gerätekomponenten zu erfolgen, zwischen denen wiederholt hin- und hergeschaltet wird (A/B-Vergleich). Dieses sozusagen musikalische »Kreuzverhör« durch den HiFi-Hörer auf der Suche nach der ausgewogenen Box sei unumgänglich, weil sich dieser permanent in einer geradezu paranoischen Situation befinde: Niemandem sei zu trauen, überall lauerten »Gefahren«, die speziell von spitzfindigen Ingenieuren und Marketingabteilungen ausgingen, weil diese aus Kostengründen oder aufgrund mangelnder Kompetenz nicht den Entwurf optimaler Wiedergabe anstrebten, sondern eine solche mit Hilfe von Tricks nur vortäuschten – Nisius spricht wenig wertfrei etwa von »Klangmagiern«.[28] Subjektive Hörtests böten den einzigen Ausweg aus dieser Situation, denn: »Hören bringt mehr Wahrheit ans Tageslicht als das Studium von (hochgejubelten) Techniken und ›Philosophien‹.«[29] Nisius mahnt den ›Musikfreund‹ wiederholt zur Vorsicht, denn neben dem guten Klang lauere auch überall der nur scheinbar gute Klangeindruck. Solche Lautsprecher werden als »Bluffer«[30] bezeichnet, da es sich um absichtlich klangveränderte Boxen handelt, die den »Musikfreund« täuschen sollen. So bemerkt Nisius etwa in Bezug auf Klangverfärbungen bei Lautsprechern: »Als Verfärbungen sind auch jene fauchigen Klangbilder von Blechbläsern und Sängern anzusehen, die zwar ein sehr räumliches und offenes Klangbild suggerieren, aber unnatürlich sind. Viele verfärbende Boxen schmeicheln der Musik und täuschen wegen ihres unaufdringlichen Klangs eine große Natürlichkeit vor.«[31]

Auch habe der Hörer sein eigenes Hören zu überprüfen und ggf. zu rejustieren, denn eine weitere Gefahr sei durch den Umstand gegeben, dass das Gehör »verbildet«[32] sei, nicht zuletzt als Ergebnis einer »akustisch verschmutzten Umwelt«:[33]

»Durch jahrelanges ›Training‹ mittels Radio u.ä. Klangerzeugern haben wir uns an einen verfärbten Klang gewöhnt, so daß ein neutrales Klangbild zunächst ›unnatürlich‹ erscheinen mag [...]. ›Technische‹ Klangbilder sind für viele Menschen die ›natürlichsten‹. Neutrale Boxen ›machen nichts daher‹, sie fallen nicht auf, aber sie vermitteln Musikerlebnisse.«[34]

28 Ebd., S. 62 und 64f.

29 Ebd., S. 90.

30 Ebd., S. 94 und 109ff.

31 Ebd., S. 96.

32 Ebd.

33 Ebd., S. 124.

34 Ebd., S. 96.

Das ist natürlich paradox: Einerseits wird ständig behauptet, dass es den ›Norm-Hörer‹ nicht gebe und man sich auf die subjektive Beurteilung verlassen solle, andererseits aber wird dem Hörer suggeriert, nur ein ganz bestimmtes, ›neutrales‹ Klangbild sei das richtige. So erfüllen die Hörtests eine dreifache Funktion: Sie dienen erstens der Beurteilung der getesteten Komponenten, zweitens der Schulung des Gehörs und drittens der Emanzipation von den Verheißungen der ›Klangmagier‹. Eine kompetente Hörpraxis verspricht zudem nicht nur einen Schutz gegen diese vermeintlichen Täuschungsversuche, sondern demonstriert gleichzeitig die Expertise und damit das kulturelle Kapital des ›Musikfreunds‹.

Die Beurteilung soll anhand einer größeren Anzahl von möglichst »eindeutigen« Merkmalen vorgenommen werden, um bei Hörtests im Wohnzimmer eine möglichst hohe Intersubjektivität erreichen zu können. Nisius spricht von einer »Operationalisierung« des Testhörens und präsentiert ein mögliches Vorgehen mittels eines Fragekataloges, der einerseits »anhand musikalischer Kriterien« und andererseits »anhand komplexer Eindrücke« (gemeint sind akustische Parameter) erstellt wurde:

»Bei der Operationalisierung von Testmerkmalen wird das Gesamtmerkmal ›Klangqualität‹ aufgeschlüsselt in möglichst viele und vor allem möglichst eindeutige Merkmale. Eindeutig bedeutet, daß unterschiedliche Personen unter ein und demselben Begriff (Wort; Merkmal) auch möglichst ein und dasselbe verstehen.«[35]

Bei jeder Frage soll ein spezifisches klangbezogenes Kriterium beurteilt werden, wie hier bezogen auf die musikalischen Kriterien. Die Einübung in das geschulte Hören, die mediale Hörpraxis, erfolgt dabei anhand bestimmter Höraufgaben und Fragesets:

- »Wird die Instrumentierung der Einleitung von ›Also sprach Zarathustra‹ (von R. Strauss) erkennbar, oder reproduziert die Box lediglich ein zwar starkes, aber undifferenziertes Gebrumm?
- Erweckt die Streicherwiedergabe den Eindruck, als spielten ca. 10 Musiker so laut wie etwa 30, oder als spielten 30 Musiker (chorische Auffächerung)?
- Wird bei einem plötzlichen fortissimo-Einsatz des gesamten Orchesters eine Instrumentengruppe oder der Solist zugedeckt, etwa durch Pauke und Becken, oder bleibt der Solist deutlich erkennbar ›vor‹ dem Orchester, das Orchester seinerseits aber exakt durchhörbar?
- Sind Bassetthorn und Kontrafagott exakt auseinanderzuhalten?

35 Ebd., S. 128f.

- Sind bei Violinduos oder Sopranduetten die verschiedenen Instrumente bzw. Stimmen in ihrem individuellen Klangcharakter deutlich voneinander abgehoben, oder singt eine Person ›zweistimmig‹, werden die ›Konturen‹ verwischt?
- Ist die menschliche Stimme (Sprecher) unnatürlich aufgeschwemmt, verdickt, eingedunkelt, oder steht sie frei und schlank im Wiedergaberaum?
- Klingen ›s‹, ›sch‹ oder ›z‹ verspuckt, zischelnd, also ›verlängert‹, oder natürlich kurz?
- Sind ›n‹ und ›m‹ sowie ›ng‹ unnatürlich verlängert und ›baßlastig‹ oder kurz und schlank?
- Sind bei Stereowiedergabe bestimmte Instrumente besser, andere schlechter ortbar? Verändern bestimmte Instrumente in Abhängigkeit von Lautstärke oder Tonhöhe ihre Position? Bleiben die Instrumente, insbesondere ein Soloinstrument, auch dann noch exakt lokalisierbar, wenn andere Instrumente hinzukommen?
- Wird die Klavierwiedergabe in den mittleren Lagen ›größer‹, ›dicker‹, ›verschwommener‹ und in den höchsten Lagen ›weicher‹ in dem Augenblick, da Akkorde in den unteren Oktaven hinzukommen, oder bleibt der lagenspezifische Charakter des Instruments im großen und ganzen erhalten?
- Ist Cellowiedergabe umwölkt, künstlich verdickt und vergrößert?
- Werden die klanglichen Charakteristika unterschiedlicher Instrumente exakt und deutlich reproduziert, oder werden sie auf einen boxenspezifischen Charakter hin nivelliert?«[36]

Fragen in Bezug auf die als »komplex« bezeichneten akustischen Kriterien können dagegen etwa folgende sein:

- »Welche Box hat die schwächeren (stärkeren, härteren, deutlicheren) Höhen?
- Welche Box hat die dünneren (dumpferen, saubereren, undurchsichtigeren, kräftigeren) Bässe?
- Welche Box ist dunkler, welche heller?
- Welche Box reproduziert das schlankere, welche das saftigere Klangbild?
- Welche Box ist durchsichtiger, welche undurchsichtiger,
- Welche Box ist ›natürlicher‹, welche verfärbter, welche enger, spitzer, sonorer etc.?«[37]

Der Sinn dieser Hörtests besteht darin, einerseits frequenzbezogene Beeinträchtigungen der neutralen Wiedergabe, also Überbetonungen oder Schwächen im Bereich der Bässe, Mitten und Höhen und andererseits zeitbezogene Schwächen heraushören. Insbesondere das Zeitverhalten, die sogenannte Impulstreue, bilde »das ›A und O‹ der Klangqualität«[38]. Nisius erklärt: »Man versteht unter Impuls-

36 Ebd., S. 128f.

37 Ebd., S. 129.

38 Ebd., S. 103.

treue u.a. die Fähigkeit eines Lautsprecherchassis bzw. einer Box, jedes elektrische Signal ohne Zeitversatz zu wandeln. Ein theoretisch vollkommen impulstreuer Lautsprecher braucht weder Zeit zum Einschwingen, noch zum Ausschwingen.«[39] Ein gutes Impulsverhalten sei nicht zuletzt deshalb wichtig, damit der Hörer nicht vorzeitig »ermüde« (ein Argument, das HiFi-Anhänger übrigens noch heute gegenüber komprimierter Musik, etwa im MP3-Format, vorbringen).[40] Impulstreue Lautsprecher klängen dagegen »musikalisch«:

»Impulstreue Boxen werden nicht in dem Maße lästig wie ›langsamere‹. Viele Musikkenner ziehen eine impulstreue Box selbst dann einer weniger impulstreuen vor, wenn sie nicht so ›neutral‹ und ,›verfärbungsfrei‹ ist wie diese; denn ›neutrale‹, ›verfärbungsfreie‹ Lautsprecher (des deutschen Werbers und Testers liebstes Kind) können auf Dauer steril und lästig wirken, sich als ›unmusikalisch‹ entpuppen. Und gerade ›Musikalität‹ ist es, was impulstreue Boxen vor anderen auszeichnet. ›Musikalische Boxen‹ (dem Techniker dürfen sich beim Lesen dieses Begriffes die Haare sträuben) sind – und das macht wahrscheinlich ihre Musikalität aus – dynamisch präziser und programmunabhängiger als andere, ›nur klangneutrale‹ Modelle.«[41]

Durch die Kombination von Oppositionspaaren und die Untergliederung des Tests in eine Vielzahl von Teilhörtests sollen die spezifischen Merkmale und insbesondere Schwächen einer Komponente sukzessive eingekreist werden. Die unterschiedlichen Hörtests lenken die Aufmerksamkeit vom Gesamteindruck der musikalischen Darbietung auf unterschiedliche Teilaspekte der Hörerfahrung, darunter den Eindruck von Räumlichkeit, den Charakter und die Durchsichtigkeit bzw. Durchhörbarkeit der unterschiedlichen Instrumentengruppen oder den Lautstärkeverlauf (Dynamik[42]), und tragen damit zu einer Systematisierung der Hörerfahrung nach musikalischen und akustischen Kriterien, man könnte auch sagen, zur Etablierung

39 Ebd., S. 103.

40 Vgl. dazu exemplarisch Jüngling, Thomas: »Warum uns komprimierter Digitalklang so nervt«, in: Welt Online vom 5. Oktober 2013, http://www.welt.de/wissenschaft/article120646901/Warum-uns-komprimierter-Digitalklang-so-nervt.html (letzter Zugriff: 27.07.2016).

41 Nisius: HiFi hören, S. 106f.

42 Vgl. ebd., S. 107f. ausführlich zur Dynamik: »Mangelt es der Wiedergabe an dynamischer Präzision, so wirkt sie auf Dauer – trotz Neutralität, Verfärbungsfreiheit, Ausgewogenheit und Transparenz – langweilig, technisch-steril; es fehlt der ›Atem‹, der über die Wahrnehmung des guten Klangs hinaus in die Sphäre des Musikerlebens führt und der Musikwiedergabe Lebendigkeit und anspringende Unmittelbarkeit verleiht, statt bloße technisch-nackte Direktheit.«

eines »Hörsystems« bei.[43] Diese Systematisierung äußert sich bei Nisius zudem im »Modell« eines Lautsprechertests (aufgeteilt in Kurz- und Langzeittest), das in Form eines Flussdiagramms dargestellt wird.

Abbildung 2: »Schema (nicht nur) eines Lautsprechertests«

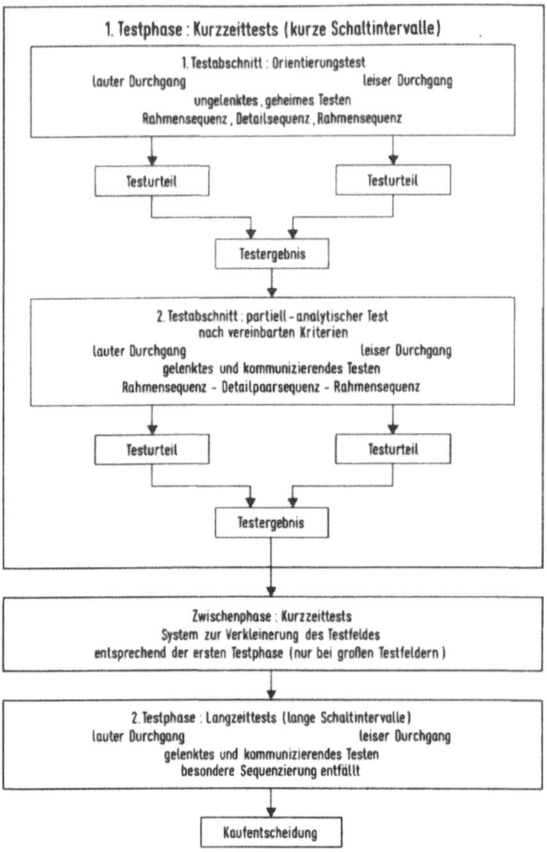

Quelle: Nisius: HiFi hören, S. 152.

Die Fragmentierung und Verfeinerung der allgemeinen Hörwahrnehmung durch in HiFi-Ratgebern und HiFi-Zeitschriften propagierten und in HiFi-Studios durchgeführten Hörtests trägt so zur Entstehung einer in spezifischer Weise geschulten, ausgebildeten Hörpraxis unter HiFi-Enthusiasten bei.

---

43 Zum Begriff des systematischen Hörens bzw. »Hörsystems« vgl. Volmar, Axel: Klang-Experimente. Die auditive Kultur der Naturwissenschaften 1761-1961, Frankfurt a.M.: Campus 2015, S. 181-186.

Um Hörvergleiche sinnvoll durchführen zu können, sollte man Nisius zufolge selbstredend mit Musikdarbietungen im Konzertsaal vertraut sein: »Wer Musik nur aus der Reproduktion kennt, sollte sich einmal der ›Mühe‹ unterziehen, und ein Konzert oder eine Oper – eine Operette tut's auch – besuchen, um wenigstens einmal zu erleben, wie Musik klingt.«[44] Hochwertigen Lautsprechern sei jedoch auch ein Paradox inhärent, denn gerade an guten, impulstreuen Boxen zeige sich, dass nicht alle Aufnahmen gut klingen:

> »Sehr gute, impulstreue Lautsprecher sind deshalb auch daran zu erkennen, daß bei ihnen eben nicht jede Aufnahme gut und überzeugend klingt, sondern daß sie die Qualität der Aufnahme sozusagen demaskieren. Hier schlägt der Vorteil der hohen Qualität bisweilen in einen Nachteil um: Je hochwertiger ein Lautsprecher ist, desto öfter wird sich der Hörer über die Qualität einer Aufnahme ärgern.«[45]

Der Preis, den der ›Musikfreund‹ für Hörerlebnisse höchster Güte bezahlen muss, besteht also darin, dass schlechte Aufnahmen auf sehr guten Systemen noch schlechter klängen als auf mittelmäßigen Anlagen. Wir beenden hier die Darstellung von Nisius' Anleitung zum ›richtigen‹ mediatisierten Hören, obwohl es auch noch interessant wäre, seine Ausführungen zur Vermeidung von Fehlern bei Hörtests zu analysieren. Daran zeigt sich, wie volatil und komplex die mediale Praxis Hören ist, es muss gleichsam eine laborartige, kontrollierte und stabilisierte Situation erzeugt werden – als *conditio sine qua non* für das ›richtige Hören‹.

FAZIT

Stereoanlagen waren in den 1970er Jahren bereits weit verbreitet. Dennoch speist sich die HiFi-Kultur (bis heute) aus dem Wertesystem, Selbstverständnis und Habitus der gehobenen Mittelschicht. So wettert Nisius wiederholt einerseits gegen prunksüchtige HiFi-Käufer – unter den Käufern hochwertiger Komponenten seien das im Gegensatz zu anspruchsvollen Musikfreunden diejenigen, »die eine Anlage aus vorwiegend irrationalen Gründen (Sozialprestige, Spieltrieb, das Kind im Manne, Kompensation, Verdrängung) angehen, sofern ihnen räumliche Gegebenheiten und finanzielle Möglichkeiten einen kompromißlosen Kauf zulassen«[46] – und andererseits gegen allzu anspruchslose »HiFi-Anwärter«, denen es an Geschmack mangele:

44 Ebd., S. 124.

45 Ebd., S. 109.

46 Ebd., S. 54.

»Solche HiFi-Anwärter brauchen nicht lange zu suchen. Sie können ›ungehört‹ das Teuerste, Größte, Ausgefallenste, Aufwendigste, Spleenigste, Lauteste, Bunteste oder Billigste kaufen, je nach Geschmack und Anspruch. Nur der ›Normalbegüterte‹ und Musikfreund muß sich bemühen, innerhalb seiner finanziellen Möglichkeiten und räumlichen Gegebenheiten Geräte zu finden, die seinem ästhetischen Anspruch genügen.«[47]

Der ›wahre‹ HiFi-Hörer dagegen übt sich in Diskretion, versucht möglichst nicht aufzufallen und nutzt die Nuancen der mediatisierten Schallwiedergabe als Distinktions- und Erkennungsmerkmal, um guten Geschmack und eine raffinierte Urteilsfähigkeit zu demonstrieren. Insofern ist mit dem Musikhören mittels hochwertiger Stereoanlagen nicht nur die individuelle Praxis eines *Doing Hearing* verbunden, in der Regel auch ein auf das Hören im kleinen Kreis ausgerichtetes *Showing Hearing* der erworbenen HiFi-Expertenschaft. Um den latenten Vorwurf entkräften zu können, ein »irrationaler« oder »anspruchsloser« Käufer zu sein, muss der HiFi-Enthusiast in der Lage sein, die »richtige Anlage zusammenzustellen«[48], d.h. Komponenten wie etwa Lautsprecher durch subjektive Hörtests zu identifizieren und dadurch seine finanzielle Ausgabe zu rechtfertigen. Wie er selbst darf auch der Klang der Box nicht den Eindruck von Extravaganz oder trügerischem Schein erwecken, weswegen neutrale, möglichst unauffällige Modelle bevorzugt werden: »Ausgewogene Boxen klingen weder dunkel, noch hell. Sie sind nicht eindeutig präsent und nicht eindeutig entfernt. Sie ›machen nichts daher‹, sind deshalb sehr gut – und sehr selten.«[49] Die scheinbar klangtreue Stereoanlage bürgt auf diese Weise für die soziale Integrität des Hörers. Soziale Kontrolle findet im Diskurs der HiFi-Kultur, mit Deleuze gesprochen, seinen Ausdruck in der »Modulation« der Hörpraxis der »HiFi-Anwärter«[50], die wiederum über das Medium Handbuch und andere Anleitungen zum richtigen Hören verläuft.

Dies zeigt sich insbesondere daran, dass sich in Nisius' Beschreibungen trotz der vermeintlichen Subjektivität des Hörens und der zugestandenen individuellen Hörgewohnheiten (›es gibt keinen Normhörer‹) deutlich normative Vorstellungen von der vermeintlich richtigen Musik und von der richtigen Art und Weise Musik zu hören artikulieren. Ein Beispiel dafür stellt nicht zuletzt die empfohlene

47 Ebd., S. 19.

48 Ebd., S. 9.

49 Ebd., S. 97.

50 Zum Begriff der »Modulation« vgl. Deleuze, Gilles: »Postskriptum über die Kontrollgesellschaften«, in: Ders., Unterhandlungen 1972-1990, Frankfurt a.M.: Suhrkamp 1993, S. 254-262; zur Modulation als akustischer Kontrolltechnik vgl. Åkervall, Lisa: »Die Wahrheit von Auto-Tune. Stimmodulationen in digitalen Medienökologien«, in: Navigationen 15.2 (2015), hg. von Schlüter, Bettina/Volmar, Axel, S. 77-98.

Musikauswahl für die Hörtests dar: So wird fast ausschließlich westliche Kunstmusik (hin und wieder wird Jazz erwähnt) als zu präferierende Musikrichtung ausgewiesen. Erst nach etwa der Hälfte des Buches kommt auch ›nicht-klassische‹ Musik zur Sprache, und zwar als »U-Musik« als Gegensatz zur ernsten »E-Musik«. U-Musik wird dabei definiert als »Unterhaltungsmusik, aber auch Pop und Beat«.[51] Zeit-genössische Genres wie Disco, Funk oder Reggae werden gar nicht erwähnt, und selbst Metagenres wie elektronische Musik oder Rockmusik finden kaum Berücksichtigung – und wenn, dann stark negativ konnotiert und mit Werturteilen belegt, wie etwa in die folgende Passage verdeutlicht:

»Wer allerdings fast ausschließlich Schalldrücke ab etwa 90 Phon (Preßlufthammer erzeugen diesen Schalldruck!), zum Beispiel in Form von Rock, konsumiert, benötigt zur Zerstörung seines Hörsinns Speziallautsprecher, die diese Pegel hinlänglich verzerrungsarm erzeugen können, zum Beispiel Hornsysteme.«[52]

An einer Stelle fällt der Begriff »Underground« als Genrebezeichnung, allerdings ohne durch ein Beispiel zu verdeutlichen, welche Musik mit dieser Bestimmung genau gemeint ist.[53] Hier muss man schon kritisch konstatieren, dass der »Musikfreund« Nisius mit dem starken Fokus auf ›klassische‹ europäische Kunstmusik ein ebenso elitäres wie enges Musikverständnis propagiert, das der musikkulturellen Entwicklung im Jahr 1978 – und damit auch der Hörerfahrung vieler, insbesondere jüngerer Hörer – in keiner Weise gerecht wird.[54] Zudem wird dem unerfahrenen Hörer mehrfach unterstellt, dass sein »scheinbar« individueller Hörgeschmack, das heißt die Präferenz für ein bestimmtes Klangbild, das Produkt falscher Hörgewohnheiten darstelle. So erklärt Nisius, dass »saubere Boxen« nicht von vornherein als solche erkennbar seien, sondern sich dem Hörer erst nach einem längeren »Umlernprozeß« erschlössen:

»Erfahrungen haben nämlich gezeigt, daß solch außergewöhnlich saubere Wiedergabe zunächst als ›unnatürlich‹, wohl weil ungewohnt, angesehen wird. Erst nach längerem kritischem Hinhören geht dem vom üblichen Lautsprecherklang geprägten Hörer auf, daß die scheinbar ›dünnen‹ oder baßschwachen Lautsprecher eigentlich die ausgewogenen sind, weil

51 Nisius: HiFi hören, S. 108.

52 Ebd., S. 190.

53 Ebd., S. 133.

54 Grundsätzlich kann man Nisius' ganzes Handbuch mit Bourdieu, Pierre: Die feinen Unterschiede. Kritik der gesellschaftlichen Urteilskraft, Frankfurt a.M.: Suhrkamp 1979 lesen – hier werden genau ›feine Unterschiede‹ des Hörens eingeübt.

sie den Bereich der Bässe und unteren Mitten nicht unnatürlich auffüllen, verdicken und verschleiern, umwölken, oder wie immer man es beschreiben will.«[55]

Nisius will Konsumenten vor Fehlkäufen und insbesondere vor akustischen »Täuschungen« bewahren. Es ist allerdings anzunehmen, dass dieses »längere [...] kritische [...] Hinhören«[56] (zumal mit anderen HiFi-Freunden im eigenen Wohnzimmer) nicht nur zu einem *empowerment*, sondern vor allem zu einer gezielten Erziehung des Hörers und zur Ausbildung einer wohldefinierten und vom sozialen Wertesystem der HiFi-Kultur geformten Hörpraxis führt. Darüber hinaus stellt die Rede von der Emanzipation des Konsumenten durch die Entwicklung einer »kritischen«, auf die klangliche Beurteilung technischer Komponenten ausgerichteten Hörfähigkeit einen seit dem Beginn des 20. Jahrhunderts praktizierten Kniff der Unterhaltungselektronikindustrie dar. Wie Emily Thompson und Jonathan Sterne gezeigt haben, wurde der Begriff der Klangtreue (*fidelity*) bereits in der Frühzeit von Phonograph und Grammophon geprägt, um zunächst mit einer vermeintlichen Ununterscheidbarkeit von Originalaufführung und technischer Darbietung zu werben.[57] Mit der zunehmenden Ausdifferenzierung des Marktes sowie verbesserter Gerätegenerationen ab 1913 trat neben diese Behauptung mehr und mehr die Aufforderung an die Kunden, Geräte unterschiedlicher Hersteller und technischer Perfektion miteinander zu vergleichen und sich ein kritisches Urteil über die Klangqualität bestimmter Geräte zu bilden. Mit Sterne gesprochen hieße

---

55 Nisius: HiFi hören, S. 110. Hier zeigt sich auch, ohne dass wir dies weiter vertiefen könnten, ein geradezu zwanghafter Hygiene-Diskurs, den man als typisch deutsche Mittelschichtsideologie dechiffrieren kann und dessen Streben nach ›Sauberkeit‹ und Perfektion bis in den Bereich der Sinnespraktiken hineinreicht. Vgl. auch die Bemerkungen zur ›akustischen Umweltverschmutzung‹: »Die akustische Reizüberflutung der Umwelt, das Gekrächze des Kofferradios, die bumsigen Bässe des Musikschranks, das Mitteltongeplärr des Fernsehapparats, die gehörschädigende Lautstärke und der Sound in der Diskothek, der Music-Box genannte Klirrgenerator im Wirtshaus um die Ecke: Wie soll man in einer akustisch verschmutzten Umwelt nicht die Fähigkeit verlieren, zwischen ›natürlichem‹ und verfälschendem Lautsprecherklang zu unterscheiden!« (Ebd., S. 124). Diese Vorstellung einer infolge von Industrialisierung und Mediatisierung akustisch verschmutzten Umwelt war in den 1970er Jahren weit verbreitet und wird auch in der von Schafer geprägten Unterscheidung zwischen »lofi«- und »hifi«-Umgebungen deutlich. Vgl. Schafer, Murray R.: The Tuning of the World, New York: Knopf 1977, S. 88-98.

56 Ebd., S. 110.

57 Vgl. Thompson, Emily: »Machines, Music, and the Quest for Fidelity: Marketing the Edison Phonograph in America, 1877-1925«, in: The Musical Quarterly 79.1 (1995), S. 131-171 und Sterne: The Audible Past, S. 215-286.

das: Bereits seit Anfang des 20. Jahrhunderts gibt es keinen »Goldstandard« für die Qualität der Schallwiedergabe mehr, bei dem die Livesituation als Maßstab für perfekte Klangqualität dient, sondern nur – je nach Gerät – mehr oder weniger gelungene Annäherungen an ein klangliches Ideal der perfekten Klangwiedergabe, die es durch den Vergleich von Geräten zu bestimmen galt und die gleichzeitig zur Ausbildung neuer Hörpraktiken beitrugen:

»As listeners became more familiar with sound reproduction, they were encouraged to distinguish among the sonic signatures of different machines and technologies. In other words, the variability found among machines invoked the opposite – an impossible gold standard. The best available or the preferable became a stand-in for the true.«[58]

Öffentliche Hörtests wie die *Tone Tests* der Edison Company sowie langanhaltende Marketingkampagnen der Unterhaltungsindustrie trugen zur Förderung von Expertenschaft auf Seiten der Konsumenten bei und suchten eine optimale Klangwiedergabe als einen bürgerlichen Wert im modernen und zunehmend mediatisierten Musikleben zu etablieren. Zugleich sollte das Begehren geweckt werden, technisch – und damit klanglich – veraltete Geräte möglichst regelmäßig gegen neuere Produkte auszutauschen, die eine bessere Klangqualität aufwiesen. Diese Entwicklung ist diesbezüglich der Geschichte von Digitalkameras nicht unähnlich.

Der HiFi-Diskurs war und ist bis heute eng mit dem Produktmarketing verbunden und so zwar ›hörkritisch‹ im Rahmen der eigenen ästhetischen Ideale und Wertvorstellungen, aber kaum konsumkritisch. Das zeigt sich bei Nisius etwa daran, dass das Streben nach optimaler Klangwiedergabe als solches merkwürdig unreflektiert bleibt: Während Nisius einerseits ein ständiges Upgraden pathologisiert – Nisius spricht vom »HiFi-Bazillus«[59] –, wird an anderen Stellen jedoch deutlich, dass die Praxis des technischen Aufrüstens, das »Optimieren«[60], im Grunde den Normalzustand oder vielmehr die logische Folge der Kombination aus hohem Anspruch an Klangqualität und begrenztem Budget darstellt. Anstatt aufgrund der immer wieder herausgestellten Vielzahl wechselseitiger bzw. kaskadierender Abhängigkeiten und Störfaktoren die Schlussfolgerung zu ziehen, dass es die perfekte Stereoanlage nicht geben kann, wird implizit immer wieder auf den Status Quo als einer den finanziellen Möglichkeiten geschuldeten »Mangelsituation« hingewiesen, aus der heraus ständig weiter optimiert werden kann – und muss. So versichert Nisius dem ›Fachhändler‹: »Nur ein selbstsicherer Kunde ist ein zufriedener Kunde, der seinen HiFi-Händler ›wieder beehren‹ wird, wenn er qualitativ aufrüsten

58 Sterne: The Audible Past, S. 275.

59 Nisius: HiFi Hören, S. 120 und 196.

60 Ebd., S. 10, 35 und 47.

will.«[61] Der Trend zur Individualisierung von Kaufentscheidungen und Geschmack ist ein wesentliches Zeichen der Massenkultur des 20. Jahrhunderts. Auch dieser Aspekt zeigt sich bereits in der Frühphase der Schallreproduktion.[62] Basierend auf der irrationalen Annahme, dass die perfekte Technik die verschiedenen Variablen wie gegenseitige Abhängigkeiten, Qualitätseinbußen und ästhetische Entscheidungen von der Musikaufzeichnung über die technische Nachbearbeitung bis zur Wiedergabe zu Hause neutralisieren bzw. harmonisieren könne, bleibt die HiFi-Kultur ewig verstrickt in ein Begehren, das nach kommerzieller Ausbeutung geradezu schreit und notwendig fortwährend ›täuschende‹ Produkte wie die von Nisius beschriebenen »Bluffer« produzieren muss.

Abschließend kann man festhalten, dass die Analyse des Handbuchs zweierlei zeigt: *Erstens* wird Musikhören im 20. Jahrhundert nicht mehr ohne medientechnische Vermittlung gedacht, das heißt die Norm ist spätestens seit der Jahrhundertmitte ein Hören mit und durch technische Medien und nicht mehr die Live-Situation. *Zweitens* zeigt sich, dass der Diskurs um das Hören nicht mehr allein von hochkulturellen ideologischen Vorstellungen geprägt ist (obwohl diese durchaus noch vorhanden sind), sondern insbesondere von den Interessen des Kapitals, die diese Vorstellungen modulieren. Musikhören wird damit im 20. Jahrhundert also in einer doppelten Hinsicht konsumistisch: Einerseits wird Musik eine Ware, die in Form von Tonträgern verkauft und konsumiert werden kann; andererseits weckt und nährt die Unterhaltungselektronikindustrie durch die Ratgeber und Gebrauchsanweisungen ein Begehren nach der bestmöglichen Klangtreue, damit Musikhörer immer wieder neue Musiktechnologien konsumieren. Die Ratgeber dienen so nicht nur als Einübung ins Hören, sondern auch als Einübung ins Kaufen (wie der Titel von Nisius' Buch ja bereits klarstellt).

Auch wenn unsere Fallstudie von *HiFi hören. HiFi-Qualität? Sie hören es! HiFi-Praxis für kritische Käufer und Fachhändler* hier vorläufig und unvollständig bleiben muss, so macht sie doch deutlich, dass die Analyse solcher Ratgeber und Handbücher einen Weg darstellen kann, sich einer historischen Medienpraxis aus verschiedenen Blickwinkeln zu nähern. Sie zeigt, welche ›Probleme‹ im Feld einer medialen Praxis des Hörens zu einem bestimmten Zeitpunkt existiert haben und ausgehandelt worden sind, wie das Musikhören durch die Vermittlung von Wissen und Werten zu einer gerichteten und geleiteten Wahrnehmungspraxis geformt werden kann und wie stark ideologische Vorstellungen mit der Beurteilung technischer Klangqualität verbunden sind. Auf diesem Weg – und ergänzt durch weitere Materialien wie *oral history*, Leserbriefe u.ä. – kann Schritt für Schritt die Erschließung einer historischen Medienpraxis des Hörens erfolgen.

---

61 Ebd., S. 125.

62 Vgl. Thompson: »Machines, Music, and the Quest for Fidelity«.

Drone Vision

Sehen und Handeln an der Schnittstelle von Sinnen und Sensoren

MORITZ QUEISNER

KÖRPER UND BLICK

Die Kupferstiche aus der 1572 erstmals erschienenen *Civitates orbis terrarum*, einer Sammlung von Stadtansichten der Frühen Neuzeit, gelten als herausragende Beispiele früher städtischer Kartographie. Die meisten der Stiche stammen aus der Hand des Kupferstechers Franz Hogenberg und wurden vom Theologen Georg Braun herausgegeben und kommentiert. Sie zeichnen sich nahezu allesamt durch den Umstand aus, dass sie eine Stadt und die sie umgebene Landschaft aus einer erhabenen Betrachterposition zeigen. Auffällig ist dabei, dass sich dem Betrachter jeweils am unteren Bildrand dargestellte Personen zuwenden, ganz so, als befänden sie sich mit ihm auf der natürlichen Anhöhe, welche durch einen Weg mit der Stadt bzw. der sie umgebenden Landschaft verbunden ist und dadurch einer gemeinsamen Darstellungsebene zugeordnet werden kann. Während die Verbindung von Stadt und Betrachter in einigen Abbildungen noch nachvollziehbar ist, scheint sie in anderen mit der zunehmenden Neigung des Anschauungsraumes in die Vogelperspektive einer natürlichen Darstellungslogik zu entgleiten. Die Abbildung des heutigen Utrechts, dessen Umland über keinerlei natürliche Erhebungen verfügt, zeigt schließlich nur noch eine Aufsicht (Abb. 1). Obwohl der Anschauungsraum immer weiter kippt, setzt sich die körperliche Präsenz der beiden Beobachter fort, ganz so, als wollten sie den Standpunkt auf der Anhöhe weiterhin mit dem Betrachter teilen und zugleich als natürlichen Bestandteil des Bildes legitimieren. Der Wechsel der Perspektive korrespondiert also nicht mit einer entsprechenden Anpassung der Darstellungsebene des Betrachters im Bild. Wir treffen hier auf ein Paradoxon, in dem Sichtbarkeit erst durch die Sinnesleistung und die Präsenz eines menschlichen Auges legitimiert wird. Körper und Bild werden hier demgemäß noch als Einheit aufgefasst.

Abbildung 1: Utrecht, Kupferstich, Franz Hogenberg, 1572

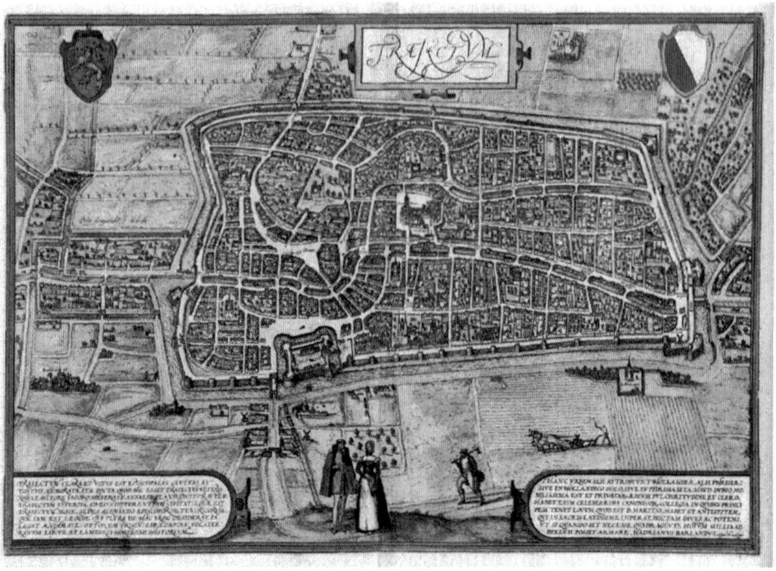

Quelle: Braun, Georg/Hogenberg, Franz (1593) Civitates Orbis Terrarvm, Köln: Gallaeus.

Dieses Abhängigkeitsverhältnis zwischen Visio und Visualisierung bricht im Zuge der zunehmenden Verlagerung der Bildproduktion von der menschlichen Hand in technische Apparaturen zunehmend auf. Insbesondere angesichts der Möglichkeiten zur Herstellung, Verarbeitung und Übertragung digitaler Bewegtbilder in Echtzeit scheint die Differenz zwischen Darstellung und Wahrnehmung zunehmend selbst unsichtbar zu werden. Im Film *The Body of Lies* (USA 2008) von Ridley Scott spielt Leonardo Di Caprio den CIA-Agent Roger Ferris, der eine in Jordanien und im Irak operierende Terrorgruppe zerschlagen soll. Trotz der hochtechnisierten Überwachungstechnologien der CIA gelingt die Lokalisierung der Gruppe allerdings nur unzureichend, da sie kaum mithilfe des Internets oder über Mobiltelefone kommuniziert, sondern analoge Datenträger wie Zettel und Boten verwendet, um Aufträge zu kommunizieren und Informationen auszutauschen. Als Ferris sich in der Wüste schließlich selbst den Terroristen ausliefert, um den Aufenthaltsort der Gruppe aufzuspüren, unterläuft diese ein weiteres Mal die scheinbare Überlegenheit der High-Tech-Observation. Während die karge Wüstenlandschaft Jordaniens einen scheinbar totalen Überwachungsraum suggeriert, der aus der Luft mithilfe einer Drohne flächendeckend und in Echtzeit visuell kontrolliert werden kann, entzieht sich Ferris Verladung in einen Geländewagen dem Zugriff durch die Überwachungssensoren. Die um Ferris kreisenden Wagen wirbeln eine Staubwolke auf, die den Blick auf die Situation für die Zuschauer im CIA-Situation Room verdeckt (Abb. 2). Als die Fahrzeuge daraufhin in verschiedene Richtungen davon fahren, wird die weitere Verfolgung zur Lotterie – nur einem Wagen kann die über dem Gebiet kreisende Drohne folgen.

Abbildung 2: CIA-Situation Room

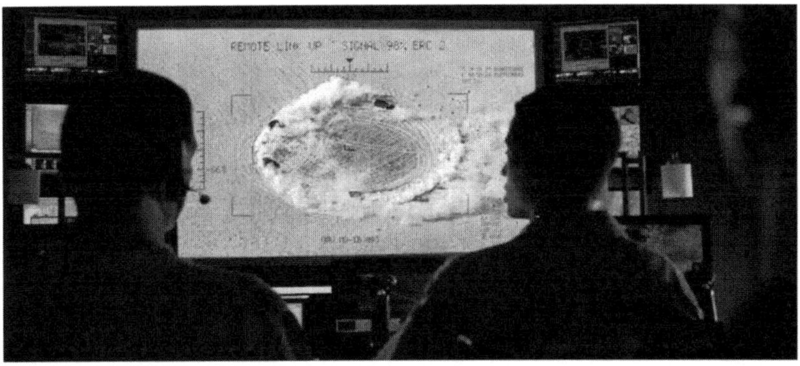

Quelle: Filmstill, Ridley Scott, *The Body of Lies* (USA 2008).

Wie bei Braun und Hogenbergs Stadtansichten offenbart sich hier ein Wahrnehmungsproblem, dass sich zuallererst als Bild zeigt: Auch hier treten Betrachter und Anschauungsraum auf irritierende Weise auseinander. Während jedoch Braun und Hogenbergs von der Anhöhe hinabblickende Betrachter diese Tatsache noch auf paradoxe Weise zu negieren versuchen, wenden Ferris und die Terroristen ihre Blicke immer wieder hinauf zum Himmel, und markieren damit einen Anschauungsraum, in dem die Differenz zwischen Bild und Blick überwunden zu sein scheint, die Brauns und Hogenbergs Stadtansichten noch aufweisen. Das Videobild der Drohnenkamera weist keine Spuren eines Betrachters mehr auf.

PRAKTIKEN DES SEHENS UND ZEIGENS

Der Umstand, dass die Technisierung und Mobilisierung der Bildproduktion neue Medien und Praktiken der Sichtbarmachung hervorbringen, ist keineswegs neu. Schon frühe fotografische Verfahren bringen Bereiche eines prinzipiell nicht Sichtbaren hervor und stehen damit grundsätzlich für Formen von visueller Erfahrung, die nicht mehr nur vom Körper her denkbar sind und an den Sinnen gemessen werden. Dementsprechende Parameter von Sichtbarkeit wie etwa Bewegung, Strahlung oder Vergrößerung sind in fotografischen und kinematografischen Theorien des technischen Bildes ausführlich diskutiert worden und sollen hier nicht erneut aufgerufen werden. Stattdessen gilt es im Folgenden herauszuarbeiten, wie sich das Verhältnis von Bild und Betrachter im Zuge von Echtzeit-Visualisierungsverfahren verändert. Dabei soll am Beispiel militärischer Drohnenoperationen gezeigt werden, wie die medialen Produktions-, Übertragungs- und Rezeptionsbedingungen eine Praxis des Sehens hervorbringen, mit der sich neue Handlungsmöglichkeiten und -probleme verbinden.

Die visuelle Architektur der Überwachung, wie sie in BODY OF LIES praktiziert wird, trennt das Operationsgebiet vom Körper und einem direkten sinnlichen Zugriff – es wird zum Artefakt, ist ausschließlich medial erfahrbar. Dies entspricht nicht mehr der koaxialen Disposition von Betrachter und Wahrnehmungsgegenstand, die den Ausgangspunkt der meisten Erklärungsversuche des Zusammenhangs von Bild und Sehen bildet (von Descartes und Kepler bis zu Belting oder Geimer) und die auch die Stadtansichten von Braun und Hogenberg nicht überwinden können. Mit eben dieser Auflösung der Wahrnehmungsdifferenz zwischen Betrachter und Apparat experimentiert bereits in den 1920er Jahren der sowjetische Regisseur Dziga Vertov: In dem 1923 von Vertov verfassten *Kinoglaz*-Manifest spricht er von der Absicht eine filmische Wahrnehmung der Welt zu initiieren. Für den von der Technikeuphorie der Futuristen in der noch jungen Sowjetunion faszinierten Vertov war der Film das Medium, das den Menschen von der Unvollkommenheit visueller Wahrnehmung befreien sollte. 1923 notiert Vertov in sein Tagebuch:

»Kinoglaz [Kino-Auge] lebt und bewegt sich in Raum und Zeit, nimmt Eindrücke auf und fixiert sie ganz anders als das menschliche Auge. Die Verfassung unseres Körpers während der Beobachtung, die Anzahl der von uns in einer Sekunde wahrgenommenen Momente dieser oder jener Erscheinung sind in keinster Weise verbindlich für die Kamera.«[1]

Immer wieder verfasst Vertov dabei Textpassagen aus der Maschinenperspektive:

»Ich bin Kinoglaz. Ich bin ein mechanisches Auge. Ich, die Maschine, zeige euch die Welt so, wie nur ich sie sehen kann. Von heute an und in alle Zukunft befreie ich mich von der menschlichen Unbewegtheit. Ich bin in ununterbrochener Bewegung, ich nähere mich Gegenständen und entferne mich von ihnen, ich krieche unter sie, ich klettere auf sie, ich bewege mich neben dem Maul des galoppierenden Pferdes, ich rase in voller Fahrt in die Menge, ich renne vor angreifenden Soldaten her, ich werfe mich auf den Rücken, ich erhebe mich

1 Vertov, Dziga: »Kinoki – Umsturz«, in: Beilenhoff, Wolfgang (Hg.), Dziga Vertov. Schriften zum Film, München: Hanser Verlag 1973 [1923], hier S. 15.

zusammen mit Flugzeugen, ich steige und falle zusammen mit fallenden und aufsteigenden Körpern.«[2]

Während Braun und Hogenbergs Stadtansichten noch von einer medialen Anordnung ausgehen, die auf das Auge eines Betrachters ausgerichtet ist, löst sich Vertovs Kamera vom Auge des Betrachters. An die Position des Auges tritt die Kamera, die sich mehr oder weniger frei im Raum bewegt. Vertov kündigt damit die lineare Beziehung zwischen Bild und Blick auf, der Betrachter kann sich nicht mehr als Subjekt der Darstellung begreifen, weil das Bild nicht mehr auf sein Auge ausgerichtet ist. Diese mediale Anordnung bildet den Anfang einer Mediengeschichte der Kamera, in der die Apparatur nicht nur als Bewaffnung des Auges etwas Gesehenes aufzeichnet, sondern in der die Linse als technisches Auge scheinbar in Konkurrenz zur menschlichen Wahrnehmung tritt. Allerdings trennt die Vertov zur Verfügung stehende Bildtechnik noch Rezeption und Produktion voneinander – Aufzeichnung, Entwicklung und Projektion von Filmen sind zeitlich und räumlich separate Prozesse.

Obgleich Vertovs Kino-Auge-Manifest das Verhältnis von Darstellungsweise und Sehpraxis bereits grundsätzlich in Frage stellt, indem es den Fokus auf die Situation der Bildproduktion anstatt auf das Resultat der Bildgebung lenkt, steht es deshalb nicht für eine Krise des Sehens. Es ermöglicht weniger jenes neue Sehen, als welches es Vertov inszeniert, sondern müsste präziser als ein neues Zeigen beschrieben werden. So boten beispielsweise die fotografischen Techniken der Luftaufklärung während des ersten Weltkriegs neue Formen der Sichtbarmachung. Jedoch entsprach die Kombination von Kameratechnik und senkrechter Beobachtungsperspektive der Aufklärungsflieger dabei weniger einer »Maschine zum Sehen«, wie etwa Asendorf annimmt.[3] Vielmehr ermöglichte erst die nachträgliche Entwicklung und Montage der Bilder den visuellen Zugriff auf die Landschaft, für den selbst erst entsprechende Techniken der Betrachtung entwickelt werden mussten.

SITUATIONSWISSEN

Eine Synchronisierung von Visualisierungs- und Sehpraktiken ergibt sich erst mit der Bildverarbeitung und -übertragung in Echtzeit. Erst die Relativierung der Zeit in

2 Ebd., S. 20.

3 Asendorf, Christoph: »Bewegliche Fluchtpunkte – Der Blick von oben und die moderne Raumanschuung«, in: Maar, Christa/Burda, Hubert (Hg.), Iconic Worlds – Neue Bilderwelten und Wissensräume, Köln: DuMont 2006, S. 19-49, S. 31.

Visualisierungsverfahren schafft die operative Voraussetzung dafür, Darstellung und Handlung so miteinander zu verknüpfen, dass Menschen und Apparate auf einer Handlungsebene raumübergreifend miteinander interagieren können.[4] Echtzeit-Visualisierungen bilden inzwischen die Grundlage für eine Reihe von bildgeführten Handlungspraktiken in militärischen Interventionen. Dies betrifft insbesondere Situationen, in denen Sichtbarkeit für die Steuerung unbemannter Fahrzeuge hergestellt werden soll, ohne die Präsenz eines Auges notwendig zu machen. Die schematische Darstellung aus Trainingsdokumenten der Creech Air Force Base in Nevada, von der aus ein Großteil der US-Drohneneinsätze gesteuert wird, zeigt die sogenannten *C2 Options*, die *Command and Control*-Architektur für sogenannte *Theatre Unmanned Aerial Systems* (UAS) (Abb. 3). Dabei handelt es sich um die größte von drei Drohnen-Klassen, also diejenigen UAS, die auch selbst Waffen abfeuern, wie etwa die als *Reaper*- und *Predator*-Drohnen bekannten UAS, die vom US-Militär eingesetzt werden.

Die Darstellung zeigt, dass Drohnenoperationen auf einem komplexen Netzwerk und Zusammenspiel aus menschlichen und technischen Akteuren basieren. Während die traditionelle Luftfahrt Piloten ein vergleichsweise hohes Maß an Unabhängigkeit abforderte, basiert die Operationsstruktur von Drohneneinsätzen wesentlich auf der funktionierenden Kommunikation zwischen Sensoren, Relaisstationen, Piloten, Bodentruppen, Militäranwälten, Datenanalysten und Bildgebungsspezialisten.[5]

Anhand der dargestellten Beziehungen lassen sich die Übertragungswege und Kommunikationsmedien der beteiligten Akteure nachvollziehen, etwa zwischen Drohne und Crew oder zwischen dem *Combat Team* im Kampfgebiet und dem Kommandozentrum. Ein zentrales Merkmal der Architektur dieses Netzwerks ist die räumliche Trennung von Sinnen und Sensoren. Sie entspricht einem distanzierten und entkörperlichten Kampfgebiet, in dem digitale Datenerfassung und -übertragung die Beziehungen zwischen den Akteuren determinieren.[6]

---

4 Siehe zum Beispiel: Otto, Isabell/Haupts, Tobias (Hg.): Bilder in Echtzeit. Medialität und Ästhetik des digitalen Bewegtbildes. Augenblick. Marburger Hefte zur Medienwissenschaft 51 (2012).

5 Ausführlich dazu Gregory, Derek: »From a View to a Kill Drones and Late Modern War«, in: Theory, Culture & Society 28/7-8 (2011), S. 188-215, S. 195ff.

6 Ausführlich dazu: Franz, Nina: »›Man in the loop‹. The Language of Participation and the New Technologies of War«, in: Denecke, Mathias/Ganzert, Anne/Otto, Isabell/Stock, Robert (Hg.), ReClaiming Participation. Technology – Mediation – Collectivity, Bielefeld: transcript 2016, S. 133-144.

Abbildung 3: Command & Control Options von Theater Unmanned Aerial Systems

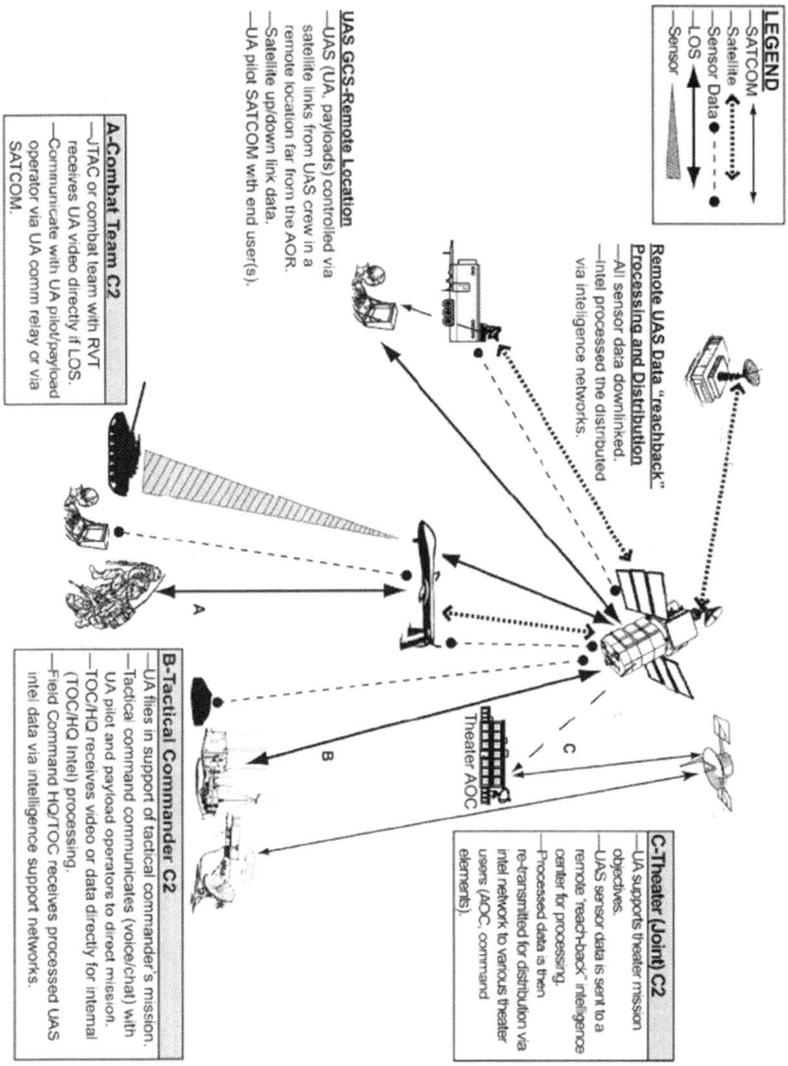
LEGEND
—SATCOM
—Satellite
—Sensor Data
—LOS
—Sensor
Remote UAS Data "reachback" Processing and Distribution
—All sensor data downlinked.
—Intel processed the distributed via inteligence networks.
UAS GCS-Remote Location
—UAS (UA, payloads) controlled via satellite links from UAS crew in a remote location far from the AOR.
—Satellite up/down link data.
—UA pilot SATCOM with end user(s).
A-Combat Team C2
—JTAC or combat team with RVT receives UA video directly if LOS.
—Communicate with UA pilot/payload operator via UA comm relay or via SATCOM.
A
B
C
Theater AOC
B-Tactical Commander C2
—UA flies in support of tactical commander's mission.
—Tactical command communicates (voice/chat) with UA pilot and payload operators to direct mission.
—TOC/HQ receives video or data directly for internal (TOC/HQ Intel) processing.
—Field Command HQ/TOC receives processed UAS intel data via intelligence support networks.
C-Theater (Joint) C2
—UA supports theater mission objectives.
—UAS sensor data is sent to a remote "reach-back" intelligence center for processing.
—Processed data is then re-transmitted for distribution via intel network to various theater users (AOC, command elements).

Quelle: Creech Airforce Base Army Tactical Pocket Guide for Organic/Non Organic Group 3/4/5 UAS, 2010, S. 52.

Der Informationsaustausch zwischen den einzelnen Einheiten basiert auf der Kommunikation mittels Chatclients und Sprachübertragung. Das Wissen über eine Situation im Operationsgebiet, die sogenannte *situational awareness*, basiert nahezu ausschließlich auf Sensordaten. Dabei werden insbesondere Visualisierungen der Sensordaten zur wichtigsten und oftmals einzigen Handlungs- und Entscheidungsgrundlage. Der Umstand, dass sowohl Steuerung und Navigation von Drohnen, als auch der visuelle Zugriff auf das Operationsgebiet bildgeführt erfolgen, impliziert eine strukturell andere Bildpraxis, als sie die visuellen Methoden und Kompetenzen der traditionellen militärischen Aufklärung nahelegen. Während sich militärische Aufklärung immer schon maßgeblich auf Bilder stützt, implizieren die technologisch-pragmatischen Bedingungen des bildgeführten Zugriffs auf das Kampfgebiet hingegen eine Verschiebung des militärischen Bildgebrauchs. Mit der räumlichen Mobilität von Bildgebungs-, Sensor- und Netzwerktechnologien sowie mit der nahezu unmittelbaren zeitlichen Verfügbarkeit der entsprechenden Visualisierungen verbindet sich ein neuer Typ von Intervention, in dem militärisches Eingreifen in nahezu Echtzeit[7] dadurch an- oder fehlgeleitet wird, was und wie Bilder zeigen bzw. nicht zeigen. Dies entspricht einem operativen Bildgebrauch, der sich insofern von bisherigen militärischen Praktiken der Planung, Überwachung und Aufklärung unterscheidet, als dass Bilder nicht mehr nur statische Objekte einer zeitlich und räumlich nachgeordneten Rezeption sind, sondern die Handlungen von Soldaten maßgeblich aktiv lenken, steuern und führen.

MEDIEN DER STEUERUNG

Wenn Visualisierungspraktiken zwischen Soldaten und Einsatzgebiet vermitteln, erfordert dies nicht nur eine Auseinandersetzung damit, was in und auf diesen Bildern gesehen und erkannt werden kann, sondern es steht zur Disposition, wie Bilder Sehen und Handeln in einem operativen Prozess ermöglichen, erschweren oder gar verhindern. Die visuelle und operative Schnittstelle zwischen Menschen und Sensoren bildet in Drohneneinsätzen die sogenannte *Ground Control Station*. Als zentrale Steuerungseinheit bestimmt sie die Formen und die Möglichkeiten des visuellen Zugriffs auf das Kampfgebiet. Die sogenannte *Advanced Cockpit Ground Control Station* (Abb. 4) von General Atomics Aeronautical Systems wurde insbesondere für den Einsatz von *Predator*- und *Reaper*-Drohnen entwickelt. Der Pilot und der sogenannte *Sensor Operator* sitzen jeweils vor sechs 24 Zoll großen, berührungssensitiven Monitoren, die in zwei übereinander liegenden Reihen angeordnet sind.

7 Tatsächlich weisen die Videobilder eine Verzögerung von bis zu einigen Sekunden in Abhängigkeit davon auf, welche Distanz und wie viele Relaisstationen das Signal zurücklegen muss.

Abbildung 4: Advanced Cockpit Ground Control Station

Quelle: General Atomics Aeronautical Systems, Inc. 2015.

Die untere Monitorreihe ermöglicht den vertikalen visuellen Zugriff auf das Kampfgebiet und bietet eine Reihe von Visualisierungsoptionen auf der Basis des sogenannten *Multi-Spectral Targeting System*, ein am Rumpf der Drohne befestigtes Ensemble visueller Sensoren,[8] das durch den Sensor Operator gesteuert wird (Abb. 5). Außerdem beinhaltet die untere Monitorreihe Luftverkehrs- und Karteninformationen sowie Softwareanwendungen für Chat und Email sowie darüber hinaus weitere Missionsdaten wie Karten, Command and Control-Optionen und das Warnsystem. Auf der Basis eines Videofeeds sowie von Geovisualisierungen ermöglicht die obere Monitorreihe eine horizontale Perspektive in Flugrichtung der Drohne. Der Videoausschnitt ist dabei auf einen rechteckigen Bereich im Zentrum des mittleren Monitors beschränkt und zeigt nur einen entsprechend kleinen Ausschnitt. Das weitere Sichtfeld wird aus 3D-modellierten Geländeinformationen generiert, die das Videobild in einem Blickwinkel von 120 Grad so erweitern sollen, als befände sich die Crew tatsächlich im Cockpit eines Flugzeugs.

Die Kombination fotografischer und synthetischer Darstellungsmodalitäten macht deutlich, dass die Crew ein komplexes Gefüge von Bildtechniken und

8 Das sogenannte *Multi-Spectral Targeting* System besteht aus einem Infrarotsensor, einem Bildverstärker, einer Tageslichtkamera, einem Lasermarkierer und einem Laser Illuminator.

-informationen in ihre Handlungsabläufe integrieren muss.[9] Solche Visualisierungsstrategien der Augmentierung, in denen Kampfhandlungen durch visuelle Informationen angereichert werden, kennzeichnen eine ganze Reihe militärischer Handlungspraktiken, in denen Bild und Blick synchronisiert werden – von Fadenkreuzen in Zielfernrohren bis hin zu Head-up-Displays in Kampfflugzeugen.[10]

Abbildung 5: Sensor Ball einer Reaper MQ-9, Creech Airforce Base

Quelle: Bryan William Jones, www.prometheus.med.utah.edu/~bwjones, (Creative Commons BY-NC 3.0), letzter Zugriff 25.09.2015.

Die Mensch-Maschine-Konfiguration von Drohnenoperationen impliziert aber nicht nur eine Fusion unterschiedlicher Bild- und Betrachtungsmodalitäten, sondern die mediale Anordnung von Mensch und Bild steht hier vielmehr für einen grundlegend neuen Modus von Interaktion. Die Steuerungseinheit steht dabei beispielhaft für eine visuelle Architektur, in der Bilder gegenüber Handlungen weder nachgeordnet sind, noch sie lediglich ergänzen oder anreichern. Stattdessen bedingen Bilder hier die militärische Intervention selbst: maßgeblich für das, was gesehen wird, ist nicht mehr die Position des Auges bzw. der Standpunkt des Betrachters, sondern die Position und die Modalitäten von Bildgebungsverfahren. Das Operieren an und mit

9 Siehe z.B. Franz, Nina: »Situational Awareness and Its Conceptual Frames«, Vortrag auf der Konferenz »Debating Drones. Politics, Law, and Aesthetics«, 15.09.2015, University of Southern Denmark.

10 Siehe z.B. Gregory: »From a View to a Kill«.

der Steuerungseinheit entspricht damit einer Mensch-Maschine Konfiguration, in der Technik nicht lediglich die menschliche Tätigkeit unterstützt oder optimiert, sondern ausschließlich durch sie realisiert werden kann. Bilder werden hier zu Medien der Steuerung und Handlungsanleitung: sie zeigen nicht nur, sondern fordern zu Handlungen auf und bedingen diese.

OPERATIVITÄT

Die Frage nach der Handlungsdimension von Bildern hat die Bild- und Medientheorie zuletzt vor allem im Rahmen von operativen Bildern und operativer Bildlichkeit in den Blick genommen.[11] Entsprechende Ansätze, so argumentieren Hoel und Lindseth, bieten in dreierlei Hinsicht die Möglichkeit Bilder neu zu konzeptualisieren:

»First, they offer dynamic approaches that analyze phenomena into doings and happenings rather than into things and static entities; second, they offer relational approaches that conceive identity in terms of open-ended processes of becoming; and third, by so doing, they allow us to ascribe agency to images, and crucially, to conceive agency as distributed across interconnected assemblages of people, practices, and mediating artifacts.«[12]

Ein operativer Ansatz richtet den Blick also weniger auf die Repräsentationsfunktion, Erscheinungsform oder Darstellungskonvention von Bildern, sondern darauf, welche Praktiken entstehen und wie Bilder dabei zu Medien der Steuerung und Handlungsanleitung werden.

Im Kontext von Drohnenoperationen stellt sich vor diesem Hintergrund weniger die Frage, *was* in und auf Bildern gesehen oder nicht gesehen werden kann. Bildkompetent müssen Soldaten nicht nur als Analysten oder Planer sein, sondern sie

11 Siehe z.B. Farocki, Harun: »Phantom Images«, in: Public 29 (2004), S. 12-24; Krämer, Sybille: »Operative Bildlichkeit. Von der ›Grammatologie‹ zu einer ›Diagrammatologie‹? Reflexionen über erkennendes ›Sehen‹«, in: Heßler, Martina/Mersch, Dieter (Hg.), Logik des Bildlichen. Zur Kritik der ikonischen Vernunft, Bielefeld: transcript 2009, S. 94-123; Hinterwaldner, Inge: »Programmierte Operativität und operative Bildlichkeit«, in: Mikulá, Roman/Moser, Sibylle/Wozonig, Karin S. (Hg.), Die Kunst der Systemik, Berlin: Lit Verlag 2013, S. 77-108; Hoel, Aud Sissel/Lindseth, Frank: »Differential Interventions: Images as Operative Tools«, in: Hoelzl, Ingrid (Hg.), The Operative Image, 2014, http://mediacommons.futureofthebook.org/tne/pieces/differential-interventions-images-operative-tools-2 (letzter Zugriff: 08.08.2016).

12 Vgl. Hoel/Lindseth: »Differential Interventions«.

müssen in der Lage sein, militärische Operationen allein auf der Basis von Bildern zu praktizieren. Bilder müssen hier nicht nur analysiert und interpretiert werden, sondern sie werden zu Agenten eines soziotechnischen Arrangements. Nicht weniger relevant, aber weit weniger beachtet, scheint demnach die Frage danach zu sein, wie die visuellen Anordnungen und Technologien von Drohnenoperationen in die Handlungen und die Entscheidungen der Akteure eingehen. Es genügt nicht, auf der Basis eines entsprechend theoriegeleiteten Bildwissens etwa ein Kind aus der Vogelperspektive von einem Erwachsenen unterscheiden zu können oder Farbdifferenzen auf einem thermografischen Bild als Waffe identifizieren zu können.

Trotz der zunehmenden journalistischen und wissenschaftlichen Dokumentation und Aufarbeitung militärischer Drohnenoperationen, insbesondere im Zusammenhang mit der hohen Zahl getöteter Zivilisten, wird diese Differenz zwischen der Wahrnehmungssituation von Soldaten und der Visualisierung von Sensordaten oftmals ausgeblendet. Der Interpretation von Bildern geht nur selten eine Analyse der technischen und situativen Zusammenhänge voraus, wie Walczak am Beispiel des von Wikileaks 2010 veröffentlichten *Collateral Murder*-Videos herausgearbeitet hat, das die bildgeführte Tötung von Zivilisten durch die Crew eines Kampfhubschraubers zeigt.[13] Seine Analyse offenbart eindrucksvoll, wie »nicht das Geschehen selbst«, sondern der technische Charakter der Aufzeichnung, wie etwa die Bildschirmanordnung, Auflösung, Zieloptik, Bedienbarkeit oder Lichtverhältnisse »den ›Bildakt‹ konstituiert«.[14] Was »eine Kamera aus der Luft festhält und wer ihre Aufnahmen wann und auf welche Weise betrachtet«, so Walczak, »hängt seit den ersten Fotografien, die Nadar 1858 aus einem Fesselballon aufnahm, von den Eigenheiten der Apparatur und ihrer Interaktion mit dem Fluggerät wie mit dessen Besatzung ab.«[15]

Während in der öffentlichen Debatte vorwiegend die Ansicht vertreten wird, Drohnen-Crews besäßen ein allgegenwärtiges technisches Auge um mit chirurgischer Präzision aus tausenden Kilometern Entfernung zu töten,[16] vergleichen die

---

13 Vgl. Walczak, Gerrit: »WikiLeaks und Videokrieg: Warum wir noch immer nicht wissen, was wir im Collateral Murder-Video sahen«, in: Mittelweg 36/4 (2012), S. 4-39.

14 Ebd., S. 12.

15 Ebd., S. 10.

16 Siehe beispielsweise die Äußerungen durch die Obama-Administration, etwa durch den *White House Counterterrorism Adviser* John Brennan: »It's this surgical precision, the ability, with laser-like focus, to eliminate the cancerous tumor called an al-Qaida terrorist while limiting damage to the tissue around it, that makes this counterterrorism tool so essential« (Brennan, John O.: »The Ethics and Efficacy of the President's Counterterrorism Strategy«, Council of Foreign Relations 2012, www.cfr.org/counterterrorism/brennans-speech-counterterrorism-april-2012/p28100 (letzter Zugriff: 01.05.2015). Mehr dazu vgl.

Crews selbst den visuellen Zugriff auf das Kampfgebiet über einen zeitlich verzögerten Videofeed mit dem Blick durch einen Strohhalm.[17] Angesichts des Netzwerks von Produktions- und Rezeptionsbedingungen, in das die Techniken des bildgeführten Zugriffs den Betrachter einbetten, stellt sich vor diesem Hintergrund die Frage: Wie lässt sich ein Sehen beschreiben, dass immer weniger ausschließlich durch Fähigkeiten und Funktionen des menschlichen Auges definiert ist, sondern zunehmend als mediale Praxis und unter dem Einfluss und der Kontrolle von Instrumenten und Apparaten gedacht wird?

»Becoming the Eye in the Sky«

Das Verhältnis von Mensch und Technik, das Vertov in seinen Texten aus den 1920er Jahren über das Kino-Auge beschreibt, stellt das Verhältnis zwischen Auge und Aufzeichnung, zwischen Organismus und Mechanismus bereits grundsätzlich infrage. Vertovs bereits zitierte Vorstellung eines technischen Auges folgt dabei kontinuierlich einer Rhetorik der Ablösung von Auge und Kamera. Die Kamera tritt an die Stelle des Auges und hindert den Betrachter daran, sich selbst als Teil der Darstellung zu begreifen. Vertov wirft damit bereits die Frage auf, inwieweit fotografischer und kinematografischer Bildgebung eine eigene Autorschaft zugewiesen werden kann bzw. ob sie eine Präsenz, Aktivität oder einen Eigensinn besitzen.

Cullens Studie *The MQ-9 Reaper Remotely Piloted Aircraft: Humans and Machines in Action* untersucht eben dieses Verhältnis von Kamera und Auge. Im Kapitel *Becoming the Camera* analysiert Cullen Ausbildungssituationen von *sensor operators*.[18] An der Schnittstelle zwischen Sensoren und Visualisierung nehmen *sensor operators* eine Schlüsselposition in der militärischen Handlungskette ein. Sie bestimmen überhaupt erst, was und wie gesehen werden kann – etwa durch die Wahl von Bildmodus, Bildausschnitt oder Vergrößerungsstufe. Die Schwierigkeit bei der Steuerung des sogenannten *Sensorballs* besteht darin, die Sensoren mithilfe zweier Joysticks und unabhängig von der Flugrichtung der Drohne so zu manövrieren, dass ein stabiles Sichtfeld gewährleistet ist. Während Vertov die Mobilisierung der Kameratechnik noch als Befreiung von den Beschränkungen

Friedersdorf, Conor: »Calling U.S. Drone Strikes ›Surgical‹ Is Orwellian Propaganda«, in: The Atlantic, 27.09.2012, www.theatlantic.com/politics/archive/2012/09/calling-us-drone-strikes-surgical-is-orwellian-propaganda/262920 (letzter Zugriff: 01.05.2015).

17 Cullen, Timothy M.: The MQ-9 Reaper Remotely Piloted Aircraft: Humans and Machines in Action, unveröffentlichte Dissertation, Massachusetts Institute of Technology 2011, http://hdl.handle.net/1721.1/80249 (letzter Zugriff: 08.08.2016), S. 122.

18 Vgl. ebd., S. 117-201.

der menschlichen Sinne feiert, zeigt die Differenz zwischen Auge und Kamera in der militärischen Handlungskette hingegen die Grenzen der Sichtbarmachung auf. Cullens Analyse macht deutlich, dass die Überbrückung zwischen Bild und Blick ein zentrales Problem für die adäquate Herstellung und Kontrolle von Sichtbarkeit darstellt. Das Bewusstsein über die Grenze zwischen Mensch und Technik wird in der militärischen Ausbildung und Praxis aber offenbar strategisch ausgeschaltet: »Experienced sensor operators who ›flew‹ the sensor ball from an 18-inch monitor became the machine. They became the eye in the sky.« Die Auflösung dieser Differenz lässt sich sowohl anhand der Handlungsanweisungen der Ausbilder und in der Sprache der Auszubildenden nachvollziehen,[19] als auch anhand der körperlichen Involviertheit in der Interaktion mit den Bildern der Steuerungseinheit:

> »Feelings of remote presence helped sensor operators move their bodies, and instructors believed that operators who felt as if they were ›flying the sensor‹ could hold their attention longer on a scene, were more curious of what they saw, could sense change and movement easier.«[20]

Um die bildgeführten Handlungsentscheidungen in Drohnenoperationen nachvollziehen zu können, scheint die Schnittstelle zwischen Körper und Technik dementsprechend ein entscheidendes Kriterium zu sein:

> »After a couple hundred hours of flight experience and a sense of comfort with the modes, interfaces, and capabilities of the sensor ball, sensor operators began to feel like they were a part of the machine. With proficiency as a ›sensor‹, sensor operators found themselves shifting and straining their bodies in front of the HUD [Heads Up Display] to look around an object. As pilots flew closer to a target, the transported operators tilted their heads in anticipation of the camera's [redacted].«[21]

---

19 »Instructor sensor operators taught their students to visualize themselves being on the Reaper aircraft, floating above the ground and looking down at their quarry from the belly of the aircraft.« (Ebd., S. 166) Außerdem: »Apart from instructors telling their students to become the camera explicitly, a sensor operator's feeling of remote presence was evident in the lessons they learned, in the language they used, and in the way experienced sensor operators interacted with the HUD.« (Ebd.)

20 Ebd., S. 167.

21 Ebd. Cullens Kritik an der Geheimhaltung empirischer Daten über die Handhabung und Funktionsweise sogenannter »remotely piloted aircrafts« (ebd., S. 22) steht im Widerspruch zur Zensur seiner eigenen Studie, in der unzählige Passagen unkenntlich gemacht worden sind [redacted].

Abbildung 6: Patentskizzen von Neubronners Brieftaubenkamera mit zwei Objektiven, 1907

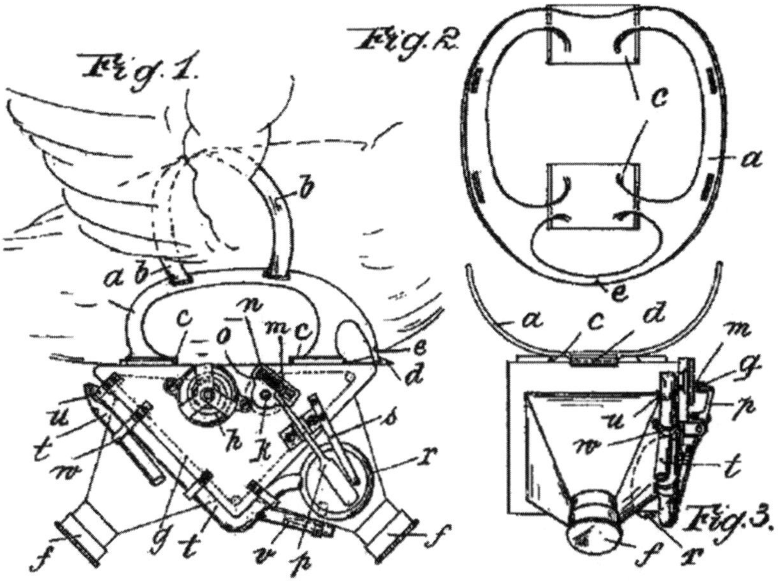

Quelle: Patent GB190813128 (A) »Method of and Means for Taking Photographs of Landscapes from Above«, Europäisches Patentamt.

An der Grenze zwischen technischer Aufzeichnung und visueller Wahrnehmung bildet insbesondere die Metapher des künstlichen Auges das zentrale Bindeglied zwischen technischer Aufzeichnung und visueller Wahrnehmung. Die Rede von sehenden Kameras und maschinisierten Beobachtern durchzieht bis heute weite Teile kultur- und medientheoretischer Debatten. Sie suggeriert dabei oftmals eine scheinbare »Kontinuität des Sichtbaren, einen mühelosen Übergang vom sinnlichen zum technischen ›Sehen‹, aber indem sie diesen Übergang zu stiften versucht, markiert sie die Bruchstelle, die diese rhetorische Kittung überhaupt erst motiviert«.[22] Peter Geimer hat solche Brüche und Übergänge zwischen Sehsinn und technischer Apparatur insbesondere für fotografische Techniken ausgearbeitet. Am Beispiel der frühen Luftbildfotografie Julius Neubronners erläutert er, wie technische Medien gerade dort, wo sie die Sinne übersteigen, weiter an den Sinnen orientiert werden.[23] Neubronner erhebt 1908 ein Patent auf die sogenannte Brieftaubenfotografie, bei der eine am Körper einer Taube befestigte Kamera die Aufzeichnung von Foto-

22 Geimer, Peter: Bilder aus Versehen. Eine Geschichte fotografischer Erscheinungen, Hamburg: Philo Fine Arts 2010, S. 325.

23 Ebd., S. 319-331.

grafien aus der Vogelperspektive ermöglicht (Abb. 6). Neubronners Aufnahmen, so Geimer, »liegt kein Blick zugrunde, den jemand oder etwas um 1908 in die Tiefe dieser Landschaft gerichtet hätte«.[24] Der Apparat ist für Geimer dementsprechend »blicklos«, weil er als Autor der Aufnahme »anthropologisch nicht belangbar« ist bzw. weil »die Urheberschaft des Bildes [...] uneindeutig« ist,[25] sie lässt sich nicht auf das Auges eines Betrachters zurückführen.

AGENTENSCHAFT

Ein Denken der Technologien vom Körper her, wie es vor allem im Zuge Freuds und McLuhans Prothesen- und Extension-Theorien dominierte, bezweifelte bekannterweise Friedrich Kittler mit seiner Annahme, dass der Mensch nicht das Subjekt aller Medien sei: »Ein Auge, das sich nach dem schönen Ausdruck mit Linsen oder Brillen bewaffnet«, so Kittler, sei nicht als Verlängerung oder Ausweitung der Sinne zu verstehen, sondern es sei stattdessen davon auszugehen, dass die Funktionsweise und Entwicklung technischer Apparate vom Körper »völlig abgekoppelt verläuft« und eine »Eigendynamik« entfaltet.[26] Für Kittler sind technische Medien deshalb umgekehrt »Modelle des sogenannten Menschen, weil sie zur strategischen Überrollung seiner Sinne entwickelt worden sind.«[27]

Ebenso wenig wie ein subjektzentrierter Ansatz setzte sich eine solche technikdeterministische Lesart durch, die optischen Apparaten etwa Seh- und Handlungsfähigkeiten zuschrieb. Zwar weisen die Bilder von Drohneneinsätzen keine Spuren der Anwesenheit eines Betrachters mehr auf; der Betrachter verlässt eine egozentrische Blickposition und den stabilen Repräsentationsraum der klassischen Wahrnehmungsästhetik. Jedoch verbindet sich mit diesem Verlust an individueller Autonomie nicht notwendigerweise die Aufhebung körperlicher Präsenz und sinnlicher Kompetenz, wie Cullens Ausführungen zeigen. Kittlers Zweifel legten zwar nahe, die »Vorstellung eines künstlichen Auges« aufzugeben, allerdings im Sinne eines Auges, »das dort zu sehen fortfährt, wo sein natürliches Vorbild ihm das Terrain überlässt«.[28] Kittler verhandelt das Wahrnehmungsproblem also nicht im Bezug zum Körper, sondern unter seinem Ausschluss.

In Abgrenzung zu den vorangehenden Positionen und vor dem Hintergrund neuerer Ansätze aus den *Science and Technology Studies* lässt sich die Praxis des

24 Ebd., S. 328.

25 Ebd., S. 327.

26 Vgl. Kittler, Friedrich: Optische Medien. Berlin: Merve 2002, hier S. 22.

27 Ebd., S. 31.

28 Geimer: Bilder aus Versehen, S. 323.

Drohnenkrieges eher einem Typ von Mensch-Maschine-Interaktion zuordnen, in dem das Verhältnis von menschlichen und technischen Akteuren im Rahmen von Netzwerken sozialer und materieller Produktion beschrieben wird.[29] Das Netzwerk aus Sensor-, Übertragungs- und Steuerungstechnologien des Drohnenkriegs, in dem die Differenz zwischen visueller Wahrnehmung und medialer Intervention zunehmend unsicher wird, legt nicht länger nahe, »Maschinen und Apparate zu anthropomorphisieren«, sondern »sie als Elemente, als nicht-menschliche Handlungsträger (Agents) einzubeziehen«.[30] Die mediale Architektur der *Ground Control Station* etabliert dementsprechend Handlungszusammenhänge, in denen sich Apparaturen nicht länger als Hilfsmittel, Fortführungen oder Erweiterungen des Auges beschreiben lassen, sondern die Voraussetzung für Handlungen bilden. Diese mediale Situation lässt sich weder allein als Leistung des Auges, also als Teil einer natürlichen Erfahrung oder direkten Anschauung beschreiben, noch lässt sie sich genuin dem Bereich apparativer Visualisierung zuordnen. Die Formen der Sichtbarmachung gehorchen weder ausschließlich der *visio*, noch der Repräsentation, sondern erzeugen eine hybride Form von Visualität und lassen sich dementsprechend nicht mehr innerhalb von Dualismen erfassen. An der Schnittstelle zwischen Sinnen und Sensoren müssten militärische Handlungen hier vielmehr als Kooperation zwischen Soldaten und Apparaten und als Konvergenz zwischen Auge und Kamera beschreiben werden.

BIOKONVERGENZ

Während journalistische und wissenschaftliche Arbeiten Drohnenoperationen vor allem im Hinblick auf Fehler und Störungen inzwischen akribisch aufarbeiten, ihre Abläufe rekonstruieren und auf politische Handlungsdefizite aufmerksam machen, bleibt die Verstrickung von Körper und Apparatur dabei vergleichsweise unbeachtet. Erst langsam und zumeist in Anlehnung an Erkenntnisse aus anderen Disziplinen wie der Medizin oder den Games Studies wird deutlich, wie das Verhältnis von Mensch und Maschine zunehmend als immersive Synthese konzipiert wird, in der Handlungs- und Wahrnehmungsprozesse in Kooperation mit Apparaten realisiert werden. An der Schwelle zwischen Visualisierungs- und Sehpraktiken wird dieser Aspekt dort besonders deutlich, wo nicht nur Handlungs*entscheidungen* auf der

---

29 Siehe z.B. Suchman, Lucy: Human-Machine Reconfigurations: Plans and situated actions (2nd edition), Los Angeles: Cambridge University Press 2007.

30 Hartmann, Frank: »Symbiosis yet? Koevolution der Grenzfläche Mensch/Medium«, in: Freyermuth, Gundolf S./Gotto, Lisa (Hg.), Bildwerte. Visualität in der digitalen Medienkultur, Bielefeld: transcript 2012, S.259-286, hier S. 286.

Grundlage von Visualisierungen getroffen werden, sondern die gesamte Handlungskette über bildgeführte Verfahren organisiert wird.

Die Verschaltung von Bild und Betrachter lässt sich etwa anhand bildgeführter Praktiken in der roboterassistierten Chirurgie zeigen. Dort etablieren minimalinvasive Operationsverfahren Wahrnehmungs- und Anwendungssituationen, in denen nicht mehr Körper, sondern Bilder die primären Referenzobjekte ärztlichen Sehens und Handelns bilden.[31] Da kein direkter Blickkontakt mit dem Operationsgebiet mehr möglich ist, erfolgt der Eingriff über bewegliche Roboterarme, die mithilfe von Videobildern gesteuert werden. Visualisierungsverfahren fungieren dabei nicht als Hilfsmittel oder Unterstützung, sondern sind zur Ermöglichungsbedingung menschlicher Handlungen geworden. Die Apparatur hat hier »die Fusion von Mensch und natürlichen Gegebenheiten einerseits gesprengt, indem sie zwischen beide getreten ist«, während ihr andererseits zugleich die Funktion zugewiesen wird, »zwischen ihnen zu vermitteln, Garant ihrer kompensatorischen Synthese zu werden«[32].

Suchman beschreibt diese Synthese im Hinblick auf den Drohnenkrieg als tödliche Biokonvergenz an der Schnittstelle zwischen Mensch und Maschine, in der Handlungen und Entscheidungen in Assemblagen einer zunehmend komplexen »sociotechnical mediation« eingebettet werden.[33] Im Kontext militärischer Interventionen plädieren Suchman und Weber deshalb für ein Umdenken von »conceptions of agency and autonomy, from attributes inherent in entities, to effects of discourses and material practices that variously conjoin and/or delineate differences between humans and machines«.[34] Genau diese Differenz zwischen Mensch und Apparat

31 Siehe z.B. Mentis, Helena/Chellali, Amine/Schwaitzberg, Steven: »Learning to See the Body: Supporting Instructional Practices in Laparoscopic Surgical Procedures«, in: Proceedings of the Conference on Human Factors in Computing Systems (CHI), Toronto, Canada, ON, New York: ACM 2014, S. 2113-2122; Friedrich, Kathrin/Queisner, Moritz: »Automated killing and mediated caring. How image-guided robotic intervention redefines radiosurgical practice«, in: Torrance, Steve/Coeckelbergh, Mark/Soraker, Johnny u.a. (Hg.), Proceedings of the 50th Anniversary Convention of the Society for the Study of Artificial Intelligence and the Simulation of Behaviour, London: The Society for the Study of Artificial Intelligence and the Simulation of Behaviour 2014.

32 Hick, Ulrike: »Die optische Apparatur als Wirklichkeitsgarant: Beitrag zur Geschichte der medialen Wahrnehmung«, in: montage/av 3.1 (1994), S. 83-96, S. 90.

33 Suchman, Lucy: »Situational Awareness: Deadly bioconvergence at the intersection of bodies and machines«, in: MediaTropes eJournal V.1 (2015), S. 1-24, S. 19.

34 Suchman, Lucy/Weber, Jutta (2014): »Human-Machine Autonomies«, paper presented at the symposium »Autonomous Weapons Systems – Law, Ethics, Policy«, 24.-25. April

zeigt Cullen in seiner Studie erstmals konkret auf. Im Unterschied zu Vertov verbindet sich damit keine Anthropomorphisierung der Technik, sondern die Auflösung der Grenzen zwischen Mensch und Apparatur. Zwar sehen die Sensoren im Rumpf der Drohne selbstverständlich nicht, aber der Körper sieht durch sie und transzendiert damit zugleich die Grenzen körperlicher Erfahrung.

Vor diesem Hintergrund erweist sich die Verengung der Analyse auf das, was Bilder zeigen als unzureichend, gerade wenn es darum geht, militärische Handlungen und Entscheidungen nachzuvollziehen. Denn wir schauen zwar, wie Mersch bemerkt,

> »vermittels von Vorrichtungen, von optischen Geräten oder Techniken der Visualisierung, aber wir schauen nicht diese an. Wir erkennen oder beobachten etwas durch die Art und Weise eines Umrisses, der Farbgebung, durch eine besondere Bildregie oder Ausschnittswahl, doch bleiben diese als Modalitäten der Produktion oder Inszenierung bloß mitgängig: Sie zeigen sich. Selbst wo wir ausnahmslos Algorithmen haben, die Bilder als Graphen errechnen, sehen wir durch diese hindurch.«[35]

So stimmen die Bilder der Bordkamera zwar mit der Perspektive der Soldaten überein und besitzen insofern einen Evidenzcharakter, als dass sie zeigen, was das Bodenpersonal sieht bzw. bisweilen übersieht. Jedoch täuschen die Bilder allein zugleich über die Modalitäten einer scheinbar totalen Sichtbarkeit hinweg.

Die Mobilisierung von Bildgebungs-, Sensor- und Netzwerktechnologien sowie die nahezu unmittelbare zeitliche Verfügbarkeit der entsprechenden Visualisierungen adressieren nicht nur Probleme auf der Ebene von Artefakten, sondern verweisen auf ein verändertes Gefüge von Anschauung, Operativität und Bildlichkeit. Dies zeigt Cullen zum Beispiel anhand der Synchronisierung von Kopfbewegungen und Kameraausrichtung, die einer spezifischen Verknüpfung von visueller und motorischer Kompetenz entspricht, welche als Sehpraxis erst erlernt werden muss. Der Umgang mit militärischen Bildern erfordert ein solches handlungs- und anwendungsbezogenes Bildwissen, das die medialen Produktions- und Rezeptionsbedingungen einbezieht. Eine entsprechende methodische und praktische Reflexion des Bildgebrauchs ist aber bisher in der militärischen Praxis kaum zu beobachten. Um Handlungen und Entscheidungen in Drohnenoperationen nachzuvollziehen, muss eine entsprechende Bildpraxis deshalb zuallererst daran gemessen werden,

---

2014, European University Institute, Florence, https://www.academia.edu/9659770/Human-Machine_Autonomies (letzter Zugriff: 08.08.2016), hier S. 2.

35 Mersch, Dieter (2006): »Blick und Entzug. Zur Logik ikonischer Strukturen«, in: Boehm, Gottfried/Brandstetter, Gabriele/von Müller, Achatz (Hg.), Bild – Figur – Zahl, München: Wilhelm Fink Verlag, S. 55-70, hier S. 9.

wie Bilder Sehen und Handeln in militärischen Situationen ermöglichen oder erschweren. Eine Kritik an dieser Form der Kriegsführung muss also nicht nur ihre Abläufe dokumentieren und ihre Folgen sichtbar machen, sondern ebenso die technologisch-pragmatischen Bedingungen des visuellen und operativen Eingreifens aufzeigen.

Nichts zu sehen, aber viel zu hören

Lärmschutzwände und die Einführung von KFZ-Audiosystemen[1]

KARIN BIJSTERVELD

EINFÜHRUNG

Im Januar 2008 kündigte Marc Eijbersen, Projektmanager bei der niederländischen Wissens-Plattform für Verkehr, Infrastruktur und öffentlichen Raum (CROW), eine neue Direktive an, die die Lärmschutzanlagen entlang von Autobahnen betraf. Seine ersten Sätze suggerierten großen Enthusiasmus. Er versprach Neuigkeiten in Bezug auf Innovationen beim Lärmschutz-Design und behauptete, dass »eine komplette Welt hinter dieser scheinbar einfachen Regelung« stünde. Der Ton des folgenden Satzes war jedoch ein anderer. Dort wies er darauf hin, dass de facto niemand daran Gefallen fände, an Lärmschutzwänden entlang zu fahren, oder, in Eijbersens Worten: Niemand freue sich darüber, »wie ein eingesperrtes Kalb in einem Abwasserkanal zu fahren«. Aber da Menschen, die in der Nähe von Autobahnen wohnen, gesetzlich vor Verkehrslärm geschützt seien, wäre es wahrscheinlich, dass Autofahrer mit straßenseitigen Lärmschutzanlagen leben müssten, bis schalldämpfende Straßenbeläge jene obsolet machten.[2]

1 Bei diesem Beitrag handelt es sich um eine gekürzte und überarbeitete Fassung des Kapitels »›Like a Boxed Calf in a Traffic Drain‹. The Car on the Corridor« aus Karin Bijsterveld/Eefje Cleophas/Stefan Krebs/Gijs Mom: Sound and Safe: A History of Listening Behind the Wheel, Oxford: Oxford University Press 2014. Die Übersetzung, Änderung und Kürzung des Texts wurde mit Erlaubnis von Oxford University Press und den Co-AutorInnen des Buchs vorgenommen. Um dieses Material zu reproduzieren, ist es notwendig http://www.oup.co.uk/academic/rights/permissions/ zu kontaktieren.

2 Eijbersen, Marc: »Geluidsschermen: Hoelang nog?«, in: *CROW* Etcetera 4/1 (2008), S. 2.

Die Ankündigung legt auf wunderbare Weise die sozialen und sinnlichen Dilemmata offen, die Lärmschutzanlagen zu Grunde liegen. Letztere wurden entworfen, um Bürger und Anwohner von Lärm abzuschirmen, aber versperren zugleich den Autofahrern die Sicht auf die sie umgebende Landschaft. Sie dienen dem Ohr, scheinen jedoch häufig das Auge zu vernachlässigen. Während die Benutzung von Autobahnen Bewegungsfreiheit verspricht, berichten Autofahrer über den einengenden Effekt von Lärmschutzkonstruktionen. Und wenn die Anlagen die in der Nähe Wohnenden vor Lärm schützen, so bleibt dessen Ursprung, d.h. die Geräuschemission auf Grund von Fahrbahnbelag und Reifenstruktur, doch oft unbenannt.

Dieser Beitrag nimmt sich im Folgenden der geschilderten Problematik an und erforscht die Geschichte der Lärmschutzwände seit den 1970er Jahren. Die Untersuchung fragt danach, wie verbreitet Lärmschutzanlagen zu Beginn des 21. Jahrhunderts waren und wie Autofahrer ihre Präsenz beurteilten. Was bedeutete der Verlust der Aussicht für das, was Fahrer *in* ihrem Auto erleben wollten? Die Untersuchung beginnt in den Niederlanden, eines der am stärksten motorisierten Länder des Westens, bezieht jedoch die Geschichte der Lärmschutzwände in anderen europäischen Ländern und den USA ein. Die These lautet, dass wir die Auseinandersetzung in Bezug auf die Lärmschutzanlagen am besten begreifen können, wenn wir sie sozial als Form des NIMBYismus (›Not in my Backyard‹) verstehen – wobei der Fahrer die Landschaft als den Garten für sein mobiles Zuhause ansieht – und kulturell als Ausdruck einer tief verwurzelten Angst auffassen, die auf bemerkenswerte Weise mit einem Ehrfurchtsempfinden für das Unterirdische in Beziehung steht. Die vielen Kilometer der Lärmschutzanlagen wurden generell als ein den Autofahrern aufgezwungener sinnlicher Entzug gesehen, den sie nur *in* ihren Autos kompensieren konnten, z.B. durch eingebaute Radios oder Stereoanlagen. Letztere halfen den Autofahrern die Kontrolle bzw. ein Gefühl von Kontrolle auf einer Autobahn wiederzugewinnen, von der sie selbst zu großen Teilen kontrolliert wurden.

»SCHANDFLECKE«: DIE WAHRNEHMUNG VON LÄRMSCHUTZWÄNDEN IN DEN NIEDERLANDEN

Zwischen 1975 und 2000 wurden entlang der staatlichen Autobahnen in den Niederlanden Lärmschutzanlagen mit einer Länge von insgesamt 280 Meilen erbaut. Bis 2007 kamen jährlich im Durchschnitt zwölf Meilen dazu.[3] Im Rahmen

3 CBS/PBL/Wageningen/UR: Geluidsschermen en ZOAB in Nederland, 1975-2000, indicator 0405, draft 03, 31.08.2007, http://www.compendiumvoordeleefom

dieser Maßnahmen entstand somit ein dichteres Netz von Lärmschutzwänden als in den USA. Im Jahr 2007 erreichten die dortigen Anlagen eine Länge von 2.506 Meilen[4] im Vergleich zu 367 Meilen in den Niederlanden. Bedenkt man, dass die USA in dieser Zeit etwa über 46.700 Meilen Fernverkehrsstraßen verfügte,[5] während sie in den Niederlanden nur 1.490 Meilen ausmachten,[6] so waren in den Niederlanden 24% und den USA 5% des gesamten Straßennetzes mit Lärm-schutzanlagen versorgt. Allerdings war es den Amerikanern möglich, die Lärm-schutzanlagen in die hügelige Landschaft einzubetten,[7] wohingegen das flache Land der Niederlande diese Strategie verhinderte und die Lärmschutzwände deutlich auffallendere Elemente in der niederländischen Landschaft darstellten. Trotz dieser Unterschiede gilt für beide Länder, dass die höchste Dichte an Lärmschutzmaßnahmen in städtischen Gebieten auftritt. Dies wiederum hat die Fahrerfahrung in diesen Gebieten verändert.

Obwohl die Amerikaner die Wegbereiter im Bau von Lärmschutzwänden gewesen waren – in Washington wurde der erste Lärmschutzwall aus Erde 1963 erbaut –, so wurde in US-amerikanischen Publikationen über Lärmschutz-Design Bewunderung für das ausgedrückt, was als kühnes und standardsetzendes Design der Europäer betrachtet wurde.[8] Ein britischer Guide über Lärmschutzanlagen bezeichnete die Niederländer sogar als die führenden Designer für Lärmschutzwände. »Wie zuvor,« so wurde dort konstatiert, »sind es die Niederlande, die den Weg in Bezug auf die Entwicklung und Innovation von Lärmschutz weisen.«[9] Die Niederländer waren zum Beispiel imstande, Anlagen zu gestalten, die nicht nur Lärm blockierten, sondern auch Luftverschmutzung reduzierten, und sie integrier-

geving.nl/indicatoren/nl0405-Geluidsschermen-en-ZOAB.html?i=16-44 (letzter Zugriff: 20.08.2015).

4 Vgl. U.S. Department of Transportation/Federal Highway Administration: »Summary of Noise Barriers Constructed by December 31, 2007«, http://www.fhwa.dot.gov/environment/noise/noise_barriers/inventory/summary/stable75.cfm (letzter Zugriff: 20.08.2015).

5 In 2009 verfügten die USA über 75.000 km (46.700 Meilen) Fernverkehrsstraßen. Vgl. https://en.wikipedia.org/wiki/Transportation_in_the_United_States (letzter Zugriff: 20.08.2015).

6 Vgl. http://www.wegenwiki.nl/Nederland (letzter Zugriff: 20.08.2015).

7 Vgl. Simpson, Myles A.: Noise Barrier Design Handbook, Washington, DC: Department of Transportation/Federal Highway Administration Office of Research 1976, S. 3-37.

8 Billera, Domenick/Parsons, Richard D./Hetrick, Sharon A.: »Good Fences Make Good Neighbors: Highway Noise Barriers and the Built Environment«, in: Transportation Research Record 1601 (1997), S. 55-63, hier S. 55.

9 Kotzen, Benz/English, Colin: Environmental Noise Barriers: A Guide to their Acoustic and Visual Design, 2nd ed., Milton Park: Taylor & Francis 2009, S. ix.

ten Lärmschutzwände in Gebäude. Unter den westeuropäischen Ländern hoben sie sich damit gleichermaßen durch ihren Enthusiasmus für Lärmschutzanlagen wie auch durch ihre Experimente mit deren Design hervor.

Mit Beginn der 1980er Jahre begannen jedoch sowohl niederländische als auch internationale Experten anzuerkennen, dass Lärmschutzanlagen nicht zwangsläufig zu himmlischer Ruhe führten. Die Wände hatten ihren Preis, und dies nicht nur im wörtlichen Sinne, sondern auch bezüglich der durch sie entstehenden visuellen Nachteile. Anfänglich kümmerten sich die meisten Experten primär um die ästhetischen Einwände von Seiten der Anwohner, während die Kommentare der Autofahrer vernachlässigt wurden.[10] Diese Haltung könnte von der Tatsache geleitet worden sein, dass Fahrzeugführer nur selten ihre Einschätzungen zu den Wänden äußerten. So erwähnt eine 1980 durchgeführte Umfrage zu Erfahrungen der US-amerikanischen staatlichen Autobahnbetreiber mit Lärmschutzwänden, dass »nur zwei Bundesstaaten negative Reaktionen von Autofahrern gegenüber Zement-Lärmschutzanlagen vermerkten«.[11] Ein niederländischer Bericht über Lärmschutzanlagen folgerte, dass Fahrende die Anlagen nicht schätzten, ihre negativen Bewertungen jedoch nur selten anderen mitteilten.[12]

Allerdings brachten sowohl Anwohner als auch Autofahrer in einem Fragebogen aus dem Jahr 1986 spontan ihre Meinungen zu straßenseitigen Lärmschutzanlagen zum Ausdruck. Wie die Forscher wiederholt betonten, waren die Befragten – die zum Teil in Raststätten entlang der Autobahnen interviewt wurden – noch nicht einmal dazu *angeregt* worden, über diese Anlagen nachzudenken. Als ihnen jedoch die Möglichkeit zur Bewertung gegeben wurde, *kommentierten* sie diese sehr wohl, wobei das, was sie dazu zu sagen hatten, kaum positiv war. Die Befragten stuften die Lärmschutzwände als Objekte ein, die Autobahnen unattraktiv machten. Obwohl der Bericht nicht strikt zwischen Antworten von Autofahrern und Anwohnern unterschied, wurden doch viele Bemerkungen der Befragten zu den Autobahnen aus der Perspektive von Fahrern heraus formuliert – da freilich viele Anwohner zugleich Autofahrer waren.

Was aber brachte Autofahrer dazu, Lärmschutzwände auf diese Weise abzulehnen? Erstens bezogen sie sich auf die Anlagen als »Zäune« bzw. in Holländisch, auf »schuttingen«, ein Wort, das zahlreiche negative Konnotationen mit sich führt. So bringt der Begriff »schuttingwoord« z.B. Missbrauch und

10 Otto, Herman: »Ontwerpen van geluidwerende voorzieningen«, in: Wegen 59/12 (1985), S. 398-405, hier S. 401.

11 Cohn, Louis F.: Highway Noise Barriers. Washington, DC: Transportation Research Board/National Research Council 1981, hier S. 11.

12 Vereniging Nederlandse Cementindustrie: Geluidwering met beton, 's-Hertogenbosch: Vereniging Nederlandse Cementindustrie 1991, hier S. 27.

Obszönität zum Ausdruck. Den Aussagen der Befragten zufolge waren die »Zäune« unansehnlich wegen ihres »klaustrophobischen Effekts«, besaßen »unterdrückenden« Charakters, riefen »Tunnel«-Assoziationen hervor, implizierten einen »Mangel an Begrünung« oder wurden geradeheraus wegen ihrer »Hässlichkeit« abgelehnt. »Während du [auf einer Straße mit Lärmschutzwänden] fährst, bist du von allem abgeschnitten«, behauptete einer der Befragten. Ein anderer bedauerte, dass die Anlagen »den Blick auf die Natur versperrten«. Alles in allem konnten die Befragten zwar den Sinn der Anlage verstehen, beklagten aber, dass das Design zu monoton wäre. So wurden die Lärmschutzwände z.T. als »unstimmiges Element in [...] der Landschaft« bezeichnet. Die Wände störten die Idee, die die Befragten von »Natürlichkeit« der Umgebung hatten. Autofahrer verglichen das Fahren entlang der Anlagen mit der Bewegung durch eine Regenrinne oder einen Abflusskanal, eine Vorstellung, die uns schon zuvor begegnet ist. Es rufe ein »Gefühl des Sinkens« hervor, wie einer der Fahrer erläuterte, ein Gefühl, dass ihn dazu brächte, langsamer zu werden. Ein anderer verglich die Anlagen mit »Scheuklappen«.[13] Sogar Experten des Niederländischen Amts für Wasserwege und Verkehrswesen sprachen auf diese Weise über die Aussicht der Autofahrer. Während 1979 der »versperrte« visuelle Kontakt zwischen Fahrern und ihrer Umwelt als potentiell aufmerksamkeitsmindernder und niederdrückender »Nachteil« galt,[14] wurden Autobahnnutzer zwanzig Jahre später als »gefangen« in einem »Tunnelsystem« (*gangenstelsel*) aus schalldichten Konstruktionen beschrieben.[15] Einer der Befragten von 1986 lehnte die Wände so sehr ab, dass er gar »den Lärmschutz-Hype auf Eis legen« wollte, hätte er denn die Macht dazu.[16]

Vier miteinander verbundene und doch verschiedene Themen waren in den negativen Beurteilungen der Fahrer hinsichtlich der Lärmschutzanlagen dominant: der klaustrophobische Effekt; das Gefühl, unter der Erde zu sein; der Regenrinnen-Eindruck und die unfreiwillige Abschottung von der Landschaft. Die Lärmschutzanlagen hätten einen einschließenden Effekt, den viele auch in Tunneln erlebten. Diesen Effekt assoziierten sie klar mit einem Gefühl, sich unter der Erde zu befinden, als ob die eingezäunte Straße selbst sinken würde, wenngleich das nur eine Täuschung war. Die Verweise auf Rinnen oder Kanäle verliehen nicht nur der

13 Boekhorst, J.K.M. te/Coeterier, J.F./Hoeffnagel, W.J.C.: Effecten van rijkswegen op de beleving, Wageningen: Rijksinstituut voor Onderzoek in de Bos- en Landschapsbouw »De Dorschkamp« 1986: hier S. 107, 27, 98.

14 Rijkswaterstaat: De vormgeving van geluidwerende voorzieningen langs wegen. Delft: Rijkswaterstaat 1979, S. 12.

15 Padmos, C.J./de Roo, F./Niewenhuys, J.W.: »Een beetje nieuw geluid voor geluidsschermen«, in: Wegen 72/7 (1998), S. 28-31, hier S. 28.

16 Boekhorst et al.: Effecten van rijkswegen op de beleving, S. 107.

Erfahrung des Fahrens durch einen Tunnel Ausdruck, sondern auch einem Mangel an Kontrolle – als sei man in einen Fluss eingetaucht, der den Fahrenden mitriss. Solche Vergleiche drückten den gleichen Mangel an Handlungsmacht aus, wie er auch in der Metapher vom »eingesperrten Kalb« und dem Pferd mit »Scheuklappen« artikuliert wurde. Schließlich bildeten die Lärmschutzwände eine künstliche Umwelt, die mit der Natur und der ländlichen Landschaft kontrastierte.

Diese Beschwerden überschnitten sich mit den Einschätzungen, die in den USA in den frühen 1980er Jahren geäußert wurden. Autofahrer in Virginia sagten etwa, dass Lärmschutzwände das »Fahren monoton« machten, »die Szenerie« verstellten oder einfach »Schandflecke« waren. In Minnesota kamen die Klagen nicht von Pendlern, »sondern überraschenderweise von Touristen«.[17] Eine Studie mit 44 Straßennutzern über die Wahrnehmung von videoprojizierten Lärmschutzwänden des Niederländischen Amts für Verkehrswesen stimmte ebenfalls mit den Meinungen der Autofahrer von 1986 überein. Die Studie erwähnte das Wohlwollen seitens der Fahrer gegenüber Lärmschutzanlagen, die in beachtlicher Distanz zur Straße standen, einen geringen Neigungswinkel nach außen hatten und mit Farben ausgestattet waren, die von der Straße weg heller wurden, wobei es sich um Merkmale handelte, die gerade den »Tunnel-Effekt« vermeiden sollten.[18]

Eine andere Untersuchung, ebenfalls vom Niederländischen Amt für Verkehrswesen in Auftrag gegeben, bestätigte diese Ergebnisse mit Hilfe der Wahrnehmungspsychologie. Für Autofahrer hatten schräge Anlagen weniger visuelle Nachteile: Erstens blockierten sie die Sicht auf Orientierungspunkte in der Landschaft nicht in dem Maße, wie es bei den traditionellen Lärmschutzwänden der Fall war und stellten folglich weniger visuelle Hindernisse dar. Zweitens entstand durch die schrägen Anlagen eine geringere Asymmetrie der wahrgenommenen Geschwindigkeitsvektoren als im Falle senkrecht aufgestellter Wände, die ein Gefühl von Gefahr hervorriefen.[19] Doch auch die Wahrnehmungspsychologie konnte den genauen Wortlaut und die Geschichten nicht erklären, auf die die Befragten zurückgriffen, um ihre Erfahrungen zu schildern.

17 Cohn: Highway Noise Barriers, S. 11.

18 Lever, C.: Scherm in beeld: Een onderzoek naar de beleving van geluidwerende voorzieningen door de weggebruiker, Rotterdam: RBOI/Adviesbureau voor Ruimtelijk Beleid/Ontwikkeling en Inrichting 1985, S. 21.

19 Leeuwenberg, Emmanuel/Boselie, Frans: Een evaluatie van de visuele eigenschappen van drie typen geluidschermen, Nijmegen: Vakgroep Psychologische Functieleer 1986, S. 6ff., 20.

DAS UNTERIRDISCHE, DER »CINEMATOGRAPHIC DRIVE« UND EIN WIEDER-VERZAUBERTER RAUM

De facto weisen Wortwahl und Handlungsbeschreibungen der Autofahrer eine bemerkenswerte Ähnlichkeit mit Narrativen über das Unterirdische auf. In *Notes on the Underground* erklärt Rosalind Williams, wie sich zwischen dem 18. und späten 19. Jahrhundert die Repräsentation und ästhetische Beurteilung des Unterirdischen – die Höhle, die Mine, der Tunnel – von einem hässlichen, schleimigen, lauten und höllischen Raum, über eine »dunkle, tiefe und vernachlässigte« Umwelt, die eine erhabene Erfahrung von Ehrfurcht und Angst hervorrief, in ein außerweltliches Paradies transformierte. Diese sich verschiebende Ästhetik, die Williams aus westeuropäischen literarischen und nichtliterarischen Quellen ableitet, war mit technologischen Veränderungen wie z.B. der Einführung des elektrischen Lichts im 19. Jahrhundert verbunden. Zentrale Themen hinsichtlich der außergewöhnlichen Erfahrung des Unterirdischen waren im späten 18. und frühen 19. Jahrhundert das »künstliche Unendliche«, in dem das Auge mit nichtorganischen Objekten und Räumen »riesigen Ausmaßes« konfrontiert ist und die Gefühle des Eingesperrt-Seins, der Bedeutungslosigkeit und der Unterwerfung, die damit einhergingen. Am Ende des 19. Jahrhunderts machte die außergewöhnliche Ehrfurcht vor dem Unterirdischen jedoch den Weg für Fantasien von gänzlich abgegrenzten, stillen und magischen Räumen frei; Räume, wie Williams darlegt, die genauso oft über wie unter der Erde situiert waren.[20]

In den Beschreibungen der Autofahrer über ihre Erfahrungen, sich entlang von Lärmschutzanlagen zu bewegen, klangen interessanterweise sowohl die alten Tropen des Unterirdischen – die düstere Hässlichkeit der unterdrückenden Lärmschutzanlagen und ihre nachhallende Geräusche – als auch das Erhabene nach: Eine »eingezäunte« Straße zu befahren bedeutet, von visuellem Input beraubt, eine »beerdigte« Straße zu befahren, die, mit langen Trennwänden aus schmucklosem Beton versehen, die Rolle der künstlichen Unendlichkeit übernehmen, während die tiefen Rinnen die Unterwerfung unter die hohen Strukturen am Straßenrand erzwingen. Doch keine Beschreibung der Straße durch die Fahrer erreichte die Stufe des Unterirdischen-Paradieses. Diese ist nur in der Wertschätzung des Fahrzeuginnenraums auszumachen, wie wir weiter unten noch sehen werden. Das Auto selbst stellt das dar, was Williams als »geschlossene[n] Bereich der Glückseligkeit des Konsumenten« bezeichnet; ein Refugium mit künstlicher Temperatur, Licht und Klang; ein fliegender Teppich, der jenen sinnlichen Verlust kompensiert, der mit

20 Williams, Rosalind: Notes on the Underground: An Essay on Technology, Society, and the Imagination, Cambridge, MA: MIT Press 2008 [1990], hier S. 86, 90.

der lärmgeschützten Straße verknüpft ist.[21] Um Williams nochmals zu zitieren: »The more human-made structures degrade the natural environment, the more alluring becomes the self-enclosed, self-constructed paradise. Technological blight promotes technological fantasy.« In der heutigen Welt, so die Autorin weiter, finden wir diese magischen Räume in der »first-class airplane cabin, the hotel suite, the limousine, the executive office, the fine restaurant, the shopping mall. In all these environments, the world has not so much been disenchanted as reenchanted.«[22]

Die Klagen der Autofahrer über Lärmschutzanlagen waren jedoch mehr als nur Imaginationen des Unterirdischen. Ihre Verärgerung über den Verlust der natürlichen Szenerie reflektierte auch die seit langem bestehenden Ideale des »cinematographic drive« – eine sanfte Erfahrung, in der der Blick des Fahrers aus dem Autofenster auf die vorbeiziehende Landschaft mit dem Sehen eines Films verglichen wurde – und eines Wohnzimmers auf Rädern.[23] Ende der 1980er Jahre behauptete ein Autor des Auto-Magazins *Kampioen*, dass man immer noch »[W]älder, Heiden, Wiesen, Kühe, sogar urbane Schönheit« während der Fahrt genießen könne, aber »diese feinen Dinge werden in steigendem Maße vor dem Blick des Fahrers versteckt«. Die Straßen der Niederlande waren umfassend mit Lärmschutz ausgestattet und nur die Einführung von schalldämpfendem Asphalt könne den Blick auf die ländliche Gegend retten.[24] Weniger als zwanzig Jahre später hatte der Redakteur des Magazins jedoch jegliche Hoffnung verloren. Autofahren mache einfach keinen Spaß mehr und dies nicht nur wegen »dieser Idioten« auf der Straße oder wegen der Staus. Im Gegenteil war es gerade die *leise* Straße ohne *andere* Fahrer die – tragischerweise – kein Vergnügen mehr bereitete. Die Szenen mit Bauernhöfen und Kühen, Deichen und Kanälen, in denen sich der Himmel spiegelte, die Blicke über Haine: sie waren »verdorben von widerwärtigem hässlichem Beton, Glas oder kunstvollem Lärmschutz«. Natürlich hätte der Verfasser, wenn er in der Nähe einer Autobahn lebte, ebenfalls nach einem »Isolierzaun« verlangt, um sein Haus abzuschirmen. Doch wenn er auf der Straße war, machten ihn die Anlagen schläfrig, fast bevorzugte er einen Stau – »wer hätte das wohl voraussagen mögen«?[25]

Wie die Wahrnehmung der neuen Situation auf leisen Straßen deutlich machte, bedrohte die Lärmschutzanlage den »cinematographic drive« in seinem Kern, d.h. die touristische Erfahrung – es reicht sich an die Bemerkung der Fahrer aus

21 Ebd., S. 109.

22 Ebd., S. 114, 113.

23 Bijsterveld, Karin/Cleophas, Eefje/Krebs, Stefan/Mom, Gijs: Sound and Safe: A History of Listening Behind the Wheel, Oxford u.a.: Oxford University Press 2014, S. 50ff.

24 Snoek, Bert van der: »Een blik achter de schermen«, in: Kampioen 103/March (1988), S. 52-54, hier S. 52.

25 Karsemeijer, J.: »Blij met de file«, in: Kampioen 112/April (1997), S. 5.

Minnesota zu erinnern. Verschiedene Historiker konnten zeigen, dass Straßen und der damit verbundene Landschaftsbau ab den 1930er Jahren den Erkundungsdrang der Touristen anspornten und dadurch die Wertschätzung des eigenen oder fremder Länder erhöhen sollten.[26] 2003 jedoch konstatierte der bekannte niederländische Architekt Francine Houben, dass der Blick aus dem Auto zu einem »verbotenen Blick« geworden war. Es gab außer einem »länglichen Band von Fertigbürohäusern und Lärmschutzanlagen«, die weit verbreiteten Missmut auslösten, nichts mehr zu sehen.[27] Diese Unzufriedenheit markierte nicht nur das häufig bedauerte Ende des »cinematographic drive«; es erzeugte auch einen invertierten NIMBYismus. Autofahrer verstanden zwar, dass Anwohner Lärmschutzanlagen für ihren Garten verlangten, waren aber nicht bereit, sich dadurch *ihren* Garten ruinieren zu lassen: jenen Blick nämlich, den sie von ihrer privaten Burg auf Rädern auf den endlosen Garten entlang der Autobahn hatten.

2004 veröffentliche ein niederländisches Magazin den Leserbrief eines Autofahrers, der behauptete, dass die Niederländer den Fall der Berliner Mauer enthusiastisch gefeiert hatten, nun aber dabei waren, eine eigene Mauer zu bauen. Ein dem Brief beigefügtes Bild, zeigte die Niederlande umgeben von einer riesigen Lärmschutzwand anstelle seiner berühmten Deiche. Der Brief endete mit der Bemerkung, dass die Zeit gekommen sei, nach Alternativen Ausschau zu halten.[28] Diese, das unterstrichen auch andere Fahrer und Infrastrukturexperten, müssten den Lärm an der Quelle reduzieren und aufhören, den Fahrern die niederländischen Panoramen zu verwehren.

Es war nicht so, dass man diesen Überlegungen keine Aufmerksamkeit geschenkt hätte. Die Lärmschutzanlagen aber blieben, wenngleich sich Ingenieure, Architekten und Ämter in verstärktem Maße für deren Gestaltung engagierten. Bis zum Ende der 1980er Jahre ging es den Designern primär darum, die Existenz der Anlagen visuell zu leugnen oder den visuellen Verlust, der auf sie zurückging, zu kompensieren (Otto 1991). Solch ein »leugnendes Design« führte zu Anlagen, die mit Pflanzen überwachsen oder mit transparenten Komponenten wie Glas ausgestattet waren. Erst in 1990er Jahren wurde das »leugnende Design« von Ansätzen abgelöst, die Lärmschutzanlagen als Architekturobjekte betrachteten. So nahm man z.B. die Geschwindigkeit und mobile Perspektive der Fahrer ernst und konstruierte

26 Mauch, Christof/Zeller, Thomas (Hg.): The World Beyond the Windshield: Roads and Landscapes in the United States and Europe, Athens/Stuttgart: Ohio University Press/Franz Steiner Verlag 2008; Zeller, Thomas: Driving Germany: The Landscape of the German Autobahn, 1930-1970. New York: Berghahn Books 2010 [2006].

27 Kooman, Bas: »Bekijk Nederland met andere ogen«, in: Kampioen 118/April (2003), S. 50-51, hier S. 50.

28 Roo, J. A. de: »Nederlandse muur«, in: Kampioen Juli-August (2004), S. 6.

Anlagen, die sich scheinbar *mit* dem Fahrer bewegten.[29] Aber wie auch immer die architektonische Identität der Lärmschutzanlagen bestimmt wurde, der größere Trend beim Straßenbau war doch darauf gerichtet, einen stets besser zu kontrollierenden, kontinuierlichen Fahrfluss zu erzeugen. Und während dieser immer unpersönlicher wurde, erlaubten Autoradios und andere Formen des Audio-Entertainments den persönlicheren Flow *im* Auto selbst.

»ABER WENIGSTENS KANNST DU DAS RADIO ANMACHEN.« AUTORADIOS, VERKEHRSNACHRICHTEN UND HÖRBÜCHER

Im Frühjahr 2011 verfasste ein bekannter niederländischer Kolumnist einen Zeitungsartikel, in dem er sein Mitleid für diejenigen Menschen zum Ausdruck brachte, die neben achtspurigen Autobahnen lebten. Diese seien, so führte er aus, dem brutalen und unerträglichen Verkehrslärm Tag und Nacht ausgesetzt.

> »Aus diesem Grund haben staatliche Ämter lärmmindernde Wände errichtet. Meile um Meile. Früher konntest du Wiesen, beschnittene Weiden, Kühe und Bauernhöfe sehen. Ob du es mochtest oder nicht, es war jedenfalls ländlich. Jetzt fährt man durch eine graue Rinne. Aber wenigstens kannst du das Radio anmachen.«[30]

Der Kolumnist machte damit etwas deutlich, das vorher nicht in dieser Form artikuliert worden war: eine Assoziierung des Fahrens durch die grauen Rinnen moderner Autobahnen mit jenen grauen Rillen der Schallplatten, deren Klänge über das Radio zu hören sind. Nicht, dass das Radio nicht in Verbindung mit einem positiven Image des Autofahrens gebracht worden wäre. Tatsächlich aber verschob sich in Europa der Diskurs zwischen den 1920er und 1960er Jahren insofern, als das Radio nicht mehr als Begleitung für langweilige Fahrten, sondern zunehmend als Stimmungsregulator auf überfüllten Straßen dargestellt wurde.[31] Doch bis in die frühen 1960er Jahre wurde nur selten eine Verbindung zwischen dem Autoradio und Verkehrsstaus hergestellt. Eine Ursache dafür könnte darin liegen, dass, zum Beispiel in England, nur ein kleiner Prozentsatz der Autos über ein Radio verfügte, obgleich viele Leute batteriebetriebene Radios mitnahmen, da sie einen »Nerven-

29 Bijsterveld/Cleophas/Krebs/Mom: Sound and Safe, S. 121-131.

30 Montag, S.: »Lawaai«, in: NRC Weekend 18-19. Juni 2011, S. 37.

31 Bijsterveld, Karin: »Acoustic Cocooning: How the Car Became a Place to Unwind«, in: The Senses & Society 5.2 (2010), S. 189-211.

kitzel« dabei empfanden, in ihrem »kleinen Kokon« zu fahren, aus dem »die Musik hervordrang«.[32]

Erst in den 1960er und 1970er Jahren begann sich die Idee durchzusetzen, dass das Radio die Autofahrer beim Umgang mit Verkehrsstaus unterstützen könne. 1971 brachte die BBC Fernsehserie *Tomorrow's World* einen Beitrag über die Verwendung von »Solid State Radios« im Auto. Der Moderator lobte diese Art von Radios für ihr automatisches Tuning: Dies würde die Fortbewegung mit Autoradios sicherer machen, da es dem Fahrer erlaubte, seine Hände während der Fahrt am Lenkrad zu behalten. Aber er lobte auch die hervorragende Klangqualität und die zukünftige Option – die im Ausland schon etabliert war –, dass lokale Radiosender nationale Programme mit den neuesten Nachrichten über die Verkehrssituation belieferten. Diese neuen Möglichkeiten des Radios verwandelten das Auto in einen »fliegenden Teppich«, der eine »sanfte Fahrt« auf der Straße – der ultimative Traum eines jeden Autofahrers – garantierte.[33] Mit einem Transistor-Autoradio, so ein 1964er Werbespot von Philips, könne man wie »auf Flügeln fahren«.[34]

Tatsächlich wurde die Versorgung von Autofahrern und Pendlern mit Verkehrsinformationen und Spartenprogrammen zu einer immer wichtigeren Funktion des Autoradios. In den USA hatte ein Radiosender in Newark schon 1937 damit begonnen, Verkehrsberichte auf der Basis von Daten auszustrahlen, die durch ein Flugzeug gesammelt wurden. In den 1950er Jahren waren »Flug-Verkehrsberichte« zu einem »regelmäßigen Service während der Rush Hour an Arbeitstagen in größeren Städten« geworden und wurden nunmehr mit der Hilfe von Hubschraubern erstellt.[35] Französische Radiosender begannen in den 1950er Jahren mit der Ausstrahlung speziell an Autofahrer und deren Informationsbedürfnisse gerichteter Programme wie *Route de Nuit*.[36] Daraus wurde in den 1960er und 1970er Jahren ein weit verbreitetes europäisches Phänomen. »Berichte über das Wetter, beschädigte Straßen und Staus« waren für »realistische« Fahrer unverzichtbar, wie ein nieder-

32 *The Secret Life of the Motorway*, Teil II, ausgestrahlt am 22.08.2007, BBC DVD (courtesy Andy O'Dwyer).

33 *Tomorrow's World*, Beitrag über »Rundfunkempfänger«, BBC Fernsehbeitrag, gesendet am 26.11.1971 (courtesy Andy O'Dwyer).

34 Werbespot »Drive on wings ... Philips all-transitor Autoradio« (1964). Philips Company Archives Eindhoven, Dokument 812.215, Werbematerial 1934-1960.

35 McDonald, Christopher: »A Companion in the Car: The Rise of Car Radio in the United States, 1929-1959«, Vortrag beim Lisbon Meeting (Version January 27, 2008), S. 22.

36 Fesneau, Elvina: Le marché du ›poste à transistors‹ en France de 1954 à la fin des années 1960, unveröff. Dissertation, Université Paris 1. Panthéon-Sorbonne 2009, S. 243.

ländisches Handbuch erklärte. FM-Sender waren besonders aktiv an der Bereitstellung solcher Informationen beteiligt.[37]

In Deutschland lieferte ein weites Netz an regionalen UKW- und FM-Radiosendern den Autofahrern Informationen darüber, ob in den Bergen Schneeketten anzulegen seien oder an welchem Grenzübergang mit der wenigsten Wartezeit zu rechnen war, und vertrieb ihnen die Zeit mit Musik, »Ihr Muntermacher auf allen Straßen. Auch während der ›Rush Hour‹.«.[38] Es war jedoch nicht einfach für die Fahrer, unter den unzähligen FM-Sendern der damaligen Zeit den richtigen ausfindig zu machen.[39] In den späten 1960er Jahren untersuchte die deutsche Elektrotechnik-Branche die Möglichkeit eines speziellen Verkehrsnachrichtennetzes, doch die dafür erforderlichen Kosten und die internationalen Radiofrequenz-Bestimmungen verhinderten dessen Einführung. Einige Jahre später sicherte ein gemeinsames Unterfangen des Autoradioherstellers Blaupunkt, des deutschen Automobilclubs ADAC, des Instituts für Radiotechnik, der deutschen Radiosender, der Post und des Amts für Verkehrswesen jedoch einen speziellen Bereich im Niedrig-Frequenz-Bereich, der als Indexfrequenz für Verkehrsnachrichten zugeteilt wurde und 1974 durch die Bundesregierung verstetigt wurde.[40] Die *Autofahrer Rundfunk Information*, kurz das ARI-System, nutzte einen Decoder um Informationen über das Wetter, Verkehrsbehinderungen und Umleitungen für die jeweilige Region, durch die sich der Fahrer bewegte, zur Verfügung zu stellen.[41] Dieses System unterstützte den Fahrer dabei, so unterstrich Blaupunkt, Zeit mit seiner Familie anstatt im Stau zu verbringen. Radionachrichten boten dem Fahrer daher spezifische Handlungsalternativen in einer Welt an, die ihm nur wenig Kontrolle über die Dinge überließ.[42]

Es ist nicht sehr überraschend, dass die Blaupunkt-Broschüren über ARI mit Fotografien von Schlecht-Wetter-Situationen, Unfällen, überfüllten Straßen,

---

37 Hinlopen, H.: Uw auto en de electronica, Deventer: Kluwer 1971, S. 174, 181.

38 File 1601 069, »Blaupunkt Autoradio« (1972): 2. Vgl. Bosch Archiv, Dokument 1601 072, »Blaupunkt Autoradio« (1973): 2

39 Bosch Archiv, Dokument 1601 087, »Blaupunkt Autoradio-Autostereo-Autofunk '77/78« [1977]: 5.

40 Bosch Archiv, Dokument 1601 087, »Blaupunkt Autofahrer-Rundfunk-Informations-System« [1977]: 7 (mit Karte auf S. 5); Dokument 1601 623, »Blaupunkt Moderne Verkehrslenkung durch den Rundfunk« (1977): 5-6.

41 Weber, Heike: Das Versprechen mobiler Freiheit. Zur Kultur- und Technikgeschichte von Kofferradio, Walkman und Handy. Bielefeld: transcript 2008, hier S. 148, Duckeck, Hans: »40 Jahre Autoradio in Deutschland,« in: Technikgeschichte 40 (1973), S. 122-131, hier S. 130.

42 Weber: Das Versprechen mobiler Freiheit, S. 146ff.

Verkehrsstaus und Karten versehen waren, die zeigten, dass ARI den Großteil der Bundesrepublik abdeckte und begann, Europa zu erobern.[43] Tatsächlich empfahl die *Europäische Rundfunkunion* bald die Implementierung von ARI in ganz Europa, was Österreich 1976 auch befolgte.[44] Sowohl die steigende Nutzung von FM-Radio und das Interesse an Stereoklang trugen wiederum zur Förderung der Entwicklung aller Arten automatischer FM-Störunterdrückungstechnologien für Autoradios bei.[45] 1983 wurde ARI sogar im Raum New York eingeführt, basierend auf Informationen von

»Shadow Traffic, a company that provides traffic reports gleaned from a network of airplanes, helicopters, spotter cars, direct phone lines to the tunnel and bridge authorities and police departments, and ... ›regular citizen-type people‹, who take the same routes each day to their jobs and call in two-way radio reports to Shadow.«[46]

Der Zeitschriftenartikel, der diese Nachrichten fasziniert ankündigte, verwendete erneut die Trope des »fliegenden Teppichs«, wenngleich in einer weniger offensichtlichen Version. Er enthielt eine retuschierte Fotografie als Illustration, in der ein Auto (offensichtlich dasjenige mit Verkehrsnachrichten) einem Stau entkam, indem es einfach über diesen hinwegflog.

Im Vereinigten Königreich wurden Verkehrsinformationen in den 1980er Jahren mit Hilfe des »fliegenden Auges« zusammengetragen, das schließlich von Netzwerk-Kameras und computergesteuerten Kontrollzentren im 20. Jahrhundert ersetzt wurde, wie die hervorragende BBC-Fernsehdokumentation *The Secret Life of the Motorway* zeigt.[47] Ende der 1980er Jahre sagten nieder-ländische Autofahrer, dass sie regelmäßig Verkehrsnachrichten hörten: Einer repräsentativen Studie zufolge nutzten 90% Verkehrsnachrichten, 44% davon sogar mehrmals am Tag.[48]

---

43 Vgl. vorige Fußnoten und Bosch Archiv, Dokument 1601 081, Broschüre »Das Blaupunkt System« (1976): 8.

44 Bosch Archiv, Dokument 1601 623, »Blaupunkt Moderne Verkehrslenkung durch den Rundfunk« (1977): 7.

45 Bosch Archives, File 1601 082, »Die automatische Nachrichten-Zentrale«, »Sonderdruck aus ›Auto-Zeitung‹ Nr. 12 bis 15« (1976): 34; »ASU Automatische FM-storingsonder-drukker.«

46 Bosch Archives, File 1601 623; Angus R. /Harrys, M.: »Tuning in on Traffic«, Citizen-Register 23.10.1983, S. 1-4, S. 3.

47 *The Secret Life of the Motorway*, Part II, 22.08.2007, BBC DVD (courtesy Andy O'Dwyer, BBC Archives).

48 Akerboom, Simone P.: Het gebruik en effect van (radio)verkeersinformatie: Een schriftelijk vragenlijstonderzoek. Leiden: Rijksuniversiteit Leiden 1988, hier S. 46.

Die meisten von ihnen lauschten diesen Nachrichten recht häufig, um zu entscheiden, welchen Weg sie nehmen wollten. Sie wünschten sich sogar Nachrichten, die noch regelmäßiger, vertrauensvoller und zeitnaher zur Verfügung gestellt würden, um Fahrer zu warnen und sie mit Details über die Länge von Staus, Umleitungen oder Informationen zu Fahrten bei Nebel zu versorgen. Der Bericht, der die Wunschliste der Fahrer präsentierte, setzte in dieser Hinsicht große Hoffnungen auf digitale Technologien.[49] Offenbar waren das Autoradio und der Wunsch, »kontrolliert« zu fahren, nahezu zu siamesischen Zwillingen geworden.

Verkehrsnachrichten sind zunehmend auch über dynamische Beschilderung durch Wechselverkehrszeichen (DRIP) oder GPS-basierte Navigationssysteme verfügbar geworden. Doch aus Sicherheitsgründen wird das Radio immer noch als wichtiger Weg betrachtet, um Fahrer über die Verkehrssituation zu informieren. Wie der englische Radiomoderator Tony Blackburn in *The Secret Life of the Motorway* erklärt, gibt es heute »two places where you have a really intimate relation with the listener. First of all there is that relationship with the listener who is in the car, because there is a captive audience. The second one is anybody in prison!«[50]

Dem Moderator huscht nach dieser Bemerkung ein spielerisches Lächeln über das Gesicht. Doch was er sagt, stimmt völlig mit der Idee des Radios als Stimmungsregulierer, fliegender Teppich und Musik-Groove im Abflusskanal überein. Das Autoradio und andere Audiogeräte stellen buchstäblich und metaphorisch Alternativen zum »Gefangen-Sein« auf der Straße zur Verfügung: ergriffen von der Raserei der anderen Fahrer, gefangen in Staus oder Geschwindigkeitskontrollen, gefangen zwischen den unterdrückenden Wänden der Lärmschutzanlagen – gefangen von den »Gesetzen« der Pendler-Existenz. Während die Vorherrschaft von Staus, Lärmschutzanlagen und Matrixschildern zur Geschwindigkeitsbeschränkung von Land zu Land und von Region zu Region variieren mag, so wird doch kein Autofahrer ein stau-, lärmschutz- oder schilderfreies Fahrerlebnis genießen können.

Ein Teil der Dokumentation *The Secret Life of the Motorway* konzentriert sich auf ein Paar, das in Warrington, einem englischen »Pendler-Paradies« lebt. Beide Partner nehmen jeden Morgen ihr Auto zur Arbeit. Man könnte eine gewisses Maß an Elend erwarten, das mit ihrem Leben als Autofahrer verbunden ist. Aber eigentlich genießen beide ihre Fahrten. Sie mag »die Zeit für sich selbst«. Er hat kürzlich während des Fahrens »eine Schwäche für Teenage-Tanzmusik entwickelt«. Zudem hat er einen Italienisch-Kurs begonnen. In der Dokumentation werden italienische Opernmusik und Sätze des Italienisch-Kurses über einen CD- oder MP3-Player

49 Ebd., S. 36ff.

50 *The Secret Life of the Motorway.*

eingespielt. Es ist amüsant für die anderen Fahrer, so fügt der Mann hinzu, ihn beim Sprechen hinter dem Lenkrad und dabei zu beobachten, wie »ich wie verrückt gestikuliere, aber wen stört das schon, es ist mein Auto, es ist mein Raum«. In der Zwischenzeit hat seine Frau begonnen »sich Geschichten auszudenken«. Ihre Lieblingsgeschichte, die sie sich nach einem schlechten Arbeitstag ausdachte, als sie nicht nach Hause fahren wollte, handelt davon, wie jemand endlos Auto fährt.[51]

Während die Kamera sie auf ihrer Fahrt begleitet, sehen wir Lärmschutzanlagen im Hintergrund. Beiden Partnern ermöglicht das Auto Erleichterung und Zerstreuung und »Sound« trägt zu diesem Gefühl in erheblicher Weise bei. Es mag kein Zufall sein, dass angesichts der immer weiter steigenden Automobilität im Westen die Popularität von Hörbüchern und Downloads ebenfalls im Wachsen begriffen ist. 2010 berichtete die *Association of American Publishers* (AAP) über eine jährliche Wachstumsrate beim Verkauf von Hörbüchern von 4,3% im Zeitraum 2001–2008, gefolgt von einem Rückgang der Verkäufe in 2009 und einem erneuten schnellen Zuwachs in der ersten Jahreshälfte 2010 (14,7% für Hörbuch- und 32,5% für Download-Verkäufe).[52]

Eine kausale Verbindung zwischen der vermehrten Autonutzung einerseits und dem Verkauf und Downloads von Hörbüchern andererseits ist nicht zu beweisen. Es bleibt zu berücksichtigen, dass die Produktion von Hörbüchern auf CD und MP3 nicht ohne die Entwicklung digitaler Technologien möglich gewesen wäre und dass die relativ niedrigen Preise neuerer Hörbücher (angesichts reduzierter Verpackungs-, Lagerungs- und Transportkosten) dabei ebenso von Bedeutung sind.[53] Auch sollten wir die seit langem bestehende Tradition von Hörbuchfassungen literarischer Werke nicht ignorieren, die bis in die 1890er Jahre zurückzuverfolgen ist.[54] Aber wir *wissen*, dass Hörbücher am häufigsten in Autos gehört

51 Ebd.

52 Industry Statistics 2009: http://www.publishers.org/main/IndustryStats/indstats_02.htm (letzter Zugriff: 26.08.2011). Vgl. Auch »More Americans Are All Ears to Audiobooks«, Pressebericht der Audio Publishers Association (APA), 15.09.2008, S. 1. Zwischen 2009 und 2010 stieg die Zahl der verkauften Hörbücher von 16.1 auf 16.4 Millionen, während die Anzahl der Hörbücher-Downloads sich 2010 auf 2.7 Millionen belief, was 18% höher als 2009 war. Vgl. Börsenverein des deutschen Buchhandels, http://www.boersenverein.de/de/158446/Hoerbuch/158293 (letzter Zugriff: 06.10.2011).

53 Vgl. Audiobook Update: »Reasons why audiobooks sales are increasing in 2010«, http://audiobookupdate.com/reasons-audio-book-sales-increasing-2010, 04.08.2010 (letzter Zugriff: 07.09.2015), S. 1.

54 Camlot, Jason: »Early Talking Books: Spoken Recordings and Recitation Anthologies, 1880-1920«, in: Book History 6 (2003), S. 147-173.

werden.[55] In ähnlicher Weise können wir nicht behaupten, dass Lärmschutzanlagen den Aufstieg der Hörbücher verursacht haben. Aber während Autofahrer die Anlagen alles andere als unterhaltsam ansehen, heitern Hörbücher sie während langer Fahrten auf. Fahrer haben einen Weg gefunden, Audio-Technologien so zu nutzen, dass sie ihnen akustische Linderung in ihren Autos verschaffen.

SCHLUSS

Audio-Equipment und Hörbücher helfen Autofahrern dabei, eine akustische Stimmung zu erzeugen, die sie für ihren dramatischen Verlust des Landschaftsgartens entlang der Autobahn und ihre reduzierte Kontrolle über die Fahrbedingungen entschädigt. Außerdem versehen diese Artefakte den höchst künstlichen Fahrzeuginnenraum mit einer akustischen Gestaltung. Während Fahrer die mit Lärmschutz ausgestattete Autobahn mit einem hässlichen, überwältigenden und nahezu unentrinnbaren Unterirdischen assoziieren und das Ende des »cinematographic drive« beklagen, ist das Auto selbst zu einem wichtigen Refugium geworden. Es wurde in ein geschlossenes Interieur auditiver Privatsphäre und akustischer Kontrolle sowie in einen fliegenden Teppich – wenn ausgestattet mit Radio-Verkehrsnachrichten – transformiert.

Wie wir aufgezeigt haben, ergibt sich die Bedeutung des Radios, anderen Audio-Equipments und innovativer Hör-Praktiken im Auto nicht nur angesichts der Situation auf den Autobahnen und sicherlich auch nicht nur wegen der Verbreitung von Lärmschutzanlagen. Eine kürzlich durchgeführte Umfrage unter schwedischen Arbeitnehmern bezüglich ihrer Zufriedenheit mit ihrem Büro-Umfeld hat gezeigt, dass die gegenwärtigen Großraumbüros weit verbreiteten Unmut gegenüber Lärm und dem Mangel an auditiver Privatsphäre am Arbeitsplatz hervorbringen.[56] Das Verlangen nach auditiver Privatsphäre und akustischer Linderung im Auto mag insofern auch als Antwort auf soziale Veränderungen gedeutet werden, die über die Kontrolle des Verkehrs und Lärmschutz auf Autobahnen hinausgehen. Sicher, Fahrzeughalter gelten als die aufmerksamsten Radiohörer und Hörbuch-Konsumenten. Radio zu hören oder anderes Audio-Equipment im Auto zu benutzen *ermöglicht* den Fahrern zumindest, sich an ihre verminderte Kontrolle darüber zu

55 Wie eine Verbraucher-Umfrage der *Audio Publishers Association* (APA) zeigt, werden Hörbücher von ihren Besitzern »am ehesten in deren Autos gehört«. »More American Are All Ears to Audiobooks«, S. 3.

56 Bodin Danielsson, Christina/Bodin, Lennart: »Difference in Satisfaction with Office Environment among Employees in Different Office Types«, in: Journal of Architectural and Planning Research 26/3 (2009), S. 241-257.

gewöhnen, *wie* man fahren soll und *was* man während der Fahrt sehen soll – besonders dort, wo straßenseitiger Lärmschutz im Überfluss vorhanden ist.

Aus dem Englischen von Robert Stock

So-und

Zur Stimme im Human Microphone

ULRIKE BERGERMANN

Eine alte Taktik aus den 1970er Jahren wurde wiederbelebt, als die Besetzer des New Yorker Zuccotti Parks im Herbst 2011 ohne Strom auskommen mussten. Zwar waren die juristischen Bedingungen unklar, was die öffentliche Nutzung dieses speziellen Geländes durch Occupy Wall Street (OWS) anging, aber die Stadtregierung hielt es für sicher, dass zumindest der Gebrauch von Elektrizität unter Androhung von zweimonatigen Haftstrafen untersagt werden könnte. Basisdemokratische Diskussionen und Entscheidungen waren allerdings ein zentrales Anliegen der Bewegung und dazu mussten die Stimmen derer verstärkt werden, die bei den Versammlungen beteiligt waren – im Idealfall aller. Was schon mit Hilfe elektrischer Stimmverstärkung ein mindestens schwieriges Unterfangen wäre, rief ohne den Einsatz von Mikrophonen und Lautsprechern eine andere Stimmtechnik auf den Plan: das sogenannte Human Microphone.

Das Human Microphone ist kein Apparat, oder eher: Alle, die es benutzen, sind der Apparat; es besteht nur, indem es arbeitet, und ›ist‹ insofern eine mediale Praktik. JedeR SprecherIn muss im Gebrauch des Human Mic seine/ihre Rede nach einem kurzen Satz unterbrechen, damit ein erster Ring von umstehenden Personen die Rede identisch wiederholen und ein zweiter Ring die Worte nochmals weiter nach außen tragen kann (je nach Größe des Platzes und der Versammlung wurde aus Manhattan von bis zu neun Wiederholungen berichtet).[1] Dies verlangsamt

1 Woodruff, Jeremy: A Musical Analysis of the People's Microphone: Voices and Echoes in Protest and Sound Art, Dissertation, University of Pittsburg: Department of Music 2014, http://d-scholarship.pitt.edu/21303/1/Woodruff_Voices_and_Echoes_Occupation.pdf (letzter Zugriff: 03.09.2015), S. 22. Vielen Dank an Anna Bromley für den Hinweis

Redebeiträge nicht nur, sondern macht die Rede auch tendenziell assertiv und einfach; Rückmeldungen und Debattenbeiträge sind ebenso langsam zu kommunizieren und werden durch ein System von Handzeichen, Gesten und Redelisten organisiert.[2] Kritiker hörten megaphonartige Slogans statt differenzierter Debattenbeiträge, Befürworter hoben die Notwendigkeit zur Konzentration ebenso hervor wie die anhaltende Bereitschaft hunderter, manchmal tausender Menschen, viele Stunden in diesen Aushandlungen zu verbringen, um in einen wirklich egalitären Austausch mit möglichst vielen bis allen Beteiligten einzutreten.

Die Stimme hat nun eine lange Geschichte als Element nicht nur in der Wissens- und Wahrheitsgeschichte, sondern auch in der politischen Vertretung. Und hier, in der Umgebung des Human Microphone, wird sie in Anspruch genommen als Werkzeug einer neuen radikalen Demokratie, in der jedeR eine Stimme haben und gehört werden soll. In einem neuen Politikverständnis geht es nicht mehr um das Prinzip der politischen ›Stellvertretung‹, demzufolge gewählte Volksvertreter anteilig der für sie abgegebenen Stimmen das Sagen haben, sondern, so die Idee: Die Vielen sollten sprechen und ›sich nicht mehr repräsentieren lassen‹. Der Begriff der ›Vielen‹ ist noch zu bestimmen; zunächst ist nur klar, dass es nicht um Gruppen (homogene, vielleicht abzählbare Einheiten), nicht um ein altes Bild der Menge oder Masse (mit ihren Konnotationen von Eigendynamik und Naturgewalt) und auch nicht unbedingt um so etwas wie Hardt/Negris *Multitude* (selbstemergent und emanzipatorisch) geht.[3] Die aktuelle politische Philosophie verlangt, Singularität und die Vielen neu zu konzeptionieren[4]; musikwissen-

---

auf Woodruff (vgl. auch ihre Installation »Occupy Karaoke«, http://www.annabromley.com/occupy-karaoke.html (letzter Zugriff: 03.09.2015)).

2 »Es kann vorkommen, dass der Chor, dessen Stimmen dasselbe sprechen, sich als radikal vielstimmig und differenziert erweist: Die eine Stimme unterstützt die SprecherIn mit Handzeichen, die nächste erklärt, während sie den letzten Satz der SprecherIn wiederholt, mit anderen Handzeichen ihren Dissens, und die dritte hat sich von der SprecherIn abgewendet, um so besser die Verstärkerfunktion für die Umstehenden zu gewährleisten.« Raunig, Gerald: »n-1. Die Mannigfaltigkeit machen. Ein philosophisches Manifest«, in: Kastner, Jens/Lorey, Isabell/Raunig, Gerald/Waibel, Tom (Hg.): Occupy! Die aktuellen Kämpfe um die Besetzung des Politischen, Wien: Turia + Kant 2012, S. 113-134, hier S. 125.

3 Vgl. Gamper, Michael: Masse lesen, Masse schreiben. Eine Diskurs- und Imaginationsgeschichte der Menschenmenge 1765-1930, München: Fink 2007; Hardt, Michael/Negri, Antonio: Empire. Die neue Weltordnung, Frankfurt a.M.: Campus 2002, u.v.a.

4 Im Folgenden beziehe ich mich vor allem auf: Nancy, Jean-Luc: singulär plural sein, Zürich, Berlin: diaphanes 2004 [1995], übers. v. Ulrich Müller-Schöll; Kastner/Lorey/Raunig/Waibel, Occupy!; darin: Lorey, Isabell: »Demokratie statt Repräsenta-

schaftliche Arbeiten und solche aus der künstlerischen Forschung[5] diskutieren das Human Microphone ebenfalls unter Aspekten der möglichen Vielstimmigkeit, Gemeinschaft und neuer Ästhetik.

HORIZONTALISMUS

Zwischen dem 17. September und dem 15. November 2011 war der Zuccotti Park im Süden Manhattans von mehreren hundert Protestierenden besetzt.[6] Eine komplizierte juristische Bewirtschaftung des öffentlichen Raums hatte dazu geführt: Zunächst wurde es einer Demonstration (gegen die US-Politik in Zeiten der Finanzkrise) verboten, zum Ziel ihres Protests – der Bronzestaute eines Bullen in

---

tion. Zur konstituierenden Macht der Besetzungsbewegungen«, S. 7-49 und Kastner, Jens: »Platzverweise. Die aktuellen sozialen Bewegungen zwischen Abseits und Zentrum«, S. 50-86 sowie Raunig, »n-1. Die Mannigfaltigkeit machen«, usw. Siehe auch die Schriften von Oliver Marchart, bspw. Die Prekarisierungsgesellschaft. Prekäre Proteste. Politik und Ökonomie im Zeichen der Prekarisierung, Bielefeld: transcript 2013.

5 Im Folgenden exemplarisch: Woodruff: A Musical Analysis of the People's Microphone, sowie Kretzschmar, Sylvie: »Verstärkung – Public Address Systems als Choreografien politischer Versammlungen«, in: Burri, Regula/Evert, Valérie Kerstin/Peters, Sibylle/Pilkington, Esther/Ziemer, Gesa (Hg.), Versammlung und Teilhabe. Urbane Öffentlichkeiten und performative Künste, Bielefeld: transcript 2014, S. 143-167.

6 Vgl. im Folgenden v.a.: Graeber, David: »On Playing By the Rules. The Strange Success Of #OccupyWallStreet«, in: nakedcapitalism 19.11.2011, http://www.nakedcapitalism.com/2011/10/david-graeber-on-playing-by-the-rules-%E2%80%93-the-strange-success-of-occupy-wall-street.html (letzter Zugriff: 14.04.2015); Mörtenböck, Peter/Mooshammer, Helge: Occupy. Räume des Protests, Bielefeld: transcript 2012; Schwartz, Mattathias: »PRE-OCCUPIED. The origins and future of Occupy Wall Street«, in: The New Yorker 28.11.2011, http://www.newyorker.com/magazine/2011/11/28/pre-occupied (letzter Zugriff: 03.09.2015); Geiges, Lars: Occupy in Deutschland. Die Protestbewegung und ihre Akteure, Bielefeld: transcript 2014; Bryne, Janet (Hg.): The Occupy Handbook, New York, Boston, London: Black Bay Books 2012; Blumenkranz, Carla u.a. (Hg.): Occupy! Die ersten Wochen in New York. Eine Dokumentation, Suhrkamp: Berlin 2011 (darin u.a.: anonym: »Szenen aus dem besetzten New York«, S. 7-36; Stiglitz, Joseph E.: »›E pluribus unum‹. Von dem einen Prozent durch das eine Prozent für das eine Prozent«, S. 44-50; Sitrin, Marina: »Ein Nein! Viele Jas! Occupy Wall Street und die neuen horizontalen Bewegungen«, S. 60-64; Greif, Mark: »Weg mit dem Bullen!«, S. 78-81); Graeber, David: The Democracy Project: A history, a crisis, a movement, New York: Spiegel & Grau 2013.

der Wall Street – zu gehen. Zum Versammlungsort wurde daraufhin der betonierte Platz zwischen Hochhäusern, der seinen Namen Zuccotti nach dem Leiter des Immobilienkonzerns trug, welchem der Platz offiziell gehörte; er wurde inoffiziell auf seinen alten Namen, Liberty Square, zurückgetauft.[7] Die Polizei hatte alle Plätze, die der Stadt New York gehörten (auch den von der Demonstration anvisierten One Chase Manhattan Plaza) abgesperrt: Der öffentliche Raum war also für die mehreren zehntausend Teilnehmer von Occupy Wall Street nicht zugänglich.[8] Zweitausend von ihnen diskutierten am Nachmittag des 17. September die Situation im Liberty Park, und unter Bezugnahme auf den Tahrir-Platz in Kairo beschlossen 300 von ihnen, den Platz zu besetzen. Zwei Wochen lang interessierte sich kaum jemand dafür, auch die mediale Berichterstattung war gering. Erst nachdem Anthony Bologna, Police Deputy Inspector, einer Gruppe von eingekesselten Demonstrantinnen am Union Square Tränengas direkt ins Gesicht sprühte und ein Handyvideo davon viral wurde, wuchs die Zahl der Besetzer auf bis zu 600 an und das Medieninteresse stieg sprunghaft an.[9]

Diese Berichterstattung und auch die Geschichtsschreibung der Besetzung ist nun nicht einfach Beleg für eine weitere Auseinandersetzung um die Finanzpolitik der Obama-Regierung. Vielmehr wird bereits hier fundamental die Frage verhandelt, wie all das, was sich traditionell unter dem Namen der ›Stimme‹mit der Arbeit in und an der Demokratie verbindet (Repräsentation, Äußerung, Präsenz, Meinungsbildung, Austausch, Abstimmung...), neu konzeptioniert werden könnte. Um, im weitesten Sinne, ›der Stimme‹ eine neue Rolle zu verleihen, verweigert OWS beispielsweise die Einrichtung eines/einer (Presse)SprecherIn, und ein Mehrheitsprinzip bei Abstimmungen verhilft nicht *einer* Position dazu, zur

7 »Zuccotti Park is a formerly public, now privatized square belonging to the real estate corporation Brookfield Properties, named after its chairman John Zuccotti. On older maps of the financial district, however, this square has a different name: Liberty Plaza.« Raunig, Gerald: »The Molecular Strike«, 23.09.2011, in: transversal 10/2011, http://eipcp.net/transversal/1011/raunig/en (letzter Zugriff: 03.09.2015). Kommentierte Stadtpläne mit fünf solcher Orte waren nach wochenlangen Diskussionen vom »Tactical Committee of the New York City General Assembly NYCGA« gedruckt und verteilt worden.

8 Graeber: »On Playing By the Rules«: »[...] the NYPD numbered close to 40.000; Wall Street was, in fact, probably the single most heavily policed public space on the face of Planet Earth.« Vgl. Mörtenböck/Mooshammer: Occupy, S. 27.

9 Später wurden weitere Pfefferspray-Videos mit Hilfe von Anonymous verbreitet; Anonymous gab auch den Namen der Beamten bekannt, und mehrere Gerichtsverfahren waren die Folge. Anonymous drohte, die Websites der New Yorker Polizei anzugreifen, falls man von weiteren Übergriffen höre.

repräsentativen Forderung einer Versammlung zu werden. Wo also Presse und auch Polizei- wie Staatsvertreter die üblichen Mechanismen der Verhandlung vermissen, stehen sie vor dem Problem, wie mit den Vielen zu kommunizieren ist, wie über sie zu sprechen wäre, und das gilt auch für die wissenschaftliche Reflexion. Wie, zum Beispiel, die Geschichte der Platzbesetzung schreiben?

Eine Reihe von Imperativen aus einer Stimme gilt vielen als Initiationspunkt der Geschichte.[10]

»#OCCUPYWALLSTREET
Are you ready for a Tahrir moment?
On Sept 17, flood into lower Manhattan, set up tents, kitchens, peaceful barricades and occupy Wall Street.«[11]

Kalle Lasn formulierte für *Adbuster* eine Reihe von Forderungen (Obama solle den Einfluss der Finanzökonomie auf die Regierung begrenzen, u.a.). Imperative und Forderungen sind nun gerade nicht, was die Occupy-Bewegung charakterisiert. Diese verweigerte sich der üblichen politischen und medialen Logik, derzufolge ein Protest seine Forderungen formulieren soll. Im Beharren auf die Langsamkeit von Meinungsbildung und Verhandlung und im Verweigern von RepräsentantInnen und

10 Einfacher als eine Geschichtsschreibung entlang autonomer Organisationen oder gar namenloser Vieler ist natürlich die Suche nach Autorenschaft. Die deutsche Wikipedia und Lars Geiges' Dissertation nennen einen Mann und seinen Kollegen als Initiatoren der Bewegung. Wikipedia sieht Kalle Lasn, den Gründer und Chef der kanadischen Medienplattform *Adbusters*, hinter allem: »Die Bewegung begann mit einem Aufruf, am 17. September 2011 den Zuccotti Park mit Zelten zu besetzen«. Später kamen dann andere dazu: »Relativ früh ließ sich auch die Aktivistin Alexa O'Brien mit ihrem Projekt eines *US Day of Rage* (›US-Tag des Zorns‹) in die Vorbereitungen einbinden, und am 23.08. erklärte das Hackerkollektiv Anonymous, die Aktion unterstützen zu wollen. Ab dem 02.08. fanden wöchentliche Versammlungen einer ›General Assembly‹ statt«. (sic, Wikipedia: »Occupy Wall Street«, https://de.wikipedia.org/wiki/Occupy_Wall_Street, Version vom 08.08.15 (letzter Zugriff: 03.09.2015). Die Plattform *Adbusters*, deren Zeitschrift vierteljährlich eine Auflage von 70.000 erreicht und deren Rundmails, »tactical briefings«, an 90.000 Adressen gehen, wurde von Lasn gegründet; mit seinem Chefredakteur Micah White hatte er im Juli 2011 beschlossen, eine Kampagne zu lancieren. Mattathias Schwartz erzählt im *New Yorker* die Geschichte von OWS minutiös als einer der beiden Männer, die die Idee hatten »to take over Lower Manhattan«, um zu rekonstruieren, wer wann welchen Slogan zuerst gebloggt hat, so dass die Bewegung als Marionette erscheint. Schwartz: PRE-OCCUPIED.

11 Zit. in Mörtenböck/Mooshammer: Occupy, S. 11, u. a.

SprecherInnen setzte sie keine Liste politischer Ziele auf, gab keine Statements an die Presse, wählte kein ›Gesicht des Protests‹, wollte nicht eine Stimme haben. (Slavoj Žižek unterstützte diese Strategie: Das Vakuum der hegemonialen Diskurse sollte nicht zu schnell aufgefüllt werden.[12]) Das zweite Charakteristikum von OWS betrifft dementsprechend den Modus der Auseinandersetzung auf den Versammlungen unter dem Zeichen des *horizontalism*.

Was kam zusammen für eine neue Politik der Stimme? Es hatte bereits eine Reihe nationaler und internationaler Demonstrationen gegeben[13], der Arabische Frühling war auch im globalen Norden präsent, *Vanity Fair* druckte im Mai 2011 den vielzitierten Text »Of the 1%, by the 1%, for the 1%« des Ökonomen Joseph Stieglitz[14], Gruppen wie *New Yorkers Against Budget Cuts* oder die transgender Anarchisten *Trans World Order* waren aktiv, verschiedene Webvideos wurden tausendfach angeklickt... selbst wer eine quellenorientierte lineare Historiografie unproblematisch fände, könnte schwerlich eine verfassen. Als einen von unüberschaubar vielen Initiationspunkten der Herausbildung horizontaler Strukturen nennt David Graeber einen zunächst missglückten Versuch am Rande einer gewerkschaftlich orientierten, also klassisch hierarchisch strukturierten Kundgebung am Union

12 Žižek, Slavoj: »Das gewaltsame Schweigen eines Neubeginns«, in: Blumenkranz u.a. (Hg.): Occupy!, S. 68-77.

13 Seltener genannt wird der Blog AmpedStatus.com (betrieben von »Langzeitaktivist« David DeGraw u.a.), der schon im Vorjahr einen »Dritten Weltkrieg« der Elite gegen das Volk konstatierte und formulierte: »It's time for the 99%«; die Anonymous-Aktivisten nannten sich »A99«, ihr Video »Operation Empire State Rebellion« hatte auf YouTube bis Ende 2011 schon über 225.000 Aufrufe. Einem ersten Aufruf zur Aktion im Zuccotti-Park folgten am 13.06.2011 nur wenige, die aber verbündeten sich mit einer zeitgleichen Anti-Bloomberg-Demonstration... und so müsste man vermutlich unüberschaubar viele Quellen für die letztendliche Platzbesetzung anführen – auch die Riesendemonstration vom 12.05.2011, »Make big banks and millionaires pay«, mit 10-20.000 Teilnehmern; das Vorbild (Graeber) der Londoner Demonstration »Make big banks and millionaires pay« gegen die Politk Camerons mit 400.000 Teilnehmern; das Protestcamp »Bloombergville« (14.6.-5.7.2011) etc. Graeber nennt zudem Linux: »One influence that is often cited by the movement is open-source software, such as Linux, an operating system that competes with Microsoft Windows and Apple's OS but doesn't have an owner or a chief engineer.« (Graeber: »On Playing By the Rules«, o. S.)

14 Geiges hält fest, dass ein Prozent der Amerikaner 25% aller Einkommen verdienten und 38% der nationalen Güter besaßen und notiert einen Anstieg des Anteils des oberen 1 Prozent an den Einkommen in den USA von 12 auf fast 25 % innerhalb der letzten 25 Jahre. Geiges: Occupy in Deutschland, S. 16.

Square vom 2. August 2011:[15] Elektrisch verstärkte Reden von einer Bühne herab motivierten dort eine Gruppe von TeilnehmerInnen, sich abseits in einen Kreis zu setzen und ›horizontal‹, nicht hierarchisch und konsensbezogen darüber zu sprechen, wie man überhaupt weiter vorgehen wolle. Zur Verständigung schlug jemand ein System von Handzeichen aus der Bürgerrechtsbewegung vor.[16] Die folgenden wöchentlichen Treffen bildeten einen Teil des ›Milieus‹, der ›Umgebung‹ der folgenden Besetzung (romantisierende Motive wie in der Rede von der Multitude, eines Gerechtigkeitsbegehrens usw. sind auch ohne Leitstimme nicht denkbar ohne zahlreiche weitere Akteure, von Orten und Dingen über Imaginationen bis zu organisatorischem know-how).[17] Jemand musste auf die Idee kommen, die besondere Rechtsform der Privately Owned Public Spaces (POPS) zu nutzen.

»Zuccotti Park« ist kein Park, sondern eine betonierte Fläche von 50 mal 70 Metern, auf der acht steinerne Bänke und einzelne Bäume stehen.[18] Seit den 1960er Jahren hatte die Stadt New York angeboten, Investoren bestimmte Baukon-

15 Graeber: »On Playing By the Rules«, o. S.

16 Ebd. »... participants make decisions by consensus and give continuous feedback through hand gestures. Moving one's fingers in an undulating motion, palm out, pointing up, means approval of what's being said. Palm in, pointing down, means disapproval. Crossed arms signals a ›block‹, a serious objection that must be heard. Some participants knew this style of meeting from left-wing traditions stretching back to the civil-rights movement and earlier. ›Horizontal‹ means leaderless – like the 1999 W.T.O. protests in Seattle, the Arab Spring, and even the Tea Party.«

17 Detailliert bei Mörtenböck/Mooshammer: Occupy, S. 11ff.

18 Zu POPS vgl.: Reynolds, Francis: »After Zuccotti Park: Seven Privately Owned Public Spaces to Occupy Next«, in: the nation 14.10.2011, http://www.thenation.com/article/164002/after-zuccotti-park-seven-privately-owned-public-spaces-occupy-next; »Advocates for Provately Owned Public Space in NYC«, http://apops.mas.org/pops/104/; Kayden, Jerold S.: »Privately Owned Public Space: The New York City Experience« (in collaboration with the New York City Department of City Planning and the Municipal Art Society of New York), New York 2000); Foderaro, Lisa W.: »Privately Owned Park, Open to the Public, May Make Its Own Rules«, in: New York Times 13.10.2011, http://www.nytimes.com/2011/10/14/nyregion/zuccotti-park-is-privately-owned-but-open-to-the-public.html?_r=0; Minton, Anna: »What is the most private city in the world?«, in: The Guardian 29.03.2015, www.theguardian.com/cities/2015/mar/26/what-most-private-city-world; Flint, Anthony: »Who Really Owns Public Spaces? A new exhibit at the AIA New York Center for Architecture examines the changing function of parks and other open urban centers«, in: CityLab 30.6.2014, http://www.citylab.com/design/2014/06/who-really-owns-public-spaces/373612/ (letzter Zugriff bei allen genannten Links: 03.09.2015).

zessionen zu gewähren (zusätzliche Stockwerke oder andere Flächenerweiterungen ihrer Gebäude), wenn diese im Gegenzug öffentliche Flächen (Durchgangswege, Arkaden, Plätze) übernähmen, das heißt pflegten und rund um die Uhr für die Öffentlichkeit zugänglich hielten – eine Teilprivatisierung, deren juristischer Status nicht bis ins Kleinste ausformuliert war. Schon im Jahr 2000 gab es in New York City mehr als 500 solcher Orte.[19] In der klassischen Idee einer *polis* kann der Bürger im öffentlichen Raum seine Stimme zu Gehör bringen. Im Zuccotti Park war unklar, ob es sich um öffentlichen oder privaten Raum handelte und wer darin weisungsbefugt war: die Immobilienfirma oder die Polizei, Besitzer oder Staat? OWS machte sich diese temporäre Lücke zunutze. Wo die politische Öffentlichkeit derart eingeschränkt wird, um das ungestörte Funktionieren der Wirtschafts-, insbesondere der Finanzmärkte zu garantieren, ist es ausgerechnet die hybride kommerzialisierte Form eines Sprachraums, der zeitweilig die freie Meinungsäußerung ermöglicht. Dass nicht mehr zuallererst im Vordergrund stand, *was* hier gesagt werden sollte, sondern vielmehr, *wie* sich überhaupt eine Äußerung herausbilden sollte, entspricht zwar nicht der traditionellen Idee einer *agora* als dem Ort der Entscheidungsbildung einer bestimmten Gruppe sprachmächtiger Bürger und Repräsentanten, wo sie die Form der Repräsentation selbst in Frage stellt, aber auch dieser Prozess benötigt einen Raum und einen Ort in der demokratischen Ordnung.

Schon der umstrittene OWS-Slogan »We are the 99%« thematisiert Repräsentation: Im Januar 2015 besitzt ein Prozent der Weltbevölkerung die Hälfte des globalen Reichtums; 2016 wird ein Prozent mehr besitzen als die anderen 99%.[20] Die Metaphorik der »abgegebenen Stimme« für parlamentarische Wahlen greift natürlich nicht, wo es um wirtschaftliche Verteilungen und nicht um politische Vertretung geht. Wenn aber wirtschaftliche Prozesse die politischen so determinieren wie zuletzt in der Finanzkrise (wo Banken mit Steuergeldern ›gerettet‹ wurden, Regierungen nicht mehr agieren können, sondern nur noch Märkte aufrechterhalten müssen), sind politische Entscheidungen nicht mehr über die üblichen demokratischen Repräsentationslogiken verhandelbar. Es entstehen Mengenverhältnisse, deren Idee der ›Vielen‹ (nicht der Menge, der Masse, in einem neu zu denkenden Verhältnis von Singular und Plural) auch für Medien eine Herausforderung darstellt. »Wir sind die 99%« ist entweder problematisch, insofern es eine unmögliche Einheit höchst unterschiedlicher Personen heraufbeschwört, oder sinnlos,

19 Vgl. Reynolds, After Zuccotti Park; Foderaro, Privately Owned Park.

20 Elliott, Larry/Pilkington, Ed: »New Oxfam report says half of global wealth held by the 1%«, in: The Guardian 19.01.2015, www.theguardian.com/business/2015/jan/19/global-wealth-oxfam-inequality-davos-economic-summit-switzerland/print (letzter Zugriff: 03.09.2015): »[B]y next year, 1% of the world's population will own more wealth than the other 99%.«

insofern dieses »Wir« offensichtlich nichts Entscheidendes zu sagen hat. Jens Kastner formulierte, eine solche Einheit der 99% könne nicht vorausgesetzt, sondern müsse als eine des Werdens gedacht werden; Werden entzieht sich aber der Repräsentation.[21]

Abbildung 1

Tumblr »We are the 99%«, Bildersuche vom 28. Juni 2015, Archiv der Autorin.

Am Beispiel von *Schulden* zeigt sich die Problematik von Einen und Vielen – in einer medialen Verschränkung von Schreiben, Selfies und einer Webplattform. Schulden werden moralisch wie politisch individualisiert; die Verschuldeten haben nicht eine Stimme, keine Partei, vermutlich noch nicht einmal eine gemeinsame Meinung. Aber die über 1.200 Fotografien mit Statements einzelner Personen über ihre finanzielle Situation, die ein Tumblr zwischen August und Oktober 2011 sammelte, geben eine Art von Vielheit wieder: eine Aufzählung, ein Nebeneinander, eine Bündelung mit Gemeinsamkeiten zwischen den Einzelbeiträgen, kein Manifest. (Abb. 1) Die gleiche Problematik der Visualisierung der Einzelnen und der Vielen gilt für Bilder des Human Microphone – Fotografien zeigen entweder eine Person im Mittelpunkt (oft wurden die prominenten unter den RednerInnen

21 Kastner kritisiert die Idee der 99%, die weder empirisch noch theoretisch zu halten sei und eine Einheit voraussetzt, die erst hergestellt werden müsste; er verweist auf die Mehrzahl der OWS-TeilnehmerInnen, die aus der weißen Mittelschicht stammen. Der Konflikt verlaufe nicht unbedingt zwischen 99 und 1 %, wie man an der Besetzung des Tahrirplatzes sehe, die nur mit Hilfe von Teilen des überzeugten Militärs gehalten werden konnte. (Kastner: »Platzverweise«, S. 67)

fotografiert), expressive Gesten von Einzelnen etwa mit Händen am Mund wie beim Rufen, oder nichts außer ziemlich ungeordneten Gruppen von Menschen; zahlreiche YouTube-Clips enthalten Passagen, in denen die Kameraposition nur Rede und chorische Wiederholung aufnimmt und weitere Ausbreitung oder Wechselwirkungen unsichtbar bleiben, was den unangenehmen oder zumindest potentiell unheimlichen Eindruck einer mechanisch-gehorsamen Reproduktion in den Vordergrund stellt. (Abb. 2)

Abbildung 2

Zuccotti Park, Bildersuche vom 28. Juni 2015, Archiv der Autorin.

STIMMEN ABGEBEN/VERSAMMELN

›Seine Stimme abgeben‹ bezeichnet einen kanalisierten Akt der demokratischen Mitbestimmung im Wahlverfahren. Seit wann sich wer an der Willensbildung beteiligen kann (nach Altersgrenzen, Frauenwahlrecht, Wahlrecht für MigrantInnen etc.), musste ebenso erstritten werden, wie Fragen der Kanalisierung durch Parteien, Mehrheits- oder Verhältniswahlrecht und andere mögliche Beeinträchtigungen einer freien Wahl. Die Metaphorik der Stimme hatte in politischer Theorie wie in der Mediengeschichte immer wieder mit dem Konzept eines mündigen Subjekts zu tun, das für sich selbst sprechen kann, und verband darin körperlichen Selbstausdruck mit Präsenz und den entsprechenden Bildern von Innerlichkeit und Veräußerung/Öffentlichkeit. Eine gewählte Regierung ist nicht durch Gott, sondern die Willensäußerung der WählerInnen legitimiert; ein Begriff wie Rancières »Unvernehmen« kann sich auch dort auf die Intelligibilität des öffentlichen geteilten Diskurses verlassen, wo Dissonanzen, Missverständnisse und Machtstrukturen die Stimmen entstellen.[22] Wo bleiben diese Stimmen in einer Zeit, in der nicht demokratisch legitimierte Wirtschaftsmächte die Politik bestimmen?

»Democracy, not representation« lautete die Antwortformel von Occupy Wall Street, fasst Isabell Lorey zusammen. Lorey leitet das europäische Demokratiemodell von den Grundprinzipien einer Repräsentation des Volks her und fasst diese repräsentativen Prinzipien als Angst vor den Massen sowie einen Ausschluss der »Macht der Vielen«[23]; die weltweiten OWS-Platzbesetzungen liest sie als ein Symptom des ›Begehrens der Vielen‹ nach einer nichtrepräsentativen Demokratie, das noch nach seiner Form suche. Auch wenn die Behauptung eines genuinen Volkswillens ebenso irritieren kann wie insgesamt Loreys erstaunlich zweifelsfreie Interpretation einer wesentlich undefinierten Situation, so macht sie dennoch die Kritik der Aktivisten deutlich, angefangen auf dem Puerta del Sol in Madrid (mit einer Million Teilnehmer am 15. Mai 2011) und ihrem Slogan »No nos representan« (sie repräsentieren uns nicht). Man muss der romantisierenden Idee einer ›kreativen Kraft der Multitude‹ oder dem idealisierenden, homogenisierenden Blick auf die Ereignisse (wo Begehren, Praxis und Prozess als das Gegenteil von Repräsentation bemüht werden[24]) nicht folgen, um zu verstehen, welche Herausforderung gerade die Abwesenheit der üblichen repräsentativen Forderungen und Figuren darstellt.

Mic Check: Romantik und Rhythmus

Das juristische Niemandsland um den Zuccotti Park dauerte 60 Tage lang;[25] bis zum Richterspruch konnte nur der Gebrauch von Soundverstärkern untersagt

22 Rancière, Jacques: Das Unvernehmen, Frankfurt a.M.: Suhrkamp 2002 [1995].

23 Die zentrale Frage der Demokratie seit dem 18. Jahrhundert sei gewesen, wie die Massen zur Partizipation und nicht zum Aufstand mobilisiert werden können; de facto sei die Repräsentativdemokratie die Herrschaft der Minderheit über die Mehrheit, der Besitzenden über die Armen; in der politischen Philosophie der Zeit zeige sich eine Emotionalisierung und Dämonisierung der Masse (die Feminisierung nennt Lorey nicht); bei Hobbes und Rousseau werde die »multitude« aus ihrer Zerstreuung vereinheitlicht und »in der Selbstermächtigung zum Gehorsam gezwungen«. (Lorey: »Demokratie statt Repräsentation«, S. 16-20) So würden »die Vielen zum ›Volk‹ gebändigt« (ebd., S. 28). Lorey setzt das Prinzip der Repräsentation gegen »den demokratischen Prozess« (ebd.).

24 Vgl. Lorey, Demokratie statt Repräsentation, S. 28.

25 Dann entschied ein Gericht, dass ein POPS geräumt werden kann, sobald der Besitzer es von der Polizei verlangt.

werden. Richard Kims Bericht im *National Public Radio* NPR betonte die Haupteigenschaften des Human Microphone: Es sei pluralistisch, egalitär und gerade für schüchterne Teilnehmer leicht zu benutzen; es biete Angebern wenig Auftrittsfläche, da Charisma oder rhetorische Fähigkeiten hier kaum zum Zuge kämen. Vor allem aber war es langsam. Kim begrüßte diese Langsamkeit und die nötige große Geduld für die Prozesse der Meinungsbildung und Verständigung und kontrastierte sie mit den Hochgeschwindigkeitsrechnern der benachbarten Wall Street.[26]

Technologien sind nicht nur mit der Zeit dieser Praktiken verschränkt. Verstärkeranlagen (Public Address Systems, PAs) produzieren auch Raum und choreografieren darin die Sprechenden ebenso wie das Kollektiv der Hörenden, die Öffentlichkeit, das Publikum. Die Technik bestimmt, wessen Stimme verstärkt wird, sie ›diktiert‹ die Struktur des öffentlichen Raumes und die Möglichkeiten der Versammlung. Verstärkung organisiert Partizipation wie auch das Nicht-zu-Wort-kommen-lassen. Die Mediengeschichte des Dispositivs Laut/Sprecher von Cornelia Epping-Jäger hat entlang von ›Horchen und Gehorchen‹ die nationalsozialistische Sound-Politik und die Massenlenkungsversuche im Dritten Reich verfolgt.[27] In den Versammlungen der 2010er Jahre wird die Stimme ein Teil eines multimedialen Netzwerks aus Computern, Smartphones, sozialer Medienplattformen und den Körpern und Orten – aber sie steht nach wie vor für Präsenz und eine Authentizität, die mit Oralität verbunden wird.

Der Einsatz des Human Mic beginnt mit dem Ruf: »Mic check« – wie beim elektrisch verstärkten Mikrofon – und der Antwort der Umstehenden: »Mic check«.[28] Die zweite Wiederholung jeder Äußerung, schreiben Woodruff und Kretzschmar, wartet nicht nur, bis die erste beendet ist, sondern setzt erst nach einer Pause ein, die so lang ist wie die vorige Aussage, wodurch ein Rhythmus entsteht, ein kollektiver Gebrauch von Sprachmelodie. Eine bestimmte Gleichzeitigkeit von Empfangen und Senden, der Tätigkeiten von Gehör und Stimme, erinnert an das alte Konzept der Nähe von *logos* und *phone*. Kretzschmar zählt auf: Hören, wiederholen, verstehen und seine Meinung ausdrücken geschehe in einem einzigen Akt,

26 Kim, Richard: »We Are All Human Microphones«, in: the nation vom 09.10.2011, www.npr.org/2011/10/06/141109428/the-nation-we-are-all-human-microphones (letzter Zugriff: 03.09.2015).

27 Epping-Jäger, Cornelia: »Stimmräume. Die phono-zentrische Organisation der Macht im NS«, in: Gethmann, Daniel/ Stauff, Markus (Hg.), Politiken der Medien, Zürich, Berlin: diaphanes 2005, S. 341-357.

28 Kretzschmar zitiert eine Aufzeichnung von YouTube: »We amplify each other's voices/ no matter what is said/ so we can hear another/ but also/ we use this human mic/ because the police won't let us/ use any kind of instruments.« (je zweifach wiederholt). (Kretzschmar: »Verstärkung«, S. 153)

wie in einer Realisierung der Figur, die Derridas Husserl-Lektüre als »Sich-selbst-im-Sprechen-Vernehmen« oder »Sich-selbst-und-andere-im-Sprechen-Vernehmen« bezeichnet hat.[29] Ein Set von Handzeichen soll zudem die Zustimmung oder Ablehnung Einzelner noch während des Sprechens ausdrücken, womit eine Unterbrechung des Sprechens nicht notwendig sei.[30] Wie diese Zeichen wiederum von allen gesehen werden könnten, ob Wechselwirkungen zwischen den Kanälen möglich sind etc., bleibt offen. Die Autorin begrüßt die »Verstärkung [nicht nur von Sound, sondern auch] des Affekts« im Human Mic:

»Die Menge wiederholt die Worte, ist dadurch vom Geist des Gesagten körperlich besessen und wirft diese Be-Geisterung unmittelbar zurück. Die Personen ›am‹ human mic wirken, so sie in den Youtubevideos zu sehen oder zu hören sind, häufig bewegt. Die Reden geraten inhaltlich enthusiastisch, weil das Sprechen durch die Körper der Vielen das Reden selbst beeinflusst.«[31]

Die körperliche Performanz des Sprechens und der Inhalt des Gesagten und ein Geist der Äußerung werden kurzgeschlossen, Botschaft und Medium werden eins: Eine Unmittelbarkeit, die ihr vermittelndes Medium kurzerhand mit einschließt. Der Enthusiasmus steckt das wissenschaftliche Schreiben an. Das steht in einer langen Tradition.

Die Bedeutung der Live-Situation, der Gegenwärtigkeit des Sprechens spielte in der politischen Theorie seit der französischen Theorie eine zentrale Rolle, da Mündlichkeit, als Gegengewicht gegen die Korruption des Ancien Régime verstanden wurde. Mladen Dolar wiederum hat die »politische Fiktion« kritisiert, derzufolge Demokratie eine Frage der Unmittelbarkeit sei und als solche eine Frage der Stimme. In jedem Fall verschiebt sich die Beziehung von Live-Situation und politischer Rede, wo wie im Human Microphone Rednerstimmen nicht als autonome Positionen verstanden werden, identifikatorisches Sprechen fortwährend aufgerufen und

---

29 Vgl. Derrida, Jacques: Die Stimme und das Phänomen, Frankfurt a.M.: Suhrkamp 1979 [1976].

30 »Als PA-System erzeugt das Human Mic ein Hören mit der eigenen laut sprechenden Stimme, ein Hören über den Chor der versammelten Menge. Der Inhalt der Rede wird im Nachsprechen verstanden und performativ nicht nur verarbeitet, sondern stetig kollektiv simultan kommentiert – ein Multitasking von Hören, Nachsprechen, Verstehen, und gleichzeitiger Entwicklung und Expression der eigenen Haltung zum Gesagten. Zustimmung, Zweifel, Wunsch nach Präzisierung oder Veto werden durch die Handzeichen visuell angezeigt, ohne die redende Person oder sich selbst beim wiederholenden/nachsprechenden Zuhören zu unterbrechen.« (Kretzschmar: »Verstärkung«, S. 153)

31 Ebd., S. 157.

unterbrochen wird; ›die Stimme‹ als politische Meinungsäußerung wird in viele Stimmen verschoben, die ›die Worte der Anderen‹ verkörpern und auch den zuvor Ungehörten eine Stimme geben. Aber Authentizität bleibt in allen Modellen an die Stimme gebunden, auch dort, wo »ein gewisses Präsenzpathos« mit einer enormen Anzahl dokumentarischer Praktiken einhergeht, mit Fotos, Protokollen, Videoclips usw.[32] Sogar die starke Vereinfachung der übermittelten Botschaften im Human Mic kann seine Vertreter nicht irritieren, die im Gegenteil argumentieren, dass es gerade in den Pausen zwischen den Wiederholungen sei, in denen die Leute nachdenken, aber auch eigene Beiträge präzise formulieren würden, dass die Notwendigkeit kurzer ›Durchsagen‹ zu einer Konzentration und Verdichtung der Inhalte führe, und dass die bewusste Verlangsamung der Kommunikation den Moment der politischen Positionierung herausschiebe, in einem Schritt zurück hinter die allzu fertigen Meinungen.[33] Das Verbinden oder sogar Kurzschließen traditioneller Gegensätze, das sich als neue politische Ästhetik versteht, gehört zu jenem techno-human-vernetzten Imaginären namens Human Microphone.

ÄSTHETIK UND VERMESSUNGEN DES POLITISCHEN SOUNDS

Jeremy Woodruffs Dissertation *Musical Analysis of the People's Microphone: Voices and Echoes in Protest and Sound Art* geht von der ›politischen Rede‹ des Human mic aus und deren »fundamental linguistic/musical principle of imitation«.[34] Woodruff analysiert aufgezeichnete Human Mic-Passagen als »crossover between music and speech« nach ihren Stimmlagen und ihrer Rhythmik auf der Suche nach »musical tactics«.[35] Wo die erste Stimme nicht gut zu hören ist, variieren die Wiederholungen stärker; wo Menschen der gleichen Meinung sind, klingen die Stimmen eher im Einklang.[36] Woodruffs detaillierte Untersuchungen halten nicht nur die kleinsten *pitches* in der Stimme fest oder die am stärksten betonten Sätze. In Handyvideos, die von Demonstranten auf YouTube hochgeladen wurden, oder Polizeivideos, die Anonymous via Web torrent leakte, maß Woodruff Frequenzen, Häufigkeiten, Lautstärkegrade und Time Codes und übertrug Kilohertz- und andere Werte in Tabellen, angeordnet nach Maßstäben für ›Intensitäten‹ von 1 bis 8. Um die Elemente der »PM speech acts« (Sprechakte des Human bzw. People's Microphone) zu quantifizieren, kategorisierte Woodruff die Hauptstimme

32 Ebd., S. 166.

33 Ebd.

34 Woodruff, A Musical Analysis, iv.

35 Ebd., S. 1.

36 Ebd., S. 22-27.

als »lead«, die Wiederholungen als »chorus«, einzelne Wiederholungen als »generations« und ihre Reihenfolge als »first generation, second generation« usw.; was auf der Oberfläche wie ein einfacher Prozess aussieht, erscheint so immer komplexer (etwa in der Differenzierung von »phrases« und »lines«). Die Zeitstruktur spiegele Spannung und Dramatik, »communal musical dynamics«, die untrennbar von ihrer politischen Bedeutung seien, und lege Strukturen der Ungleichheit frei: »This structure automatically problematizes the unbalanced power of speech wielded by the authorities built into civic spaces via architecture, technology or legal and policing mechanisms.«[37]

Wichtiger noch erscheint Woodruff die Form, in der Inhalt und Modus der Äußerung neu arrangiert werden. Er betrachtet die einzelnen Wörter der Äußerungen als weniger wichtig als ihren Sound, »its musical dimension in political struggle and society«[38]. Ihre Syntax werde in vielerlei Hinsicht Lyrik ähnlicher als Prosa, da sie fortwährend zur Markierung von Abschnitten gezwungen sei. Regelmäßige oder unregelmäßige Rhythmen, synchrones wie asynchrones Sprechen von »lead« und »chorus« könnten innerhalb der Wiederholungsstruktur sehr verschiedene Formen annehmen.[39] Der Sprecher könne geradezu als DJ agieren,[40] der eine »double audience«[41] adressiere und für eine musikalische Rhetorik aus Unterbrechungen, *flow* und Skandierungen sorge. Eine chorische Generation performe ebenso für sich selbst wie für die nächste Generation. Wo eine Gruppe sehr groß sei, könne es zu einer »musical overlapping« der Wiederholungen kommen, einem »quasi-canonic effect«, wie Woodruff sekundengenau vermisst.[42] Der erste Eindruck eines Human Mic sei oft, dass die »lead voice« die akzentuierteste sei und die der »generations« die Intonation verflache, eine »group grammar« verfalle, die Zwischentöne nicht mehr hörbar mache; die Sprachmelodie verliere sich bis auf eine Anhebung der Stimmhöhe am Schluss, die eine Fortsetzung ankündige. Eine rein mechanische Imitation erinnere allerdings an ein autoritäres, militärisches Sprechen, und eine solche würde den politischen Stil der Versammlungen konterkarieren und jede einzelne Botschaft unglaubwürdig machen. Stattdessen würden Zeitstrukturen oft innovativ benutzt und Inhalte im Sprachspiel verändert (*runaway corporate power*

37 Ebd., S. 8.

38 Ebd., S. 7.

39 Eine sehr poetisch-topografische Lesart, oder eher Hörart, folgt: »The PM occupies space in sonic shapes created by the crowd. The PM has further taken the form of concentric circles, of a passageway, of a phalanx, of a zigzag and other formations.« (Ebd., S. 9)

40 Reguillo: »Human Mic: Technologies for Democracy«, S. 34, zit. in Woodruff: A Musical Analysis, S. 9.

41 Die der Beteiligten und die der Umstehenden bzw. breiteren Öffentlichkeit.

42 Woodruff: A Musical Analysis, S. 49.

wurde etwa zu *run away, corporate power*).[43] Weniger reich an Ambiguität klingt die Interpretation des Human Mic, wo dessen »synchronisierenden Effekten« die Erzeugung von »resonant bodies« attestiert wird – ein Konzept des Soundtheoretikers Brandon LaBelle, das Woodruff sogar als dem Menschen und seinem »sonic unconscious« ureigen bezeichnet.[44] Das Klanginstrument des Human Mic bewege sich zwischen Einklang (Harmonien, Wiederholungen, Gleichheit) und Dissonanzen (Veränderungen, Differenzen), schließt die Analyse, allerdings dann doch mit einem entscheidenden Dreh: Letztlich ist es weder ein Hin und Her noch ein einfaches Zusammenfallen von Gegensätzen, sondern die Beobachtung eines Raums zwischen ihnen, der ebenso für Resonanz wie für Kritik offen sei. Auch wo eine Botschaft identisch wiederholt und verkörpert werde, gäbe es eine kritische Distanz von der ersten Stimme, messbare Differenzen, mitten innerhalb des Prozesses der Dissemination und der Erfindung.[45] Angela Davis, schwarze feministische Aktivistin und Theoretikerin, kritisierte am Human Microphone die Einheitlichkeit im Sprechen und forderte »dissonance, not unity, a noise in the system«.[46]

DER CHOR

Das Human Mic erinnert an die *Call-and-Response*-Schemata vieler Teile der Musikgeschichte. Gregorianische Gesänge, subsaharische Kulturen, indische Wurzeln, die Musikgeschichte des Mittelmeerraums und die Responsorien christlicher Kirchen gehören dazu, vor allem aber sind sie typisch für traditionelle afrikanische und afro-amerikanische Musik. Mit den afrikanischen Sklaven kamen sie in die sogenannte Neue Welt und wurden zur Grundlage von afroamerikanischem Gospel und Predigten ebenso wie von Blues, Soul, Jazz bis zu HipHop, aber auch von Rhetoriken kirchlicher bis präsidialer Reden: *Call and Response* bewegte sich in den USA von schwarzer Geschichte bis zu weißer Dominanzkultur. Im *Call and*

43 Ebd., S. 50. »I call this paradoxical feedback effect the freedom/noise ratio dimension of sonic protest. The freedom increases the noise which increases the freedom.« (Ebd., S. 51)

44 Ebd., S. 19.

45 Ebd., S. 142.

46 Davis, Angela: (zuerst Washington Square Park, dann Zuccotti Park) »How can we be together/ In a unity/ That is not/ Simplistic/ And oppressive...«, 30.10.2011 zit. in Woodruff: A Musical Analysis, S. 145. Siehe auch das Transkript von Žižeks ›Rede‹ im Zuccotti Park »(Don't fall in love with yourselves)«, in: Impose 17.09.2013, www.imposemagazine.com/bytes/slavoj-zizek-at-occupy-wall-street-transcript (letzter Zugriff: 03.09.2015).

Response sind die wiederholten Teile nicht identisch, aber der intensive Austausch zwischen Einem und Vielen in einem speziellen Rhythmus ist oft mit dem Human Mic in Verbindung gebracht worden (insbesondere die Assoziation an die Form der Predigt[47]); Woodruff hebt zudem hervor, dass der große Bevölkerungsanteil, der den Militärdienst durchlaufen hat, ebenso von einer strengen disziplinären Form dieser Rede sozialisiert ist wie diejenigen, die die *naturalization*, das Ritual der Einbürgerung vollzogen haben – somit verbindet sich *Call and response* nicht nur mit Geschichte und Religion, sondern auch mit Nationalstaatlichkeit.[48] Auf die historischen Tiefendimensionen dieser Form kann hier nur verwiesen werden; es sei nur ein Strang der Geschichte hervorgehoben, der ebenfalls mit einer politischen Öffentlichkeit zu tun hat: das antike griechische Theater. Dort ist der Chor älter als die Tragödie und entstand, wie Ulrike Haß schreibt, aus der Landschaft, denn bevor es Theaterbauten gab, bezeichnete *chorus* den Platz, an dem eine Gruppe Tanz und Gesang aufführte; später wurde der Ort als *orchestra* bezeichnet, und *chorus* wurde zum Namen der Theatergruppe.[49] Der griechische Chor hat nicht *eine* Stimme; er kommentiert die Handlung, garantiert die Öffentlichkeit des Geschehens und dient als kollektiver Zeuge des Einzelnen.[50] Er spricht in vielen Stimmen, und so gibt er

---

47 Zur Musikgeschichte vgl. Woodruff: A Musical Analysis, S. 5f.; vgl. weiter Raunig: »n-1. Die Mannigfaltigkeit machen«, S. 122. Das gehe bis zur Selbstunterwerfung: »Die Singularitäten drohen in diesem zugleich homogenisierenden und individualisierenden Prozess unterzugehen. Je mehr Sätze die Menge wiederholt, desto mehr scheint der Inhalt, die Bedeutung und die Aneignung der Aussagen in den Hintergrund zu verschwinden. Während manche gerade durch das pastorale (Selbst-)Verhältnis in Trance zu fallen scheinen, bringt für andere die Erschöpfung eine gewisse Automatisierung: Die mechanische Reproduktion des fein säuberlich in Portionen geteilten Sprachmaterials kann aus dieser Sicht auch als Einübung in (Selbst-)Unterwerfung gesehen werden.« (Ebd., S. 122f.)

48 Woodruff: A Musical Analysis, S. 10f.

49 Hass, Ulrike: »Woher kommt der Chor«, in: Maske und Kothurn. Internationale Beiträge zur Theater-, Film- und Medienwissenschaft 1 (2012), Themenheft »Auftritt Chor. Formationen des Chorischen im gegenwärtigen Theater«, S. 13-30, hier S. 19. »Die chorische Verstärkung okkupiert akustisch den öffentlichen Platz, auf den die Etymologie des Wortes ›Chor‹ bereits verweist: xopos als griechische Bezeichnung für den Reigentanzplatz meint den Ort ritueller Versammlung.« (Kretzschmar: »Verstärkung«, S. 154) Danke für Hinweise an Birgit Kiupel.

50 Die antike Tragödie kreist um das Drama des Subjekts, und diese braucht einen »Ort oder Grund«, eine Umgebung, durch den Chor. Ulrike Hass will »die Trennung von Chor und Einzelfigur als einen Schritt vom Plural (der Gattung) zum Singular (der Einzelfigur) nachweisen. Hass: »Woher kommt der Chor«, S. 13f. Der Chor »ist keine Kulisse für die

nicht die Möglichkeit eines identifikatorischen oder emphatischen Sprechens, sondern ist immer artifiziell. Er ist Teil der Handlung und im gleichen Zug dessen Reflexionsinstanz. Der Chor figuriert die Öffentlichkeit und reflektiert die Theatralität der Bühne, wie Evelyn Annuß formuliert.[51] Schiller bezeichnete ihn als »Kriegserklärung gegen den Naturalismus in der Kunst«[52]: Der Chor diente gerade dazu, identifikatorische Prozesse des Publikums zu brechen. Bertolt Brecht wiederum betrachtete den Chor als Mittel kollektiver Äußerungen. Bis heute verhandelt der Chor auf der Theaterbühne die Formationen von Teil und Ganzem, Einzelperson und Kollektiv; manche halten ihn für eine kritische Autorität, aber er hat keinesfalls eine geschlossene, auktoriale, konsistente Stimme.[53] Der Schritt von dieser Pluralfigur zum Einzelnen markiert die Herausbildung des Subjekts. Anders gesagt: Der Chor ist immer schon da, wenn der Protagonist auftritt,[54] er ist dessen Grund und Umgebung.

DIE ANRUFUNG

Althussers Konzept der »Anrufung« scheint zunächst keinen Bezugspunkt für das Human Mic zu bieten[55]: Im Zuccotti Park gab es keinen rufenden Polizisten, niemand fühlte sich überrascht und drehte sich um, in einem Akt, der ihn als jemand zu erkennen gab, der sich durch das Gesetz angesprochen fühlte und darin

---

Einzelfigur, sondern bildet ihr gegenüber wesentlich die Figur des ›Schon-Da‹.« Der Chor kommentiert, auch widersprüchlich – »Er spricht nicht mit einer Stimme.« Ebd., S. 19. »Die Chöre akzentuieren den Rhythmus des überindividuellen Lebens.« Ebd., S. 21.

51 Annuß, Evelyn: »Public Movement«, in: Maske und Kothurn, »Auftritt Chor«, S. 31-46, hier S. 31.

52 Zit. in: Meister, Monika/Enzelberger, Genia/Schmitt, Stefanie: »Vorwort«, in: Maske und Kothurn, »Auftritt Chor«, S. 7-10, hier S. 9.

53 »Das Chorische auf der Theaterbühne, vom antiken bis ins Gegenwartstheater, fungiert als kommentierende Stimme, Kommentierung der Handlung, und als plurale Stimme zur Auseinandersetzung zwischen Teil und Ganzem, Einzelnem/Einzelner und Kollektiv. Die aktuelle Forschung sieht ihn als ›per-se Opposition‹: er werde ›als Gegen-Stimme laut‹.« Ebd.

54 Kretzschmar: »Verstärkung«, S. 163, verweist hier auf die Geschichte von *personae* aus lat. *per-sonare*: *hindurchtönen*, genauer: auf das Ertönen der Schauspielerstimme durch das Mundstück der Maske im antiken griechischen Theater.

55 Althusser, Louis: »Ideologie und ideologische Staatsapparate«, in: Ders., Ideologie und ideologische Staatsapparate. Aufsätze zur marxistischen Theorie, Hamburg: VSA 1977 [frz. 1969/dt. 1971], S. 108-153.

einen konstitutiven Akt der Subjektformation durch staatliche und polizeiliche Macht sowie der eigenen Adressierbarkeit vollzog. Es sind immerhin nicht nur visuelle Figurationen wie in Lacans Spiegelstadium, die modellieren, wie die Formierung von Subjekten (und Bürgern) von statten gehen. Oliver Marchart betonte, dass der Marxist Althusser nicht, wie in den 1960er Jahren üblich, den Inhalt des Rufs interpretierte, sondern materialistisch den Akt des Rufens betrachtete.[56] Welche Rolle spielt darin das Hören?

Judith Butler hat hier zwei Perspektiven hinzugefügt. Althussers Anrufung und die Reaktion folgen nicht notwendigerweise in dieser Reihenfolge aufeinander: Das Gesetz ist nicht zuerst, gefolgt von der Polizei, gefolgt vom Staatsbürger. Es gibt, erstens, eine ursprüngliche Komplizenschaft mit dem Gesetz. Im Umwenden zum Polizisten wird das Subjekt die Bedingungen der Anrufung angenommen haben.[57] Es existiert immer noch eine Differenz zwischen System und Subjekt. Zweitens kommt das Begehren ins Spiel, ein »ursprüngliches Begehren nach dem Gesetz«, eine leidenschaftliche Komplizenschaft, ohne die kein Subjekt existieren könnte.[58] Beide Perspektiven fügen dem Geschehen im Human Microphone etwas hinzu: Subjekte sind Koproduzenten ihrer Subjektivität, die Verteilung von Aktivität und Passivität ist nicht mehr so klar wie gedacht – und da, wo das Human Mic gerade dafür gepriesen wird, die Differenz zwischen Rufendem und Hörendem nicht mehr aufrechtzuerhalten, bleibt sie doch in Althussers Konzept bestehen. Die Iterabilität der sprachlichen und anderen subjektformierenden Zeichen, ihre Medialität und Materialität ermöglichen diese Operation.[59]

James Woodruff befand allerdings, das Human Mic produziere »mehr Lyrik als Prosa«[60], und Sylvie Kretzschmar beobachtete stellenweise eine »Aufhebung des Redesinns«[61]. Der konservative Kommentator Mattathias Schwartz konzedierte, der besondere Sinn von Occupy Wall Street liege in dem, der Wahl ihrer Formate

56 Marchart, Oliver: »Der Apparat und die Öffentlichkeit. Zur medialen Differenz von ›Politik‹ und ›dem Politischen‹«, in: Gethmann, Daniel/Stauff, Markus (Hg.), Politiken der Medien, Zürich, Berlin: diaphanes 2005, S. 19-38, hier S. 29.

57 Butler, Judith: Psyche der Macht. Das Subjekt der Unterwerfung, Frankfurt a.M.: Suhrkamp 2001 [1997], übers. v. Reiner Ansén, bes. Kap. 4: »Das Gewissen macht Subjekte aus uns allen. Subjektivation nach Althusser«, S. 101-123, hier S. 101.

58 Butler: Psyche der Macht, S. 102f.

59 Marchart: Der Apparat und die Öffentlichkeit, 29f., betont zudem die »›aktive‹ Komplizität der Individuen (der *audience* im Fall der Medien) an der Bedeutungsproduktion und damit an ihrer eigenen Positionierung als Subjekte«.

60 Woodruff: A Musical Analysis, S. 9.

61 Kretzschmar: »Verstärkung«, S. 157.

entsprechend, Slogan »We are our demands«[62]: Das Medium sei die Botschaft, die Form folge der Funktion. Manche AutorInnen priesen die Aufhebung von Differenzen, als ob Derridas Phonozentrismuskritik überwunden werde: Egal, wieviel Raum zwischen den Menschen sei, die etwas sprechend wiederholten, es ereigne sich ein kollektives Sich-im-Sprechen-Vernehmen. Derridas Husserl-Lektüre hatte eine Zäsur zwischen der äußeren und der inneren Wahrnehmung des eigenen Sprechens hervorgehoben, die allererst die Wahrnehmung des Gesprochenen als selbst produziert und daher des Fremden als Eigenes erlaube.[63] Die Zäsur ist hier fundamental. Das romantische Verlangen nach einer Verschmelzung des Einen mit den Vielen mag Teil des Imaginären des Human Microphone sein, aber es gibt weitere Teile. Vielstimmigkeit, Mannigfaltigkeit oder Raunigs Lesart der maschinistischen Subjektivität nach Deleuze sprechen für eine Vielzahl von Stimmen und endlose Auffaltungen der Äußerungen.[64] Die einzelnen Stimmen sind nicht im Einklang, in *uni-son*, sondern resonieren auf verschiedene Weisen.[65]

Die Theorie der Stimme spricht traditionell von einem ›Index lebendiger Gegenwart‹, vom Zeugen menschlicher Präsenz zwischen Entäußerung und Entzug; die Stimme sei hier und nicht hier, innen und außen, körperlich verhaftet oder im Grunde immateriell, nur denkbar als performativer Akt, im Herzen der Performativität, ein Ereignis.[66] Theorien der Stimme sind so fixiert auf Präsenz oder

62 Schwartz, PRE-OCCUPIED, o. S.

63 Linz, Erika: »Die Reflexivität der Stimme«, in: Kolesch, Doris/Krämer, Sybille (Hg.), Stimme. Annäherung an ein Phänomen, Frankfurt a.M.: Suhrkamp 2006, S. 50-64, hier S. 58.

64 Raunig: »n-1. Die Mannigfaltigkeit machen«, S. 124ff. Weiter: »Es geht auch um ein Verschwimmenlassen von AutorIn und Publikum, und das vor dem Hintergrund einer neuen Schizo-Kompetenz, einer inventiven, maschinischen Subjektivität, die Multi-Tasking zwischen Rezeption, Wiederholung und Entwicklung/Äußerung der eigenen Haltung erst ermöglicht. [...] Wir können gleichzeitig hören, wiederholen und uns dazu verhalten.« (Ebd., S. 124f.)

65 Raunig, ebd., S. 125, formuliert, »wie die einzelnen Stimmen Vielstimmigkeit erzeugen, indem sie nicht übereinstimmen, sondern in je verschiedener Weise zusammenstimmen.«

66 Vgl. exemplarisch: Barthes, Roland: Die Rauheit der Stimme, in: Ders., Der entgegenkommende und der stumpfe Sinn. Kritische Essays III, Frankfurt a.M.: Suhrkamp 1990, S. 271-278; McLuhan, Marshall: »Das Radio – die Stammestrommel«, in: Baltes, Martin u.a. (Hg.), Medien verstehen. Der McLuhan Reader, Mannheim: Bollmann 1997, S. 141-144; Dolar, Mladen: His Master's Voice. Eine Theorie der Stimme, Frankfurt a.M.: Suhrkamp 2007; Kittler, Friedrich A./Macho, Thomas/Weigel, Sigrid (Hg.), Zwischen Rauschen und Offenbarung. Zur Kultur- und Mediengeschichte der Stimme, Berlin: Akademie Verlag 2002; Epping-Jäger, Cornelia/Linz, Erika (Hg.), Medi-

Absenz, dass das Human Mic diese Fixierung noch einmal deutlich erschüttert. In Synchronisation.

SYNCHRONISATION

Butler bezog sich in ihren Texten im Herbst 2011 auch auf Occupy Wall Street, auf Körper im öffentlichen Raum, Allianzen und Aktanten[67], und publizierte 2013 ein Buch mit der griechischen Philosophin Athena Athansaiou zur »Enteignung«[68] in den Debatten um OWS, Tahrir, Syntagma u.a. Die konstitutive Verletzbarkeit, die Butler schon in früheren Schriften als Voraussetzung der Subjektivierung beschrieb, entspricht hier ihrer Aussage, »[n]ur weil wir schon Enteignete sind, können wir enteignet werden« – worauf Athanasiou entgegnet, es sei nicht das gleiche, enteignet zu sein oder enteignet zu werden.[69] Eine fundamentale Disposition aus der Philosophie des Subjekts ist nicht einfach übersetzbar in einen konkreten Akt der Ungleichheit, der Rechte oder das Haus entzieht. Die theoretische Rede ist, bei aller Liebe zur Wahrheit der Metapher, nicht einfach *in sync* mit dem Leben.

Der Wunsch, Synchrones zu hören, findet in den Besetzungen der zehner Jahre häufig eine Adresse. Ein Beharren auf Differenzen (und Dissonanzen) erscheint immer wieder nötig. Kai von Eikels hat in seiner dichten Beschreibung von Performance, Politik und Kollektivität zwei traditionell adressierte Modi des Politischen in den Blick genommen: Institutionen und Repräsentation auf der einen Seite und

---

en/Stimmen, Köln: Dumont 2003; Kolesch, Doris: »Natürlich künstlich. Über die Stimme im Medienzeitalter«, in: Dies./Schrödl, Jenny (Hg.), Kunst-Stimmen, Berlin: Theater der Zeit 2004, S. 18-38; Lagaay, Alice: »Züge und Entzüge der Stimme in der Philosophie«, in: Krämer, Sybille (Hg.), Performativität und Medialität, München: Fink 2004, S. 293-306; Kolesch, Doris/Krämer, Sybille (Hg.), Stimme. Annäherung an ein Phänomen, Frankfurt a.M.: Suhrkamp 2006; Macho, Thomas: »Stimmen ohne Körper. Anmerkungen zur Technikgeschichte der Stimme«, in: Kolesch/Krämer (Hg.), Stimme, S. 130-146; Kolesch, Doris/ Pinto, Vito/Schrödl, Jenny (Hg.): Stimm-Welten. Philosophische, medientheoretische und ästhetische Perspektiven, Bielefeld: transcript 2009.

67 Butler, Judith: »Bodies in Alliance and the Politics of the Street«, in: transversal 09 (2011), http://eipcp.net/transversal/1011/butler/en (letzter Zugriff: 03.09.2015).

68 Athanasiou Athena/Butler, Judith: Die Macht der Enteigneten. Das Performative im Politischen, Zürich, Berlin: diaphanes 2015 [2013], übers. v. Thomas Atzert.

69 Vgl. Butler/Athanasiou: Die Macht der Enteigneten, S. 37f. Athanasiou: »Tatsächlich ginge es in unserer Intervention um den Versuch, das ›Immer-schon-enteignet-Sein‹ zu denaturalisieren und zu repolitisieren.« Ebd., S. 38.

eine »Affektideologie der Gemeinschaft« auf der anderen.[70] Beide kämen in der Versammlung zusammen; das Theater spiegele diese Vereinigung der Sphären in *agora* und *theatron*. Wie sieht es mit den Einzelnen und dem Ganzen in den neuen Versammlungen aus?

»Es gibt kollektive Formen und Formationen des Handelns, die ohne Repräsentation des Ganzen als Gruppe, Partei, Block oder geschlossene Reihen einer ›Bewegung‹ auskommen – ja sogar, ohne dass die Beteiligten überhaupt die Vorstellung haben, Teil eines Ganzen zu sein. Und es gibt Formen kollektiver Praxis, die den Abstand zwischen einzelnen Handelnden nicht nur achten, sondern deren Dynamik sich gerade der Trennung zwischen ihnen verdankt: Kollektive, die ein Effekt der Trennung zwischen Menschen sind, bei denen der Abstand zwischen getrennt Handelnden einen Freiraum darstellt, durch den die Handlungen sich synchronisieren und in ihren Wirkungen einander unterstützen.«[71]

Ohne die Differenz zwischen den Teilen eines Kollektivs gibt es keine Möglichkeit der Synchronisation. Informationen synchronisiert weiterzugeben, kann körperliche Affekte zeitigen, aber van Eikels naturalisiert diese nicht, sondern versteht ihre Elemente als Oszillatoren: Es gäbe nicht nur Relationen zwischen den Elementen, sondern auch eine zeitliche Selbstbeziehung jedes Elements zu sich.[72] Auch eine Affizierung durch deren rhythmische Synchronisierung in der körperlichen Realität bewirke niemals eine Gemeinschaft;[73] statt einer »Somatisierung von Gemeinschaftsfiktionen« müsse es um Abstände, also Freiräume, gehen, die Affektionen ermöglichen können.[74] Eine exakte Beschreibung dessen, was im Gebrauch des Human Mic geschieht.

Van Eikels Ausführungen zu Synchronizität und Performativität sind gerahmt von Kapiteln über spezifische politische Ereignisse in Kunst und Aktivismus. Auch Jean Luc Nancys »singular plural sein« entstand unter dem Eindruck des Golfkriegs, der Kriege in Kosovo, Ruanda und Palästina, und im Nachdenken darüber,

---

70 Eine Ideologie, »die behauptet, wahres Zusammenhandeln könne es nur dort geben, wo die Menschen nicht mehr separat, sondern durch ein ›Band‹, durch eine körperlich-seelische Erfahrung des Gemeinsamen, durch die emotionale Aktualisierung von Werten, mindestens aber durch ein gleichzeitiges Außer-sich-Geraten schicksalhaft aneinander geknüpft sind.« (van Eikels, Kai, Die Kunst des Kollektiven. Performance zwischen Theater, Politik und Sozio-Ökonomie, München (Fink) 2013, S. 12)

71 Ebd., S. 12.

72 Ebd., S. 168.

73 Ebd., S. 171.

74 Ebd., S. 173.

was Nationen wären, was das Andere und das Selbst.[75] Er schrieb nicht vom Affekt, aber von *compassion*, Mitleid, nicht im Sinne einer paternalistisch-herablassenden oder selbstmitleidigen Haltung, aber als Bedingung des Mit-Seins, einer »Ansteckung, Berührung des Mit-ein-ander-seins in diesem Getümmel«.[76] Eine solche kann die verschiedenen Theoretisierungen des Human Mic nochmals in ein anderes Arrangement rücken.

Medien des »Mit-Seins«

So wie die *conditio humana* des Enteignet-Seins nicht das Gleiche ist wie die konkrete Vertreibung Verschuldeter aus ihrem Haus, so wenig ist eine Ontologie ein Ausbuchstabieren von Ereignissen (etwa im Zuccotti Park, oder andersherum die Versammlung eine Aufführung der Philosophie der Gemeinschaft). Nancys »Mit-Sein« bietet ebenso wie die Figurationen von Chor, Anrufung, Volksvertretung oder Affekt keine Darstellung oder Analyse der Vielen in der Versammlung – aber einen weiteren Notenschlüssel, um die Partituren des Human Microphons zu hören, denn viele der Fragen, die er in seiner Ontologie des Mit-Seins verhandelt, sind schon auf den ersten Blick direkt anschlussfähig an das Ereignis einer Assembly: Wie verhalten sich Ich und Wir, (wie) können Gemeinschaften entstehen, warum wären Ko-Existenz und Zusammensein nicht nur eine Folge zu bisherigen Philosophien des Subjekts oder der Welt, sondern an deren Stelle zu setzen, ohne in einer neuen Ursprungsfigur aufzugehen?[77] Das ist von Interesse für die neuen Versammlungen, die sich nicht mehr als Summe subsumierter Einzelner verstehen wollen und skeptisch gegenüber Definitionen von Gruppenidentitäten sind.[78] Marina Garcès stellt eine in anderer Weise radikale Forderung auf, wenn sie

---

75 Nancy: singulär plural sein, S. 10f.

76 »Weder Altruismus noch Identifikation, sondern Erschütterung durch brutale Kontiguität.« (Ebd., S. 11)

77 »Das Mit wird dem Sein nicht hinzugefügt, sondern das Mit-Sein ist das, was existiert; es gibt nichts, was nicht ko-existiert.« (Ebd., S. 57ff.)

78 Da sich das Mit-Sein in einem Dazwischen, also in einem Raum, exponiere, sei es immer spektakulär (ebd., S. 110); dass dieses Spektakuläre heute technisch und global wuchere, dass es eine »globalisierte Mediatisierung« gäbe (ebd., S. 112), soll diese Philosophie mit den aktuellen konkreten Medienpraxen verbinden, kommt aber nicht weit – hier müsste die verwendete visuelle und theatrale Metaphorik anderen Konzepten Platz machen. Wie die kapitalistische Warenzirkulation und ihr Gesetz von Partikularität/Austauschbarkeit zur Mit-Erscheinung stehe (ebd., S. 117f.), wäre dann ebenfalls im Zeichen digitaler Netze neu zu schärfen.

eine »Privatisierung der (individuellen) Existenz« propagiert.[79] Nancy will Gemeinschaft nicht ausgehend von der Subjektivität als Gegenüber fassen, sondern in der Form des »Mit-Seins«, wo weder Ich noch Wir dem/den anderen vorgängig sind und Existenz immer Koexistenz ist: Ein *Wir* könne keine Repräsentation von etwas sein, sondern entstehe als *praxis* und *ethos*;[80] ohne Vorgängigkeit des Singulars oder des Plurals sei die Welt »auf einzigartige Weise vielfach und auf vielfache Weise einzigartig, singulär plural und plural singulär«.[81] Auch dass Nancy hier das Ereignishafte hervorhebt, bietet eine Bezugnahme zur Praxis der Versammlungen an.[82] Gleichzeitig liegt im »Immediatismus«[83] seines Mit-Seins ein grundlegender Abstand zum Geschehen im Zuccotti Park und dessen Praktiken des Sehens und Hörens.

Denn der Preis für diese neue Konzeption des Miteinander-Seins und ihre willkommene Verabschiedung des alten Ursprungsdenkens liegt in einer Verabsolutierung des Immateriellen, Ereignishaften. Von Medien kann hier keine Rede sein, weil diese selbst etwas wären, etwas darstellten, und nicht in den Kommunikations-

---

79 Gerade in der »Privatisierung der (individuellen) Existenz«, die immer subjektiv erfahren wird, liegt für Marina Garcés der Grund, warum Kritik und eine »Radikalisierung der sozialen Frage« in einer gewissen Paradoxie »von uns selbst ausgehen« müssen, um das Gemeinschaftliche zu erkennen. »Die größte Herausforderung der Kritik besteht heute im Kampf gegen die Privatisierung der Existenz. In der globalen Welt wurden nicht nur die Güter und die Erde, sondern auch die Existenz selbst privatisiert. [...] Die Frage nach dem Gemeinschaftlichen verlangt heute den Mut, in die eigene Welterfahrung einzutauchen, auch wenn diese kahl und ohne Versprechen ist. Darauf beruht die Verkörperung der Kritik.« (Garcés, Marina: »Die Kritik verkörpern. Einige Thesen. Einige Beispiele«, in: transversal 6 (2006), http://eipcp.net/transversal/0806/garces/de, übers. v. Birgit Mennel (letzter Zugriff: 03.09.2015))

80 Nancy: singulär plural sein, S. 63.

81 Ebd., 11.

82 Ebd., 62f. »Das Wesen des Seins ist der Fall. ›Sein‹ ist immer, jedes Mal ein Fall des Seins (Anklopfen, Anlagen, Schock, Herzschlag, Berührtsein, Zusammentreffen, Zugang).« Ebd.

83 Für die Übersetzung dieses Konzepts in die Nancy-Lektüre danke ich Drehli Robnik: Bei Nancy sei der Kommunismus immer schon da und bedürfe keiner Mediatisierung; eine Politisierung von Differenzen bleibe notwendig, die Diffusion der »Fabrik« und das flexible Selbst seien im Mit-Sein nicht zu fassen. Persönliche Mitteilung in der Diskussion seines Vortrags zum »Kino als ontoxikologischer Mit-Gift«. Robnik, Drehli: »Poison Ivy, Lux Interior, Cramps: Cinema as Ontoxicological ›Mit-Gift‹ (Being-With Not as a Given)«, Vortrag auf der internationalen Tagung »Prekäre Identitäten – Gift und Vergiftung in Wissenschaft und Film«, HBK Braunschweig, 21.-23.05.2015.

akten aufgingen; von Medialität zu sprechen, würde für Nancy bedeuten, das Dazwischen aufzufüllen, aber dort sei kein verbindendes Gewebe, schreibt er, es gäbe kein Dazwischen: alles passiert zwischen uns. »Es gibt keinen ›Halb-Ort‹ [*mi-lieu*], es ist das eine oder das andere, das eine und das andere, das eine mit dem anderen, aber nichts, das zwischen dem einen und dem anderen, oder noch etwas anderes wäre als das eine oder das andere (etwa ein anderes Wesen, eine andere Natur, eine diffuse oder unbegründete Allgemeinheit).«[84] Seine »Vermittlung [ist] ohne Instrument«[85], ohne »Vermittler«, »sie ist *mi-lieu*, Ort (*lieu*) der Teilung und des Übergangs, *das heißt schlicht Ort, in absoluter Weise.*«[86] Die Differenz ist nicht repräsentierbar; es gibt nichts, das nicht ›mit‹ wäre; es kann nicht darum gehen, eine natürliche Verfasstheit vor ihrer Vermittlung aufzudecken[87] – diese bekannten dekonstruktiven Denkfiguren werden von Nancy in eine Ontologie überführt, die er noch auf das Medium der Sprache, genauer: die *parole* beziehen,[88] vielleicht in der Schrift metaphorisch signalisieren kann,[89] aber es wird darin nicht möglich, die Materialität der Vermittlungs-Ereignisse zu betrachten.[90] Auch Praktiken des Sehens und Hörens umfassen aber deren Materialisierungen. Der Sound des Human Microphone ist ereignishaft, aber er klingt nach.

---

84 Nancy, singulär plural sein, S. 25.

85 Ebd., S. 144.

86 Ebd., S. 145 (Hervorh. im Orig.).

87 Ebd., S. 107f.

88 Ebd., S. 133. »(Nebenbei sei erwähnt: Die Logik des ›mit‹ zwingt oft zu einer ziemlich schwerfälligen Syntax, um das ›Mit-ein-ander-sein‹ [›*être-les-uns-avec-les-autres*‹] auszudrücken. [...] Vielleicht ist es aber kein Zufall, daß die Sprache sich schlecht dazu eignet, ein ›Mit‹ als solches auszustellen. Denn die Anrede ist das Mit selbst, und nicht das, was angesprochen werden soll.)« (Ebd., S. 14)

89 Das ›Mit‹ ist nicht darstellbar, aber auch keine undarstellbare entzogene Präsenz, es ist oder bildet den Binde- bzw. Trennungsstrich, ein auf dem Leeren gezogener Strich, der die Leere überwindet und unterstreicht. (Ebd., S. 100f.)

90 Ob man ›Praktiken‹ wieder gegenüber der ›Materialität‹ situieren sollte, bleibt zu diskutieren; so warnt etwa Winkler vor einer Materievergessenheit beim Blick auf das Prozessieren anstelle auf Speicher und Dinge (Hartmut Winkler, Prozessieren. Die dritte, vernachlässigte Medienfunktion, Paderborn Fink 2015); die ›Transmissionen‹ der Akteur-Netzwerk-Theorie ließen sich durchaus als materielle lesen, und der Bezug zum »practice turn« in der Medientheorie untersucht mediale Praxen ebenfalls in ihren Materialitäten (vgl. Schüttpelz, Erhard/Bergermann, Ulrike/Dommann, Monika/Stolow, Jeremy/Taha, Nadine (Hg.), Connect and Divide. The Practice Turn in Media Theory, Third DFG-Symposium of Media studies, Zürich, Berlin: diaphanes/Chicago: Chicago University Press (in Vorbereitung).

SO-UND

Raunig erkannte zwar die Möglichkeit, die Rede-/Wiederholungsstuktur des Human Microphone als Zentralisierung und Vereinheitlichung des Sprechens zu sehen,[91] aber entschied sich stattdessen für eine deleuzianische Lesart und betrachtete das Human Mic als Ausdruck einer maschinischen Mannigfaltigkeit, die Vielstimmigkeit und Störgeräusche produziere und vervielfältige, in einem

»Verschwimmenlassen von AutorIn und Publikum, und das vor dem Hintergrund einer neuen Schizo-Kompetenz, einer inventiven, maschinischen Subjektivität, die Multi-Tasking zwischen Rezeption, Wiederholung und Entwicklung/Äußerung der eigenen Haltung erst ermöglicht.«[92]

Es kommt auf das Hören des Philosophen an. Zur Assemblage namens Human Microphon zählen auch die TheoretikerInnen, ihre Ohren, ihr Begehren. Woodruff versuchte es mit Frequenzmessungen, Kretzschmar choreografiert eigene Verschmelzungseinheiten von Sound und Aktivismus, Lorey setzt eine revolutionäre Kette historischer Aufstände fort, und Raunig filtert die Wahrnehmung eben nicht auf den Einklang, sondern auf eine »monströse Komposition« hin, in der »die einzelnen Stimmen Vielstimmigkeit erzeugen, indem sie nicht übereinstimmen, sondern in je verschiedener Weise zusammenstimmen.«[93] Wenn sich KritikerInnen, WissenschaftlerInnen und die anderen Hörend-Schreibenden als Teil der Vielen begreifen können, werden wir auftreten, zählen, mitstimmen, uns angerufen fühlen, vor der Wiederholung schaudern und jede neue Klangregie kritisieren.

91 Raunig: »n-1. Die Mannigfaltigkeit machen«, S. 122f.

92 Ebd., 124f.

93 Ebd., 125.

Das auditive Dispositiv

Apparatisierung und Deapparatisierung des Hörens

HOLGER SCHULZE

Ein merkwürdiger Traum. Eckig und schief, es verzieht meine Augäpfel, ich sitze unbequem. Die Figuren, die diesen Ort bevölkern, stehen fremd mir entgegen. Ich erkenne ihre Vorbilder, nach denen sie gestaltet sind – doch ich kann ihre Farben und Formen, herausragenden Extremitäten und Accessoires kaum richtig in den Blick nehmen. Fast scheint es, als wäre meine Fähigkeit, all das, was meine Augäpfel aufnehmen können, zu einer stimmigen, räumlichen Wahrnehmung zu fügen vollständig gestört. Ich bin verloren, überlastet und merke, wie ich dieser Vorführung nicht genüge. Mir wird etwas übel. Gleiches gilt für die Klänge, die ich hier höre: Ich habe die verschiedenen technischen, produzentischen Tricks und Mechaniken öfter erlebt, die in den Kinos der Gegenwart dazu genutzt werden, um einen Ort klanglich möglichst überzeugend erfahrbar zu machen. Doch hier versagt meine Erfahrung, mein Körpergedächtnis sucht hilflos. Mir wird noch übler. Ich höre Klänge, die ich mehr spüre als höre – darum bin ich mir unsicher, ob ich sie überhaupt höre. Oder spüre ich nur körperliche Regungen, lautliche Reaktionen der anderen Zuschauer und Zuschauerinnen? An diesem dunklen Ort, randvoll mit pilotensitzartigen Sesseln. *Das Auge des Subjekts, l'œil du sujet* – von dem Jean-Louis Baudry in *Effets idéologiques produits par l'appareil de base* 1970 schreibt; es wird erzeugt, gebildet, determiniert, munitioniert und versorgt durch eine kinematografische Maschinerie des Filmvorführsaales.[1] Diese Transformation durch den *appareil idéologique* des Kinos ist nahezu ein Halbjahrhundert später kaum

1 Baudry, Jean-Louis: »Effets idéologiques produits par l'appareil de base«, in: Cinéthique 7-8 (1970), S. 1-8. Wiederabgedruckt in: Ders., L'effet cinema. Paris: Albatros 1978, S. 13-26. Dt. Übersetzung: »Ideologische Effekte erzeugt vom Basisapparat«, in: Riesinger, Robert (Hg.), Der kinematographische Apparat. Geschichte und Gegenwart einer interdisziplinären Debatte, Münster: Nodus 2003, S. 27-39.

mehr auf das Bewegungsbild eingeschränkt: Der Begleitklang, die *sonic traces*,[2] Geräusch- oder Tonspuren sind mittlerweile ebenso als sensorisch-mediales Artefakt erkennbar geworden.[3] In den Worten Baudrys: »Entre le ›réel objectif‹ et la camera, lieu de l'inscription, entre l'inscription et la projection se situent des opérations, un travail; ayant pour résultat un produit fini.«[4] Übersetzt in die Sprache und Produktionsprozesse des Auditiven der Gegenwart: Zwischen dem Aufzeichnungsgerät und der hörbaren Wirklichkeit, zwischen dem Speichern einer Tonaufnahme und ihrer Wiedergabe liegt ein Bearbeitungsvorgang, an dessen Endpunkt erst das abgeschlossene, mediale Produkt liegt. Was wir jeweils hören, sehen und sind, ist nach Baudry damit *ein transzendentales Subjekt: le sujet transcendental.*[5] Der Begriff des *sujet* ist doppelsinnig: Der Gegenstand, den die Hörer (respektive Betrachter) hören (respektive sehen) ist nicht der konkreten Situation immanent, sondern ist ein transzendental erzeugter, ein gedanklich imaginierter, erschlossener, errechneter. Mit diesem technischen Erzeugen eines Bild-/Ton-Gegenstandes und dem nachholenden Erzeugen durch die sinnliche Wahrnehmung wird – ganz kantisch und husserlsch gedacht – gleichfalls das jeweils wahrnehmende Subjekt erst erzeugt. Mit Baudry und ebenso mit Freud, auf den er sich am Anfang seines epochemachenden Artikels bezieht, kann es innerhalb solch technischer Apparaturen keine unmittelbare Wahrnehmung geben: Ein Medienprodukt wird allein apparatisch konstituiert, artifiziell, sensorisch. Der technische Raum einer Klang-(respektive Film-)darbietung wird entworfen und gebraucht als technisch rekonstruierter Kopf und Armatur, als Burg, in deren Inneren erst Wahrnehmung sich im dunklen Verlies des Vorführsaales ereignen kann. Wir sitzen in der Kopf-, der Hirnmaschine. Der Weg der Wahrnehmung dorthinein wirkt dabei verschlungen wie Abenteuer eines edlen Ritters, der seine Angebetete auffinden

2 Vgl. Beyer, Theresa/Burkhalter, Thomas: Out of the Absurdity of Life – Globale Musik. Deitingen: Traversion 2012; Burkhalter, Thomas/Grab, Simon/Spahr, Michael: Sonic Traces: From the Arab World, Deitingen: Traversion 2013; Schulze, Holger: »The Sonic Persona. An Anthropology of Sound«, in: Michels, Axel/Wulf, Christoph (Hg.): Exploring the Senses. South Asian and European Perspectives on Rituals and Performativity, London/New York/New Delhi: Routledge/Taylor and Francis Group 2013, S. 181-191.

3 Vgl. Flückiger, Barbara: Sound Design: Die virtuelle Klangwelt des Films. Marburg: Schüren 2007; Schulze, Holger: Intimität und Medialität. Eine Anthropologie der Medien – Theorie der Werkgenese, Bd. 3, Berlin: AVINUS-Verlag 2012.

4 Baudry: »Effets idéologiques«, S. 14. »Zwischen dem ›objektiven Realen‹ und der Kamera, dem Ort der Einschreibung, wie auch zwischen der Einschreibung und der Projektion liegen bestimmte Operationen; eine Arbeit, aus der ein fertiges Produkt resultiert.« Baudry: »Ideologische Effekte«, S. 28.

5 Baudry: »Effets idéologiques«, S. 20-22.

und umwerben will, die sich in gut verborgenen Nischen dieser Burg zu verbergen scheint.

Abbildung 1: Der Apparat der Kinematographie nach Jean-Louis Baudry

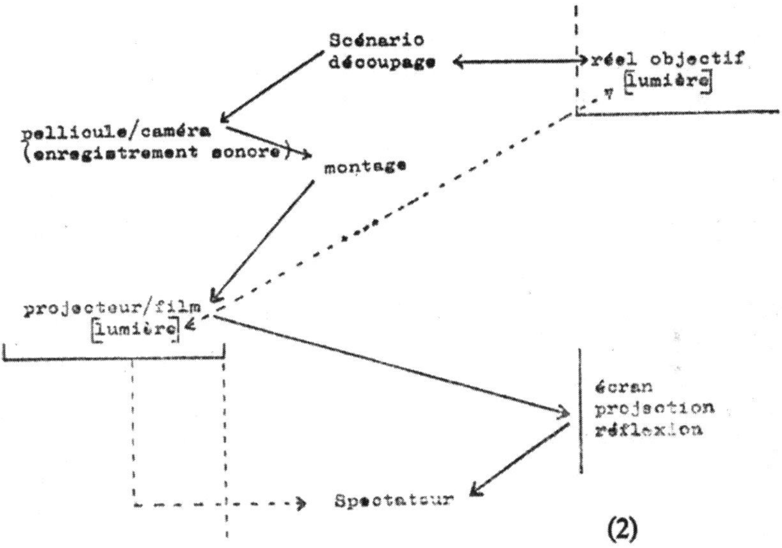

aus: Baudry, Jean-Louis:» Effets idéologiques produits par l'appareil de base«, in: Cinéthique 7-8 (1970), S. 3.

»Le prisonnier de la tour aime la fille du geôlier. [...] A ces romans d'amour qui étonnent tant nos corps souples et déshabillés, indolores, bientôt muets, convenaient des romans de la connaissance, au temps jadis. De même que l'appel d'amour circule parmi les couloirs, les guichets ou les voûtes du château-corps et les hante, de même les données des sens passent des obstacles aménagés dans une sorte de statue ou d'automate à vingt cuirasses, véritable château des Carpates, leur flux s'épure à mesure qu'il s'avance, par filtres successifs, vers la cellule ou instance centrale, âme, entendement, conscience ou je transcendental, dont très peu de geôliers détiennent le clef.«[6]

6 »Der Gefangene im Turm liebt die Tochter des Kerkermeisters. [...] Diesen Liebesromanen, die unsere geschmeidigen, entkleideten, schmerzlosen, bald schon stummen Körper so erstaunen, entsprachen einstmals Erkenntnisromane. Wie der Liebesruf durch die Gänge, Höfe und Gewölbe des Schlosses/Körpers geistert, so überwinden die Sinnesdaten Hindernisse, die in einer Art Statue oder Automat mit zig Panzern, einem veritablen Karpatenschloss, aufgebaut sind, und der Strom reinigt sich über hintereinandergeschaltete Filter, je weiter er vordringt in Richtung der Zelle oder

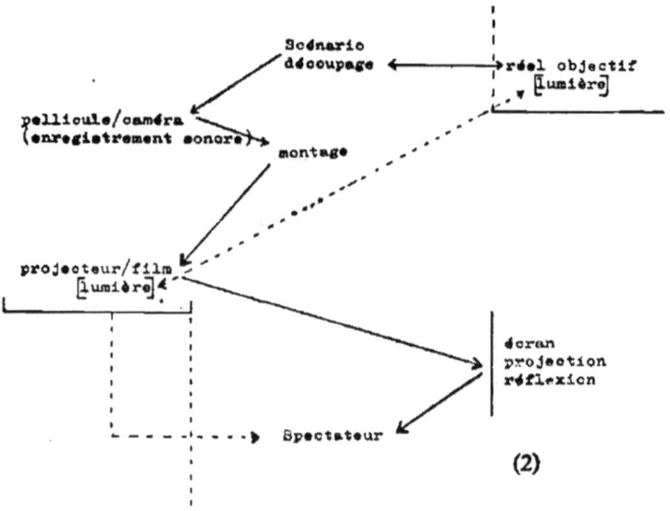

(2)

Das wissenschaftlich grundierte Sprechen über Klänge ist im europäisch geprägten Sprachraum eine historisch junge Erfindung. Über lange Jahrhunderte bis Jahrtausende hinweg dominierte ein (zunehmend als schwärmerisch, libidinös und rein beliebig gebrandmarktes) Besingen und Betanzen der Klänge durch erzählerische, rhapsodische und poetische Sprechweisen bis hinein in die literarische Hochromantik – idealtypisch verkörpert in den nur teils ironischen *Herzensergießungen eines kunstliebenden Klosterbruders* aus dem späten 18. Jahrhundert:

»Kunst ist die Blume menschlicher Empfindung zu nennen. [Der] allgemeine[n] Vater, der den Erdball mit allem was daran ist, in seiner Hand hält [...] erblickt in jeglichem Werke der Kunst, unter allen Zonen der Erde, die Spur von dem himmlischen Funken, der, von Ihm ausgegangen, durch die Brust des Menschen hindurch, in dessen kleine Schöpfungen überging, aus denen er dem großen Schöpfer wieder entgegenglimmt. Ihm ist der gothische Tempel so wohlgefällig als der Tempel des Griechen; und die rohe Kriegsmusik der Wilden ist Ihm ein so lieblicher Klang, als kunstreiche Chöre und Kirchengesänge.«[8]

---

zentralen Instanz, der Seele, des Verstandes, des Bewusstseins oder des transzendentalen Ich, zu denen nur wenige Wärter den Schlüssel besitzen.« Serres, Michel: Die fünf Sinne. Eine Philosophie der Gemenge und Gemische, Frankfurt a.M.: Suhrkamp 1993, S. 191-193 (Original: Serres, Michel: Les cinq sens. Philosophie des corps mêlés, Paris: Grasset 1985, S. 152f.).

7 Vgl. Baudry: »Les effets idéologiques«, S. 26.

8 Wackenroder, Wilhelm Heinrich/Tieck, Ludwig: Herzensergießungen eines kunstliebenden Klosterbruders, Berlin: Johann Friedrich Unger 1797, S. 100.

Erst im Zuge der Aufklärung und den neu entstehenden empirischen und experimentierenden Wissenschaften von der Natur entstand der Wunsch, auch über Musik in einer Weise zu sprechen, die *natur*wissenschaftlich satisfaktionsfähig zu sein habe. Die Grundlagen der Physik und der Sinnestheorien wie sie etwa von Johann Wilhelm Ritter, Herrmann von Helmholtz, Georg Elias Müller, Wilhelm Wundt oder Carl Stumpf erforscht wurden,[9] boten dem sich installierenden Forschungsbetrieb jener Epoche entsprechende Darstellungsweisen der Experimentalforschung, der Mathematisierung und der diagrammatischen Reduktion an; Ausweis lauterer Wissenschaftlichkeit, wie sie zu jener Zeit als Betriebsgrundlage der Forschung erklärt wurde:

»Das vorliegende Buch sucht die Grenzgebiete von Wissenschaften zu vereinigen, welche, obgleich durch viele natürliche Beziehungen aufeinander hingewiesen, bisher doch ziemlich getrennt nebeneinander gestanden haben, die Grenzgebiete nämlich einerseits der physikalischen und physiologischen Akustik, andererseits der Musikwissenschaft und Ästhetik.«[10]

Der große Sprung, der hier vollzogen wurde, war ein Sprung von den selbsttragenden, forscherischen Imaginarien zu einer spezifisch bestimmten Empirie der Körper: der hörenden Körper. Das Imaginarium der Forscher ließ sich mit diesen Ansätzen nicht mehr allein durch religiöse, politische oder philosophische Schriften leiten, sondern durch eine Anschauung und Autopsie der Körper im experimentellen Sonderraum. Die Gotteslästerung, die hiermit vollzogen wurde, dem »allgemeine[n] Vater« gewissermaßen den »Erdball mit allem was daran ist«,[11] aus seiner Hand zu winden, ist spürbar noch in der stolzen Pose der Ermächtigung: ein bürgerliches, individuierungssüchtiges Subjekt poltert machtvoll hinein in das religiös geprägte Sanctum himmlischer Gesänge und übermenschlicher Chöre, imaginierter Substanzen und Himmelsfahrten – und führt seine gedankliche Autonomie stolz vor. Ikonoklastische Instrumente waren Kadrierungen und Maßstäbe, Kupferdraht und Spulen, mechanische Schaltungen und Versuchsanordnungen:

»Man hat die Nerven vielfach nicht unpassend mit Telegraphendrähten verglichen. Ein solcher Draht leitet immer nur dieselbe Art elektrischen Stromes, der bald stärker, bald schwächer oder auch entgegengesetzt gerichtet sein kann, aber sonst keine qualitativen Unterschiede zeigt. Dennoch kann man, je nachdem man seine Enden mit verschiedenen Apparaten

9 Vgl. Erlmann, Veit: Reason and Resonance. A History of Modern Aurality, New York: Zone Books 2010.

10 Helmholtz, Hermann von: Die Lehre von den Tonempfindungen als Physiologische Grundlage für die Theorie der Musik, Braunschweig: Vieweg 1863, S. 1.

11 Wackenroder/Tieck: Herzensergießungen, S. 100.

in Verbindung setzt, telegraphische Depeschen geben, Glocken läuten, Minen entzünden, Wasser zersetzen, Magnete bewegen, Eisen magnetisieren, Licht entwickeln usw. Ähnlich in den Nerven. Der Zustand der Reizung, der in ihnen hervorgerufen werden kann und von ihnen fortgeleitet wird, ist, soweit er sich an der isolierten Nervenfaser erkennen lässt, überall derselbe, aber nach verschiedenen Stellen teils des Gehirns, teils der äußeren Teile des Körpers hingeleitet, bringt er Bewegungen hervor, Absonderungen von Drüsen, Ab- und Zunahme der Blutmenge, der Röte und der Wärme einzelner Organe, dann wieder Lichtempfindungen, Gehörempfindungen usw.«[12]

Die Klänge werden verkörpert. Der menschliche Körper wird als tatsächlich theoriefähiges, konzeptprägendes Maß genommen und mutmaßlich rein technizistisch, materialistisch beschrieben in Schaltungen der Elektrik: ein weiterer Epochenbruch in der Serie zunehmend laizistischer und prospektiv blasphemischer Schritte weg von einer religiös-metaphysischen Bindung des Forschens – hin zu einem wie angenommen neuen und offeneren Begriff der Erfahrung als Empirie.[13] In von Helmholtz' Arbeit an erkenntnisfördernden Experimentalsituationen wird deutlich, wie seine Studien vom Bemühen getrieben sind, Theorien über die Sinne und die sinnliche Wirklichkeit möglichst eng an Erkenntnisse über den menschlichen Körper und das menschliche Leben anzuschmiegen.[14] Helmholtz übt sich in einem, seit der Renaissance vertrauten, durchaus fröhlichen anthropozentrischen Biologismus. Das bis heute immer wieder als tabuisiert und intim angenommene Wissen von fleischlichen Vorgängen im menschlichen Leib wird ihm zum unentdeckten Land, zur fernen Exklave, die es zu erkunden, zu verzeichnen, zu verschriftlichen und sprachlich-zeichenhaft explizit und publik zu machen gilt. Der Körper wird forscherisch eingenommen, durchaus mit imperialem Gestus. Die Theorie der Sinne stellt sich in seinen Schriften denn auch als eine technisch mediatisierte Anthropologie dar: Alle technische Apparatur, alle Versuchsanordnung möge dazu dienen, das Wissen über den Menschen zu vermehren.

Rund einhundert Jahre später verschaltete Jean-Louis Baudry ganz entsprechend Subjekt und Apparaturen miteinander. Die englische Übersetzung *apparatus theory* verdeckt darum, dass nicht Apparate im Zentrum seiner Überlegungen stehen. Vielmehr untersucht er die wechselseitigen Abhängigkeiten zwischen Apparaten und Individuen im Hervorbringen einer medial erzeugten Wahrnehmungssituation. Diese unhintergehbare Abhängigkeit des forschenden Subjekts im 19. Jahrhundert von den Apparaten, die es als Erkenntnisinstrumente erfindet, sie wird überdeutlich

12 Helmholtz: Die Lehre von den Tonempfindungen, S. 222.

13 Vgl. den Beitrag von Enns in diesem Band.

14 Vgl. Rieger, Matthias: Helmholtz Musicus. Die Objektivierung der Musik im 19. Jahrhundert durch Helmholtz' Lehre von den Tonempfindungen, Darmstadt: Wissenschaftliche Buchgesellschaft 2006.

in einer Würdigung der Leistung Helmholtz' durch Carl Stumpf 1895 im deutschen *Archiv für Geschichte der Philosophie*:

»Auch das experimentelle Genie zeigt sich hier wieder in vollem Glanze: in der Zerlegung der Klänge aller Art durch Resonatoren, in der künstlichen Synthese der Vocalklänge durch ein System elektromagnetischer Stimmgabeln, in der Herstellung möglichst einfacher Töne durch Stimmgabeln auf Resonanzräumen, die das wichtigste Hilfsmittel aller weiteren akustisch-psychologischen Forschung geworden sind, in der Construction der Doppelsirene u.s.w.«[15]

Die naturwissenschaftliche Erforschung der Sinneswahrnehmung hat zu dieser Apparatisierung entscheidend beigetragen: Erkenntnis der Sinne wurde verstanden als apparatisches Nachbauen, ein Umbauen und Bespielen der Sinne durch technische Aufführungen. Der menschliche Körper wird als zeitgenössische Apparatur gedacht; strukturelle Gemeinsamkeiten zwingen dazu, so scheint es, zuvor Getrenntes als identisch zu beschreiben:

»Ob man die Schwingungen, welche gespannte Saiten ausführen, an einer Spirale aus Messingdraht beobachtet, deren Bewegungen so langsam geschehen, daß man ihnen mit dem Auge bequem folgen kann, die aber eben deshalb keine Schallempfindungen erregen, oder ob man eine Violinsaite schwingen lässt, deren Schwingungen das Auge kaum wahrnimmt, ist in physikalischer Beziehung ganz gleichgültig.«[16]

Spürbar ist die begeisterte Entdeckung, dass menschliche Anatomie womöglich restlos aufgehen könnte in Schaltplänen und Strömen der Elektrik. Wenn der gesamte menschliche Körper funktionsäquivalent und technisch überzeugend somit nachgebaut werden könne, schien es ein notwendiger Anfang, wenigstens technische Geräte zu bauen, die selbsttätig klingen und hören, bilden und sehen, senden und empfangen: Sinnesorganautomaten – vulgo Kommunikations- und Medientechnologie. Die ersten Entdeckungen der Schallaufzeichnung und -wiedergabe konnten so in Produkte überführt werden, die für die arbeitsteilige Gesellschaft des folgenden Jahrhunderts volkswirtschaftlich-zentral und massen-gesellschaftlich unvorstellbar erfolgreich wurden: Grammofon und Telefon.[17] Eine Kommodifizierung der Wahrnehmung nahm hier ihren Anfang, die – folgen wir Friedrich Kittler – historisch vielleicht ratifiziert wurde durch Helmholtz' Begegnung mit

15 Stumpf, Carl: Hermann von Helmholtz und die neuere Psychologie, in: Archiv für Geschichte der Philosophie, Bd. 8, H.3, Berlin: Reimer 1895, S. 303-315, hier: S. 313.

16 Helmholtz: Die Lehre von den Tonempfindungen, S. 5.

17 Vgl. Stangl, Burkhard: Ethnologie im Ohr. Die Wirkungsgeschichte des Phonographen, Wien: Universitätsverlag 2000.

Thomas Alva Edison am 24. August 1893 im *Grand Pacific Hotel* zu einem »Banquet by the American Electricians in honor of the Foreign Official Delegates to the International Electrical Congress.«[18] Die Magie der Klänge wird Konsumprodukt, ein Wirtschaftsfaktor mit gesellschaftlicher Prägekraft. Die Generativität des auditiven Dispositivs wird spürbar.[19]

SIGNALVERARBEITUNG ALS SENSOLOGIE

Im frühen 20. Jahrhundert findet sich infolge dieser durchschlagenden Kommodifizierung ein Hörmodell etabliert, das in den Forschungen von Helmholtz angelegt war: das Hörmodell der *Signalverarbeitung*. Aus Sicht des frühen 21. Jahrhunderts und der weiteren Entwicklung von Apparaturen zur Telekommunikation und vernetzten Informationsverarbeitung erscheinen Signaltheorien nicht nur als notwendige Durchgangspunkte, sondern als maßgebliche, kulturelle Formanten auf dem Weg zum aktuellen Stand der Technik. Die hohe Kontingenz historischer Entwicklungen zeigt sich allerdings auch in diesem Feld der Technik- und Forschungskultur, die nicht zuletzt von Ambitionen und Überspanntheiten, Depressionen und Selbstzweifeln der Akteure getrieben wird. Theorien der Sinnesverarbeitung sind darum zuallererst als Artefakte zu historisieren, deren Ausgestaltung, Bewerbung, Überzeugungskraft und Verweildauer entscheidend von der forschungspolitischen Agenda ihrer Erfinder sowie deren Heimatinstitutionen abhängt und umgekehrt diese prägt.[20] Am Rande der Technikgeschichte verwesen Kadaver all jener toten Medien und Medienkonzepte, deren Erfinder es an genau dieser forschungspolitischen Überzeugungskraft mangelte.

Das Ohr als Abteilung eines elektrischen Regelkreises zu imaginieren war eine historisch einflussreiche Erfindung.[21] Die Anschlussfähigkeit dieses Konzepts an nachfolgende Forschungsansätze festigte rekursiv seine eigene Bedeutung und ließ sie zur Wahrheit gerinnen. Harvey Fletcher, der in den späten 1920er und frühen 1930er Jahren für die *AT&T Bell Telephone Laboratories* auch als Forschungsleiter an Grenzen und Potenzialen der Sprachverständlichkeit forschte, tat dies in einer

18 Vgl. Kittler, Friedrich A.: Aufschreibesysteme 1800/1900, 3. vollst. überarb. Aufl., München: Wilhelm Fink Verlag 1995; Schmidgen, Henning: »Eine originale Syntax. Psychoanalyse, Diskursanalyse und Wissenschaftsgeschichte«, in: Archiv für Mediengeschichte 13 (2013), S. 27-43.

19 Vgl. Großmann, Rolf: »Verschlafener Medienwandel«, in: Positionen. Beiträge zur Neuen Musik 74 (2008), S. 6-9.

20 Vgl. Latour, Bruno/Woolgar, Steve: Laboratory Life. The Construction of Scientific Facts, Beverly Hills: Sage Publications 1979.

21 Vgl. den Beitrag von Miyazaki in diesem Band.

Institution, die seit Anfang des 20. Jahrhunderts dem Bankier John Pierpont Morgan und seinen Kaufpartnern gehörte – und aufgrund weiterer Umschuldungen eine marktbeherrschende Finanzmacht werden konnte:[22] »AT&T's interest in maximizing the capabilities of its infrastructure was not simply a technical matter of improving service or equipment – it was directly tied to its status as an aspiring monopoly.«[23] Sowohl Ziele als auch Methoden der Forschung wurden hier gebahnt durch Wertvorstellungen, unternehmerische Fernziele sowie investorische Profithoffnungen. Forschungsziel konnte nicht zuallererst sein, eine möglichst hochdynamische und komplexe, musikalisch-improvisatorische Performance multisensorisch eindrücklich zu übertragen; ganz im Gegenteil wurde die umfassende Ausnutzung vorliegender Übertragungskabel für möglichst viele Sprachsendungen in möglichst geringer Qualität erforscht – eine Qualität, die für zeitgenössisch relevante Nutzergruppen (der amerikanischen und englisch-sprachigen Ober- bis Mittelschicht) gerade noch hinreichend verständlich sein sollte: »It aimed to render the user's ear an object of its own administration, and thus avoid ›burdensome expenditures for disproportionate results,‹ to use Harold Arnold's phrase.«[24] Polemisch zugespitzt lautete die Forschungsfrage: Welche Details müssen unbedingt noch hörbar werden, um wenigstens eine grundlegende Verständlichkeit gesprochener englischer Sprache noch sicherzustellen?

> »By measuring the minimum bandwidth needed for intelligible speech and then building filters to limit calls to that bandwidth, the company was able to effectively quadruple the capacity of phone lines by 1924 [...]. Where a phone line once transmitted one call (and sometimes also a telegraph message), it could now transmit four, each filtered into its own band. Where AT&T could once bill for one call, it could now bill for four – with minimal modifications of infrastructure and no price increase. The phone company invented a kind of surplus value and then invested into its production process as, to use a metaphor, a lubricant for the machinery.«[25]

Solch ein Auftrag effizienzbezogener Reduktion schließt eine Steigerung des Sensorischen zum Hör- und Körpergenuss zunächst eindeutig nicht ein. Hierin liegt eine Art Erbsünde jeder Theorie der Signalverarbeitung: Während es Signaltheorien zwar gelingt, Zeichenübertragungen unter Umständen höchster materieller, infrastruktureller und zeitkritischer Sparsamkeit und Gewinnmaximierung angemessen zu beschreiben – so scheitern sie jedoch daran, zu beschreiben, welche sensorische

22 Sterne, Jonathan: MP3: The Meaning of a Format, Durham & London: Duke University Press 2012, S. 42-44.

23 Ebd. S. 43.

24 Ebd., S. 45.

25 Ebd.

Komplexität unter Umständen eines hinreichenden Reichtums und in Verschwendung an Infrastruktur, Zeitdynamik und materieller Hilfsmittel körperlich übertragen werden müsste. Dieses letztere, *ästhetisch* zu nennende Denken exzessiver Potenzialität steht im größtmöglichen Gegensatz zum ökonomischen Denken der Gewinnmaximierung. Fletchers Hörmodell, das bis heute grundlegendes Lehrbuchwissen akustischer Forschung ist, repräsentiert demnach vor allem finanzkapitalistisches Kalkül von Gewinnmöglichkeiten anhand der Ausnutzung menschlicher Hörphysiologie. Hinweise auf horästhetische Körpererfahrungen, überraschende Steigerungen des Sensorischen sucht man in diesen Forschungen vergeblich. Historisch gegebene, körperpolitische Vorannahmen vermählen sich hier mit sowohl wissenschafts- als auch kommunikationspolitisch weitreichenden Weichenstellungen. Die Forschungen an den *Bell Telephone Laboratories* banden sich an eine Unternehmenspolitik, die just ihre Durchschlagskraft begründete: Sensorische Gegebenheiten menschlicher Körper werden utilitaristisch-ökonomisch zugerichtet und theoretisch eingepasst. Wir haben es mit einer frühen Sensologie zu tun, einer *sensologia*, wie Mario Perniola diese tauft. Nach Perniola befinden wir uns gegenwärtig – wir springen in die Zukunft aus Sicht Harvey Fletchers – im späten 20. und frühen 21. Jahrhundert, in einer kulturhistorischen Epoche der entäußerten, der verdinglichten und bearbeiteten Empfindungen. Die produktindustrielle Verfertigung und Ausbeutung solcher Empfindungen bewirtschaftet vor allen Dingen ihre humanoiden Wirte:

> »In der gegenwärtigen Welt hat die Zirkulation der Sensologien die Stelle der Tätigkeit übernommen, haben die Widerspiegelung und das Echo des Bereits-Gefühlten das Denken ersetzt: Handeln wie Denken sind dem ununterbrochenen Handel mit sensologischen Waren ausgesetzt, die es auf den Ausverkauf des gesamten zeitgenössischen Universums anlegen. Dies bedeutet sowohl die Umsetzung wie auch die Aufhebung des metaphysischen Projektes: Einerseits ist durch die Entäußerung des Fühlens tatsächlich jeder autonome Impuls des Körpers und der Affekte unterdrückt, doch ist andererseits auch jedes Primat der intellektuellen Tätigkeit vereitelt.«[26]

Affektsteuerung und -bespielung, Apparateunterhaltung und mediale Transmission in der Wahrnehmungsmaschine der Schall- und Bildprojektionen beruhen auf Theorien der Signalverarbeitung wie sie von Fletcher und anderen zum bekannten utilitaristischen Apparat weiterentwickelt wurden, zum *appareil idéologique*:[27] humanoide Empfänger fungieren nun vornehmlich als ein zu bespielendes und nutzbar zu machendes ›Empfindungsvieh‹. Es könnte der Eindruck entstehen, dass die historischen Theorien über Entstehung, Ausbreitung und menschliche Wahrnehmung

26 Perniola, Mario: Über das Fühlen, Berlin: Merve Verlag 2009, S. 133ff.

27 Vgl. Baudry: Effets idéologiques.

von Klängen der letzten anderthalb Jahrhunderte im Kern Theorien des Signalflusses und der Signalverarbeitung (wenn auch im Medium des Auditiven) sind. Dies gilt für maßgebliche Theorien der physikalischen Akustik (in der Nachfolge Helmholtz), der Akustik der Sprachverständlichkeit (in der Nachfolge Fletchers) sowie des Raumes (in der Nachfolge Beraneks).[28] Diese akustischen Signaltheorien ordneten nicht nur das Verständnis, sondern vor allem die Umgangsweise mit akustischen Phänomenen in modernen Gesellschaften derart radikal neu, dass sie als Paradebeispiele solch sensologischer Transplantationskunst gelten können: Operationen am offenen Wahrnehmen und Denken. Diese Sensologien bearbeiteten und entwickelten Kulturtechniken der – in unserem Fall: auditiven – Wahrnehmung weiter, für die sich seit Jonathan Sternes Standardwerk *The Audible Past* (2003) der Begriff der »audile techniques« etabliert hat.[29] Sterne zufolge ordnen solche Hör- oder Wahrnehmungstechniken den Raum des auditiv Wahrnehmbaren eben für eine Gesellschaft neu, machen ihn operationalisierbar, prozessierbar, auch merkantilisierbar und stellen schließlich neue Wege bereit, Informationen aus diesem Kontinuum der Wahrnehmung zu gewinnen. Der Begriff der Sensologie nun erlaubt es, dieses begriffliche Kernstück von Sternes Kulturgeschichte der Klangwiedergabe als gesellschafts-, institutions-, als wissenschafts- und technikkritisches Werkzeug zu gebrauchen. Entsprechend Perniolas Ausführungen transformieren »audile techniques« nicht isolierte akustische Theorien als solche, sondern sie züchten vor allem neue Verhaltensweisen, Erlebnisformen, Wahrnehmungsgewohnheiten und Selbstbeschreibungen in der Wirtsgesellschaft, die sich an vermarktete Technikprodukte anschmiegen – ganz in Einklang mit dem forscherischen Programm der *Science & Technology Studies*,[30] denen Sterne sich zurechnet.

Diese neue akustische Sensologie resultiert etwa in einer Industriekultur der Hörgeräteentwicklung und ihrer aggressiven Bewerbung, in ihrer Umsetzung im Feld der *Noise-Cancelling*-Kopfhörer bis hin zur *nerd culture* der *High End-Audiophilie*. Vordergründig mögen diese Bereiche unverbunden scheinen, sind einander jedoch verpflichtet in der datenförmig-apparatischen Zurichtung und utilitaristisch-sensologischen Bewirtschaftung des Feldes des Akustischen. Vereinfacht gesagt: Die Sensologie des Akustischen behauptet, dass es keine bedeutende Zugangsweise zu Klängen und zum Hören geben kann, die nicht im Rahmen einer Signal-

28 Vgl. Helmholtz, Herrmann von: Die Lehre von den Tonempfindungen als physiologische Grundlage für die Theorie der Musik, Braunschweig: Vieweg 1863; Fletcher, Harvey: Speech and Hearing. With an introduction by H. D. Arnold, New York: D. Van Nostrand Company, Incorporated 1929; Beranek, Leo: Acoustics, New York: McGraw Hill 1954.

29 Sterne, Jonathan: The Audible Past. The Cultural Origins of Sound Reproduction, Durham & London: Duke University Press 2003, bes. Kapitel 2 und 3.

30 Vgl. Bijsterveld, Karin/Pinch, Trevor (Hg.): The Oxford Handbook of Sound Studies, New York: Oxford University Press.

verarbeitungstheorie datenförmig aufzubereiten und apparatisch nutzbar wäre. Im Feld des Auditiven vollzieht sich somit eine *partage du sensible*[31] als Weltordnung »des choses qu'on entend et des choses qu'on n'entend pas, des choses qu'on entend comme du bruit et d'autres qu'on entend comme du discours.«[32] Das ideologische Kernstück jedes Dispositivs nach Baudry ist somit eine solche Sensologie. Wir können also aus guten Gründen hier von einem *auditiven Dispositiv* sprechen, dessen Wirkmacht durch die akustischen Forschungen an den *Bell Telephone Laboratories* vorangetrieben wurde – in den Worten Baudrys definiert als: »une sorte d'appareil psychique substitutif répondant au modèle défini par l'idéologie dominante. Le système répressif (économique d'abord) a pour bu d'empêcher les déviations ou la dénonciation active de ce modèle.«[33] Ziel eines Dispositivs sei – schreibt Baudry –, vor allen Dingen andersgeartete, abweichende Modelle (der Wahrnehmung, der Existenz, des Lebens, des Tätigseins) abzuwehren. Das sensorische Dispositiv als generative Struktur zu begreifen, die jeder Ästhetik, jeder perzeptiven Erfahrung vorausgeht, verändert das anekdotische Sprechen über Sensorisches ein für alle Mal:

> »Der Gedanke, dass in der jeweiligen historischen medientechnischen Konfiguration ein kultureller Schaltplan eingeschrieben ist, der dynamisch in den heterogenen Ensembles seiner Nutzungskontexte veränderbar, lesbar und analysierbar wird, ist für die qualitative Analyse ästhetischer Prozesse ein erkenntnistheoretischer Meilenstein.«[34]

31 Vgl. Rancière, Jacques: Le Partage du sensible: Esthétique et politique, Paris: La Fabrique 2000.

32 Palmiéri, Christine: »Rancière, Jacques: ›Le partage du sensible‹«, in: ETC 59 (2002) S. 34-40, http://www.erudit.org/culture/etc1073425/etc1120593/9703ac.pdf, S. 34 (letzter Zugriff: 19.01.2016).

33 »Daher kann das Kino als eine Art psychischer Substitutionsapparat erscheinen, der dem durch die dominante Ideologie definierten Modell entspricht. Das (vor allem in ökonomischer Hinsicht) repressive System hat zum Ziel, Abweichungen von diesem ›Modell‹ oder seine aktive Denunziation zu verhindern.« Baudry, »Ideologische Effekte«, S. 39 (Original: Baudry: »Les effets idéologiques«, S. 26).

34 Großmann, Rolf: »Medienkonfigurationen als Teil (musikalisch-)ästhetischer Dispositive«, in: Bippus, Elke/Huber, Jörg/Nigro, Roberto (Hg.), Ästhetik x Dispositiv. Die Erprobung von Erfahrungsfeldern, Zürich: ith – Institut für Theorie – Edition Voldemeer und Wien & New York: Springer Verlag 2012, S. 207-216, hier: S. 216.

DAS LEIBLICHE HÖREN ALS APPARAT

Zum Ende des 20. Jahrhunderts und mit der Digitalisierung, Speicherung und Auswertung von Daten im großen Stil, scheint das leibliche Hören nahezu ausschließlich denkbar geworden als ein Prozess der Verdatung, der Kodierung und der Dekodierung, sowie der Übertragung endlicher Datensätze. Beispielhaft produktförmig zugespitzt in Erforschung, Bewerbung und Nutzungsempfehlungen für *Noise-Cancelling*-Kopfhörer:

»Thirty-six participants (23 male), all with normal hearing and with an average age of 20 years (SD = 2.12) were asked to listen to six different audio files under six different experimental conditions. The six experimental conditions were presented in a balanced Latin squares experimental design, while the audio files were presented in a counterbalanced order. Each audio file contained information about a specific aircraft that was a combination of both factual and non-factual information. The secondary task consisted of a simple mathematical exercise. Wideband noise played at 65 dB(A) and filtered to simulate aircraft noise featured in each experimental condition. At the conclusion of each audio file, participants were provided a written multi-answer test.«[35]

An dieser aktuellen Beschreibung einer Versuchsanordnung der angewandten Akustik wird deutlich: Unter den Bedingungen hegemonial ausgebreiteter auditiver Dispositive als »machines to hear for us«[36] wird das leibliche Hören, wie es Humanoide praktizieren, ganz als ein apparatisches und datenförmiges gedacht und erkundet. Klangereignisse scheinen – so ist in den Forschungen zum *Noise-Cancelling* impliziert – vornehmlich durch die Ohrmuscheln in das humanoide Bewusstsein zu dringen, die Vielfalt anderer Hörweisen dagegen gilt als marginal. Dieses Denkmodell unterschlägt zum einen die verschiedenen Knochenleitungen und Vibrationsübertragungen, die uns Hörerfahrungen ermöglichen, wie auch ein reiches Gefüge von auditiv sensitiven Eigenwahrnehmungen zwischen Gleichgewichtswahrnehmung, Wahrnehmung der inneren Organe und deren Lage (*Enterozeption*) sowie Funktionstätigkeit (*Viszerozeption*) und körperliche Eigenwahrnehmung insgesamt (*Propriozeption*). Ein signal- und datenförmig auf konkrete Ein- und Ausgabeorgane ausgerichtetes Körper- und Hörmodell erzeugt die Hörerfahrungen, Hörprodukte sowie eine Hörkultur, die es als Voraussetzung annimmt. Verstärkt wird diese Einengung auf ein kulturspezifisches Hörmodell durch die in diesem Beispiel ebenfalls belegte Beschränkung auf einen erschre-

35 Molesworth, Brett R.C./Burgess, Marion/Kwona, Daniel: »The use of noise cancelling headphones to improve concurrent task performance in a noisy environment«, in: Applied Acoustics 74.1 January (2013), S. 110-115, S. 110.

36 Sterne: The Audible Past, S. 81.

ckend winzigen Ausschnitt menschlicher Physiologien, Befähigungen, sozialer Milieus oder Lebensweisen: »Thirty-six participants (23 male), all with normal hearing and with an average age of 20 years«[37] – vermutlich also 36 Studierende der Hochschule. Innerhalb der Experimentalpsychologie wird diese empirische Basis auf Probanden, die »weird«, also bizarr seien, zunehmend als unzulässig kritisiert, da sie aus Gesellschaften stammten, die »Western, Educated, Industrialized, Rich, and Democratic (WEIRD)«[38] seien: »The comparative findings suggest that members of Western, educated, industrialized, rich, and democratic societies, including young children, are among the least representative populations one could find for generalizing about humans.«[39] Das datenförmig-apparatische Hörmodell genau dieser *weird societies* wird damit als hegemoniales befestigt und als unangemessen repräsentativ angesehen. »La grammaire ou la logique fait le monde où elle aura raison.«[40]

Ein kurioser, kultur- und wissenschaftshistorisch nicht seltener Übersprungsschluss ist hierfür die historische Voraussetzung: Waren für Helmholtz oder für Müller etwa der Vergleich mit technischen und elektrischen Apparaturen noch eine eher kokette, meist auch didaktische Metapher zum besseren Verständnis und zur fachlichen Vermittlung der Physiologie des Hörens; so erscheinen für Fletcher oder Beranek allein schon die grundlegenden Prozesse der Schallausbreitung oder der menschlichen Hörwahrnehmung völlig *strukturanalog* zu hinreichend linearen, technisch-maschinellen Prozessen. Material, habituell und nicht zuletzt kulturell ist der Status einer Klangwahrnehmung durch hochreflexive, biologische Kreaturen zwar deutlich ontologisch unterschieden von Schallphänomenen in mehr oder weniger unbelebten Räumen, Dingen oder Maschinen; diese Differenz scheint aber seither zunehmend eingeebnet und ignoriert zu werden. Eine anfangs beeindruckend erklärmächtige Strukturanalogie überhebt sich damit zu einem essenzialistischen Identitätspostulat: Selbstverständlich muss sich der Schall im menschlichen Körper in jeder denkbaren Hinsicht auswirken wie in einem leeren Raum, einem Musikinstrument oder einer Dampfmaschine! Wie könnte es auch anders sein!?

37 Molesworth/Burgess/Kwona: »The use of noise cancelling headphones«, S. 110

38 Henrich, Joseph/Heine, Steven J./Norenzayan, Ara: »The weirdest people in the world?«, in: Behavioral and Brain Sciences 33.2-3 (2010), S. 61-83, hier S. 61.

39 Ebd.

40 »Grammatik und Logik schaffen sich die Welt, in der sie recht haben.« Serres: Die fünf Sinne, S. 259 (Original: Serres: Les cinq sens, S. 209).

Abbildung 2: Fritz Kahn, Der Mensch als Industriepalast.

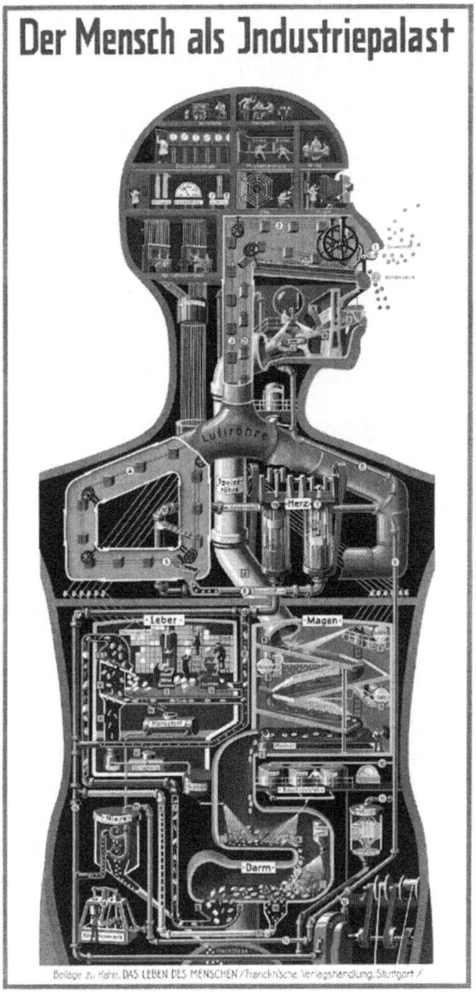

aus: Kahn, Fritz: Das Leben des Menschen, Band III, 1926, www.fritz-kahn.com (letzter Zugriff: 16.02.2016)

Im ersten Schritt könnte hier ein technizistischer Fehlschluss vermutet werden, der sich möglichst viele Prozesse und Phänomene als strukturanalog einverleiben möchte. In einem zweiten Schritt allerdings tritt ein weitaus gravierender, da kaum kritisch reflektierter zugrunde: Eine *anthropo*(und nolens volens euro-)*zentrische* Zurichtung des Feldes der Schallausbreitung, Signalübertragung und Hörbefähigung wird vorgenommen – nach einem historisch gewachsenen Modell humanoider, europäisch-amerikanischer Technikkultur des ausgehenden 19. Jahrhunderts. Es wird angenommen, dass alle denkbaren Techniken des Hörens und Phänomene des Schalls allein durch genau jene Modelle erklärbar wären, die in jener kurzen historischen Periode um 1900 von zumeist männlichen Forschern (an vornehmlich finanziell und dynastisch hochverseilschafteten, traditionell männerbündisch geprägten Ostküstenhochschulen der USA) entwickelt wurden – mithilfe mechanischer Gerätschaften, elektrischer Apparaturen, mit Annahmen wissenschaftstheoretischer Arbeitsteiligkeit und epistemischer Prinzipien der intradisziplinären Begriffssystematik. Inwiefern die Grenzen der Erklärbarkeit eines Feldes zu einem großen Maße in den Grenzen der epistemischen Begriffs- und Konzept-Welt liegen, dies wurde substanziell erst im folgenden Jahrhundert zu reflektieren begonnen. Ein Prozess, der – im Zuge der *Science & Technology Studies* sowie einer nicht abnehmenden Institutionskritik – alles andere als abgeschlossen scheint. Entsprechend des Zeitgeistes jener begrenzten Epoche erlaubte dieses Denken der technisch-biologischen Strukturanalogien (in Begriffen der Signalübertragung, Signalkodierung und -dekodierung, Signalverarbeitung), der Instrumentalmetaphorik (Amboss, Trommelfell, Klaviatur etc.) sowie einer distinkten und hinreichend abgeschlossenen Arbeitsteiligkeit der Organe (Hörsinn, Sehsinn, Geschmackssinn als unabhängig von Gleichgewichts-, Bewegungs-, Tast-, Innenorgans- oder Muskelsinn) die im Abschnitt zuvor als sensologisch benannte Operationalisierbarkeit der Sinne. Humanoide werden derart – wie angedeutet – rekonstruierbar als strikt modular aufgebaute, durch Signalübertragung koordinierte Organfabrikstraßen, wie sie etwa in den Diagrammen zu Fritz Kahns wissenschaftsjournalistischen Veröffentlichungen Mitte des 20. Jahrhunderts euphorisch (und wiederum nur teils ironisch) dargestellt werden. Beeindruckende Modelle künstlicher Zungen und Kehlköpfe,[41] Stimmbänder und Trommelfelder, Hörsensoren und Sehsensoren bevölkern das 19. Jahrhundert (und zuvor die Freak- und Zirkusshows früherer Jahrhunderte) und scheinen abstruserweise die Identität von arbeitsteiligem Modell mit Ganzkörpererfahrung zu belegen. Der gesamte Körper wird als ein einziger, zusammengebauter Apparat gedacht, der misst, prüft, ausliest, bewertet und ausgibt: Das Modell der *Von-Neumann-Maschine* scheint die einzige Metapher zu sein (neben der Metapher der Netzwerke), die aktuell verfügbar ist.

Eine kulturhistorisch verankerte Metaphorik müsste an sich kein gravierendes Problem für die darauf basierende Forschung sein, wenn sie nicht eine Vielfalt von Fehlschlüssen befördern würde, die eine bloße Analogie zu essenzialistischer Identität erheben. Die heuristische Annahme Helmholtz' und anderer, Prozesse der Wahrnehmung ganz körperlich, physiologisch und materiell nachzuvollziehen, gerann im Zuge der Theorieentwicklung und der Etablierung forscherischer Standards und Systematiken zu einem in letzter Konsequenz idealischen System.

41 Vgl. den Beitrag von Enns in diesem Band.

Anstatt weiterhin von erfahrungs- und biographiebezogenen, materiell-physiologischen Perzepten zu sprechen, war nun schnell von generalisierten und abstrakten Signalen die Rede: eine Begrifflichkeit, die zwar notwendig für jede Operationalisierbarkeit scheint – ihren Grund allerdings kaum in einer je individuell ausgeformten Wahrnehmungsweise finden kann. Es ist nicht die Rede von einer, mitunter verstörenden, beunruhigenden, doch auch begeisternden und bewundernswerten Vielfalt der einzelnen Körper in all ihren je individuellen Exzessen, Überspanntheiten und Unterspannungen, Defiziten und Überschüssen. Die Rede, die Abbildungen und Konzepte sprechen vielmehr von einem gedanklich gemittelten Körper der Wahrscheinlichkeiten und der Statistik: faktisch inexistente Körper. Der tatsächlich unvorhersehbar plastische und labile, volatile und sich transformierende humanoide Körper wird konzipiert als eine Konstante, als Invariable: Als Statue, die fixierte Ein- und Ausgänge besitzt, die wieder hinreichend bestimmte Datenraten und Verarbeitungsmechanismen zu besitzen scheint.

»Son extérieur, tout de marbre, ne lui permet l'usage d'aucun de ses sens, la philosophe qui l'a construite et la conduit se réservant la liberté de les ouvrir, à son choix, aux différentes impressions dont ils sont susceptibles. [...] il ouvre ou ferme une fenêtre définie par où pénètre une information spécifiée, une seule et bien filtrée.«[42]

Mit kulturhistorischem Abstand wird deutlich: Dieser Konzeption des operationalisierbaren und arbeitsteiligen Wahrnehmens und Hörens liegt vor allem das zuvor erwähnte Modell der *Von Neumann-Maschine* zugrunde: *Arithmetic Logic Unit/Rechenwerk – Control Unit/Steuerwerk – Memory/Speicherwerk – I/O Unit/ Eingabe-Ausgabeeinheiten.* Alle Organe, Körperteile und metabolische Funktionen haben diesem Modell zu folgen, wie es scheint. Dieses historisch jedoch relative Denkmuster reiht sich ein in die Serie bekannter Metaphern für den menschlichen Körper, sei es das elektrische Netz (Mitte des 20. Jahrhunderts),[43] die Dampfmaschine (Mitte des 19. Jahrhunderts),[44] das Uhrwerk (Mitte des 18. Jahrhunderts)[45]

42 »Ihre äußere Hülle ist ganz aus Marmor und verhindert, dass sie einen ihrer Sinne benutzt, der Philosoph, der die Statue konstruiert hat und führt, behält sich selbst die Entscheidung vor, wann er die Sinne des Automaten für die verschiedenen Eindrücke öffnen will, für die sie zugänglich sind. [...] Er öffnet und schließt ein bestimmtes Fenster, durch das eine bestimmte, das heißt eine einzelne, wohlgefilterte Information eindringt.« Serres: Die fünf Sinne, S. 254 (Original: Serres: Les cinq sens, S. 205).

43 Vgl. Kalof, Linda/Bynum, William (Hg.): A Cultural History of the Human Body. Volume 1-6, Oxford: Berg Publishers 2010.

44 Vgl. Sappol, Michael/Rice, Stephen P.: A Cultural History of the Human Body in the Age of Empire (1800-1920), Bd. 5, Oxford: Berg Publishers 2010.

oder das Behältnis für Säfte und Feuer (in antiken und mittelalterlichen Konzepten, die bis in das 17. Jahrhundert hinein wirkten und teils bis heute).[46] Auch gegenwärtig sind wir nicht in eine Epoche und Epistemologie eingetreten, die sich jenseits solch zeittypischer Erklärmodelle befände: Erst der Bezug auf solch tägliche und außergewöhnlich prägende Schemata, Maschinen oder Dinge der jeweiligen kulturhistorischen Epoche erlaubt ein forschendes Sprechen und Entwerfen. Die lebensweltliche Apparatisierung erreicht aktuell einen Höhepunkt in der Ausbreitung von Sensoren in mobilen Geräten, ihrer Daten-speicherung, -übertragung und -auswertung im ökonomisch und polizeilich nützlichen Sinne sowie die begeisterte Vermessung des jeweils eigenen Handelns in etlichen Aspekten des Metabolismus (Bewegen, Essen, Ausscheidungen etc.) und des gesellschaftlichen Handelns (Produkt- und Medienkonsum, Reisetätigkeit, biographische Aufzeichnung, politische Teilhabe etc.). Die unabweisbare, generative Kraft solcher Erklärmodelle bringt neue Praktiken, Artefakte und Erkenntnisse hervor, sie wirkt kulturprägend, für Individuen vitalisierend und erlaubt den handelnden Subjekten offenbar eine stärkere und als genussvoll erlebte Bezugnahme zu ihrer Umgebung, ihrer Zeit, ihren Partnern und Zeitgenossen. Der Apparat ist sexy: Neue Welten eröffnen sich in Datenströmen.

Die kultur- und wissenschaftsgeschichtliche Forschung erlaubt uns ein Mindestmaß an zeitgenössischer Reflexivität, um die Grenzen, die Gefärbtheit und Verbogenheit der eigenen Evidenzbegeisterung hierin erahnen zu können. Wissenschaftshistorisch kann die gegenwärtige Apparatisierung als eine erstaunlich rapide sich ausbreitende Vorherrschaft eines bestimmten anthropozentrisch entwickelten Technikmodells begriffen werden. Ein möglicher Strukturunterschied zwischen historischen Apparaturen und plastischen Lebensweisen scheint den tiefen Wunsch nach einer hochkonsistenten Theoriebildung zu verletzen, die möglichst humanoide und technische Phänomene des Klanglichen unterschiedslos zu beschreiben vermag. Das forscherische Begehren nach einer allumfassend vereinheitlichenden Theoriebildung wirkt sich zu Ungunsten einer ontologischen und spezifischen Differenzierung aus. Zum Ideal hat eine durchgängige Apparatisierung des Leiblichen eine omnipotente, statuarische und hyperkompetente *Artificial Intelligence* – Wiederkehr des Homunculus als Übermensch. Damit aber wird vor allem das Unbewusste der Apparatur reproduziert, wie es eingangs dieses Beitrages entfaltet wurde: Der Mensch sei eine Burg, in die Sinnesdaten nur punktuell gelangen – die dann aber übergenau, vollständig explizit und durchgängig ausdrücklich erzeichnet, bearbeitet und weiterverarbeitet würden. Humanoides (Hör-)Empfinden wäre in

45 Vgl. Reeves, Carole: A Cultural History of the Human Body in the Enlightenment (1650-1800), Bd. 4, Oxford: Berg Publishers 2010.

46 Vgl. Scully, Terence: »Tempering Medieval Food«, in: Adamson, Melitta Weiss: Food in the Middle Ages. A Book of Essays, New York: Garland Publishing Inc. 1995, S. 3-23.

unserer Welt damit vollständig aufgegangen und aufgelöst in diesem selbstgenügsamen Dispositiv der Apparate.

DEAPPARATISIERUNG

Zum Anfang des 21. Jahrhunderts, so könnte es nun also scheinen, betreten wir eine Periode endgültiger Apparatisierung des Hörens. Bereiten wir uns für einen unaufhörlichen Aufenthalt im Inneren eines hoch ideologischen Technik-Apparates vor, der Medienprodukte nahezu widerstandslos uns unaufhörlich zufüttert? Lässt sich die hier nachgezeichnete Entwicklung lediglich als eine lineare weiterdenken, hin zu einem totalitär klaustrophobisch anmutenden Einschluss im historischen, anthropozentrisch ausgeprägten Konzept der Signalübertragung? Kein Ausweg aus der abgedunkelten Wahrnehmungshöhle der Lautsprecher, Mischpulte, Kabelagen und Monitore? Im kritisch-kulturhistorischen Rückblick sind derart extreme, tatsächlich ausweglose Kontinuitäten als alternativlose Linearitäten jedoch kaum zu entdecken. Die Kontingenz, Komplexität und Relationalität solcher Entwicklungen ist kaum zu überschätzen. Oder wie der französische Kulturhistoriker Régis Debray unter dem Begriff des *effet jogging* feststellte: Jeder vorläufige Höhepunkt kultureller Entwicklung erzeugt aufgrund der Reflexivität einer Gesellschaft aus sich selbst heraus dialektische Gegenbewegungen. Im titelgebenden Beispiel Debrays etwa beförderte gerade eine mutmaßlich unausweichliche Zukunft der autogerechten Stadt und Welt seit den 1950er Jahren und ihren sitzenden, abtrainierten Protagonisten den Aufstieg von dem entgegenarbeitenden, leistungssportartigen Körperpraktiken des Joggens, des Fitnesstrainings oder Marathonlaufens.[47] In ähnlicher Weise wird gegenwärtig eine vermeintlicherweise umfassende Apparatisierung der Sinne konterkariert und dialektisch weiterentwickelt durch neue Hör- und Körperpraktiken wie der *Human Echolocation*,[48] in neuen Gestaltungspraktiken der *Aural Architecture*,[49] durch neue Kulturforschungsmethoden wie dem *Sensory Memory Walk*[50] oder durch erweiterte Klangkonzepte wie dem *Unsound*.[51] Letzteres

47 Vgl. Debray, Régis: »Effet jogging«, Sevilla 2006, http://regisdebray.com/pages/pdf/effet_jogging.pdf (letzter Zugriff: 30.10.2015).

48 Vgl. Kish, Daniel: »Human echolocation: How to ›see‹ like a bat«, in: New Scientist 202.2703 (2009), S. 31-33.

49 Vgl. Blesser, Barry/Salter, Linda-Ruth: Spaces Speak, Are You Listening? Experiencing Aural Architecture, Cambridge, Massachusetts & London, England: The MIT Press 2006.

50 Vgl. Järviluoma, Helmi/Vikman, Noora: »On Soundscape Methods and Audiovisual Sensibility«, in: Richardson, John/Gorbman, Claudia/Vernallis, Carol (Hg.), The Oxford Handbook of New Audiovisual Aesthetics, New York: Oxford University Press 2013, S. 645-658.

Konzept verweist auf die kulturell, industriell und militärisch-polizeiliche zunehmende Nutzung von Wellensendungen unter- oder oberhalb einer standardisierten menschlichen Hörfähigkeit – in der *menschlichen Echoortung* wird diese dazu genutzt, um eine neue sensorische Praxis zu etablieren.

Diese Praxis menschlicher Echoortung nutzt entweder aktiv oder passiv den *Unsound*, das Reflexionsprofil umgebender Objekte, Bauten, der Fauna, Landschaft oder sogar einzelner Personen, um eine räumliche Vorstellung von dieser Umgebung zu gewinnen. Durch aktive, sogenannte Click-Laute oder durch das Horchen und Verfolgen anderer raumbezogener Klangereignisse wird es den Praktizierenden möglich, zu gehen, zu interagieren, ja sogar Rad zu fahren oder Basketball zu spielen – ohne eine *visuelle* Vorstellung von dieser Umgebung. Blinde Menschen gewinnen dadurch erstaunliche Agilität und Lakonie räumlicher Orientierung und im interpersonalen Umgang. In dieser neuen Praxis, die sich künftig als neue Kulturtechnik, als *audile technique* etablieren könnte, wird das apparatische Wissen damit ganz traditionell hegelianisch aufgehoben: Das parametrisierte und kadrierte Klicken, das Erspüren von Laufzeitunterschieden, das Orientieren anhand von Reflexionen und zurückgespielten Klangsignalen nutzt die akustischen Forschungsergebnisse der letzten einhundertfünfzig Jahre, um eine neue Körperpraxis zu entwickeln und zu lehren anstatt einen neuen Apparat zu entwickeln. Ein vergleichbares Integrieren und Verkörpern des apparatischen Wissens findet sich sowohl in der *Aural Architecure* als auch im *Sensory Memory Walk*: Während die *Auditive Architektur* ein Körper- und Handlungswissen von räumlicher Klangästhetik in alltäglichen Wohn- und Arbeitsräumen, in der Stadt- und Bauplanung entwickelt und lehrt, so ermöglicht die Methode des *Sensorischen Erinnerungsspaziergangs* auf Grundlage sinnesphysiologischer und kulturtheoretischer Forschungen eine sensorisch und körperlich umfassende Diskussion von Formen des Erlebens, von persönlichen Erinnerungen und historischen Dokumenten. Diese Ansätze von Goodman und Kish, Blesser und Järviluoma brauchen allesamt keine technischen Apparaturen mehr, keine Soft- oder Hardware (die dennoch aber auch hierfür entwickelt und angeboten wird). Sie erlauben es vielmehr, neue Kulturtechniken zunächst als individuelle Körpertechniken einzuüben.

Das Konzept vom Menschen und eines menschlichen Hörens hat sich just durch die in diesem Beitrag entfaltete anthropozentrische und technikbezogene Entwicklungsarbeit am auditiven Dispositiv weiterentwickelt. Das Eintauchen und nahezu Verschwinden in obsessiven Phantasien einer vollständig technologisch geprägten Wahrnehmung brachte auch genau ihr Gegenteil hervor, neue körperliche Formen der Wahrnehmung. Die vier erwähnten Praktiken und Konzepte der Deappara-

51 Vgl. Goodman, Steve: Sonic Warfare. Sound, Affect, and the Ecology of Fear, Cambridge, Massachusetts & London, England: The MIT Press 2010.

tisierung sind insgesamt Beispiele eines solchen *sonischen Materialismus*,[52] der Klangwahrnehmungen weder als immateriell noch als rein technisch rubriziert, sondern sie als materielles Medium menschlicher Existenz begreift: Körperlichkeit hört Klänge. In diesem Moment ist mein Körper ebenso bewegt von meiner Arbeit an der treffenden Formulierung dieser letzten Sätze, Eintippen auf der Tastatur, korrigierendes Lesen am Monitor, wie ich eine begleitende Musik höre, die letzte Woche neu veröffentlicht wurde, einige Signal- und Warnklänge von der Straße herauf schallen und ich mein zunehmendes Hungergefühl an diesem erstaunlich warmen, späten Freitagvormittag Anfang Mai spüre.

Kulturprognostisch gesprochen könnte das vom situativen, leiblichen Erleben zunächst losgelöst entwickelte auditive Dispositiv damit zumindest partiell sich wieder reintegrieren in Alltagspraktiken und Wahrnehmungsweisen, deren historisch eminent technischer Charakter kaum mehr zutage tritt. Die physikalischen und informationstheoretischen Modelle und Begriffs-Erfindungen wären dann eingegangen in menschliche Kultur, Handeln und Erleben: ein Anthropozän des Hörens. Die Apparatisierung erfüllte sich somit in einer Rekorporealisierung, die Burg der Subjektwahrnehmung wäre wieder, was sie mutmaßlich als Denkfigur anfangs ohnehin war: ein funktionales Modell, ein heuristisches Gedankenspiel. Technik verschwände als abgesonderte. Menschliches Handeln nähme Techniken ganz auf und löste sie in sich. Zu euphorisch könnte dies gedacht sein – doch prägen wird diese Frage die nächste Zukunft zweifellos.

52 Vgl. Cox, Christoph: »Beyond Representation and Signification: Toward a Sonic Materialism«, in: Journal of Visual Culture 10.2 (2011), S. 145-161; vgl. Cobussen, Marcel/Meelberg, Vincent/Schulze, Holger (Hg.): Towards New Sonic Epistemologies, in: Journal of Sonic Studies 4 (2013).

Medienethnografische Perspektiven auf Disability

Mikro-aktivistische Affordanzen

Critical Disability als Methode zur Untersuchung medialer Praktiken[1]

ARSELI DOKUMACI

> Jérôme: »I am one of the a real member of my generation because I work most of the time with my phone to take my emails, to go to the internet, to read newspaper, to take the weather, to do almost anything!
>
> Arseli: Is it because the phone is more accessible or just easier?
>
> Jérôme: On some aspects, the applications on the phone are more accessible and more manageable and easier to use. But the real situation is that you have the phone in your hands all the time and everywhere!«
>
> JÉRÔME PLANTE/ARSELI DOKUMACI

Die medialen und technologischen Konfigurationen unserer Alltagspraktiken, wie die des Lesens,[2] Denkens[3] und sich Bewegens;[4] unsere Raumempfindung[5] und

1 Bei diesem Aufsatz handelt es sich um eine überarbeitete Fassung meines Artikels: Dokumacı, Arseli »Micro-activist Affordances of Disability: Transformative Potential of Participation«, in: Denecke, Mathias/Ganzert, Anne/Otto, Isabell/Stock, Robert (Hg.), Reclaiming Participation: Technology – Mediation – Collectivity, Bielefeld: Transcript 2016, S. 67-83.

sogar unsere eigenen Körper[6] sind schon lange zu Forschungsgegenständen einer Vielzahl unterschiedlicher Disziplinen geworden, darunter auch die Medienwissenschaften und *Digital Humanities*. Es ist an dieser Stelle nicht nötig, all das zu wiederholen, was zu diesen Themen bereits erforscht und entwickelt wurde. Stattdessen wird dieser Beitrag die »Theorie der Affordanzen«[7] im Licht von Behinderungen kritisch betrachten, um auf diese Weise einen neuen Blickwinkel auf die wechselseitige Beziehung zwischen Menschen und Medientechnologien zu eröffnen. Hierfür wende ich meinen Ansatz »Behinderung als Methode«[8] an. Dabei richte ich meine Aufmerksamkeit auf die alltäglichen Navigationspraktiken einer blinden Person und untersuche, wo und wie diese aus dem komplexen Zusammenspiel multisensorischer, sozialer, medialer und technologischer Praktiken hervortreten.

Der Beitrag basiert auf meiner eigenen ethnografischen Forschung, bei welcher ich drei Menschen mit Behinderungen dabei gefilmt habe, wie diese ihr Leben in Montreal (und Umgebung) leben. Von 2013 bis 2014 habe ich meine TeilnehmerInnen bei verschiedenen Gelegenheiten ihrer Wahl getroffen, sie interviewt und dabei beobachtet, wie sie mit ihrer alltäglichen Umgebung interagieren.[9] Einer der

2 Vgl. Mills, Mara: »What shall we call reading?«, in: FlowTv, 17.03 (2012), flowtv.org/2012/12/what-should-we-call-reading/ (letzter Zugriff: 31.10.2015).

3 Vgl. Hayles, Katherine: How We Think: Digital Media and Contemporary Technogenesis. Chicago: University Of Chicago Press 2012.

4 Vgl. Bissell, David: »Conceptualising differently-mobile passengers: geographies of everyday encumbrance in the railway station«, in: Social & Cultural Geography 10.2 (2007), S. 173-195.

5 Vgl. de Souza e Silva, Adriana: »From Cyber to Hybrid: Mobile Technologies as Interfaces of Hybrid Spaces«, in: Space and Culture 9.3 (2006), S. 261-278; Frith, Jordan: »Splintered Space: Hybrid Spaces and Differential Mobility«, in: Mobilities 7.1 (2007), S. 131-149.

6 Vgl. Latour, Bruno: »How to Talk About the Body? The Normative Dimension of Science Studies«, in: Body & Society 10.2-3 (2004), S. 205-229; Hansen, Mark: Bodies in Code: Interfaces with Digital Media. New York: Routledge 2006.

7 Vgl. Gibson, James: The Ecological Approach To Visual Perception. Hillsdale: Lawrence Erlbaum Associates 1979.

8 Vgl Dokumaci, Arseli: »Misfires that Matter: Habitus of the Disabled Body«, in: Blažević, Marin/Feldman, Lada (Hg.), Misperformance: Essays in Shifting Perspectives, Ljubljana: Maska Publishing 2014, S. 91-108, hier S. 108.

9 Die nachfolgenden Zitate von Jérôme Pante sind den Interviews entnommen, die ich mit ihm im Rahmen meiner ethnografischen Feldforschung 2013 und 2014 in Montreal durchgeführt habe. Die zwei Dokumentationen die am Ende meines Projektes entstanden sind können hier angesehen werden: *Misfire, Mis'perform, Manifest: Disability and*

Partizipanten, Jérôme Plante, ist von Geburt an blind. Die Interviews mit ihm, auf denen dieser Beitrag basiert, ermöglichten mir wichtige Einblicke in die Relevanz von Medientechnologien im Kontext seiner Alltagsmobilität.

Es gibt zwei Gründe, warum ich mich auf Navigationspraktiken konzentriere. Der offensichtliche sind die möglichen Einschränkungen für blinde und lesebehinderte Menschen. Der zweite Grund ist der den Praktiken inhärente soziale Aspekt. Ich glaube, dass Navigationspraktiken, die eng an die Geographie und ihre soziotechnischen Konfigurationen geknüpft sind, eine sehr gute Fallstudie liefern, um »die heterogenen Beziehungen von Körpern, Sinnen und Dingen«[10] nachzuverfolgen und das Soziale zu ›versammeln‹[11]. Im Folgenden beschreibe ich zunächst Navigationspraktiken, wie sie im physikalischen und anschließend im digitalen Raum auftreten. Das Ziel dieser Unterscheidung ist es nicht, eine Grenze zwischen beiden Bereichen zu ziehen, sondern vielmehr ihre Überschneidungen zu betonen. Im abschließenden Teil des Aufsatzes wende ich mich der »Theorie der Affordanzen« nach James Gibson zu. Gibson entwickelte diesen grundlegenden Ansatz als Teil seiner ökologischen Leseart der »direct perception«. Später kam er in verschiedensten Bereichen zur Anwendung und büßte manches Mal die von Gibson gelegten theoretischen Grundlagen ein.[12] Daher gebe ich am Ende meine eigene Interpretation des Begriffs im Kontext der kritischen *Disability Studies*.[13] In Bezug-

---

Everyday life, 2014, http://performingdisability.com/manifest (letzter Zugriff: 25.09.2015) und *Blindness, Techno-Affordances and Participation in Everyday Life*, 2014, http://performingdisability.com/blindness (letzter Zugriff: 25.09.2015).

10 Schillmeier, Michael: Rethinking Disability: Bodies, Senses, and Things. New York: Routledge 2010, S. 102.

11 Vgl. Latour: Eine neue Soziologie für eine neue Gesellschaft. Frankfurt a.M.: Suhrkamp 2010. Der Begriff des ›Versammelns‹ rekurriert dabei auf die von Latour gestellte Forderung, das Soziale neu zu versammeln und darin den Anspruch der ANT zu markieren. In der englischen Originalausgabe findet sich der Begriff im Titel: Reassembling the Social: An Introduction to Actor-Network-Theory (Oxford: Oxford University Press 2005).

12 Bærentsen, Klaus/Trettvik, Johan: »An Activity Theory Approach to Affordance,« in: NordiCHI October 19-23 (2002), S. 51-60, hier: S. 52; Bloomfield, Brian/Latham, Yvonne/Vurdubakis, Theo: »Bodies, Technologies and Action Possibilities: When is an Affordance?« in: Sociology 44.3 (2010), S. 415-433, hier: S. 416.

13 Bloomfield/Latham/Vurdubakis schlagen in ihrem Artikel über »Bodies, Technologies and Action Possibilities« ein soziologisches Verständnis von Affordanz im Kontext von Behinderung vor, das sie aus ihrer ethnographischen Arbeit an einem britischen NGO-Konzept entwickeln, welches Computer für »ans Haus gebundene« Menschen zur Verfügung stellt. In ihrer Arbeit treten die »affordance stories« (ebd., S. 423) als eine Reihe von Lösungen auf, die von (scheinbar nicht-behinderten) Freiwilligen und Forschern für

nahme auf meine eigenen Affordanzen als behinderte Person und was ich in diesem Bereich lernen konnte (dank meiner großzügigen und eloquenten Forschungsteilnehmerlnnen) frage ich: Was wäre, wenn wir uns direkt an Menschen mit Behinderungen wenden, um zu verstehen was Affordanz ist oder sein kann? Was wäre, wenn wir Behinderung nicht als Verneinung von Affordanz sondern als Affordanz an sich denken würden, als eine Art, sich die Welt in einer neuen Weise vorzustellen? Wie könnte die Behinderung von Möglichkeiten, den Alltag für sich in Anspruch zu nehmen, Aufschluss über die medialen Konfigurationen und Praktiken unseres eigenen Alltags geben?

VORBEMERKUNG

Ich bevorzuge im Folgenden die Verwendung der Bezeichnung *Menschen mit Behinderungen.* Dabei geht es mir darum, auf die verschiedenen ›behindernden‹ Aspekte der Umgebung aufmerksam zu machen. Ich schreibe über Blindheit im Zusammenhang meiner Kooperation mit Jérôme, behalte dabei jedoch im Hinterkopf, dass der Grad von Sehbehinderungen bei verschiedenen Personen stark variiert. Gleichzeitig ist es selbstverständlich so, dass die Verkörperungen von Behinderung, sowie der Zugang von Menschen mit Behinderung zu Technologien und ihre Beziehung zu diesen, abhängig von Gesellschaft, Kultur, finanziellem Status und Geschichte, differieren kann. Die Überlegungen, die ich in diesem Beitrag vorstelle, speisen sich ausschließlich aus meinen Interviews mit Jérôme als jemand, der Zugang zu mobilen Technologien und einen gewissen Grad an Computerkennt-

---

eben jene Menschen mit Behinderungen gefunden wurden. Die Lösungen werden als »adaptations suited to their disability« (ebd., S. 422) bezeichnet. Beschriebe man Affordanzen als eine Reihe von »Anpassungen« widerspräche dies einem produktiven Beziehungsgefüge zwischen Organismen und Umwelt, impliziert es doch, dass Organismen sich an etwas anpassen, das eine festgesetzte Umwelt ist. Außerdem bringt es die Frage mit sich, wer eigentlich für wen entscheidet, was eine Affordanz ist?

Meine Sicht auf die Affordanzen unterscheidet sich von der der Autoren insofern, als ich die Affordanzen als sich aus den Handlungen der Menschen mit Behinderungen selbst ergebend verstehe, und dies durch die Relationalität, die sie selbst *in situ* mit ihrer Umwelt etablieren. Das stärkt die *agency*, die mit der Erzeugung von Affordanzen einhergeht, und wiederum ein Schlüsselmoment in Gibsons ökologischem Ansatz darstellt. Ich verstehe genau deshalb Affordanzen nicht als irgendeine Art von *Anpassung*, weil Anpassung immer beinhaltet, dass man mit etwas konform geht, was bereits existiert, während Affordanz auch eine mögliche Transformation der Welt bedeutet (wie Gibson durch seinen »Nischen« Begriff darstellte, The Ecological Approach, S. 128f.)

nissen hat. Meine Betrachtungen sind keineswegs dazu gedacht, generelle Aussagen über blinde und sehbehinderte Menschen und deren Leben zu treffen. Immer wenn ich also den Ausdruck *Menschen mit Behinderungen* in diesem Aufsatz verwende, beziehe ich mich auf die ForschungsteilnehmerInnen, mit denen ich in meinen ethnographischen Projekten gearbeitet habe, sowie auch auf mich selbst.

NAVIGATION IN PHYSISCHEN UMGEBUNGEN ERMÖGLICHEN

Der Prozess der Orientierung beinhaltet im Grunde genommen drei mit einander verbundene Schichten körperlicher Aktivitäten: motorische, perzeptive und kognitive. Um zu navigieren, muss man in der Lage sein, sich zu bewegen und die eigene Position und ihre Veränderung in Relation zum bereits gesetzten Zielort abzuleiten. Dies mag einigen Lesern sehr intuitiv erscheinen. Der Grund, warum ich es wiederhole, liegt aber darin, genau diese Selbstverständlichkeiten zu problematisieren und eine Art und Weise des Denkens über »räumliches Problemlösen«[14] aufzuzeigen, welches über die Privilegien der Sehenden hinausgeht.

Lassen Sie mich mit einer Frage beginnen: Was sind nicht-visuelle Wahrnehmungshinweise und kognitive »Taktiken«[15], die Navigation vermitteln können? Zunächst einmal natürlich Geräusche, die, wie der Soziologe Siegfried Saerberg beschreibt, häufig Rückschlüsse auf die Geräuschquelle und ihre Position zulassen und sogar, sollte die Geräuschquelle in Bewegung sein, in welche Richtung sie sich bewegt.[16] Orte wie Parks, Flughäfen, Autobahnen oder Wälder haben ihre eigene Geräuschkulisse, während architektonische Objekte, wie zum Beispiel der Ausgang am Ende eines Flurs, daran erkannt werden können, wie sie Geräusche formen und leiten.[17] Ganz ähnlich können meteorologische Ereignisse dabei helfen, räumliche Strukturen zu erschließen. Das Geräusch fallenden Regens zum Beispiel kann »eine bunte Decke über zuvor unsichtbare Dinge werfen«[18], während das Spüren des Windes, wie bei den Orientierungspraktiken der Inuit, einen »Windkompass«

14 Vgl. Arthur, Paul/Passini, Romedi: Wayfinding-People, Signs, and Architecture. New York: McGraw-Hill 1992.

15 Vgl. de Certeau, Michel: Kunst des Handelns, übers. v. Ronald Voullié, Berlin: Merve 1988.

16 Saerberg, Siegfried: »›Just go straight ahead‹. How Blind and Sighted Pedestrians Negotiate Space«, in: Senses & Society 5.3 (2010), S. 364-381, hier: S. 370.

17 Saerberg: »›Just go straight ahead‹«, S. 370-371.

18 Hull, John: Touching the Rock: An Experience of Blindness. London: SPCK Publishing 1990, S. 26.

schaffen kann, mit dem Dinge verortet werden können.[19] »Da Schall zunächst und vor allem Vibration ist«[20], trägt er außerdem zu verschiedenen synästhetischen Eindrücken bei. Bei der Echo-Ortung, eine Praxis, bei der Blinde Schnalzlaute in ihre Umgebung aussenden, prallen die Schallwellen von Objekten und räumlichen Elementen ab und vermitteln Informationen über einen sicheren (oder gefährlichen) Weg.[21] Die Klopf- oder Streichgeräusche eines Stocks, die ebenfalls Informationen liefern, verlängern die haptische Nähe zu einer größeren akustischen Reichweite, mit der man die Umgebungsstruktur leichter unterscheiden kann.[22] Mithilfe dieser Geräusche kann man, sofern sie nicht durch andere überlagert werden, Gänge und Ausgänge vor sich erkennen, oder (wenn man sich im Freien befindet) etwa hören, ob man auf Beton (Bürgersteig) oder Asphalt (Straße) läuft (siehe Abb. 1). Darüber hinaus liefern die Textur, das Layout und Unregelmäßigkeiten im Boden eine »kinästhetisch gefühlte Struktur«, während bestimmte Gerüche, die gleichzeitig am selben Ort auftreten, verwendet werden können um eine »olfaktorische Karte« zu kreieren.[23] Zusätzlich zu diesen Multimodalitäten, hat man immer ein Gefühl von »global touch«, wie Paul Rodaway es nennt, d.h. ein schleierhaftes und oft passives Gefühl für die eigene Verortung im Raum, diese »can be enhanced by the movement of the body through space, across surfaces, through the air and water« so wie durch die Hautempfindungen von »temperature, [and] humidity«.[24]

Hinweise zur Navigation werden also direkt über die eigenen Hände und indirekt über die Mediation eines Instruments wie zum Beispiel eines Stocks

19 Aporta, Claudio/Higgs, Eric: »Satellite Culture: Global Positioning Systems, Inuit Wayfinding, and the Need for a New Account of Technology«, in: Current Anthropology 46.1 (2005), S. 729-753, hier S. 731, zitiert in Saerberg: »›Just go straight ahead‹«, S. 379.

20 Rodaway, Paul: Sensuous Geographies: Body, Sense and Place, London: Routledge 1994, S. 97.

21 Für weitere Informationen zu Echo-Ortung und Klicksonar vgl. Kish, Daniel (2013): »Experience: I taught myself to see«, in: The Guardian vom 13.10.2013, http://www.theguardian.com/lifeandstyle/2013/jul/13/experience-blindness-echolocation-daniel-kish (letzter Zugriff: 25.09.2015).

22 Giudice, Nicholas/Legge, Gordon: »Blind navigation and the role of Technology«, in: Helal, Abdelsalam/ Mokhtari, Mounir/Abdulrazak, Bessam (Hg.), Engineering handbook of smart technology for aging, disability, and independence, New Jersey: John Wiley & Sons 2008, S. 479-500, hier S. 484.

23 Saerberg: »›Just go straight ahead‹«, S. 371.

24 Rodaway: Sensuous Geographies, S. 49.

gesammelt.[25] Eine systemische Taktik kann etwa sein, wenn die Reisende ihre Schritte zählt, kognitive Karten aufbaut und sich die räumlichen Regelmäßigkeiten merkt, wenn sie sich bewegt.[26] In Momenten der Unsicherheit und/oder falls die bereits genannten Navigationsmethoden versagen, kann die Reisende auf »weiter reichende kognitive Strukturen« zurückgreifen, und zum Beispiel theoretisieren, ausprobieren, »Erinnerungs- und Protokollierungstechniken« oder »rückverfolgende Fehlersuche« betreiben.[27]

Abbildung 1

Jérôme läuft auf eine Kreuzung zu und ertastet die Kanten des Bürgersteigs mit seinem Stock.[28]

Siegfried Saerberg nennt diese Methoden der Navigation die »blinde Art des Wahrnehmens« bzw. Handelns.[29] Diese Wahrnehmungsweise verlangt anscheinend

25 Eine phänomenologische Reflektion über die Materialität des Stocks und wie diese den sinnlichen Raum eines sich bewegenden Körpers verändert, findet sich bei Merleau-Ponty, Maurice: Phenomenology of Perception, New York: Routledge (2002 [1945]), S. 165.

26 Rodaway: Sensuous Geographies, S. 53.

27 Saerberg: »The Sensorification of the Invisible: Science, Blindness and the Life-world«, in: Science, Technology & Innovation Studies 7.1 (2011), S. 9-28, hier: S. 21.

28 Alle Abbildungen © Arseli Dokumacı, 2014.

eine strenge »Disziplinierung des Körpers« und der Sinne sowie eine ständige Aufmerksamkeit auf den eigenen Körper und die Umgebung.[30] Anders als die Wahrnehmung der Sehenden (und generell nicht-behinderter Menschen), bei denen räumliches Problemlösen in der Regel automatisch abläuft, beinhaltet blinde Navigation häufig eine »bewusste Problembewältigung in jedem Augenblick« – ein Prozess, der große Teile der »kognitiven und Aufmerksamkeitsressourcen« des Reisenden in Anspruch nehmen kann.[31] Dies kann durch die Gebäudestrukturen und öffentliche Verkehrsmittel noch verstärkt werden, die die Wahrnehmungsfähigkeit sehender Reisender voraussetzen. In Bezug auf die oben zusammengefassten nichtsehenden Navigationstaktiken möchte ich darum noch die folgende Frage stellen: Welche Strategien und Fähigkeiten kommen zum Tragen, wenn blinde Navigation im Freien und in unbekannter Umgebungen stattfindet, was zusätzliche kognitiv anspruchsvolle Tätigkeiten verlangt, wie zum Beispiel »accessing the names of the shops being passed, the name of the street being crossed, or the state of the traffic signal at a busy intersection«?[32]

Die folgenden Exzerpte sind aus den Interviews, die wir 2013 und 2014 bei Jérôme zu Hause, in Longueuil (Québec) und auf seiner täglichen Pendelstrecke nach Montreal (Québec), wo er studiert, filmten. Wir unterhielten uns auf Englisch, die weder seine noch meine Muttersprache ist, weshalb ich auch Jérômes Sätze möglichst unredigiert belassen möchte, um die Auswirkungen von Sprache auf unsere Kommunikation nicht zu verfälschen.

Beim untenstehenden Gespräch fuhren wir mit dem örtlichen Bus, den er unter der Woche nimmt, um zur Universität zu fahren. Dieser bietet keine Sprachansagen,[33] und ich frage Jérôme, wie er herausfindet, an welcher Haltestelle er aussteigen muss.

---

29 Saerberg: »The Sensorification of the Invisible«, S. 17.

30 Ebd.

31 Giudice/Gordon: »Blind navigation and the role of Technology«, S. 482. Das heißt nicht, dass nicht auch blinde Menschen eine Routine beim Navigieren entwickeln. Wichtig ist mir hier zu unterstreichen, dass es für einen sehenden und nicht-behinderten Menschen einfacher ist, sich alltägliche Tätigkeiten anzueignen (einschließlich der Orientierung) als für eine blinde Person, vor allem da beide unter ähnlichen Bedingungen leben und im selben öffentlichen Leben agieren.

32 Ebd., S. 480.

33 Bis heute gibt es in keinem Bus der städtischen Verkehrsbetriebe von Longueuil und Montreal akustische Hinweise oder Stop-Signale für die Fahrgäste. Nur die U-Bahn in Montreal bietet gesprochene Ansagen.

Abbildung 2

Jérôme fährt in einem Bus ohne gesprochene Hinweise und verwendet die iPhone GPS App um seine Position zu ermitteln.

Jérôme: »We use a lot of applications to localize like everyone. The difference is that for us it can help a lot more than everyone. I have an adapted GPS that is not on the phone that is a real GPS [...] but on phone, technology advance fast and today we can use some GPS applications to help us to localize and even to do some projects [...] For example, I use an application called Blind Square. [...] It uses information from the social network Four Square and the cartography of the iPhone. It can help me to obtain a project; it can give me the information about the intersections and interest points that are on my way and it helps a lot when my other GPS doesn't work or doesn't work properly or when I don't have it. With this application I have always an access to the information about my localization. So it's really useful [...] And we can use other applications for the bus, such as information about bus stops and bus circuits, when it will pass at our stop [...] So localization is something really useful for us.«

In ihrem Artikel »Storied Spaces« schreiben Joanna Brewer und Paul Dourish: »Mobile technology is not [...] simply operating within a spatial environment; it is implicated in the production of spatiality and spatial experience.«[34] Tatsächlich haben die Entwicklungen von internetfähigen Mobilgeräten und auf Lokalisierung basierten Diensten jene frühen Theorien des Internets herausgefordert, die eine Trennung von digitalem und physischem Raum angenommen hatten. Adriana Silva

34 Brewer, Joanna/ Dourish, Paul: »Storied spaces: Cultural accounts of mobility, technology, and environmental knowing«, in: International Journal of Human Computer Studies 66.12 (2008), S. 963-976, S. 963.

behauptet in ihrem Konzept vom »hybriden Raum«,[35] dass mobile Interfaces diese Grenze derartig aufgeweicht haben, dass man die zwei Räume nicht länger als unabhängig voneinander denken kann. Durch die Nutzer des mobilen Netzes, die den tatsächlichen Raum mit digitalen Informationen kartografierten (und umgekehrt), wurden diese Räume mit neuen Bedeutungen aufgeladen und vermitteln die Bewegung des Navigierenden in diesem Raum auf immer raffiniertere Art und Weise. Diese Transformation wird anhand des Orientierungsprozesses eines blinden Nutzers umso deutlicher. Wie man anhand von Jérômes Verwendung der Ortungs-Apps sehen kann, rekonfiguriert die Verflechtung des mobilen, des physischen und des digitalen Lebens nicht nur die Raumerfahrung, sondern auch wie der Raum selbst, in den Worten von de Certeau, »praktiziert« wird.[36]

Wenn auditive, taktile, kognitive, olfaktorische und synästhetische Erfahrungen den Körperraum Blinder über ihren unmittelbaren eigenen Körper hinaus erweitern, wie Saerberg und Rodaway hervorheben, dann multiplizieren die ortungsfähigen mobilen Technologien diesen erweiterten Radius noch und erzeugen eine »digital-vermittelte Berührung«. Damit meine ich natürlich nicht, dass diese Technologien ein für alle Mal eine auf andere Weise unzugängliche physische Welt zugänglich machen. Um zu verstehen, warum sie dies gerade *nicht* tun, wende ich mich erneut unserer Unterhaltung zu, in der Jérôme sein GPS-Gerät mit der GPS-App auf seinem iPhone vergleicht:

Jérôme: »The interest of a mobile app is that it boots when I boot it as opposed to as a GPS device that would use the satellite [...] Therefore when you boot it, you need some time for it to connect to the GPS and to detect the satellite and the position. But the phone can do the same job instantly [...]

Arseli: But you have your GPS with you as well, right?

Jérôme: [...] I have always my GPS in my backpack [...] If I would really need it, I would have it. But it has really been a long time since I used it because it is too long to boot! It is not practical when you are in bus or in car! It is fine if you are just walking and can stop for some several seconds to let the GPS take its position. The phone does not have this limit.«

Das GPS-Gerät informiert seine Nutzer über ihre Position im Verhältnis zu ihren Ortsveränderungen und bietet dadurch neue Unterstützung für das Navigieren. Dies ist ein gutes Beispiel für das, was ich oben als »digital-vermittelte Berührung« bezeichnet habe. Liest man diesen Abschnitt oberflächlich, könnte man annehmen,

35 de Souza e Silva: »From Cyber to Hybrid«, S. 262.

36 Michel de Certeau definiert Raum als »praktizierten Ort« (de Certeau: Kunst des Handelns, S. 217f.).

dass die Affordanz der Navigation in die Architektur des Gerätes selbst eingeschrieben ist (und damit die Hindernisse für die Navigation entfernt wurden). Jérômes Schilderungen deuten jedoch auf etwas anderes hin. Wäre die Affordanz ein dem Gerät inhärenter Aspekt, wäre dessen Aktualisierung nicht beeinflusst von der Aktivität des Nutzers. Und doch war sie das. Die Tatsache, dass Jérôme geht (und deshalb anhalten und Zeit für das Hochfahren zulassen kann) oder in einem Fahrzeug reist (und daher keine direkte Kontrolle über die Bewegung hat), hat einen Einfluss auf die Übersetzung der Navigation. Digitale Lokalisierung bietet zwar neue Lösungen für Navigationsaufgaben, da aber der Verwendungskontext von Situation zu Situation unterschiedlich ist, überwindet sie nicht alle Hindernisse der Handlung. Wie Bloomfield u.a. betont haben: »[T]he ›affordances‹ of technological objects cannot be easily separated from the arrangements through which they are realized in practice.«[37] Das gleiche Prinzip kann man auf die GPS-App übertragen, die ihre eigenen, in der Verwendung zutage tretenden Schwachpunkte hat:

Arseli: »Before the GPS or the iPhone came out, what were you doing? How were you finding your way?

Jérôme: [smiling] I just ask to the driver [...] And today too! By precaution normally, I ask to the driver to tell me at the stop because I cannot be sure that the GPS app will tell me [the bus stop] sufficiently in advance [...] It is also important not to ask to the driver the last minute; because the problem with the driver is that they have a lot of information to remember so they can forget.«

Navigationsgeräte und das Erfragen von Richtungs- oder Ortsangaben machen die unzugängliche physische Welt immer noch nicht zugänglich. Wäre das der Fall, müsste Jérôme nicht das eine mit dem anderen unterstützen, um die jeweilig hervortretenden Einschränkungen auszugleichen. Er muss diese Vorsichtsmaßnahmen treffen, denn das GPS-Gerät könnte zu lange zum Hochfahren brauchen, die GPS-App könnte nicht wirklich in *Echt-Zeit* funktionieren, um die Haltestelle rechtzeitig anzusagen, und der Busfahrer könnte zu beschäftigt sein, um sich daran zu erinnern. Wichtig in dieser »Assemblage« von »Körpern, Verstand, Sinnen und Dingen«[38] sind nicht die Schwächen der jeweiligen Navigationstechnik oder -taktik (z.B. interpersonelle Kommunikation, digitale Berührung, akustische und haptische Erfahrung), sondern die Modi, in denen sie auftreten, und wie sie mit den Einschränkungen der anderen interagieren. Wenn Busse keine Sprachansagen haben,

37 Bloomfield/Latham/Vurdubakis: »Bodies, Technologies and Action Possibilities«, S. 429.

38 Schillmeier: Rethinking Disability, S. 101.

springt die digitale Navigation ein, um Ortungsinformationen zu liefern. Ist die digitale Navigation verzögert, kann sprachliche Interaktion als Rückversicherung für die Haltestelle dienen. Dieses Zusammenspiel von Taktiken und Techniken macht sichtbar, wie sehr Navigation tatsächlich von einem komplexen Netz von Relationen vermittelt wird, einschließlich der multisensorischen, mobilen, kognitiven und epistemischen Register sowie der sozio-technologischen Anordnungen.

NAVIGATION IN DIGITALEN UMGEBUNGEN ERMÖGLICHEN

Für sehende Internetnutzer erfolgt die sinnliche Verarbeitung dessen, was auf dem Bildschirm zu sehen ist, und die daraus resultierenden Steuerungsgesten innerhalb weniger Sekunden, da die visuellen Inhalte dauerhaft und gleichzeitig zugänglich bleiben. Nicht so für Jérôme, dessen digitale Navigation von den Operationen der Lesesoftware (Screenreader) abhängt:

Jérôme: »Generally the problem for someone that is seeing and observing us is that the cursor just does not follow for us the same aspect than for a seeing person. For example, if I go down the arrow [he presses the arrow on keyboard and the screenreader reads the contents] I will see each link separately and I will see the page from the top to the bottom. I cannot see the page in a single view at one time. I have some shortcuts to go directly to the code that I want or the link that I want, if I know the website. But if I do not know the website, I have to explore the page completely. That is really longer.«

Abbildung 3

Jérôme vor seinem Computer, auf der Website von TVA. Die stark grafikbasierten Inhalte der Seite laden gerade.

Florian Grond und Thomas Hermann schreiben, dass »Klänge als Zeichen« mit ihrer ephemeren Natur »nicht in derselben Weise nebeneinander koexistieren können wie zwei statische visuelle Zeichen«, und wenn sie es versuchen, beginnen sie sich zu überlagern, zu verdecken, oder gar gegenseitig aufzuheben.[39] Wendet man Gronds und Hermanns Lesart im Kontext der digitalen Navigation für einen blinden Menschen an, heißt das, dass dieser Mensch manuell Schritt für Schritt durchführen muss, was visuelle Zeichen durch ihre Art von Koexistenz erreichen. Um zum Beispiel den Inhalt einer Webseite zu erfassen, muss sich Jérôme, mit Hilfe der Tastaturbefehle, förmlich durch deren Architektur hindurch bewegen, Überschrift für Überschrift und Item für Item (während er zuhört, was der Screenreader ansagt). Wenn er eine Navigationsentscheidung treffen möchte, kann es sein, dass er zurückgehen und etwas noch einmal anhören muss, da der flüchtige Charakter von Geräuschen und die unmögliche, gleichzeitige Aufnahme all dieser Zeichen verhindert, dass sie im selben Moment zugänglich sind. Eine Analogie, welche die Situation illustriert, wäre die folgende: Während der Internetnavigation von Sehenden bewegt sich der Cursor wie ein durch Wolken fliegendes Flugzeug über den Bildschirm, wohingegen bei der blinden Navigation Screenreader und Tastaturbefehle fest an die Architektur der Webseite gebunden bleiben, so wie ein Auto an die materiellen Ausformungen der Landschaft. Wie nun jedes Objekt, das auf dem Weg eines Autos liegt, zu einem Hindernis werden kann, kann jeder visuelle Inhalt im Web 2.0 (von automatisch ladenden Audiodateien bis hin zu stark grafikbasierten Interfaces) die Funktion des Screenreaders, der gewissermaßen Jérômes Hände und Arme im digitalen Raum ist, beeinträchtigen.

Arseli: »How do you find websites in terms of their accessibility?

Jérôme: There is an improvement since a few years but the majority of websites don't meet any accessibility criteria. [He types the web address of TVA, a popular TV channel in Québec (see figure 2)] Here in this website, it is really not easy to navigate. It is enormous. It is huge and not easy. Other medias are also not friendly but are a little bit accessible like the website of La Presse [a popular newspaper in Québec] that is a real challenge for us. It is accessible. No, a little bit accessible. Basically accessible but it is enormous and really difficult for us [...] [He opens the website of La Presse] So in this website I can navigate easily from title to title or list to list. There is a lot of ways to find myself in the page but I have to be familiar with the computer in order to be able to navigate here. Because it is enormous.

39 Grond, Florian/Hermann, Thomas: »Interactive Sonification for Data Exploration, How Listening Modes and Display Purposes Define Design Guidelines«, in: Organised Sound 19.1 (2014), S. 41-51, hier: S. 47.

Arseli: You mean by enormous, the amount of information is too much?

Jérôme: There is a lot of information and often in these websites, information is not always clearly classified.«

In ihrem Buch *Disability and New Media* diskutieren Katie Ellis und Mike Kent, wie der Übergang vom Web zum Web 2.0 Nutzer mit Behinderung beeinflusst hat. Die Autoren behaupten, dass die frühere Version hauptsächlich textbasiert war und insofern freundlicher gegenüber Nutzern assistiver Technologien, wodurch das Internet auch der Vision seines Erfinders Tim Berner-Lee entsprach, der es als für alle zugängliche »Plattform« verstehen wollte.[40] Auf der anderen Seite berge das Web 2.0 mit seinen benutzerdefinierten, grafikbasierten, und multimedial aufbereiteten Inhalten und Plugins sowohl aktivierende wie auch einschränkende Potentiale für Menschen mit Behinderungen.[41] Wenn auch die Webmaster im Web 2.0 über bestimmte Standards in Bezug auf die Barrierefreiheit verfügen, so ist deren Umsetzung noch immer freiwillig. Zudem können diese Richtlinien nicht immer den unterschiedlichen und manchmal sogar widersprüchlichen Bedürfnissen verschiedener Behinderungen gerecht werden.

Um diesem Problem aus dem Weg zu gehen, schlagen Ellis und Kent den Ansatz einer »Accessibility 2.0« vor. Namensgeber Brian Kelly erklärt die Idee hinter dem Begriff folgendermaßen: Er soll darüber hinausgehen, den Webmastern nur einfache Formeln und Checklisten für Barrierefreiheit zu geben, da diese nach deren Umsetzung annehmen könnte, damit sei ein für alle Mal Barrierefreiheit erreicht.[42] Ellis und Kent heben jedoch hervor, dass man Unterschiede in der Art der Behinderung sowie die verschiedenen Beziehungen zu Technologie berücksichtigen und Barrierefreiheit demzufolge vielmehr als »einen Prozess denn als Endzustand«[43] verstehen sollte. »Accessibility 2.0« fördert daher ein Verständnis von Barrierefreiheit, bei dem die Menschen nicht gezwungen werden, etwas auf eine bestimmte Art und Weise zu tun, sondern bei dem sie über Optionen verfügen können, die ihren Unterschieden gerecht werden.[44] Wie der Name schon sagt, »greift [Accessibility 2.0] die grundsätzliche Philosophie des Web 2.0 auf« und wendet das »Nutzerwahl«-Prinzip an, das vielen Menschen die Teilhabe an der Erstellung von Inhalten und der Rezeption dieser Inhalte ermöglicht.[45] Auf diese

40 Ellis, Katie/Kent, Mike: Disability and New Media, New York: Routledge 2011, S. 44-45.

41 Ebd., S. 132.

42 Kent, zit. nach ebd., S. 26.

43 Ebd.

44 Ebd., S. 49.

45 Ebd., S. 28.

Weise haben Nutzer mit verschiedenen Behinderungen die Möglichkeit, die Hindernisse für ihren Zugang selbst beseitigen, anstatt von einer dritten Partei abhängig zu sein, die in ihrem Namen entscheidet und handelt. Wie man in der untenstehenden Aussage sieht, haben schon die verschiedenen Optionen, eine Webseite zu navigieren (zum Beispiel durch mehrere Browser, *responsive websites* oder *native apps*), Auswirkungen auf bestimmte Zugangseinschränkungen – Auswirkungen, über die die Programmierer einer Seite ursprünglich nicht nachgedacht haben:

Jérôme: »Generally I prefer when it is possible to use the mobile version of one website. The best example I can show you is Facebook. [He logs into his Facebook account.] So I am on the ordinary website, I see the invitations, news and all that of my profile on menus that are difficult with a screen reader... There is advertisement, all the information about my profile in the same page than the information about the goods, about suggestions, about anything and maybe at one place in the page, lost in a lot of information that I do not really need or that I cannot easily skip is the information that I want [...] In the mobile version, however, I just see the principle information and without any superficial code. This is really a great difference for us!«

Jérôme öffnet die mobile Website von Facebook auf seinem Desktopcomputer und kommentiert die Seite:

Jérôme: »[Here] I have just a small menu with the home, the profile, the friends, the messages, the notifications and I can change my status and here is the last news of my friends. And it's so simple! It is really simpler than the ordinary Facebook site [...] There are some more examples on the web of the problems that are created by websites that are not designed to be friendly. Not just being accessible but also being friendly with the disabled persons. Like by having with a simple interface that we can use. It is the same thing with applications on the phone. A lot of them can be accessible but not always friendly. And this is important too, I think.«

Dass man die Wahl zwischen der mobilen und der Desktopversion einer Webseite hat, entspringt hier nicht einem Bedürfnis, Probleme mit der Kompatibilität verschiedener Endgeräte zu lösen. Ein behinderter Nutzer trifft diese Wahl vielmehr, um die digitalen Zugangsbarrieren abzumildern oder ganz zu umgehen. In diesem Sinne muss man konkretisieren, wie »Accessibility 2.0« umgesetzt werden kann und zwar in erster Linie durch das Einrichten von Entscheidungsoptionen, so dass eher die körperlichen Besonderheiten der Nutzer denn die materiellen Qualitäten der Geräte ausgeglichen werden.

THEORIE DER AFFORDANZ

Wie eingangs beschrieben, wurde der Begriff Affordanz seit seiner Einführung Ende der siebziger Jahre in zahlreichen Kontexten verwendet, sodass dieser zu einem von allen und für alles verwendeten Schlagwort wurde, das Gefahr läuft, seinen Inhalt vollständig zu verlieren.[46] Ich verwende Gibsons ursprüngliches Konzept des Begriffs und füge diesem meine eigene Interpretation hinzu, die ich im Laufe meiner ethnografischen Arbeiten zu Behinderung und Alltagspraktiken entwickelt habe. So schreibt Gibson: »The verb ›to afford‹ is found in the dictionary, but the noun affordance is not [...] I mean by it something that refers to both the environment and the animal in a way that no existing term does.«[47]

James Gibson schlägt die Theorie der Affordanzen als Teil seines ökologischen Ansatzes zur Wahrnehmung vor. Wahrnehmungsinformation, so konstatiert er, ist ein Pol zwischen dem Körper und seiner äußeren Umgebung, der beide Seiten gleichzeitig spezifiziert.[48] »[T]o perceive the world is to coperceive oneself at the same time«.[49] Auf diese Weise richtet sich der Organismus aktiv so aus, dass er den eintreffenden Informationen gerecht wird. Schlussendlich geschieht Wahrnehmung als eine Art »Mit-der Welt-in-Verbindung-Bleiben«, als eine »Leistung des Individuums«.[50] Die Wechselseitigkeit betonend, entwickelt Gibson die Theorie der Affordanzen. Wenn das Zusammenspiel der Informationen über das Selbst und über die Umgebung zur Wahrnehmung führt, dann, so schreibt er, gibt es keinen Grund, warum dasselbe Zusammenspiel nicht zur Wahrnehmung von komplexeren Interaktionen führen könne.[51] Wenn ich eine flache, stabile und kniehohe Oberfläche sehe, nehme ich nicht nur die Oberfläche war, sondern auch die durch ihr Material verkörperte Möglichkeit darauf zu sitzen. Affordanzen sind Angebote der Umwelt.[52] Oder um genau zu sein: Sie sind Handlungsmöglichkeiten, deren Aktualisierung von der Reziprozität zwischen den Eigenschaften eines Organismus und denjenigen seiner Umgebung abhängt. Das bedeutet, dass in derselben Substanz, in der ich die Affordanz des Sitzens wahrnehme, eine blinde Person durch die erweiterte Berührung ihres Stocks die Gefahr des Stolperns wahrnehmen könnte. Die Beziehung Organismus-Umgebung birgt also nicht nur verschiedene Handlungsoptionen, sondern auch verschiedene Modalitäten, in denen eine Handlung durchgeführt

46 Bærentsen/Trettvik: »An Activity Theory Approach to Affordance«, S. 52.

47 Gibson: The Ecological Approach, S. 127.

48 Ebd., S. 116.

49 Ebd., S. 141.

50 Ebd., S. 239.

51 Ebd., S. 141.

52 Ebd., S. 127.

werden könnte. Zum Beispiel greift ein Kind eine Flasche mit zwei Händen, wohingegen ein Erwachsener dies einhändig tut.

Bedenkt man, dass es unendlich viele Wege gibt, wie sich die Eigenschaften der Umgebung mit denen ihrer Bewohner überschneiden, bedeutet dies letztlich, dass ihre Affordanzen unbegrenzt sind. Gibsons Begriff der »Nische«[53] zeigt dies am deutlichsten. Die Nische bezieht sich auf eine Bandbreite von Affordanzen, die in der Umgebung aktualisiert sind, oder in Gibsons Worten, die ein »Setting von Umgebungseigenschaften« für einen Organismus darstellen.[54] Während ich zum Beispiel diese Zeilen schreibe, sehe ich meinen Computerbildschirm, die Tastatur, den Schreibtisch, die Lampe; ich sehe aus meinem Fenster und an den Vorhängen vorbei, sitze auf meinem Stuhl in einem beheizten Haus. Zu einem anderen Zeitpunkt oder an einem anderen Ort, könnten diese Affordanzen durch andere ersetzt werden. Rahmende Affordanzen können auf diese Weise Umgebungen historisieren und lokalisieren und helfen, die Umgebung in ihrem Werden zu verstehen. In diesem transformativen Prozess könnten manche der Angebote bereits genutzt worden seien, materialisiert in Werkzeugen, Gebäuden, Infrastrukturen oder Nischen, die gleichwohl Teil derselben Umgebung sind. Gibson merkt an, dass viele Umgebungen noch etliche andere Affordanzen beherbergen, »die noch nicht genutzt wurden, das heißt, Nischen, die noch nicht besetzt sind«.[55]

BEHINDERUNG UND AFFORDANZEN

Meine Frage lautet nun: Was passiert, wenn man Behinderung im Licht der Affordanzen betrachtet? Denken Sie sich eine Person in einem Rollstuhl vor einer Tür ohne automatischen Türöffner oder stellen Sie sich eine blinde Person vor, die in einem Bus ohne Sprachansagen fährt. Behinderung wird in der Sekundärliteratur als Diskrepanz zwischen dem Individuum und seiner Umgebung definiert.[56] Oder wie die feministische Disability Forscherin Rosemarie Garland-Thomson in ihrem Konzept des »misfit« beschreibt, tritt das »misfitting« auf »when the environment does not sustain the shape and function of the body that enters it«.[57] Überträgt man dies auf die Theorie der Affordanzen, ist Behinderung ein *Bruch* im Zusammenspiel

53 Ebd., S. 128.

54 Ebd., S. 129.

55 Ebd.

56 Tøssebro, Jan: »Understanding Disability«, in: Scandinavian Journal of Disability Research 6.1 (2009), S. 3-7S. hier S. 4.

57 Garland-Thomson, Rosemarie: »Misfits: A Feminist Materialist Disability Concept«, in: Hypatia 26.3 (2011), S. 591-609, 594.

zwischen Körper und Umgebung. Ich möchte hiermit nicht auf das überholte materialistische, soziale Modell von Behinderung zurückgreifen (dessen Grenzen an anderer Stelle bereits ausgeführt wurden[58]) und behaupten, dass die Umgebung und ihre Hindernisse die alleinige Schuld tragen. Besonders die feministischen Ansätze der *Disability Studies* haben schon lange darauf hingewiesen, dass Behinderung nicht auf die Hindernisse der Umgebung beschränkt ist, sondern auch eine große Bandbreite an körperlichen Erfahrungen, wie zum Beispiel schwächende chronische Krankheiten, Schmerzen, Müdigkeit, Depression, Angstgefühle und andere Aspekte der seelischen Gesundheit umfassen können.[59] Dennoch kann man auch bei diesen Erfahrungen über einen *Bruch* nachdenken, der die Personen von der sie umgebenden Welt distanziert.[60] Stellen Sie sich zum Beispiel eine Person mit chronischen Schmerzen vor. In den Worten von Elaine Scarry: Du fasst etwas *an*, du hast Hunger *auf*, oder Angst *vor* etwas, aber der Schmerz »kommt nicht von etwas oder ist um etwas – er ist einzig er selbst«.[61] Umso mehr, wenn er in Zusammenhang mit einer Krankheit auftritt. Es gibt keine Worte, keine Werkzeuge oder Gegenstände in der Außenwelt, die diesem einzigartigen Körperzustand entsprechen. Aus der Perspektive der Affordanztheorie wird das Spektrum an Erfahrungen von Behinderung durch das Verschwinden jener zentralen Reziprozität gebündelt, die im Kern der Affordanz liegt. So würde ich auch mein Verständnis eines *Bruchs* zwischen dem Körper und seiner Umgebung von dem soziologischen Modell der Überbetonung umweltlicher Hindernisse abgrenzen. Denn meines Erachtens korrespondieren die eigene Körperlichkeit (ob sie nun von einer Krankheitserfahrung und/oder einer Differenz in körperlichen/mentalen Fähigkeiten charakterisiert ist oder nicht) und das vorhandene Set an Affordanzen, das diese umgibt, nicht miteinander. Behinderung heißt, dass die Welt als die Nische, die sie geworden ist,

58 Vgl. Shakespeare, Tom: Disability Rights and Wrongs Revisited, London, New York: Routledge 2006.

59 Vgl. Morris, Jenny: Pride Against Prejudice. London: Women's Press: 1991; Crow, Liz: »Renewing the Social Model of Disability«, in: Coalition July 5-9 (1992); Thomas, Carol: Female Forms: Experiencing and Understanding of Disability, Buckingham: Oxford University Press 1999; Wendell, Susan: The Rejected Body: Feminist Philosophical Reflections on Disability, New York: Routledge: 1996.

60 In seiner ertragreichen Studie The Absent Body liefert Drew Leder eine detaillierte, phänomenologische Reflektion über die Entfremdungseffekte von Krankheit und Schmerz (Leder, Drew: The Absent Body, Chicago: University of Chicago Press 1990).

61 Scarry, Elaine: The Body in Pain: The Making and Unmaking of the World, Oxford: Oxford University Press 1985, S. 162.

bestimmte Menschen nicht mehr ohne *Hinderung* darin leben lässt (wie in Be-*Hinderung*[62] und be-*hindert*).

Es stimmt zwar, dass es Technologien[63] (wie den Screenreader oder ein GPS-Gerät) und barrierefrei gestaltete Wohnungseinrichtungen gibt, die dazu gedacht sind, den Alltag von Menschen mit Behinderung zu erleichtern, und damit den Bruch zwischen ihnen und ihrer Umgebung zu kitten. Es stimmt auch, dass diese Technologien unsere Körperlichkeit erweitern, wie es vielleicht zuvor nicht möglich war. Dennoch bedeutet die Tatsache, dass sie dies tun, nicht, dass die Affordanzen inhärente Eigenschaften ihrer Architektur sind und als solche die vorhandenen Hindernisse endgültig beseitigen (bei welcher Handlung sie auch immer zum Tragen kommen). Würden sie dies tun, müsste Jérôme nicht die mobilen Versionen der Internetseiten besuchen (einschließlich derer, die angeblich barrierefrei sind), auch wenn er gar kein mobiles Gerät verwendet. Würden wir die Affordanz in der Materialität eines Gerätes oder Technologie als schlichte Funktion oder Wirkung verorten, würde uns dies in die gefährlichen Gewässer des Funktionalismus führen. Auch das andere Extrem dieses Ansatzes, das die Affordanzen der philologischen Erfahrung des Subjektes zuschreibt, würde uns nicht weiterhelfen. Eine Affordanz, wie Gibson schreibt »wird einem Objekt nicht durch ein Bedürfnis eines Beobachters und seinem Wahrnehmungsakt verliehen«.[64] »Da sie invariant ist, ist sie immer bereit, wahrgenommen zu werden«,[65] ob der einzelne Betrachter sie nun wahrnimmt oder nicht. Nähme man einen Entweder-Oder-Standpunkt ein[66] (indem man die Affordanzen entweder dem Subjekt oder der externen Realität zuschreibt) und würde damit eben jenen Dualismus wieder einführen, den Gibson

62 Leders Erklärung des englischen Wortes *disease* kann hier aufschlußreich sein: »Etymologically, ›ease‹ comes from the French word aise, originally meaning ›elbow room‹ or ›opportunity‹. This experience of world-as-opportunity is precisely what dis-ease calls into question« (Leder: The Absent Body, S. 81).

63 Ich vermeide den Begriff der »assistive technology« vor allem weil Katrine Ott berechtigter Weise in Frage stellt, warum manche Geräte als »unterstützend« bezeichnet werden und andere nicht, wenn doch eigentlich »jede Technologie unterstützt« (Ott, Katherine: »The Sum of Its Parts: An Introduction to Modern Histories of Prosthetics«, in: Dies./Serlin, David/Mihm, Stephen (Hg.), Artificial Parts, Practical Lives, New York: New York University Press 2002, S. 1-42, hier S. 21).

64 Gibson: The Ecological Approach, S. 139.

65 Ebd.

66 Für eine Kritik solcher Ansätze vgl. Bærentsen/Trettvik: »An Activity Theory Approach to Affordance«, S. 52 und Stoffregen, Thomas: »Affordances as Properties of the Animal-Environment System«, in: Ecological Psychology 15.2 (2003), S. 115-134.

durch den Affordanz-Begriff ausmerzen wollte, wäre diesem ganzen Projekt keinen Gefallen getan.

Jérômes tägliche Nutzung der Medien und die Aussagen meiner anderen Teilnehmer bringen mich stattdessen zu folgender Überlegung: Müsste man die Affordanz irgendwo verorten, dann in der »Temporalität der Performanz«[67]. Mit Performanz[68] meine ich jenes ephemere Phänomen, durch welches die Relation zwischen dem Körper und seiner Umgebung in konstanter Aushandlung begriffen bleibt. In dieser Performanz ist eine Handlung nicht vorbestimmt, weder vom Subjekt noch von seiner Außenwelt, sondern stets offen für Zufälle und Experimente. In und durch die *Temporalität der Performanz* kommen gewissermaßen die emergenten Eigenschaften des Tier-Umgebung-Systems im Verständnis von Stoffregen zum Ausdruck.[69] So ist es zum Beispiel weder ein einziges Gerät noch eine einzige Kommunikationstaktik noch eine einzige sinnliche Technik, die Jérôme die Navigation ermöglicht, wenn er Bus fährt. Stattdessen ist es die Art und Weise, in der er diese multiplen Navigationsmöglichkeiten versammelt und für die Einschränkungen der jeweils anderen einspringen lässt. Durch sein Handeln schafft er eine neue Art zu navigieren, die anders ist, als diejenigen, die in seiner Umgebung (aufgrund der Sehfähigkeit) als selbstverständlich betrachtet werden. Es sind auch nicht notwendigerweise die Barrierefreiheitsstandards (die nicht zwangsläufig auch »Benutzerfreundlichkeit« bedeuten), die ihm digitale Navigation ermöglichen. Stattdessen ist es seine Suche nach und sein Ausprobieren von verschiedenen

67 Dokumacı, Arseli: »On Falling Ill«, in: Performance Research: A Journal of the Performing Arts 18.4 (2013), S. 107-115, hier S. 114.

68 Bloomfield u.a. denken, dass »the affordances ›of‹ technological objects« are »better [...] described via a vocabulary of processes than one of end-states [...].« (Bloomfield/Latham/Vurdubakis: »Bodies, Technologies and Action Possibilities«, S. 421). Bærentsen und Trettvik schlagen vor, dass wir den Gedanken der »menschlichen Aktivität» in der Realisierung der Affordanzen bestärken (»An Activity Theory Approach to Affordance« (2002), S. 53). Anstelle der Begriffe »Prozess«, »Aktivität« oder »Aktion«, bevorzuge ich die „Performanz« wenn ich mich auf die Aktualisierung einer Affordanz beziehe, da diese (dank der Konzeptualisierung durch die *Performance Studies*) auch das politische Potential einer Affordanz impliziert und diese besser in den Rahmen der wechselseitigen Konstitution von Körper und Umwelt einfügt. Einerseits heißt das auch, dass unsere Handlungen von der »Nische« vermittelt sind (also die historischen und kulturellen Zufälligkeiten der Umgebung) in der wir uns befinden; anderseits, dass unsere Handlungen Experimente, Neuschöpfung und sogar die Transformation von und mit der Materialität der Umgeben einschließen, die schließlich zu deren historischen Veränderungen beitragen.

69 Stoffregen: »Affordances as Properties of the Animal-Environment System«, S. 116.

Wahloptionen, die den Tastaturkürzeln und dem Screenreader nicht im Wege stehen und die Jérômes eigene, sich selbst bewusste Version von digitaler Orientierung verfassen.

CRITICAL DISABILITY ALS METHODE

Zurückgreifend auf die Erkenntnisse, die mir meine Forschungsteilnehmer geliefert haben, schlage ich die folgende Lesart von Affordanzen im Kontext von Behinderungen vor: Aufgrund der Begrenzung einer Nische, also den Handlungen, die in einer bestimmten Umgebung als selbstverständlich erachtet werden, beginnen Menschen mit Behinderung damit, sich selbst mit den Oberflächen und Objekten um sie herum in Beziehung zu setzen – und zwar auf aufmerksame und einfallsreiche Weise, so dass die Improvisationen ihnen nicht nur die geschickte Vermeidung von Hindernissen oder die Reduktion von Schmerz erlauben, sondern auch ihre Unterschiede, Schmerzen und ihr Unbehagen in Form von ansonsten unvorstellbaren Affordanzen Ausdruck verleihen. Durch besondere Aufmerksamkeit auf das Fehlende, auf Mängel oder Grenzen in ihrer Umgebung entwickeln sie neue Choreografien des Alltags, die die bestehende Realität neu denken. Indem ich die Affordanz-Theorie in einen Dialog mit den *Disability Studies* gesetzt habe, habe ich diese kreativen Praktiken bereits an anderer Stellt als mikro-aktivistische Affordanzen beschrieben.[70]

Selbstverständlich kann jede, ob behindert oder nicht, neue Wege einschlagen, um bestimmte Handlungen zu vollziehen. Im Fall von Behinderungen hat dies durch die Affordanzen jedoch einen deutlich radikaleren Zug. Mikro-aktivistische Affordanzen sind nicht einfach banale Erfindungen, die ein Leben leichter oder bequemer machen, in welchem der Lebensunterhalt bereits gesichert ist und das Leben in Gesundheit und Schmerzfreiheit erfolgt. Mikro-aktivistische Affordanzen sind vielmehr dazu da, überhaupt ein solches Leben leben zu können. Sie improvisieren andere Arten und Weisen den Alltag zu meistern, wenn Krankheit, Schmerz und Leiden dem Körper seine Ressourcen entziehen. Sie erstellen neue Choreografien alltäglicher Bewegungen, um auf die grundlegenden Rechte und Privilegien zugreifen zu können. Die Affordanzen der Menschen mit Behinderung sind ihre eigenen Wege, um wortwörtlich den Boden für Beweglichkeit und Handlungen zu schaffen, wenn der öffentliche Bereich ihnen dies verwehrt. Dies bedeutet auch, dass mikro-aktivistische Affordanzen kein neues Beispiel für außergewöhnliches menschliches Durchhaltevermögen sind. Stattdessen sind sie politische Statements bezüglich des Zusammenlebens. Sie fordern die Normen heraus, die festlegen, was

70 Vgl. Dokumaci 2016.

unsere Körper tun oder nicht tun können, wie mit ihnen gelebt und wie sie betrachtet werden sollten. Sie eröffnen neue Wege sich zu bewegen, zu spüren, zu handeln und in der Umgebung zu sein, die wir alle teilen – Wege, die in unserem gemeinschaftlichen Habitus weder materialisiert sind noch anerkannt werden.

Eben auf dieser Grundlage schlage ich vor, Affordanzen als *mikro-aktivistische Praktiken* und potentiell transformative Handlungen in der Welt zu betrachten. Es ist genau in diesen Momenten der Affordanzfindung, in welchen Menschen mit Behinderung durch ihre alltäglichen Praktiken ihre körperliche Handlungsmacht ausdrücken, in welchen der sozio-technologische Charakter unserer einfachsten Handlungen besonders deutlich und explizit wird. Der behinderte Alltag macht »die ›originäre‹ Kopplung des Menschlichen und des Technischen«[71] sichtbar, die all unseren Praktiken zu Grunde liegt. In *Rethinking Disability* schreibt Michael Schillmeier: »Being blind means getting in touch with the invisible, moving within a rather complex set of practices, objects and relations that make the materiality of social relations traceable.«[72]

Wie ich schon an anderer Stelle geschrieben habe, verstehe ich *critical disability* als Untersuchungsmodus, als »Methode«[73], mit der wir viele Phänomene erfassen könnten, die sich ansonsten unserer Wahrnehmung entziehen würden, einschließlich der wechselseitigen Bedingung von Mensch und Technik. Indem wir mikroaktivistische Affordanzen erforschen, (die unter den banalen Kleinigkeiten des Alltags vergraben sind), können wir Zugang zu einem besseren Verständnis für die vielfältigen medialen Konfigurationen finden, innerhalb derer unsere täglichen Praktiken stattfinden.

DANKSAGUNG

Ich bedanke mich bei meinem Interviewpartner Jérôme Plant für die Zeit, Freundlichkeit und Großzügigkeit mit der er sein Wissen mit mir geteilt hat und mich an seinem Alltag teilhaben ließ. Gleichermaßen danke ich auch meinen Kollegen Axel Volmar (Mellon Post-Doc-Fellow, Department of Art History & Communication Studies, McGill University) und Florian Grond (FRQSC Post-Doc-Fellow, Music Technology, McGill University) für ihre produktiven Kommentare zu diesem Text. Ihre Hinweise und ihr Feedback haben entscheidend zum Gelingen dieser über-

---

71 Hansen: Bodies in Code, S. 9.

72 Schillmeier: Rethinking Disability, S. 43.

73 Vgl. Dokumacı, Arseli: »Habitus of the Disabled Body«, in: Blažević, Marin/Feldman, Lada (Hg.), Misperformance: Essays in Shifting Perspectives. Ljubljana: Maska Publishing 2014, S. 91-108.

setzten Version meines Textes beigetragen. Darüber hinaus möchte ich dem *Canadian Consortium on Performance and Politics in the Americas* und dem *GRAND Networks of Centres of Excellence Program* für ihre Finanzierung danken, die dieses PostDoc Projekt ermöglicht haben. Das Schreiben dieses Artikels wurde durch Finanzierung aus dem *Fonds de recherche du Québec – Société et culture* (FRQSC) ermöglicht.

Aus dem Englischen von Anne Ganzert

Praktiken der Behinderung und Ermöglichung

Behinderung neu denken[1]

MICHAEL SCHILLMEIER

EINLEITUNG: SENSORISCHE PRAKTIKEN DER KALKULATION

Mit Bezug auf das Phänomen Blindheit wird in diesem Aufsatz untersucht, inwiefern Behinderung als das Resultat spezifischer menschlicher und nichtmenschlicher Beziehungsgeflechte zu begreifen ist. Ich schlage demzufolge vor, Behinderung weder ausschließlich als individuelle körperliche Beeinträchtigung *noch* als lediglich sozial zugeschriebenes Attribut zu verstehen. Wie die Untersuchung von blinden Praktiken zeigen wird, sind Behinderungen vielmehr Effekte komplexer Sets aus heterogenen Relationen, die Körper, materielle Objekte und Technologien mit sensorischen und anderen Praktiken verknüpfen. Diese Assoziationen machen nicht nur auf die offene und mannigfaltige gesellschaftliche Produktion von Behinderung aufmerksam, sondern bilden auch komplexe wie kontingente Szenarien von Behinderung, die *behindernde* und *ermöglichende* Praktiken menschlicher Beziehungen evozieren.[2] Um mein Argument zu präzisieren, werde

1 Bei diesem Aufsatz handelt es sich um die leicht veränderte, deutsche Übersetzung von »Dis/Abling Practices: Rethinking Disability«, der 2007 in Human Affairs (17) erschien. Die HerausgeberInnen danken der Zeitschrift für die Erlaubnis zur Übersetzung und Veröffentlichung.

2 Anm. des Übers.: Das im Originaltext verwendete Wortspiel *dis/abling* bzw. *disabling/enabling*, das sich auf die englischen Begriffe *disability* und *ability* bezieht, hat im Deutschen kein entsprechendes Pendant mit einem ähnlich breiten Spektrum an De- und Konnotationen. Im Folgenden wird daher, in Ermangelung einer besseren Übersetzung, hauptsächlich das Gegensatzpaar »Behinderung« und »Ermöglichung« verwendet mit dem Hinweis, den gesamten denotativen und konnotativen Spielraum mitzudenken

ich aufzeigen, wie der Umgang mit Geld und Geldtechnologien *behindernde* bzw. *ermöglichende* Praktiken im Leben von blinden[3] Menschen erzeugt.

Wie Simmel argumentiert, erscheint Geld als sichtbarstes und konkretestes Mittel jener rationalisierenden und standardisierenden Beziehungen, die das moderne Leben zunehmend beschleunigen.[4] Die Zirkulation von Geld erzeugt (kalkulierende) Subjekte und (kalkulierbare) Objekte. Geld ist das geeignetste Substrat der privaten und persönlichen Besitzform.[5] Es adressiert und bestätigt das Individuum als Träger von Werten im ökonomischen Beziehungsgefüge und es übersetzt zwischenmenschliche in funktionale Beziehungen. Geld fördert jedoch auch soziale Prozesse der Individualisierung, durch die das Individuum soziale Mobilität erlangt. Ihm wird auf diese Weise ermöglicht, von traditionellen, lokalen und hochgradig standardisierten zu heterogenen und translokalen, individuellen menschlichen Beziehungen zu wechseln.

Für Simmel ist Geld die reinste Form des Werkzeugs, eine hochgradig mobile Technologie oder auch ein ideales Übersetzungsmedium.[6] Dennoch, so mein Argument, müsse es, wie jedes andere »unveränderlich mobile Element«[7], ›lesbar‹ sein, um zwischen anderen Mediatoren (z.B. Menschen) zu zirkulieren, zu übersetzen und diese miteinander in Beziehung setzen zu können.[8] Verknüpft man diese Argumente mit der Thematik der Behinderung/Ermöglichung, so kann festgestellt werden, dass wann immer Lesbarkeit erreicht wird, Geld Handlungsfähigkeit ermöglicht, um sukzessive verschiedene Handlungen durchzuführen. In denjenigen Fällen, in denen die Lesbarkeit monetärer Inskriptionen jedoch problematisch wird, werden dadurch nicht nur *behindernde* Szenarien generiert, sondern Behinderung wird individualisiert. So wird im alltäglichen Umgang mit Geld ein behindertes Individuum sichtbar, das entmächtigt ist, als Kalkulator/in zu fungieren, da es

---

(*enabling* und *ability* im Sinne von *ermöglichen, ermächtigen, erlauben, aktivieren, befähigen* bzw. *Fähigkeit, Befähigung, Können* und *disabling* und *disability* als *deaktivieren, entkräften, entmächtigen, unfähig machen, behindert machen* bzw. *(Körper)Behinderung, Unfähigkeit, Unvermögen*).

3 Mit ›blind‹ sind hier alle unterschiedlichen Formen der Sehschädigung gemeint.

4 Vgl. Simmel, Georg: Philosophie des Geldes, in: Ders.: Gesammelte Werke, Bd. 6. Frankfurt a.M.: Suhrkamp 1989; ders.: »Das Geld in der modernen Cultur«, in: Ders.: Gesammelte Werke, Bd. 5: Aufsätze und Abhandlungen 1894-1900, Frankfurt a.M.: Suhrkamp 1992, S. 178-196.

5 Vgl. Simmel: Philosophie des Geldes, S. 473.

6 Ebd., S. 263f.

7 Latour, Bruno: »Drawing Things Together«, in: Lynch, Michael/Woolgar, Steve (Hg.): Representation of Scientific Practice. Cambridge, MA: MIT Press 1990, S. 19-68.

8 Vgl. Simmel: Philosophie des Geldes, S. 205ff.

ihm/ihr nicht gelingt, aus monetären Beziehungen sozialen und/oder kulturellen Profit zu schöpfen.

Dadurch wird ersichtlich, wie Geldpraktiken und -technologien Praktiken der *Behinderung/Ermöglichung* im modernen Alltagsleben generieren, wenn wir nicht nur die ökonomischen und kalkulatorischen Praktiken in den Blickpunkt rücken, sondern ebenso die *sensorischen Praktiken,* die den Umgang mit Geld erst ermöglichen.[9] Der Blick auf sinnliche Praktiken ist im Zusammenhang mit der akademischen Lektüre von Geld ein ungewohnter. Sich ihnen zu widmen, lässt jedoch weitere, nicht ausschließlich ökonomische Handlungsweisen sichtbar werden. Damit wird nicht nur die Bedeutung der Sinne des durch visuelle Praktiken, Technologien und Infrastrukturen bestimmten Alltags bedeutsam. Die Fokussierung auf sensorische Praktiken stellt überdies die verbreitete Vorstellung infrage, Geld sei ein neutrales und im Zuge der Digitalisierung entmaterialisiertes Instrument. Wie wir wissen hat Geld im Laufe seiner Geschichte sich von Schalen, Gold und Silberwährungen hin zu Papiergeld, Plastikkarten und elektronischem Geld gewandelt und infolgedessen seinen direkten materiellen Wert verloren. All diese unterschiedlichen materiellen und entmaterialisierten Formen setzen dennoch gewisse materiale Delegationen voraus, um als Geld wahrgenommen und gelesen werden zu können, sei es in digitalisierter oder nicht-digitalisierter Form.

Mit der Perspektive auf sensorische Praktiken und delegierte Formen der Materialität wird einerseits gezeigt, dass Geld in jeder Phase seiner Zirkulation materiell bleibt, obwohl der materielle Wert des Geldes nur vermittelt sichtbar wird. Andererseits werden typische Szenarien der *Behinderung/Ermöglichung* beschreibbar, die durch sensorische Praktiken im Umgang mit Geld entstehen. Mit Rückgriff auf visuelle Behinderung wird im Folgenden aufgezeigt, wie Geldpraktiken Blindheit als ein individuelles Merkmal generieren und ermöglichende oder behindernde Alltagspraxen instaurieren.

VON »BEHINDERUNG« ZU PRAKTIKEN DER »BEHINDERUNG/ERMÖGLICHUNG«

Offenkundig kann Geld als bedeutender Mediator verstanden werden, der eine Bedingung standardisierter Beziehungen in sowohl kapitalistischen wie auch visuellen Kulturen mobilisiert. Geld ist zudem ein perfektes Beispiel um zu zeigen, wie Technologien im modernen Alltagsleben Handlungsweisen nicht nur rekon-

9 Simmels »Soziologie der Sinne« stellt eine bemerkenswerte Lesart der sozialen Bedeutung der Sinne dar. Vgl. Simmel, Georg: »Sociology of the Senses«, in: Frisby, David/Featherstone, Mike (Hg.), Simmel on Culture, London: Sage 1997, S. 109-120.

figurieren, sondern auch individualisieren. Eine solche Lesart korrespondiert mit der These, dass *Behinderung* keine gegebene, individuelle Beeinträchtigung (*impairment*) ist, sondern Effekt sozialer Strukturen und Prozesse, die Menschen *behindern und sie dadurch zu den Trägern ihrer Behinderung machen.*[10] Der Umgang mit Geld ist insofern ein gutes Beispiel dafür, als verschiedene Münzen, Geldnoten, Plastikkarten, Bankautomaten etc. standardisierte Objekte und Technologien sind, deren Zugang und Nutzung im Alltagsleben für Menschen mit visuellen Beeinträchtigungen problematisch ist, diese in ihren sozialen Interaktionen *behindern*, wodurch sie vulnerabel sind in ihren Handlungsmöglichkeiten eingeschränkt zu werden und sich in Abhängigkeit zu und von Anderen zu fühlen.

Ein derartiges Verständnis von Behinderung fokussiert auf Prozesse sozial erzeugter Behinderungen. Es plädiert für einen Blickwechsel weg vom medizinischen oder technowissenschaftlichen Modell, welches visuelle Behinderung primär als individuelle Tragödie konzipiert, die aus einer nicht-normalen sensorischen Leistungsfähigkeit resultiert und somit Einschränkungen im Alltagsleben erzeugt.[11] Während das soziale Modell zwischen historisch-spezifischen soziokulturellen Strukturen, Prozessen und Relationen unterscheidet, die Menschen in ihrem gesellschaftlichen Leben *behindert werden lassen*, befürwortet das medizinische Modell ein universelles und ahistorisch technowissenschaftliches Modell, das erlaubt, *nicht-normale* körperliche oder mentale *individuelle Schädigungen,* die Menschen daran hindern als *normal* in Ihrem Umwelt zu agieren, zu diagnostizieren, zu behandeln und zu heilen.

Interessanterweise nehmen beide Modelle neben ihren grundsätzlichen Unterschieden eine strikte Unterscheidung von *Kultur* und *Natur* vor, um Behinderung zu rahmen. Während für das soziale Modell nur gesellschaftliche Verhältnisse als primäre Ursachen für das *Behindert-Werden* von Menschen geltend gemacht werden, sind für das technowissenschaftliche Modell nur *körperlich-indivduelle* Ursachen und daraus resultierenden Komplikationen für Individuen als primäre, die Behinderung konstituierende Effekte, von Bedeutung. Selbstverständlich versäumt es keine der Perspektiven die jeweils andere zu würdigen oder diese miteinzu-

10 Vgl. Oliver, Michael: Understanding Disability. From Theory to Practice, Houndmills: Macmillan 1996; Barnes, Colin/Mercer, Geof: Disability, Cambridge: Polity 2003; Barnes, Colin/Oliver, Mike/Barton, Len (Hg.): Disability Studies Today, Cambridge: Polity 2003; Corker, Mairian/French, Sally: Disability Discourse, Buckingham/Philadelphia: Open University Press 1999; Corker, Mairian/Shakespeare, Tom (Hg.): Disability/Postmodernity. Embodying Disability Theory, London/New York: continuum 2002.

11 Vgl. ICF. International Classification of Functioning, Disability and Health, http://apps.who.int/classifications/icfbrowser/ (letzter Zugriff 10.08.2015).

beziehen. Aus sozialer und kultureller Perspektive wurde die Bedeutung der individuellen Beeinträchtigung intensiv diskutiert, genauso wie das medizinische Modell versucht hat, die soziale und kulturelle Dimension von Behinderung anzuerkennen und zu integrieren.[12] Allerdings gilt für jede Perspektive, dass der jeweiligen anderen Perspektive erst Bedeutung zugesprochen wird, nachdem der Ursprung von Behinderung (sozial oder individuell, gesellschaftlich oder körperlich) spezifiziert wurde. Daher gilt, dass die entsprechenden Aspekte der Behinderung jeder der beiden Perspektiven zufolge nur dann *kompatibel* werden können, wenn sie *vergleichbare* gesellschaftliche oder individuelle Aspekte darstellen.

Der Blick auf die sensorischen Praktiken erlaubt hingegen ein Konzept (visueller) *Behinderung* zu skizzieren, das (1) nicht *a priori* zwischen sozial zugeschriebenen *Behinderungen* (*disabilities*) und individuellen körperlichen oder mentalen *Beeinträchtigungen* (*impairments*) unterscheidet, und das (2) ermöglicht zu untersuchen, inwiefern (visuelle) *Behinderung/Ermöglichung* das Ergebnis sozialer und nicht-sozialer, menschlicher und nicht-menschlicher Konfigurationen ist. Unter Berücksichtigung dieser Prämisse kann (visuelle) Behinderung weder als bloße körperliche Beeinträchtigungen verstanden werden noch als sozial zugeschriebene *Behinderung*. Stattdessen ist sie auf ein komplexes Set heterogener Praktiken bezogen, die Körper, materielle Objekte und Technologien mit sensorischen und anderen Praktiken verknüpfen. Daran kann aufgezeigt werden, wie alltägliche Handlungen soziale Ordnungen (re-)konfigurieren, indem sie menschliche und nicht-menschlicher Beziehungen miteinander verknüpfen. Damit wird die *Kompatibilität nicht-vergleichbarer Zusammenhänge* betont und entfaltet ein Verständnis von Behinderung/Ermöglichung jenseits des Hiatus biomedizinischer und sozialer Modelle.

Mit dem Fokus auf Geldpraktiken lässt sich nicht nur verdeutlichen, dass die Nutzung von Geld und Geldtechnologien Menschen in spezifischer Weise markiert, so dass sie als von normaler Sehfähigkeit abweichende Subjekte individualisiert werden. Ebenso wird deutlich, dass Geldpraktiken die Art und Weise ersichtlich machen, wie jene, von der *normalen* Sehfähigkeit divergierenden Individuen die Voraussetzungen und Standards der (visuellen) sozialen Ordnung infrage stellen, stören und verändern.

Eine solche Lesart überdenkt also nicht nur die gewohnten Unterscheidungen von Behinderung. Sie stellt ebenso Adam Smiths Standarddefinitionen von Geld als neutrales Tauschmedium infrage. Zweifelsohne ist Geld ein perfektes Tauschmedium für rationale, clevere und rechnende Akteure – jedoch nur dann, wenn es als Geld lesbar ist. Durch seine Eigenschaft abstrakte Arbeit in Handelsware zu transformieren, realisiert Geld nicht nur einen spezifischen (z.B. kapitalistischen)

12 Vgl. ICF.

Produktionsmodus,[13] sondern stabilisiert zudem besondere alltägliche Handlungsformen in visuellen Kulturen. Einerseits hält der Wert des Geldes, der sich nicht von den physischen Eigenschaften der Ware ableiten lässt, den Produktionsmodus und die kapitalistischen Machtverhältnisse aufrecht. Andererseits machen Praktiken der Blindheit deutlich, dass die Materialität der kapitalistischen Produktion nicht ohne die mit Geld und Geldtechnologien verknüpften sensorischen (visuellen) Praktiken gedacht werden können. Durch Geldpraktiken ist die Hegemonie des Kapitalismus daher mit der Hegemonie der visuellen Kultur im Bund. In dieser Hinsicht ist Geld weder »bedeutungslos«[14] noch vollkommenes Blankomedium, sondern macht vielmehr die Machtbeziehungen zwischen gesellschaftlicher Produktion *und* Hegemonien sensorischer Praktiken sichtbar.

Geld ist nicht in erster Linie ein *symbolisches* Phänomen, dessen Analyse »einen Bezugsrahmen« benötigt, »ein Bezugsrahmen, der näher an jenem der Linguistik, als dem der Technologie ist«.[15] Geld ist mehr als eine »hoch spezialisierte Sprache«,[16] die als abstraktes und multifunktionales Medium ohne »Wert im Gebrauch«, sondern diesen nur »im Tausch« hat.[17] Es ist mehr als ein ambivalentes Symbol ohne intrinsischen Nutzen.[18] Vielmehr mediatisiert es materielle *Behinderungen/Ermöglichungen* – ökonomische ebenso wie nicht-ökonomische.

Es ist richtig, dass Geld – wie Simmel und Latour angemerkt haben – als »unbewegter Beweger«[19] betrachtet werden kann, ein »unveränderlich mobiles Element, das Güter und Orte verbindet«.[20] Es ist »mobile (once it is coined), combinable, and can circulate through different cultures, it is immutable (once in

13 Vgl. Marx, Karl: Das Kapital. Kritik der politischen Ökonomie, Zweiter Band, Berlin: Dietz 1963.

14 Vgl. Rotman, Brian: Signifying Nothing. The Semiotics of Zero, Houndmills: Macmillan 1987.

15 Parsons, Talcott: Sociological Theory and Modern Society, London: Colier-MacMillan 1967, S. 345-346. Vgl. Luhmann, Niklas: Die Gesellschaft der Gesellschaft, 2 Bände, Frankfurt a.M.: Suhrkamp 1997.

16 Dodd, Nigel: The Sociology of Money. Economics, Reason and Contemporary Society, Cambridge: Polity Press 1994, S. 60.

17 Parsons: Sociological Theory and Modern Society, S. 306.

18 Habermas, Jürgen: Theorie des kommunikativen Handelns, Frankfurt a.M.: Suhrkamp 1981, S. 397.

19 Simmel: Philosophie des Geldes, S. 204. Vgl. auch Ders.: »Das Geld in der modernen Cultur«; Ders.: »Die Bedeutung des Geldes für das Tempo des Lebens«, in: Ders., Aufsätze und Abhandlungen 1894-1900, Gesammelte Werke, Bd. 5. Frankfurt a.M.: Suhrkamp 1992, S. 215-234.

20 Latour: »Drawing Things Together«, S. 58.

metal), countable (once it is coined), combinable, and can circulate from the things valued to the centre that evaluates and back«.[21] Geld erweitert sich als Schwarm von »unveränderlich mobilen Elementen« (Münz- und Papiergeld, Kredit- und Debitkarten, Schecks, elektronisches Geld, Bankautomaten), die eine »Kaskade mobiler Einschreibungen«[22] auffächert, welche übersetzbar in und kompatibel mit weiteren Inskriptionen ist. Um als hochgradig »unveränderlich mobiles Element« zu funktionieren, muss Geld materiell sichtbar sein[23] und idealerweise fünf physische Eigenschaften besitzen – Tragbarkeit, Unzerstörbarkeit, Homogenität, Teilbarkeit und Erkennbarkeit[24] –, die es mit Inskriptionssystemen wie z.B. dem Schreiben (Buchhaltung, Kalkulation) verbindet.[25] Die Kalkulation mit Geld ist somit abhängig von Kompatibilitäten und Übersetzungen, die das herstellen, was Latour als »Zentren der Kalkulation« bezeichnet.[26] Scheitern jene Kompatibilitäten und Übersetzbarkeiten von Geld jedoch, dann konstituieren diese ›Berechnungszentren‹ für blinde Menschen unter Umständen »Zentren der (Seh-)Behinderung«.[27]

Durch die sprachliche Verschiebung von Behinderung hin zu Praktiken der *Behinderung/Ermöglichung*, möchte ich genau dieses Argument stärken: Es hebt eben jene *behindernden* und/oder *ermöglichenden* Praktiken der menschlichen Beziehungen als ein Set von hochgradig spezifischen Mediationen menschlicher und nichtmenschlicher Zusammenhänge hervor.

Praktiken der *Behinderung/Ermöglichung* lassen sich nicht zu soziostrukturellen Unterdrückungsmodi *oder* zu rein individuellen Einzelschicksalen zusammenfassen, die aus einer anormalen körperlichen oder mentalen Verfassung resultieren. Behinderung lässt sich nicht ausschließlich in die Dualität aus sozialen und

21 Latour: »Drawing Things Together«, S. 58. Vgl. Callon, Michel: »Techno-economic Networks and Irreversibility«, in Law, John (Hg.), A Sociology of Monsters. Essays on Power, Technology and Domination, London: Routledge 1991, S. 132-161.

22 Latour: »Drawing Things Together«, S. 58.

23 Vgl. Hutter, Michael: »Die frühe Form der Münze«, in: Baecker, Dirk (Hg.), Probleme der Form, Frankfurt a.M.: Suhrkamp 1993, S. 59-180, S. 159f.

24 Vgl. Burns, Tom/DeVille, Philippe u.a.: »Three faces of the coin: A socio-economic approach to the institution of money«, in: European Journal and Social Systems 16.2 (2003), S. 149-195.

25 Vgl. Rotman: Signifying Nothing.

26 Latour, Bruno: »Technology is Society made Durable«, in: Law, A Sociology of Monsters (1991), S. 103-131.

27 Schillmeier, Michael: »Dis/abling Spaces of Calculation. Blindness and Money in Everyday Life«, in: Environmental and Planning D: Society and Space, (2007) S. 594-609.

kulturellen *oder* individuellen und körperlichen Tatsachen unterteilen.[28] Vielmehr sind Praktiken der *Ermöglichung/Behinderung* mediatisierte kulturelle Beziehungen, was ersichtlich macht, dass sich menschliche Angelegenheiten in Extensionen mit dem Nicht-Menschlichen artikulieren und damit die Räumlichkeit und Zeitlichkeit gesellschaftlicher Relationen rekonfigurieren. Sie hängen von dritten Elementen ab, z.B. von Mediatoren, die in unserem Fall Geld und Geldtechnologien darstellen. Indem Geld zirkuliert, rekonstituiert es Beziehungen z.B. zwischen ermächtigten/behinderten Subjekten und ermöglichenden/behindernden Objekten.[29] Geld, wie Michel Serres es beschrieben hat, »zirkuliert nicht in erster Linie zum Zwecke des Tausches, sondern um Beziehungen zu lokalisieren und festzuschreiben«.[30] Erst durch den Umgang mit Geld und Geldtechnologien ist die Rede von Subjekt und Objekt nachvollziehbar.

GELDPROBLEME

Werfen wir, um dieses Argument zu spezifizieren, einen Blick auf die Geldpraktiken blinder Menschen. Ich stütze mich dabei auf empirische Feldarbeit in Nord-West England zwischen 1997 und 1999, bei der ich mich mit dem Umgang mit Geld im Alltag blinder Menschen beschäftigte. Im Rahmen der ethnographischen Forschung habe ich 30 qualitative, semi-strukturierte und narrative Interviews durchgeführt und die Forschungserfahrung durch nicht-teilnehmende Beobachtungen vertieft.

»Beforehand I plan how much I will use. Well, I only use five and ten pound notes. That's how I manage it. If in the shop they know you, they are usually very friendly. They say that's a ten pound note, and I say ›that's a ten pound note yes, I know‹. I cannot tell the difference from the size. I use a plastic template to measure. I fold them too, half and half again. (…) You give a note and you get coins as change and you are not sure what it is because there are

28 Vgl. Schillmeier: »Dis/abling Spaces of Calculation«; Ders.: »Politik des Behindert-Werdens. Behinderung als Erfahrung und Ereignis«, in Schneider, Werner/Waldschmidt, Anne (Hg.), Disability studies, Kultursoziologie und Soziologie der Behinderung. Erkundungen in einem neuen Forschungsfeld, Bielefeld: transcript 2007, S. 80-99; Ders.: Rethinking Disability. Bodies, Senses and Things, London/New York: Routledge 2012.

29 Vgl. Callon: »Techno-economic Networks and Irreversibility«; Schillmeier: »Dis/abling Spaces of Calculation«.

30 Serres, Michel: Rome: The Book of Foundations, Stanford: Stanford University Press 1991, S. 36.

a lot of people queuing around you. People tend to push. It's a vicious circle. I don't want coins as change but I always get it.«

Elizabeth, 50 Jahre alt, blind

»The problem is that people don't count out the change to you, do they? That's the problem. They hand it to you unless you have someone who is there to check it for you. You can't have someone around all the time, can you? Well, then you take it home. So say when there are a lot of people. People are in a rush; there you are, in a queue. You are stuck. You cannot do anything; you give the note, say a twenty pound note. You cannot check what you get back; you have to trust, trusting, yes.«

Margaret, 62 Jahre alt, altersbedingte Makuladegeneration

Geld kann nicht als neutrales Werkzeug verstanden werden. Es situiert und wird situiert, es stabilisiert und wird stabilisiert[31] durch hochgradig spezifische sensorische Praktiken, die die gesellschaftliche Macht artefaktischer Mediation ermöglichen oder behindern. Geld kommt in unterschiedlichen Währungsformen, -größen, -gestalten und -beschaffenheiten vor, in Form von Buchstaben wie Rechnungen oder Bankkonten – gelegentlich in Braille, gelegentlich in gewöhnlichen Schriftarten; Geld kann als Plastikkarte auftreten, über Bankautomaten ausgezahlt werden und wird elektronisch weltweit hin und her transferiert. Es ist evident, dass Geldpraktiken das moderne Individuum mit heterogenen Netzwerken weltweit verbindet. Gleichzeitig ist die Möglichkeit einer *globalen* Ausweitung von *lokalen* Praktiken abhängig, die die Lesbarkeit der involvierten Inskriptionen erfordern.

Dementsprechend könnte man fragen: Wenn Handlungsmacht durch die Macht von Geld und Geldtechnologien als in übersetzenden und in Abhängigkeit stehenden Netzwerken emergierend dargestellt werden kann (z.B. Netzwerke der Lesbarkeit), anstatt als *a priori* Besitz von Individuen, was impliziert dies dann für ermächtigte/behinderte Menschen, die sich »in einem Netzwerk von Beziehungen gefangen sind, in einem Fluss von Intermediären«[32] befinden und dadurch Praktiken der *Ermöglichung/Behinderung* konfigurieren und rekonfigurieren?

Der ›blinde‹ Umgang mit Geld verlangt nach zeitaufwändigen Praktiken des Berührens und des Vergleichs von Größen-, Gestalt- und Beschaffenheitsunterschieden. Er bedeutet oftmals auch die Befragung und Einbeziehung anderer Menschen. Assistive Technologien wie etwa Schablonen und Münzhalter werden

31 Anm. des Übersetzers: Im englischen Original wird hier das Wort *mend* (*ausbessern, flicken, reparieren*) verwendet, in diesem Kontext erscheint *stabilisieren* jedoch am treffendsten.

32 Callon, Michel (Hg.): The Laws of the Markets, Oxford: Blackwell 1998, S. 17. Vgl. Callon: »Techno-economic Networks and Irreversibility«.

zur Bestimmung, zur Organisation und zur Übersetzung uneindeutiger Inskriptionen in kalkulierbare Einheiten genutzt. Um Geld zu erkennen, müssen viele blinde Menschen (alleine oder mit Hilfe anderer) die Münzen und Scheine sortieren und falten, sie in verschiedene Hosen- bzw. Jackentaschen verteilen usw. bevor sie damit alltägliche Transaktionen durchführen können. Sie müssen unterschiedliche Sorten Geld neu bestimmen [*earmarking*],[33] je nachdem wo oder was sie intendieren einzukaufen. Exakte Geldbeträge funktionieren in nicht-vertrauten und nicht-vertrauenswürdigen Umgebungen (z.B. werden Ein-Pfund-Münzen häufig für kleinere Produkte in Städten oder unbekannten Orten verwendet), ungenaue Beträge funktionieren an vertrauten Orten. Blindes Geld wird vergleichbar, zählbar, berechenbar und ›sichtbar‹ durch Praktiken, die dem Geld einen wiedererkennbaren Wert *außerhalb* der jeweiligen Münze oder des Scheins selbst geben. Gutes blindes Geld ist zum Beispiel eine Ein-Pfund-Münze in der linken oder rechten Hosen- bzw. Jackentasche; ein Fünf-Pfund-Schein, der in ein einseitig gefaltetes oder ein Zehn-Pfund-Schein, der in ein an zwei Seiten gefaltetes Papier übersetzt wird und so weiter. Es sind blinde Praktiken, die schlechtes Geld (d.h. Geld für ›Sehende‹) in gutes, d.h. für Blinde kalkulierbares Geld übersetzen. Sie multiplizieren die Materialitäten, da blinde Mediationen nicht den normativen visuellen Inskriptionen folgen. Gutes blindes Geld ist *Geld-in-der-linken-Hosen-bzw.-Jackentasche*, *gefaltetes Geld*, die Aufbewahrung von *nur einem Pfund*, Bezahlung mit Einzelmünzen, Geld, das von vertrauenswürdigen Menschen abgezählt wurde und so weiter.

Die Umwertung und Übersetzung unterschiedlicher Währungen und deren uneindeutige Inskriptionen in eindeutige Objekte, macht sie unterscheidbar und zum verlässlichen Material der Kalkulierung. Abhängig davon, *wo* blinde Menschen mit Geld umgehen und *wer* oder *was* die Fähigkeiten der blinden Person gewährleistet, visuelles Geld in blindes Geld zu übersetzen, sind Geldpraktiken mehr oder weniger problematisch. Die Geschwindigkeit von *Praktiken* in der Stadt macht es oftmals unmöglich schlechtes blindes Geld in gutes blindes Geld zu verwandeln. Wenn man Geld in Ruhe zu Hause im Wohnzimmer fühlen, sortieren und markieren kann, dann kann schlechtes Geld Erfolg versprechend in gutes Geld übersetzt werden. Im Gegensatz dazu ist es relativ schwierig dies zu tun, wenn man vor einem Schalter, einem Tresen oder einer Kasse in einer Warteschlange steht. Gutes Geld wird zu schlechtem Geld, wenn man eine Handvoll unbekanntes Münzgeld zurückbekommt, das nicht direkt an Ort und Stelle sortiert werden kann. In den Händen eines blinden Menschen verhält sich Geld oft so, wie es dies in der Vergangenheit getan hat: Es ist nur lokal transportabel und für begrenzte Zwecke

33 Zelizer, Viviana A.: The Social Meaning of Money. Pin Money, Paychecks, Poor Relief and other Currencies, London: Basic Books 1994; Dies.: »The Proliferation of Social Currencies«, in: Callon, The Laws of the Markets (1998), S. 58-68.

einsetzbar. Überflüssig zu erwähnen, dass Blinde anfällig dafür sind, betrogen zu werden und Geldpraktiken ein hohes Maß an Vertrauen verlangen.

Wie gezeigt werden konnte, spielen sensorische Praktiken eine entscheidende Rolle in der Instaurierung sozio-kultureller Alltagspraktiken und generieren dabei Un-/Abhängigkeiten, produzieren Orte des Nicht-/Wissens und situative Handlungsmacht oder lassen Verletzlichkeiten und Behinderungen entstehen.[34] Es ist nun ersichtlich, wie die Komplexitäten des *blinden* und des *sichtbaren* Geldes sich gegenseitig überlagern; sie fließen nur selten in akzeptierte, als gegeben verstandene Alltagshandlungen zusammen. Um mit Bargeld zu bezahlen wird Geld zu gutem blinden Geld gemacht (gefaltete Scheine, genaue Beträge, mit Hilfe anderer Menschen und Hilfstechnologien etc.), aber das Wechselgeld kommt mit visuellen Inskriptionen zurück: er wurde wieder zu schlechtem Geld für die Blinden, nichts als eine Handvoll unmarkierter Münzen und Papierscheine. In städtischen Räumen fehlt es den Menschen oftmals an der nötigen Zeit und dem Raum das visuelle Geld in blindes Geld zu übersetzen. Wie Elizabeth und Margaret (und viele andere) dementsprechend erläutern, wissen sie nie, was sie tatsächlich an Geld zurückbekommen. Was Elizabeth als »Teufelskreis « bezeichnet, ist das, was Blindheit aufgrund der visuellen Relationen von Geldpraktiken sichtbar macht und stabilisiert. Es macht die blinde Person sichtbar, da visuell ausgerichtete Systeme nicht gut mit blindem Geld umgehen können und *vice versa*. Von der Analyse sensorischer Alltagspraktiken mit Geld und Geldtechnologien lässt sich somit lernen, dass Behinderung weder lediglich eine gegebene individuelle Beeinträchtigung noch ein rein soziales Phänomen ist, das sich aus den individuell-spezifischen, sensorischen und physiologischen Belangen abstrahieren ließe. Im Kontrast dazu wurde deutlich, dass Menschen sich in spezifischen Situationen befinden, in denen verkörperte Praktiken (etwas) ermöglichen oder behindern. In unserem Fall sind das Praktiken, in denen eine Person weiß, was sie abzählt, bezahlt und erhält, in anderen Fällen sitzt sie in von visuellen Inskriptionen bedingten Situationen fest, unsicher und vulnerabel. Die Handlungsmacht, Fähigkeiten, Behinderungen und Verletzlichkeiten von Menschen zu beschreiben, bedeutet daher, die Kontexte sozialer, d.h. hybrider Vorgänge zu beschreiben. Letztere verknüpfen verschiedene sensorische Regimes, menschliche und nicht-menschliche Konfiguration miteinander und stellen hochgradig spezifische raum-zeitliche Gefüge her. Diese sozialen Prozesse entfalten *ermöglichende/behindernde* Akteur-Netzwerke, welche zu »Ermöglichungen« bzw. »Befähigungen« oder »Behinderungen« konvergieren.[35]

34 Vgl. Schillmeier: »Dis/abling Spaces of Calculation«; Ders.: Rethinking disability.

35 Vgl. Callon: »Techno-economic Networks and Irreversibility«; Latour: Reassembling the Social. An Introduction to Actor-Network-Theory, Oxford: Oxford University Press

DIE *BLACK BOX* ÖFFNEN ODER »KÖNNEN SIE SICH NEHMEN, WAS ICH IHNEN SCHULDE?«

Wenn blinde Menschen mit Bargeld bezahlen, dann fügen sie der vermeintlichen *Normalität* von alltäglichen Geldtransaktionen Komplexität hinzu. Richard (70 Jahre alt, Glaukom, kurzsichtig, verschwommene Sicht) erklärt: »Sometimes I even hold a handful of change and I say ›take what you need‹.«

Wenn Richard nicht weiß, wieviel Geld er gerade in seiner Geldbörse oder seiner Hosen- bzw. Jackentasche hat, bietet er seinem Gegenüber eine Handvoll Münzen und Scheine an, um es der jeweiligen Person zu überlassen, sich den entsprechenden benötigten Betrag zu nehmen. Richard bezahlt nicht mit gutem blindem, d.h. kalkulierbarem Geld, sondern bietet schlechtes blindes, d.h. unkalkulierbares Bargeld an. Richards Verfahren ist für Sehende eher ungewöhnlich: man lässt ungerne Andere mit dem eigenen Geld hantieren. Richard muss jedoch Anderen vertrauen, so dass das schlechte Geld sich in gutes Geld übersetzen lässt. Für blinde Menschen ist eine derartige Situation recht gewöhnlich. Wie ältere Menschen und Kinder fragen blinde Menschen häufig: »Können sie sich nehmen, was ich ihnen schulde?« Genau eine solche Situation, deren Zeuge ich zufällig wurde, wird im Folgenden erzählt und analysiert. Dies ist die Geschichte und der Auszug aus meinem Beobachtungsprotokoll:

»The ›Uni Sprint‹ bus is approaching ›Lancaster Market Hall‹ bus station. It is a sunny summer day around noon. Lancaster is busy: cars, people, business, and noise – the everyday action of lively towns. There is a constant coming and going of buses, buses that connect different people with different places. I am sitting in one of these buses (Bus Nr. 1) on my way to Lancaster University, waiting to depart. It is a public bus. A woman (probably in her thirties) approaches the bus stop where the bus I am sitting in is waiting. Encumbered with shopping bags and a leather handbag, she walks with a black dog in a yellow harness on her side. The dog is a retriever, a guide dog. It is the dog with the yellow harness that make visible that the woman presumably is blind. It seems that the blind woman and her dog are familiar with the bus station. The guide dog is relaxed walking next to her, and the two of them approach the bus station quickly. Several people get off the bus and others would like to go on the bus. People queue up in front of the bus's door. The blind woman asks a man who is queuing if this bus is bus number 1. The man confirms with a friendly voice. Now she and her dog are part of the queue, in the middle of the queue.«

2005; Schillmeier: »Dis/abling Spaces of Calculation«; Ders.: »Politik des Behindert-Werdens«.

Wie lässt sich eine solche Situation adäquat beschreiben und analysieren? Ich bin der Frau und ihrem Hund nie zuvor begegnet. Ich kenne sie nicht. Alles, was ich weiß, ist das, was ich sehe und was sie mich sehen lässt: Sie erregt meine Aufmerksamkeit, ich werde dazu veranlasst festzustellen, dass sie blind ist, denn sie wird von einem Blindenführhund begleitet. Mir wird das visuelle Ungleichgewicht bewusst: Ich bleibe für sie ungesehen und unerkannt, während sie meinem Blick ausgesetzt ist.

»Queuing, the woman and the dog are rather calm and much focused to keep the right distance to the others. After a short period of queuing, the woman and the dog enter the bus. The pole which divides the entrance of the bus in two sides—one for entering and another for leaving—makes it quite difficult for the woman to enter the bus simultaneously with the dog since the dog tries to enter where people are leaving the bus. After a while they have sorted out the problem, the dog stops in front of the driver and the woman asks for ›Greaves‹ bus stop. This is the moment where she enters the situation of buying a ticket. The bus driver (who is sitting) has problems in understanding what the woman (who is standing) is asking for since she is not facing the driver when asking. There is no eye contact, no face-to-face interaction, and it is still noisy and all this seems to disturb this ordinary interaction. She repeats the question and the bus driver finally understands. ›The ticket is 70p‹ the bus driver answers. The blind woman puts down her plastic bags and lays down the guide dog's harness in order to search for the purse in her leather bag. The retriever remains very calm; the dog does not seem distracted at all. While searching for the purse, the ticket machine confirms the little contract by printing the receipt with a rattling sound. The woman opens her purse and feels for the 70p. The search for the 70p is complicated; it takes more time than usual. For the blind woman different coins mean different textures, shapes and forms that have to be felt, compared and identified. The situation is highly demanding, over-demanding.«

Beobachtungsprotokoll ›Bus-Station‹

Aber was bedeutet »mehr Zeit als üblich« in solch einer Situation? Einen Fahrschein in einem Bus zu kaufen, ist für gewöhnlich eine schnelle Interaktion. Ist sie es nicht, gefährdet die junge Frau beispielsweise den Zeitplan des Busses. Geld-für-Ticket-Praktiken kalkulieren nicht mit Zeitverzögerungen. Busse, wie alle anderen öffentlichen Verkehrsmittel, müssen Zeitpläne beachten, damit Ankünfte und Abfahren geplant und vorhergesehen werden und somit verlässlich sind. Sie ordnen Mobilität. Da Busse *pünktlich* sein müssen, ist u.a. der Kauf der Tickets derart gestaltet, dass er so wenig Zeit wie möglich in Anspruch nimmt. Je sichtbarer, standardisierter und weniger zeitaufwändig dieser Vorgang erscheint, desto besser ist der Fluss des Transaktion und der Verbindungen. Im Tausch wird ein gewisses Set von normativen, standardisierten Bündelungen und Maßeinheiten aufgerufen, die, genau weil sie standardisiert sind, jene exkludiert, die gegenüber den einbezogenen Standards und Normen ›gleichgültig‹ sind, da sie diese nicht erfüllen können.[36]

Im Bus zahlt man üblicherweise mit Münzen und nicht mit Scheinen. Busse sollen in Fahrt bleiben und Münzen eignen sich zu diesem Zweck besser: Scheine hingegen halten den Fahrer nur länger auf. Gutes Fahrgeld ist der exakte abgezählte Betrag, oder man gibt geringfügig mehr und erhält dann das Wechselgeld, das der Fahrer mit Hilfe eines Wechselgeldspenders auch prompt parat hat. Eine 100-Pfund-Note hingegen ist unbrauchbares Ticketgeld. Große Scheine und Kreditkarten stehen in Lancasters Bussen außer Frage. Der Geldwechsel hängt vom Kontext und den erworbenen Produkten ab. Geld-für-Ticket-Praktiken veranschaulichen eher eingespielte Tauschpraktiken oder solche, die den öffentlichen Transport von einem zum anderen Ort ermöglichen.

DIE STÖRUNG DER »STRUKTURELLEN STILLE«[37] VISUELLER PRAKTIKEN

»The woman is looking for the right coins. People are queuing behind and she attracts people's attention. The people queuing behind her are friendly; they do not push, although queue situations are latently pushy, fragile orderings, as we all know. The more so for the blind woman; she seems rather nervous. (I assume that she is aware of being beyond the supposed time limit reserved for paying the ticket). Looking stressed, the blind woman cannot find the right coins and finally hands over her purse to the bus driver by asking: ›Can you please take what I owe you?‹ Conspicuously, the bus driver is irritated by the situation. After some moments of hesitation, he searches for the 70p. He immediately finds the exact amount and gives the purse back to the woman. Reaching out for the harness, the woman reconnects to the dog, and with the harness back in her hand, they search for a seat.«

Beobachtungsprotokoll ›Bus-Station‹

Was können wir von dieser Geschichte über Praktiken der *Ermöglichung/Behinderung* lernen? Die oben erwähnte Szene zeigt, dass wir ständig damit beschäftigt sind, komplexe raum-zeitliche, menschliche und nicht-menschliche

36 Vgl. Callon: »Techno-economic Networks and Irreversibility«; Star, Susan L.: »Power, Technology and the Phenomenology of Conventions: On Being Allergic to Onions«, in: Law, A Sociology of Monsters (1991), S. 26-57.

37 Vgl. Seremetakis, C. Nadia: »The Memory of the Senses, Part I. Marks of the Transitory«, in: Dies. (Hg.), The Senses Still. Perception and Memory as Material Culture in Modernity, Chicago/London: University of Chicago Press 1994, S. 1-18, hier S. 17.

materielle Konfigurationen miteinander zu verknüpfen, sie ›dazu zu bringen, etwas zu tun (*faire faire*)‹[38]. All diese situativen Praktiken ermöglichen und behindern Handlungen. Für die Frau und ihren Hund bedeutete die Beherrschung der Situation Mediation und gleichzeitig Störung des Handlungsflusses, den das ›Beziehungsgeflecht Bus‹ erfordert. Blind zu bezahlen macht die wirkmächtige »strukturelle Stille«[39] sichtbar, die durch die Normativität bestimmter soziokultureller und physikalischer Ordnungen – in der westlichen Welt ist dies hauptsächlich eine visuelle Ordnung[40] – hergestellt wird.[41] Visuelle Ordnungen konfigurieren Inklusionspraktiken, die heterogene Elemente verknüpfen, aber ebenso Exklusionspraktiken, im Zuge derer die Zirkulation ins Stocken gerät. In unserem Falle werden Menschen als blind gegenüber den Regeln und Prozeduren des visuellen Handlungsflusses von Geldpraktiken sichtbar.

Oftmals erweisen sich standardisierte, skopische Handlungsräume als nicht flexibel genug um blinde Praktiken auf *stille* und *unsichtbare* Weise einzubeziehen, wie dies mit sehender Praxis geschieht. Blindheit produziert Störgeräusche und Sichtbarkeit. Sie erregt Aufmerksamkeit. Blinde Praktiken geraten dabei ins Straucheln, da sie nicht dem Takt und Rhythmus jener Praktiken folgen können, in denen sie sich befinden. Blinde Geldpraktiken lassen die ›Liquidität‹ visueller

38 Latour: Existenzweisen. Eine Anthropologie der Modernen, Berlin: Suhrkamp 2014, S. 326.

39 Vgl. Seremetakis, The Senses Still, S. 17.

40 Vgl. Kleinberg-Levin, David M. (Hg.): Modernity and the Hegemony of Vision, London: University of California Press 1993; Cooper, Robert: »Technologies of Representation«, in P. Ahonen (Hg.), Tracing the Semiotic Boundaries of Politics. Approaches to Semiotics 111. Berlin/New York: de Gruyter 1993, S. 278-312; Ders. »The Visibility of Social Systems«, in: Hetherington, Kevin/Munro, Rolland (Hg.), Ideas of Difference, Oxford: Blackwell 1997, S. 32-41.

41 Vgl. Goffman, Erving: Relations in Public. Microstudies of the Public Order, London: The Penguin Press 1971. Für Goffman (ebd., S. 278) ist Sehfähigkeit ein Teil von »persönlichen Verhaltensstandards«, die in öffentlichen Situationen aufrechterhalten werden müssen, um die »Inszenierung des Normalen« (ebd., S. 282) aufzuführen. »[T]he ease he attains in his Umwelt presumes that he constantly sustains certain »personal« standards of conduct, for example, aliveness to the scene around him, mental agility, access to memory, sightedness, locomotor competency, literacy, cleanliness, rein or passion, appropriate age and sex behaviour. And local contingencies and occurrences can suddenly bring his embodiment of these standards into question. Persons with concealable stigmas are likely, of course, to have still further cause for alarm within themselves« (ebd., S. 278). Die »individual's ease within his Umwelt depends upon his knowing how this division is to be drawn at any particular moment« (ebd., S. 312).

Geldrelationen gerinnen. Sie führen eine andere Handlungsform ein und stellen die Prozeduren gewöhnlicher Wissenspraktiken infrage. So erweist sich die Frage: »Können sie sich nehmen, was ich ihnen schulde?« als unerwartete und regelverstoßende Störung der als gegeben angenommenen Praktiken. Der Fluss der Tauschprozedur baut auf der Eigenschaft des Geldes auf, als Intermediator zu fungieren, d.h. ein *unveränderlich mobiles Element* zu sein und darauf zu bestehen kein *veränderliches immobiles Element* zu werden.[42] Die Übereinkunft über die Kosten – die so wunderbar von unseren unveränderlichen Objekten wie etwa Geld, der ratternden Fahrgeldmaschine, dem Kleingeldspender und dem Ticket standardisiert sind – wird äußerst unklar. Für die Frau bleibt das Geld in ihrer Geldbörse vage und diffus. Dadurch, dass es ihr unmöglich ist zwischen gutem und schlechtem Geld zu unterscheiden, kann sie nicht bezahlen und ist gezwungen ihre Geldbörse dem Busfahrer zu überlassen um sich den gewünschten Betrag zu nehmen.

Die Frau kann sich nicht sicher sein, was mit ihrem Geld passieren wird: Ihr schlechtes Geld wird auf diese Weise zu riskantem Geld. Mit Goffman lässt sich argumentieren, dass die Frau durch die vage und diffuse Situation dazu gezwungen wird, persönliches Territorium in den öffentlichen Raum zu stellen um andere darüber verfügen lassen zu können. Dadurch wird die Frau gezwungen den öffentlichen Akteuren zu vertrauen. Sie weiß weder wieviel sie bezahlt, noch wieviel sie zurückbekommen wird. Seligman hat gezeigt, dass Vertrauen an den Grenzen von Systemen mit höchst ungewissen Rollenerwartungen entsteht.[43] In unserer Geschichte entsteht der Vertrauensbedarf dort, wo zwei Arten sensorischer Praktiken aufeinanderprallen: blinde und visuelle. Der Busfahrer fühlt sich sichtlich unwohl damit, die Rolle der Frau zu übernehmen und mit der Geldbörse einer fremden Person in seiner Hand zu bezahlen. Darüber hinaus: Darf er das? Verletzt er damit nicht eine der Prämissen jenes Vertrags, der regelt, wer bezahlt und wer Geld erhält? Jedenfalls hat sich die Handlungsmacht radikal verschoben.

Für die Frau, die ihre Geldbörse einem Fremden im öffentlichen Raum überlässt, wird die Umwelt um sie herum »problematisch«, wie Goffman sagen würde. Geldskripte werden nicht zum Zwecke des Überreichens der Geldbörse in öffentlichen Situationen geschrieben. Geldbörsen sind ein höchst »egozentrische Reservate«,[44] gehören zu den persönlichen Besitzbereichen, werden separat und sicher aufbewahrt und gerne vor den Blicken nicht-vertrauter Anderer geschützt: Das »Innere von Taschen und Geldbörsen [...] [ist] gewöhnlich für andere als den

42 Vgl. Schillmeier: »Dis/abling Spaces of Calculation«.

43 Vgl. Seligman, Adam B.: The Problem of Trust, Princeton, NJ: Princeton University Press 1997.

44 Goffman: Relations in Public, S. 29.

Besitzer nicht frei zugänglich«.[45] Die Geldbörse abzugeben ähnelt einer öffentlichen Enteignung des persönlichen Bereichs, der Übertragung des Bereichs des Selbst in den Bereich öffentlicher Angelegenheiten.[46] Daher wird die »strukturelle Stille« der visuellen Ordnung unterbrochen, sobald die Grenzen zwischen privatem und öffentlichem Bereich durchlässig werden. Die unmittelbare Umgebung der betreffenden Person wird

»transformed into something [s]he must suspect, the suspicion falling on persons present, objects present, sounds and movements, and finally, on places not directly gazed at. When this suspicion occurs, [...], then the individual may become anxious indeed, and what [s]he becomes anxious for is not merely his safety but his situations: [s]he ceases to be able to take for granted and discount and disattend the background features of the world around h[er]. Normal appearance becomes as it is, a broad cover under which persons and agencies may try to monitor h[er], approach h[er] for attack, conceal things vital to h[er], attempt to make secret contact with h[er], and the like. His *Umwelt* becomes hot for h[er].«[47]

Diese »heiße« und verunsichernde Begegnung, in der nichts sicher zu sein scheint, aktualisiert nicht nur die negative Erfahrung von Blindheit und macht Blindheit sichtbar, sondern ändert gleichzeitig die Merkmale der involvierten visuellen Praktiken. Der reibungslose Fluss der Geldtransaktion wird gestört, Zeitpläne können unter Umständen nicht eingehalten werden, Leute müssen in der Schlange warten und der Busfahrer muss die Bezahlung übernehmen. Routinierte Prozeduren, die üblicherweise *blind* bzw. unsichtbar funktionieren, werden sichtbar gestört, und die Frau mit Hund erscheint als die von den mit den routinierten Prozeduren verbundenen Erwartungen und Praxis Ausgeschlossene. Die Geldpraktiken der blinden Frau machen die Grenzen jener Handlungen deutlich, die *blind* als gegeben angenommen werden. Die Situation hat den sozialen »Somnambulismus«[48] der wohl und hochgradig normativ geordneten ›unsichtbaren‹ Praktiken skopischer Regimes sichtbar und erfahrbar gemacht.

»Können sie sich nehmen, was ich Ihnen schulde?« lässt jedoch auch die Handlungsmacht, nach eigenem Ermessen zu handeln und zu be/rechnen, als problematisch erscheinen, die von Geldpraktiken in Kraft gesetzt werden. Die Frau handelt, obwohl sie nicht weiß, wie sie rechnen oder bezahlen soll. Sie verschiebt ihre blinden Geldpraktiken, indem sie die Zahlungshandlung, ihr Ertasten und Wissen, an den Busfahrer delegiert. Dieses Delegieren produziert einen Konflikt zwischen

45 Ebd., S. 294.

46 Ebd., S. 289.

47 Ebd., S. 328.

48 Tarde, Gabriel: Die Gesetze der Nachahmung, Frankfurt a.M.: Suhrkamp 2003 [1921].

Rollen und verbindet Rollenerwartungen: Wer bezahlt, wer rechnet? In dem Moment, in dem die blinde Frau einem Fremden ihre Geldbörse aushändigt, wird sie in einen Akteur mit *schlechten* kalkulatorischen Fähigkeiten übersetzt, der nicht selbstständig mit Geldangelegenheiten umgehen kann. Sie wird zu einer höchst verletzbaren Person, die den unbekannten Anderen vertrauen muss. Dadurch passiert etwas Eigenwilliges. Sie gewinnt die Macht nach eigenem Ermessen zu handeln zurück, indem sie den Busfahrer dazu bringt für Sie nach dem Geld zu schauen und damit zu bezahlen. Sie delegiert und verteilt ihre kalkulatorische Handlungsmacht an Andere und erlangt somit die Möglichkeit, die Transaktion durchzuführen. Sie handelt auf Distanz. Die Geldbörse auszuhändigen ist wie oben beschrieben ein recht radikaler Akt: Zur selben Zeit wie die Frau als abhängig von Anderen (die nicht zum Zahlen gedacht sind) sichtbar wird, zeigt sich auch ihre Handlungsfreiheit und Handlungsmacht. In genau jenem Moment, in dem sich die Situation der Unentschlossenheit wie und wieviel sie bezahlen soll manifestiert, gewinnt sie die Macht nach eigenem Ermessen zu handeln, indem sie dem Busfahrer eine Rolle zuweist und ihn zur Zahlungshandlung erwartungsvoll einlädt. Sie hat ihre Unentschlossenheit bestätigt, indem sie einen höchst wertvollen persönlichen Gegenstand an einen Fremden aushändigt, eine Handlung, deren Ausgang nicht vorhersehbar ist und Verluste nicht ausgeschlossen werden können. Es kommt zu einer Entflechtung des Handlungsrahmens, der geprägt ist von einer ökonomisierten Tauschbeziehung mit kalkulierenden Subjekten und kalkulierten Objekten, Zahlern und Empfängern und lässt unsichere und fragile Praktiken als kollektive Mediationshandlungen erscheinen, die das Vertrauen in Andere benötigen, über die kaum ›soziale Informationen‹ gegeben sind.[49] Solcherart von Vertrauenspraktiken sind »undurchsichtige Handlungen«, die nicht durch die Wahrnehmung unter Anwesenden als gesichert gelten können.[50]

Unter sozialem Druck, unsicher und ohne großen Möglichkeitsspielraum die Situation umzugestalten, löst die Frau das Problem nicht zu ihren eigenen, sicheren und überschaubaren Bedingungen Im Gegenteil, sie steigert die Ungewissheit, indem sie die Grenzen des persönlichen Bereichs durchkreuzt und mit Unbekannten verknüpft. Sie gewährt den Anderen eine Stimme zu haben, ein Mitspracherecht an der Lösung ihres Problems. Durch eine quasi-freundschaftliche und vertrauensvolle Geste, die durch Unsicherheit ermöglicht wird und auf Unterschieden basiert, kann sie somit die Situation umgestalten, indem sie Handlungsmacht verteilt.

49 Vgl. Goffman: Relations in Public, S. 304. Ausgleichend mag die mögliche soziale Kontrolle der im Bus Anwesenden hinzukommen. Soziale Kontrolle als vigilante Beihilfe für eine finanziell verlustfreie Transaktion, trotz allseits geringer sozialer Information.

50 Vgl. Goffman: Relations in Public, S. 305f.

CONCLUSIO

In diesem Aufsatz habe ich ein verändertes methodologisches und begriffliches Grundverständnis von Behinderung eingeführt, das diese nicht einerseits ausschließlich von einer sozialen Perspektive aus beschreibt, die von einer physischen Beeinträchtigung abstrahiert oder andererseits einer medizinischen Perspektive, die Behinderung als Effekt individuell-körperlicher Beeinträchtigung erklärt und soziale Effekte zu Sekundärereignissen verkürzt. In Bezug auf visuelle Behinderung und Geldpraktiken habe ich gezeigt, dass die Frage danach wann, warum und wie Menschen ermächtigt oder behindert werden, mit der Analyse der Beziehungsgefüge sensorischer und anderer Praktiken, die heterogene Entitäten miteinander verknüpfen (Körper, Technologien, Objekte),[51] konkret beantwortet werden kann. Die Störung oder Unterbrechung verschiedener Sets von (sensorischen) Praktiken legt spezifische Machtrelationen offen, die die involvierten Ordnungsmodi in Frage stellt, blockiert und nach Möglichkeiten ihrer Re- und Neukonstruktion verlangt. Ich habe versucht aufzuzeigen, wie das Aufeinanderprallen verschiedener sensorischer Praktiken vielfältige Szenarios von *ermöglichenden/behindernden* Räumen erzeugt, in denen dritte Elemente (z.B. Geld) zirkulieren und heterogene Relationen instaurieren. Diese Praktiken vervielfachen auch die Arten von Geld – Geld für Sehende oder Geld für Blinde –, das als riskantes, *gutes* Geld hervortreten kann und Transaktionen bzw. Handlungen ermöglicht, und/oder als *schlechtes* Geld, das Transaktionen bzw. Handlungen in Alltagssituationen be- oder verhindert.

Mit dem Blick auf sensorische Praktiken und Geld konnte gezeigt werden, wie die Interferenz unterschiedlicher sensorischer Regimes von Praktiken die Normativität von als gegeben wahrgenommenen (Wissens-)Netzwerken nicht nur erschüttern kann, sondern exkludierende Praktiken zur Folge haben kann. Derartige Interferenzen eröffnen jedoch auch die Möglichkeit Handlungsmacht zu regenerieren, wenn es gelingt diese an Andere delegieren und verteilen zu können. Ein Subjekt zu werden, das nach eigenem Ermessen handelt, kann in dieser Hinsicht nicht als Eigenschaft feststehender unabhängiger Entitäten gedacht werden, sondern als Beziehungs- und Abhängigkeitsgefüge, das aus temporären und räumlich situierten Lösungspraktiken resultiert.

Die *ermöglichenden/behindernden* Geldpraktiken vervielfachen die guten wie schlechten Realitäten des Geldes, während die blinde Praxis die multiplen, oftmals hochgradig vorläufigen und zerbrechlichen Entstehungsprozesse gesellschaftlicher

51 Vgl. Moser, Ingun/Law: »Good Passages, Bad Passages«, in: Law/John Hassard (Hg.), Actor Network Theory and After. Oxford: Blackwell 1999, S. 196-219; Schillmeier: »Dis/abling Spaces of Calculation«; Ders.: »Politik des Behindert-Werdens«; Ders.: Rethinking disability.

Ordnungsmodi hervortreten und problematisch werden lassen.[52] Die Instauration *ermächtigter/behinderter* Körper resultiert aus komplexen Übersetzungsprozessen und ihren Materialisierungen, die die »ontologische Choreographie«[53] sozialer Wirklichkeit ›inszeniert‹ und die konkrete Dramaturgie und Vielfältigkeit menschlicher Praxis sichtbar machen.

Aus dem Englischen von Markus Spöhrer

52 Vgl. Mol, Annemarie: The Body Multiple: Ontology in Medical Practice, Durham: Duke University Press 2002.

53 Vgl. Cussins, Charris: »Ontological Choreography: Agency through Objectification in Infertility Clinics«, in: Social Studies of Science 26.3 (1996), S. 575-610.

Widerständigkeiten blinden Flanierens

Siegfried Heinz Xaver Saerberg

Phänomenologische Beschreibung einer Ausgangssituation

An einem Abend sitze ich mit meiner Tochter vor dem Bildschirm. Es läuft ein Video. Ein junger Film mit zahlreichen Stimmen, menschlicher und auch fremdwesenhafter Art, die Stimmen hoch, in der Mitte, tief, zumeist menschlicher Provenienz. Da, wo sie merkwürdig lustig verzerrt sind, eben seltsamen Geschöpfen zugeordnet. Meist im Tempo eher hektisch, und das bei beiden Kategorien von Wesen. Viel rhythmische Musik dazwischen. Bilder flackern dazu, mir allerdings verborgen. Wir essen Chips aus der Dose, der chemisch verstärkte Geruch dieser Speise okkupiert den Raum. Kommt man von draußen in dieses Zimmer, weil man den familiären Lockruf zum DVD-Event überhört hat, dann riecht es wie Käsefüße. Eine schwer zu nehmende Hürde für den Spätling. Rechtzeitigkeit dringend empfohlen. Ich trinke ein Bier aus dem Kühlschrank, die Kühle umfasst meine Finger. Moderner Familien-Mediengenuss eingebettet in eine duftende und schmeckende Konsumwelt.

Intime Sozialwelt, unmittelbare Wahrnehmungsnähe gepaart mit der Vermittlung sehr moderner Medienwelt übertiteln sich mit ›sozio-technisch-sensorisches Arrangement‹!

Menschliche Akteure, Dinge, Technologien und sinnliche Wahrnehmungsweisen sind in diesem Setting eng miteinander verschränkt. Geruch, Geschmack, Form und Konsistenz von Getränk und Knabberei, dazu die Geräusche von Flasche, Glas, Knabbereiverpackung, Knabbereiverzehr. Die menschlichen Stimmen und die vom Medium DVD-Spieler prozessierten Stimmen und Klänge sind voneinander distinkt.

Diese Alltagssituation präsentiert Praktiken sensorischer Vielfalt, von denen Hören eine ist, in unterschiedlichen medialen Aggregatzuständen und Konfigurationen. Hören und sensorische Wahrnehmung sind als Effekte spezifischer soziotechnischer Arrangements und Handlungszusammenhänge zu analysieren.[1] Sinnliche Wahrnehmung und technologische Umwelten sind in unserer modernen Gesellschaft eng miteinander verschränkt. Dennoch ist phänomenal ein Unterschied zwischen den Stimmen aus der Maschine und den Stimmen aus dem menschlichen Körper zu erkennen. Diese Feinunterschiede sind im Zusammenspiel von Körpern und technischen Dingen zu beschreiben. Dies führt zu einer eingehenden Analyse des *doing perception* im Einzelnen: Wie gestaltet es sich und wie wird es durch die an diesen Vorgängen beteiligten menschlichen und nichtmenschlichen *agencies* konstituiert? Dabei sind Kultur- und Körpertechniken, Wahrnehmungsstile und Materialitäten zu entdecken. Wissensbestände lagern sich in wahrnehmende Erfahrung ein, legen diese aus und formen sie ohne dass dabei aber diese wahrnehmende Erfahrung dadurch gänzlich im Wissensbestand aufgehen würde.

Das Alter Ego dieser Mischung aus intimer sozialer Beziehung und Medien ist das Flanieren. Im familiären Kontext, in Nachbarschaft, Freundeskreis, beruflichem Umfeld etc. finden sich soziale Beziehungen in unterschiedlichen Graden der Vertrautheit vor. Dazu gesellen sich anonyme Andere in medialer Vermittlung. Der Mann oder die Frau auf der Straße in Form von Radio-Interview-Stimmen oder Fernsehbildern. Flanieren dagegen wandelt mein In-Beziehung-Setzen zur anonymen sozialen Mitwelt – den Zeitgenossen in Schütz' Worten – von mittelbar-einseitigen sozialen Beziehungen in unmittelbar-einseitige soziale Beziehungen um.[2]

Für den Autor dieses Textes als Gesellschaftsmitglied macht Flanieren Sinn: Einst verlief ich mich und fand Gefallen an diesem Handlungszusammenhang und tat etwas, was ich heute als Soziologe in der Sozialfigur des Flaneurs wiederfinde.

1. Flanieren auf der Linie zwischen Behinderung und Normalität

Flanieren ist wieder in Mode gekommen.[3] Oft wird Flanieren heute dabei direkt als Tätigkeit von Konsumenten entworfen, die Hedonismus mit Warenkonsum

1 Vgl. Schüttpelz, Erhard: »Elemente einer Akteur-Medien-Theorie«, in: Thielmann, Tristan/Schüttpelz, Erhard/Gendolla, Peter (Hg.), Akteur-Medien-Theorie, Bielefeld: transcript 2013, S. 9-67.

2 Vgl. Schütz, Alfred/Luckmann, Thomas: Strukturen der Lebenswelt, 2 Bde, Konstanz: UVK 2003.

3 Vgl. Gebhardt, Winfried/Hitzler, Ronald (Hg.): Nomaden, Flaneure, Vagabunden. Wissensformen und Denkstile der Gegenwart, Wiesbaden: VS Verlag für Sozial-

verknüpfen.[4] Es ist sogar die Rede vom digitalen Flanieren und von Datendandys.[5] Flanieren wird darüber hinaus als neue Methodik soziologischer Feldforschung entdeckt.[6] Die Figur des Flaneurs kann bedingt durch diese Inflation möglicherweise sogar zu denjenigen Subjektpositionen, Typisierungen und Personenbegriffen gezählt werden, welche unsere moderne Gesellschaft sowohl strukturieren als auch Subjekten einen Rahmen für ihre sinnhafte Sozialerfahrung zur Verfügung stellen.[7] Aber was kann angesichts dieser Ubiquität eigentlich als Kern des Flanierens gelten?

Zunächst ganz simpel: Jemand, der oder die flaniert, ist ein Flaneur bzw. eine Flaneuse. Flanieren bezeichnet ein in erster Linie mit Zeit versehenes, müßiges und auf keinen primären Zweck wie Arbeit, Konsum oder das auf die Erreichung eines bestimmten räumlichen Ziels gerichtete Umherstreifen in urbanen Kontexten. Walter Benjamin definiert Flanieren als einen Rausch und stellt dieses Handeln damit außerhalb alltäglichen Handelns, welches ja nach Schütz von einem planenden Entwurf aufgrund von Zweck-Mittel-Kalkülen bestimmt ist:[8]

»Ein Rausch kommt über den, der lange ohne Ziel durch Straßen marschierte. Das Gehn gewinnt mit jedem Schritte wachsende Gewalt; immer geringer werden die Verführungen der Läden, der Bistros, der lächelnden Frauen, immer unwiderstehlicher der Magnetismus der nächsten Straßenecke, einer fernen Masse Laubes, eines Straßennamens.«[9]

---

wissenschaften 2006; Neumeyer, Harald: Der Flaneur: Konzeptionen der Moderne, Würzburg: Königshausen & Neumann 1999; Proske, Stefanie (Hg.): Flaneure. Begegnungen auf dem Trottoir, Frankfurt a.M.: Edition Büchergilde 2010.

4 Vgl. Stöbe, Sylvia: »Der Flaneur und die Architektur der Großstadt. Der Flaneur als Mythos und als Phantasmagorie der Moderne«. Vortrag zur Erlangung der »Venia Legendi« an der Universität Kassel am 7. Dezember 1998.

5 Vgl. Keidel, Matthias: Die Wiederkehr der Flaneure, Würzburg: Königshausen & Neumann 2006.

6 Vgl. Legnaro, Aldo: »Über das Flanieren als eine Methode der empirischen Sozialforschung«, in: Sozialer Sinn. Zeitschrift für hermeneutische Sozialforschung 11 (2010), S. 275-288.

7 Vgl. Düllo, Thomas: »Der Flaneur«, in: Moebius, Stephan/Schroer, Markus (Hg.), Diven, Hacker, Spekulanten. Sozialfiguren der Gegenwart, Berlin: Suhrkamp 2010, S. 119-131.

8 Vgl. Schütz: Der sinnhafte Aufbau der sozialen Welt. Eine Einleitung in die verstehende Soziologie, Bd. 2, hg. von Martin Endreß und Joachim Renn, Konstanz: UVK 2004.

9 Vgl. Benjamin, Walter: Das Passagen-Werk, 2 Bde., hg. von Rolf Tiedemann, Frankfurt a. M.: Suhrkamp 1983.

Allerdings ist natürlich zu konstatieren, dass Flanieren als sozialer Handlungstyp sicherlich mit einem sozial definierten Handlungsziel ausgestattet ist. Nur die ersten Flaneure waren gewissermaßen wahre Flaneure im Benjamin'schen Sinne, denn alle weiteren, vor allem diejenigen, die wie Journalisten, Literaten, Forscher oder Künstler Flanieren als zweckgerichtetes Mittel zur Kulturproduktion nutzen, sind der Zweck- und Nutzlosigkeit ihres Tuns längst enthoben.

Ein blinder Flaneur aber – ist das eine funktionierende und sinnvolle soziale Gestalt?

Von verschiedenen Seiten wird Einspruch erhoben. Erstens fasst z.B. Madalina Diaconu in einer empirischen Studie unter Beteiligung Blinder in Wien die Probleme blinden Flanierens zusammen, die vor allem in der Unwirtlichkeit moderner Großstädte und ihrer ständigen Gestaltwandlungen durch das Medium des Straßenbaus empfunden würden. Hier sei, so berichten ihre blinden InformantInnen, ein genussreiches Flanieren durch die barrierevollen räumlichen Umwelten nicht möglich. Hindernisse und Orientierungserschwernisse im Wandel des Baukörpers vereitelten Flanieren. Keine Entspannung möglich.[10]

Gewiss, hier kann ich nur zustimmen, das Flanieren zwischen dröhnenden Baufahrzeugen ist ein recht spezielles Fortbewegungsvergnügen, das wesentlich mehr mit blindem Parcours denn mit blindem Flanieren zu tun hat. Ein Nervenkitzel allerdings, dessen Erfüllung im Möglichkeitsraum sozialen Handelns durchaus nicht a priori mit Null veranschlagt werden sollte. Allerdings darf ich auch sagen, dass die Veränderungen der räumlichen Umwelt einem Moment des Flanierens idealtypisch entgegenkommen – dem Verirren: »Die Stadt ist die Realisierung des alten Menschheitstraumes vom Labyrinth. Dieser Realität geht, ohne es zu wissen der Flaneur nach.«[11]

Ihm, dem Verirren – dies ist nicht zynisch gemeint – ist das Blindsein sehr verbrüdert. Bis kürzlich tritt die blinde Flaneuse eher selten auf.[12]

10 Diaconu, Madalina: The blind Flâneur. Vortrag gehalten im Oktober 2009 am Metropolitan Museum of Arts. Manuskript 2009.

11 Benjamin: Passagen-Werk, S. 541.

12 Siehe aber Ta-Wei Chi: »Flaneuse or Innocent. Blind Women in Chinese-Language Visual Culture in the New Millennium«, in: Tamkang Review 44.1 vom 12.11.2013. Die Autorin analysiert vor dem Hintergrund feministischer *Disability Studies* und *Sinophone Studies* die Modelle einer blinden Flaneuse und *Sweet Innocent* in einigen zeitgenössischen Werken: Zhang Yimous Film HAPPY TIMES (China 2002), THE EYE (Hong Kong 2002, R: Danny Pang Phat/Oxide Pang Chun), Jimmy in Taiwan's SOUND OF COLORS (Taiwan 2006, R: Zhang Min) und BE WITH ME (Singapore 2005, R: Eric Khoo). Kritisch reflektierte Folie hierfür ist Charles Chaplin's CITY LIGHTS (USA 1931), in dem

Tatsächlich aber gilt gleiches auch für die dominierende Gestalt sehender Flaneure: Das Palais-Royal als Vorläufer der Passagen, in Paris die frühesten Passagen seit 1800, der Ausbau der Trottoirs unter Rambuteau, die forcierte Errichtung von auch fußgängerfreundlichen Boulevards unter Hausmann und dann die ersten Kaufhäuser waren die materielle Nährflüssigkeit des Flanierens.[13] Flanieren, jenes vorgeblich absichtslose und ziellose müßige Umherstreunen durch städtische Umwelten hat also seine dinghaften Voraussetzungen. Wir werden in einem Beschreibungsstrang dieses Essays darauf eingehen und das Ensemble der Dinge und Körper bestimmen. Dieses Ensemble findet seine datenhafte Fundierung in auf iPhone gesprochene Protokolle kurz nach Durchführung der beschriebenen Praktiken.

Zweitens gehört dem Flanieren anscheinend das Schauen wesensmäßig an. Spielten die ersten Flaneure als Dandys wie etwa George Beau Brummel oder Constantin Guys mit der Dialektik von Sehen und gesehen werden und akzentuierten vor allem das Zur-Schau-Stellen ihrer oft adligen Unabhängigkeit vom materiellen Lebenskampf, so zogen sich die bürgerlichen Flaneure lieber in die Schatten der Masse zurück, wo sie sahen ohne gesehen zu werden.[14] Hier konnten sie dem Getümmel der Großstadt gleichzeitig ins Auge schauen und den Rücken kehren. Dies treibt die in den Worten Simmels geprägte Blasiertheit des modernen Großstadtmenschen auf die Spitze. Seine »Distanzen und Abwendungen«,[15] die gleichzeitig seine eingenommene Beziehung zur Welt ausmachen.

Der Flaneur ist in der einschlägigen Literatur zum Thema Blindheit auch vor allem ein Voyeur. Die Blinden werden dort eher als Objekt denn als Subjekt flanierenden Tuns umrissen, fast als wären sie der ideale Fall des flanierend beobachteten Mitmenschen:

»Er war blind und schrie. Ich fälsche, wenn ich das sage, ich unterschlage den Wagen, den er schob, ich tue, als hätte ich nicht bemerkt, dass er Blumenkohl ausrief. Aber ist das wesentlich? Und wenn es auch wesentlich wäre, kommt es nicht darauf an, was die ganze Sache für mich gewesen ist? Ich habe einen alten Mann gesehen, der blind war und schrie. Das habe ich gesehen. Gesehen.«[16]

---

ein blindes Mädchen passiv und abhängig von männlicher Hilfe zu Hause bleiben muss und keine Partizipation in die Stadt erlebt.

13 Vgl. Neumeyer: Der Flaneur.

14 Vgl. Ebd.; Keidel: Die Wiederkehr der Flaneure.

15 Simmel, Georg: »Die Großstädte und das Geistesleben«, in: Ders., Das Individuum und die Freiheit, Berlin: Wagenbach, S. 192-204, hier: S. 198.

16 Rilke, Rainer Maria: »Die Aufzeichnungen des Malte Laurids Brigge«, in: Ders.: Werke in drei Bänden, Frankfurt a.M.: Insel 1966, Bd. 3: Prosa, S. 107-346, hier S. 148.

Eine merkwürdige Verbindung zwischen Schreiben und Sehen-Lernen wird in der Erzählung von Rainer Maria Rilke ausgedrückt, zudem eine Faszination durch das scheinbar Hinfällige und Morbide. Die aktiven Komponenten eines Bildes – wie etwa das blinde Karrenziehen – werden aber verschwiegen, da diese dem Wesenskern einer inhaltlichen Skizzierung abträglich und somit vernachlässigbar erscheinen. Flanieren als eine extensive Freakshow: in der Figur des Malte Laurids Brigge die Betrachtung angesichts eines Sterbenden in der Cremerie, eines blinden Blumenkohlverkäufers, eines Epileptikers, eines kranken Kinds im Wagen. Bei Baudelaire erfüllen jene Funktion Bettler, Huren, Gaukler und wieder Blinde: »Ils traversent ainsi le noir illimité. Ce frère du silence eternel. O cité! Pendant qu'autour de nous tu chantes, ris et beugles, Je dis: Que cherchent-ils au Ciel, tous ces aveugles?«[17]

Merkwürdig und verdächtig beinahe, wie einige Flaneurkonzeptionen mit der Gestalt der Blinden spielen. Schon in E.T.A Hoffmanns Novelle *Des Vetters Eckfenster*, die als ein Vorläufer einschlägiger Flaneurtexte gilt, wird das Thema der Blinden aus sicherer Wahrnehmungsdistanz als Beobachtung skurrilen und fremden Lebens anvisiert:

»Es gibt für mich keinen rührendern Anblick, als wenn ich einen solchen Blinden sehe, der mit emporgerichtetem Haupt in die weite Ferne zu schauen scheint. Untergegangen ist für den Armen die Abendröte des Lebens, aber sein inneres Auge strebt schon das ewige Licht zu erblicken, das ihm in dem Jenseits voll Trost, Hoffnung und Seligkeit leuchtet.«[18]

In diesen Entwürfen gestaltet sich also die Figur des Flaneurs entlang der Linie zwischen *ability* und *disability*. So, wie dann im 20. Jahrhundert die Freakshows aus dem Eventrepertoire des zeitgenössischen Spektakulums und die Freaks in die Sondereinrichtungen sozialstaatlicher Pädagogik und Verwahrung verschwanden, so wurden auch die Blinden und Krüppel aus der Literatur des Flanierens gelöscht. Dieser Aufsatz setzt es sich zum Ziel, jene Linie zu durchbrechen und zu

17 Baudelaire, Charles: »Les aveugles«, in: Ders., Œuvres complètes, Paris: Bibliothèque de la Pléiade 1975, Bd. II, S. 92. Deutsche Übersetzung: Deutsche Übersetzung: »Das Dunkel unbegrenzt, das sie umfangen hat, Durchziehn sie, das verwandt der ewgen Ruh. O Stadt, Indes du singst und brüllst, stets neuen Rausch zu finden / In grauenhafter Lust, der du schon übersatt, Ich schlepp mich auch, und mehr als sie zerstört und matt, Frag ich: was suchen sie im Himmel, all die Blinden?« (Baudelaire, Charles: Blumen des Bösen. Leipzig 1907, S. 102-103.)

18 Hoffmann, E.T.A.: »Des Vetters Eckfenster«, in: Ders., Werke. 4 Bde., Frankfurt a.M.: Suhrkamp 1967, S. 398f. Zum Werk Hoffmanns vgl. auch den Beitrag von Gess in diesem Band.

vermischen. Er holt den blinden Freak gewissermaßen zurück in die Stadt, die als inklusiv imaginierter Lebensraum den ehemaligen Freak zum Dandy und der Normalität ein Element der Freakshow zurückgibt. Er nimmt somit den kritischen Impuls der *Disability Studies* auf, herrschende Normalitätskonstrukte zu reflektieren und zu dekonstruieren, um sie weiterführend durch eine eigene, behinderte Konzeption der besagten Wirklichkeit zu kontrastieren.[19]

So können die LeserInnen dieses Textes auch nicht erwarten, eine wesenshafte Bestimmung des Flaneurs zu finden. Es werden Übereinstimmungen und Unterschiede zwischen sehendem und blindem Flaneur zu konstatieren sein. Die Übereinstimmungen zum Wesen zu erklären erscheint mir zu früh, da andere Konzeptionen des Flaneurs diese erneut in Frage stellen werden. Ich übertrage damit Neumeyers für die literarische Form des Flaneurs aufgestellte These auf die sozial gelebte Gestalt des Flaneurs. Neumeyer schreibt:

> »Die Heterogenität dieser Formen und die damit einhergehende Vielfalt von fiktionalen Typen des Flaneurs bestätigen […], dass der Flaneur – sowohl sozialhistorisch als auch literaturgeschichtlich nicht auf einen Typ oder ein Wesen reduzierbar ist, sondern Gehen und Sehen des Flaneurs als ein ›offenes Paradigma‹ zu verstehen sind, das seine konkreten Füllungen erst im Kontext der Funktionalisierungen – sei es als Agent eines ästhetischen Programms, als Inspizient der gesellschaftlichen Moderne oder als Modell einer Ich-Konstitution erhält.«[20]

Daher ergibt sich die reale soziale Gestalt des blinden Flaneurs als eigene blinde Adaption eines navigierenden und flanierenden Subjekts, welches sich als wissenschaftlich formuliertes und daher textlich gebundenes und reflektiertes kulturelles Konzept des Flanierens rückbezieht auf die zahlreichen Entwürfe des Flaneurs aus dem Archiv der Weltliteratur und der Sozialgeschichte. Empirisch ist sie in diesem Essay gewonnen aus der Reflexion auf eigene Flaniererfahrungen aus der autobiographischen Perspektive subjektiv sinnvollen Flaniererlebens. Sie ist hier kondensiert als ein autobiographisches, auf das sensorische Erleben fokussiertes Erzählen.

---

19 Vgl. Waldschmidt, Anne: »Macht – Wissen – Körper. Anschlüsse an Michel Foucault in den Disability Studies«, in: Dies./Schneider, Werner (Hg.), Disability Studies, Kultursoziologie und Soziologie der Behinderung, Bielefeld: transcript 2007, S. 55-78.

20 Neumeyer: Der Flaneur, S. 288f. Auch Keidel findet »die Fixierung des Flaneurs auf immergleiche Verhaltensmuster und Erlebnisformen nicht nur unproduktiv, sie ist wissenschaftlich auch gar nicht durchzuhalten.« (Keidel: Die Wiederkehr der Flaneure, S. 8). Er etabliert dagegen »formale Kriterien, Wahrnehmungstechniken, Denkstrukturen und thematische Konstanten als Erkennungsmerkmale von Flaneurtexten.« (Ebd.)

2. Biographische Konstitution des blinden Flaneurs

Am nächsten Morgen bestelle ich ein Taxi, fahre zum Dieringhausener Bahnhof, um die Regionalbahn nach Köln zu nehmen. Die Eisenbahn ist Ort für Reflexion und Erinnerung.

Mein Dasein als Flaneur hat eine lange Geschichte und der Modus, in dem ich ihn heute lebe, hat viel mit dem zu tun, was ich in der langen Zeit meines Herumbummelns gelernt habe. Hier ein paar kleine Anekdoten aus der Kinderstube eines Flaneurs:

Ich war zu der Zeit, in welcher jene Anekdoten spielen, noch ein ziemlich stark sehbehindertes Knäblein. Wir wohnten zuerst in einer Wohnsiedlung für junge Familien. Die Straße war von Kindern bevölkert und hier war ich sicher vor Autoverkehr. Ich bin oft mit meinen Freunden Fahrradrennen gefahren. Ich habe nie gewinnen können, weil ich immer einen meiner Gefährten dazu missbrauchen musste, vor mir zu fahren, damit ich den Weg hören konnte. Kurz vor dem Ziel ausscheren und am vor mir ungewollt als Blindenführfahrrad fungierenden Spielgefährten vorbeiziehen, dies war leider nie von Erfolg gekrönt. Ich habe das natürlich nie so meinen Spielgefährten gesagt, dann hätte ich an Ansehen verloren. Aber das ist, falls dies ein alter Spielkamerad liest, der Grund, warum ich immer bloß Zweiter geworden bin.

Ich kann mich ebenso noch gut an die Tage erinnern, es war noch in meiner Schulzeit, als ich als sehbehindertes Küken durch die Straßen meiner Heimatstadt getippelt bin. Meine Mutter ließ mich außerhalb der Siedlung ungern alleine gehen. Erst wenn ich einen Weg myriardenmal in ihrer Begleitung gegangen war, durfte ich endlich selbstständig davonflattern. Das Allein-Unterwegs-Sein auf fremden Straßen war daher für mich zuerst beängstigend: Was würde mir alles zustoßen ohne die schützenden Schwingen meiner sehenden Mutter? Aber es war erregend zugleich! Welche Abenteuer würden dort lauern, im Halbdunkel eines kaum vertrauten Städtchens?

Einmal bin ich nach dem Abendessen aus der Siedlung geschlichen und heimlich über unseren Häuserblock hinaus geschlendert – ich war damals neun Jahre alt. Dies ist das erste Mal, dass ich mich an dieses typische Flanier-Gefühl erinnere. Natürlich habe ich mich binnen fünf Minuten in einen handgreiflichen Disput mit zwei etwas älteren Knaben über die Vor- und Nachteile des Fußballspiels verwickelt und welcher Spieler nun der Beste sei.

In meiner Erinnerung ist dieser Tag dämmrig, es mischt sich die Dämmerung meiner Augen mit der Abenddämmerung an diesem Tag. Und dieser Tag hat einen ganz bestimmten Geruch, es ist ein milder Herbsttag mit leichtem Sprühregen. Der fallende Regen schwemmt den herben Geruch der gefallenen Blätter über die Sandhaufen einer von ihren Arbeitern verlassenen Baustelle.

Ich kann mich auch noch gut an das Gefühl erinnern, wie ich morgens immer zu meinem Schulweg aufgebrochen bin. Das Halbdunkel, verlockend und gefährlich zugleich. Und vor allem der Duft der Straßen: Ob ein milder Regen über den Asphalt gekrochen war oder ob die Morgenkühle den aufrüttelnden Geruch eines frühen Frühlingstages verhieß, an dem man im Gefühl des Aufbruchs gleichzeitig mit der Freude die Beklemmung der hemmenden Schranken der Kindheit erfährt.

Ich erinnere mich gut, wie ich inzwischen als freilaufender Jungvogel etabliert durch die Straßen navigierte, die Füße wie tastende Tentakel nach vorne schob, vorsichtig nach vorne spähend.

Ich spüre noch wie heute, dass ich mit den Händen dieses Plastikband berühre, wie es sich kurze Zeit an meinem Kinn reibt, bevor es mir über den Kopf rutscht und im nächsten Moment gleite ich wie auf einer Schlittenbahn nach unten. Ich lande weich und feucht. Ich spüre noch jetzt den körnigen und nassen Sand an meinen Fingern, seinen Geruch nach Erde und Baustelle in der Nase. Ich kann mich tatsächlich noch heute körperlich daran erinnern, wie ich in dieser Baugrube gelandet bin. Wie ich mich wieder krabbelnd heraus gerettet habe. Tief beeindruckt von den erhaschten Wahrnehmungen in der Unterwelt, froh, wieder in die Normalität zurückgekehrt zu sein und auch peinlich von meiner beschmutzten Kleidung berührt, die beredtes Zeugnis meines Fehltrittes ablegte.

Gelegentlich bin ich auch über Blumenkübel oder Fahrradständer gestolpert.

Mit Anfang zwanzig bin ich völlig blind geworden und ich darf sagen, dass dies für mich eine große Erleichterung war. Viele neue Möglichkeiten haben sich da eröffnet, eine davon war der Langstock, der für einen Flaneur wirklich eine Errungenschaft darstellt. Ich denke, dass nicht umsonst viele sehende Flaneure einen Stock tragen wie ich, weil er einfach zum Flanieren dazu gehört.

Wer flaniert, der hat ja kein bestimmtes praktisches Ziel. Er will nicht etwas einkaufen oder besorgen. Gut, sollte man auf dem Weg über etwas stolpern – etwa einen Kleiderständer eines Geschäfts auf dem Trottoir – so kann man das zu Boden Gestoßene aufheben und bei Gefallen erwerben. Aber dies ist nicht der eigentliche Zweck des Flanierens. Flanieren ist Müßiggehen, Herumstrolchen, mit einer Distanz zu Menschen und Dingen.

Und damit der so Dahinschlendernde nicht völlig den Kontakt zum Boden verliert, ist eben der Stock da. Ein sehender Flaneur, so stelle ich mir das wenigstens vor, mag damit mehr unbewusst den Boden berühren oder oft genug mehr Luft damit streicheln als harten Stoff. Aber dieses Die-Luft-Berühren ist genau so viel Berührung mit der Realität, die ein genießender Müßiggänger eben braucht. Und so wird es dem sehenden Flaneur wohl genauso gehen wie mir mit meinem Blindenstock: Er wie ich holen uns genau das Maß an Realitätsbezug, an harten Fakten, das wir als Flaneure benötigen, um sicher unserer Wege zu gehen.

Komplett blind zu sein, war für mich also ein Vorteil. Der Stock zeigte mir, dass ich ein Flaneur bin wie jeder andere auch. Und durch den Stock wurde ich erst zum Flaneur.

3. DAS ENSEMBLE DIVERSER AKTEURE

»Zur Haltestelle Köln HBF mit der Regionalbahn. Akustische Ansage der nächsten Haltestelle. Aufstehen vom Sitz. Tasten: Griff, Haltestange, unten zwei Stufen. Rechts wieder ein Griff. In der Mitte der Tür der Druckknopf. Ein Piepsen der Tür. Nach dem vierten Piepser das Drücken aber da war schon jemand vor mir. Über die ausgefahrene Stufe, leicht schwankend nach unten. Draußen nach rechts, behutsam, den Stock locker ausschwingen vor die Treppe, man spürt oben Metallstange, darunter glatte Mauer. Daran entlang. Um die Treppe herum, dann Leute. Am Ende der Treppe, man spürt natürlich diese Mauer, dann Stock vorsichtig, Leute, die queren von der Rolltreppe aufwärts. Dann ein Pfosten, hüfthoch, ein Steinpfeiler, rund. Pfeiler und Pfosten durchwinden, den Körper so ein bisschen drehen. Dann zur Rolltreppe, links den Handlauf, unter sich diese metallenen Stufen. Unten angekommen nach links durch die Hintereingangstür durch. Draußen weiter nach vorne, Reifen von Fahrrädern mit dem Stock berührt. Sie markieren die eine Seite der Treppe, die zur U-Bahn führt. Dann von der falschen Seite mit dem Stock auf die Rolltreppe, die nach oben führt: Der Stock kommt wieder auf mich zugerollt.
Hilfeschreie einer Person: »Passen Sie auf!«
Da ist die Rolltreppe, die richtige, der Stock läuft von mir weg, hinterhergesprungen, blitzschnell unten. Hindernisse, Markierungen auf dem Boden oder Orientierung?
Dann hört man Ansagen der nächsten Bahn. Ich erkenne meine, schnell weitergelaufen, mit dem Stock pendeln vor mir her. Unten noch auf die Bahn warten und sich angekommen fühlen. ... Vom Bahnsteig herunter. Ehrgeiz ist es, den Weg vom Bahnsteig herunter, über die Straße und auf den Bürgersteig der Straße ohne Stehenbleiben zu finden. Wie eine einzige Bewegung, aus einem Fluss, wow!
Danach zwischen den vielen Tischen und Stühlen des Straßen-Cafés hindurch schlängeln.
Ein paar Typen, die dort sitzen:
»Hör upp, misch zu schlare.«
Jou, diese Kölner!
Zehn Sekunden später:
»Do steht uch noch ejne Kist.«
Unmittelbar im Anschluss:
»Un do steht uch noch ejner.«
Dann an einem Baum vorbei, der rechts liegen muss zwischen vielen Fahrrädern so entlangzuschlängeln, dass man nicht auf die links liegende Umrandung (Metallstange, darunter Mauer) der U-Bahnstation kommt, die noch nicht in Betrieb ist. Über die Bonnerstraße,

weiter, zwischen Auslagen und Schildern durchschlängeln in die Merowingerstraße, Kleiderständer mit der linken Hand erspürt. Weiter an einem Blumenladengeruch zwischen Stangen. Sagen: »Ach, Ihr sitzt da.«
Zwischen Menschen und Fahrrädern durch. Dann links die Elsaßstraße überqueren. Rechts ein Auto, das langsam fährt, wartet. Hinter uns biegt es in die Elsaßstraße ein. Nun mitten auf die Straße, die Merowinger, weil die Bürgersteige voll stehen. Navigiere dort hart jenseits der Küste mit Tendenz nach rechts, sozusagen entlang. Autos hinter uns müssen langsam fahren, eines fährt langsam ganz knapp vorbei. Ah, wir einigen uns aber ganz gut. Es ist die Aufgabe, rechts so lange auf der Straße zu bleiben, bis man zwischen Autos, die parken, und Fahrrädern und Stangen und Blumenkästen usw. durchkann. Die linke Hand schmiegt sich an die rechte Seite des Autos an. Ihr so folgen, dass wir am Handrücken die Außenhaut des Autos spüren. Mit dem Stock sich zwischen Fahrradreifen, Autoreifen, Stange, Blumenkübel und Bordsteinkante den Weg auf den Bürgersteig tasten.
Da kommt eine Frau entgegen, nicht mit dem Stock zwischen die Beine hauen, ja, dieser Stock ist manchmal blöd.«[21]

In diesem Protokoll füge ich einer phänomenologisch orientierten Beschreibung, die auf subjektive Intentionen,[22] körperlich-leibliche Dispositionen[23] und Wahrnehmungsstile[24] fokussiert, materiale Dinge und Raum- bzw. Dingstrukturen hinzu. Letzteren kommt eine eigentümliche *agency*[25] zu, d.h. eine Macht, die andere Akteure in Aktion treten lässt, gleich wie deren materiale Beschaffenheit zu

---

21 Protokoll vom 21.4.2015.

22 Vgl. Schütz: Der sinnhafte Aufbau der sozialen Welt; Schütz/Luckmann: Strukturen der Lebenswelt.

23 Vgl. Merleau-Ponty, Maurice: Phänomenologie der Wahrnehmung, Berlin: De Gruyter 1966.

24 Vgl. Saerberg: »›Geradeaus ist einfach immer geradeaus‹. Eine lebensweltliche Ethnographie blinder Raumorientierung, Konstanz: UVK 2006; Ders.: »Über die Differenz des Geradeaus. Alltagsinszenierungen von Blindheit«, in: Waldschmidt/Schneider, Disability Studies, S. 201-224; Ders.: »Just go straight ahead. How Blind and Sighted Pedestrians Negotiate Space«, in: Senses & Society 5.3 (2010), S. 364-381.

25 Mögliche Übersetzungen des hier entscheidenden Begriffs *agency* sind Handlungsmacht und Handlungspotenzial. Weniger treffend in meinem Kontext erscheint mir der von Jürgen Osterhammel vorgeschlagene Terminus »Handlungsinitiative« (Osterhammel, Jürgen: »Expansion und Imperium«, in: Burschel, Peter et al. (Hg.), Historische Anstöße. Festschrift für Wolfgang Reinhard zum 65. Geburtstag, Berlin: Akademie Verlag 2002, S. 371-392, hier S. 376) zu sein, da dieser eine zu anthropomorphe Konsonanz an das Handlung-in-Gang-setzen menschlicher Akteure nahe legen könnte.

beschreiben ist und wie hoch deren *agency* eingestuft werden mag.[26] Sie sind daher zumindest partiell als Ausgangspunkt und Träger einer *agency* anzusetzen. Zwar hat Alfred Schütz[27] solche Faktoren im Begriff der »auferlegten« Relevanzen aufgenommen, mir erscheint diese begriffliche Fassung allerdings für die hier anvisierten Zwecke unterdeterminiert zu sein. Daher möchte ich die Dinge auf eine höhere Akteurstufe stellen, betrachte sie somit als Aktanten und spreche von Ensembles – es wäre auch möglich, von Akteur-Netzwerken zu reden.[28] Sie treten als Akteure in Verkettungen von Akteuren ein und sind nur innerhalb dieser Handlungsverflechtung beschreibbar. Dabei mischt sich der Akteur, der über eine Innenperspektive auf seinen Leib und sein Bewusstsein verfügt, mit Mitmenschen, die prinzipiell dazu in der Lage sind, Informationen über ihr Innenleben mitzuteilen, mit Dingen, die gelegentlich als Medien fungieren können, und mit Elementen einer dinghaft-technisch strukturgebenden Umwelt. Hierbei ist Schüttpelz zuzustimmen, insofern sich fruchtbar die Herangehensweise einer Akteur-Medien-Theorie einsetzen lässt. Jedem Aktanten in der Handlungskette kann, je nach der Position zu anderen Aktanten, eine Mittlerfunktion delegiert werden. Daher partizipieren diese Aktanten in ihrer beschreibenden Analyse – in Schüttpelz' Worten an den voneinander distinkten und grundlegenden Paradigmen der in der Moderne vorfindlichen drei Wissenschaftsformationen, Technik- und Naturwissenschaften, Sozialwissenschaften und Geistes- und Kulturwissenschaften.[29]

Allerdings sind wir darüber hinaus mit Husserl und Schütz der Meinung, dass sich diese *Turbulenz* von Medien letztlich daraus ergibt, dass sie rückbezogen werden müssen auf die Lebenswelt menschlicher Akteure, denen dadurch ein unhintergehbarer Sonderstatus zukommt.

Wir sind zwei Füße in zwei Schuhen, ein Langstock in rechter Hand (an Arm an Schulter an Körper an Gehirn), vor allem zwei Ohren an einem ständig prozessierenden Auslegungsorgan, viele Bordsteinkanten, Straßenasphalte jeglicher Art, Verkehrsschilder, parkende Fahrräder und PKW, Rolltreppen, Pflöcke, Kleiderständer, Tische, Stühle und Passanten, Stimmen, Kaffeetassen. Das Ensemble vielfältiger Akteure greift ineinander.

---

26 Vgl. Callon, Michel: »Why Virtualism Paves the Way to Political Impotence. A Reply to Daniel Miller's Critique of ›The Laws of the Markets‹«, in: Economic Sociology. European Electronic Newsletter 6.2 (2005), S. 3-20, http://econsoc.mpifg.de/archive/esfeb 05.pdf (letzter Zugriff: 05.11.2015).

27 Vgl. Schütz/Luckmann: Strukturen der Lebenswelt.

28 Vgl. Latour, Bruno: Das Parlament der Dinge. Für eine politische Ökologie, Frankfurt a.M.: Suhrkamp 2001 [1999].

29 Vgl. Schüttpelz: »Elemente einer Akteur-Medien-Theorie«.

Die Medien der Navigation wie Schuhe und Langstock – bei Regen oder Kälte auch der Hut – sind meistens meine Verbündeten. Aber sie können auch abtrünnig werden, beim Schuh lockert sich die Bindung, rutscht ab oder aus, ein Hut geht fliegen, ein Stock rutscht aus der Hand oder verkeilt sich irgendwo. Der Stock vor allem hat ein Eigenleben, schlägt gelegentlich Passanten oder verbündet sich mit Rolltreppen gegen mich, indem er mit ihnen davonrollt oder auf mich zustößt. Bezieht man andere Medien der Navigation wie etwa eine auf dem Mobiltelefon installierte GPS-Software zur Steuerung ein, so müssen diese zudem in die Routinen der Navigation eingebaut werden. Software-Bedienung, Mobiltelefon und oft zusätzlich Kopfhörer müssen als weitere Prozesse gesteuert und koordiniert werden.

Straßenbahnen und Autos und Fahrräder und Motorräder – parkend oder fahrend – und Stangen und Laternen und Bäume und Blumenkästen und Baustellenabsperrungen und Tische und Stühle und Schilder und Passanten und Kinderwägen – sitzend oder stehend oder laufend – und Kreuzungen und Bordsteinkanten und Ampeln und Straßenbahnhaltestellen und U-Bahn-Treppen sind das Ensemble, um das es sich meistens herumzuwinden gilt. Andererseits gestalten sie Unterschiede setzend die Umwelt, dadurch geben sie Orientierung, je mehr Hindernisse, desto besser die Orientierung. Mit Hindernissen spielt man also zusammen. Das Ensemble der Dinge bestimmt die Route. Die Kunst ist es, die Sprache oder Zeichen dieser Dinge gut zu beherrschen, denn umso geschmeidiger funktioniert die Performance.

In der subjektiven Perspektive einer/s Blinden spielen die verschiedenen Sinnesfelder (Hören, Tasten, Riechen, Empfinden etc.) auf jeweils unterschiedliche Weise zusammen. Ich nenne dies den blinden Wahrnehmungsstil.[30] Er ist geprägt von einem hochgradig komplexen Ineinandergreifen verschiedener Sinnesfelder, in dem sich die Aufmerksamkeit des navigierenden Subjekt-Ensembles ständig anderen Elementen des wahrnehmbaren Raumes zuwendet.

Die Gesamtheit dieser Navigation ist wesentlich am Nah und Fern der Raumorientierung ausgerichtet, daran, wo der Weg *hier* zuerst entlangführt, um danach *dorthin* zu gelangen. Der eigene Leib ist dabei der Ursprung des raumorientierenden Koordinatensystems, von ihm aus wird mit Hilfe eines grundlegenden Orientierungsschemas die Umwelt in Richtungen nach links/rechts, oben/unten und vorne/hinten gegliedert, bezogen auf das jeweilige Bezugssystem der jeweiligen

30 Vgl. Saerberg: »›Geradeaus ist einfach immer geradeaus‹«; Ders.: »Über die Differenz des Geradeaus«; Ders.: »The Sensorification of the invisible«, in: Schubert, Cornelius/Burri, Regula/Strübing, Jörg (Hg.), The Five Senses of Scienes. Sonderheft der Science, Technology & Innovation Studies 7.1 (2011), S. 9-28.

räumlichen Umwelt, in die das Ensemble pragmatisch wirkend eingreifen kann:[31] Das *Hier* ist zunächst – als Verankerung in dem grundlegenden Bezugsschema dieser Umwelt – das Stehen des eigenen Leibes auf einem bestimmten Untergrund, dem auch feste Qualitäten zugeschrieben werden, wie z.B. der glatte steinhafte Boden des Bahnsteiges, das riffelige Metall der Rolltreppenstufe, der Asphalt einer Straße. Deren Details ergeben sich auf Grund von apperzeptiven Schemata.[32] Das sind sowohl leiblich-körperliche als auch kognitive Interpretationsschemata der wahrnehmbaren Umwelt. Das *Dort* des Raumes wird komponiert auf Grund von apperzeptiven Schemata des Geruchs, Luftzugs und taktiler Muster von Hand, Fuß und Langstock.

In diesem Kontext erzeugen verschiedene materiale Eigenschaften des Wahrnehmungsmediums differente Informationen: harte Schuhsohlen produzieren mehr und lauteres Geräusch, weiche Schuhsohlen sind besser geeignet für taktile Empfindungen und Barfuß-Gehen ist sehr sensitiv für Temperatur und scharfkantige Dinge. Die Bordsteinkante erlegt den Füßen und den Schuhen bestimmte Praktiken auf.

Maurice Merleau-Ponty fasst die Beziehung zwischen dem navigierenden Subjekt und dem Wahrnehmungsmedium als eine körperlich-mediale Einheit auf. Er schreibt: »Sich an einen Hut, an ein Automobil oder an einen Stock gewöhnen heißt, sich in ihnen einrichten, oder umgekehrt, sie an der Voluminosität des eigenen Leibes teilhaben lassen.«[33]

Dies bildet den nahesten Teil der Welt um unseren Körper. Wir erweitern diesen Bereich mit dem Langstock, seine Spitze zieht eine Grenze zwischen der Welt in aktueller und potentieller Reichweite: Für einen kurzen Moment betritt ein Hindernis die Welt in unserer aktuellen Reichweite, aber im nächsten Moment blenden wir es aus, indem wir ihm ausweichen.

Materialeigenschaften des Mediums – Stock und Schuhe – müssen vom navigierenden Subjekt einkalkuliert werden. Diese Materialeigenschaften müssen in Größe, Stabilität und Gewicht den Materialeigenschaften der jeweiligen Umwelt angemessen sein: Es sollte ein Stock sein, ein Seil würde zu unbefriedigenden Ergebnissen führen. Der Langstock ist also stabil mit Kanten. Daher kann sein unvorsichtiger Einsatz zu Verletzungen bei Passanten oder Beschädigungen bei Autolackierungen führen. Ja, ein allzu lässiger und entspannter Schlenderstil kann sogar zu selbst induziertem Stolpern führen. Daher ist der Stock sehr variabel eingesetzt, mal forsch, mal sacht. Als reines Tastmedium eignet er sich weniger. So

31 Vgl. Saerberg: »Chewing accidents: A phenomenology of visible and invisible everyday accomplishments«, in: Journal of contemporary Ethnography 44.5 (2015), S. 580-597.

32 Vgl. Husserl, Edmund: Erfahrung und Urteil, Hamburg: Meiner 1972.

33 Merleau-Ponty: Phänomenologie der Wahrnehmung, S. 173.

übernimmt hier vor allem die linke, freie Hand diese Aufgabe. Sie schmiegt sich an Autokarosserien entlang, um das von Mitmenschen geliebte Ding zu schonen.

Das Auf und Ab einer Straße kreiert ein kinästhetisch gefühltes Tastfeld. Löcher im Boden ergeben Landmarken der Orientierung. Bordsteinkanten ebenso, sind aber tückisch, da sie Stolpern anlocken, was zu Verletzungen wie Bänderrissen führen kann. Hier birgt das Routinewissen wichtige Hinweise, wo sich dieses prekäre Objekt voraussichtlich findet: beim Überqueren von Straßen, zweimal, bei größeren vier bis achtmal, da kleine Inseln inmitten des Fahrzeugstroms ebenfalls mit kleinen Kanten ausgerüstet sind. Zusätzlich kann hier das geeignete Schuhwerk helfen. Gut gebunden, höher schließend, Sandalen eher vermeiden. Allerdings gibt es natürlich für den erfahrenen Flaneur eine Verlockung zu Sandalen, wenn das Wetter danach ist. Hier erweist sich die große Kunst des blinden Flaneurs.

Besonders wichtig sind apperzeptive Schemata des Hörraums wie Schallreflexion und Schalldämmung, Geräuschbahnung, Geräuschverdeckung und Geräuschverstärkung.[34] Hierunter ragen einzelne Geräusche und Grundklänge hervor. Erstere, wie Stimmen, Schritte, Motorengeräusche, Lautsprecheransagen etc., dienen der Personen- und Gegenstandserkennung, zur Identifizierung von Richtung und Entfernung im Raum.

Grundklänge entstehen als Summe allen geräuschhaften Vorkommens als Gesamtklang in einem Raum. Sie sind typisch und haben einen allgemeinen Charakter. Beispiele hierfür sind der, mit je verschiedenem Hall gemischte, Grundklang eines Bahnsteiges, einer Bahnhofshalle oder einer U-Bahnstation, der Grundklang einer Dorf-, Vorstadt- oder Innenstadtstraße oder von Plätzen der verschiedensten Art. Grundklänge bilden den akustischen Kern dessen, was die kognitiven topologischen Grundtypen (eben Bahnhof, Platz, Straße etc.) ausmacht: Sie deuten eine akustische Umwelt gemäß einem körperlich-leiblich sedimentierten Wissensvorrat.

In Grundklängen und Geräuschen zeigen sich weiterhin zwei materiale Grundmerkmale des akustischen Raums: seine Sphäralität und seine Gerichtetheit. Zum einen wird im Grundklang deutlich, dass der Raum des Hörens offen in alle Richtungen ist. Jede dieser Richtungen ist zur gleichen Zeit einhörbar, der Raum ist also

---

34 Vgl. Saerberg: »Das Sirren in der Dschungelnacht«, in: Dreher, Jochen et al. (Hg.), Phänomenologie und Soziologie. Positionen, Problemfelder, Analysen, Wiesbaden: VS-Verlag 2008, S. 401-410; Ders. »Die schwarzen Wühler. Sinnessoziologische Erkundungen eines zwielichtigen Kampfplatzes«, in: Keller, Reiner/Meuser, Michael (Hg.), Körperwissen, Wiesbaden: VS-Verlag 2010, S. 353-377; Ders.: »The Sensorification of the invisible«; Ders.: »Audioethnographie und Autoethnographie«, in: Tervooren, Anja et. al. (Hg.), Ethnographie und Differenz in pädagogischen Feldern. Internationale Entwicklungen erziehungswissenschaftlicher Forschung, Bielefeld: transcript, S. 167-183.

– im Gegensatz zum visuellen Feld – als Sphäre simultan in allen seinen Raumlagen offen erschlossen. Zum anderen wird zugleich aber in Geräuschen deutlich, dass das Hörfeld hochgradig nach Richtungen differenziert ist, so dass mit großer Genauigkeit die Position eines Geräusches in ihm angegeben werden kann.

So treffen wir in diesem Ensemble von Aktanten erstens die sensorielle Materialität des Körpers, den blinden Wahrnehmungsstil. Zweitens findet sich die räumliche Materialität der Umwelt. Drittens stoßen wir auf die materialen Eigenschaften der Artefakte des Handelns und die Instrumente der Wahrnehmungen, also die Medien. Viertens entfalten sich vor uns explizit einerseits und verbergen sich implizit andererseits die standardisierten und habitualisierten Routinen im Wissensvorrat: das Gewohnheitswissen. Alfred Schütz unterscheidet Fertigkeiten, Gebrauchswissen und Rezeptwissen.[35] Dieses Routinewissen greift ständig pragmatisch wirkend in die dinghafte Umwelt ein, ist in der Lage, sie auch langfristig und stabil zu verändern. Es kann aber auch bestimmten Elementen der Umwelt aus dem Weg gehen.

Aus der Navigation entspringt aber das Flanieren. Das Ensemble öffnet sich aus der pragmatischen Orientierung auf Navigation hin zum Flanieren. Es lässt die routinehaft ablaufenden Orientierungs- und Navigationsleistungen in den Erlebnishintergrund absinken und richtet seine Aufmerksamkeit in ästhetischer Einstellung auf Akustisches wie Stimmen, Worte und Grundklänge. Letztere werden von ihrer primär zur Orientierung pragmatisch eingesetzten Funktion ausblendend abgezogen und auf eine singuläre, ästhetisch beeindruckende Ereignisse suchende Körper- und Bewusstseinseinstellung übertragen. Die Einstellung des Flanierens ist somit der des Reisens anverwandt.[36] Daher: blind zu flanieren heißt nicht, mit geschlossenen Augen durch die Welt zu gehen, genau so wenig wie sehend zu flanieren bedeutet, zu träumen und die materielle Wirklichkeit aus dem Blick zu verlieren. Die Kunst ist vielmehr für den blinden wie für den sehenden Flaneur, so routiniert um die Felsen der Hindernisse herumzunavigieren, dass genügend Raum für das gleichzeitig distanzvolle und genussbereitende Beobachten der Umwelt bleibt.

4. FILET DER FLANERIE

Natürlich gibt es Umwelten, die unangenehmer und solche, die wesentlich angenehmer zum Flanieren einladen. Sehr angenehm ist es, wenn die Lautstärke des Verkehrsgeräuschs in einem mittleren Bereich liegt. Auf breiten Gehwegen zu

35 Vgl. Schütz/Luckmann: Strukturen der Lebenswelt, S. 156-163.

36 Vgl. Saerberg: Blinde auf Reisen, Wien/Köln/Weimar: Böhlau-Verlag 1991.

flanieren, auf denen immer Passanten entgegenkommen oder in verkehrsberuhigten Fußgängerzonen zu spazieren, ist ein großes Vergnügen.

Am schönsten ist das Flanieren selbstverständlich bei Sonnenschein. Zuerst einmal, weil wir hier die angemessene Geschwindigkeit entwickeln können: Flanieren ist mit genießerischer Langsamkeit über das Trottoir zu schlendern.

Oft bleiben wir auch stehen, um in die Landschaft zu wittern. Dann gehen wir wieder weiter. Leute kommen entgegen, denen wir ausweichen.

Wir spüren erneut in den Untergrund.

Wir schnappen Gespräche auf, Fetzen aus fremden Leben. Wir denken darüber nach, in welcher Beziehung die Sprechenden miteinander stehen. Bei schönem Wetter spielt sich viel auf der Straße ab. Viele Fußgänger sind unterwegs, junge Frauen und junge Männer gehen mit ihren Kindern spazieren. Lustige und ärgerliche Familien- und Erziehungsanekdoten spielen sich vor unseren Ohren ab. Menschen bleiben stehen, tratschen miteinander. Uns völlig unbekannte Personen bekommen Namen und ihre Taten und Untaten erscheinen plötzlich in grellem Licht und verschwinden ebenso plötzlich wie sie erschienen sind.

Um eine Ecke biegt eine kleine Schar oder kleine Bande junger Schülerinnen ein, je nach dem. Vielleicht vierzehn Jahre alt?

Der Gestus der Stimmen, das Alter, die Uhrzeit, alles deutet darauf hin.

Von nun an pendeln wir im Schatten junger Mädchenblüte dahin. Vielstimmig sowohl im Plural als auch jede einzelne für sich. Eine mit zwei verschieden hohen Stimmen: die hohe und witzig klingende ironisiert oft das, was die im mittleren Tonbereich zuvor gesagt hat.

Eine biegt ab: »Tschüüüs!«, alle hoch und süß im Chor. Die eine toppt danach noch höher als stimmlich bunter Papagei.

Der Geruch von Geschäften dringt an unsere Nase. Sie haben ihre Türen geöffnet oder ihre Waren nach draußen gestellt. Bäckereien und Schuhgeschäfte duften um die Wette. Düfte verführen zum Einkehren. Cafés und Restaurants mischen ihre Küchendüfte hinein. Geruch ist überhaupt ein wichtiges Genussmittel für unser Flanieren. Auch der Duft von Menschen ist ein Gegenstand unserer Beobachtung. Duftwolken von Parfüm schweben an uns vorbei, ich rieche, ob jemand Kaffee getrunken oder geraucht hat.

Aus dem Inneren der Geschäfte dringen erneut Fetzen von Gesprächen an unser Ohr: Wir erfahren Details über Vor- und Nachteile vieler Waren. Unsere Lust wird vielfach angefacht, dieses oder jenes Produkt zu kaufen. Aber in der Regel schlendern wir weiter, da wir ja nicht den Einkauf im Sinne hatten. Doch wir merken uns das Geschäft und seine Waren für eine andere Gelegenheit. Wir lavieren um Auslagen herum. Dies sind keine Hindernisse in erster Hinsicht sondern Möglichkeiten taktiler oder olfaktorischer Materialerkundung.

Die Echos in den kleinen Straßen sind wie Wellenbewegungen in felsigen Buchten. Fahrräder rollen vorbei. Blätter wehen über die Straßen. Die Echos von

Frauenschritten hallen zuerst dumpf von irgendeinem halb verborgenen Winkel her, bevor sie klar und hell um eine Ecke biegen und auf uns zurauschen.

Schon von Weitem künden Ansammlungen menschlicher Stimmen davon, dass dort ein Café oder ein Restaurant ist. Sollen wir jetzt schon einen Kaffee nehmen? Oder erstmal weiterschlendern? Oder vielleicht schon einen Imbiss zu uns nehmen?

4.1 Der Park

Vielleicht ein kleines Pläuschchen mit einer Tischnachbarin halten?

Hmmmm – Was wir dann am Ende machen, ist abhängig vom Augenblick, von den Geräuschen, die an unser Ohr dringen, den Gerüchen, die uns die Nase streicheln, der Luft, die uns um die Ohren weht. Von dem Gefühl im Bauch. Jetzt gehen wir erst einmal weiter, irgendwo dort vorne haben wir eine anziehende Stimme gehört. Wir hören eine kleine Gruppe, Frauen, Kinder. Wir folgen ihnen. Wohin sie wohl gehen? Wir überqueren ein paar Straßen, dann fühlen wir auf einmal keinen Asphalt mehr unter den Füßen. Es wird ruhiger. Wo sind wir jetzt? Plötzlich ist Sand unter unseren Füßen, wir rutschen, verlieren den Halt. Wir stützen uns mit der linken Hand auf dem Boden ab. Wir können so einen Sturz vermeiden. Eine Grube. Wer hat die für uns gegraben? Wir hören Lachen um uns herum. Jemand führt uns zu einer Bank. Wir entspannen wieder, lauschen. Viele Kinder, Frauen. Gekreisch, Gelächter, Hmmmm? Wir interpretieren, unser Kopf arbeitet wie ein schneller Rechner – wir haben es, ein Spielplatz. Die sandige Grube war keine Baustelle, sie war ein Sandkasten. Wir lauschen um uns herum, hören am geräuschvollen Kommen und Gehen, wo der Eingang ist. Nach einer Zeit schlendern wir weiter. Wir erkunden das Gelände um den Spielplatz. Hier sind viele kleinere Wege, keine Trottoirs, es gibt Wiesenflächen, Bänke stehen herum. Aua, das war unser Schienenbein.

Wir gehen weiter, kommen in ein kleines Wäldchen. Erneut bildet der Kopf ein Panorama, ein Gedankengeflecht, in das sich Geräusche und Tasteindrücke mischen. Ein Park. Parks bieten eine ganz andere Art von entspanntem Spazieren. Hier sind die Flächen weiter, die Wege leichter zu überhören und weniger Auf und Ab von Straßen und Trottoir. Hier gilt noch mehr als in den Straßen der Stadtzentren: Nur wer sich verläuft, kommt ans Ziel. Denn Straßen haben Namen, die wir jederzeit erfragen können. Die meisten Wege in Parks haben aber keine solchen Namen und daher ist hier das Verlaufen und der Irrgarten perfekt. Es ist nicht einmal sicher, an welcher Seite des Parks man ihn wieder verlassen wird. Verlassen ja, das ist kein Problem, wir brauchen bloß auf das Geräusch von Verkehr zuzugehen. Aber welche Straße, die den Park einsäumt, haben wir nun erreicht?

Dann fragen wir immer einen sehenden Passanten nach einer Wegauskunft oder einer Wegbeschreibung.

4.2 Passanten aus der Menge

Unser Flanieren ist aus verschiedenen Gründen eines, das mehr Kontakte zu sozialen Mitwesen aufnimmt als das eines sehenden Flaneurs, wie Walter Benjamin es etwa beschrieben hat.

Bei uns ist all dies auf kuriose Weise umgekehrt: Wir sind sichtbar, daher nicht unverletzlich und die Masse ist unsichtbar für uns. Wir können uns nicht in der Masse verstecken, der Blindenstock macht uns sichtbar. Es muss übrigens nicht unbedingt ein weißer Stock sein. Einmal sind wir – endlich echter Dandy, dem nur die Schildkröte gefehlt hat – mit einem roten Besenstiel durch Wien flaniert, weil wir den weißen Stock beim Donauwiesenfest liegen gelassen haben. Und der rote Besenstiel war das Ding, das zur Hand war und am ehesten einem Blindenstock ähnelte. Man erntet dabei witzige Reaktionen zwischen Befremdung und Neugierde. Man lernt dabei aber auf jeden Fall, sich als ein Schauspieler einer bestimmten Rolle zu fühlen und diese Rolle, nämlich die des Blinden, zu spielen und mit eigener Kreativität auszufüllen.

Der sehende Flaneur ist vor allem ein Flaneur mit den Augen. Bei uns dagegen teilt sich der Blick in zwei Teile auf: das Hinhören und das Leute ansprechen.

Daher kann es auch nicht schaden, wenn der blinde Flaneur ein paar Namen weiß von Orten, deren Berührung Freude bereiten wird und nach denen er Passanten fragen kann.[37]

4.3 Der Kirchenraum als Panorama des Flanierens

Architektur-Beobachtungen und Raum-Verortungen gehören seit Walter Benjamin zum Kernstück jeder Flanerie: »Die Figur des Flaneurs. Er gleicht dem Haschischesser, nimmt den Raum in sich auf wie dieser. Im Haschischrausch beginnt der Raum uns anzublinzeln: Nun, was mag denn in mir sich alles zugetragen haben?«[38]

Ein paar Kirchen zum Vergleich: Der Kölner Dom ist dem Hauptbahnhof anvertraut. Die Schritte sind leicht gesetzt, die Richtung klar. Der Dom ist ein Bienenkorb. Gemurmel. Mobiles Gebimmel. Wir nehmen Platz. Beginnen unsere ausführlichen Klangstudien. Ein Hall, weit aber hoch, der sich nach oben verliert, dem irgendwie der Himmel offen steht, dadurch aber auch die Hörenden verlässt.

Schritte jedweder Art, wie sie in den weiten Räumen widerhallen: Diese Schritte spiegeln wie die bunten Fenster der Kathedralen die Verschiedenheit der Wesenheiten, die sich im Kosmos tummeln. Sie spiegeln die Diversität der

37 Vgl. Saerberg: »›Geradeaus ist einfach immer geradeaus‹«; Ders. »Über die Differenz des Geradeaus«.

38 Benjamin: Das Passagen-Werk, S. 1008.

verschiedenen Besucher. Die Gläubigen, die hier zur Andacht einkehren und die Touristen, die auf Sightseeing-Tour sind. Ihre Schritte klingen so anders. Und natürlich Männer- und Frauenschritte: die Frauenschuhe mit ihrer viel höheren Variationsbreite in der Verschiedenheit ihrer Geräusche. Das hohe Klicken modischer Schuhe junger Frauen, das sonore tiefe Schnurren eleganter Frauen, oder das sonor dumpfe des adretten Schuhwerks, vorsichtig verbergend. So wechselhaft ist das Klangpanorama in einer Kirche, dass es zwischen andächtiger Versenkung ins Spirituelle bis zum lasziven Spiel mit erotischen Möglichkeiten reicht.

Sankt Andreas ist verkehrsumbraust. Wir sitzen in unserer Bank und lauschen darauf, wie sich im Kirchenraum die Wogen des Straßenbrausens nicht brechen – nein, auch nicht verlieren oder verebben sondern gleichbleibend und unentwegt einfach nur rauschen. Irgendwie eine Kathedrale, die einem immateriellen Widerstand nicht Einhalt gebietet sondern einfach koexistiert. Das Rauschen in sich aufnimmt und es durchaus auch zum Hintergrund eigenen Klingens erklärt hat.

4.4 Im Straßen-Café

Die intensivste Gelegenheit, Menschen zu beobachten, geben uns Cafés, vor allem Straßen-Cafés. Hier können wir in Ruhe und mit vollster Konzentration auf Stimmen und Schritte von anderen Cafébesuchern oder Passanten lauschen. Wir sind hier gewissermaßen ein echter Voyeur, ein Späher und Spion. Unser »Botanisieren«[39] sammelt dabei allerdings weniger Physiologien in der Trommel als Psychologien oder Parolen.

Plötzlich zwei Jungs, so um die fünfzehn, Begrüßung locker auf die Schulter geklopft: »Alter!«, in einer Art deutsch-türkischem Slang: »Wenn ich Dir das sage, dann is das auch so!«

Kurze Begegnungen und Gespräche in Cafés oder Kneipen sind für uns aber genauso bedeutsam. Wir erfahren hier im Gespräch vieles über die Person, mit der wir gerade reden. Aber auch Informationen über eine neue und uns noch fremde Stadt erlangen wir dadurch. Dies ist vor allem dann wichtig, wenn wir als flanierender Tourist unterwegs sind. Wir erfahren so, was in der Stadt interessant für uns sein könnte.

5. RESÜMEE

Damit ist insgesamt doch ein Unterschied zwischen einem blinden und einem sehenden Flaneur gegeben.

39 Ebd., S. 470.

Ersterer versteckt sich nicht in der Masse, nutzt nicht die visuellen Praktiken: kurz anschauen und dann wortlos vorüber gehen. Er lässt sich regelmäßig auf Konversationen ein, ist ein Sprechender, der die anonymen Blicke der Schauenden für eine kleine Begegnung von Fremden und einen kurzen kommunikativen Austausch unterbricht.

Das Resultat dieser Flanerien ist daher vielleicht nicht so hoch aufgehängt, wie es ein sehender Flaneur veranschlagen würde:

»So stehen im Fokus seiner Beobachtung und Spurensuche die Materialisierungen der aktuellen Globalisierungs- und Individualisierungsprozesse sowie der hybride Mix von Globalem und Lokalem oder das Regelhafte und seine Abweichungen, wie er ihnen auf Straßen, auf Plätzen, in Klubs, Galerien, Schaufenstern oder im Internet begegnet.«[40]

Wesentlich vereinzelter, kaum zu solch übergreifenden Tendenzen ermutigt: Hier eine Gruppe junger Mädchen, eine Kleinstgang in der Entwicklung, eine freundliche alte Dame, ein rasender Autofahrer, ein paar Handytelefonate in der Straßenbahn, ein irgendwie seine Kleinfamilie verhandelndes junges Paar plus Kinder, eine Klangatmosphäre hie, eine dort.

Flanieren ist hier weniger ein Spiel mit Unsichtbarkeit und Sichtbarkeit denn eines mit Hörbarkeit und Sprache. Individualität zielt auf Austausch mit Fremden, die so zumindest ein wenig zu Bekannten werden.

Ihre Bekanntheit allerdings ist für ihn gar nicht reproduzierbar, denn an diese Flüchtigkeit individuellen Auftauchens aus der Menge wird der blinde Flaneur sich nicht mehr in individuell identifizierender Weise erinnern. Er dagegen – so denkt sich der Autor dieses Essays es sich zumindest – wird für den ihm begegnenden Fremden, dem er so ein besonderer wird, gleich dem Dandy des 19. Jahrhunderts zu einer auffälligen Erscheinung.

Zygmund Baumann hat jenes Beziehungsverhältnis zwischen Distanz und Nähe, Fremdheit und Raum beschrieben, welches in der »doppelten Freiheit, sich überall hin zu bewegen und selektiv zu ignorieren«,[41] besteht:

»Lustgewinn wird genau aus der gegenseitigen Fremdheit gezogen, das heißt, aus dem Fehlen von Verantwortung und aus der Gewissheit, dass, was immer zwischen Fremden geschehen mag, es ihnen keine dauerhaften Verpflichtungen auferlegt und in seinem Gefolge keine

40 Düllo: Der Flaneur, S. 123.

41 Baumann, Zygmunt: Flaneure, Spieler und Touristen. Essays zu postmodernen Lebensformen, Hamburg: Hamburger Edition 1997, S. 213.

(notorisch schwer zu bestimmenden) Konsequenzen hinterlässt, die möglicherweise noch den Genuss des (trügerisch leicht zu kontrollierenden) Moments überdauern.«[42]

Der blinde Flaneur durchbricht diese formale Beziehung nicht, denn die Distanz zwischen ihm und der sehenden Mitwelt bleibt bestehen. Ihr Gegenteil sind eben jene wohlmeinenden Übergriffe, die vermeintliche Hilfe dort im Übermaß aufpfropfen, wo sie weder benötigt noch gewollt ist. Inhaltlich allerdings fordert er ein gewisses Maß an mitbürgerlicher Verantwortung dort ein, wo er um eine Wegauskunft nachfragt, die für einige Momente – die auch zu einem langen Moment anschwellen können – das achtlose Dispensieren jedweder Verantwortung aufhebt. Solange, bis die Wegfrage geklärt ist oder der kurze Lift sein Ende findet. Anonymität ist nicht abgeschafft, sie erhält aber eine Stimme, die nicht individualisiert sondern humanisiert. Somit zieht der blinde Flaneur durch sein behäbiges Auftauchen im Stadtgetümmel unter die doppelte Freiheit von räumlicher Distanzüberwindung und sozialer Distanzierung sowie Lustgewinn am Konsum des Anderen und Verantwortungslosigkeit gegenüber dessen Wohl und Wehe ein Sicherheitsnetz bürgerlicher Mitverantwortung ein. Durch seine Überwindung behinderungskompatibler Barrieren wird er selber zu einem beweglichen Hindernis für *highspeed*-Interaktionen im urbanen Kontext, ein an material-körperlichen Eigensinn rückgebundenes »immutable mobile«[43].

42 Ebd., S. 214f.

43 Vgl. Latour, Bruno: »Drawing Things Together«, in: Lynch, Michael/Woolgar, Steve (Hg.), Representation of Scientific Practice, Cambridge, MA: MIT Press 1990, S. 19-68, hier: S. 58.

Als RezipientInnen vergessen

Gebärdenlernmedien auch für Menschen mit geistiger Behinderung?

DIANA SCHMIDT-PFISTER UND CAROLA JULIA SCHNEIDER[1]

> There is a tendency to see the technologies we have as the only possible ones. This obscures the way particular social and economic interests have influenced their development. It is useful to ask how a particular technology or set of technologies might be redesigned with alternative priorities in mind.[2]

»Het gebaar van de dag« (Die Gebärde des Tages), ist die *Facebook*-Seite einer holländischen Familie, deren Tochter Emily seit 2013 regelmäßig eine neue Gebärde in einem kurzen Videoclip vorstellt. Die *Facebook*-Seite ist primär als Hilfe für Emilys kleine Schwester Annika, die das Down-Syndrom hat, gedacht, wird aber weitaus breiter rezipiert. Sie hat derzeit mehr als 32.000 AnhängerInnen und wird täglich mit rund 6.000 Aufrufen und 200 bis 300 *Likes* bedacht.[3] Emily, und mit ihr Annika, erscheinen in der Presse sowie auf (Fach-)Vorträgen und vermitteln auch

---

1 Wir danken allen Personen und Institutionen, die uns als fragende und beobachtende Dritte an ihrem Alltag teilhaben ließen sowie dem Exzellenzcluster »Kulturelle Grundlagen von Integration« und der Universität Konstanz für die finanzielle sowie intellektuelle Unterstützung unserer Forschung.

2 Wajcman, Judy: »Feminist Theories of Technology«, in: Jasanoff, Sheila/Markle, Gerald E./Petersen, James C./Pinch, Trevor (Hg): Handbook of science and technology studies. Revised Edition, Thousand Oaks u.a.: Sage 1995, S. 189-204, hier S. 197.

3 Zum Vergleich: die *Facebook*-Seiten (eine zentrale und mehrere lokale) der in der deutschen Behindertenhilfe seit Jahrzehnten fest etablierten Selbsthilfevereinigung »Lebenshilfe« haben insgesamt ca. 15.000 Anhänger.

dort Gebärden.[4] Die Gebärden, die diese Familie nutzt, sind nicht mit der Gebärdensprache der Gehörlosen gleichzusetzen, welche eine eigenständige, historisch gewachsene Sprache darstellt. Vielmehr werden deren Hauptbestandteile, einzelne Gebärden für Worte oder Buchstaben, auch in der Kommunikation mit Menschen mit geistiger Behinderung, die zwar hören, aber nicht oder nur unzureichend sprechen können, als lautsprachunterstützende Gebärden (LUG) eingesetzt. Da hier nur wenige Worte eines gesprochenen Satzes zusätzlich durch Gebärden ausgedrückt werden, gelten LUG nicht als Sprache. Im täglichen *Facebook*-Video kann man hören und sehen, wie Emily mit wenigen Worten und Gebärden die Gebärde des Tages kurz erklärt, dann vorführt und schließlich ein Blatt hochhält, auf dem ein entsprechendes Bild, das geschriebene Wort und die gezeichnete Gebärde zu sehen sind. Diese Darbietung ist ideal für Kinder und kognitiv eingeschränkte Menschen und zudem in ein für viele Menschen alltagstaugliches Medium integriert. Dennoch speist sich die Wirkungskraft dieses Angebots weniger aus fundierten pädagogischen oder professionellen mediengestalterischen Qualitäten, auch nicht aus einem betont aktivistischen Vorgehen der Familie.[5] Vielmehr trifft hier ein pragmatisches Angebot, einzelne Gebärden medial für das Erlernen aufzubereiten, auf großen Bedarf. In Deutschland kann man dieses Angebot nicht nutzen, da andere Gebärden verwendet werden. Doch auch hier suchen Neuankömmlinge in diesem Feld – Fachleute und Angehörige ohne LUG-Vorbildung – zuallererst nach geeigneten Lernmedien für sich selbst sowie für die betreffenden Kinder. Für Letztere suchen sie vergeblich. Das bestehende Angebot sowie die vielfältigen Gründe für den Mangel an Mehr oder Passenderem für die eigentlichen RezipientInnen, die Kinder mit geistiger Behinderung, werden im Folgenden untersucht.

Die Verständigung über Sprechen und Hören fällt der Mehrheit der Menschen leicht und ist – neben Lesen und Schreiben – als dominanteste Kulturtechnik der zwischenmenschlichen und interinstitutionellen Verständigung eng mit der Organisation des Alltags verwoben. Das betrifft auch die Medien für die Vermittlung von Wissen. Die habituelle und sozio-technische Dominanz von Sprechen, Lautsprache und von deren schriftsprachlicher Abbildung wird jenseits der spannungsreichen Auseinandersetzung zwischen Hörenden und Gehörlosen, welche zentral von den

4 Siehe https://www.facebook.com/hetgebaarvandedag/. Ein eindrucksvolles Foto zeigt Emily als Vortragende auf einer Logopädie-Veranstaltung. Sie zeigt die Gebärde für Musik; das erwachsene Publikum vollzieht diese nach (siehe https://www.facebook.com/hetgebaarvandedag/photos/pb.240433819451818.-2207520000.1453968787./526192194209311/?type=3&theater) (letzter Zugriff: 27.01.2016).

5 Siehe Nothdurft, Judit: »Die Gebärdensprache macht Emily zum Star in Holland«. Deaf Service Experten-Interview Januar 2016, http://www.deafservice.de/de/expert.php?mexp=69 (letzter Zugriff: 06.02.2016).

Stellenwerten von Lautsprache bzw. Gebärdensprache handelt, selten hinterfragt. Nichtsprechende Menschen mit Körperbehinderung können oft von sprachausgebenden Technologien profitieren, wohingegen sie aufgrund eingeschränkter Hand-, Arm-, Finger- oder Gesichtsmotorik selten aktiv gebärden können. Bei Menschen mit geistiger Behinderung, die zwar sehen und hören, aber nicht oder nur unzureichend sprechen und schreiben können, sind die Einsatzmöglichkeiten assistiver gerätegestützter Technologien oft begrenzt. Viele verfügen jedoch über eine relativ gute körpersprachliche Koordinationsfähigkeit. Ihnen eröffnen Gebärden – als eine Körpertechnik und ergänzende Möglichkeit der Unterstützten Kommunikation (UK) – die Chance sich ›Gehör‹ zu verschaffen. Bei LUG bleibt die umgebende Lautsprache samt ihrer Grammatik führend: Nicht-behinderte KommunikationspartnerInnen sprechen in einfachen Sätzen und visualisieren gleichzeitig einzelne Worte mit den jeweiligen Gebärden. Nichtsprechende KommunikationspartnerInnen können so das Gesagte sehen und hören, wenngleich kognitiv nur eingeschränkt verstehen. Aktiv können sie sich mit einer Mischung aus einzelnen Gebärden und einer rudimentären Lautsprache ausdrücken.[6] Bei (noch) nicht sprechenden Kindern mit geistiger Behinderung werden LUG auch als Methode der Sprach- und Sprechförderung eingesetzt.[7] Um solche lautsprach-unterstützenden Gebärden lehr- und lernbar zu machen, bedarf es Medien der Speicherung und Lexikalisierung dieser Kommunikationsform sowie für deren didaktische Aufbereitung. Lautsprachunterstützende Gebärden verlangen idealerweise nach Tonbild-Medien, deren Gestaltung dem spezifischen Inhalt sowie den besonderen Bedürfnissen der Nutzenden entsprechen sollte. So logisch es klingt, gibt es diese idealen Medien bisher nicht. In der UK bleiben bezüglich Gebärden »the technologies we have«[8] optimierbar. Rein aus der Sicht medien-gestalterischer Potenziale – *the technologies we have elsewhere* – wäre hier längst weitaus mehr möglich. »Was ist mit der *Apple Watch*. Das geht doch auch für Gebärden«, meint ein Informationselektroniker einer Agentur für digitale Kommunikation enthusiastisch.[9] Doch die Subkulturen der Mediengestaltung und der UK sind nicht ohne Weiteres kombinierbar, um die Bedürfnisse kognitiv eingeschränkter RezipientInnen zu treffen.

6 Das Sprechvermögen von Menschen mit geistiger Behinderung variiert sehr. Im Fokus der vorliegenden Analyse stehen diejenigen, deren aktive Lautsprache unvollständig (Sätze wie auch Worte werden nur bruchstückhaft ausgesprochen), oft inkorrekt und nur für Eingeweihte verständlich bleibt.

7 Vgl. Wilken, Etta: Sprachförderung bei Kindern mit Down-Syndrom: Mit ausführlicher Darstellung des GuK-Systems, 11. Aufl. Stuttgart: Kohlhammer Verlag 2010, S. 64ff.

8 Vgl. Wajcman: »Feminist Theories«, S. 197.

9 Persönliches Gespräch mit einem leitenden Angestellten einer Agentur, die bereits digitale Anwendungen mit Gebärden produziert hat.

Menschen mit geistiger Behinderung sind generell mehr als andere auf Unterstützung angewiesen.[10] Gerade die Nichtsprechenden unter ihnen befinden sich zumeist in lebenslanger Betreuung durch sprechende, hörende und kognitiv fitte Menschen. Erstere sind so ständig mit einer oft unhinterfragten Dominanz der Ziele und Routinen Letzterer konfrontiert. Sind sie AdressatInnen für die Vermittlung von Wissen und Kompetenzen, etwa in der Pädagogik oder Therapie, ist »ein hohes Maß an Hilfeabhängigkeit [...] mit einem über das erforderliche Maß hinausgehenden Maß an Fremdbestimmung verbunden«.[11] So geschieht auch die Vermittlung von Gebärdenkenntnissen an Menschen mit geistiger Behinderung zwar mit dem grundsätzlichen Ziel, deren Kommunikationskompetenzen zu fördern, um ihnen ein selbstbestimmteres Leben zu ermöglichen. Die dabei eingesetzten Materialien und Medien aber spiegeln, neben der für kulturelle Kontexte typischen Unhinterfragtheit materieller Lösungen,[12] die Gestaltungshoheit von Menschen ohne Behinderung. Das Angebot an Medien und Materialien zum Erlernen von Gebärden richtet sich fast ausschließlich an die betreuenden Personen, die dann wiederum die Gebärden im persönlichen Umgang an die Betreuten vermitteln sollen. Menschen mit kognitiven und damit oft einhergehenden fein-motorisch-koordinativen Einschränkungen werden zwar als Gebärdenlernende, selten aber als potenzielle autonome Nutzende von Lernmedien bedacht oder angesprochen. Vielmehr sind Gestaltung und Nutzung dieser Medien in den Wahrnehmungs- und Ausdrucksmöglichkeiten und kulturellen Praktiken spezieller Nichtbehinderter begründet: inhaltlich kompetente Fachleute. Diese Zusammenhänge wurden bislang kaum wissenschaftlich untersucht. Die sonderpädagogisch-therapeutische UK-Forschung hat sich zwar dem Phänomen geistiger Behinderung gewidmet, weniger aber mit Blick auf die komplexen Beziehungen zwischen Behinderung, Nichtbehinderung und Materiali-

10 Vgl. Klauß, Theo: »Selbstbestimmung als Leitidee der Pädagogik für Menschen mit geistiger Behinderung«, in: Erhard Fischer (Hg.): Pädagogik für Menschen mit geistiger Behinderung. Sichtweisen, Theorien, aktuelle Herausforderungen, 2. Aufl. Oberhausen: Athena 2008, S. 92-136, hier S. 100. Waldschmidt, Anne: Selbstbestimmung als Konstruktion. Alltagstheorien behinderter Frauen und Männer, Wiesbaden: VS Verlag für Sozialwissenschaften 2012, S. 29ff.

11 Rittmeyer, Christel:. »Zur Bedeutung von Selbstbestimmung in der Arbeit mit Menschen mit einer geistigen Behinderung«, in: Sonderpädagogik 31.3 (2001), S. 141-50, hier S. 146.

12 Vgl. Bijker, Wiebe E./Law, John (Hg.): Shaping technology/Building society. Studies in Sociotechnical Change. Cambridge, Mass. u.a.: MIT Press 1992; Wajcman: »Feminist Theories«, S. 189-204.

täten.[13] Aus der Sicht der *Disability Studies* wie auch der Medienwissenschaft wird dieses Versäumnis zwar kritisiert,[14] die spezielle Situation geistig behinderter Menschen, insbesondere in Deutschland, jedoch unzureichend empirisch untersucht. Letzteres gilt auch für die *Science and Technology Studies* (STS),[15] deren Ansätze die theoretische Grundlage der hier vorgestellten Forschung bilden.[16]

DATENGRUNDLAGE UND HERANGEHENSWEISE

Dieser Beitrag fokussiert auf den deutschen Kontext, weil Gebärdensprachen und somit auch die Ausführung einzelner Gebärden in unterschiedlichen Ländern verschieden sind. In Deutschland kommt die Persistenz eigener Gebärdensammlungen im pädagogisch-therapeutischen Lebenswelten von Menschen mit geistigen Beeinträchtigungen hinzu. Die Entwicklung von Gebärdenlernmedien muss sich an den praktizierten Gebärden orientieren, denn deren präzise Ausführungen gilt es abzubilden. Auch die – miteinander verwobenen – Praktiken der medialen Produktion, der (Sonder-)Pädagogik, der Sprachförderung, der Medizin, der Hilfsmittelversorgung und des generellen Umgangs mit Behinderung sind in nationale Kulturen eingebettet. Weiterhin beschränkt sich die vorliegende Analyse auf nicht oder kaum sprechende *Kinder* mit geistiger Beeinträchtigung, da deren soziales Umfeld heute die Vermittlung von Gebärden tendenziell stärker befürwortet, nicht zuletzt durch die Öffnung von Früh- und Sprachförderung für diese

13 Zu den wenigen Ausnahmen gehört Lage, Dorothea: Unterstützte Kommunikation und Lebenswelt: Eine kommunikationstheoretische Grundlegung für eine behindertenpädagogische Konzeption, Bad Heilbrunn: J. Klinkhardt 2006.

14 Z.B. Waldschmidt, Anne: »Disability Studies als interdisziplinäres Forschungsfeld«, in: Handbuch Behindertenrechtskonvention: Teilhabe als Menschenrecht - Inklusion als gesellschaftliche Aufgabe, Bonn: Bundeszentrale für politische Bildung 2015, S. 334-344; Ochsner, Beate: »Ziemlich cool und nicht behindert« Gebärdensprache-Apps als Technologien des Selbst?«, in: Lendemains 154-155.39 (2014), S. 101-119.

15 Die Thematik kognitiver Beeinträchtigung haben die STS bisher kaum berücksichtigt. Selbst in den zentralen Zeitschriften der STS gab es bisher nur ein Special Issue zum Thema Behinderung, das den Aspekt kognitiver Beeinträchtigung komplett aussparte: »STS and Disability«, Science, Technology & Human Values 39.1 (2014).

16 Vgl. Bijker, Wiebe E.: »Why and how technology matters«, in: Goodin, Robert E./Tilly, Charles (Hg.): The Oxford Handbook of Contextual Political Analysis, Oxford/New York 2006, S. 681-706; Bijker/Law: Shaping technology.

Idee und neue Querimpulse aus dem wachsenden Bereich der ›Babyzeichen‹.[17] Dieser Öffnung steht der eklatante Mangel an entsprechenden Lernmaterialien für Einsteigende mit besonderen Bedürfnissen gegenüber.[18]

Die vorliegende Diskussion basiert auf sozialwissenschaftlichen Forschungsarbeiten zum Lehren und Lernen lautsprachunterstützender Gebärden sowie eigenen medienpraktischen Arbeiten hierzu, welche die Autorinnen seit 2012 realisiert haben. Diana Schmidt-Pfister hat zudem ethnographische Forschung an unterschiedlichen Orten durchgeführt, wo diese Kommunikationsform vermittelt wird (betreuende und therapeutische Institutionen mit Schwerpunktsetzung auf LUG und zumeist neueinsteigende Familien) und das gesellschaftliche Umfeld in diese Analyse einbezogen. In den Einrichtungen waren beide Autorinnen außerdem regelmäßig (2012-2015 wöchentlich) als Film- und Forschungsteam präsent, um mit Kindern, Jugendlichen und PädagogInnen Gebärden filmisch zu inszenieren. Die Datenbasis umfasst somit teilnehmende Beobachtung und umfangreiche Filmaufzeichnungen an diesen Orten sowie deutschlandweit zwei online-Umfragen und zahllose Gespräche. Schriftliche Quellen und Gebärdenmedien wurden aus deutschsprachigen und angelsächsischen Kontexten analysiert. Die Autorinnen haben schließlich selbst erprobt, in welcher Weise die gewonnenen Filmaufnahmen und Fotografien sowie weitere eigene Darstellungen (Zeichnungen, 2D- und 3D-Animation) medial und didaktisch für das Erlernen von LUG aufbereitet werden können.

Die Analyse des Materials erfasst die Gestaltungsweisen vorhandener und selbst erstellter Gebärdenmedien, deren Rezeption sowie deren kulturelle Entstehungs- und Nutzungskontexte, insbesondere die wissensvermittelnden Beziehungen zwischen Nichtbehinderten und kognitiv Eingeschränkten (resp. Medienproduzierenden und RezipientInnen). Im Hinblick auf den Untersuchungsgegenstand scheint, angesichts der Gestaltungshoheit Nichtbehinderter, ein Hinzuziehen feministischer Theorien der Technologieentwicklung naheliegend. Sie konzipieren technische Anwendungen analog als »maskuline Kultur«, deren hegemonialer Charakter umso fragwürdiger ist, wenn sie für weibliche Nutzerinnen geschaffen

17 Vgl. Schmidt-Pfister, Diana: »Lautsprachunterstützende Gebärden in der UK: Kulturkapsel(n) und die beginnende Wirkung von Grenzobjekten«, in: uk & forschung 4 (2015), S. 4-10.

18 Es sei angemerkt, dass die wenigen kindgerechten Materialien, die wir hier besprechen, das (nahezu nichtexistente) Angebot für Jugendliche mit Behinderungen noch übertreffen. Die Thematik der Kommunikationsförderung nichtsprechender, kognitiv beeinträchtigter Jugendlicher ist zugleich komplexer und verlangt tiefergehende Fallstudien bezüglich weiterer sozialer Kontexte.

sind, die von den Entwicklungsprozessen ausgeschlossen bleiben.[19] Doch der vorliegende Fall ist komplexer. Er führt über feministische Erklärungsmodelle hinaus, weil hier nicht nur Markt- und Machtinteressen dominieren und weil einer demnach anzustrebenden Emanzipation geistig behinderter Nutzender biologische Grenzen gesetzt sind, die Hegemonie von Nichtbehinderung also grundsätzlich ist, selbst wenn ein Recht auf Selbstbestimmung zugestanden wird.[20] Die medialen Praktiken der Vermittlung von Gebärden an kognitiv Beeinträchtigte erfordern eine umfassendere Perspektive auf Medien als komplexe Konfigurationen, die in enger Wechselwirkung mit biologischen, kulturellen wie moralischen Dynamiken (ent)stehen.

MEDIALE POTENZIALE – BESONDERE INHALTE – BESONDERE ZIELGRUPPEN

»ACH, FOTO, NICHT SO WICHTIG«, lautet die abwinkende (gebärdete) Antwort der gehörlosen Dozentin im Kurs für Deutsche Gebärdensprache (DGS), als jemand fragt, warum auf dem Gebärdenfoto im selbst gemachten Kurshandbuch die Handfläche in die andere Richtung zeigt als bei der Dozentin (persönliche Teilnahme).[21] Gebärdensprache gilt als Teil einer oralen Kultur, und Gebärdensprachkompetenz wurde bislang »zwangsläufig nur durch engen Kontakt mit der Gebärdensprachgemeinschaft der Gehörlosen erworben«.[22] Der anwesende menschliche Körper ist das Medium dieser Kommunikationsform und auch theoretisch das beste Medium zum Lehren von Gebärden. In der UK wird das Lernen am menschlichen Modell ebenfalls als die wirksamste Methode angesehen,[23] wobei es hier im Gegensatz zur DGS um einzelne Gebärden in Verbindung mit dem jeweils

---

19 Vgl. Wajcman: »Feminist Theories«, S. 189-204; Johnson, Deborah: »Sorting Out the Question of Feminist Technology«, in: Layne, Linda/Vostral, Sharra/Boyer, Kate (Hg.): Feminist Technology, Champaign: University of Illinois Press 2010, S. 36-54.

20 Zur Unterscheidung von Selbstbestimmung und Selbstständigkeit siehe Klauß: »Selbstbestimmung als Leitidee der Pädagogik«, S. 99-101. Im vorliegenden Fall bedeutet dies, dass Nichtbehinderte zwar auch Menschen mit kognitiven Einschränkungen ein Wahlrecht einräumen können, ob sie Gebärden lernen wollen und welche Medien sie hinzuziehen möchten, aber eben nur indem Erstere die Vorauswahl treffen bzw. die entsprechenden Medien produzieren.

21 Die Großschreibung kennzeichnet eine gebärdete, nicht verbal geäußerte Aussage.

22 Uhlig, Anne C.: Ethnographie der Gehörlosen: Kultur - Kommunikation - Gemeinschaft. Kultur und soziale Praxis, Bielefeld: transcript 2012, S. 171.

23 Vgl. beispielsweise Wilken: Sprachförderung, S. 83.

gesprochen Wort geht. Ausgehend von der Prämisse der persönlichen Vermittlung von Gebärden scheint eine entsprechende Ausbildung des sozialen Umfelds ausreichend. Abgesehen davon, dass es hieran mangelt, brauchen auch Menschen mit geistiger Behinderung weitere Medien und Materialien, die sie als ihre eigenen ansehen und mittels derer sie Gebärden und/oder die gesprochenen Worte üben und entsprechend ihrer eigenen Lerngeschwindigkeit beliebig oft wiederholen können. Nicht zuletzt betonen auch PädagogInnen wie Angehörige immer wieder, die oft tausendfach nötigen Wiederholungen würden sie an ihre Grenzen treiben. Doch wie können LUG *medial* und *zielgruppengerecht* gut abgebildet werden?

Gebärdensprache ist vierdimensional, da Gebärden neben den drei räumlichen auch eine zeitliche Dimension bergen.[24] In der UK verzichtet man auf die komplexe Logik und Grammatik der DGS, welche sich von der Lautsprache unterscheiden, allein schon weil entlang der lautsprachlichen Syntax gebärdet wird. Bei der Abbildung einzelner UK-Gebärden geht es also um deren Dreidimensionalität, allerdings kommt das gesprochene Wort als Teil der seh- und hörbaren Darstellung hinzu. Die räumlich-motorische Ausführung einer Gebärde umfasst ein Konglomerat an visuell erfassbaren Eigenschaften, die es medial abzubilden gilt: Handformen, Ausführungsstelle, Bewegung einschließlich Geschwindigkeit, Frequenz und Betonung sowie Körpersprache und Mimik. Obgleich bei LUG die Gebärden selbst weniger Bedeutungsgehalt bergen als in der DGS, stellt ihre Vermittelbarkeit hinsichtlich der ›nicht normalen‹ neurologischen Bedingungen der Körper der Lernenden die größte Herausforderung dar. Hier kann eine persönliche Anleitung die motorische Ausführung, semantische Bedeutung (durch Aussprache) und eine kontextbezogene Gebrauchsweise von Gebärden am besten demonstrieren und erklären. Die lehrende Person kann zugleich überprüfen, was bei der lernenden Person ankommt und bei Bedarf mit Handführung ein Imitieren fördern. Erfolgt die Vermittlung durch Medien, können (bislang) bei der lernenden Person lediglich Sehen (Gebärdenausführung, eventuell auch kontextuelle Bedeutung) und Hören (gesprochenes Wort), nicht aber Spüren (Motorik) angeregt werden. Soll medial abgebildet werden, wie jemand gebärdet, ist zu überlegen, inwiefern dies relevante Medien jeweils leisten können.

Allein gestalterisch betrachtet, ist *Film* das einzige Medium, das die mehrdimensionale Ausführung einer Gebärde nahezu realitätsnah abbilden kann. Da es Bewegtbild und Ton simultan transportieren kann, eignet es sich zudem bestens als Wiedergabe der Symbiose von Gebärden und Sprechen bei einer Person, die lautsprachunterstützend gebärdet. Der größte Nachteil filmischer Inszenierung von

---

24 Vgl. Sacks, Oliver: Stumme Stimmen. Reise in die Welt der Gehörlosen, Reinbek bei Hamburg: Rowohlt 1990, S. 109 (bezugnehmend auf ein Gespräch mit William Stokoe); Uhlig: Ethnographie der Gehörlosen, S. 178.

Gebärden ist die Geschwindigkeit. Eine Gebärde ist nur 0,5 bis 2 Sekunden lang zu sehen. Andererseits ermöglicht die filmische Aufzeichnung eine Zerlegbarkeit der Bildfolge, so dass sich eine Gebärde in einzelne Bewegungsabschnitte einteilen lässt.[25] Diese Erscheinungsweise könnte für das spielerische Gebärdenlernen interessant sein, wurde aber bisher nicht erprobt. Wiederholungen, verlangsamte Sprache und Gebärde sowie begleitende Erklärungen, wie im Falle persönlicher Anleitung, können zwar aufgezeichnet werden, bleiben dann aber fixiert und wirken oft eher befremdlich.[26] Von Mediennutzenden kann die Wiederholung, Verlangsamung oder Zerlegung einzelner Gebärden nur dann eingefordert werden, wenn die Aufzeichnung in Einzelclips mit entsprechenden Bedienoberflächen geboten wird. Dies ist beispielsweise bei digitalen Gebärdenlexika der Fall, wobei die DGS-Lexikon-App und das Lernprogramm *Tommys Gebärdenwelt* aus dem Verlag Karin Kestner unaufgefordert eine beständige Wiederholung in Endlosschleife präsentieren. Für Unkundige und insbesondere kognitiv beeinträchtigte Menschen ist damit nicht offensichtlich, wann eine Gebärde anfängt bzw. wann sie aufhört.

Sollen Gebärdenvideos öffentlich verfügbar gemacht werden, birgt das Medium Film weiterhin den Nachteil großen produktionspraktischen Aufwands, zumindest wenn man – jenseits laienhafter Darstellungen, wie die *Facebook*-Seite der holländischen Familie – in etablierten Produktionsformaten wie TV, DVD (oder heute App) denkt. Denn dies impliziert diverse gestalterische, finanzielle, rechtliche und vertriebspraktische Aspekte. Die meisten in Deutschland angebotenen filmbasierten Gebärdenlernmedien, für DGS wie UK, wurden nicht von professionellen Filmschaffenden erstellt. Dem stehen allein die Differenzen in den Kalkulationskulturen der etablierten Film- und Medienproduktion einerseits und der Behindertenhilfe andererseits entgegen. Die an der Herstellung Beteiligten, zumeist inhaltlich kompetente PädagogInnen oder GebärdenexpertInnen, die die Videoproduktion nebenher betrieben haben, betonen den immensen Arbeitsaufwand, hunderte bis tausende Gebärden fehlerfrei aufzuzeichnen und in geeignete Formate zu bringen. Immer wieder werden Videosammlungen mit Gebärden, die als lokale oder zielgruppenspezifische Lexika bereits erstellt wurden, aufgrund vieler eingeschlichener Fehler, die Gebärdendarstellung, die Filmästhetik oder die technische Umsetzung betreffend, nicht veröffentlicht. Für die nötigen Korrekturarbeiten

25 Vgl. Bergermann, Ulrike: Ein Bild von einer Sprache. Konzepte von Bild und Schrift und das Hamburger Notationssystem für Gebärdensprachen, München: Fink 2001, S. 213.

26 Gesprochene Anleitungen finden sich in Kinder-Lernmedien für American Sign Language, z.B. der Lernfilmreihe »Baby Signing Time!« (two little hands productions, siehe http://www.signingtime.com/) oder der App »Baby Sign Language Dictionary« (Baby Sign and Learn, siehe http://www.babysignandlearn.com/) (letzter Zugriff: 09.02.2016).

mangelt es an finanziellen Mitteln wie auch an zeitlichen Ressourcen seitens der inhaltlichen ExpertInnen.

Zielt man auf Gebärdenmedien für Kinder, sollten diese pädagogisch gesehen auch Kinder, sowohl mit als auch ohne Behinderung, als Modellpersonen abbilden, was im Produktionsprozess weitere soziotechnische Hürden mit sich bringt. Eine weniger exakte aber gerade für Kinder höchst lernförderliche Alternative wären animierte Trickfilme. Dass es heute weder in 2D- noch in 3D-Animation oder als Stoptrick nennbare kindgerechte Beispiele in Deutschland gibt, kann auf den immensen technischen Aufwand und damit auf finanzielle Erwägungen zurückgeführt werden.[27] Die für 3D-Animationen nötigen Avatare müssen eine besondere Feinmotorik in Armen, Händen, Fingern und Mimik leisten und sind nur mit großem Personalaufwand, der zudem technisches und gebärdenbezogenes Spezialwissen erfordert, zu fertigen. Einst erstellte Modelle werden daher aus Marktinteressen nicht öffentlich verfügbar gemacht, während konventionelle Avatarrohlinge nicht für die Animation mit komplexeren Gebärden einsetzbar sind.[28]

Printmedien bieten als zwei große Vorteile, keine Betrachtungszeit für eine Gebärdenabbildung vorzugeben und durch ein haptisches Greifbarsein Inhalte besser lernbar zu machen. Dass die Erforschung ihrer Rolle für die Darstellung von Gebärdensprache obsolet sei,[29] lässt sich im vorliegenden Fall nicht bestätigen. Gerade Menschen mit kognitiven Einschränkungen bieten unbewegte Bilder die beste Fokussierfläche für das ausdauernde Betrachten, Zeigen und Wiederholen gemäß dem individuellem Auffassungs- und Konzentrationsvermögen.[30] Printmedien beinhalten Raum für Erläuterungen der Ausführung einer Gebärde, sei es

27 Einige Beispiele zeigen, dass jede der genannten Animationsarten prinzipiell realisierbar ist: »Die Wunderlampe« (Stoptrick, 2008, Österreich), Episode 47 von »Smurfs Season 3« (2D-Animation, 1983, Amerikanisch-Belgische TV Serie). Auch mit 3D-animierten Avataren gibt es eine erste App namens »Sigame«, die auch einzelne DGS-Gebärden als Videoclips enthält, aber wie alle bisherigen Gebärdenapplikationen nicht kindgerecht bzw. für Menschen ohne Lesekenntnisse ungeeignet ist (2015, Österreich).

28 Die Autorinnen haben selbst seit 2013 ein low-budget Projekt zum Bau eines entsprechenden Avatars initiiert und begleitet, welches den Abstimmungsaufwand zwischen technischen und inhaltlichen Expertisen, insbesondere wenn ein Team an 3D-Artists involviert ist, bestens illustriert. Bis zum Zeitpunkt dieser Niederschrift konnte noch keine rundum zufriedenstellende Gebärdenanimation erreicht werden.

29 Vgl. Bergermann: Ein Bild von einer Sprache, S. 200.

30 Vgl. Schmidt-Pfister: »Gebärden lehren und lernen heute«, in: Antener, Gabriela/ Blechschmidt, Anja/Ling, Karen (Hg.): UK wird erwachsen. Initiativen in der Unterstützten Kommunikation, Karlsruhe: von Loeper Literaturverlag 2015, S. 397-411, hier S. 406.

schriftsprachlich oder durch symbolbasierte Notationssysteme. Gedruckte Lexika der DGS verwenden oft eine Mischung aus beidem, wobei die Notationssysteme nur von Fachkundigen verstanden werden, was dem Sinn eines Wörterbuches, die Entsprechung eines Ausdrucks in der Sprache der Nutzenden anzugeben, nicht nachkommt.[31] Printmedien haben jedoch den großen Nachteil, die Bewegung von Gebärden nicht direkt wiedergeben zu können. Die räumlich-motorische Ausführung von Gebärden wird daher in der Regel durch Pfeile abgebildet.[32] In Gebärdenbilder eingezeichnete Pfeil- und Liniensysteme bilden eine zusätzliche visuelle symbolsprachliche Ebene, die im Gegensatz zu Notationssystemen *in* die Abbildung integriert wird. Sie beschreibt in kodierter Form die Ausführungsstelle, die Bewegungsrichtung der Hände, oder Ruhestellung einer Hand, die Bewegung der Finger (Faust öffnen oder schließen, Fingerspiel) und Informationen bezüglich Geschwindigkeit, Wiederholung, abrupten Anhaltens, Kontaktstellen von Händen und Körperteilen sowie im frontal aufgenommenen, zweidimensionalen Portrait nicht direkt abbildbare Bewegungen zum Körper hin bzw. vom Körper weg. Um diesen umfassenden Informationsgehalt der Pfeilsymboliken wiederum zu übersetzen, enthalten Gebärdenlexika zum Teil mehrseitige Pfeillegenden. Unsere Beobachtungen zeigen, dass auch diese symbolische Ebene eine gewisse Fachkundigkeit voraussetzt, denn selbst Menschen ohne kognitive Einschränkungen fehlt oft die Geduld, zunächst umfangreiche Pfeilsystematiken zu verinnerlichen oder immer wieder nachzuschlagen. Unbekannte Gebärden können sie allein mithilfe eines mit Pfeilen versehenen Abbildes nicht immer korrekt umsetzen. Unbewegte Bilder, und damit Printmedien allgemein, eignen sich daher *generell* besser als Medium für das Erinnern, die Wiederholung und Festigung, denn als Quelle für ein selbstständiges Erlernen neuer Gebärden.[33] Für kognitiv beeinträchtigte Menschen wurden dennoch vereinfachte Pfeildarstellungen etabliert, die sich intuitiver erschließen lassen. Doch auch hier betonen die Herausgeber oder Grafiker den immensen Aufwand der hinter der Anbringung von Pfeilen stehenden Produktionsvorarbeit, einschließlich der Erarbeitung sinnvoller Gestaltungsprinzipien und ihrer praktischen Umsetzung.

Bezüglich LUG bergen Printmedien den weiteren großen Nachteil, die so bedeutsame Symbiose von hörbarer Sprache und sichtbarer Bewegung nicht

31 Vgl. Uhlig: Ethnographie der Gehörlosen, S. 179.

32 Jüngere Gebärdenabbildungen, Zeichnungen wie Fotos, zeigen die Bewegungsrichtung auch durch bewegungsunscharfe Arme, Hände oder Finger, was aber prinzipiell nur bei manchen Gebärden möglich ist. Vgl. beispielsweise die Zeichnungen in »Das Geheimnis des Piratenflosses« (Sonja Lacava-Vasem, fingershop, 2012) oder die Fotografien in »Das bunte kinderhände Liederbuch« (Andrea Rohrauer, Verlag kinderhände, 2014).

33 Vgl. Schmidt-Pfister: »Gebärden lehren«, S. 406.

wiedergeben zu können. Vielmehr koppeln diese Medien den Wahrnehmungskanal Hören aus und reduzieren die Wahrnehmung einer Gebärde auf das Sehen. Eine zuverlässige Vermittlung einer *lautsprachunterstützenden Gebärde* durch Printmedien verlangt somit die Anwesenheit einer sprechenden Person, welche die Gebärdenausführung kennt und das Wort sagen (oder vorlesen) kann. Denn nur wenige Menschen mit kognitiver Beeinträchtigung können schriftliche Erläuterungen lesen, zumal das Erlernen von Gebärden beginnen sollte, bevor das Lesenlernen überhaupt relevant wird. Da die UK traditionell eine Arbeit mit Bildsymbolen ist, werden oft auch Gebärdenabbildungen zusätzlich durch bildliche Darstellungen des Gemeinten oder durch Piktogramme erklärt. Abstrakte Wörter und deren Gebärden tauchten daher lange Zeit nicht in Gebärdenmaterialien auf, die auf eine bildliche Erklärung setzten. Die vermehrte Nutzung von Gebärdenbildern für abstrakte Begriffe und deren illustrierte Erläuterung wird in der UK seit Kurzem durch epistemische wie soziotechnische Einflüsse gefördert: das wissenschaftliche Paradigma des »Kernvokabulars« und die zunehmende Verbreitung der Symbolsprache METACOM.[34] Übrigens entsprang auch METACOM der pragmatischen Initiative einer Mutter, die ihre Kompetenzen als Grafikerin für ihre nichtsprechende Tochter einsetzte, welche mit vorhandenen UK-Symbolsystemen nicht zurecht kam, und seit 2004 die wachsende Sammlung veröffentlicht, zunächst als digitale lose Symbole-Sammlung und seit 2015 auch als sprachausgebende Kommunikations-App.

Interaktive digitale Medien schließlich ermöglichen die Kombination der Vorteile von Film und Printmedien. Unbewegte Gebärdenbilder lassen sich in einem Medium neben bewegten Bildern präsentieren, eine Tonebene ist vorhanden und die Betrachtungszeit lässt sich mit entsprechenden Bedienoberflächen durch die RezipientInnen steuern. Dies erfordert jedoch eine entsprechende Aufbereitung der Inhalte für diverse Ausgabeformate und Gerätetypen, womit die zuvor genannten soziokulturellen und produktionspraktischen Hürden, insbesondere von Film,

34 Als Kernvokabular werden die 200-300 am häufigsten verwendeten Wörter einer Sprache bezeichnet, deren größter Anteil Verben, Adjektive, Adverbien und sogenannte kleine Wörter (Artikel, Präpositionen etc.) ausmacht. Jens Boenisch und Stefanie Sachse wenden diesbezügliche linguistische Forschung auf SchülerInnen mit Behinderung und hinsichtlich der Ausstattung sprachausgebender Technologien in der UK an. Vgl. Boenisch, Jens: »Neue Ergebnisse aus der Kernvokabularforschung. Bedeutung und Relevanz für die Förderung und Therapie in der UK-Praxis«, in: Hallbauer, Angela/Hallbauer, Thomas/Hüning-Meier, Monika (Hg.): UK kreativ. Wege in der Unterstützten Kommunikation, Karlsruhe: von Loeper Literaturverlag 2013, S. 17-34. Sachse, Stefanie: »Zur Bedeutung von Kern- und Randvokabular in der Alltagskommunikation«, in: Unterstütze Kommunikation 3 (2007), S. 6-10. Zu METACOM von Annette Kitzinger siehe http://metacom-symbole.de/ (letzter Zugriff: 09.02.2016).

relevant bleiben und durch die zusätzliche Dimension der Gestaltung und Programmierung interaktiver Formate ergänzt werden. Die in der UK gängigen Verlage haben, außer im DVD-Format, noch keine interaktiven digitalen Anwendungen in ihren Programmen und die zahlreichen App- und Hilfsmittelfirmen haben sich bisher auf andere Bereiche der UK und Lernförderung, nicht aber auf Gebärden konzentriert. Digital gäbe es technisch auch die Möglichkeit, menschenähnliche Avatare dreidimensional zu animieren und als *game* aufzubereiten, so dass sie Gebärden zeigen, interaktiv bedienbar und aus verschiedenen Blickwinkeln betrachtbar sind. Computer und zunehmend mobile Geräte, die Interaktivität erlauben, bestechen mit einer auffallenden lernfördernden Wirkung auf die besprochenen Zielgruppen.[35] Doch diese Potenziale bleiben für Gebärden in der UK bislang ungenutzt. Alle in Deutschland verfügbaren CD-ROMs und Apps mit Gebärden sind videobasiert und zeigen, mit Ausnahme der App »SiGame« und »24 Gebärden mit Max und Eni«, die Gebärden als Realfilm.[36]

Selbstgebastelte Lernmaterialien stellen kein bestimmtes mediales, aber ein soziotechnisches und zudem sehr wichtiges Format in der UK dar. ›Selbstgebastelt‹ kann aus medienproduzierender Sicht heute auch Inhalte für die *Apple Watch* umfassen. Dass eine Armbanduhr allein aufgrund ihrer Displaygröße für Gebärdendarstellungen ungeeignet ist, zuvor angeführte kalkulatorische Hürden sowie der Umstand, dass geistig behinderten Menschen ein solches Gerät selten zugestanden wird, scheinen diese Option auszuschließen. In der UK bedeutet selbstgebastelt eine beständige Anpassung von Lernangeboten an die individuellen, sehr breit variierenden kognitiven und koordinativen Fähigkeiten geistig behinderter Menschen. So werden zumeist ausgedruckte Gebärdenbilder in personalisierte Ich-Bücher, Kommunikationstafeln oder Therapiematerialien eingefügt. Noch sehr zögerlich werden auch zum Gebärdenlernen in Sonderschulen und Therapiezentren gängige, individualisierbare UK-Apps mit Gebärdeninhalten bestückt, einschließlich selbstgemachter Gebärdenfotos oder -videos, oder sogar Anwendungen selbst programmiert. Dass es nicht nur um die Individualisierung für die RezipientInnen, sondern auch um die visuelle Integration von Gebärdendarstellungen in den Alltag von Betreuungseinrichtungen geht, zeigen zahllose Speise- und Wochenpläne, Merkhilfen für alltägliche Verrichtungen, Beschilderungen der räumlichen Umgebung, Schülerzeitungen, Theaterstücke oder Videoprojekte. Zwar sind dies

35 Z.B. Hallbauer, Angela/Kitzinger, Annette: Unterstützt kommunizieren und lernen mit dem iPad, Karlsruhe: von Loeper Literaturverlag 2015.

36 Die App »SiGame« ist wie gesagt für kognitiv beeinträchtigte Menschen ungeeignet. Die App »24 Gebärden« wurde, um diese Lücke auszuloten, von den Autorinnen als Testprodukt erstellt und war als Adventskalender-App vornehmlich im Dezember 2015 im Einsatz, siehe https://itunes.apple.com/app/id1055590742 (letzter Zugriff 09.02.2016).

nur lokale Lösungen und viele sind nicht gezielt für eine *Vermittlung* lautsprachbegleitender Gebärden gedacht. Doch sie tragen zur Reproduktion einer Kultur des Selbstbastelns bei. Diese impliziert einen grundlegenden Bedarf an vorgefertigten, idealerweise digital flexibel bearbeitbaren und ausdruckbaren gebärdenabbildenden Inhalten. Für Kinder nennenswerte Gebärdenbilder mit Pfeilen im .pfd- oder .jpg-Format, die für selbsterstellte Materialien übernommen werden können, finden sich lediglich auf zwei CDs: die schwarz-weißen Kinderfotos des Sonderpädagogen Jörg Spiegelhalter und die farbigen Gebärdenzeichnungen der Kinder Lisa und Tom, entwickelt von der Sonderpädagogin Etta Wilken.[37] Doch bieten beide nur einen begrenzten Wortschatz.

LEIDER UNGEEIGNET

> Mein Hauptproblem ist, Material zu finden, das sehr einfach ist und mit Lautsprache zusammen kommt. Es gibt viel tolles Gebärdenmaterial und Filme für Kinder, nützt uns aber alles gar nix, wenn alles super komplex in DGS gebärdet wird und keinen Ton hat.
>
> (Mutter eines nichtsprechenden Kindes mit geistiger Behinderung)

Immer wieder suchen Angehörige wie Fachleute nach direkt einsetzbarem Material, um für Kinder mit kognitiven Beeinträchtigungen das langwierige Lernen und Üben von Gebärden spannender gestalten zu können. Das Selbstbasteln erfahren sie als extrem zeitaufwendig. Doch die öffentlich verfügbaren Materialien befinden viele als ungeeignet für ihre jeweiligen Kinder. Die Gründe liegen vorwiegend in kulturellen Grenzziehungen zwischen verschiedenen Gebärdensubkulturen untereinander sowie zwischen diesen und den Praktiken der Medienproduktion. Für die DGS erscheinen seit Anfang der 2000er Jahre immer wieder kindgerechte filmbasierte Materialien, von der ersten überaus erfolgreichen *Windows*-basierten CD-ROM »Tommys Gebärdenwelt 1« im Jahr 1999, über mehrere digitale Bilderbücher mit gefilmten Gebärdendolmetscherinnen auf DVD, bis hin zu dem groß angelegten online-Projekt »Kinderbücher in Gebärdensprache«.[38] Obgleich diese

37 »Sprechen lernen mit GuK 1 und 2« (Etta Wilken, Deutsches Down-Syndrom InfoCenter, 2006) und »Mit den Händen gebärden. Die Foto-CD« (Jörg Spiegelhalter, von Loeper, Literaturverlag 2005).

38 »Tommys Gebärdenwelt« und einige digitale Bilderbücher mit GebärdendolmetscherInnen erschienen in dem kleinen, auf DGS spezialisierten, von der Gebärdendolmetscherin Karin Kestner geführten Verlag Karin Kestner, siehe www.kestner.de (letzter Zugriff 09.02.2016). Mit dem webbasierten Angebot »Kinderbücher in Gebärdenspra-

Kindermedien in der Regel auch die Audiowiedergabe gebärdeter Begriffe bieten, sind dargestellte DGS-Gebärdenfolgen wie auch textbasierte Bedienführungen für kognitiv eingeschränkte Kinder unzugänglich. Ein weiteres Hindernis jedoch macht diese Medien für viele geistig behinderte Kinder komplett irrelevant: In Deutschland wurden für Menschen mit geistiger Beeinträchtigung eigene Gebärdensammlungen geschaffen, die im Wortschatz begrenzt sind und (vermutet) motorisch anspruchsvolle Gebärden durch vereinfachte ersetzt haben.[39] Historisch bedingt ist auch die DGS sehr divers von regionalen bzw. lokalen Dialekten geprägt. Nach dem Verbot der Gebärdensprachen und der Vorherrschaft des Oralismus konnte sich die DGS erst seit den 1980er Jahren mühsam wiederbeleben und ist in Deutschland erst seit 2002 »›halbwegs‹[40] gesetzlich anerkannt«.[41] Die gemeinsamen Arbeiten von Hörenden und Gehörlosen an der Erstellung von DGS-Lexika oder von Unterrichtskonzepten blieben stark durch persönliche und lokale Initiativen bestimmt. Bis heute existieren die seit den 1970er Jahren durch Herbert Feuchte in Hamburg initiierten, auf schwarz-weiß Fotografien basierenden sogenannten »blauen Bücher« und die seit den 1990er Jahren von der Gebärdendolmetscherin

che« wird seit 2014 vom Gehörlosenverband München und Umland e.V. in Zusammenarbeit mit verschiedenen Verlagen publizierte Kinderliteratur in kurze Filme umgestaltet, die professionelle Gebärdensprach-Sprecher vor den (teil)animierten Illustrationen zeigen. Das Projekt ist zunächst auf zwei Jahre angelegt, siehe http://kinderbuecher.gmu.de/ (letzter Zugriff: 09.02.2016).

39 Inwieweit die von Nichtbehinderten für geistig behinderte Menschen erfundenen Gebärdenn tatsächlich einfacher sind, ist umstritten. Eigene Beobachtungen zeigen, dass z.B. Gebärden, die auf eine differenzierte Fingermotorik verzichten, dafür aber das freihändige Nachzeichnen von Formen in der Luft erfordern, schwieriger sind. Vgl. auch Bober, Allmuth: »Schau doch meine H/Bände an (1)«, in: isaac's Zeitung 8 (1995a), S. 3-9; dies.: »Schau doch meine H/Bände an (2)«, in: isaac's Zeitung 9 (1995b), S. 12-24; dies.: »Schau doch meine H/Bände an (3)«, in: Unterstützte Kommunikation 2 (1996), S. 24-31.

40 Uhlig kritisiert, dass die entsprechende Verordnung lediglich den Anspruch auf Gebärdensprachdolmetscher zur Wahrnehmung eigener Rechte in einem Verwaltungsverfahren vorsieht. Vgl. Uhlig: Ethnographie, S. 131. GebärdenspachdolmetscherInnen wiederum sind für Menschen mit geistiger Behinderung irrelevant.

41 Seit dem Mailänder Kongress der Gehörlosenlehrer und einer Beschlussfassung der hörenden Vertreter im Jahr 1880 war die Gebärdensprache in europäischen wie auch amerikanischen Schulen verboten. Vgl. Sacks: Stumme Stimmen, S. 49ff.

Karin Kestner entwickelten videobasierten Gebärdenwörterbücher nebeneinander.[42] Viele Gebärden unterscheiden sich zwischen diesen Wörterbüchern sowie von Referenzwerken in der UK. Daneben sind in der UK Gebärdensammlungen verbreitet, die speziell für geistig Beeinträchtigte etabliert wurden, insbesondere MAKATON, »Schau doch meine Hände an« (SdmHa) und Gebärden-unterstützte Kommunikation (GuK). Diese entstanden weitgehend parallel zu den Initiativen der Lexikalisierung und didaktischen Aufbereitung der DGS. MAKATON, aus Großbritannien stammend und heute international verbreitet, basiert auf einer eigenen Methodologie und Symbolsammlung, nutzt aber die Gebärden aus den nationalen Gebärdensprachen, in Deutschland die der »blauen Bücher«. SdmHa und GuK sind wiederum in unterschiedlichen Förderansätzen begründet und blieben trotz wiederholter Einigungsversuche und kontroverser Diskussionen in der Gebärdenauswahl voneinander und größtenteils auch von der DGS verschieden.[43] »Schau doch meine Hände an«, seit den 1970er Jahren unter dem Dach der evangelisch-diakonischen Behindertenhilfe und maßgeblich in der Heimsonderschule Haslachmühle entstanden, hat hinsichtlich der medialen Aufbereitung seit schreibmaschinengetippter Broschüren mit textuellen Erläuterungen der einzelnen Gebärden immer wieder Pionierarbeit geleistet.[44] Diese Sammlung von über 1.000 Gebärden ist seit 2006 als gedrucktes Bildlexikon und DVD mit Videos und ausdruckbaren Standbildern mit Pfeilen sowie seit 2008 als mobile App mit Videos und Standbildern erhältlich. Dies entspricht den medialen Bedürfnissen vieler Betreuungseinrichtungen, so dass sich SdmHa im Bereich der Behindertenhilfe und des Sonderschulwesens entsprechend breit etablieren konnte. Die Materialien sind jedoch weder für kleinere Kinder noch für eine autonome Nutzung durch Menschen mit geistiger Beeinträchtigung geeignet. Das Suchen und Finden von Gebärdenabbildungen bleibt der Schriftsprache mächtigen Personen vorbehalten. Hier zeigen sich Analogien zu den DGS-Gebärdenlexika, die vornehmlich von Hörenden initiiert und

42 Als »blaue Bücher« werden die vier Bände des »Gebärden-Lexikon« von Günter Maisch und Fritz-H. Wisch bezeichnet (Verlag hörgeschädigte kinder gGmbH). Im Verlag Karin Kestner sind seither diverse digitale Gebärdenlexika entstanden.

43 In das Kreuzfeuer der Kritik an »Sondersammlungen« und an für diese Zielgruppe erfundenen Gebärden geriet insbesondere SdmHa, vgl. Bober, Allmuth: »Schau doch meine H/Bände an (1)«. Bober, Allmuth: »Schau doch meine H/Bände an (2)«. Bober, Allmuth: »Schau doch meine H/Bände an (3)«. Ausführlicher zur kulturellen Angrenzung dieser UK-Subkulturen vgl. Schmidt-Pfister: »Lautsprachunterstützende Gebärden«.

44 Die bekannteste erste Broschüre war »Wenn man mit Händen und Füßen reden muß! Zeichensprache für die hör- und sprachgeschädigten Geistig-Behinderten im Heim für Mehrfachbehinderte Haslachmühle.« 2. Überarbeitete Auflage. Heim für Mehrfachbehinderte Haslachmühle, 1984.

entlang lautsprachlicher Logiken erstellt wurden und damit »eher ein Produkt hörender Kultur«[45] sind, oder zu Apps für verschiedene Gebärdensprachen, welche die »die asymmetrischen Handlungszusammenhänge und Machtverhältnisse zwischen Menschen mit und ohne Behinderung sowie nicht-menschlichen Dingen«[46] reproduzieren. So können diese Materialien als ein Ausdruck einer sprechenden und nicht geistig behinderten Kultur gelten. Obgleich mit dem fürsorgenden Ziel der Kommunikationsförderung nichtsprechender kognitiv eingeschränkter Menschen erstellt, wurden – und werden – diese Medien jedoch nur indirekt zur Erreichung dieses Ziels eingesetzt: als Nachschlagematerial für den Bedarf von Mitarbeitenden in Betreuungseinrichtungen. Auch GuK, eine Sammlung von 200 Gebärden, die in den 1990er Jahren in der therapeutischen Lautsprachförderung von Kindern mit Down-Syndrom entwickelt wurde und heute deutschlandweit in der Frühförderung und in inklusiven Kindertagesstätten verbreitet ist, besticht seit dem Jahr 2000 durch die mediale Grundlage der GuK-Karten. Die Entwicklerin, die ehemalige Schulleiterin und Behindertenpädagogin Etta Wilken, betont in ihren Fortbildungen stets, dass es auf die Methode ankäme, während die zur Förderung eingesetzten Materialien unwichtig seien. So könne das eigentliche Prinzip beispielsweise auch mit selbstgemalten Bildern umgesetzt werden, die Vermittlung von Gebärden gelänge jedoch am besten kontextualisiert und persönlich im Alltag.[47] Ironischerweise konnten sich gerade die von ihr entwickelten GuK-Karten in seither kaum übertroffener Qualität als Gebärdenlernmaterialien für kleine Kinder und Kinder mit Behinderung mit der größten geographischen wie sozialen Verbreitung etablieren. Auch diese DIN A6-großen Pappkarten haben sich in ihrer pädagogisch, gestalterisch und haptisch ansprechenden sowie kulturell passfähigen Umsetzung bewährt. Im Gegensatz zu den Materialien für SdmHa sind sie für die Zielgruppe beeinträchtigter Kinder konzipiert.

Theoretisch wäre es heute, angesichts des medialen Angebots sowie einer zunehmenden Bestärkung der Inklusionsidee, für alle Neueinsteigenden sinnvoll, DGS-Gebärden zu erlernen. Praktisch jedoch haben Eltern von Kindern mit geistiger Behinderung oder Sprachförderbedarf kaum Entscheidungsspielraum, welche Gebärden sie wählen, denn sie und die Kinder sind darauf angewiesen, welche Gebärden in den lokalen Betreuungs- und Therapieeinrichtungen vermittelt und als lokale oder regionale gemeinsame LUG-Grundlage gepflegt werden. Bereitstellende von Gebärdenlernmedien wiederum müssen sich bislang auf eine bestimmte Gebärdengrundlage festlegen und werden damit nur diejenigen Zielgruppen erreichen, welche die gewählten Gebärden praktizieren. Medien, die für

45 Uhlig: Ethnographie der Gehörlosen, S. 179.

46 Ochsner: »Ziemlich cool und nicht behindert«, S. 113.

47 Siehe auch Wilken: Sprachförderung, S. 83.

mehrere Gebärdensysteme konzipiert und demnach in mehreren Versionen produziert sind, konnten sich bislang nicht durchsetzen.[48] Die Entwicklung aufwendiger Gebärdenlernmaterialien stockt an diesem kulturell bedingten inhaltlichen Aspekt, der Vielfalt der Gebärdensammlungen aber auch Gebärdendialekte in der DGS, die es abzubilden gilt. Dass hiermit jeweils nur kleine Zielgruppen erreicht werden, rechnet sich für potenzielle Hersteller und Förderer aufwendiger medialer Angebote nicht. Obgleich die VertreterInnen von GuK und SdmHa heute einem Wechsel zu DGS-Gebärden nicht abgeneigt sind, impliziert ein solcher Umstieg die klassische Problematik nicht umgehend forcierbaren kulturellen Wandels. Insbesondere für die Einrichtungen, die diese Gebärden seit langem praktizieren, bedeutete dies einen immensen zeitlichen und damit finanziellen aber auch motivationalen Aufwand und wirft ethische Fragen bezüglich der dort seit langem betreuten und in ggf. sehr mühsam in Gebärden unterrichteten Menschen mit Behinderung auf.

GEEIGNET, ABER RAR

Abschließend wenden wir uns der Gestaltung der in Deutschland veröffentlichten Gebärdenmedien zu, die prinzipiell für Kinder mit geistiger Behinderung geeignet sind. Wir haben das allgemeine Angebot anhand folgender Kriterien ausgewertet: das pädagogische Konzept und die emotionale Gestaltung, das Design der einzelnen Gebärdendarstellungen und des Gesamtwerks, die Übersetzung der Gebärden sowie die Handhabbarkeit der Materialien. In die engere Auswahl kamen die 3 CD-ROMs »Tommys Gebärdenwelt« (1999, 2001 und 2005), die seit 2000 erhältlichen GuK-Karten, weniger als zehn Kinderbücher, eine Handvoll Liederbücher (teils mit beiliegender Audio-CD) und vier Poster mit Erscheinungsdaten ab 2004 sowie zwei digitale Adventskalender, ein webbasierter (seit 2010) und die zuvor genannte iPad-App (2015).[49] Diese Materialien verteilen sich auf die Gebärden aus der DGS, aus

48 Zu den wenigen Ausnahmen zählen die Liederbücher der Reihe »Mit den Händen singen«, die Gebärden-Poster und Gebärden-Kalender aus dem von Loeper Verlag sowie die App »24 Gebärden«.

49 Die Kinderbücher umfassen: Drei Gebärden-Bilderbücher von Ellen Schwarzburg-von Wedel (Projekte-Verlag 2013; von Loeper Verlag 2014), »Marie im Kindergarten« von Kerstin Rüster und Gottlind Kändler (von Loeper Verlag 2009), »Und nun?« von Etta Wilken und Wolfgang Halder (Down-Syndrom Infocenter 2013), »Planet Willi« von Birte Müller (Beltz & Gelberg 2015), »Otto spielt« von Kindergebärden (2015) und die Pappbilderbuchreihe »Mit Babyzeichen die Welt entdecken« (Zwergensprache, seit 2015), wobei letztere per QR-Codes durch Gebärdenvideos ergänzt werden. Zu den Liederbüchern zählen die von den SonderpädagogInnen Elvira Götze, Irene Leber und

den UK- Gebärdensammlungen SdmHa und GuK sowie aus den weitestgehend auf der DGS basierenden Kindergebärden (nach Birgit Butz/Anna Kristina-Mohos) und der so genannten Zwergensprache nach Vivian König. Auch in dieser Auswahl setzt nicht jedes Medium alle genannten Kriterien in idealer Weise um. Oft ist die pädagogische Idee wertvoll, während die gestalterische oder emotionale Umsetzung notdürftig erscheint oder beeinträchtigten Kindern eine autonome Handhabbarkeit verwehrt bleibt. So erfordern die meisten Materialien die Anwesenheit und Hilfe einer kognitiv fitteren sowie bei den Printmedien einer sprechenden Person. Dass auch das Lachen lernförderlich ist, wird leider allzu selten in der Gestaltung berücksichtigt. Hinsichtlich Humor, Gebärdenübersetzung, Interaktivität, Animation und Multimedialität gibt es vorbildlichere Medien mit amerikanischen, österreichischen oder schweizerischen Gebärden.[50]

Alle ausgewählten Medien bieten eine klare und attraktive Gestaltung der *einzelnen Gebärdenabbildungen.* Bis auf zwei Ausnahmen, die Gebärdenvideos in »Tommys Gebärdenwelt« und im »Kindergebärden Adventskalender«, zeigen sie Kinder, gezeichnet oder fotografiert, als Modelle. Manche der Gebärden zeigenden, gezeichneten Kinder sind gezielt als Identifikationsfiguren entworfen, so etwa Marie, Otto, Lisa und Tom oder Max und Eni. Auch Tommy und Tina verfügen über diese Funktion und die Begleitbücher zeigen Gebärdenfotos mit einem Jungen, doch die Gebärdenvideos im PC-Programm halten am etablierten Repräsentationsstil von Gebärdendolmetschern fest: einem (kindlich wirkenden) Erwachsenen in schwarzer Kleidung. Teils sind Kinder mit augenscheinlichen Behinderungen auf den Gebärdenbildern zu sehen, so etwa in den Liederbüchern und auf den Postern des von Loeper Verlags, in »Planet Willi« oder in »Marie im Kindergarten«. Die Pfeile sind zumeist schlicht gehalten und oft farbig deutlich vom Gebärdenfoto oder der Gebärdenzeichnung abgesetzt. Neben den Bewegungsrichtungen werden nur die unverzichtbarsten Details symbolisiert, wie etwa Wiederholungen (doppelte Pfeilspitze), plötzliches Anhalten (Strich quer zur Pfeilspitze) und Hand-Finger-Bewegung (z.B. Pfeilbündel, Wellenlinie). Diese Bedeutungen erschließen sich

Jörg Spiegelhalter gestalteten, größtenteils von Annette Kitzinger illustrierten, Gebärdenliederbücher des von Loeper Verlags (die Reihe »Mit den Händen singen« und die beiden Liederbücher von Angela Michel) sowie die beiden »Kindergebärden« Liederbücher von Birgit Butz und Anna-Kristina Mohos (Ökotopia Verlag 2012 und 2014). Je zwei Gebärdenposter werden im von Loeper Verlag und von der Zwergensprache GmbH angeboten.

50 Z.B. »Das bunte kinderhände Liederbuch« mit DVD und Audio-CD (Andrea Rohrauer, Verlag kinderhände, 2014), die amerikanischen *babysign* Lernmedien und das Angebot des schweizerischen Verlags fingershop.

weitgehend intuitiv, so dass eine Pfeillegende ausgespart werden kann.[51] Die rein schwarz-weiß gedruckten Bücher zeitigen den Nachteil, dass ein heller Hintergrund eine schwarze und ein dunkler Hintergrund eine weiße Linie verlangt, so dass mitunter eine einzige Pfeillinie zweifarbig gestaltet ist.

Neben der Gestaltung einzelner Gebärdenbilder interessiert das *Konzept des ganzen Werkes* hinsichtlich der didaktischen Aufbereitung der Gebärden als Lerninhalte für Kinder ohne Lesekenntnisse. Die hier betrachteten Medien enthalten jeweils 15-100 Gebärden, mit Ausnahme der Tommy-CD-ROMs, die sich primär an gehörlose Kinder richten und jeweils mehr als 300 Gebärden vorstellen. Die Gebärdenposter laden, aufgrund ihrer Größe und dank der Kinderfotos mit ihren fröhlich-farbigen Hintergründen, Kinder zum spontanen Betrachten ein, übersetzen aber die Gebärdenfotos nur textuell. Die losen GuK-Karten bieten für jede Gebärdenbildkarte eine entsprechende Bildkarte (außer für abstrakte Worte) und eine Wortkarte. Sie gehorchen der Logik der Individualisierbarkeit von UK-Materialien und ermöglichen daher ein spielerisches Üben auf jeweils angemessenem Niveau. Doch erhalten die Erwachsenen für die notwendigen Vorbereitungen von Lege-, Wiedererkennungs- oder Auswahlübungen nur sparsame Anregungen in der Begleitbroschüre. Tiefergehend ist das dahinterstehende pädagogisch-therapeutische Konzept lediglich in einem Fachbuch aufbereitet, von welchem Angehörige selten sagen können, es gelesen zu haben.[52] Die Bilderbücher (Print) basieren auf Geschichten oder Situationsbildern, die der Lebenswelt von Kindern entsprechen. Für RezipientInnen mit großen Lernschwierigkeiten am wirksamsten erscheint eine visuelle Integration weniger Gebärden in den Kontext einfach gehaltener Inhalte und eine zusätzliche herausgelöste Darstellung der Gebärden, um diese als eigenes Sprachelement erkennbar zu machen. Eingebettet in die Bildergeschichten sind Gebärdenzeichnungen leider nur selten zu sehen, so beispielsweise in »Marie imKindergarten«, »Otto spielt« oder im Kindergebärden Liederbuch. Wo separate Gebärdenbilder direkt neben den Situationsbildern sichtbar sind, bestenfalls auf andersfarbigem Hintergrund und mit einer auffallenden Rahmung, funktioniert die kontextbezogene Übersetzung für die Kinder am besten (z.B. die Bücher von Schwarzburg-von Wedel oder »Otto spielt«). Die Wortbedeutung ist ausnahmslos textuell beigefügt, so dass eine vorlesende Person die korrekte Aussprache unwillkürlich anbieten wird. Manche Kinderbücher bieten eine Art Mini Bilderlexikon der Gebärden im Anhang, der zum Teil allerdings Gebärdenbilder auf den Buchseiten komplett ersetzt. In »Und nun?« richtet sich dieser gezielt an die erwachsenen

51 Eigene Tests mit unbewegten Gebärdenabbildungen bestätigen, dass die genannten Bedeutungen intuitiv entschlüsselt werden und ihre Angabe für eine korrekte Umsetzung der Gebärden unverzichtbar ist.

52 Gemeint ist Wilken: Sprachförderung, S. 83.

Vorlesenden, in »Planet Willi« in emotionaler Gestaltung an Kinder (was umso positiver auffällt, als »Planet Willi« kein dezidiertes Gebärdenbuch ist, sondern generell Behinderung kindgerecht thematisiert). In den Bilderbüchern von Schwarzburg-von Wedel sind die AdressatInnen des Anhangs unklar, weil die Gebärdenbilder mit ausführlichen textuellen Kommentaren zur Ausführung versehen sind, womit weniger Bilder pro Seite erscheinen, die wiederum für Kinder gut erfassbar sind. Das GuK-Bilderbuch »Und nun« spricht in seiner Gebärden-didaktik, im Gegensatz zu den GuK-Karten kindliche Betrachtende leider am wenigsten direkt an. Vielmehr setzt es auf ein gemeinsames Erarbeiten und Üben von Gebärden nach der GuK-Methodik,[53] indem lediglich für die Vorlesenden im Text unter den Bildern diejenigen Worte unterstrichen sind, für die der Anhang Gebärdenbilder bietet. Liederbücher können auf das strukturierende und (gebärden-)sprachfördernde Potenzial von Liedern und Versen bauen. Die Liederbücher des von Loeper Verlags zeigen auf jeder Doppelseite links ein Lied mit Noten, Gitarrengriffen und Text, wobei dieser für beeinträchtigte Kinder kaum lesbare Inhalt mit je einem Symbolbild kindgerecht illustriert ist, und rechts aus-gewählte Gebärdenfotos. Die Anordnung der Gebärdenbilder folgt dem Verlauf des Liedtextes, allerdings ohne Berücksichtigung von Wiederholungen und Strophen, so dass nicht allein mittels der rechten Buchseite mitgebärdet werden kann. In gewissem Maße – oder für gewisse Kinder – ermöglichen diese Liederbücher ein autonomes Wiederholen bekannter Lieder und Gebärden. Insgesamt laden die farbenfrohen Einbände zwar zum Zur-Hand-nehmen ein, doch die schwarz-weiße Umsetzung der Inhalte weckt keine große Lernmotivation.

Nur die digitalen Angebote vermögen über *die Tonebene*, die zu den Gebärden passenden gesprochenen Worte, unmittelbar hörbar zu machen. Das technische gegebene und pädagogisch wertvolle Potenzial, visuelle Inhalte durch weitere kontextuelle und stimmungsvolle Geräusche und Melodien zu untermalen, wird in den ausgewählten Medien nicht genutzt.

Mit der App »24 Gebärden« haben wir ein einfaches Sounddesign erstmals erprobt, was insbesondere bei kindlichen Nutzern mit und ohne Behinderung großen Anklang fand.[54] Die Lieder-CDs wiederum fügen zwar auch den Liederbüchern die Tonebene bei. Doch impliziert die mediale Trennung von Ton und Bild in der Praxis, dass Kinder beide Darbietungen selten gleichzeitig wahrnehmen, etwa weil sie nicht mit dem Liederbuch am CD-Spieler sind und selbst dann kaum in der Ge-

53 Vgl. Wilken, Etta: »Vorwort«, in: Dies./Halder, Wolfgang: Und nun? Lisa und Tom haben viele Ideen. Ein GuK-Bilderbuch. Lauf: Deutsches Down-Syndrom Infocenter 2013.

54 Die Nutzung der App haben wir durch eine online-Umfrage, Gespräche mit AnwenderInnen und eigene Beobachtungen begleitet.

schwindigkeit der Tonaufnahme die passenden Liederseiten und Gebärdenbilder finden und imitieren können. Obgleich hier die direkte Verknüpfung fehlt, ist die Emotionalität der Tonebene eine wichtige Größe, denn bei bereits bekannten Gebärdeninterpretationen kann allein das Erklingen eines Liedes ein spontanes Mitgebärden bewirken.

Digitales spricht zudem die kindliche Faszination für Technik an und erlaubt Interaktivität. Es wirkt daher auch ohne bestimmte Narrationen. So ist es Kindern Ansporn genug, die Gebärdenvideos suchen und finden, aktivieren und deaktivieren zu können, die in den Wimmelbildern von Tommys Welt verborgen sind. Ein Quiz sorgt dafür, dass die einzelnen Vokabeln spielerisch gefestigt werden, wenngleich sich die Bedienung dieses Spiels nicht intuitiv erschließt. Ähnlich einladend sind die zwei Adventskalender, wobei das kulturell verankerte Format eines solchen Kalenders die treibende Kraft ist, jeden Tag ein neues Fenster zu öffnen. Während im online-Adventskalender eine erwachsene Person ein Lied oder einen Vers vorträgt und dazu mehrere Gebärden zeigt, bietet der App-Adventskalender nur eine Gebärde pro Tag. Die App setzt dafür auf kindgerechte Interaktivität, indem durch Antippen das jeweilige Türchen selbständig geöffnet, die animierte Figur zum Gebärden und Sprechen ermuntert, ein entsprechendes METACOM Bildsymbol sichtbar (und der Wortlaut nochmals hörbar) oder der Schriftzug lesbar gemacht werden können. Weiterhin erlaubt das nach dem Bewegtbild erscheinende Standbild mit Pfeilen (und zwinkernden Augen, was sich als ein lohnenswerter emotionaler Effekt erwies) ein Verweilen bei der Gebärde, deren Bewegung nach eigenen Bedürfnissen jederzeit wiederholt werden kann. Schließlich ist die App in einem mobilen Gerät ortsunabhängiger einsetzbar.

Haptik und Bedienbarkeit sind zentrale Gestaltungselemente für kognitiv eingeschränkte Nutzende. Mit Materialien, die sie selbstständig in die Hand nehmen, blättern, sortieren beziehungsweise navigieren können, üben sie gerne und oft auch erfolgreich einen Grundwortschatz an Gebärden. An Printmedien ist der Anspruch zu stellen, dass sie mit Pappeinband und insgesamt stabilem Material verarbeitet und gut blätterbar sind. Auch die stabilen GuK-Pappkarten mit abgerundeten Ecken sind haptisch für Lernende mit eingeschränkter feinmotorischer Koordination bestens geeignet. Sie schränken aber die direkte selbstständige Nutzung insofern ein, als sie eine Vorbereitung der jeweiligen Kartenauswahl und der Übungen durch Erwachsene erfordern. Bei den Liederbüchern mit Ringbindung zeigt sich, dass dieses Format zwar für einen Gebrauch auf dem Notenständer bestens geeignet ist, weniger aber für Kinder mit koordinativen Einschränkungen oder der Neigung, sich Drahtspiralen als besonders interessanten Objekten zu widmen. Bei den multimedialen Angeboten kommt der Aspekt der Steuerbarkeit hinzu. Hier kann bisher nur die iPad-App, auch dank der intuitiven Bedienbarkeit des Gesamtgeräts, eine autonome Nutzung des Gebärdenangebots bieten. Beim webbasierten Adventskalender und »Tommys Gebärdenwelt« ist ein Starten und teils auch Navigieren der Angebote nur mit Hilfe möglich.

REZIPIENTINNEN IM KONTEXT

»Die/der versteht uns doch auch so« ist eine Einschätzung, die sich im privaten wie institutionellen lautsprachlich-orientierten Alltag der Betreuung hörender, nichtsprechender, kognitiv eingeschränkter Kinder allzu schnell durchsetzt. Zwar werden betroffene Kinder als Zielgruppe für Gebärden zur Unterstützung der Kommunikation zunehmend ernst genommen. Doch die Tendenzen des sprechenden sozialen Umfelds, ungern (viel) zu gebärden, der überproportionale Wiederholungsbedarf betreffender Kinder in jeglichen Lernprozessen sowie der Mangel an für sie passenden Gebärdenmedien bleiben als sich gegenseitig verstärkende Hindernisse bestehen. Dass sie als autonome RezipientInnen von Medien und Materialien für das langwierige Lernen und Üben lautsprachunterstützender Gebärden weitgehend vergessen wurden, galt es mit diesem Beitrag zu zeigen. Die einzelnen Gebärden wurden und werden, wenngleich unzureichend, in der persönlichen Interaktion vermittelt. Unter den wenigen vorhandenen und prinzipiell geeigneten Gebärdenmedien erlauben wiederum nur manche eine selbstständige Nutzung durch kognitiv beeinträchtigte Kinder zum Üben und Wiederholen der Gebärden. Dies gilt analog für Jugendliche und Erwachsene, wobei hier das entsprechende Medienangebot nahezu nicht existent ist. In diesem Lernprozess und als MedienrezipientInnen sind sie daher immer auf die Betreuenden angewiesen. Im vorliegenden Fall bleibt die Idee, geistig behinderten Menschen mehr Selbstständigkeit zuzugestehen noch weitgehend außen vor.[55] Wichtige Impulse kommen aus anderen Kontexten wie denen der Babygebärden, wo beispielsweise Bilderbücher mit Gebärden mit dem selbstverständlichen Anspruch entstehen, Kinder (ohne und mit Behinderung) auf ihrem kognitiven und koordinativen Niveau abzuholen und zugleich aktuelle technische Potenziale zu nutzen.

Es macht durchaus Sinn, auch über geistig behinderte, gebärdenlernende Kinder – wie auch Erwachsene ohne Lese- und Schreibkenntnisse – als aktiv Mediennutzende nachzudenken. Welche im Eingangszitat erwähnten alternativen Prioritäten sollten wir also setzen, um passendere Lernmedien zu schaffen? Unsere Bestandsaufnahme in Deutschland vorhandener Lernmedien zeigt erstens, dass gute Gebärdenlernmedien aufgrund der komplexen Justierungsbedarfe zwischen Medium, Inhalt und Zielgruppe fehlen. Allein in dieser Hinsicht wären unter dem

55 Zur Diskussion der Idee der Selbstbestimmung, siehe Klauß: »Selbstbestimmung als Leitidee der Pädagogik« und Waldschmidt: »Selbstbestimmung als Konstruktion«.

aktuell Denkbaren diejenigen interaktiven Medien ideal, welche die Dimensionen von LUG auf den hörbaren und sichtbaren Ebenen Ton und Bild – bewegt *und* unbewegt – wiedergeben, zu denen die RezipientInnen selbstständig Zugang finden, die sie autonom steuern können und die ihnen Freude bereiten. Diese existierten im besten Falle inmitten eines multimedialen Angebots, welches kognitiv beeinträchtigten RezipientInnen Möglichkeiten bietet, multimodal mit allen Wahrnehmungskanälen zu lernen. So haben auch haptisch sehr ansprechende *low-tech* Lösungen, einschließlich Bilderbücher, nach wie vor eine nicht zu unterschätzende Berechtigung.

Zweitens waren die kulturellen Entstehungs- und Nutzungskontexte dieser Gebärdenlernmedien bisher stark auf therapeutische und pädagogische Fachwelten begrenzt, wo zwar entsprechende epistemische, kaum aber zeitliche und finanzielle Ressourcen für anspruchsvolle Produktionen verfügbar sind. Aus der Sicht großer Produktionsfirmen, Verlage oder Förderer erscheinen die speziellen Zielgruppen zu klein und unattraktiv. In Eigeninitiative Erstelltes ist hier oft schneller erschaffen und zudem näher an den Zielgruppen, was Beispiele wie die eingangs genannte *Facebook*-Seite oder die hier vorgestellten in Selbstverlagen und mit großem persönlichem Einsatz erschienenen geeigneten Medien zeigen. Die zunehmenden medialen Angebote, die DGS-Gebärden abbilden, scheiden von vornherein für Einrichtungen aus, die Gebärden-Sondersammlungen für die geistig beeinträchtigte Zielgruppe nutzen – und mit ihnen für die stets neu hinzukommenden Familien in ihren lokalen, regionalen Einzugsbereichen. Auch die DGS birgt viele Dialekte und somit lokal verschiedene Gebärden für bestimmte Worte. Doch lebt die Gehörlosengemeinschaft diesbezüglich eine höhere Toleranzfähigkeit vor, während Fachleute – mehr noch als Eltern – in der UK an der Forderung nach vereinheitlichter Festlegung auf nur eine Gebärde pro Wort festhalten. Angehörige wiederum suchen in erster Linie nach Medien und Materialien, mit denen sie selbst und mit ihren Kindern ohne Vorwissen Gebärden lernen und für kognitiv beeinträchtigte Kinder den mühsamen Lernprozess interessanter gestalten können. Unser aktuelles Fazit verweist daher, neben den genannten gestalterischen Erfordernissen, auf einen Bedarf an weiteren soziotechnischen Veränderungen: Kulturell ist mehr Toleranz für die Verschiedenheit einzelner Gebärden angemessen. Medial wären Angebote erforderlich die, wie auch immer technisch gelöst und in jedem Fall nicht textbasiert, die Austauschbarkeit oder Anwählbarkeit bestimmter Gebärdendarstellungen ermöglichten.

Geräte zum Hören und Kulturen der Behinderung

Ein Gespräch zwischen Karin Harrasser und Jürgen Tchorz

KARIN HARRASSER UND JÜRGEN TCHORZ

Karin Harrasser: Wenn ich mich als Medien- und Kulturwissenschaftlerin mit Hörgeräten beschäftige, dann sind es vor allem zwei Aspekte, die mich interessieren. Zum einen der Aspekt, dass mit einem Hörgerät, z.B. einem Cochlea-Implantat (CI) *natürliche*s Hören nicht einfach ersetzt oder kompensiert wird, sondern, dass man mit so einem Gerät »anders hört«, also vielleicht auf eine nicht-menschliche Art und Weise hört. Ich kann mir aber nicht wirklich vorstellen, wie dieses *anders hören* erstens technisch-physiologisch zu Stande kommt und sich zweitens bei den BenutzerInnen anfühlt. Hast du vielleicht ein Beispiel, wie dieses *andere Hören* zu verstehen ist?

Jürgen Tchorz: Stimmt, ein CI erzeugt auf eine völlig andere Art und Weise Höreindrücke als ein übliches Hörgerät. Bei hochgradig Schwerhörenden sind meistens die Sinneszellen im Innenohr, die Schallschwingungen in elektrische Signale umwandeln und in den Hörnerv weiterleiten, stark geschädigt. Die Betroffenen können ohne technische Unterstützung nur noch sehr wenig hören. Auch mit Hörgeräten ist das Sprachverstehen dann nur noch unzureichend oder gar nicht möglich. Ein CI *umgeht* die geschädigten Sinneszellen. Mikrofon, Sprachprozessor und Batterien werden in einem kleinen Gehäuse außerhalb des Körpers getragen, meist hinter dem Ohr. Der Prozessor analysiert den Schall in verschiedenen Frequenzen. Praktisch alle Geräusche um uns herum sind ja Mischungen aus tiefen, mittleren und hohen Tönen. Er erzeugt kurze, schnell aufeinanderfolgende elektrische Impulse. Je lauter der Schall in einer bestimmten Frequenz gerade ist, desto stärker werden die elektrischen Impulse. Über eine Magnetspule werden die Impulse durch die Haut übertragen und durch haarfeine Drähte in eine Art dünnen Schlauch geleitet, der bei der Operation in das Innenohr geschoben wurde. An der Oberfläche dieses Schlauches sind etwa 20 Elektroden angebracht. Jede dieser Elektroden ist für eine andere Frequenz zuständig. Die Stromimpulse aus den Elektroden reizen die Fasern des Hörnerven und es entstehen Höreindrücke. Man kann sich leicht vorstellen, dass diese Höreindrücke völlig anders sind als das *natürliche Hören.* Allein schon, weil diese Eindrücke nur durch ein paar wenige Elektroden hervorgerufen werden, und nicht durch Tausende von Sinneszellen. Aber wie klingt das? Eine Studentin an unserer Hochschule hat das für sich sehr plastisch beschrieben. Sie ist seit dem Kleinkindalter schwerhörig, hat viele Jahre Hörgeräte getragen, aber ihre Hörschädigung ist fortgeschritten, so dass sie sich mit Anfang zwanzig zu einer Implantation entschlossen hat. Zuerst hätte das wie »Mickey Mouse auf LSD« geklungen. Also sehr unnatürlich und »piepsig«, hochtönig. Ähnlich beschreiben das viele andere Implantierte, die noch nicht seit dem Kleinkindalter CIs tragen. Dieses Hochtönige ist verständlich, da die Elektroden im Innenohr nur zu denjenigen Nervenfasern Kontakt haben, die die hohen und mittleren Frequenzen übertragen. Die Nervenfasern, die für die tiefen Töne *zuständig* sind, liegen zu tief im schneckenartig gewundenen Innenohr.

Aber das Erstaunliche: Die meisten CI-TrägerInnen bescheiben den Klangeindruck nach ein paar Monaten als »normal«. Unser Gehirn ist offenbar enorm plastisch bezüglich der Wahrnehmung. Die akustische Welt bildet sich ab in den Sinneseindrücken, die sie in uns erzeugt. Und auch wenn diese Sinneseindrücke technisch erzeugt und völlig verändert sind, nehmen wir diese Welt irgendwann als unsere eigene wahr. Auch das Sprachverstehen verbessert sich meistens erheblich während der ersten Monate nach der Implantation. Das Gehirn lernt, aus den zur Verfügung stehenden Reizen sinnvolle Informationen zu ziehen, Sprachlaute zu erkennen und von Hintergrundgeräuschen zu unterscheiden. Das ist aber ein anspruchsvoller Lernprozess, und der Erfolg einer Cochlea-Implantation hängt unter anderem auch von der Motivation und der Mitarbeit der Betroffenen ab.

KH: Ich finde beide Aspekte sehr erstaunlich: Erstens, dass es überhaupt gelingt, mit zwanzig Elektroden einen plausiblen Höreindruck zu erzeugen. Das würde im Umkehrschluss ja heißen, dass im *natürlichen Hören* sehr viele Redundanzen eingebaut sind. Mich fasziniert, was den natürlichen, den gegebenen Körper betrifft, schon seit längerem die Idee, dass er vielleicht weniger funktional ist, als uns das unser Alltags-Gesundheitsverständnis, das ja meist ein vulgär-darwinistisches ist, annehmen lässt. Darwin selbst war ziemlich fasziniert von der Umwegigkeit des Paarungsverhaltens z.B. bei den Paradies- und Laubenvögeln und Kulturtheoretiker wie Georges Bataille sind nicht müde geworden zu betonen, dass das Leben eigentlich andauernd Überschüsse produziert. Man kann das aber sogar noch viel unspektakulärer sehen: Die Natur produziert vieles, was weder von Nutzen, noch *zu viel* ist, sondern einfach nicht stört. Männliche Brustwarzen etwa. Wie würdest du das Verhältnis von Funktion und Überschuss mit Blick auf das Hören beschreiben?

JT: Der Prozess zwischen Sprechen und Verstehen ist auf jeden Fall redundant. Man kann Sprache auf vielerlei Art verzerren, zusammenpressen, ausdünnen und man versteht trotzdem immer noch Sprache. Ein ganz einfaches Beispiel: Die Schwingung von Stimmbändern ist eigentlich unnötig, Flüstern funktioniert auch. Robert Shannon hat mit einem frappierend simplen Experiment eine *Nature*-Veröffentlichung erreicht: Er hat die Frequenzinformation von Sprache fast vollständig entfernt, bis praktisch nur noch zeitliche Information übrig geblieben ist, und trotzdem war die Sprache verständlich. Die ersten CIs hatten nur eine einzige Elektrode, die nur zeitliche Veränderungen ohne jede Frequenzinformation übertragen konnte, und trotzdem konnten die Patienten nach einer Eingewöhnung einige wenige, einfache Wörter verstehen.[1] Ein Beispiel dazu aus der Musik: Der Song *Ring of Fire* von Johnny Cash hat einen so charakteristischen Rhythmus, dass er auch mit nur einer Elektrode erkannt werden könnte. Aber ich denke nicht, dass diese Redundanz *Überschuss* im eigentlichen Sinne ist. Unter einfachen Bedingungen vielleicht schon. Aber wenn die Bedingungen schwieriger werden, wenn Störgeräusche einzelne Frequenzen und Zeitabschnitte verdecken, wenn Nachhall die Sprache *verschmiert*, oder wenn durch eine Schwerhörigkeit Teile der Sprache unhörbar werden, dann fallen die redundanten Informationen nach und nach weg und unser Gehirn ist schwer damit beschäftigt, aus den wenigen verbleibenden Bruchstücken einen sinnvollen Inhalt zu basteln. Spätestens hier wird klar, dass Sprachverstehen enorm viel mit Lernen, kognitiven Fähigkeiten und Belastbarkeit zu tun hat. Nicht umsonst findet der Begriff der »Höranstrengung« aktuell starke Beachtung in der audiologischen Forschung. Es macht einen Unterschied, ob ich etwas locker verstehe, oder ob ich mich dafür sehr anstrengen muss und nach ein paar Minuten erschöpft bin und mich nicht mehr konzentrieren kann. Dieser Aspekt ist bei der CI-Versorgung, aber auch beim Tragen von Hörgeräten wichtig. Momentan wird versucht, durch Messung des Hautwiderstandes, der Pupillengröße oder der Hirnströme objektiv zu erfassen, wie anstrengend das Hören gerade ist. Vielleicht trifft auch auf andere Bereiche zu, dass scheinbarer Überschuss der Stabilisierung dient, der Diversifizierung, um auch unter schwierigen Bedingungen zum Ziel zu kommen. Auf die Brustwarze lässt sich das vermutlich nicht übertragen, aber auf den Laubenvogel?

KH: Es leuchtet mir ein, dass Diversifizierung eine Antwort auf Komplexität ist. Die Gleichung wäre dann: Je vielgestaltiger Umwelten sind, desto mehr Ent-

1 Vgl. den Beitrag von Miyazaki in diesem Band.

faltungsspielraum bieten sie der Physiologie, desto potentiell gefährlicher/bedrohlicher sind sie aber auch. Es ist ein altes Argument der Kulturtheorie, dass Menschen sich von Tieren unterscheiden, weil sie unspezialisiert sind, sich in ganz unterschiedlichen Umwelten aufhalten können (und müssen). Anders gesagt: Das Hören des Wolfs ist viel spezialisierter, und deshalb auch in einem bestimmten Spektrum leistungsfähiger als das menschliche, dafür aber nicht so belastbar und wandelbar. So gesehen wäre das diversifizierte, redundante Hören eine spezifisch menschliche Form der Anpassung, nämlich eine, die für sehr unterschiedliche Lebenssituationen variierbar ist und Belastungen standhalten kann. Ganz zufriedenstellend ist das aber nicht, denn es gibt eben auch physiologische Fakten, die keine Antworten auf Überlebensnotwendigkeiten darstellen. Wir weichen dann meist schnell auf Begriffe wie *verschwenderische Schönheit* aus. Ganz direkt gefragt: Warum ist es für Naturwissenschaftler so schwer, irgendwas als Bestandteil von *Natur* zu akzeptieren, das keinem Zweck folgt? Oder ist das kein Erkenntnisproblem, sondern man erforscht die Verschwendung eben nicht, weil das zu nichts führt, nicht vielversprechend ist?

JT: Vermutlich ist es schon so, dass es für Forschende befriedigender ist, Zusammenhänge zu finden, Modellvorstellungen zu entwickeln und *sinnhafte* Verknüpfungen zu beschreiben, als festzustellen, dass etwas ganz einfach Überfluss und *Verschwendung* darstellt, was ja eine Art Sackgasse und Endpunkt wäre. Dabei treten aber sicher zwei Dinge auf: Entwickelte Modelle und Hypothesen über angebliche Zusammenhänge treffen gar nicht zu (aber dieser Wettstreit der Erklärungsansätze macht Wissenschaft ja auch spannend), oder aber wir erkennen die Gründe eines vermeintlich zweckfreien Überflusses schlichtweg nicht. Hier meine ich *Zweck* im Sinne des Überlebens des Individuums oder der Spezies. Im Bereich der unbelebten Natur ist der Begriff des *Zwecks* aber sowieso schwierig: »Wozu sind die ganzen Sterne da«, »Welchen Sinn hat das Higgs-Boson« – zur Beantwortung dieser Fragen hat die Naturwissenschaft gar keine Werkzeuge. Sie kann höchstens erklären, aufgrund welcher Mechanismen Sterne entstehen, aber nicht, wozu das Ganze gut sein soll. Die Motivation der Naturwissenschaftler ist es auch hier, Zusammenhänge zu entdecken und weiter zu bauen am großen, mathematisch konsistenten Modell. Verschwendung und Schönheit sind da Begriffe, die nur aus der menschlichen Betrachtung kommen und deshalb doch eigentlich völlig irrelevant sind, oder?

KH: Vielleicht, aber alle unsere anderen Begriffe sind ja auch Resultat der menschlichen Betrachtung, wieso sollten die relevanter sein? Aber zurück zum CI: Auch der zweite Aspekt ist unglaublich interessant: dass das Gehirn, oder vielleicht sogar noch mehr, der komplexe neurologische Apparat, der sich durch den ganzen Körper zieht, dermaßen plastisch und dynamisch ist, dass dieses *andere Hören* so rasch akzeptiert wird. Wenn ich in die Geschichte der Medienkunst und der Medientheorie schaue, war es allerdings weniger die Plastizität und Anpassungsfähigkeit des Gehirns, die Künstler interessiert hat, als die Idee, mittels eines *Neuen Hörens* auch neues Denken und Fühlen auf den Plan zu rufen. Ein gutes Beispiel dafür ist der Dadaist Raoul Hausmann: Er hat in den 1920er Jahren Schriften zur *Optophonetik*[2] verfasst, also darüber, wie man visuelle Signale in akustische umwandeln kann. Dazu gab es damals einige Versuche, meist mit Selenzellen. Für Hausmann war die Optophonetik aber nicht nur instrumentell interessant – damals hat man gehofft, mit dieser Technik Blinden optische Signale übersetzen zu können – er war vielmehr davon überzeugt, dass mit optophonetischer Synästhesie der europäische Mensch wieder zu so etwas wie einer *Urwahrnehmung* zurückfinden könnte.[3] Hausmann ist vielleicht ein Extrembeispiel, aber die Idee, dass jede Kultur die Sinnesqualitäten *formatiert* und anderes Wahrnehmen auch eine Revolutionierung des Denkens und des Sozialen bewirkt, ist doch eine ziemlich stabile Grundannahme, die die Kunst der Gegenwart prägt. Und man braucht dazu nicht unbedingt die High-Tech-Medienkunst anzuschauen: Auch der Lärm einer Punk-Band hat doch viel mit der Idee der Befreiung des Hörens zu tun, oder?

JT: Ja klar, Punk oder Free Jazz können die Ohren sicher weiter machen, und in anderen Kulturen gibt es Musik und Klänge, von denen wir keine Ahnung haben. Die Experimente von Raoul Hausmann finde ich spannend. Weißt Du, ob man dadurch in Ansätzen so etwas wie *optisches Verstehen* erreichen konnte, oder ging es im Wesentlichen um die Verknüpfung von Wahrnehmungsarten? Das erinnert mich an die Gebärdensprache, die eine vollwertige, aber rein *optische* Sprache ist.[4] Das Übersetzen aus der Lautsprache müssen noch Gebärdendolmetscher machen, aber es gibt bereits erste Ansätze, das zu Automatisieren: ein Spracherkenner setzt die Wörter statt in Schrift in Gebärden um, die über einen Avatar am Bildschirm gezeigt werden. Aber genau wie eine automatische Übersetzung zwischen z.B. Englisch und Deutsch ist das noch ziemlich holperig. Sprache ist eben ein sehr komplexes Gefüge und erfordert viel Kontextwissen.

KH: Ja, die *richtigen* Experimente gingen genau in diese Richtung und waren teils auch erfolgreich. Aber Raoul Hausmann war tatsächlich, und das verbindet ihn mit

2 Vgl. Hausmann, Raoul: »Optophonetik«, in: Erlhoff, Michael (Hg.), Sieg Triumpf Tabak mit Bohnen: Texte bis 1933, 2. Bd., München: edition text + kritik 1982, S. 51-57.

3 Vgl. die Beiträge von Daniels und Thoben in diesem Band.

4 Die politische und rechtliche Anerkennung der deutschen Gebärdensprache (DGS) ist 1998 in Hessen per Entschließungsantrag und in Deutschland 2002 mit dem Behindertengleichstellungsgesetz (§ 6 BGG) erfolgt.

vielen Avantgardisten, nicht am Verstehen interessiert. Ihm ging es um das direkte Verschalten von Optik und Akustik, um die Idee, dass sozusagen in der Wahrnehmung selbst ganz neue Welten aufgehen. Das frühe 20. Jahrhundert ist insgesamt eher von Misstrauen gegenüber dem Verstehen mittels Sprache geprägt. Man hat sich vielmehr sehr für die Psychophysik begeistert, die kognitive Zustände als Nervenreiz-Systeme positivieren wollte. Friedrich Kittler sagt dazu: Es sei damals zu den Künstlern durchgedrungen, dass Ästhetik nichts als eine angewandte Physiologie sei.[5] Die Physiologie hat die Künstler begeistert, weil sie einen Weg heraus aus dem Kulturkorsett sahen: Nicht mehr Dichten und Denken, lieber die Sinne durchputzen, war die Parole.

JT: Nochmal zur Plastizität des Gehirns bezüglich der Wahrnehmung. Das wurde ja schon mit den Innsbrucker Brillenversuchen in der Mitte des letzten Jahrhunderts eindrucksvoll belegt.[6] Versuchspersonen bekamen Prismenbrillen, die z.B. oben und unten vertauschen. Das führte zunächst natürlich zu erheblichen Konflikten mit den anderen Sinneseindrücken (wenn man nach etwas greifen will). Nach einer längeren Phase verzerrter, *verbogener* Wahrnehmung kippte die visuelle Wahrnehmung aber und war wieder *aufrecht* und stimmig mit den anderen Sinneseindrücken. Das Gehirn hat den ungewohnten Input ganz einfach *transformiert* und neu abgeglichen.

KH: Das zweite Gebiet, das mich interessiert, ist, wie medizinische Geräte in das eingreifen, was man als Prozess der Normbildung bezeichnen kann. Das ist besonders mit Blick auf CIs ja durchaus umstritten: Menschen ohne Gehör haben eine eigene Kultur, eine eigene Kommunikationsform aufgebaut, eine Alternative zu dem, was die mehrheitliche Norm ist. Sie behaupten damit auch eine Lebensweise jenseits dessen, was als Normalität etabliert ist. Die Gehörlosenkultur ist selbstbewusst und reklamiert, dass es neben den gesellschaftlich vereinbarten Kommunikations- und Erfahrungsweisen noch andere, genauso legitime gibt. Eine sehr überzeugende Darstellung dieser Kultur gibt es beispielsweise in Katharina Pethkes Film LOUISA (2011). CIs, die einem/r Gehörlosen im besten Fall beinahe *normales* Hören ermöglicht, sollen nun aber möglichst früh eingesetzt werden, lange bevor der/die Betroffene entscheiden kann, ob er/sie das will; d.h. jemand anderer entscheide sich dafür, dem Kind Normalität zu ermöglichen, oder, von der anderen

5 Vgl. Kittler, Friedrich: Aufschreibesysteme 1800/1900. 3. vollst. überarb. Auflage, München: Fink 1995 [1985].

6 Vgl. Kohler, Ivo: Über Aufbau und Wandlungen der Wahrnehmungswelt. Insbesondere über bedingte Empfindungen. Österreichische Akademie der Wissenschaften, Philosophisch-historische Klasse: Sitzungsberichte, 227, Bd. 1. Wien: Rohrer 1951.

Seite gedacht: normiert seine Wahrnehmungs- und Kommunikationsformen, orientiert am Konsens. Damit wird aber die Abweichung, die Differenz, das *Andere* abgewertet. Wie gehst du als Techniker und Wissenschaftler mit diesem Dilemma um?

JT: Das ist eine ganz schwierige Frage. Die Entscheidung für oder gegen ein CI ist eine Abwägung von persönlichen, individuellen Faktoren: Wie groß sind die Aussichten auf ein verbessertes Sprachverstehen, und wie wichtig ist das für mich? Habe ich realistische Erwartungen? Was ist, wenn nicht der erhoffte Erfolg eintritt? Reichen Hörgeräte nicht vielleicht doch? Wie sind die medizinischen und anatomischen Randbedingungen? Wie bewerte ich das Risiko eines Verlustes des Resthörvermögens durch die Operation? Falls ich bereits Teil der Gehörlosenkultur bin: Werde ich nach der Operation ein *Außenstehender* sein, und inwieweit werde ich Teil der Kultur der Hörenden sein können?

KH: Und: Will ich das überhaupt?

JT: Der Gehörlosenbund steht CIs nicht grundsätzlich ablehnend gegenüber, aber gibt zu bedenken, dass die Erfolgsaussichten einer Implantation davon abhängen, wann die hochgradige Schwerhörigkeit einsetzte und wieviel Zeit seitdem vergangen ist. Und auch bei guten Voraussetzungen kann es sein, dass der erhoffte Erfolg ausbleibt. Der Gehörlosenbund sagt aber auch klar, dass *besseres Hören* nicht automatisch *bessere Lebensqualität* bedeutet.

Es darf von Seiten der Medizin, aber auch von der Gesellschaft keinen Druck in Richtung Implantation geben und zur umfassenden und objektiven Beratung der in der Situation oft überforderten Eltern gehört sicher auch der Austausch mit Vertretern der Gehörlosen-Community. Eine Entscheidung gegen ein Implantat muss respektiert werden, und die Familien müssen weiterhin fachlich beraten und betreut werden, zum Beispiel durch gebärdensprachliche Förderung.[7] Das wäre die Voraussetzung, eine Abwertung und Ausgrenzung des *Andersseins*, wie du es beschrieben hast, zu verhindern. Denn die persönliche, individuelle Entscheidung für ein CI muss nicht bedeuten, die vielschichtige und lebendige Gehörlosenkultur abzulehnen und abzuwerten.

Ich selber würde mich vermutlich für ein CI entscheiden, wenn ich ertauben sollte. Auch für mein Kind würde ich ziemlich sicher so entscheiden. Wenn ich

7 Zur Betreuung von CI-TrägerInnen nach der Implantation vgl. »Konsenspapier der Arbeitsgemeinschaft Cochlear Implant Rehabilitation (ACIR) zur Rehabilitation nach Cochlea Implantat Versorgung«, verabschiedet am 12.11.2011 in Friedberg/Hessen, http://www.acir.de/Konsensacir%20final.pdf (letzter Zugriff: 30.10.2015).

allerdings seit Geburt gehörlos wäre, wäre ich mir nicht sicher, ob ich auch dann so klar für ein CI bei meinem Kind entscheiden würde. Was doch eigentlich seltsam ist, denn wieso sollte die Entscheidung von der Hörfähigkeit der Eltern abhängen?

KH: Mir scheint, dass solche Dilemmas viel mit einer spezifischen Technikkultur und einer bestimmten Auffassung von Medizin zu tun haben. Wir muten Medizin und Technik wahrscheinlich zuviel zu. Gerade weil die Medizintechnik so potent geworden ist, neigen wir dazu, sie zu eindimensional als Problemlöser zu akzeptieren. So als könnte der Eingriff in den Körper – ganz egal wie *erfolgreich* er ist – komplexe kulturelle und gesellschaftliche Spannungen und Widersprüche ausgleichen! Denn die Frage, welche Lebensweisen – Bruno Latour würde sogar sagen »Existenzweisen«[8] – wir als Teil von Gesellschaft akzeptieren, hängt von dermaßen vielen Dingen ab (von kulturellen Werten, ökonomischen Dynamiken, Rechtsverhältnissen etc.), dass der *technical fix* zwar vielleicht einen Unterschied macht, aber nicht den entscheidenden. Ein CI kann gesellschaftliche Teilhabe ermöglichen, ist aber keine Garantie auf Teilhabe. Abgesehen davon, dass soziale Passfähigkeit sicher nicht das Einzige ist, was man sich für sich und seine Kinder wünscht. Aber mit dem Pluralitätsargument – es könnte sein, es könnte auch anders sein – kommt man bezüglich medizintechnischer Eingriffe nicht wirklich weiter, weil eine diesbezügliche Entscheidung eben Fakten schafft. KollegInnen, die sich mit solchen Fragen beschäftigt haben (z.B. Annemarie Mol oder Vinciane Despret[9]) haben deshalb vorgeschlagen, für solche Situationen weniger über das Moment der Wahl (Wie kann ich möglichst rational entscheiden?) nachzudenken als über die Frage des *carings*: Wer und was wird sich um das kümmern, was aus der *Entscheidung* resultiert? Im Zentrum steht hier die Beobachtung, dass medizintechnische Eingriffe eine besondere Form der Wahl sind, eine, die zumeist eine ganze Lawine an Konsequenzen zeitigt, um die wir uns meist zu wenig Gedanken machen, auch weil wir die Konsequenzen gar nicht antizipieren können. Wie siehst du das? Macht der Gedanke für dich Sinn? Welche Agenturen und Akteure sind es, die sich um CI-Implantierte kümmern? Braucht es vielleicht andere?

JT: Ich denke, der Aspekt des *carings* ist ein Teil der Abwägung beim Versuch einer möglichst rationalen Entscheidung, in den die anderen schon genannten Aspekte ebenfalls einfließen. Um eine Entscheidung kommt man nicht herum, und

8 Latour, Bruno: Existenzweisen. Eine Anthropologie der Modernen. Frankfurt a.M.: Suhrkamp 2014.

9 Mol, Annemarie: The Body Multiple. Durham: Duke University Press 2003; Despret, Vinciane: »The Body We Care for. Figures of Anthropo-zoo-genesis«, in: Body & Society 10.2-3 (2004), S. 111-134.

auch die Entscheidung gegen ein CI für sein gehörloses Kleinkind ist eine Entscheidung, die Fakten schafft.

Die Rehabilitation ist ein ganz wichtiger Teil der CI Versorgung. Dazu gehört nicht nur die fortlaufende Einstellung des Sprachprozessors, sondern auch Hör- und Sprachförderung, musikalische Förderung, eine psychologische Kontrolle sowie die Beratung der Eltern und Bezugspersonen in Kitas und Schulen. Auch für Erwachsene gehört ein Hör- und Kommunikationstraining zur Rehabilitation. Diese Angebote werden von den Krankenkassen bezahlt und von CI-Rehabilitationszentren durchgeführt, die häufig zu Kliniken gehören, an denen implantiert wird. Aber vielleicht habe ich bei der Annahme eines so rationalen, abwägenden Entscheidungsprozesses, mit Einbeziehung und Gewichtung bestimmter Wahrscheinlichkeiten usw., auch zu sehr eine Ingenieursbrille auf. Wie würdest Du als Kulturwissenschaftlerin eine solche Entscheidung angehen? Hast Du da einen ganz anderen Blickwinkel?

KH: Ich bin natürlich überhaupt nicht gegen eine solche abwägende Vorgangsweise, die versucht, das Beste für den/die Betroffene/n zu antizipieren. Ich denke nur, dass man sich in die Tasche lügt, wenn man glaubt, in einem solchen Vorgehen die grundsätzlicheren Fragen lösen zu können. Beispielsweise die, warum sich unsere Gesellschaft, die ja oberflächlich betrachtet sehr unterschiedliche Lebensweisen zulässt, so schwer damit tut, hinzunehmen, dass Produktivität und soziale Passung – beides ist ja mit Teilhabe gemeint – nicht die *ultima ratio* für jede Entscheidung sein können. Gerade was die Akzeptanz von Anderskörperlichkeit, die radikal nicht *teilhat*, betrifft, sind wir nicht sehr erfindungsreich. Ich gehe kurz auf ein anderes Feld, komme aber wieder zurück zum CI: Bei der Diskussion um PatientInnenverfügungen geht es um das Selbstbestimmungsrecht des Einzelnen, falls er/sie in eine Situation kommt, wo er/sie sich nicht mehr äußern kann. Wir neigen dazu, das für richtig und gut zu befinden, da der Autonomieanspruch uns teuer ist. Nun ist es so, dass Menschen, die in der Palliativpflege oder mit Wachkomapatienten arbeiten, berichten, dass sich die Gewichte für jemanden, der in einen so völlig anderen Zustand eintritt, völlig verschieben. Sie sagen: Erst wenn man in diesem Zustand ist, kann man entscheiden, wie man es beispielsweise mit künstlicher Ernährung etc. hält. Aber dann ist meist eben auch die Artikulationsfähigkeit dermaßen anders, dass der berühmte *informed consent* nicht mehr herstellbar ist. Ein Dilemma, oder?

Ich denke, dass es sich mit verschiedenen Formen des *handicap* strukturell ähnlich verhält: Wir tragen immer unsere internalisierten Normvorstellungen an Anderskörperliche heran, wir können gar nicht anders und damit schränken wir automatisch das Spektrum dessen, was möglich wäre, ein. Etwas mehr Bemühen, sich ein gelungenes Leben mit Behinderung vorzustellen, fände ich jedenfalls ziemlich wichtig. Ich weiß auch nicht genau, wie man das macht: Szenarien bauen?

Einander Geschichten erzählen? Superhelden-Comics lesen? Die haben ja meist eine ziemlich gravierende Behinderung.

JT: Hätte ich Angst vor Spiderman, wenn ich ihm begegnen würde? Wahrscheinlich schon, wenn ich seine Geschichte nicht kennen würde. Als Schüler begegnete ich zum ersten Mal mit fünfzehn Jahren einem Jugendlichen mit Hörgeräten. Angst hatte zwar ich nicht, aber er kam für mich fast wie von einem anderen Stern, und ich hatte echte Berührungsängste. In der Grundschulklasse meines Sohnes ist ein hochgradig schwerhöriges Kind – die Lehrerin trägt ein Funkmikrofon, ein Hörgeschädigtenpädagoge hat mit allen Kindern der Klasse über Schwerhörigkeit gesprochen, und nach kurzer Zeit war das selbstverständlich und kein Thema mehr. Inklusion ist kein Allheilmittel, aber sie kann einiges bewirken, wenn sie nicht nur als ein Instrument zur Kostensenkung missbraucht wird.

Was die Akzeptanz von Andersartigkeit betrifft, bin ich aber trotzdem und insgesamt genau wie Du nicht besonders optimistisch. Da sind wir trotz allem technisch-medizinischem Fortschritt (oder gerade deshalb?) noch nicht viel weiter gekommen. In einigen Bereichen habe ich sogar den Eindruck, dass die Spanne dessen, was als *normal* akzeptiert wird, immer schmaler wird, auch weil immer mehr Krankheiten/Symptome/vermeintliche Defizite behandelt, therapiert werden können. Jemand hat es mal ganz schön auf den Punkt gebracht: Wenn Tom Sawyer und Huckleberry Finn heute leben würden, wäre bei den beiden vermutlich längst ADHS diagnostiziert worden, und sie würden täglich Ritalin bekommen.

Perspektiven auf künstlerisch-ästhetische Praktiken

Die Entstehung des Blicks in der Fotografie

VOLKMAR MÜHLEIS

Mit einem russischen Eisbrecher reiste Geert Goiris 2007 und 2008 in die Antarktis, um Fotos im ›Whiteout‹ zu machen. ›Whiteout‹, das ist die Erfahrung der völligen Boden- und Orientierungslosigkeit im Eis, wenn der reflektierende Schnee bei gedämpftem Sonnenlicht mit dem bewölkten Himmel zu verschwimmen scheint und der eigene Standpunkt unkenntlich wird. Alle Schatten verschwinden, jedes Relief, der Horizont, als verschließe sich die Umgebung in einem einzigen Weiß. Licht ohne Schatten, in seiner Totalität, nimmt dem Sehen jeden Anhaltspunkt, seine Wirksamkeit, lässt es endlos ins Unerkennbare laufen, ins Gestaltlose, lässt es leerlaufen – ein Sehen ohne Blick für etwas.

Das *blicklose Sehen* wollte der Fotograf am eigenen Leib erfahren. Eine Kamera hat keinen blinden Fleck, der das Sehen erst ermöglicht, wie im Fall der Retina. Kennt sie vergleichbar ein ›blickloses Sehen‹ als Aufzeichnung blanker Visualität? Was nun, wenn wiederum die Kamera jeden Anhaltspunkt verliert, kein Etwas mehr die Schärfe bestimmt, die Technik im omnipräsenten Licht ihren Widerpart verliert, als Kamera in der polaren *Hellkammer*? Die Versuchsbeschreibung könnte etwa so lauten: Die Kamera selbst in die Situation führen, dass sie eines ›blinden Flecks‹ bedarf, um *etwas* aufzeichnen zu können. Kann unter diesen Umständen eine Figur im Bild beides leisten – Bedingung des Erscheinens *und* Erscheinen von etwas sein? Geert Goiris hat einen Kollegen der Expedition im ›Whiteout‹ fotografiert. Man sieht im völligen Weiß eine Gestalt im dunklen Thermoanzug, mit Schneeschuhen, Handschuhen, Sonnenbrille (Abb. 1). Nur mit dem Mann gelingt ein Bild des ›Whiteout‹. Ohne ihn erschiene das Weiß des Bildes als weißes

Fotopapier, ohne Abbildung von Etwas. Das Foto des völligen Weiß besäße keine Charakteristik.[1]

Abbildung 1

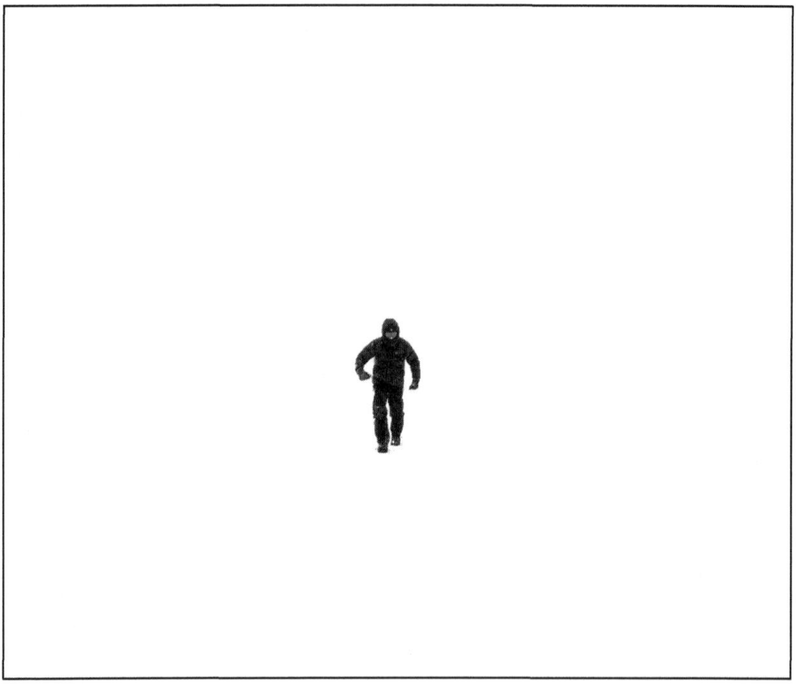

Geert Goiris: Dia aus der Serie *Whiteout*, 2008, mit freundlicher Genehmigung der Galerie Art: Concept, Paris, und Geert Goiris.

Die technische Indifferenz der Kamera mit der Indifferenz des allumfassenden Lichts zu konfrontieren, davon ging Goiris' Versuch aus. Wie entsteht aus beiderlei Indifferenzen ein Bild, eine *pikturale Differenz*? Der Kollege bietet im Bild einen Kontrast von Figur und Grund, wie ihn etwa die Gestaltpsychologie beschreibt. Sichtbares entsteht aus dem Kontrast von naher Gestalt und fernem Rand, Milieu. Zudem entsteht das Bild für den Betrachter nur aus der Eigenschaft der Aussparung – dem jeweils eigenen blinden Fleck –, zugunsten des Sichtbarwerdens mit den eigenen, beweglichen Augen, welche die Aussparung selbst um- und überspielen, fortwährend auf den Eindruck des ungebrochenen Sehens hin. Erinnert das Bild

1 Goiris, Geert: Whiteout, http://www.geertgoiris.info/index.php?album=wh (letzter Zugriff: 30.10.2015). Vgl. Mühleis, Volkmar, »Dreams of the sighted in the polar night«, in: Goiris, Geert, Whiteout, Leuven: Acco 2011, S. 67-95.

auch daran, diese erste Bedingung von Sehen und Nicht-Sehen? Der Mann ist die Aussparung des völligen Weiß, mit der das Kamerabild vom ›Whiteout‹ als solches überhaupt erst erscheint. Und die Indifferenzen von operativer Lichtempfindlichkeit und natürlichem Licht zeugen nur voneinander in Aussparungen – ob im Auge des Betrachters oder mit der Figur in der Landschaft.

Mit der Figur nur *sehen* wir auch das polare Weiß, so wie auch wir nur mit dem blinden Fleck sehen. Und dennoch geht diese Analogie nicht ganz auf, bleiben Unterschiede zwischen medialer Inszenierung von Kamera, Figur und Weiß im Verhältnis zum eigenen Sehen dank Auge, blinder Aussparung und Sichtbarem. Im Foto sehen wir die Figur, dank der wir das Weiß *mitsehen.* Im Sehen sehen wir in der Regel nicht die Aussparung im eigenen Gesichtsfeld, dank der wir *sehen.* Goiris überführt das blicklose Aufzeichnen der Kamera in einen Vergleich mit dem Sehen, der selbstverständlich nur partiell gelingt, schließlich ist die Kamera kein Auge und besitzt sie keine Einbildungskraft. Die Unschärfe der Analogie vollzieht sich entlang der Linie *mitsehen/sehen.* Es wäre grundsätzlich der Unterschied zwischen einer physiologischen Kondition des *Sehens* – in Form des blinden Flecks – und einer gestaltpsychologischen, in der Differenzierung von überhaupt Sicht- zu Erkennbarem, einer Figur im Kontrast zu ihrem Grund, im *Mitsehen.* In der Situation des ›Whiteout‹ hat Goiris die Bedingungen gefunden, diesen physiologischen und gestaltpsychologischen Unterschied auf die Reflexion der Fotografie hin zu erweitern, im Vergleich von Auge und Kamera.

Schon lange hatte er mit Blendungen in der Fotografie experimentiert. So fotografierte er Explosionen und die schillernden Blendungen der Salzwüsten in Utah/USA und Atacama/Chile. Doch erst unter den Bedingungen des ›Whiteout‹ steigerte sich die Frage des *Mitsehens* zweifach: zum einen auf die bloße Reduktion von Figur und Grund hin, zum anderen auf die Frage der Bedingung wiederum ihres Erscheinens, der Frage des Sehens selbst, wie es des blinden Flecks bedarf. Erst die Totalität des Lichts führte zur Frage des Verschwindens von Sichtbarkeit, bzw. ihrer Entstehung. So extrem die Blendungen der Explosionen auch waren – sie blieben singuläre, bildlich gefrorene Lichterscheinungen, inmitten einer ihnen fremden Umwelt. In der Antarktis verkehrte sich dieser Eindruck: Die Figur des Kollegen war das fremde Element, dank dessen die Umwelt überhaupt nur andeutungsweise erschien, als wäre sie in eine weiße Nacht getaucht, sichtbar und unsichtbar zugleich, aufgrund ihrer Totalität – überall *und damit* auch nirgends, bodenlos.

Die Steigerung des Mitsehens hat Geert Goiris in einer Serie von Bildern angebahnt, hergeleitet, die er in Form von über 30 Dias mit einem massiven Projektor erstmals 2009 auf der Art Basel zeigte und im Jahr darauf während seiner Einzelausstellung in der Hamburger Kunsthalle. Die Serie trägt den programmatischen Titel *Whiteout.* In dieser Einbettung der Bilder vom ›Whiteout‹ löst Goiris sie auch aus dem Status von bloßen Zeugnissen dieses Phänomens, wie es im Internet viele davon gibt. Die Serie beginnt mit Schwarz-Weiß-Bildern von kargen, anonymen Wohnblöcken in Murmansk, dem Hafen des russischen Eisbrechers, verschneiten Wegen, Dächern und Hügeln, einer gleichförmigen Landschaft von Industriesiedlungen, bis als viertes Bild im Dreiviertelprofil das Brustportrait eines nackten Jungen erscheint, der ernst rechts zum Bild heraus schaut, mit dunklen Augen, auf denen die Unschärfe einen hellen Schimmer gelassen hat, zufällig, ein verschwommenes und doch höchst präzises Bild, in dem flimmernden Glanz auf dem unerkennbaren Blick, weg vom Betrachter, in Tagträumen oder der Realität. Dann erscheint das erste von nur mehr Farbbildern, deren Farbe aber in der Antarktis dann bei zunehmendem ›Whiteout‹ völlig verblassen wird. Zunächst sehen wir die Schaltzentrale auf dem Schiff, auf der vereinzelte Lichtreflexe den davor gezeigten Glanz auf den Augen reflektieren, weitertragen, als vereinzelte Lichtflecken auf der technischen Anlage. Dann die Ankunft im Eis, der Einbruch der Helligkeit, in der sich Konstruktionsteile zeigen und Container bis weit in die Ferne hin abzeichnen. Das helle Weiß am schwachen Horizont, auf den die Container in Reihen wie auf einen Fluchtpunkt hin angeordnet sind. Das nächste Bild zeigt die belgische Antarktisstation, in der Goiris zu Gast war – ein modernistisches Insekt auf Stelzen, auf einen Höhenkamm gesetzt, hermetische Architektur als Selbstschutz und Kontrollinstanz der Umgebung, den wideren Umständen der unwirtlichen Natur angepasst. Schließlich der erste Blick nur aufs Eis, eine Schneefalte, Schneehöhle, konturiert, grau und weiß. Es folgen Bilder der Schiffsbesatzung in Schutzanzügen, wie sie an Deck sich versammeln; einer Eisscholle, die wie eine Wolke allein im Meer treibt; Eindrücke aus dem Stahlgehäuse des Schiffs, kontrastiert mit dem einfallenden Licht auf einer Eiswand. Ein Bild aus einem Flur des Eisbrechers lässt den Gang selbst zum Trichter des Lichts werden, im grellen Licht von der offenen Tür an seinem Ende her. Danach die zarte Schichtung gefrorener Grau- und Weißtöne, von Eisformationen im Schwinden der Kontraste. Als wären die Bilder kaum mehr belichtet, so schwach nur zeichnen sich manche Landschaften ab. Doch es sind Aufnahmen monumentaler Landschaften, wie das klare Bild des Eisbrechers selbst beweist, der an der steilen Kante des Eises festgemacht ist. Das Nahen des ›Whiteout‹ gibt den Bildern den Charakter des hellsten Verblassens, als wären es selbst älteste Aufnahmen, doch in der Helligkeit wirkt zugleich ihre technische Modernität, es sind eben keine alten Bilder, sie zeugen von einem Verlust hier und jetzt, einer Welt bar aller Erscheinungen.[2]

Erblindungserscheinungen sind nicht nur physiologischer Art, auch die Umgebung nimmt uns bisweilen das Sehen, vorübergehend, wenn der Nebel vollends undurchsichtig wird, keine Straßenlaterne mehr die stark bewölkte, mondlose Nacht in der Abgeschiedenheit erhellt. Die atmosphärischen Witterungsbedingungen als

2 Vgl. Goiris: Whiteout.

fortwährende Modulation von Erscheinungsweisen und ihrem Vergehen, davon handeln bereits altchinesische Traktate, wie der französische Sinologe und Philosoph François Jullien es beschrieb.[3] In der westlichen Tradition sind es weniger die atmosphärischen Elemente, mit denen das Sichtbarwerden gefasst wurde, als die Forschung nach den unsichtbaren Gesetzen dieser Erscheinungsweisen. Zum einen lobte Platon die Augen, wenn er in seinem Dialog *Timaios* schrieb:

»Meiner Ansicht nach ist die Sehkraft uns die Ursache des größten Gewinns, da ja wohl von den jetzt über das Weltganze angestellten Betrachtungen keine stattgefunden hätte, wenn wir weder die Sonne, noch die Sterne noch den Himmel erblickten. Nun aber haben der Anblick von Tag und Nacht, der der Monate und der Jahre Kreislauf die Zahl erzeugt und den Begriff der Zeit sowie die Untersuchungen über die Natur des Alls uns übermittelt.«[4]

Zum anderen sind ihm die Augen aber nur ein notwendiger Anlass, um daraufhin in den Erscheinungen Gesetzmäßigkeiten zu erkennen, die sich mathematisch und geometrisch beschreiben lassen und zu dem Begriff der Bewegung als Zeit führen, wie sie im Kosmos ersichtlich wird, während diese Bewegung zugleich auf immer gleichen, selbst unsichtbaren Bahnen sich zu vollziehen scheint, der Zirkulation der Sterne und Planeten, als läge der Bewegung ein in sich unbewegliches Gesetz zugrunde – Ewigkeit. Ich erwähne diesen Hintergrund nur, weil er uns darin bis heute begleitet, den undurchsichtigen Witterungsbedingungen gleichfalls mit Modellen und Techniken zu begegnen, um von ihnen unabhängige, externe Punkte zu finden, von denen aus sie durchleuchtet, ersichtlich und einschätzbar gemacht werden können. Wie kann man in der visuellen Undurchdringbarkeit Sichtbarkeit erzeugen? Diese Frage erscheint uns naheliegend und ist doch okularzentriert, auf den Sehsinn beschränkt. Ein Blindgeborener hätte zwar – um Platons Beispiel zu folgen – die Sterne nicht gesehen, aber er hätte die Wärme der Sonne und damit auch sie sehr wohl gespürt, er hätte im Wechsel der Landschaften auch die Veränderungen der Witterungen erfahren, wie sie mit der atmosphärischen Zirkulation zwischen Himmel und Erde einhergehen, er hätte sehr wohl den Unterschied von Tag und Nacht erkannt, in seinen eigenen Schlafphasen und am sozialen Leben der Anderen, die Monate wären ihm im Wechsel der Jahreszeiten vertraut gewesen, die Jahre im Verlauf des Alterns, und den Begriff der Zahl und damit der Berechnung von Zeit und Bewegung hätte er von klein auf verstehen können, da die Leistungen des Denkens nicht unbedingt der Anschauung bedürfen, wie die Mathematik beweist, auf der seit der Neuzeit die Naturwissenschaft vornehmlich beruht, mit

3 Vgl. Jullien, François: Das große Bild hat keine Form: Vom Nicht-Objekt durch Malerei. Essay über Desontologisierung, München: Fink 2005.

4 Platon: Sämtliche Werke. Bd. 4, Reinbek: Rowohlt 2009, S. 47.

ihren Disziplinen der Physik und der Optik, die insofern gleichfalls ein Blinder beherrschen kann, wie Descartes schließlich feststellte.[5]

Goiris begab sich mit einem Instrument aus dieser okularzentrierten Tradition, der Fotokamera, in die Undurchsichtigkeit von Witterungsverhältnissen. Dabei lag für ihn ein Teil der Faszination darin, dass ein ›Whiteout‹ nicht meteorologisch vorhersagbar ist und auch durch keine Technik von außen geortet werden kann.[6] Es ist ein Phänomen, das nur vor Ort erfahren wird. Man kann nicht zu einem ›Whiteout‹ reisen, man kann nur hoffen, es – mit entsprechenden Sicherheitsvorkehrungen – zu erleben. Was hilft einem die Kamera dabei? Der Fotograf ist es gewohnt, Bilder als Zeugnisse von Orten zu machen und zu sehen. Was aber, wenn der Ort sich vollends entzieht? Ist das der Nullpunkt der Kamera? Was keine Kamera orten kann, dort hinein hat Goiris seine Kamera geführt. Um zu sehen, was sie dort noch leisten kann? Oder was *er* mit ihr noch leisten kann? Der belgische Fotograf war sich im vorhinein dessen bewusst, dass ein ›Whiteout‹ die Auslöschung ihrer Leistungsfähigkeit bedeuten würde, und doch nicht ganz – in den Übergängen zum ›Whiteout‹ nicht, im Austesten ihrer noch möglichen Lichtempfindlichkeit, und im ›Whiteout‹ selbst, wenn in ihm eine Person erscheint, eben jene Person, die ihn mit sicherte, so wie er für den Anderen ein Anhaltspunkt war, gemeinsam mit den Anderen der Gruppe. Konstellationen der Sichtbarkeit, Figuranten füreinander – auf dass ein Grund damit erscheine.

Die westliche Tradition, von der ich mit Blick auf Platon sprach, hat es also auch dem Blinden eröffnet, Teil des Diskurses über Sichtbarkeit zu werden, wenn man diese von ihren physikalischen und optischen Gesetzen her betrachtet. Und wir kennen zahlreiche Beispiele von Sehenden, die rein rechnerisch Bilder erstellen und auswerten, Kosmologen etwa, Piloten und ihre Kollegen der Flugüberwachung, Ingenieure, Naturwissenschaftler, Mediziner, bis hin zu jedem von uns, der mit digitalen Apparaten spielt und arbeitet, in Form von Kameras, Computern, Games usw. Es hilft dem Sehenden, diese Bilder zu sehen, aber streng genommen bedarf ihre mathematische Grundlage nicht der Visualisierung. Was aber, wenn nun ein Blinder sich dieser Grundlage bedient, um Bilder zu machen, als Angebote der Visualisierung für Sehende? Warum misstrauen die Sehenden dem Blinden in der Regel hier? Weil der Blinde nicht selbst seine Bilder kontrollieren kann? Aber muss er das denn, wenn er mit Sehenden über die Bilder ins Gespräch kommen will? Ist seine visuelle Einschränkung dann nicht eine notwendige Bedingung eben eines solchen Gesprächs? Und was tut der Blinde dann anderes, als sich vom Nichtsehen

5 Vgl. Bexte, Peter: Blinde Seher. Die Wahrnehmung von Wahrnehmung von Kunst im 17. Jahrhundert, Dresden: Verlag der Kunst 1999.

6 Vgl. das Gespräch des Verfassers mit Geert Goiris, http://www.volkmarmuehleis.de/index.php/gespraeche/gespraeche-1 (letzter Zugriff: 30.10.2015).

her dem vermeintlich Sehenden zu nähern, so wie Sokrates etwa als Nichtwissender dem vermeintlich Wissenden? Kann der Sehende sich denn selbst erklären? Kann er sich und anderen vermitteln, was er sieht? Ein solches Unterfangen gelingt natürlich nur, wenn die Bilder den Sehenden tatsächlich den Anreiz geben, sich zu ihnen zu äußern, äußern zu wollen. Die Bilder müssen interpretationsbedürftig sein und als Bilder eine Qualität versprechen, um die sich zu streiten lohnt. All diese Erwägungen führen zu dem zweiten Beispiel fotografischer Praxis, das ich in diesem Beitrag behandeln möchte – die Arbeit von Evgen Bavčar.[7]

Mit dem Beispiel von Goiris wurden die physiologischen und gestaltpsychologischen Bedingungen des Sehens und Mitsehens im Zeichen der Kamera gedeutet. Bavčar eröffnet das Feld nun von der Kamera her, um über den Diskurs, den Austausch die Fragen des Sehens und Mitsehens neu zu erkunden. Der Blinde zieht sich nicht auf die mathematische Grundlage der Physik und Optik zurück, um mit ihr ungehindert vom Sehen wie der Sehende zu sprechen, er provoziert von dieser Grundlage aus eine Erfahrung beim Sehenden, über die er sich auszutauschen erhofft. Konzept und Diskurs gelten so der Erfahrung, statt sie als darin aufgehoben zu erachten, als wäre Erfahrung immer schon zeichenhaft, semiotisch, text- und kontextuell, sprachlich, analytisch bestimmt. Bavčar gibt die Frage zurück an die Erfahrung, die Erfahrung der Sehenden. Wäre diese Erfahrung diskursiv und analytisch, er hätte auch als Blinder ohne Weiteres Zugang zu ihr. Doch dem ist nicht so. Auch die Diskursanalyse erscheint okularzentriert, sich ihrer Blindheit im Anspruch der alles durchdringenden Zugänglichkeit nicht bewusst. Bavčar bietet ihr und uns also seine Fotografien. Und was sehen wir?

Bilder etwa, in denen der Ort ins Dunkel getaucht ist, schwarz sich abhebt von der Inszenierung der Gegenstände und ihrer Beleuchtung. Diese Spannung zwischen dunklen Räumen, nächtlichen Szenen und starken Lichtkontrasten, die Personen und Gegenstände zum Teil noch erkennen lassen, zum Teil ganz überblenden, und die während der Entwicklung der analogen Bilder vielfach bearbeitet wurden, kennzeichnen zahlreiche von Bavčars Bildern seit seinem künstlerischen Durchbruch Anfang der 1990er Jahre. Dabei sind viele Bilder Kompositionen von auch symbolischen Elementen, die der Fotograf bewusst ins Spiel bringt, wenn er 2012 etwa ein Portrait der Schauspielerin Hanna Schygulla mit einer Eule kombiniert, oder er sich selbst als Soldat mit verbundenen Augen und dem Gewehr im Anschlag zeigt. In seinen neueren Arbeiten, etwa der Reihe *Ludwigsburg*, experimentiert er zudem mehr auch mit Farbfilmen, wobei er vergleichbare Motive bisweilen in Schwarz-Weiß und auch in Farbe zeigt (Abb. 2 und 3).

7 Bavčar, Evgen: Ludwigsburg, http://www.evgenbavcar.com/ (letzter Zugriff: 30.10.2015). Vgl. Mühleis, Volkmar: Kunst im Sehverlust. München: Fink 2005.

Abbildungen 2 und 3

Evgen Bavčar, Fotos aus der Serie *Ludwigsburg*, 2014, mit freundlicher Genehmigung des Künstlers. (Rechte Abbildung farbig im Original)

Wie bei zahlreichen seiner Arbeiten, handelt es sich hierbei um regelrechte Inszenierungen. Wir sehen den Fotografen selbst, er steht in den hinteren Reihen des höfischen Theaters von Schloss Ludwigsburg, ein Scheinwerfer ist direkt auf ihn gerichtet. Er hält die Hände, wie man es beim Applaudieren tut, aber die Hände ruhen ineinander. Dabei trägt er Schal und Hut, als habe er schon gehen wollen, aber er ist geblieben, die anderen Besucher sind fort. Er steht unterhalb der Königsloge, die in einen auf Säulen gebauten Rundbogen gefasst ist. Man sieht den Kronleuchter der Loge, der fast von dem davor hängenden, breiten, tiefroten Vorhang mit goldenem Saum verdeckt wird. Die roten Falten des Vorhangs werden im oberen Teil des Bildes von roten Lichtstreifen, Verzerrungen beantwortet. Das Bild selbst ist eine höchst theatralische Szene. Der blinde Fotograf wird zum Protagonisten in einem Stück für Sehende, er ist aufgestanden von den Zuschauerplätzen, er ist sichtbar, ausgestellt, der Scheinwerfer trifft ihn, und er hält inne, möchte applaudieren, hat applaudiert, bildet mit seinen Händen den Fokus für den Lichtstrahl, während die tiefrote Stofflichkeit über ihm mit dem roten Flirren des Lichts auf dem Bild einhergeht.

Im Vergleich damit wirkt die Schwarz-Weiß-Aufnahme selbst noch dramatisch gesteigert, aufgrund der Bearbeitung der Lichtstreifen, die nun wie Rauch im Vordergrund die Szene umspielen, aufsteigen, in Wirbeln und Verwischungen. Die

Bearbeitung des Lichts zeugt nachdrücklich von einer taktilen Geste. Das erzählerische Element der Szene wird eingefangen in ein Spiel von Hand und Licht. In der täglichen Arbeit des Fotografen bildet dieses Zusammenspiel einen grundsätzlichen, immer neu erprobten Kontrast. Wenn er zum Beispiel jemand anderen portraitiert, hält er die Kamera an dessen Gesicht und geht dann so viele Meter zurück, wie er für die Einstellungen ihrer Technik benutzen will.[8] Im Fall der Theateraufnahmen sind sie vollständig ›orchestriert‹, wie mitunter ein Regisseur spielt der Fotograf in seinem eigenen Film, in Absprache mit der Assistenz. Als blinder Fotograf ist er in erster Linie ein Künstler, der keineswegs hinter den Bildern verschwindet, sondern in ihrer Erstellung und Betrachtung im steten Austausch zu ihnen steht und sich demgemäß auch konzeptuell zu ihnen verhält, bis hin zur Eigeninszenierung.

Ein Theater ist ein Modell der Sichtbarkeit. Bedurfte Geert Goiris für die Aufnahmen im ›Whiteout‹ einer Figur, einer Negation der schattenlosen, luminösen Omnipräsenz, einer Art blinden Flecks, so stellt sich Evgen Bavčar als blinder Bildermacher in ein Modell von Sichtbarkeit, um allein von den hinteren Reihen aus die Hände zum Applaus zu falten, mit dem Spotlight auf eben diese Hände gerichtet. Der Kunsthistoriker Victor I. Stoichita machte darauf aufmerksam, dass im Barock in Lehren zur Perspektive der Fluchtpunkt für das Bild etwa im Auge einer dargestellten Figur liegen konnte, in der Vorstellung, als ob der eigene Anblick des Bildes vom Blick der Figur angezogen würde und zwischen den Blicken die Linien der perspektivischen Tiefenillusion ihre Wirkung entfalteten. Diego Velázquez aber, so Stoichita, verortete den Fluchtpunkt seines berühmten Gemäldes *Las Meninas* in der linken Hand des Kammerherrn der Königin, in der er seinen Hut hält.[9] Die Hand also hält in diesem Fall die Illusion der Tiefe für das Auge des Betrachters. In der Malerei hat die Korrespondenz von Auge und Hand seit der Renaissance eine besondere Aufmerksamkeit erfahren. Velázquez lässt nun das Medium der Erfahrung räumlicher Tiefe, die Taktilität, allem Anschein nach selbst die Illusion dieser Tiefe in der Malerei bestimmen, als ließen sich beide derart ineinander überführen. Bavčar wiederum lässt seine Hände im Licht ruhen. Seine Hände entfalten keine Illusion, der Fokus leuchtet sie stark aus. Die Hände eröffnen kein Sehen, auch wenn man einst glaubte, in den Händen geschrieben zu sehen, was kommen mag. Die Hände ruhen ineinander, nach oder vor der Geste des Applaudierens. Sie sind sich wechselseitig Relief und Tiefe.

8 Vgl. das Filmportrait JANELA DA ALMA über Bavčar von João Jardim, https://www.youtube.com/watch?v=3z3cwcNKZIQ (letzter Zugriff: 25.09.2015).

9 Vgl. Stoichita, Victor I.: Das selbstbewußte Bild. Vom Ursprung der Metamalerei, München: Fink 1998, S. 284.

Man kann, wenn man will, mit einer Hand selbst das Verhältnis der zweiten zur dritten Dimension erkunden, dasjenige von Malerei und Skulptur. Man halte nur eine Hand flach ausgestreckt und lege mit der anderen eine Münze darauf. Flach ausgestreckt spürt man den Gegenstand der Münze, kann sie aber taktil nicht näher bestimmen, ob es sich um ein oder zwei Euro handelt, zum Beispiel. Um die Münze taktil bestimmen zu können, schließt man intuitiv die Finger um die Münze und betastet sie.[10] Mit der Hand selbst lässt sich so das Verhältnis von Zwei- und Dreidimensionalität erfahren, von Fläche und Relief. Die Hand kann dieses Verhältnis also eröffnen.[11] Wenn Velázquez *die Hand* sein Gemälde eröffnen lässt, symbolisch in der Hand des Kammerherrn als Fluchtpunkt für die gesamte illusionäre Tiefendarstellung, dann ist das nicht nur eine Metapher, sondern lässt es sich gleichfalls körperlich verstehen.

Wie verhält es sich nun im Fall von Bavčars Händen im Licht? Das Licht wird auf sie geworfen, entsteht nicht aus ihnen. Das Auge penetriert, was die Hand nicht zu beantworten vermag. Bavčar verkehrt die Metapher. Was bedeutet das für den Unterschied von Malerei und Fotografie? Die perspektivische Technik dient bei Velázquez' Beispiel wie auch bei Bavčar dem Eindruck einer realistischen Szene. Doch während der Maler den Realismus mit der Leinwand als Gegenstand und der Entgegnung von darauf eingezeichnetem Fluchtpunkt und dem eigenen Augenmaß entwirft, zeigt das Fotopapier einen Realismus, der aus dem von der Kamera entworfenen Verhältnis zwischen ihr und dem Gegenstand herrührt. Der Fluchtpunkt liegt nicht mehr selbst auf dem Träger, wie im Fall der Leinwand, zugunsten des Abgleichs mit den Augen des Malers, sondern wird aus dem Verhältnis von Apparat und Gegenstand auf das Papier übertragen. Nicht der Fotograf verhält sich zum Fluchtpunkt realistischer Tiefenillusion, sondern die Einstellung der Kamera. Der Unterschied ist, dass, um in der Malerei eine glaubhafte Tiefenillusion zu erreichen, man nicht allein den exakten Bemessungen nach das Bild entwerfen darf, sondern mit partiellen Unschärfen arbeiten muss. Das ist die paradoxale Erfahrung in der Malerei – um einen realistischen Eindruck zu erlangen, muss man mit Hilfe der Geometrie arbeiten, darf sich aber auch nicht nur auf sie verlassen, sondern muss man das eigene Augenmaß, den eigenen Eindruck die Gesamtheit der Darstellung stets mitbestimmen lassen. Eben dadurch entstehen Tiefeneindrücke, welche die bloße Papiereinwirkung im Labor nicht erreicht. Ein Foto bleibt der Fläche stärker verpflichtet als ein Gemälde, entstand es doch weniger aus dem immer auch materiellen Abgleich zweier Körper – Maler und Leinwand –, sondern aus dem projektiven Verhältnis von Apparat und Gegenstand, Umgebung. Insofern erscheint es auch wie ein Kommentar zur Fotografie, wenn Bavčar die Metapher bei Velázquez

10 Vgl. den Beitrag von Schillmeier in diesem Band.

11 Den Hinweis hierauf verdanke ich dem sehbehinderten Bildhauer José Graña Moreira.

verkehrt: Aus der Hand entsteht vielleicht das Bild des Gemäldes, doch nicht vergleichbar das der Fotografie. Die Fotografie, das Licht, wirkt auf die Hände ein, doch öffnet sie nicht. Die einzige Taktilität, die Bavčar seinen Fotografien verleiht, ist eine gestische Nachbearbeitung eben dieses Lichts, in Verwischungen, Streifen, Verzerrungen. Er bringt eine gestische Unschärfe in die Bilder, nicht eine der technischen Einstellung. Das Foto lässt sich im Labor bearbeiten. Hier erst sucht der blinde Fotograf wieder die Nähe zum Maler.

Eingangs hatte ich die Metapher des blicklosen Sehens benutzt, für ein Sehen ohne Blick für etwas, wie es sich unter den Bedingungen des ›Whiteout‹ einstellt, inmitten einer schattenlosen, weißen Lichtfülle. Die Totalität des Lichts führt zum Blickverlust. Goiris suchte in dieser Situation eine *pikturale, bildliche Differenz* zu finden, im Kontrast von Figur und Grund etwa. Bavčar ist nicht nur des Blicks, sondern auch des Sehens beraubt, seit er als elfjähriger Junge aufgrund zweier Minenexplosionen völlig erblindete. Das bloße Aufzeichnen der Kamera von Lichteinstrahlungen, die Blindheit der Apparatur, nutzt er um Blicke auf Bilder zu ziehen, die vom Austausch über das Sehen zeugen. Während Goiris von der Situation im ›Whiteout‹ eine neue Gemengelage zu erkunden versuchte, die des Sehens im sich völlig verdichtenden Weiß, erprobt Bavčar die Ambivalenz von Bildern, die keinem Blick entsprungen sind, sondern einer Vorstellung, die er mit Anderen im Foto zu gestalten sucht. Goiris wie Bavčar versuchen in diesen Beispielen aus dem Blickverlust heraus das Sehen neu zu eröffnen, der eine von der überblendenden Lichtfülle her, der andere aus der Blindheit. Der sehende und der blinde Fotograf arbeiten so auf unterschiedlichste Art an dieser gemeinsamen Problematik.

Erziehung des Ohres?

Ästhetische Strategien des experimentellen Hörspiels

CHRISTIANE HEIBACH

Für die Gegenstände des *Gehörs* ist unsre Sprache an eigentlichen Ausdrücken des Wohlgefälligen in ihnen ärmer: sie muß zu *schönen*, zu *süßen* Tönen, zu entlehnten fremden Begriffen ihre Zuflucht nehmen, und in Metaphern reden. Die Ursachen dieser Armut sind offenbar. Die Würkungen dessen, was in unser Ohr angenehm einfließt, liegen gleichsam tiefer *in unsrer* Seele, da die Gegenstände des Auges ruhig *vor uns* liegen. Jene würken gleichsam *in einander*, durch Schwingungen, die in Schwingungen fallen: sie sind also nicht so *aus einander*, nicht so deutlich. Sie würken durch eine Erschütterung, durch eine sanfte Betäubung der Töne und Wellen; die Lichtstrahlen aber fallen, als goldne Stäbe, nur stille auf unser Gesicht, ohne uns zu stören und zu beunruhigen. Jene folgen auf einander, lösen sich ab, verfließen und sind nicht mehr; diese bleiben und lassen sich langsam erhaschen und wiederholen.

JOHANN GOTTFRIED HERDER

Johann Gottfried Herder formulierte diese Zeilen über die »Gegenstände des Gehörs« im Vierten Kritischen Wäldchen 1769.[1] In diesem Text entwirft er eine sensualistische Ästhetik, die auf der Trennung der Künste gemäß der für sie zuständigen Sinne beruht. Diese Abgrenzungsbewegung zeigt sich schon in diesem kurzen Zitat, in dem er Auge und Ohr sowie deren »Wahrnehmungsgegenstände« einander gegenüberstellt. Die »Gegenstände des Gehörs« weisen bei ihm Eigenschaften auf, die bis heute immer wieder zur Charakterisierung des Hörens herangezogen werden und die möglicherweise auch einen Hinweis darauf geben, warum die Beschäftigung mit dem Akustischen jenseits der Musikwissenschaften nach wie vor so zurückhaltend erfolgt: Akustische Wahrnehmungen wirken – so die weit verbreitete Meinung – *in* uns, sie ergreifen uns viel »unmittelbarer« und emotionaler in der Seele als die Gegenstände des Auges, die immer in Distanz vor uns liegen und die kontrastreich und voneinander abgegrenzt wahrnehmbar sind. Und schließlich trägt die Flüchtigkeit der Töne, ihr Verfließen in der Zeit, zum Diffusen des akustischen Sinneseindrucks bei.

Wie nachhaltig diese Abgrenzung des Hörens zum Sehen wirkt, zeigt ein Aufsatz des Philosophen Wolfgang Welsch von 1993, in dem sich folgendes Zitat finden lässt:

> »Sehen hat es mit Beständigem, dauerhaft Seiendem zu tun, Hören hingegen mit Flüchtigem, Vergänglichem, Ereignishaftem. Daher gehört zum Sehen eine Ontologie des Seins, zum Hören hingegen eher ein Leben vom Ereignis her. Aus dem gleichen Grund hat das Sehen eine Affinität zu Erkenntnis und Wissenschaft, das Hören hingegen zu Glaube und Religion.«[2]

Herders und Welschs Sinnesphilosophien betonen die funktionale Differenzierung von Sehen und Hören und gehören zu den klassisch-analytisch vorgehenden Epistemologien, die bis heute die westlichen Kulturen dominieren. Sie sind dadurch gekennzeichnet, dass sie die Sinne voneinander separieren und ihnen entsprechende Medien zuordnen: Exemplarisch hierfür ist Herders sensualistische Ästhetik, die dem optischen Sinn die Malerei, dem Akustischen die Musik sowie dem Tastsinn die Plastik zuordnet.[3] Einzig die Poesie bleibt bei Herder offen für multisensorische

1 Herder, Johann Gottfried: »Viertes Wäldchen über Riedels Theorie der schönen Künste«, in: Ders., Schriften zur Ästhetik und Literatur 1767-1781, hg. v. Grimm, Gunter E., Frankfurt a.M.: Deutscher Klassiker Verlag 1993, S. 247-442, hier S. 292f. (Herv. im Orig.).

2 Welsch, Wolfgang: »Auf dem Weg zu einer Kultur des Hörens«, wieder abgedruckt in: Bernius, Volker (Hg.), Der Aufstand des Ohrs: Die neue Lust am Hören, Göttingen: Vandenhoek & Ruprecht 2006, S. 29-47, hier S. 38.

3 Vgl. Herder: »Viertes Wäldchen«, S. 307.

Wahrnehmung – sie ist Augen- und Ohren-, aber auch Leibeskunst, verortet in der Seele, in der alle Sinneseindrücke zusammenfließen – vor allem aber ist sie als »Musik der Seele« unmittelbar wirksam:

»Poesie ist mehr als stumme Malerei und Skulptur; und noch gar Etwas ganz anders, als beide, sie ist Rede, sie ist Musik der Seele. Folge der Gedanken, der Bilder, der Worte, der Töne ist das Wesen ihres Ausdrucks; hierin ist sie der Musik ähnlich. [...] In der Wortfolge selbst vornehmlich folgt und würkt eine Melodie von Vorstellungen und Tönen: mit jedem Wort und Tone würkt die Energie tiefer in die Seele und Alles würkt auf das Ganze.«[4]

Während Herder mit dieser Einschätzung der Poesie als synästhetische Kunst deren Nähe zur Musik und damit zur akustischen, als unmittelbar charakterisierten Wahrnehmung betont, vermeidet er in seiner Ästhetik jegliche Bewertung der Sinne und Medien. Damit stellt seine analytische Epistemologie eine Ausnahme dar, denn generell wird mit den funktionalen Differenzierungen der Sinne auch eine Hierarchisierung verbunden – und zwar zumeist zugunsten des optischen Sinns, der gemeinhin als der klarste, den Gegenstand deutlich hervorhebende gilt: »Das Sehen bringt die Dinge auf Distanz und hält sie an ihrem Ort fest. Es ist der objektivierende Sinn schlechthin. Im Sehen gerinnt die Welt zu Objekten.«[5] Kein Wunder also, so fährt Welsch fort, dass die Wissenschaften seit der Neuzeit ihre Instrumentarien und die mit diesen verbundenen experimentellen Praktiken entlang des Auges und dessen Eigenschaften entworfen haben.[6]

Akustische Phänomene scheinen dagegen aufgrund ihrer Flüchtigkeit und ihrer simultanen Schichtung als komplexe Klanggebilde mehr dafür geeignet, unbewusste und unterbewusste Schichten des Hörenden anzusprechen. Nicht umsonst wird die Musik spätestens seit der Romantik als Sprache des Gefühls kultiviert, und der menschlichen Stimme kommen Eigenschaften zu, die aufgrund ihres flüchtigen Charakters bis heute – Herder spricht es mit seiner Klage über die fehlende akustische Terminologie an – nur unzulänglich beschrieben sind. Dass beispielsweise die Literaturwissenschaft sich immer noch primär mit dem geschriebenen Wort auseinandersetzt, hängt mit diesem Defizit der Wissenschaftssprache zusammen, aber auch mit ihrer Genese aus einem Literaturbegriff, der sich gleichermaßen in

4 Ebd., S. 410f.

5 Welsch: »Auf dem Weg zu einer Kultur des Hörens«, S. 38.

6 Lorraine Daston und Peter Galison haben diese optische Formierung der Wissenschaften zum Gegenstand einer groß angelegten wissenschaftshistorischen Untersuchung gemacht und dabei nachgewiesen, wie stark die Kategorie der Objektivität mit der Prämierung des Auges und der optischen Medien verflochten ist. Vgl. Daston, Lorraine/Galison, Peter: Objektivität, Frankfurt a.M.: Suhrkamp 2007.

der Romantik verfestigt und die Poesie auf das Medium des Buches festlegt.[7] Damit verschwindet die Stimme als Medium der Poesie, um erst wieder mit der Erfindung akustischer Speicher- und Sendemedien, also dem Telefon, dem Grammophon und dem Radio, wiederzukehren und zu neuen ästhetischen Überlegungen anzuregen.

HÖRTECHNOLOGIEN

Es nimmt daher nicht wunder, wenn in der Frühzeit des Radios die Stimme zu einem wichtigen Kristallisationspunkt für die neu entstehenden akustischen Medientheorien wird. Ihr kommt nun die Aufgabe zu, dem Hörer die Segnungen des Rundfunks nahezubringen und zwar im Hier und Jetzt ihrer Emergenz: Die Radiostimme ist lange Zeit ein Live-Ereignis und ordnet sich so in die Charakteristik des Akustischen als performativ-flüchtigem nahtlos ein.[8] Das Radio, das sich explizit einzig an das Ohr richtet, verleiht den analytischen Sinnestheorien, die sich nun auch mit der Materialität der technischen Medien befassen, neue Impulse. Das Hören wird implizit aufgewertet, obwohl selbst bei den großen Verfechtern des neuen akustischen Mediums noch die Dominanz des Visuellen spürbar bleibt: Das Wesen der Funksendung sei, schreibt einer der wichtigsten Theoretiker des Radios, Rudolf Arnheim, in seinem Essay *Rundfunk als Hörkunst* von 1936, dass sie »allein mit den Mitteln des Hörbaren Vollständiges biete«.[9] Zwischen den Zeilen lässt sich jedoch herauslesen, dass er diese akustische Welt im direkten Vergleich zur sichtbaren Welt implizit als insuffizient einstuft – so schreibt er, sie sei mit »Einschränkungen« in der Lage, alles darzustellen und zu »veranschaulichen«.[10] Allein schon durch den Begriff der Veranschaulichung drängt sich das Visuelle dem akustischen Raum wieder auf, obwohl Arnheim bis heute zweifellos zu den avanciertesten Theoretikern einer technischen Akusto-Ästhetik gehört und genauestens aufgeschlüsselt, welche akustischen Effekte wie eingesetzt werden sollen, um genuine Tonkunst zu erzeugen. Auch andere Lobpreiser des Radios definieren akustische Gestaltungsprinzipien vor dem Hintergrund ihrer Möglichkeiten, das Fehlen des Visuellen zu kompensieren: Dies gilt insbesondere für den Live-Reporter, der *›Hörbilder‹ aus dem Leben* – so ein Titel eines Essays von Lothar Band aus dem Jahr 1927 – zu liefern habe, in denen der Aktualität des Ereignisses mit einer Vielzahl akusti-

7 Vgl. Heibach, Christiane: Multimediale Aufführungskunst. Medienästhetische Studien zur Entstehung einer neuen Kunstform, München: Fink 2010, S. 84ff.

8 Vgl. Gethmann, Daniel: Die Übertragung der Stimme, Zürich: diaphanes 2006, S. 99 ff.

9 Arnheim, Rudolf: »Rundfunk als Hörkunst«, in: Ders.: Rundfunk als Hörkunst, Frankfurt a.M.: Suhrkamp 2001, S. 7-175, hier S. 87.

10 Ebd.

scher Strategien begegnet werden soll – und zwar weniger mit dem Ziel umfassender sprachlicher Information als vielmehr mit der Aufgabe zur Vermittlung von Stimm*ungs*bildern, die den Hörer unmittelbar affektiv ansprechen und so das Ereignis zum Erlebnis machen:

»Denn wenn wir solchen aktuellen Ereignissen drahtlos beiwohnen, dann wollen wir nicht nur hören, wir wollen durch das Ohr auch sehen; wir wollen teilnehmen an dem Ereignis, wollen es in uns zum Erlebnis steigern. Dazu verhilft [...] allein der Rundfunk-Reporter, der uns das vorbereitende Stimmungsbild entwirft: Lebendig, sprühend, anschaulich, uns begeisternd, so wie er selbst von der Begeisterung des Erlebten getragen wird – oder getragen sein sollte.«[11]

Eines der frühesten Radio-Live-Dokumente – die legendäre Reportage vom Begräbnis Gustav Stresemanns 1929 – kann als Idealumsetzung dieser Forderung gelten: Der als Theaterschauspieler ausgebildete Alfred Braun schildert hier mit gedämpfter Stimme nicht nur akribisch die für ihn sichtbare Umgebung, sondern arrangiert das gesamte Szenario zu einer emotional dichten Atmosphäre:

»Mit schwarzem Flor umhangen sind auch die Laternen links und rechts von den Portalen. Aus den umflorten gläsernen Hauben der Laternen, die auf schweren Steinsockeln ruhen, strahlt das elektrische Licht kraftlos, tot, ins Tageshelle. [...] In dem uns gegenüberliegenden geöffneten Fenster zum Arbeitszimmer, dem trauerflorumkleideten Fenster, steht auf dem Fensterbrett innen im Zimmer eine Vase mit weißen Lilien. Nicht das besonders reich geschmückte Hauptportal, sondern das links von uns, dicht an unserem Standort liegende zweite Portal des Gebäudes ist zumeist vom verstorbenen Reichsaußenminister benutzt worden. Nur ein Viertel des Riesenportals klappt vor dem Eintretenden auf, der in den Hausflur gehen will. Diese Tür, aufgerissen jetzt, und offenstehend, dahinter die Leere des Hausflurs, das gibt ein Bild, irgendein Gefühl von Abschied, Weggehen, Tod.«[12]

Mit seiner verbalen Dramaturgie gelingt es Braun, Trauer und Verlustgefühle beim Hörer zu evozieren: Das Licht ist »kraftlos, tot« und steht in Konkurrenz zum Tageslicht; das Arbeitszimmer von Stresemann harrt seiner Wiederkehr, doch die

11 Band, Lothar: »›Hörbilder‹ aus dem Leben. Das aktuelle Ereignis vor dem Mikrophon. Der fehlende Radioreporter«, in: Löffler, Petra/Kümmel, Albert (Hg.), Medientheorien 1888-1933, Frankfurt a.M.: Suhrkamp 2002, S. 243-247, hier S. 245.

12 Der hier transkribierte Zusammenschnitt der Reportage findet sich auf der CD »Das Radio spricht, das Radio swingt 1918-1933. Eine Geschichte des Rundfunks in Deutschland«, hg. v. Michael Marek und Hans Sarkowicz, Berlin: Classics und Jazz 2005, Track 6.

Vase mit weißen Lilien – den klassischen Begräbnisblumen – verweist auf die Vergeblichkeit dieses Wartens. Mit der anthropomorphen Beschreibung des riesigen Portals, das nur zu einem Viertel »aufklappt«, beschwört Braun eine Größe der Architektur, die den normalen Menschen weit überragt und ihn zudem überdauern wird. Die Schilderung der aufgerissenen, offenstehenden Tür legt schließlich die Assoziation zu einer frischen Wunde nahe.

Indem den Gegenständen eine eigenständige Aktivität zugeschrieben wird, verlebendigt Braun die Umgebung, die sich gleichzeitig imaginativ vor dem inneren Auge des Hörers entfaltet. Doch atmosphärischer noch als diese Art der verbalen Schilderung ist Brauns Stimmgestaltung: Das gedämpfte Sprechen, in dessen Hintergrund leise, aber deutlich der eintönige Trauermarsch zu vernehmen ist, sowie die Nähe zum Mikrophon erzeugen genau die Intimität und Emotionalität, die für die zeitgenössischen Radiotheorien ein wichtiges Charakteristikum der Radiostimme war und bis heute ist.

In vielen Reflexionen zur neuen Medientechnologie wird dem Radio in mehrfacher Hinsicht besondere affektive Intensität bescheinigt: Zum einen weckt seine Übertragungstechnologie mittels elektromagnetischer Wellen Reminiszenzen an telepathische Kommunikation im Spiritismus und Okkultismus, so dass in manchen Texten vor einer möglichen unbewussten Manipulation durch Radiowellen gewarnt wird.[13] Zum anderen werden der menschlichen Stimme im Verbund mit der akustischen Klangwelt besondere emotionale Qualität zugeschrieben: So binden sich an das Radio auch große Erwartungen hinsichtlich eines neu zu erzeugenden Gemeinschaftsgefühls durch »seelische Durchdringung des Rundfunkhörers«, wie der österreichisch-ungarische Musikwissenschaftler Alfred Szendrei in seinem 1930 erschienenen Aufsatz zur *Psychologie des Rundfunkhörers* als Hoffnung proklamiert.[14] Von dort aus ist es nicht weit zur Analogie der Stammestrommel, die Marshall McLuhan angesichts des Radios zieht und mit der er die räumliche Ausdehnung der Kommunikation durch die Beschleunigung in der Informationsübertragung thematisiert. Diese koppelt er mit der unbewussten affektiven Basis der

13 Vgl. z.B. Verweyen, Johannes: »Radioitis. Gedanken zum Radiohören«, in: Löffler/Kümmel, Medientheorie 1888-1933, S. 454-461. Verweyen versteht unter der Radioitis »die Summe aller Störungen und ›Entzündungen‹ im seelischen und geistigen Organismus gegenwärtiger Menschen [...], soweit sie durch Radiotechnik herbeigeführt werden.« Insbesondere die drahtlose Funkübertragung löst einerseits Unbehagen, andererseits so viel Faszination aus, dass Verweyen darüber spekuliert, den Menschen als Empfangsgerät zu verstehen und damit eine techniklose telepathische Kommunikation zu imaginieren.

14 Vgl. Szendrei, Alfred: »Neue Hörfähigkeit. Beiträge zur Psychologie des Rundfunkhörers«, in: Löffler/Kümmel, Medientheorie 1888-1933, S. 438-444, hier: S. 438.

Verständigung und der damit verbundenen gemeinschaftsbildenden Wirkung, die in ihrer Referenz auf archaische Kulturen durchaus Ambivalenzen in sich trägt – gerade angesichts der Rolle des Radios in den Diktaturen, um die McLuhan selbstverständlich weiß:

»Das Radio berührt die meisten Menschen persönlich, von Mensch zu Mensch, und schafft eine Atmosphäre unausgesprochener Kommunikation zwischen Autor, Sprecher und Hörer. Das ist der unmittelbare Aspekt des Radios. Ein persönliches Erlebnis. Die unterschwelligen Tiefen des Radios sind erfüllt vom Widerhall der Stammeshörner und uralten Trommeln. Das ist dem Wesen dieses Mediums eigen, das die Macht hat, die Seele und die Gemeinschaft in eine einzige Echokammer zu verwandeln.«[15]

Derartige Einschätzungen des Radios sind nicht zu trennen von den implizit mitschwingenden kulturellen Zuschreibungen, die dem Medium der Stimme zukommen. Die ihr zugeschriebenen Eigenschaften sind durch die Jahrhunderte hindurch ausgesprochen ambivalent, teilweise geradezu paradox – und der Entzug ihrer visuellen Quelle durch die akustischen Medien verstärkt diese Bandbreite noch zusätzlich: Wird an das reine Hören schon seit der Antike eine Intensivierung der Aufmerksamkeit geknüpft, wenn beispielsweise Pythagoras von seinen neuen Schülern verlangt, dass sie seinen Ausführungen nur hinter einem ihn verbergenden Vorhang folgen dürften, um ihre Konzentration zu erhöhen, so ist andererseits die fröhlich plappernde Radiostimme das Medium der Zerstreuung *par excellence*. Und betont Rainer Meyer-Kalkus in seiner Untersuchung über *Stimme und Sprechkünste im 20. Jahrhundert* die Bedeutung der Stimme als unverwechselbares Identifikationsmerkmal von Individuen,[16] so steht dem die oft wenig charakteristische professionalisierte Radiostimme diametral gegenüber. Allerdings bestätigen psychologische Untersuchungen wiederum die stark empathische Wirkung von Stimmen auch den Hörern persönlich unbekannter Sprecher – die Stimme und nicht das Gesagte entscheidet dabei oft in kürzester Zeit über Zu- oder Abneigungen.[17] Sie steht daher in ihrer emotionalen Unmittelbarkeit für eine starke Präsenz des

15 Vgl. Battes, Martin u.a. (Hg.): Medien verstehen. Der McLuhan Reader, Mannheim: Bollmann 1997, S. 143.

16 Vgl. Meyer-Kalkus, Reinhart: Stimme und Sprechkünste im 20. Jahrhundert, Berlin: Akademie 2001.

17 Vgl. Sendlmeier, Walter: »Die psychologische Wirkung von Stimme und Sprechweise. Geschlecht, Alter, Persönlichkeit, Emotion und audiovisuelle Interaktion«, in: Bulgakowa, Oksana (Hg.), Resonanz-Räume. Die Stimme und die Medien, Berlin: Bertz + Fischer 2012, S. 99-116.

Sprechers, gleichzeitig aber haftet ihr eine Körperlosigkeit an, die große Spielräume für die Phantasie eröffnet.

DIE STIMME ALS PSYCHO-MEDIUM: *ENIGMA EMMY GÖRING*

Die Stimme in ihrer technischen Manifestation bündelt also Ambivalenzen und Paradoxien, die Präsenz und Absenz, Leibhaftigkeit und Körperlosigkeit, Sachlichkeit und Emotionalität, Konzentration und Zerstreuung gleichermaßen zu vermitteln in der Lage ist. Das klassische literarische Hörspiel baut darauf seine ästhetische Vielfalt auf – als dialogisch oder monologisch angelegtes Sprechkunststück.

Mit einem kurzen Beispiel sei dies illustriert: Das Hörspiel *Enigma Emmy Göring* des Dramatikers Werner Fritsch wurde von der Akademie der Darstellenden Künste zum Hörspiel des Jahres 2006 gekürt und 2007 mit dem ARD Hörspielpreis ausgezeichnet. Wie der Titel schon ahnen lässt, geht es in diesem Hörspiel um die ehemalige Schauspielerin Emmy Sonnemann, die nach ihrer Heirat mit Hermann Göring als Emmy Göring zur selbsternannten »Hohen Frau« des Nationalsozialismus wird. Ihr 54minütiger fiktiver Monolog, gesprochen von der Schauspielerin Irm Hermann, ist in ihren späten Jahren angesiedelt – sie starb 1973 – und kreist nahezu ausschließlich um die Vergangenheit.[18] Die reichlich absurde Rahmenhandlung dreht sich um einen Zahnarztbesuch, denn Emmy Görings Weisheitszahn empfängt neuerdings Radiowellen und zwar solche, die Nachrichten aus der selig-braunen Nazi-Vergangenheit übermitteln und sie schließlich mit ihrem nach wie vor unkritisch geliebten Hermann in Verbindung treten lassen. Da das Hörspiel andere akustische Elemente wie Musik oder Geräusche nur sehr zurückhaltend einsetzt, ist die Konzentration ganz auf die Stimme gerichtet, eine Stimme, die zunehmend schriller, fast schon hysterisch wird, ohne jedoch Zweifel an der Zurechnungsfähigkeit ihrer Trägerin zu wecken.

Zu Beginn erinnert sich Emmy an ihre Eltern, insbesondere ihren Vater, einen Hamburger Schokoladenfabrikanten, und an ihre Kindheit, die geprägt war – so Emmy – von der Omnipräsenz brauner Milchschokolade. Kein Wunder also, dass der Anblick schokoladenbrauner SA-Uniformen auf sie ungeheuren Reiz ausübte:

»...und als ich in Weimar meinen Hermann das erste Mal sah, und den Führer – es war im Café des Hotels Elephant – und draußen marschieren bei Fackellicht in einem fort 30 und mehr SA-Kolonnen am Führer vorbei und am Hermann. Und im ersten Augenblick – ich

18 Fritsch, Werner: Enigma Emmy Göring, Berlin: Hörverlag 2008. 2013 wurde der Monolog am Theater Regensburg als Schauspielversion aufgeführt.

traue meinen Augen nicht – kommt es mir vor, als würden lauter Schokolade... [lacht] Schokoladenosterhasen an mir vorbeimarschieren. Also sowas, nein! Also sowas, nein!! [steigert sich in der Lautstärke und Betonung, zieht dabei das zweite »nein« in die Länge, die Stimme überschlägt sich]. Der Führer schokoladenbraun, der Hermann auch schokoladenbraun und in Uniform so ungeheuer elegant – so ungeheuer elegant in Uniform [betont beide Male »ungeheuer« besonders stark]. Aber irgendwie... am Hermann war irgendwie mehr dran als am Führer.«[19]

Das Hörspiel entlarvt mit zunehmend fortschreitender Erinnerung, die sich in erster Linie um die Ehe mit Hermann Göring und die einstige Prachtprahlerei der nationalsozialistischen Parteifürsten dreht, die unheilbare Dummheit und Naivität der Sprecherin, die sich beständig ad absurdum führt, wenn sie – wie in diesem zitierten Ausschnitt – die Ironie des Vergleichs mit den Osterhasen nicht bemerkt. Die Radiofrequenzen im Zahn ziehen eine zusätzliche, medienhistorische Ebene ein, denn sie erinnern an die schon im 16. Jahrhundert beginnenden Untersuchungen zur Übertragung von Schall in festen Körpern, bei denen insbesondere Knochen und Zähne eine entscheidende Rolle spielten und neue Wege zur Behandlung von Taubheit zu erschließen versprachen. Daniel Gethmann führt in seiner medienarchäologischen Untersuchung zur Übertragung der Stimme zahlreiche Beispiele an – bis hin zu Ernst Chladnis Experimenten mit Vorformen des Schnurtelephons, auch »Lover's Telegraph« genannt. Der Physiker und berühmte Schallforscher schreibt 1802:

»Ein bloßer Faden, er bestehe aus welcher Materie er wolle, ist schon hinreichend, einen Schall fortzuleiten; wenn z.B. zwei Personen einen starken Faden an den Enden zwischen den Zähnen etwas gespannt halten, so werden sie sich bei verstopften Ohren in einer ziemlichen Entfernung unterhalten können.«[20]

Emmy Görings enigmatisches Empfangsgerät, der Weisheitszahn, steht also in guter Tradition akustischer Übertragungswege, wirkt allerdings im Zeitalter der radiophonen Hochtechnologie umso absurder. Die Stimmenkakophonie in Emmy Görings Mundhöhle wiederum entspricht derjenigen in ihrem Kopf – das Radio externalisiert ihre innere Gedankenwelt, in der vor allem Hitler und Göring akustisch wieder auferstehen, durch unterschiedliche Stimmlagen und Sprechweisen gekennzeichnet, alle aber von Irm Hermann gesprochen. Dabei nähert sich die Stimme zunehmend dem Klang des verhassten Zahnarzt-Bohrers an. So wie die Nationalsozialisten ihre Gefolgschaft beständig über den Funk infiltrierten, um eine

19 Ebd., 00:01:54-00:02:55.

20 Zitiert nach Gethmann: Die Übertragung der Stimme, S. 74.

gleichgeschaltete Stimmungslage zu erzeugen, so intensiv wirkt nun Emmy Görings Stimme auf den Hörer – gegen Ende zunehmend schrill und kreischend und damit buchstäblich durch Mark und Bein gehend.

ASPEKTE EINER (ÄSTHETISCHEN) STIMMANALYSE

An ein solches Stimmkunstwerk kann man sich mit zweierlei Strategien annähern: einer analytischen und einer synthetischen. Viel spricht dafür, dass der methodologischen Lücke, die insbesondere die Literaturwissenschaft in der Behandlung akustischer Kunst immer noch aufweist, mit einer Verbindung beider Herangehensweisen begegnet werden kann.

Analytisch gesehen – und hier beziehe ich mich auf Methodiken der Sprechwissenschaft – kann die Stimme in mehrere Merkmale zerlegt werden, die ihre nonverbalen Qualitäten beschreiben: Die *Grundfrequenz* benennt die Stimmlage und impliziert zudem die Variationsbreite der Stimme (z.B. melodisch, monoton); die *Stimmqualität* kennzeichnet den Charakter (beispielsweise eine nasale Stimme, eine Knarr- oder Flüsterstimme) und die Klangfarbe. Die *Stimmdynamik* umfasst Lautstärke und Sprechgeschwindigkeit, darüber hinaus spielen zudem noch die *Intonation* sowie die *Artikulation* bzw. der *Akzent* eine Rolle[21] – letztere drei Merkmale können als nonverbale Merkmale der Sprache aufgefasst werden.

Was gesprochen wird, ist erst in zweiter Linie von Interesse, denn die Ansprache des Hörers erfolgt – dies haben zahlreiche Untersuchungen ergeben – weniger über die verbalen als über die non-verbalen und paralinguistischen Merkmale der Stimme.[22] Bei *Enigma Emmy Göring* allerdings macht die Verflechtung von Stimme und Gesprochenem den entscheidenden ästhetischen Darstellungswert aus: Die Stimme Irm Hermanns – ihre verschiedenen, immer nah am schrillen angesiedelten Klangfarben, ihre recht hohe Grundtonhöhe und das nahezu ekstatische Überschlagen der Stimme bei großer Erregung im Verbund mit der übertrieben deutlichen Artikulation, dem rollenden Schauspieler-›r‹ und dem pathetischen Wiederholen bestimmter Satzteile – all diese Merkmale sind nicht nur Ausdruck einer spezifischen Persönlichkeit, sondern verweisen auch auf das Pathos einer längst vergangenen Vorkriegs-Sprechkultur.[23]

---

21 Vgl. König, Ekkehard/Brandt, Johannes G.: »Die Stimme. Charakterisierung aus linguistischer Perspektive«, in: Kolesch, Doris/Krämer, Sybille (Hg.), Stimme. Annäherung an ein Phänomen, Frankfurt a.M.: Suhrkamp, S. 111-129.

22 Vgl. Sendlmeier, Die psychologische Wirkung von Stimme und Sprechweise.

23 Vgl. zu deren Merkmalen Meyer-Kalkus, Stimme und Sprechkünste im 20. Jahrhundert, S. 213ff.

Die analytischen Kriterien zur Stimmcharakterisierung geben zumindest einen Hinweis auf die Komplexität des stimmlichen Ausdrucks und verhelfen zu einem genaueren Hörprozess sowie einer Annäherung an akustische Gestaltungsstrategien. Diese sind im Falle von *Enigma Emmy Göring* relativ klar zu identifizieren – wie oben schon angedeutet – und dennoch erklären sie letztlich nicht erschöpfend, wie und warum ein solches Stimmstück wirkt. Im Falle dieses Hörspiels wird die physiologische Wirkung der Stimme zusammengespannt mit der ungewollten Intimität der stimmlich externalisierten Innenschau, die die Hörer in regelrechte Nöte versetzt. Sie sind der akustischen Belästigung durch eine unbelehrbare Ideologin ausgesetzt, die ihre Nazi-Vergangenheit glorifiziert. Die stimmliche Gestaltung wird dabei zum perfekten Spiegel der Penetranz der Ewig-Gestrigen und verursacht bei den Hörern ein komplexes psychophysisches Unbehagen.

Eine solche umfassende Hörwirkung kann nicht monokausal und auch nicht unter Rekurs auf die Physiologie erklärt werden: So liefert die Hirnforschung zwar den Nachweis, dass je höher der Ton und je geringer die Modulation ist, desto stärker auch die Reaktion der Amygdala in der rechten Gehirnhälfte ausfällt. Die Amygdala, der Ort, an dem die Emotionsempfindungen entstehen, verarbeitet die akustischen Eigenschaften des Geräusches und interpretiert deren möglicherweise bedrohliche Bedeutung, die instinktive Abwehrreaktionen auslöst.[24] Doch was die Hirnforschung nicht thematisiert, ist zum einen die Rolle der Medienmaterialität und zum anderen die Frage nach dem Zusammenwirken der verschiedenen, am musikalischen Erleben beteiligten Bereiche.[25] Zur Ergänzung der analytischen Methoden, zu denen auch die der Neurowissenschaften zählen, bedarf es somit einer anderen Herangehensweise und zwar einer solchen, die ich als synthetisch bezeichne: Sie steht dem nahe, was man als Wirkungsästhetik bezeichnen könnte, denn sie versucht, weniger die Darstellungsstrategien zu benennen als vielmehr die Wirkung des Wahrgenommenen über ein gesamtleiblich verstandenes Erleben zu erschließen.

24 Anscheinend gibt es diesbezüglich sogar kulturell unabhängige Universalien: So zeigte eine interkulturell angelegte Studie, dass permanente Dissonanzen kulturunabhängig als unangenehm empfunden werden. Vgl. Koelsch, Stefan/Fritz, Tom: »Musik verstehen. Eine neurowissenschaftliche Perspektive«, in: Becker, Alexander/Vogel, Matthias (Hg.), Musikalischer Sinn. Beiträge zu einer Philosophie der Musik, Frankfurt a.M.: Suhrkamp 2007, S. 237-264, hier S. 253.

25 Insbesondere kommt dieser Aspekt zum Tragen, wenn klassische Orientierungsmuster ausgehebelt werden. Die Studie von Koelsch/Fritz stellt beispielsweise fest, dass die Syntax traditionell aufgebauter Musikstücke in den für die Sprache zuständigen Gehirnarealen verarbeitet wird. Vgl. ebd., S. 250. Was passiert jedoch, wenn solche Orientierungsmuster wegfallen? Das bleibt zumindest in dieser Studie offen.

HÖREN ALS GESAMTLEIBLICHER PROZESS

Paradigmatisch für eine synthetische Herangehensweise an das Hören ist Michel Serres' »Philosophie der Gemenge und Gemische«. In *Die fünf Sinne* schreibt er zum Hörsinn:

»Wir hören mit der Haut und mit den Füßen. Wir hören mit dem Schädelkasten, dem Unterleib und dem Brustkorb. Wir hören mit den Muskeln, Nerven und Sehnen. Unser mit Saiten bespannter Korpus umgibt sich mit einem globalen Trommelfell. Wir leben in dem Lärmen und Rufen geradeso, wie wir in den Räumen leben, der Organismus streckt sich aus, krümmt sich im Raum, eine große Falte, eine lange Schnur, halbvolle Box, eine halbleere, die das Echo zurückwirft. Wir sind eingetaucht in diesen unendlichen Widerhall, verloren, wir werden darin hin und her geworfen und zerrieben, und der Körper umfängt ihn. Manchmal dissonant, manchmal konsonant, wirr oder harmonisch. In uns gelangt eine Säule aus Luft, Wasser und Festem zur Resonanz, ein dreidimensionaler Raum, Tonne, Gewebe und Haut, Wände oder Flächen, breit und lang, und Fäden mit ihrer einzigen Dimension, sinnliche Anbindungen an die tiefen Wellen, als vereinigten wir in uns Ohr und Orchester, Pauke oder Becken, schwingendes Erze der Schläge, Blas- und Saiteninstrumente, Hörner, Sendung und Empfang. Ich bin das Haus des Tons, ganz Gehör und ganz Stimme, Black-box und Widerhall, Amboß und Hammer, Echogrotte, Musikkassette, Ohrmuschel erhebend oder eingetaucht in die wogenden Wellen, ich bin nur Höhle und Note, ich bin ganz und gar Höhle und Note in einem.«[26]

In dieser gesamtleiblichen Empfindung des Hörens, die die Differenz zwischen akustischem Objekt und hörendem Subjekt minimiert, wenn nicht sogar auflöst, mag die Ursache dessen stecken, was wir als Stimmung oder Atmosphäre bezeichnen – ein Phänomen, das in mehrfacher Hinsicht eng mit einer akustischen Ästhetik verbunden ist, letztlich aber Kennzeichen jeder Kunst ist, sei sie mono- oder multimedial.

Hans-Ulrich Gumbrecht beispielsweise führt die Stimmung in einem 2011 erschienenen Band als literarische Kategorie in die Literaturwissenschaft ein. Für ihn ist sie zunächst einmal Resultat von *Präsenz*: Sie manifestiert sich in der Prosodie und der Poetik als innertextlichen Phänomenen, in denen sich die Atmosphäre der jeweiligen Entstehungszeit des Werks entfaltet. In einer weiteren ereignishaften Bewegung wendet sich der Text nach Gumbrecht ab vom Paradigma der Repräsentation und wird ganz er selbst – als präsente Stimmung im Moment des Lesens. Gumbrecht spricht davon, »eine weitgehend verlorene Frische und ästhetische

26 Serres, Michel: Die fünf Sinne. Eine Philosophie der Gemenge und Gemische, Frankfurt a.M.: Suhrkamp 1998, S. 187/88.

Unmittelbarkeit im Umgang mit Texten zurückzugewinnen«.[27] Die mediale Struktur des Buches rückt dabei in den Hintergrund, verschwindet aber nicht, sondern konstituiert eine Art ›Unmittelbarkeit zweiten Grades‹, die aus der ästhetischen Spezifik der Prosodie und der spezifischen (medial präfigurierten) Sprachgestaltung, der »poetischen Form«[28] hervorgeht. Gumbrecht verbindet – neben der rein literarischen Konstituierung von Stimmung als Effekt der literarischen Gestaltungskriterien – das Entstehen einer an die Präsenz des Erlebens gebundenen Stimmung mit dem mehrsensoriellen und physischen Charakter des Leseerlebnisses: »›Stimmungen lesen‹«, so Gumbrecht, »meint Stimmungen in Texten und anderen Artefakten entdecken, sich affektiv und auch körperlich auf sie einlassen und auf sie zeigen.«[29] Die Konsequenz ist ein Lesen, das sich vom methodischen (und analytisch-zerlegenden) Instrumentarium der Literaturwissenschaft entfernt und der unmittelbar-affektiven Wirkung Raum verschafft. Gumbrechts Fokussierung auf Prosodie verweist gleichzeitig auf die Nähe zum Klanglichen und damit indirekt auf die Synästhesie des Hörens, die Michel Serres ebenfalls in seiner synthetischen und synästhetischen Prosa versucht, sprachlich zu evozieren.

MULTISENSORISCHE MONOMEDIALITÄT

Um Stimmung und atmosphärisches Erleben jenseits der Sprache zu erzeugen, scheint die akustische Kunst aus den oben genannten Gründen möglicherweise prädestinierter als die geschriebene Sprache, denn ihre Medien wirken affektiver und daher auch in ihrer Wirkung unmittelbarer (im Sinne von: nicht unbedingt an die Reflexion und das sprachliche Bewusstsein gebunden). Rudolf Arnheim – um noch einmal den großen Vertreter einer analytisch inspirierten Akusto-Ästhetik zu zitieren – sieht (fast analog zu Michel Serres) einen inhärenten Zusammenhang zwischen Klangwelten und gesamtleiblichem Empfinden, wenn auch die Reduktion auf die Monomedialität erneut implizit als Manko mitschwingt:

»Mit den Ausdrucksmitteln des reinen Klanges: akustische Verwandtschaft von Sprachausdruck und Musikausdruck, Vernichtung des leiseren Klanges durch den lauteren, Umsetzung von Stimmung und Charakter in Klangdynamik – verleiblichen sich Seelengeschehnisse in einer neuen materiellen Welt, ebenso materiell wie die ›wirkliche‹, aus ihr entnommen und doch ganz eigengesetzlich; aber die eignen Gesetze der Klangwelt werden erst wirksam und

27 Vgl. Gumbrecht, Hans-Ulrich: Stimmungen lesen. Über eine verdeckte Wirklichkeit der Literatur, München: Hanser 2011, S. 23.

28 Ebd., S. 31.

29 Ebd.

erkennbar, sobald man diese Klangwelt ganz allein, ohne Rückerinnerung an die ›fehlende‹ Körperwelt, wahrnimmt.«[30]

Der »reine Klang« als Ausdrucksmittel ist auch das, was Friedrich Knilli in den 1960er Jahren mit seinem »totalen Schallspiel« anstrebte – eine non-verbale, rein akustische Ästhetik, die sich endgültig von der Literatur emanzipiert.[31] Diese Forderung nach dem autonomen Schallspiel ist vor dem Hintergrund der »neuen Innerlichkeit« zu erklären, die die Hörspielästhetik nach dem zweiten Weltkrieg prägte, und die inhärent vor allem mit den Hörspielen von Günter Eich verbunden ist. Dessen literarisch-akustische Introspektionen, die ganz »innere Anschauung« seien, so der damalige Leiter der Hörspiel-Abteilung des NDR, Heinz Schwitzke, setzt Knilli das a-semantische Klangspiel entgegen, das sich völlig vom Sichtbaren emanzipiert, weil »es Sichtbares nicht tangiert«.[32] Im Schallspiel, so fährt Knilli fort, agieren Geräusche – es ist pure Präsenz und nicht Repräsentation; ganz im Sinne Gumbrechts, der jedoch die literarische Präsenz zwangsläufig nicht ohne die Repräsentation herstellen kann. Die 1960er Jahre läuten denn auch eine erste Hochzeit akustischer Experimentalästhetik ein, die von zwei Seiten erfolgt: Zum einen von Seiten der Musik in der zunehmenden Durchbrechung kompositorischer Standards und der Integration technischer Medien in Aufführungssituationen, wie sie beispielsweise von John Cage und seinem Umfeld praktiziert wird. Zum anderen macht sich die Dichtung auf, ihr ursprüngliches Terrain der akustischen Gestaltung zurückzuerobern: Insbesondere die Vertreter der Konkreten Poesie produzieren experimentelle Kompositionen, die die Lautlichkeit der Sprache und die Ausdrucksvielfalt der menschlichen Stimme betonen – sie arbeiten mit dem »Sprechmaterial« (Franz Mon).[33] Stücke wie *Da Du der bist* von Franz Mon bleiben in ihrem Dekonstruktions-Gestus der Sinnhaftigkeit der Sprache aber weiterhin verhaftet: Die stimmlich-lautlichen Permutationen, die Mon in dem 1973 entstandenen Klangstück durchexerziert, haben eine Dramaturgie, in der zunächst die einzelnen Worte durch verschiedene Sprechweisen unterschiedliche Bedeutungsdimensionen erhalten, die anschließend durch starke Rhythmisierung und chorische Inszenierung musikalisiert werden. Das dreizehnminütige Stück durchläuft verschiedene Phasen

30 Arnheim: Rundfunk als Hörkunst, S. 122.

31 Knilli, Friedrich: Das Hörspiel. Mittel und Möglichkeiten eines totalen Schallspiels, Stuttgart: Kohlhammer 1961.

32 Vgl. Knilli, Friedrich: »Das Schallspiel. Ein Modell«, in: Ders.: Deutsche Lautsprecher. Versuche zu einer Semiotik des Radios, Stuttgart: Kohlhammer 1970, S. 44-72, hier S. 45.

33 Franz Mon zitiert nach Petra-Maria Meyer: Die Stimme und ihre Schrift. Die Graphophonie der akustischen Kunst, Wien: Passagen Verlag 1993, S. 24.

der Lauterkundung mit musikalischen Mitteln, um schließlich zur Sprachbedeutung zurückzukehren: Es endet mit einem Sprechchor, der rhythmisch intoniert: »Du bist der, Du bist der, Du bist der!«[34] Der Zuhörende ist schließlich derjenige, der zum Gegenstand der klanglichen Sprechreflexion geworden ist. Mon selbst besteht schließlich in Bezug auf seine Lautexperimente auf der Wahrung der Semantik – in jedem Stück fänden sich »semantische ›Inseln‹«.[35]

Knillis Forderungen gehen jedoch über die sprechmateriellen Realisierungen hinaus in Richtung neue Musik bzw. *musique concrète*.[36] Damit verschwimmen die Kategorisierungen, die u.a. darauf beruhen, dass das Hörspiel untrennbar mit der menschlichen Stimme verbunden zu sein hat.[37] Nonverbale und nicht-stimmliche Klangkunst allerdings stellt unsere Hörgewohnheiten vor große Herausforderungen, wie das Beispiel eines Geräuschstücks der schwedischen Klangkünstlerin Hanna Hartmann zeigt. In *Das Fällen hoher Bäume ist mit Risiken verbunden*, das 2005 den Karl-Szuka-Preis, einen der renommiertesten Hörkunst-Preise, gewann, ist zunächst kaum ein Klang eindeutig identifizierbar.[38] Gerade, dass man die menschliche Stimme von anderen akustischen Quellen unterscheiden kann; gerade, dass man bei dem einen oder anderen Geräusch Assoziationen zu Bekanntem hat, wie dem Biss in einen Apfel oder dem Knarren einer Tür. Dass hier non-verbal eine Geschichte erzählt wird, kann aus der Rhythmik des achteinhalb Minuten-Stücks erschlossen werden, dessen Klangschichtung sich sukzessive steigert. Der Akt des Hörens wird durch das Fehlen jeder sprachlichen Semantisierung besonders bewusst als ein Vorgang, der sowohl sukzessiv als auch simultan abläuft. Sprich:

34 Franz Mon: »da du der bist« [1973]. WDR, Köln 1974, auf: Futura. Poesia Sonora: Various, 5 CDs, CD 4: La Poesia Sonora Oggi, Track 1, Altavilla Vicentina: Cramps Records 1989.

35 Lenz, Michael: »Interview mit Franz Mon, Tutzing 16.09.1995«, in: Ders., Lautpoesie/-musik nach 1945. Eine kritisch-dokumentarische Bestandsaufnahme. Bd. 2, Wien: edition selene 2000, S. 1083-1087, hier S. 1085.

36 Vgl. dazu Schätzlein, Frank: »Zwischen ›körperloser Wesenheit‹ und ›Lautaggregat‹. Anmerkungen zur Stimme im Hörspiel«, in: Kolesch, Doris/Pinto, Vito/Schrödl, Jenny (Hg.), Stimm-Welten. Philosophische, medientheoretische und ästhetische Perspektiven, Bielefeld: transcript 2009, S. 115-125.

37 Das wird in einschlägigen aktuellen Arbeiten zum Hörspiel nach wie vor als Definiens angeführt. So schreibt Vito Pinto: »Ohne Stimme kein (narratives) Hörspiel.« Pinto, Vito: Stimmen auf der Spur. Zur technischen Realisierung der Stimme in Theater, Hörspiel und Film, Bielefeld: transcript 2012, S. 146 (Zitat im Original kursiv).

38 Im Original heißt das Stück *Att fälla grova träd är förknippat med risker* und ist online (gegen ein geringes Entgelt) herunterladbar unter: https://itunes.apple.com/de/album/att-falla-grova-trad-ar-forknippat/ id297897005?i=297897051 (letzter Zugriff: 07.09.2015).

Ein Klang ist selten ein isolierbares Geräusch, sondern ein Konglomerat, eine Synthese aus klingenden Einheiten – und gerade die akustische Kunst spielt virtuos mit Clustern als simultanem und Rhythmen als linearem Prinzip.

Das eigentlich Unheimliche an Hanna Hartmanns Stück jedoch ist die Unidentifizierbarkeit der meisten Geräusche, die den Hörer zum Tappen im Dunkeln des Tönewaldes verurteilt, wo er sich der affektiven Wirkung der Klangstruktur kaum entziehen kann. Kennzeichen einer derartigen, ›akusmatisch‹ genannten Kunst ist genau diese Diffusität der Klänge.[39] Sie manifestiert sich auf verschiedenen Ebenen: Zum einen erzeugt das Spiel mit der akustischen Proxemik einen starken räumlichen Eindruck, denn die Entfernung zum Mikrophon ist mal näher und klarer, mal entfernter und verwischter, mal hallend-entschwindend, mal geradezu schneidend klar. Damit wird ein akustischer Raum geschaffen, der Ereignis und Sein zugleich ist – also zusammenführt, was Wolfgang Welsch noch unterschied und verschiedenen Sinnen zuordnete. Der Hörer wird physisch in den Klangraum hineingezogen, er wandert zwangsläufig darin herum, ohne zu wissen, wo er sich aufhält – eine existenzielle Verunsicherung, die die strikte Trennung von Sein als Charakteristikum des Sehsinns einerseits und Ereignis als Kennzeichen des Akustischen andererseits verwischen lässt. Auch die Kenntnis über den Titel des Stücks hilft nur begrenzt weiter, denn dessen Absurdität lenkt höchstens die eigenen Assoziationen in bestimmte Richtungen.

Das Stück ist zudem diffus, weil uns bei den Geräuschen eine semantische Ebene fehlt, die über die direkte kausale Verbindung der Geräuschquelle mit dem Geräusch hinausgeht. Geräusche im traditionellen Hörspiel spiegeln häufig das wider, was gerade benannt wird – sie dienen in erster Linie als »Atmo«. Da wir also darauf angewiesen sind, Klänge mit ihren Klangquellen zu verbinden, brauchen wir eine »Ontologie des Klanges«, die auf Vergegenständlichung beruht und damit letztlich den Gesetzen des Visuellen unterliegt. Wenn diese Identifikation des Geräuschs mit seinem Ursprung nun wegfällt, bleibt uns nichts weiter übrig, als uns den Klängen als solchen hinzugeben – und das heißt auch, zunächst das reflexive Interpretieren in den Hintergrund zu stellen. Es bedeutet schließlich, sich gesamtphysisch auf den Klangraum einzulassen und ihn zu erleben – damit verschmelzen im Sinne von Michel Serres die Grenzen zwischen Leibempfinden und akustischer Umwelt, zwischen Subjekt und Objekt. Schon bei Herder hörten wir diese Grenze gerade im Klang verschwimmen, da dieser sich *im* Ohr entfaltet und nicht außerhalb dessen.

39 »Akusmatik« leitet sich ab von »acousma«, griech.: auditive Wahrnehmung. Vgl. Pinto: Stimmen auf der Spur, S. 177ff. sowie den Überblicksartikel »Akusmatik« auf Wikipedia, https://de.wikipedia.org/wiki/Akusmatik (letzter Zugriff: 07.09.2015).

In letzter Konsequenz führen diese Aspekte zu einer Paradoxie des monosensuellen Erlebens: Es stellt sich nämlich heraus, dass die erzwungene Konzentration auf den Akt des Hörens zu einer gesamtleiblichen Erweiterung der Wahrnehmung führt. In diesem Sinne – so müsste man schließen – gibt es also überhaupt keine monosensuelle Wahrnehmung, da jeder Wahrnehmungsakt gesamtleibliches Erleben in sich trägt, das möglicherweise von der Standardisierung der kognitiven Prozesse überdeckt wird, die uns nur einen Bruchteil unserer Wahrnehmungen bewusst werden lassen. Das experimentelle Hörspiel in seiner radikalsten Form als Geräuschkunst unterläuft nun unsere standardisierten Hörgewohnheiten und sensibilisiert gerade deshalb besonders für synästhetisch-gesamtleibliche Erlebensmodi.

Eine sensorisch motivierte Herangehensweise an technoästhetische Phänomene, wie sie Hörstücke generell darstellen, bedarf also einer Kombination aus analytisch-trennender Methodik *und* synthetisch-verbindenden Ansätzen, die es möglich machen, komplexe Schichtungen als solche in ihrer Wirksamkeit zu erfassen. Die derzeitige Aufmerksamkeit für diffuse Phänomene wie die Stimmung oder die Atmosphäre und die damit verbundene Wiederentdeckung des gesamtphysischen Erlebens deutet darauf hin, dass wir auch unsere Differenzierung in Mono- und Multimedialität möglicherweise modifizieren müssen: Obwohl die Klangkunst gerne als monomediale Kunst klassifiziert wird, zeigt der – notwendigerweise nur kursorische – Streifzug durch bestehende akustische ästhetische Theorien und Praktiken, dass sie eine starke synästhetisch-synthetische Komponente hat. Synästhetisch ist sie in ihrem gesamtleiblichen Anspruch, denn Stimme und Klang, Musik und Geräusch ergreifen buchstäblich den Organismus, und dies mit sehr unterschiedlichen Strategien, wie die drei verschiedenen Beispiele hoffentlich zeigen konnten. Eine solche Klangkunst ist Stimm(ungs)kunst im besten Sinne: Sie ist eine Synthese aus Musik und Geräusch, Sprache und Ton, Klangfarbe, Rhythmus, Frequenz und weiteren Faktoren. Die analytischen Ansätze stellen Instrumentarien bereit, die die Kausalität von Klangkunstwerken erschließen, ihr »Gemachtsein« – doch deren Wirkung ist nur über synthetische Konzepte zu erschließen. Klangkunst ist intellektuell und emotional, analytisch und synthetisch, akustisch und gesamtphysisch – sie ist eine Kunst des ›Sowohl als Auch‹ und nicht des ›Entweder – Oder‹ und daher Stimmungskunst *par excellence.*

An der Schnittstelle von Sound & Vision

Symptome und Denkmodelle der Hybridisierung von Kunst, Wissenschaft, Industrie und Unterhaltung[1]

DIETER DANIELS

Im Feld der *Audiovisuology* zeichnet sich schon seit langer Zeit ab, dass anstelle der kategorischen Forderung nach einer klaren Entweder/Oder-Zuordung eine den Phänomenen selbst immanente, nicht defizitäre, sondern vielmehr essenzielle oder genuine Weder/Noch-Unentschiedenheit besteht.[2] Diese soll im Folgenden mit dem Begriff der Hybridität bezeichnet werden, wohl wissend, dass sich in diesem Begriff multiple Konnotationen aus Naturwissenschaft und Kulturtheorie ver-

---

1 Dieser Aufsatz ist die gekürzte und leicht veränderte deutsche Fassung meines Artikels »Prologue. Hybrids of Art, Science, Technology, Perception, Entertainment, and Commerce at the Interface of Sound and Vision«, in: Daniels, Dieter/Naumann, Sandra (Hg.): Audiovisuology 2. Essays. Histories and Theories of Audiovisual Media and Art, Köln: König 2011, S. 8-25. 2015 erschien eine Neuauflage des Buches: See this Sound. Audiovisuology. A Reader, Vol. 1: Compendium, Vol. 2: Essays, Köln: Verlag Walther König 2015. Der Neologismus *Audiovisuology* wurde gewählt, um die Schnittmenge unterschiedlicher Disziplinen im Audiovisuellen zu beschreiben.

2 Vgl. Irmela Schneider: »Hybridisierung folgt [...] einer Logik des ›Sowohl-als-auch‹ und nicht der des ›Entweder-oder‹. Eine solche Logik entlastet keineswegs von der kognitiven Arbeit des Unterscheidens, ohne die Erkenntnis nicht möglich ist; sie macht aber deutlich, dass das Denken in Alternativen und die Option für eine der beiden Seiten eine Wahl und Entscheidung ist, die weder logisch zwingend noch naturgegeben ist.« Schneider, Irmela: »Von der Vielsprachigkeit zur *Kunst der Hybridation*«, in: Dies./Thomsen, Christian W. (Hg.), Hybridkultur. Medien, Netze, Künste, Köln: König 1997, S. 45-46.

binden.[3] Diese unterschiedlichen Bedeutungen von Hybridität entsprechen dem hier zu behandelndem Themenspektrum, denn viele Phänomene und Artefakte der *Audiovisuology* entziehen sich einer eindeutigen Zuordnung. In der Wissenschaftstheorie Bruno Latours nehmen die Hybriden (später auch Quasi-Objekte genannt) als »Mischwesen zwischen Natur und Kultur« eine Schlüsselrolle für seine Kritik an der Kategorisierungswut der Moderne ein.[4] Diese Denkfigur aus den *Science and Technology Studies* soll als Leitmotiv für die Kultur- und Medientheorie fruchtbar gemacht werden.

Wir werden uns also den Zwittern und Monstern widmen, die sich in kein Gefüge der Arten einordnen lassen – nur, dass es sich dabei nicht um Lebewesen, sondern um Apparate handelt. Denn die zweite These lautet, dass diese genuine Hybridität im Feld der *Audiovisuology* vor allem auf der Entwicklung der audiovisuellen Apparate seit dem 18. Jahrhundert beruht. Damit kann die Untersuchung der Bild-Ton-Relationen als exemplarische Fallstudie für das gesamte Feld der Kunst-Technik-Beziehungen und als ein Vorläufer von Fragen der heutigen Medienkunst gelten.[5] Die Vorgeschichte der Theorie einer Korrelation von Klängen und Farben reicht bis in die Antike zurück, die Praxis der Koppelung von Bildern und Tönen lässt sich sogar als anthropologische Konstante ausmachen.[6] Jahrtausendelang wurde dabei eine Korrespondenz der menschlichen Wahrnehmung und der physikalischen Weltordnung durch Analogiebildung (oder auch Analogiezauber) zwischen den Sinnen und dem Absoluten gesucht. Eingebettet in ein Modell universeller Harmonie, das außer Farben und Tönen auch Jahreszeiten, Elemente, Planeten, Metalle und Himmelsrichtungen umfasste, ging es letztlich um solch bedeutende Themen wie die Beziehung von Mensch und Natur in Gottes Bauplan, welche sich in einer unmittelbaren Korrespondenz von subjektiver Sinnesintensität und objektiver Beschaffenheit der Natur widerspiegeln sollte. Der Zugang

3 Zu den verschiedenen Verwendungen des Begriffs von Hybridität vgl. Schneider/Thomsen, Hybridkultur; Stocker, Gerfried/Schöpf, Christine (Hg.): Hybrid. Living in Paradox. Ars Electronica 2005, Ostfildern-Ruit: Hatje Cantz 2005.

4 Latour, Bruno: Wir sind nie modern gewesen. Versuch einer symmetrischen Anthropologie, Frankfurt a.M.: Suhrkamp 2008, S. 19.

5 Die von der Gegenwart ausgehende Erschließung der Geschichte und eine Erweiterung des Kontexts der Medienkunst sind Leitmotive für das gesamte Projekt »See this Sound« einschließlich der Ausstellung. Vgl. Daniels, Dieter/Rollig, Stella: »Preface«, in: Dies./Rainer, Cosima/Ammer, Manuela (Hg.), See This Sound. Versprechungen von Bild und Ton, Köln: König 2009, S. 10.

6 Vgl. Daniels/Naumann, Sandra: »Introduction«, in: Dies. (Hg.), See this Sound. Audiovisuology Compendium. An Interdisciplinary Survey of Audiovisual Culture, Köln: König 2010, S. 5-16, hier S. 6.

zu diesen holistischen Wunschwahrheiten wurde auf sehr unterschiedlichen Wegen sowohl über den Verstand wie über die Sinne gesucht. Die Sphärenharmonie des Pythagoras oder die *Musurgia Universalis* von Athanasius Kircher sind, auch wenn sie die moderne Physik längst widerlegt hat, mathematische Modelle auf hohem Niveau.[7] Andererseits ist mystisch-rauschhaftes, parareligiöses Erleben, das zur direkten Intuition führen soll, von prähistorischen Ritualen bis zur heutigen *Rave Culture* oft mit der Synthese von Hören und Sehen verknüpft. Die Bezüge der Synästhesiebegeisterung auf theosophische und okkulte Lehren reicht von Kircher bis Kandinsky.[8] Alexander Skrjabin plante für seine Licht-Musik einen nie realisierten multisensorischen Mysterien-Tempel. Vergleichbare Weltweisheiten verspricht die Verbindung von Drogenerfahrung mit psychedelischen Lightshow-Environments der 1960er Jahre.[9] Ohne solchen metaphysischen Überbau verbindet sich in der interaktiven Immersion von Games oder in der Performance von Live Visuals die Sensomotorik mit der audiovisuellen Wahrnehmung zu einer synästhetischen Präsenzerfahrung.

HYBRIDE ARTEFAKTE: ÄSTHETISCHE EVIDENZ VS. PHYSIKALISCHES EXPERIMENT – CASTEL UND CHLADNI

Mit dem Zeitalter der Aufklärung beginnt auch für diese lange Geschichte der Farbe-Ton-Korrespondenzen ein neues Kapitel. In fast allen Publikationen zum Thema wird dabei der französische Jesuitenpater, Mathematiker, Physiker und Philosoph Louis-Bertrand Castel als prominenter Vorläufer heutiger Entwicklungen genannt. Bei ihm finden sich in der Tat einige wichtige Neuerungen:[10]

7 Zu Athanasius Kircher vgl. den Beitrag von Missfelder in diesem Band.

8 Vgl. Gottdang, Andrea: »Painting and Music«, in: Daniels/Naumann, Audiovisuology Compendium, S. 246-257, hier S. 251; deutsche Version in: Daniels/Naumann, See this Sound. Kompendium, http://see-this-sound.at/kompendium/text/76 (letzter Zugriff: 02.09.2015).

9 Die Nachhaltigkeit solcher mystischer Wahrheitserfahrungen wird dabei allerdings kürzer. Vgl. Arthur Koestlers Kommentar zur Drogenerfahrung an Timothy Leary: »Letzte Nacht habe ich das Geheimnis des Universums enträtselt, aber heute Morgen hatte ich vergessen, was es war.« Leary, Timothy: Flashbacks. A Personal and Cultural History of an Era, Los Angeles 1983, S. 61.

10 Vgl. Jewanski, Jörg: »Louis-Bertrand Castel. The Clavecin oculaire (after 1723)«, in: Daniels/Naumann (Hg.), Audiovisuology Compendium, hier S. 83; deutsche Version online verfügbar unter http://see-this-sound.at/werke/194 (letzter Zugriff: 02.09.2015).

- Erstmals wird eine ausschließlich auf Farbe-Ton-Analogien bezogene Theorie formuliert, die nicht mehr in ein holistisches Welterklärungsmodell eingebettet ist.
- Erstmals sollen Verstand und Sinne in Einklang gebracht werden. Castels Modell hat den Anspruch, sowohl mathematisch-physikalisch als auch ästhetisch überzeugend zu sein.
- Erstmals wird ein Apparat entworfen, der möglicherweise als Beleg der Theorie sowie als deren praktische Anwendung dienen kann.

Die Schlüsselrolle kommt dabei dem als Augen- oder Farbenklavier bezeichneten Apparat zu, durch den, falls er funktioniert, Castels Thesen ebenso wissenschaftlich-rational wie auch intuitiv-sinnlich ihre Bestätigung erhalten sollten. Um es gleich vorweg zu nehmen: Das von ihm zunächst als Gedankenexperiment skizzierte Augenklavier hat offenbar nie überzeugend funktioniert. Trotz der umfangreichen Debatten, die sich an dem Gerät entzünden, gibt es keinerlei Augen- und Ohrzeugenberichte von einer erfolgreichen Vorführung. Castel hatte sich zunächst auch wohlweislich gegen den Bau eines solchen Geräts verwehrt: Er spräche nur als Philosoph, nicht als Handwerker.[11] Er sah sich aber durch das große öffentliche Interesse und die Kritik prominenter Zeitgenossen wie Diderot, Voltaire und Rousseau doch zu einer experimentellen Legitimation seiner kontrovers diskutierten Thesen gezwungen.

Im Zeitalter der Aufklärung muss sich eine These durch ein Experiment oder eine Demonstration beweisen, so wie Diderot es in der Enzyklopädie betreffs der von Castel behaupteten Wirkung des Farbenklaviers fordert: »Il n'y a plus que l'expérience qui puisse décider la question.«[12] Doch aus dem umstrittenen Theoretiker wird trotz dreißig Jahren verzweifelter Bricolage kein erfolgreicher Praktiker der Farbenmusik. Im vergeblichen Bemühen, seine naturphilosophische Idee zur apparativ-empirischen Realität werden zu lassen, erscheint Castel immer mehr als Opfer seiner eigenen Erfindung.[13] Zudem lässt sich die Richtigkeit seiner

11 Jewanski: Ist C = Rot? Eine Kultur- und Wissenschaftsgeschichte zum Problem der wechselseitigen Beziehung zwischen Ton und Farbe. Von Aristoteles bis Goethe, Sinzig: Studio 1999, S. 283.

12 »Nur die Erfahrung kann diese Frage entscheiden.« Diderot 1753, zit. nach: Jewanski: Ist C = Rot?, S. 365.

13 Vgl. Maarten Franssen: »a picture emerges of a man gradually worn out completely by his own invention, although he kept believing in it to the last.« Franssen, Maarten, »The ocular harpsichord of Louis-Bertrand Castel: The science and aesthetics of an eighteenth-century cause célèbre«, in: Tractrix. Yearbook for the History of Science, Medicine, Technology and Mathematics 3 (1991), S. 15-77, hier S. 28.

Tabelle der Farbe-Ton-Korrespondenzen ebenso wenig beweisen wie alle folgenden derartigen Versuche, die sich durch ihre Verschiedenheit letztlich gegenseitig widerlegen.[14] Castel wird damit, ohne es zu wollen, auch zum Vorläufer eines Leitmotivs, das sich durch die gesamte Geschichte der Farborgeln und aller späteren künstlerisch-technischen Experimente zur Musikvisualisierung zieht: das Scheitern an einer fehlenden Kompatibilität zwischen physikalischer Realität, theoretischer Einsicht, ästhetischer Vision und technischer Machbarkeit.

Das Paradox von Castel liegt darin, dass er zwar von der Naturwissenschaft und insbesondere von Isaac Newtons *Opticks* ausgeht, selbst jedoch kein klar definiertes Erkenntnisinteresse formuliert. Die möglichen Anwendungen seines Gedankenexperiments faszinieren ihn offenbar mehr als ein physikalischer Nachweis, welche Farbwerte mit welchen Tönen nun in Korrespondenz zu setzen wären. Dies zeigt bereits der Titel seiner ersten Publikation von 1725 und die hier skizzierten Motive für seine Erfindung:

- praktisch-philantropische Anwendungen (Taube können Musik sehend genießen, Blinde können Farben mit den Ohren wahrnehmen)
- pädagogischer Einsatz (Schulung von Malern für die Harmonie und Dissonanz von Farben)
- kreatives Potential (ein neues Instrument für den malerischen Laien, der ohne Mühe Tausende von Bildern entstehen lassen kann)
- rein ästhetische Gründe (die Flüchtigkeit der Musik festhalten, um sie in Ruhe mit dem Auge zu betrachten – bis zu der Dekoration eines Raumes mit einer *tapisserie harmonique*, welche den kompletten visuellen Genuss eines Musikstücks erlaubt)[15]

Castel prophezeit, sein Farbenklavier werde dereinst ebenso populär wie die gängigen Musikinstrumente, und allein für Paris erwartet er einen Absatz von 800.000 Stück.[16] Ob es sich bei seinem Apparat um ein wissenschaftliches Experiment, das Instrument für eine neue Kunstform, eine medizinische Prothese,

14 Vgl. die Tabelle von Jewanski in Daniels/Naumann, Audiovisuology Compendium, S. 345.

15 Castel, Louis-Bertand: »Clavecin pour les yeux, avec l'art de Peindre les sons, & toutes sortes de Pièces de Musique«, in: Mercure de France November (1725), S. 2552-2577.

16 Kienscherf, Barbara: Das Auge hört mit. Die Idee der Farblichtmusik und ihre Problematik, Frankfurt a.M.: Lang 1996, S. 37.

ein Unterhaltungsgerät oder den Prototypen für einen neuen Industriezweig handelt, bleibt letztlich unentscheidbar.[17]

Abbildung 1: Chladnis Klangfiguren

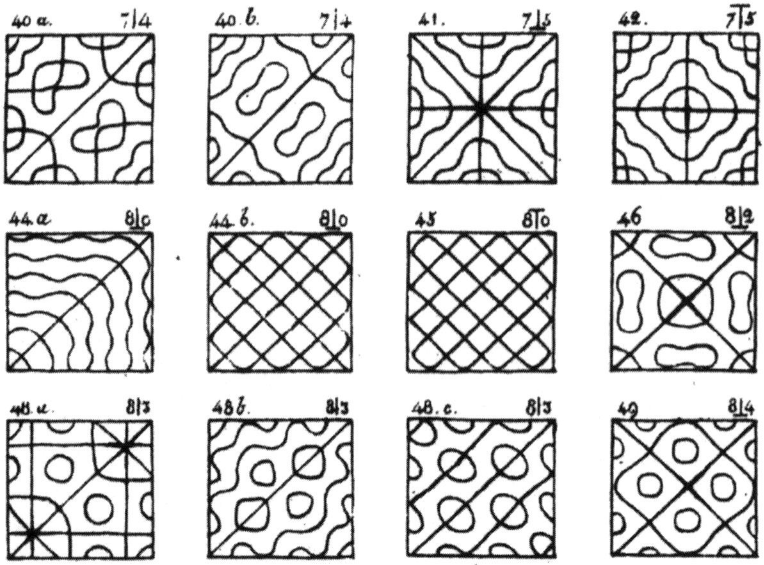

aus: Chladni, Ernst Florens Friedrich: Entdeckungen über die Theorie des Klanges. Leipzig 1787, S. 115, Tafel X.

Der Ansatz des französischen Jesuitenpaters ist eine fatale Mischung aus Physik, Philosophie, Physiologie, Ästhetik und Relikten der Theologie. Sein Augenklavier soll die Physik durch die Ästhetik beweisen, d.h. die Analogie der Materialität von Licht und Schall soll durch ihre menschliche Wahrnehmung erklärt werden. Damit steht Castel letztlich doch in der Tradition der bereits erwähnten holistischen Weltharmonie-Modelle. Aus der Sicht der Naturwissenschaft muss dieses Denken in Analogien im Zeitalter der Empirie, des Experiments und der Aufklärung radikal antiquiert erscheinen.[18] Die retrospektive Sicht auf die Kulturgeschichte macht

17 Vgl. dazu aus wissenschaftshistorischer Perspektive: »Whether the ocular harpsicord was a scientific instrument or not, depends on one's point of view.« (Hankins, Thomas L./Silverman, Robert J.: Instruments and the Imagination, Princeton, NJ: Princeton University Press 1999, S. 74).

18 Vgl. zu Castels theologischer Rhetorik der Analogie: Silverman/Hankins: Instruments and the Imagination, S. 80ff.

hingegen die futuristischen Aspekte von Castels Ideen deutlich, sodass diese heute wie eine Art Science-Fiction gelesen werden können.

Als Gegenbeispiel zu Castels Farbenklavier können die von Ernst Florens Friedrich Chladni ab 1782 entdeckten und beschriebenen Klangfiguren dienen (Abb. 1). Auf dünnen, mit Sand bestreuten Platten, die durch Schall in Schwingung versetzt werden, bilden sich in seinen Experimenten Muster und Linien, welche eine visuelle Analyse der Schwingungsvorgänge ermöglichen. Diese Muster beruhen somit nicht mehr auf spekulativen Analogien, sondern sind die erste eindeutige Darstellung einer objektiven Korrespondenz von akustischen und optischen Phänomenen. Der ein Jahr vor Castels Tod geborene Chladni entwickelt hieraus physikalische Grundlagen der Akustik. Sein Ausgangspunkt ist dabei zunächst allein wissenschaftlich: Die Schwingungen von Saiten sind bereits berechenbar, er will nun auch die »wahre Beschaffenheit des Klanges solcher Körper, bey denen elastische Krümmungen ganzer Flächen nach mehreren Dimensionen zugleich in Betrachtung kommen«[19] ergründen. Die ästhetische Faszination der Klangfiguren trägt dabei wesentlich zum Erfolg seiner umfangreich illustrierten Bücher bei. Ebenso schlägt Chladni die Verwendung der Figuren als Bereicherung für die Muster der Stoff- und Tapetenfabrikation vor.[20] Ab 1789 verwendet er seine Erkenntnisse dann auch für die Erfindung zweier neuartiger Musikinstrumente, dem Euphon und dem Clavicylinder, mit denen er vor allem seine prekäre finanzielle Situation aufbessert. Diese werden von ihm in zahlreichen Konzerten selbst vorgeführt und dabei mit Demonstrationen der Klangfiguren verbunden.[21]

Sowohl Chladni wie Castel zeugen von einer hybriden Praxis. Als Autoren und Akteure stehen sie in ihrem zeitgenössischen Umfeld zwischen Wissenschaft, Ästhetik, Apparate-Erfindung und Unterhaltung. Die Verbindung von Wissenschaft und Kunst erfolgt jedoch unter umgekehrten Vorzeichen. Während Castel eine physikalisch nicht nachvollziehbare Analogie von Farbenspektrum und Tonleiter über ästhetische Evidenz beweisen will, untersucht Chladni mit seinen Experimenten

---

19 Chladni, Ernst Florens Friedrich: Entdeckungen über die Theorie des Klanges, Leipzig: Weidmann & Reich 1787, S. 1.

20 Zu Chladnis Klangfiguren vgl. Schneider, Birgit: »On Hearing Eyes and Seeing Ears: A Media Aesthetics of Relationships between Sound and Image«, in: Daniels/Naumann, Audiovisuology 2, S. 174-199.

21 »Der Ertrag seiner akustischen Wandervorlesungen und seiner Werke mußte ihm die Mittel liefern zu seinem Unterhalt und zu seinen Experimenten.« (Lommel, Eugen: All-gemeine Deutsche Biographie, hg. v. der Historischen Kommission bei der Bayerischen Akademie der Wissenschaften, Bd. 4, 1876, S. 125); vgl. auch: Ullmann, Dieter: »Life and work of E.F.F. Chladni«, in: The European Physics Journal, Special Topics 145 (2007), S. 25-32.

die physikalische Struktur von Schallwellen in festen Körpern und leitet aus dieser frühen Praxis der wissenschaftlichen Visualisierung sowohl wissenschaftlich valide Experimente wie auch künstlerische und unterhaltsame Resultate ab. Castel ist damit ein Vorläufer für das Verständnis und Missverständnis von *art as science*, Chladni umgekehrt für die oftmals ebenso problematische *science as art.*

Das Interessante an Castel ist also weder seine fehlgeleitete Theorie noch sein nicht funktionierender Apparat, sondern einzig und allein der Versuch einer Koppelung von Theorie, Sinnlichkeit und Apparat: Von nun an wird die Geschichte der Korrespondenzen von Visuellem und Auditivem zugleich eine Technikgeschichte.[22] Dass die Relation von Optik und Akustik sich jedoch bei Weitem nicht auf die Farbe-Ton-Analogie beschränkt, sondern erst mit der Darstellung ihrer physikalischen Natur, ihrer Morphologie sozusagen, eine apparativ ebenso wie wissenschaftlich und ästhetisch sehr viel weiter reichende Dimension erhält, wird erstmals mit Chladnis Klangfiguren deutlich. Chladnis Zeitgenosse Thomas Young gelingt 1802 die Feststellung des Wellencharakters von Licht. Damit ist die physikalische Basis für die Entwicklung der audiovisuellen Medientechnik im 19. Jahrhundert gelegt und zugleich der Jahrtausende alten Suche nach einer Analogie in den Phänomenen selbst die Grundlage entzogen.

Bis dahin gab es nur die subjektiv empfundene Relation der Sinne Hören und Sehen sowie die in den holistischen Weltharmonie-Modellen vermutete Objektivität einer Analogie der Naturphänomene Schall und Licht. Seit Castel und Chladni kommt die von Menschen hergestellte Koppelung von Bildern und Klängen in Apparaten und Experimenten hinzu. Sie ist einerseits objektiv, weil technisch-physikalisch, und andererseits subjektiv, weil manipulierbar und steuerbar. Damit erreicht die Koppelung von Bild und Ton eine neue Ära, die über die Entstehung der optischen und akustischen Medien im 19. Jahrhundert bis zu der heutigen universellen Modulierbarkeit, Generierbarkeit und Transformierbarkeit des Audiovisuellen im Digitalen reicht.

---

22 Als Vorläufer können die Musikautomaten des Barock gelten, die sowohl Klänge wie bewegte Figuren enthielten, aber auch Modelle für mögliche frühindustrielle Produktionstechniken waren. Dieser Hybridcharakter wird beispielsweise deutlich bei: de Caus, Salomon: Von gewaltsamen Bewegungen. Beschreibung etlicher, so wol nützlichen alß lustigen Machiner, Halle/Saale 2003 [Frankfurt 1615].

ÄSTHETISCHE, EPISTEMISCHE, PRAGMATISCHE UND UNTERHALTSAME APPARATE

Die hier skizzierte Hybridität von Wissenschaft, Kunst, Unterhaltung und Business lässt sich auch für die Entstehung der Medientechnik im engeren Sinne aufzeigen. Dies betrifft nicht alleine die heterogenen Motivationen und Kontexte für diese Erfindungen, sondern auch die Hybridisierung der optischen und akustischen Medien, welche sich durch Kombinationen und Permutationen ihrer Funktionsprinzipien weiterentwickeln.

Die physikalische und physiologische Grundlagenforschung seit Beginn des 19. Jahrhunderts (u.a. bei Chladni, Young und insbesondere in Hermann von Helmholtz' umfangreichen Studien zur Physiologie, Optik und Akustik) finden in der zweiten Hälfte des 19. Jahrhunderts ihre Anwendung in konkreten Apparaten und Medien. Der zu Erkenntniszwecken gebaute epistemische Apparat des Laborexperiments wird in medientechnische, alltagstaugliche Anwendungen überführt, die eine audiovisuelle Massenkultur der pragmatischen und unterhaltenden Apparate hervorbringen.[23] Dabei trennen die technischen Medien zunächst das Visuelle vom Auditiven. Stummfilm und Grammophon, Telefon und frühe Ideen der Television sind auf die apparative Emulation nur eines menschlichen Sinns spezialisierte Apparate.[24]

Hingegen stehen die Ideengeschichten ebenso wie die Funktionsprinzipien der optischen und akustischen Medien in einem ständigen Dialog. Die Erfindung des Telefons durch Alexander Graham Bell 1876 liefert einerseits die direkte Inspiration für Thomas Alva Edisons Phonographen und führt andererseits zu Entwürfen für eine elektrische Bildübertragung mittels der seit 1872 bekannten fotoelektrischen Sensibilität des Seleniums. Um 1878 werden deshalb bereits grundlegende Konzepte für ein Fernsehmedium formuliert, das Signale live über Draht übertragen sollte, aber auf dem damaligen Stand der Technik noch nicht realisierbar war. Die Parallele zwischen Ton- und Bildtechniken belegt auch Edisons Prototyp für das Kinetoskop von 1888, nichts anderes als ein mit chronofotografischen Bildern bestückter Phonograph.[25] Deshalb ist die Formulierung aus dem Patent,

---

23 Vgl. hierzu Hans-Jörg Rheinbergers Begriff des *epistemischen Dings*, dass zwar auf vorhandener Technik beruht, diese im Kontext von Experimentalsystemen jedoch auch transzendiert und seine Entstehungsgrundlagen infrage stellen kann. (Rheinberger, Hans-Jörg: Experimentalsysteme und epistemische Dinge, Frankfurt a.M.: Suhrkamp 2006)

24 Vgl. den Beitrag von Enns in diesem Band.

25 Edison denkt schon seit 1878 über die Verbindung von Bild- und Tonwiedergabe nach, doch erst seine Bekanntschaft mit Eadweard Muybridge und dessen Zoopraxiskop 1888 führt dazu, dass Edisons Assistent William Dickson einen Phonographen mit 42.000

»ein Instrument zu entwickeln, das für das Auge das tun würde, was der Phonograph für das Ohr tut«, durchaus wörtlich zu nehmen.[26]

Die Ideengeschichten des Übertragungsmediums Fernsehen und des Speichermediums Film operieren dabei in der Lücke, die zwischen Bild und Ton durch Fotografie, Telefon und Phonograph entstanden war: Wenn stehende Bilder und zeitbasierte Klänge speicherbar – und Töne elektrisch übertragbar – sind warum sollten dann nicht auch laufende Bilder übertragen und gespeichert werden können? Solche Analogieschlüsse zwischen akustischen und optischen Medien prägen seitdem die Entwicklung von Radio und Fernsehen sowie des Tonfilms und der Audio-Video-Synthesizer. Die parallelen Geschichten der einzelnen audiovisuellen Medien werden deshalb zu Unrecht auf getrennte Stränge für Bild und Ton reduziert. Sie sind vielmehr als eine komplexe Wechselwirkung zu verstehen, die bereits das Potenzial für ihre multimediale Synthese enthält.

Die Vorgeschichte dieser sich immer wieder überkreuzenden Entwicklung der optischen und akustischen Medienapparate findet sich in Hermann von Helmholtz' Forschungen zur Optik und Akustik. »Das Hin und Her des Modellvergleichs beider Sinnessysteme« führt ihn zur ersten übergreifenden Theorie, welche die physikalischen Eigenschaften von Licht und Schall mit den physiologischen Fähigkeiten von Auge und Ohr in Korrespondenz setzt.[27] Dabei kommt den von Helmholtz entwickelten Laborapparaten eine entscheidende Rolle zu.

Durch die Modifikation eines Telegrafenapparates des mit Helmholtz befreundeten Werner Siemens entsteht um 1860 das Schwingungsmikroskop (manchmal auch als Vibrationsmikroskop bezeichnet). Es ermöglicht Helmholtz die Visualisierung von Klängen in Form von sich überlagernden Lissajous-Figuren. Experimentelle Methode und Theoriebildung bewegen sich dabei in einem ständigen Vergleich auditiver und visueller Wahrnehmung. Durch das Schwingungsmikroskop werden sehr kleine Phasenunterschiede der Teiltöne komplexerer Klänge sichtbar, die für den Klangfarbeneindruck, so konnte Helmholtz zeigen, allerdings nicht maßgeblich sind. Diese Erkenntnis bewog ihn dann zur Weiterentwicklung der Young'schen Farbtheorie, derzufolge der Farbeindruck

Bildern und dem Okular eines Mikroskops zu einer Bildmaschine umbaut. (Vgl. Baldwin, Neil: Edison. Inventing the Century, New York: Hyperion 1995, S. 211f.)

26 Vgl. Müller, Jan Philip: »Synchronization as a Sound-Image Relationship«, in: Daniels/Naumann, Audiovisuology Compendium, S. 400-413, deutsche Version in: Daniels/Naumann, See this Sound. Kompendium, http://see-this-sound at/kompen dium/text/47 (letzter Zugriff: 02.09.2015).

27 Vgl. Lenoir, Timothy: »Farbensehen, Tonempfindung und der Telegraph. Helmholtz und die Materialität der Kommunikation«, in: Rheinberger /Hagner, Michael (Hg.), Die Experimentalisierung des Lebens, Berlin: Akademie Verlag 1993, S. 50-73, S. 62.

nach vergleichbaren Prinzipien entsteht, nämlich der Auswertung der Intensitätsunterschiede der Spektralanteile des Lichts.[28] Seine experimentelle Untersuchung führte Helmholtz zu einer Theorie, welche die Gemeinsamkeiten der Wahrnehmungsprozesse wie auch die Unterschiede zwischen den neuronalen Rezeptoren von Auge und Ohr berücksichtigt.[29] Damit wird wissenschaftlich begründbar, warum eine direkte Analogie von Farbtönen und Klangfarben nicht möglich ist. Das Auge kann eine Farbmischung nur als einen einzigen Farbton wahrnehmen, hingegen kann das Hörorgan zwischen den Spektralanteilen eines Klangs differenzieren.[30]

Das Schwingungsmikroskop von Helmholtz verkoppelt nicht nur visuelle und akustische Wahrnehmung, sondern ist auch ein Hybrid zwischen Wissenschaft und Medientechnik: Sein epistemischer Laborapparat, der auf dem pragmatischen Telegrafenapparat von Siemens basiert, enthält implizit schon 15 Jahre vor den Erfindungen von Bell und Edison die Funktionsprinzipien des Telefons und des Phonographen (Abb. 2). Eine Fortsetzung erfahren die Forschungen von Helmholtz durch Emil Du Bois-Reymonds physiologisches Gedankenexperiment der Vertauschung von Seh- und Hörnerven von 1873, das wiederum viele Künstler-Erfinder inspiriert hat.[31]

Die Hybridität von Kunst, Technik, Wissenschaft und Unterhaltung ließe sich auch an mehreren Fällen aus der Technikgeschichte darstellen. Ein Beispiel ist die Entstehungsgeschichte des Films, die 1895 in den ersten Filmvorführungen in Paris

28 Dank an Jan Thoben für die Unterstützung bei der Differenzierung der Argumentation zu Helmholtz.

29 »Dadurch werden also die qualitativen Unterschiede der Gesichtsempfindungen zurückgeführt auf die Verschiedenartigkeit der empfindenden Nerven. Es bleiben dann für die Empfindungen jeder einzelnen Sehnervenfaser nur die quantitativen Unterschiede stärkerer und schwächerer Reizung übrig. Dasselbe thut die Hypothese, auf welche uns unsere Untersuchung der Klangfarbe geführt hat für das Gehör.« (Helmholtz zit. nach Lenoir: »Farbensehen, Tonempfindung und der Telegraph«, S. 64)

30 Helmholtz zusammengefasst von Timothy Lenoir: »Das Auge kennt keine Musik, da es nur drei anstelle der etwa 1000 ›Resonator‹-Typen der Corti-Membran besitzt.« (Lenoir: »Farbensehen, Tonempfindung und der Telegraph«, S. 64) Zu der Überwindung dieses quantitativen Modells von Helmholtz durch die Neurobiologie vgl. Salter, Chris: »The Question of Thresholds: Immersion, Absorption, and Dissolution in the Environments of Audio-Vision«, in: Daniels/Naumann, Audiovisuology 2, S. 200-234.

31 Vgl. zu Emil Du Bois-Reymond den Aufsatz von Schneider: »On Hearing Eyes and Seeing Ears«, S. 177f.

und Berlin sowie auf der Weltausstellung in Chicago 1893 kumuliert.[32] Diese zeitgleichen Erfindungen beruhen jeweils auf anderen Vorgeschichten: auf der Weiterentwicklung der Fotoindustrie (der Cinématographe der Brüder Auguste und Louis Lumière), neuen Wegen der Massenunterhaltung (das Bioscop der Schausteller-Brüder Max und Emil Skladanowsky in Berlin) und auf dem Transfer der Tonspeicherung auf das Bewegtbild (Kinetoskop von Thomas Alva Edison). Die Naturwissenschaft liefert die Grundlagen für die Medientechnik und die technischen Innovationen lösen wiederum wissenschaftliche Debatten aus. Ein Beispiel dafür ist der Phonograph, den Edison 1877 zunächst ohne klare Zweckbestimmung erfindet,[33] dessen erkenntnistheoretische Implikationen seinen Erfinder aber weltberühmt machen.[34]

Abbildung 2 und 3: Schwingungsmikroskop (c. 1860) zur Beobachtung von Lissajous-Figuren (rechts) von Hermann von Helmholtz

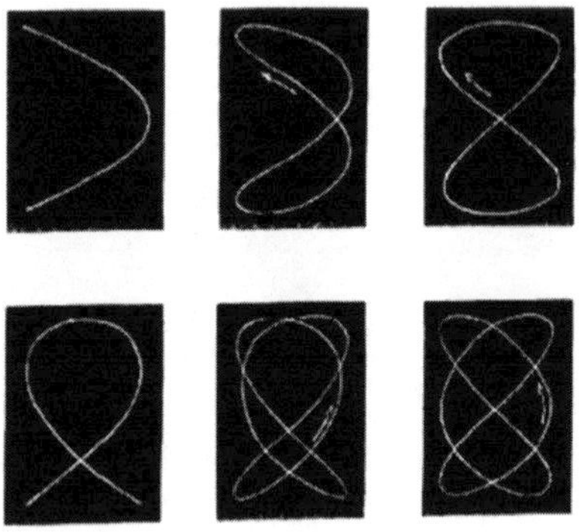

aus: Koenig's Acoustic Catalogue, 1865. Case Western Reserve University, Collection of Antique Physics Instruments.

Als Vergleichsbeispiel für eine vor allem auf ästhetischen und philosophischen Motiven basierende Erfindung kann das 1873 erstmals öffentlich vorgestellte

32 Vgl. zu den zahlreichen, zeitlich parallelen Erfindungen: http://www.victorian-cinema.net/machines (letzter Zugriff: 02.09.2015).

33 Vgl. dazu Edisons Artikel von 1878, zit. nach Baldwin: Edison, S. 403.

34 Baldwin, Edison, S. 439. Zum Phonographen als Inspiration für die Science-Fiction eines Avatars in Auguste de Villiers de L'Isle-Adams Roman *Eva der Zukunft* vgl. Daniels: Kunst als Sendung. Von der Telegrafie zum Internet, München: Beck 2002, S. 68-75.

Pyrophon des Physikers Frédéric Kastner dienen. Ebenso wie der Phonograph beruht es auf schon länger bekannten physikalischen Phänomenen. Das Instrument erzeugt durch farbige Gasflammen zugleich Licht und Töne und nutzt den 1777 zufällig von Bryan Higgins entdeckten und auch von Chladni behandelten Effekt der sogenannten ›singenden Flammen‹. Das Pyrophon ist ein Zwitter aus Musik und Physik, aus Kunst und Experiment. Henry Dunant, der philantropische Visionär und Gründer des Roten Kreuzes, der von der Mutter Kastners finanziell unterstützt wird, liefert ganz im Sinn der holistischen Weltmodelle vergangener Jahrhunderte die naturphilosophische Metaphorik dazu. Für die gleichzeitige Erzeugung von Schall und Licht verwendet er die an die Alchemie erinnernden Metaphern der *harmonica chimique* und des *lumen philosophicum.*[35] Durch Dunants zahlreiche Vorträge erregt das Pyrophon auch das Interesse von Richard Wagner, der es als gelungene technische Umsetzung seines Gesamtkunstwerk-Gedankens sieht und es in seinen Opern einsetzen will. Aber die Bankrotterklärung von Wagners Sponsor, König Ludwig II., verhindert dies.

Wie das Beispiel des Pyrophons zeigt, wird die zuvor knapp skizzierte Geschichte der Medientechniken von einer Parallelgeschichte der visuell-auditiven Künstler-Erfinder-Apparate begleitet, die heute großteils verschwunden sind. Im 18. Jahrhundert werden im Anschluss an Castel mehrere Farbenklaviere entworfen, es ist jedoch keine erfolgreiche Umsetzung nachweisbar. Dann setzt ab Mitte des 19. Jahrhunderts eine lange Abfolge von Apparaten ein, für die ihre Erfinder meist auch einen neuen Namen prägen.[36] Diese Geräte werden großenteils gebaut und vorgeführt, manche auch nur beschrieben oder patentiert, einige sogar in kleinen Serien produziert. Die meisten dienen zur Demonstration von Farbe-Ton-Analogien, einige auch zu frei spielbaren Bild-Ton-Kompositionen, manche auch nur zu einer stummen visuellen Musik. Die technische Basis ist sehr unterschiedlich, meist eine Kombination von Mechanik und Elektrik. Gerade wegen der großen technischen Unterschiede belegen sie insgesamt einen Vorrang der Ideen-

35 Dunant, [Henry]: »The Pyrophone«, in: The Popular Science Monthly August (1875), S. 445. Zu Dunant und Kastner siehe: Szeemann, Harald (Hg.): Der Hang zum Gesamtkunstwerk, Aarau: Sauerländer 1983, S. 198.

36 Zu nennen wären etwa: F.W. Philippy, Farbenklavier (1863); Bainbridge Bishop, Color organ (1876); A. Wallace Rimington, Mobile Color (1895); James M. Loring, Musical Chromoscope (1900); Alexander Burnett Hector, Apparatus for Producing Color Music (1912); Wladimir Baranoff-Rossine, Piano Optophonique (1916); Mary Hallock-Greenewalt, Sarabet (1918); Thomas Wilfred, Clavilux (1919); Arthur C. Vinagera, Chromopiano (1921); Ludwig Hirschfeld-Mack, Farben Licht-Spiel (1922); Raoul Hausmann, Optophon (1922); Alexander László, Sonchromatoscope (1925); Zdeněk Pešánek, Spectrofon (1926); Anatol Graf Vietunghoff-Scheel, Chromatophon (um 1930).

geschichte vor der Technikgeschichte. Ihre Ideengeschichte ist aber paradoxerweise gerade keine kontinuierliche Genealogie, sondern eine vielfache Neuerfindung, weil die Autoren kaum voneinander Kenntnis haben.[37] Keinem dieser Künstler-Erfinder gelingt es, dass seine Invention von Nachfolgern genutzt, gepflegt und weiterentwickelt wird, sodass heute nur noch wenige funktionierende Beispiele solcher Geräte existieren.[38] Hier zeigt sich die Bedeutung der Standardisierung und Kompatibilität für die Verbreitung und Erhaltung von audiovisuellen Medien, wie sie der 35-mm-Film als langlebigstes globales Medienformat beispielhaft belegt.

Die bisher anhand von Einzelfällen dargestellte parallele Entstehung von audiovisuellen Apparaten im Kontext wissenschaftlicher Experimente, industrieller Medientechnik, innovativer Kunst und breitenwirksamer Unterhaltung ist die Basis für ihre hier vorgeschlagene Bezeichnung als epistemische, pragmatische, ästhetische und unterhaltsame Apparate.[39] Doch was sind die Kriterien für ihre mögliche Differenzierung? Kommen wir zurück auf die zuvor genannten Vergleiche. Aus heutiger Perspektive scheint die Unterscheidung klar: Chladnis Klangfiguren werden als Pionierleistung der Akustik in der Wissenschaftsgeschichte behandelt, während Castels Farbklavier zu den Kuriosa gezählt wird. Kastners Pyrophon ist weitgehend in Vergessenheit geraten, während Edisons Phonograph in jeder Technikgeschichte genannt wird.[40]

Dennoch lautet das Motto von Chladnis »Entdeckungen über die Theorie des Klanges« von 1787 »- - - - die Kunst zu malen mit Tönen«, ein Zitat des Dichters Christoph Martin Wieland. Und wo soll man den Phonoautographen einordnen, das erste Gerät zur zeitbasierten visuellen Darstellung von Sound auf einem Papierstreifen, für den Édouard-Léon Scott de Martinville 1857 ein Patent erhält, der aber

---

37 Vgl. Daniels/Naumann: »Introduction«, S. 6.

38 Thomas Wilfred ist einer der wenigen, dem es gelingt, eine Kleinserie von 16 Stück seines »Clavilux Junior« (ab 1930) für den Heimgebrauch zu verkaufen. Vgl. Yale University, The Manuscripts and Archives Digital Images Database, http://images.library.yale.edu/madid/oneItem.aspx?saveID=1776789&id=1776789 (letzter Zugriff: 02.09.2015).

39 Vgl. zur Unterscheidung von pragmatischen und ästhetischen Apparaten: Daniels: »Sound & Vision in Avantgarde & Mainstream«, in: Ders./Frieling, Rudolf (Hg.), Medien Kunst Netz 2: Thematische Schwerpunkte, Wien/New York: Springer 2005, S. 59-87.

40 Zur Hybridität der Pyrophonie zwischen Wissenschaft, Kunst und Spektakel vgl. Schramm, Helmar: »Pyrophonie. Anmerkungen zur Theatralität des Experimentierens«, in: Ders./Schwarte, Ludger/Lazardzig, Jan (Hg.), Spektakuläre Experimente. Praktiken der Evidenzproduktion im 17. Jahrhundert, Berlin/New York: de Gruyter 2006, S. 398-413.

noch nicht auf die Idee kommt, dass diese grafische Aufzeichnung einen wieder abspielbaren Sound darstellten könnte, was erst 2008 mit Digitaltechnik nachgeholt wird? Vom Fantasiepotential einer wechselseitigen elektrischen Transformation von Bild- und Ton-Signalen zeugen die Thesen von Maximilian Pleßner aus dem Jahr 1892, der hypothetische Anwendungsgebiete einer zukünftigen Fernsehtechnik vorschlägt, die von freikünstlerischen über ästhetisch-analytische bis hin zu angewandten Gebieten reichen.[41] Erweitern wir die Perspektive bis heute, wird die Lage noch unüberschaubarer: Das Aufzeichnungsprinzip des Phonographen wird von den DJs im Turntablism als kreative Soundtechnik statt für die Reproduktion von Schall verwendet, darum hat die Vinylplatte die Digitalisierung überlebt. Und in den Plasma-Hochtönern der HiFi-Technik werden die ›singenden Flammen‹ zur perfekten Reproduktion von Musik statt zu ihrer Kreation verwendet.

METHODENFRAGEN: HYBRIDE IDENTITÄT VS. INTERDISZIPLINÄRE VERLORENHEIT

Doch findet hier nicht eine methodisch irreführende Vermischung statt? Darf man die Tatsächlichkeit der Funktion eines Apparats an den Intentionen seines Erfinders und Erbauers messen? Muss Ideen- nicht getrennt von Apparategeschichte behandelt werden? Die technischen Apparate selbst tragen kein Telos in sich, die gleichen Funktionsprinzipien können für unterschiedlichste Zwecke eingesetzt werden. Die Motive der Erfinder können insofern kein Kriterium für ihren Erfolg oder Misserfolg darstellen. Dennoch beeinflusst die Ideengeschichte ganz entscheidend die tatsächliche Implementierung von Techniken und ihre realen Anwendungen.

Wir nähern uns hier einer Methodenfrage, für die Latour in der Wissenschaftsgeschichte den Neologismus *Pragmatogonie* für die »mythische Genealogie der Objekte« geprägt hat.[42] Sie dient der Beschreibung einer unauflösbaren, iterativen Wechselwirkung sozialer Prozesse und technischer Artefakte, durch die sich laut Latour der Dualismus von Technik und Gesellschaft genau so wenig als strikte Trennung aufrechterhalten lässt wie der von Kultur und Natur, welcher bereits in Latours Begriff der Hybriden aufgehoben wurde. »Techniken sind keine Fetische, sie sind unberechenbar, keine Mittel, sondern Mittler, sind Zweck und Mittel in einem; und daher weben sie mit am Stoff, aus dem die Gesellschaft besteht.«[43] Die *Pragmatogonie* soll eine Alternative zum Fortschrittsmythos bieten, die hier

---

41 Vgl. die Werkbeschreibung zu Maximilian Pleßners Schrift »Die Zukunft des elektrischen Fernsehens« von 1892 bei Schneider: »On Hearing Eyes and Seeing Ears«, S. 182f.

42 Latour, Bruno: Die Hoffnung der Pandora, Frankfurt a.M. 2002, S. 378.

43 Ebd., S. 241.

geforderte Erschließung eines Wissensgebiets durch die parallele Betrachtung von diachroner und synchroner Darstellung gilt ebenso für das Themenfeld der *Audiovisuology*. Dadurch lässt sich die Geschichte der akustisch-optischen Apparate je nach der gewählten Perspektive und den Fallbeispielen als ein permanenter Fortschritt oder als ein ständiges Scheitern darstellen.

Die anfangs genannte genuine Hybridität des Forschungsgegenstandes lässt sich auch in der wissenschaftlichen Bearbeitung nicht völlig auflösen.[44] Denn die Unauflösbarkeit dieser Hybridität ist ein wesentlicher Grund für das, was man als interdisziplinäre Verlorenheit bezeichnen könnte. Dies betrifft einerseits die kulturelle und wissenschaftliche Bewertung von einzelnen Phänomenen (Kunstwerken, Apparaten, Theorien), die je nach ihrer Verortung in einer Kunstgattung (Musik, Malerei, Skulptur, Film usw.), der Medientechnik oder in der Naturwissenschaft völlig anderen Bewertungskriterien unterliegen. Dies betrifft ebenso das Fehlen einer eigenständigen Geschichtsschreibung und damit die Weitergabe von Wissen und die Bildung von kulturellen und intellektuellen Traditionen. Daher rührt auch der Glaube vieler Farborgel-Erbauer, als Erster auf die Idee einer apparativen Koppelung von Hören und Sehen gestoßen zu sein.[45]

SOZIOTECHNISCHE NETZWERKE DER 1920ER JAHRE

Die bisher anhand von einzelnen Fallbeispielen aus dem 18. und 19. Jahrhundert untersuchte Hybridität wird seit dem 20. Jahrhundert in ein immer dichteres Gefüge von Relationen eingebunden. Wir haben es nicht mehr mit Einzelkämpfern unter den Wissenschaftlern, Erfindern oder Künstlern zu tun, sondern das Motiv einer Koppelung und Transformation des Visuellen und Auditiven zieht sich durch ein breites Spektrum heterogener Kontexte. Damit entstehen soziotechnische Netzwerke, die sich laut Latour einer Erfassung durch die wissenschaftlichen Einzeldisziplinen entziehen, aber dennoch eine große reale Wirkungsmacht haben. Als

44 Deshalb widersetzt sich diese ›genuine‹ Hybridität auch den holistischen Weltharmonie-Modellen und dem Universalismus eines Gesamtkunstwerks: »Hybridkultur bedeutet eine Verbindung von ursprünglich getrennten Kontexten und Bereichen zu einem Neuen, das gerade nicht eine Auflösung der Elemente in einem synästhetisch geschlossenen Gesamtkunstwerk bewirkt, sondern die in ihren Trennungsmomenten noch erkennbare Anordnung, das Dispositiv einer Montage darstellt, die von ihrem Effekt her nicht mehr in diese Teile zerlegt werden kann.« Reck, Hans Ulrich: »Entgrenzung und Vermischung: Hybridkultur als Kunst der Philosophie«, in: Schneider/Thomsen, Hybridkultur, S. 91.

45 Vgl. Daniels/Naumann: »Introduction«, S. 6.

Beispiel sei auf die Vernetzung von absolutem Film, radiophonem Klanghörspiel, Elektrotechnik, Anthropologie und Synästhesieforschung in den 1920er Jahren in Deutschland verwiesen: Der absolute Film kann insofern als Ende und Auflösung der Geschichte der Farborgeln gesehen werden, als das Medium Film für viele Künstler den Bau eigener Apparate ersetzt. Die kinematografischen Apparate werden dabei beispielsweise von Walter Ruttmann und Oskar Fischinger für die Bedürfnisse der filmischen Abstraktion weiterentwickelt, insofern setzt sich die Geschichte der Künstler-Erfinder auch im Medium Film fort. Parallel dazu entsteht für das neue Medium Radio das absolute Klanghörspiel. Diese Wechselwirkung zwischen der Ästhetik des stummen Films und des blinden Radios zeigt beispielhaft Kurt Weills Theorie einer nicht narrativen, akustisch-abstrakten, »absoluten Radiokunst«, die er 1925 im direkten Bezug auf den absoluten Film formuliert, mit der Absicht, »den oft angewandten und allzu oft missbrauchten Vergleich zwischen Film und Rundfunk einmal zu Ende zu denken.«[46] Das berühmteste Beispiel des Klanghörspiels stammt wiederum von Walter Ruttmann, dem Pionier des absoluten Films: *Weekend* produziert Ruttmann 1930 im Auftrag des deutschen Rundfunks mit dem ebenfalls in den 1920er Jahren in Deutschland entwickelten Tri-Ergon-Lichtton-Verfahren. Damit werden Ton und Bild erstmals auf ein- und demselben Träger gespeichert. Die zur Synchronisation gedachte Technik kann jedoch auch zur experimentell-künstlerischen Transformation des Visuellen ins Akustische und damit auch erstmals zur freien Synthese von Klängen oder zu einer direkten Analogie von optischer und akustischer Wahrnehmung verwendet werden. Aus der Perspektive der Filmkunst erprobt dies Oskar Fischinger, mit dem Interesse des Ingenieurs Rudolf Pfenniger.[47]

Das komplexe Gefüge der hier skizzierten teils parallelen, teils aufeinander bezogenen Entwicklungen eines soziotechnischen Netzwerks findet weiterhin auch in hybriden Einzelobjekten seine exemplarischen Beispiele. Ein besonders prägnanter Fall ist das Optophon. Unter diesem Namen werden in den 1910er Jahren Sehprothesen für Blinde entwickelt, die über eine Fotozelle Lichtunterschiede in Klang transformieren. In den 1920er Jahren propagiert der Dada-Künstler Raoul Hausmann die Optophonetik als neue Kunstform, zu der er auch ein entsprechendes

---

46 Weill, Kurt: »Möglichkeiten absoluter Radiokunst«, in: Ders., Musik und Theater. Gesammelte Schriften, Berlin: Henschel 1990, S. 192. Vgl. Daniels, Dieter: »Absolute Klangbilder. Abstrakter Film und Radiohörspiel der 1920er als komplementäre Formen einer ›Eigenkunst‹ der Medien«, in: Saxer, Marion (Hg.), Spiel (mit) der Maschine. Musikalische Medienpraxis in der Frühzeit von Phonografie, Selbstspielklavier, Film und Radio, Bielefeld: transcript 2016, S. 51-74.

47 Vgl. Levin, Thomas Y.: »Tones from out of Nowhere: Rudolph Pfenninger and the Archaeology of Synthetic Sound«, in: Grey Room 12 (2003), S. 32-79.

Gerät konzipiert, das, als Live-Instrument gespielt, simultan Bilder und Töne produzieren sollte und eine mediale Erweiterung seiner Lautgedichte erlaubt hätte. Seine technisch sehr detaillierten Konzepte beruhen auf umfangreichen Recherchen zur Physiologie und Elektrotechnik und führen bis zu einem Patentantrag, der jedoch zunächst abgelehnt wird.[48] Durch die Zusammenarbeit mit dem Radio-Elektronik-Ingenieur Daniel Broido verwandelt sich Hausmanns Synästhesie-Apparat dann in eine optisch-mechanische Rechenmaschine, die beispielsweise für die Berechnung der Kosten einer Bahnfahrkarte dienten sollte, wie es in der erneuten Patentschrift heißt, die 1936 in England akzeptiert wurde.[49] Es bleibt dabei höchst zweifelhaft, ob Hausmann jemals ein Optophon gebaut hat. Somit ist das Optophon in der Multiplizität seiner möglichen Kontexte und Anwendungen ein würdiger Nachfolger von Castels Augenklavier, bis zu dem Punkt, dass beide wohl nie als funktionierende Apparate existiert, aber dennoch umfangreiche Diskussionen ausgelöst haben.

So beziehen sich beispielsweise der Bauhauskünstler László Moholy-Nagy und der von ihm umfangreich zitierte Ingenieur Walter Brinkmann 1927 auf das Optophon.[50] In expliziter Abgrenzung von der Farbe-Ton-Analogiebildung seit Castel wird hier eine »wissenschaftlich fundierten Optophonetik« gefordert, indem elektrische Wellen zu den gemeinsamen Trägern für Licht und Ton gemacht werden. Brinkmann entwickelt in der Rundfunkversuchsstelle der Musikhochschule Berlin einen solchen Apparat zur »Umsetzung farbiger Lichterscheinungen [...] in tonfrequente elektrische Schwingungen mit dem Ziel musikalischer Klangbildung.«[51] Das Ziel ist »eine Basis für synästhetisches Kunstschaffen zu finden« und damit »eine annähernde Übereinstimmung empirisch erworbener Erkenntnisse [...] mit künstlerischen Belangen zur Voraussetzung für eine wirkliche, eine größere Mehrheit angehende Farbe-Ton-Kunst« zu erreichen.[52] Verwandten Fragen widmet sich 1930 Fritz Wilhelm Winckel, damals Student der Fernmeldetechnik und Akustik, aber nicht mehr auf der Basis der Fotozelle, sondern der noch jungen

48 Vgl. zum Optophon die von Schneider ausführlicher dargestellten »vielschichtigen, oftmals widersprüchlichen Konzepte aus Kunst, Technik und Wissenschaft«. Schneider: »On Hearing Eyes and Seeing Ears«, S. 182ff.

49 Vgl. Borck, Cornelius: »Blindness, Seeing and Envisioning Prosthesis. The Optophone between Science, Technology and Art«, in: Daniels /Schmidt, Barbara U. (Hg.), Artists as Inventors – Inventors as Artists, Ostfildern-Ruit: Hatje Cantz 2008, S. 109-129.

50 Moholy-Nagy, László: Malerei, Fotografie, Film, Bauhausbücher, Bd. 8, Mainz/Berlin 1967, Reprint der Ausgabe von 1927, S. 20-21.

51 Brinkmann, Walter: »Spektralfarben und Tonqualitäten«, in: Anschütz, Georg (Hg.), Farbe-Ton-Forschungen, Bd. 3, Hamburg 1931, S. 355.

52 Brinkmann: »Spektralfarben und Tonqualitäten«, 1931, S. 361.

Fernsehtechnik im privaten Labor von Dénes von Mihály. Die Resultate seiner Experimente mit der Einspeisung von elektrischen Schallsignalen in das neue Bildmedium sind den Chladni-Figuren ähnlich (Abb. 4). Die Faszination der Klangbilder führt Winckel jedoch zu einer weiter reichenden These über die Objektivierbarkeit des Schönen durch die »Synthese der Kunst auf elektrischem Wege«[53]. Diese lautet: »Der individuelle Charakter eines Kunstwerkes ist in der Modulationskurve enthalten.«[54]

Abbildung 4: Winckels Ton-BildModulation

aus: Winckel, Fritz Wilhelm (1930): »Vergleichende Analyse der Ton-BildModulation«, in: Fernsehen 4 (1930), S. 171-175, hier S. 173.

Diese Techniker-Theorien zu einer neuen Ästhetik mögen kurios klingen, doch sie finden ihre Entsprechung im wissenschaftlichen Terrain. Aus der Sicht der Philosophischen Anthropologie entwickelt Helmuth Plessner eine Theorie der »Einheit der Sinne«, um »Anschauungen, Seh- und Fühlweisen der einen Kunstart mit solchen einer anderen Kunstart in eine mehr als assoziative Beziehung« zu setzen.[55] Das Gegenstück zu Plessners subtilen Reflexionen zur philosophischen

---

53 Winckel, Fritz Wilhelm: Technik und Aufgaben des Fernsehens, Berlin 1930, S. 59.

54 Winckel: »Vergleichende Analyse der Ton- und Bildmodulation«, in: Fernsehen 1 (1930), S. 171-175; vgl. zu Winckel ausführlich Schneider: »On Hearing Eyes and Seeing Ears«, S. 179.

55 Plessner, Helmuth: Die Einheit der Sinne. Grundlinien einer Ästhesiologie des Geistes, Bonn: Cohen 1923, S. 106.

Positionierung des Menschen und seiner Sonderstellung unter den Lebewesen liefert die auf der experimentellen Psychologie basierende Farbe-Ton-Forschung von Georg Anschütz,[56] mit vier Kongressen zwischen 1927 und 1936 und drei umfangreichen Publikationen, die weit über das psychologische Kerngebiet hinaus reichen.[57]

In dieser Zusammenstellung findet sich mehrfach eine Tendenz zur wissenschaftlichen Objektivierung der Ästhetik und zu einer technischen Operationalisierbarkeit des Schönen durch die Bild-Ton-Synthese in der elektrischen Schwingung. In den 1960er Jahren findet dies eine Fortsetzung im Kontext der Kybernetik und der computerbasierten Erzeugung oder Analyse von Kunst, beispielsweise bei Max Bense. Schon zuvor kritisieren Theodor W. Adorno und Hanns Eisler diese Tendenz mit Bezug auf den absoluten Film und die Farbtonmusik als »Spekulationen, die aus der abstrakten Beschaffenheit der Medien als solcher, etwa der Relation optischer und phonetischer Gegebenheiten irgendwelche Gesetze herauszuspinnen versuchen. [...] Wird das Kunstschöne aus seinem bloßen Material hergeleitet, so fällt es ins Naturschöne zurück, ohne dieses wieder zu erreichen.«[58] Die Frage der Grenzziehung zwischen Natur und Kultur, welche das Themenfeld schon seit Castel und Chladni begleitet, findet somit in diesem Kontext ihre Fortsetzung.

56 Anschütz, Georg (Hg.): Farbe-Ton-Forschungen, Bd. 1, Leipzig 1927; Ders.: Farbe-Ton-Forschungen, Bd. 3; Bericht über d. 2. Kongress f. Farbe-Ton-Forschung (Hamburg 1.-5. Okt. 1930), Hamburg 1931; Ders.: Farbe-Ton-Forschungen, Bd. 2, Hamburg 1936; vgl. Jewanski: »Kunst und Synästhesie während der Farbe-Ton-Kongresse in Hamburg 1927-1936«, in: Jahrbuch der Deutschen Gesellschaft für Musikpsychologie 18 (2006), S. 191-206.

57 Die von Anschütz geforderte »neue Synthese des Geistes« und »neue Form des Menschen« erinnern an die holistische Suche nach Weltharmonien, sollten aber aus der »ursprünglichen und gesunden Geisteskraft unseres Volkes« entspringen und münden unmittelbar in einer nationalsozialistischen Karriere. Anschütz war ab 1936 Leiter des Amts für Nachwuchsförderung im NS-Dozentenbund und ab 1939 Gaudozentenbundführer. Vgl. Anschütz, »Die neue Synthese des Geistes«, in: Ders.: Farbe-Ton-Forschungen, 1931, S. 315f.

58 Adorno, Theodor W./Hanns Eisler: »Komposition für den Film«, in: Adorno, Gesammelte Schriften, Bd. 15, Frankfurt a.M.: Suhrkamp 1976 [1942], S. 66.

AUSBLICK: HYBRIDE ARTEFAKTE IN SOZIOTECHNISCHEN NETZWERKEN

In der Weimarer Republik entsteht rund um die Bild-Ton-Relationen ein vielschichtiges Netzwerk zwischen den Medien, Kunstgattungen und Wissensdisziplinen. Künstlerische und technische Medien stehen in einer Wechselwirkung. Die wissenschaftlichen Kontexte umfassen Philosophie, Anthropologie, Kunst- und Musiktheorie, experimentelle Psychologie, Physiologie, Akustik und Elektrotechnik. Diese hier nur auf ein Jahrzehnt in einem Land bezogene Situationsbeschreibung dokumentiert eine Verdichtung und Vernetzung, die sich nicht mehr in die Kategorien Kunst – Technik – Wissenschaft – Medienindustrie auflösen lässt, ohne dabei ihre eigentliche Dynamik und übergreifende Bedeutung zu verlieren. Aber selbst für dieses im Prinzip gut dokumentierte Kapitel der deutschen Kultur- und Mediengeschichte gibt es keine solche interdisziplinäre Darstellung.

Latours Begriff der soziotechnische Netzwerke bezieht sich vor allem auf die Antiquiertheit einer eindeutigen Trennung von Kultur und Natur. In eben diesen Netzen entstehen laut Latour die sogenannten Hybriden, welche der modernen wissenschaftlichen Kategorisierung entgehen, weil diese Netze aus der jeweiligen Fachperspektive nicht wahrnehmbar sind.[59] Mit solchen Netzwerken sind wir seit dem späten 19. und dem 20. Jahrhundert insbesondere im Gebiet der *Audiovisuology* konfrontiert. Wir treffen nicht mehr nur auf einzelne Artefakte als Kuriosa wie die Farborgeln oder auf Laborexperimente wie Chladnis Klangfiguren oder den Phonoautographen, sondern auf eine Vielfalt an aufeinander verweisenden Phänomenen und Artefakten aus völlig heterogenen gesellschaftlichen, kulturellen und wissenschaftlichen Kontexten.

Die bisher dargestellte historische Entwicklung zeigt, dass die Wurzeln dieser Hybridität bis ins 18. Jahrhundert zurückreichen und dass den audiovisuellen Apparaten dabei eine Schlüsselrolle zukommt, insofern diese Artefakte als Scharniere und Verbindungsglieder unterschiedlicher Kontexte fungieren. Es handelt sich hierbei jedoch keineswegs nur um ein historisches Problem, sondern vielmehr um eine bis heute unveränderte Situation, deren Komplexität sich mit der Vervielfachung der technischen Möglichkeiten und insbesondere durch die Elektronik als

59 Laut Latour sind diese soziotechnischen Netze zugleich »real wie die Natur, erzählt wie der Diskurs, kollektiv wie die Gesellschaft« und deshalb ein für das moderne wissenschaftliche Denken nicht auflösbarer Widerspruch. Latour: Wir sind nie modern gewesen, S. 14.

Bindeglied zwischen Bild und Ton noch weiter steigert.[60] Daraus resultiert ein Vorsprung der heutigen Praxis gegenüber der Theorie. Das Ziel der *Audiovisuology* besteht darin, aufbauend auf einer historischen Basis den Abstand der Theorie zur heutigen Praxis etwas zu verringern.

Wie aktuell die bisher historisch entwickelten Merkmale der Hybridität in der heutigen Praxis sind, wird etwa im Bereich der audiovisuellen Software-Kunst deutlich, deren Kontext zwischen »Kino, Performances, Installationen, Innenraumgestaltung, Games, Toys, Instrumenten, Screensavern, Werkzeugen zu Diagnosezwecken, Vorführungen im Rahmen von Forschungsprojekten« liegen kann, wie Levin herausgearbeitet hat.[61] Bedenken wir die vielfältigen Anwendungen und Kontexte, die Castel für sein Augenklavier vorschlägt, so erstreckt sich über 250 Jahre später die genuine Hybridität der Apparate und Artefakte an der Schnittstelle von Hören und Sehen noch in wesentlich weitere Kreise und Kontexte. Dennoch ist ihre Akzeptanz auch heute bei Weitem nicht selbstverständlich. Eine bewusste Weigerung gegenüber der Selbstverortung ist in Kunst, Wissenschaft und Medientechnik nach wie vor einem starken Legitimationsdruck ausgesetzt. Latour beschreibt folgendes Paradox: »Die moderne Verfassung erlaubt gerade die immer zahlreichere Vermehrung der Hybriden, während sie gleichzeitig deren Existenz, ja sogar Möglichkeit leugnet.«[62] Die zahlreichen hybriden Apparate, die an der Schnittstelle des Akustischen zum Visuellen entstehen, sind exemplarisch für diesen Konflikt innerhalb der Moderne. Sie sind einerseits Teil der positivistischen Fortschrittsgeschichte und der Ausdifferenzierung von Kunst, Wissenschaft und Technik im Narrativ der Moderne. Die genannten Thesen zu einer Operationalisierbarkeit der Künste als elektrische Schwingung sind Symptome eines solchen technizistischen Machbarkeitsglaubens. Andererseits dokumentieren die Entstehungskontexte dieser Artefakte oftmals eine Sehnsucht nach dem Rückgewinn einer vormodernen Ganzheit. Diese ist auch ein Motiv für die popkulturellen Erfolge der Bild-Ton-Synthese und das große Interesse an wissenschaftlicher Synästhesie-Forschung. Diese Ganzheitssuche kann bis auf die holistischen Modelle für eine Weltharmonie zurückgehen und zu einem theologischen, okkulten, spirituellen oder drogeninduzierten Fluchtversuch aus der Moderne führen.[63] Wie Salter darstellt,

60 Zur Rolle der Elektronik in den 1950er und 1960er Jahren vgl. Dieter Daniels: »Von der visuellen Musik zur intermedialen Kunst«, in: Ders./Rainer/Rollig/Ammer, See This Sound, S. 240-253.

61 Levin: »Audioviselle Software-Kunst«, in: Daniels/Naumann, See this Sound, http://see-this-sound.at/kompendium/text/74 (letzter Zugriff: 02.09.2015).

62 Latour: Wir sind nie modern gewesen, S. 49.

63 Latour beschreibt in dem Kapitel »Lust an der Marginalität«, wie die Moderne und Antimoderne sich gegenseitig Angst einjagen, »während sie im wesentlichen einer

kommen jedoch auch die neuesten wissenschaftlichen Theorien der Neuroplastizität zu einem dynamischen, sensomotorischen Konzept der Verschränkung von Körper, Selbst und Umwelt, das sich unter anderem an der kreuzmodalen Verschaltung von Hören und Sehen nachweisen lässt.[64]

Die hier konstatierte genuine Hybridität des Themenfelds lässt somit auch den Gegensatz von Moderne und Antimoderne hinter sich. Das Ziel der *Audiovisuology* ist deshalb nicht die Begründung einer neuen wissenschaftlichen Disziplin, sondern die Skizzierung eines Modells, um mit dieser Hybridität umzugehen, sie sehenden Auges und hörenden Ohres auszuhalten und der Versuchung zur falschen Synthese zu widerstehen.

Meinung sind: wir sind absolut verschieden von den anderen, und wir haben für immer mit unserer eigenen Vergangenheit gebrochen.« Ebd.,S. 165.

64 Dies gilt nicht nur für den Ausfall eines Sinnes durch Verletzung, sondern lässt sich auch in Experimenten mit gesunden Probanden zeigen. Vgl. Salter: »The Question of Thresholds«.

Optophonie

Experimentelle Medienpraktiken der Verkreuzung von Hören und Sehen

JAN THOBEN

For selenium is peculiarly human.
E. E. FOURNIER D'ALBE/THE MOON ELEMENT

Aber, sich auf den Prothesen auszuruhen, seien es elektronische oder haushälterische, bedeutet nichts anderes, als in intellektuelle und moralische Stagnation zu versinken.
RAOUL HAUSMANN

Mit Schlagzeilen wie »Töne aus dem Nichts« oder »Klingende Ornamente« hatte die fotoelektrische Klangerzeugung in der Zwischenkriegszeit beachtliche öffentliche Aufmerksamkeit auf sich gezogen.[1] Technische Experimente, die unter Verwendung einer Fotozelle Licht in Klang wandeln und so die Sinne verkreuzen sollten, hatten Konjunktur.[2] Der Autorenkreis der zahlreichen in dieser Zeit

1 »Töne aus dem Nichts: Die phantastische Erfindung eines Müncheners«, in: Telegrammzeitung, September 1931; zit. nach Levin, Thomas: »Töne aus dem Nichts. Rudolf Pfenninger und die Archäologie des synthetischen Tons«, in: Kittler, Friedrich/Macho, Thomas/Weigel, Sigrid (Hg.): Zwischen Rauschen und Offenbarung. Zur Kultur- und Mediengeschichte der Stimme, Berlin: Akademie 2002, S. 313-355; Fischinger, Oskar: »Klingende Ornamente«, in: Kraft und Stoff, Einzelbeilage Deutsche Allgemeine Zeitung, 28. Juli 1932.

2 Im Folgenden soll auf die Differenzierung zwischen der Fotozelle, die den äußeren fotoelektrischen Effekt ausnutzt, und der auf Halbleitertechnik basierenden lichtempfindlichen Zellen (Selenzelle, Fotowiderstand, Fotodiode), die den inneren fotoelektrischen Effekt ausnutzen, nicht gesondert eingegangen werden. Die im allgemeinen Sprach-

veröffentlichten Artikel und Aufsätze zur fotoelektrischen Klangerzeugung rekrutierte sich aus Erfindern, Ingenieuren, Wissenschaftsjournalisten und Künstlern. Von »Hörbildern und Sehklängen« wurde berichtet sowie von sensorischer Substitution bei blinden Personen, die mithilfe eines Optophons Licht hören könnten.[3] Nicht nur existiert aus den ersten drei Jahrzehnten des 20. Jahrhunderts ein beachtliches Konvolut an Patenten, welche die Fotozelle auf jeweils unterschiedliche Weise als Medium der Klangerzeugung bzw. -wiedergabe implementieren, auch die Avantgarde im Kontext von Bauhaus und Dada experimentierte mit der Fotozelle und proklamierte in zahlreichen Texten zur Optophonie die Allianz von Kunst und Technik sowie ihrer gemeinsamen, die Sinne verknüpfenden Fortschrittsgeschichte. Ob in Tageszeitungen, populärwissenschaftlichen Gazetten und Kompendien, Fachblättern für Feinmechanik oder avantgardistischen Periodika – wann immer über Optophonie geschrieben wurde, haben die Autoren an technikvisionären Ausschweifungen nicht gespart. Steven Connor hat diese offenbar ubiquitäre Medien-Euphorie als »Conversion Hysteria« bezeichnet.[4] Im Rekurs auf die um das *Fin-de-Siècle* von Jean-Martin Charcot und Sigmund Freud popularisierte Konversionsneurose interpretiert Connor die Optophonie als Symptomatik einer um sich greifenden Hypersensibilisierung für die Transduktion und Übertragung von Energien. Bei aller angemessenen Kritik täuscht Connors pauschale Diagnose jedoch über den jeweils konkreten Einzelfall hinweg. Auch bleiben diverse konzeptuelle wie technische Unterschiede in Bezug auf die Optophonie als Medienpraktik unberücksichtigt.

Aus diesem Grund soll im Folgenden von konkreten Medienpraktiken ausgegangen werden, ohne dabei bereits gemeinsame Strategien zu unterstellen. Lohnenswert scheint dies nicht zuletzt deshalb, weil heute mehrere recht unter-

---

gebrauch übliche Zusammenfassung lichtempfindlicher Zellen unter dem Begriff Fotozelle wird der Einfachheit halber übernommen, obwohl dies in technischer Hinsicht nicht ganz zutreffend ist.

3 Der von Alexander Moszkowski verwendete Begriff »Hörbilder« beschreibt im buchstäblichen Sinne audifizierte und somit abgehörte Bilder und ist nicht mit den in den 1920er und 1930er Jahren von Alfred Braun entwickelten Hörbildern (= akustische Montagen) zu verwechseln. Vgl. Moszkowski, Alexander: »Hörbilder und Sehklänge«, in Ders., Entthronte Gottheiten, Hamburg/Berlin: Hoffmann & Campe 1921. Vgl. zum Hören von Licht die abgedruckten Presseberichte in Edward E. Furnier d'Albes, The Moon Element, New York 1924.

4 Connor: »Photophonics«, in: Sound Effects, An Interdisciplinary Journal of Sound and Sound Experience 3.1 (2013), S. 132-148. Connor wählt in seinem Aufsatz den Begriff »Photophonics« für Medienpraktiken der audiovisuellen Übertragung, welche er so genealogisch auf das 1880 von Alexander Graham Bell entwickelte Photophon rückbezieht.

schiedliche Optophone bekannt sind. Wer sich einen ersten Überblick im historischen Maschinenpark der Optophone verschafft, wird feststellen, dass viele Konstruktionsvorhaben im experimentellen Entwurfsstadium verblieben sind und auch die ersten Optophone für Blinde allenfalls den Status von Prototypen erreicht haben. Somit läge es nahe, von einem *cul-de-sac* der Technikentwicklung zu sprechen. Gleichwohl sind Optophone im Verlauf des 20. Jahrhunderts auf unterschiedliche Weise weiterentwickelt worden und als Lesegerät für blinde Personen mitunter noch heute in Gebrauch.[5] Zudem erfährt die Optophonie als medienkünstlerische Praxis eine ständige Reaktualisierung, welche das Audiovisuelle in zunehmend technisch geprägten Wahrnehmungsdispositiven bis in die Gegenwart stets neu zu konfigurieren sucht.[6] In diesem Sinne ist also die Optophonie der 1920er und 1930er Jahre keineswegs wirkungslos geblieben, sondern liefert der Historisierung medialer Praktiken des Hörens und Sehens wichtige Anhaltspunkte.

DAS OPTOPHON ALS OFFENE MASCHINE

Schon die Tatsache, dass sich das Optophon weder auf einen einzelnen Erfinder, noch auf einen singulären technologischen Sinn zurückführen lässt, ist aufschlussreich. Am Beispiel des Optophons, so die These, zeigt sich in besonderer Weise die grundlegende Disponibilität technischer Gefüge sowie die komplexe Eigendynamik technischer Entwicklungen, welche oftmals nicht-linear und jenseits von funktions- und handlungsoptimierenden Erwägungen verläuft.[7]

Die Verwendung des Begriffs Optophon reicht bis ins 19. Jahrhundert zurück. Der damals bereits pensionierte preußische Hauptmann und Erfinder Maximilian Plessner spekulierte in seinem 1892 veröffentlichten Buch über *Die Zukunft des elektrischen Fernsehens* über die Anwendungsmöglichkeiten der Fotozelle.

5 Vgl. Mills, Mara: »Optophones and Musical Print«, in: Sounding Out!, 05.01.2015, http://soundstudiesblog.com/2015/01/05/optophones-and-musical-print/ (letzter Zugriff: 19.01.2016). Im Hinblick auf vergleichbare Anwendungen sensorischer Substitution, bei denen Bilder in Klänge übertragen werden, vgl. Meijer, Peter: »An experimental system for auditory image representations«, in: IEEE Transactions on Biomedical Engineering, 39.2, S. 112-121.

6 Vgl. dazu auch Straebel, Volker: »Klang aus Licht. Eine kleine Geschichte der Photozelle in Musik und Klangkunst«, in: Neue Zeitschrift für Musik 158.5 (Sept./Okt. 1997), http://www.straebel.de/praxis/text/t-photozellen.htm (letzter Zugriff: 19.01.2016).

7 Vgl. Hörl, Erich: »Die offene Maschine. Heidegger, Günther und Simondon über die technologische Bedingung«, in: Modern Language Notes, 123.3 (April 2008), S. 632-655.

Plessner interessierte nicht nur die später etablierten Einsatzgebiete lichtempfindlicher Zellen wie Bildtelegrafie (Arthur Korn), Tonfilm (Ernst Ruhmer, Triergon) und Fernsehen (Paul Nipkow), sondern auch abseitige Medienpraktiken der Klangerzeugung wie die Sonifikation von Gemälden oder geometrischen Formen. Plessner vermutete, ein mithilfe der Fotozelle akustisch transformierter Tizian etwa müsse anders klingen als die zeitgenössische Malerei und »die Gestalt eines Vierecks [werde] bei akustischer Verwandlung ein anderes Tonbild hervorrufen [...] als jenes [...] von einem Dreieck oder einem Kreise.«[8] Plessners Optophon blieb Zukunftsmusik, bis der irische Physiker und Erfinder Edmund Edward Fournier d'Albe 1912 der *London Optical Convention* ein mobiles *Exploring Optophone* vorstellte, welches blinden Personen erlauben sollte, mit Hilfe von Klang zu »sehen«, d.h. sich fotoakustisch im Raum zu orientieren (Abb. 1 und 2).[9] Fournier war von Analogien zwischen den chemischen Eigenschaften des lichtempfindlichen Selens und der Physiologie des Auges überzeugt:

»For selenium is particularly human. It shows fatigue and after effects, just like the human eye. It can, like the latter accommodate itself to darkness, and shows a diminished sensitiveness in glaring light. It has also certain vagaries and uncertainties which recall the difficulties of depending upon the human factor in any enterprise. But all these qualities should help to strengthen the alliance between mankind and the Moon-element.«[10]

8 Plessner, Maximilian: »Ein Blick auf die großen Erfindungen des zwanzigsten Jahrhunderts«, Heft I. »Die Zukunft des Elektrischen Fernsehens«, Berlin 1892, S. 9. Technisch betrachtet handelt es sich bei diesen Umwandlungen zwar keineswegs um Science Fiction, doch die Hoffnung, mithilfe der optisch-akustischen Transformation sinnvolle Wahrnehmungskongruenzen herstellen zu können oder gar einen kunst-historischen Stilwandel hörbar zu machen, sitzt einem Medienphantasma auf.

9 »Its primary object is [...] to ›see‹ by means of sound.« Fournier d'Albe: Moon Element, S. 103. Kritische Stimmen beanstandeten jedoch, dass dieses Optophon Informationen erzeuge, die für die Lebensrealität blinder Personen von keinem besonderen Nutzen seien: »[T]he problem of the blind is not to find lights or windows, but to earn your living.« (Ebd. S. 102), worauf Fournier d'Albe sich der Entwicklung eines Lesegerätes zuwandte. Bereits 1897 hatte der polnische Ingenieur Kazimir Noiszewski unter dem Namen *Elektroflam* eine dem *Exploring Optophone* ähnliche Vorrichtung entwickelt. Auch für das *Type Reading Optophone* gab es mit dem Photophonic Book (1902) von V. De Turine einen Vorläufer: Vgl. F.S. Cooper, J. H. Gaitenby und P. W Nye: »Evolution of Reading machines for the Blind: Haskins Laboratories' Research as a Case History«, in: Journal of Rehabilitation Research and Development, 21.1, 1984, S. 51-87.

10 Fournier d'Albe: Moon Element, S. 66.

Abbildung 1 und 2: Edward E. Fournier d'Albe: Exploring Optophone (1912)

FIG. 14.—EXPLORING OPTOPHONE.

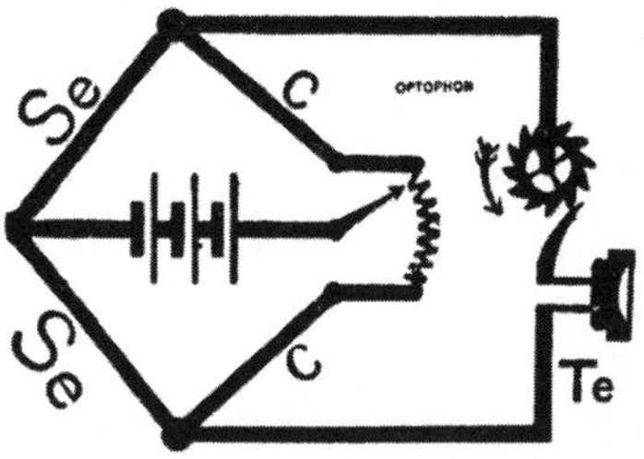

FIG. 12.—CONNECTIONS OF EXPLORING OPTOPHONE.

Quelle: Furnier d'Albe, Edward E: The Moon Element, New York 1924, S. 97 und 102.

Beim *Exploring Optophone* wurden zwei Selenzellen als Teil einer Wheatstone-Messbrücke eingesetzt, bei der das Galvanometer als Messinstrument gegen ein Telefon ausgetauscht war. Der Stromkreis wurde durch ein Zahnrad periodisch unterbrochen, um eine hörbare Frequenz zu erzeugen, welche gemäß der variablen Widerstände der Selenzellen amplitudenmoduliert wurde.

Eines der ältesten heute erhaltenen Optophone befindet sich heute im *Blind Veterans UK* (ehemals *St. Dunstan's*) in London.[11] Dabei handelt es sich um eine von Fournier d'Albe vorgenommene Weiterentwicklung des Optophons zu einem Blindenlesegerät, bei dem Druckbuchstaben optisch gescannt und mittels Lichttonsirene und Fotozellen in eine Folge von Tonkombinationen übertragen wurden.[12] Öffentliche Aufmerksamkeit erhielt dieses 1913 entwickelte *Type-Reading Optophone* vor allem durch Mary Jameson, die damit bis zu 60 tonhöhenkodierte Wörter pro Sekunde auditiv erfassen konnte. In seinem 1924 erschienen Buch *The Moon Element* wies Fournier d'Albe im Übrigen auch darauf hin, dass sich sein

11 Für eine Fotografie des Optophons vgl. Mills: »Optophones and Musical Print«.

12 Die Tonhöhenkodierung erfolgte in der Reihe: kleines G, eingestrichenes C, D, E und G. Vgl. Fournier d'Albe: Moon Element, S. 132.

Lesegerät zu einem »musical optophone« umfunktionieren lasse, indem eine entsprechend verfasste graphische Partitur akustisch ausgelesen werden könne.[13]

Es wird deutlich, dass das Basteln mit Fotozellen bereits im ersten Drittel des 20. Jahrhunderts zu unterschiedlichen technischen »Mutationen« und dementsprechend zur Hybridisierung ihrer Anwendungsbereiche geführt hat.[14] Diese Dynamik lässt sich mit einfachen Begriffen des technischen Instruments kaum hinreichend beschreiben. Vielmehr zeigt sich eine offene Bezugs-Matrix von Wissensbeständen, Zweckbestimmungen und Medienpraktiken. Der französische Technikphilosoph Gilbert Simondon weist darauf hin, dass technische Objekte sich durch eine Phase der Konkretisation der Existenzweise natürlicher Objekte annähern. Damit sind konkretisierte Objekte stets funktional überdeterminiert und lassen sich nach Simondon »einer induktiven Untersuchung unterziehen. Sie sind nicht bloß die Anwendung bestimmter vorgängiger wissenschaftlicher Prinzipien.«[15] So kann beispielsweise der Austausch von Informationen oder Energie zwischen dem technischen Objekts zu seinem externen Milieu außerhalb von Laborbedingungen neu beobachtet werden.

Alexander Graham Bell berichtete in einem bekannten Brief an seinen Vater über die Entwicklung seines Photophons (1880) von entsprechenden Beobachtungen. Wie das Optophon beruhte auch Bells Photophon auf dem Prinzip der akustischen Wandlung variierender Lichtintensitäten. Akustische Signale ließen sich dabei mittels modulierter Sonnenstrahlen übertragen: Schallwellen brachten eine verspiegelte Membran zum Schwingen, die am Ende eines empfangenden Trichters angebracht war. Diese Spiegelmembran gab die akustischen Vibrationen an einen reflektierten Lichtstrahl weiter. Mit einem Empfangsgerät aus Parabolspiegel und stromgespeister Fotozelle konnten die Helligkeitsschwankungen des Lichts schließ-

---

13 Fournier d'Albe berichtet davon, auch mit einem Keyboard zur Klangsteuerung experimentiert zu haben und beschreibt somit noch vor Emerich Spielmann und Edwin Welte eine – wenn auch rudimentäre – fotoelektrische Orgel. Vgl. ebd., S. 107.

14 Mutation ist nach Gilbert Simondon ein zentrales Charakteristikum der Existenzweise technischer Objekte. Die Genese eines technischen Objekts basiere auf diskontinuierlichen Entwicklungen: »[E]s sind die kleinen Weiterentwicklungen, die sich in einem gewissen Maß zufällig vollziehen, in dem sie durch ihr unkoordiniertes Wuchern die reinen Linien des wesentlichen technischen Objekts überladen. Die echten Etappen der Weiterentwicklung entstehen durch Mutationen [...]. Viele aufgegebene technische Objekte sind unvollendete Erfindungen, die wie eine offene Virtualität bleiben und die auf einem anderen Gebiet ihrer tiefen Intention, ihrer technischen Essenz gemäß wieder aufgenommen und weitergeführt werden.« Simondon, Gilbert: Die Existenzweise technischer Objekte, Zürich: Diaphanes, 2012, S. 37.

15 Ebd., S. 44.

lich an einem anderen Ort wieder hörbar gemacht werden. Bemerkenswert an Bells Berichten sind die beobachteten Wechselwirkungen zwischen dem fotoelektrischen Empfangsgerät und seiner Umgebung. So übertrug die Fotozelle nicht nur das per Lichtstrahl übertragene akustische Nutzsignal, sondern zugleich auch natürliche Lichtschwankungen, die mit der Übertragung interferierten. Ganz im Geiste der Frühromantiker wie etwa Novalis hoffte Bell, die stumme Natur durch das Photophone gleichsam abhören zu können:

»I have heard articulate speech produced by sunlight! I have heard a ray of the sun laugh and cough and sing! [...] I have been able to hear a shadow, and I have even perceived by ear the passage of the cloud across the sun's disk! [...] The twinkling of stars may yet be recognized by characteristic sounds, and storms and sunspots be detected in the sun.«[16]

Auch in deutschsprachigen Beiträgen zur Optophonie, etwa den populärwissenschaftlich-satirischen Essays Alexander Moszkowskis aus den frühen 1920er Jahren, wird auf die optophonische Art des Hörbarmachens der Natur angespielt, welche bis dato nur der Programmusik vorbehalten gewesen sei: »Erst durch das optophonische Instrument wird uns die Natur verkünden, wie sie selbst so etwas komponiert [...], wenn dem Ohre vermöge einen neuen Waffe vergönnt wird, das Unerhörte zu erhorchen.«[17] Nicht ohne Ironie gibt Moszkowski jedoch zu bedenken:

»Aber wenn sich auch die für das Auge bestimmten Botschaften in das Ohr schmuggeln lassen, so müßte die Natur bis zum Übermaß gnädig gesinnt sein, wollte sie unter dem Zwange einer neuen Vorrichtung dem Gehörsinn besondere Annehmlichkeiten zuführen. Was wir heute Musik nennen [...], [dafür] besitzt die elementare Natur weder Verständnis noch

16 Bell, Alexander Graham: Brief an Alexander Melville Bell, 26. Februar 1880, Library of Congress, online mit Transkript: http://www.loc.gov/resource/magbell.00510307 (letzter Zugriff: 19.01.2016). Stellvertretend für künstlerische Arbeiten, welche die poetischen Ideen Bells unter anderen medialen Bedingungen aufgreifen, sei hier auf *Cloud Music* (1974-1979) von Robert Watts, David Behrman und Bob Diamond verwiesen, bei der Videobilder vorbeiziehender Wolken von einem analogen Bildprozessor analysiert werden und so nach Maßgabe der Lumineszenzen einen Audio-Synthesizer steuern. Als weiteres Beispiel sei *Brilliant Noise* (2006) des britischen Medienkunst-Duos Semiconductor erwähnt. Die Arbeit basiert auf der digitalen Sonifikation von Helligkeitswerten, welche aus animierten Satellitenaufnahmen von Sonnenprotuberanzen gewonnen wurden.

17 Moszkowski: Entthronte Gottheiten, S. 34.

Neigung. […] Wir haben mithin von diesem Prozess […] nur ein Sausen gestaltloser Klangmassen.«[18]

Raoul Hausmann, dessen Name heute untrennbar mit der künstlerischen Optophonie verknüpft ist, kannte Bells und Plessners Ideen sowie deren Besprechungen in den Publikationen Moszkowskis und Artur Fürsts. Er monierte an der Idee, zweidimensionalen geometrischen Figuren korrespondierende Klänge abzuhorchen jedoch einen »Naturalismus […], um den es sich für uns heute keineswegs mehr handeln kann.«[19] Hausmann ging es stattdessen um eine technisch-physiologische »Funktionalität« von Kunst auf der Basis von »Schwingungsintensitäten«, die den Menschen jenseits repräsentationaler Ordnungen affizieren sollte.[20] Aus dem Optophon als Bilderhörgerät bzw. Blindenlesegerät macht der Dadaist so einen prothetischen Komplex zur ästhetischen Blendung, wobei den Rezipienten das Hören und Sehen buchstäblich vergehen sollte.[21] Hausmann warf die Frage auf, ob nicht in Anbetracht medientechnischer Sinnesextensionen jeder Mensch gewissermaßen schon zum Sinnesamputierten werde und durch körperliche Anpassungsleistungen an die Technik zu einem neuen sensuellen Bewusstsein gelangen

18 Ebd., S. 35f.

19 Hausmann, Raoul: »Vom Sprechenden Film zur Optophonetik«, in: Ders., Sieg Triumph Tabak mit Bohnen. Texte bis 1933, hg. v. Michael Erlhoff, Bd. 2, Berlin 1998 [1923], S. 74.

20 Hausmanns Konzept der Sinnesverkreuzung ist vor dem Hintergrund eines Gedankenexperiments des Physiologen Emil du Bois-Reymond zu sehen. In seinem bekannten Vortrag *Über die Grenzen des Naturerkennens* (1872) hatte du Bois-Reymond unter anderem über das auf Johannes Müller zurückgehende Prinzip spezifischen Sinnesenergien gesprochen. Müller hatte festgestellt, dass auf neuronaler Ebene nicht die Qualitäten der Sinnesreize, sondern nur ihre Quantitäten unterschieden werden. Du Bois-Reymond folgerte, dass »die Nerven der Sinnesorgane Faser für Faser ohne Störung vertauscht werden könnten [...]. Bei übers Kreuz verheilten Seh- und Hörnerven hörten wir, wäre der Versuch möglich, mit dem Auge den Blitz als Knall, und sähen mit dem Ohr den Donner als eine Reihe von Lichteindrücken.« Du Bois-Reymond, Emil: Über die Grenzen des Naturerkennens. Die sieben Welthrätsel. Zwei Vorträge Leipzig, 1891, S. 21. Eine derartige Reduktion physiologischer Prozesse auf eine Schnittstelle des peripheren Nervensystems ist jedoch im Hinblick auf die vermeintliche Austauschbarkeit der Sinnesreize problematisch.

21 Vgl. Bexte, Peter: »Mit den Augen hören/mit den Ohren sehen. Raoul Hausmanns optophonetische Schnittmengen«, in: Schramm, Helmar/Schwarte, Ludger/Lazardzig, Jan (Hg.), Spuren der Avantgarde: Theatrum Anatomicum, Berlin/New York 2011, S. 426-442, hier S. 433.

müsse.[22] Hausmanns Forderung, »die sensualistischen Techniken und die neuen Artikulationen« im Sinne einer »Erweiterungsmöglichkeit unseres Zeit-Raum Bewußtseins« zu erobern, verband ihn seit 1921 mit László Moholy-Nagy, der als Vortragsreisender und Verfasser zahlreicher Aufsätze den Optophonie-Diskurs der Avantgarde federführend prägte. Beide Künstler rezipierten zeitgenössische medientechnische Entwicklungen und standen im Austausch mit dem Ingenieur Walter Brinkmann, der von 1930-32 an der Rundfunkversuchsstelle der staatlichen Hochschule für Musik in Berlin mit einer dem Optophon verwandten Farbe-Ton-Sirene experimentierte. Im Schulterschluss von Kunst, Wissenschaft und Technik forderten Moholy-Nagy, Brinkmann und Hausmann »wissenschaftlich fundierbare Arbeit«, die nicht länger auf willkürlich bestimmten Analogien, sondern auf technischen Experimenten aufbauen sollte.[23]

MOHOLY-NAGYS OPTOPHONIE – EINE MEDIENÄSTHETISCHE AUSWERTUNG DES TONFILMS

Von den Voraussetzungen des Lichttons hatte Moholy-Nagy bereits in den 1920er Jahren Formungsbedingungen für die künstlerische Produktion abzuleiten versucht. Damit distanzierte er sich von Konzepten der Farblichtmusik, welche Auditives und Visuelles auf der Basis subjektiver Zuordnungen willkürlich korrelierten. Stattdessen erklärte Moholy-Nagy die Optophonie zur künstlerischen Forschung, die den ästhetischen Diskurs über das Verhältnis des »Optisch-Kinetischen« und des »Akustisch-Musikalischen« künftig bestimmen sollte.[24] In seinem 1933 veröffentlichten Aufsatz »Neue Filmexperimente« bezieht er sich auf die künstlerische Aneignung der Lichttonsynthese als Bestätigung seiner bereits 1923 verfassten Thesen zu den musikalischen Möglichkeiten des Grammophons.[25] Im Zentrum stand der Gedanke, durch Gestaltung der grafischen Wellenform die Reproduktionsfunktion akustischer Speichermedien zu umgehen und so nie gehörte Klänge zu synthetisieren, d.h. »grafische Darstellungen auf Grund strenger

22 Borck, Cornelius: »Sinnesmontagen. Die Sehprothese zwischen Ersatz-Apparat und Technovision«, in: Flach, Sabine/Vöhringer, Margarete (Hg.), Ultravision. Zum Wissenschaftsverständnis der Avantgarde, München 2010, S.149-164, hier S. 151.

23 Moholy-Nagy, László: »Die statische und kinetische optische Gestaltung«, in: Ders., Malerei Fotografie Film, Berlin: Mann 2000 [1927], S. 20.

24 Ebd.

25 Moholy-Nagy: »Neue Filmexperimente«, in: Krisztina Passuth, Moholy-Nagy, Weingarten: Weingarten 1986, S. 332-336.

Verhältnis-Gesetzmäßigkeiten in die Musik zu übertragen«.[26] John Cage reflektierte die Möglichkeiten der fotoelektrischen Klangerzeugung im Anschluss an Moholy-Nagy auf ähnliche Weise.[27] Zum einen wurde das exakte Studium der Wellenformen verschiedenster akustischer Phänomene gefordert, um eine entsprechende Kontrolle über das Obertonspektrum zu erhalten und Partialtöne in beliebiger Frequenz, Amplitude und Dauer grafisch synthetisierbar zu machen.[28] Zum anderen wurde darauf hingewiesen, dass der fotoelektrischen Klangerzeugung beliebige Bilder als Quelle dienen können. Der apparativen Logik der Fotozelle überlassen, seien die klanglichen Resultate theoretisch nicht abzusehen.[29] In diesem Zusammenhang verwies Moholy-Nagy auf die *Klingenden Ornamente* des Filmemachers Oskar Fischinger (ca. 1932) in Berlin sowie die grafischen Klangexperimente Arseny Avraamovs in Moskau (1930). Im Anschluss an den zweiten Hamburger Farbe-Ton-Kongress (1930) hatte Fischinger 1931 Kontakt zum Kongressleiter, dem Psychologen und Synästhesieforscher Georg Anschütz, sowie auf dessen Empfehlung hin zu Giulio Panconzelli-Calzia, Direktor des Phonetischen Laboratoriums der Hamburger Universität aufgenommen.[30] In einem Brief an den Hamburger Experimentalphonetiker schlug Fischinger die Einrichtung optischer Klangspurarchive an Hochschulen vor:

---

26 Moholy-Nagy: »Neue Gestaltung in der Musik. Möglichkeiten des Grammophons«, in: Passuth, Moholy-Nagy, S. 309. Vgl. auch Ders.: »Probleme des Neuen Films« (1936), in: Passuth: Moholy-Nagy, S. 344-350, hier S. 347.

27 Cage, John: »The Future Of Music: Credo« (1940), in: Ders., Silence: Lectures and Writings, Middletown, Conneticut 1961, S. 3-6. Zur Frage der Datierung von Cages Text siehe Miller, Leta: »The Art of Noise. John Cage, Lou Harrison, and the West Coast Percussion Ensemble«, in: Saffle, Michel (Hg.), Perspectives on American Music 1900-1950, New York/London: Garland 2000, S. 215-264, hier S. 230f.

28 Ebd., S. 4: »[...] provide control over the overtone structure of tones [...] and to make these tones available in any frequency, amplitude and duration.«

29 Ebd., S. 5: »Any design repeated often enough on a soundtrack is audible.« Vgl. Moholy-Nagy »Probleme des Neuen Films«, S. 347.

30 Giulio Panconcelli-Calzia hatte sich vor allem wissenschaftshistorisch mit kymographisch gestützter Stimmanalyse beschäftigt. Zur Rolle der historiographischen Arbeiten Panconcelli-Calzias vor dem Hintergrund einer Mediengeschichte der Klangvisualisierung vgl. Rieger, Stephan: Schall und Rauch. Eine Mediengeschichte der Kurve, Frankfurt a.M. 2009. Sowohl Anschütz als auch Panconcelli-Calzia unterzeichneten 1933 das Bekenntnis der Professoren an den deutschen Universitäten und Hochschulen zu Adolf Hitler und dem nationalsozialistischen Staat.

»Eine derartige Arbeit müsste anhand zahlloser Abbildungen jede nur erdenkbare Variation und Kombination bestimmter Lautelemente [...] sichtbar und allgemein verständlich machen. [...] Es wäre dieses eine Aufgabe für jede Hochschule. Zweck eines solchen Katalogs [...] wäre die Voraussetzung zu schaffen, um Musik sofort grafisch in ihren Ausdrucksformen, die durch zahllose Experimente gefunden werden müssten, aufzuzeichnen. Ich kann mir denken, dass durch ein Studium dieser Kurven und durch entsprechende Übungen sich die Fertigkeit ausbilden lässt, ohne weiteres Musik zu zeichnen.«[31]

In zwei Zeitungsartikeln, die 1932 folgten, spekulierte Fischinger wie bereits vorher einige seiner Kollegen an Alexander Shorins Leningrader Tonfilm-Labor darüber, ob sich hinter der Machbarkeit audiovisueller Übertragungen nicht auch Entsprechungsrelationen von Bild und Klang verbargen: »Zwischen Ornament und Musik bestehen direkte Beziehungen, d.h. Ornamente sind Musik. [...] Man darf vielleicht hoffen, dass sich Beziehungen zwischen linearer Formschönheit und musikalischer Schönheit finden lassen.«[32]

Wolja Saraga hingegen, der 1932 am Heinrich-Hertz Institut für Schwingungsforschung selbst einen fotoelektrischen Klanggenerator entwickelt hatte, kritisierte die Annahme von Entsprechungen zwischen graphischen Elementen auf dem Tonstreifen und ihren auditiven Korrelaten. Korrelationsversuche, welche den konstruktiven Anteil der Medientechnik an der audiovisuellen Übertragung nicht hinreichend berücksichtigten, hielt Saraga für unberechtigt, »da für die Photozelle bei der Umwandlung der aufgezeichneten Figuren in Stromschwankungen nicht die ornamentale Gestaltung, sondern die in jedem Augenblick auf die Zelle auftreffende Lichtmenge wirksam ist.«[33] Saraga zog den Schluss, dass »ein sinnvoller Zusammenhang zwischen Bild- und Klangwirkung von Ornamenten [...] als unbewiesen gelten muss« und veranschaulichte dies in seinem Artikel anhand einfacher geometrischer Figuren, die trotz ihrer unterschiedlichen Gestalt bei der Abtastung identische Klänge hervorrufen.[34]

---

31 Fischinger, Oskar: Brief an Paconcelli-Calzia, 5. November 1931, Center for Visual Music, Los Angeles, Archiv Nr. 202932. Mit Dank an Cindy Keefer.

32 Fischinger: »Klingende Ornamente«, in: Deutsche Allgemeine Zeitung, 28.07.1932). Mikhail Tsekhanovsky, Animationsfilmer an Alexander Shorins Lenin-grader Labor spekulierte über die Lichttonabtastung ägyptischer und griechischer Ornamentik. Vgl. Andrey Smirnov: Sound in Z. Experiments in Sound and Electronic Music in Early 20th Century Russia, London: König 2013, S. 175.

33 Saraga, Wolja: Die »tönende Handschrift«, in: Funktechnische Monatshefte 10 (1933), S. 403-406, hier S. 406

34 Ebd.

1933 wurde Moholy-Nagys eigenes Filmexperiment mit dem Titel *Tönendes ABC* in London erstmals öffentlich gezeigt (vgl. Abb. 3). Seiner in zahlreichen Artikeln geäußerten Forderung nach der Ausarbeitung der optischen Klangsynthesemethoden zu einer audiovisuellen Sprache, »deren abc vorher erlernt sein muss«, ist er jedoch in der eigenen Praxis nicht systematisch nachgegangen. Wie Fischinger und Avraamov experimentierte er recht willkürlich mit grafischen Elementen: »Da aber alles auf dem Tonfilmband gezeichnete durch die Wiedergabe-apparatur in Ton oder Geräusch umgesetzt wird, ergaben auch meine Experimente mit gezeichneten Profilen, Buchstabenfolgen, Fingerabdrücken, geometrischen Zeichen auf dem Tonfilmstreifen überraschende Tonergebnisse.«[35] Moholy-Nagys Filmexperiment gilt heute als verschollen. Erhalten sind allerdings druckgrafische Reproduktionen einzelner Kader in Zdeněk Pešáneks Buch *Kinetismus* und in einem Zeitschriftenbeitrag Jan Duikers.[36] Auf den reproduzierten Film-Streifen ist auch jenes menschliche Profil zu sehen, von dem Moholy-Nagy in seinen Vorträgen berichtet hat.

Abbildung 3: László Moholy-Nagy: Tönendes ABC

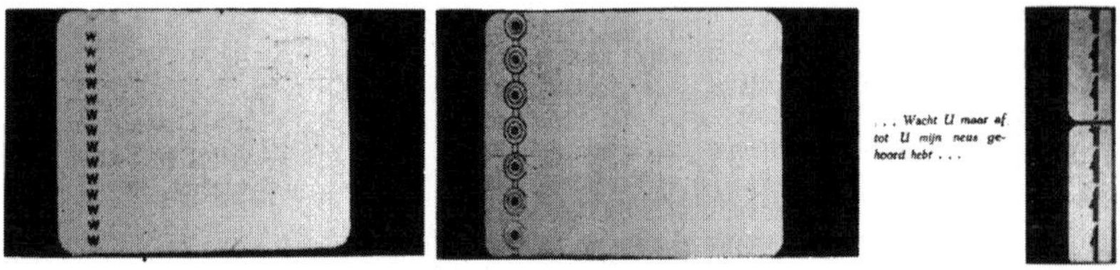

Quelle: Duiker: »Zingend Handschrift«, S. 111.

Das im Artikel abgedruckte Zitat (»Warten Sie ab, bis sie die Nase auch zu hören bekommen«) geht auf einen lakonischen Kommentar des österreichisch-amerikanischen Komponisten Ernst Toch zurück, der von 1929-1933 in Berlin lebte und arbeitete.[37] Die bei diesem fotoakustischen Face-Scan entstandenen Klänge haben jedoch weniger überraschenden Charakter, als Moholy-Nagy es glauben machen wollte. So wird durch den resultierenden Klang der ikonisch repräsentative Charakter der menschlichen Silhouette freilich nicht mit übertragen. Jede mit dieser Übertragungsmethode erzielte Wahrnehmungskongruenz zwischen Hören und Sehen wäre zufällig. Hingegen wird deutlich, dass immer schon eine metaphorische

35 Moholy-Nagy: »Probleme des Neuen Films«, S. 347.

36 Bei diesem Artikel handelt es sich um die Besprechung eines Filmvortrags, den Moholy-Nagy am 23. Mai 1933 im Amsterdamer Filmtheater *de Uitkijk* gehalten hat. Vgl. Duiker, Jan: »Zingend Handschrift. Moholy-Nagy«, in: De 8 & Opbouw 4.2 (1933), S. 106-112.

37 Toch, Ernst zit. n. Moholy-Nagy: »Neue Filmexperimente«, S. 336.

Wiederbesetzung des Gehörten erfolgt, um von fotoelektrisch erzeugten Klängen überhaupt *als* klingende Ornamente oder *als* tönende Silhouetten sprechen zu können. Wie Moholy-Nagys Experimente zeigen, operiert medientechnische Übertragung jenseits von Sinn und Bedeutung. In diesem semantikfreien Raum des Technischen vermutete der Dadaist Raoul Hausmann allerdings wiederum das Potential zur künstlerischen Revolutionierung des sensorischen Bewusstseins.

HAUSMANNS OPTOPHONIE – EINE REKONFIGURATION DES SENSORIUMS

Ausgangspunkt für Hausmanns Optophonie war die Überlegung, dass in Anbetracht der gemeinsamen Wellennatur von Klang und Licht das Verhältnis der Künste neu zu erörtern sei. Elektromagnetische Wellen, nach Hausmann »die neuen Elemente der Malerei und Musik«, würden eine Entgrenzung der Gattungsbegriffe und Wahrnehmungskategorien zwingend erforderlich machen.[38] Von einem bevorstehenden Paradigmenwechsel war Hausmann fest überzeugt, denn dass Optophon »vernichtet Eure Vorstellungen von Ton, Farbe und Form, von Euren ganzen Künsten bleibt nichts, leider gar nichts mehr übrig.«[39] Ebenso wie seine optophonetischen Lautgedichte begriff Hausmann das Optophon als dadaistisches »Mittel der fortlaufenden psychophysiologischen Selbsterziehung des Menschen«, die wesentlich einer Medien- bzw. Signalästhetik verpflichtet war.[40] Laut Hausmann stellen uns Medienverbundschaltungen wie das Optophon vor die »Aufgabe, die menschliche Organfunktionalität zu erweitern«, denn es sei »der Endsinn aller Apparatetechnik, die erlernten Fähigkeiten zurückfallen zu lassen auf den Menschen, als seine schöpferischen Organfähigkeiten«.[41] Hausmanns Optophonie ist somit als Prothetik konzipiert, welche die menschliche Wahrnehmungsfähigkeit für technisch transformierbar und anpassungsfähig hält.[42] Sinnesprothesen begriff Hausmann

38 Hausmann: »Die Überzüchteten Künste. Die Neuen Elemente der Malerei und Musik« (1930), in: Ders., Texte, Bd. 2, S. 144.

39 Ebd.

40 Hausmann: »Typografie« (1932), in Ders.: Texte, Bd. 2, S. 181.

41 So Hausmann in seinem Typoskript »Biodynamische Naturanschauung« (1922), in: Züchner, Eva (Hg.), Scharfrichter der bürgerlichen Seele. Raoul Hausmann in Berlin 1900-1933, Berlin 1998, S. 176 und 172.

42 Vgl. Harrasser, Karin: »Synthese als Vermittlung. Innere Berührung und exzentrische Empfindung«, in: Gramelsberger, Gabriele/Bexte, Peter/Kogge, Werner (Hg.), Synthesis. Zur Konjunktur eines philosophischen Begriffs in Wissenschaft und Technik, Bielefeld: transcript 2014, S. 93-106.

weder als Kompensationsapparate zur Wiederher-stellung einer vermeintlich natürlichen Verfassung der Wahrnehmung, noch als deren planmäßige Extension. Vielmehr sei so etwas wie der natürliche Status des Menschen seiner Ansicht nach noch gar nicht erreicht, der Mensch lebe als un-realisierte Natur noch jenseits seiner psycho-physiologischen Möglichkeiten.[43] Für den Dadaisten, der nichts davon hielt, »sich auf […] Prothesen auszuruhen«, war die Optophonie also ein Programm zur Rekalibirierung von Wahrnehmungsgrenzen, die den Menschen zur Erneuerung seines optisch-akustischen Bewusstseins und zur Erziehung seiner Sinne befähigen sollte.[44]

Wie Moholy-Nagy lehnte auch Hausmann synästhetisch inspirierte Setzungen als künstlerisches Movens entschieden ab. Er unterstrich seine »[...] Abneigung, Künstler zu spielen«, denn »wir betrachteten uns als Ingenieure [...], wir behaupteten, unsere Arbeiten zu konstruieren, zu montieren.«[45] So wie die Metapher des Ingenieurs einen neuen Künstlertypus hervorbringen soll, wird das Kunstwerk bei Hausmann zur Maschine. Insofern muss es auch nicht überraschen, wenn ein Patentantrag als Episode in sein künstlerisches Konzept einfließt – Hausmann war schließlich Dadaist.[46] In einem *A propos de l'Optophone* betitelten Typoskript berichtet er vom gescheiterten Versuch, das von ihm entwickelte Optophon beim Reichspatentamt anzumelden.[47] Für die Antragstellung sowie

43 »Schnitt durch die Zeit«, in: Hausmann: Texte bis 1933. Vol.1, S. 79

44 Vgl. Niebisch, Arndt: »Einleitung«, in: Raoul Hausmann: Dada-Wissenschaft. Wissenschaftliche und technische Schriften, Hamburg 2013, S. 20f. und Borck, »Sinnesmontagen«, S. 161.

45 Hausmann: Am Anfang war Dada, hg. v. Karl Riha und Günter Kämpf, Giessen, 1972, S. 45.

46 Auf Hausmann sind nur zwei Patente eingetragen. Ein 1929 erteiltes Patent auf ein starres Endoskop (DE 473166) und auf eine Rechenmaschine (Vorrichtung zur Kombination und Übertragung verschiedener Faktoren) gemeinsam mit Daniel Broïdo (GB 446338). Beide stehen mit Hausmanns optophonetischer Forschung in Verbindung, insbesondere der Strahlengang des Endoskops und der Hohlzylinder der Rechenmaschine finden sich in Hausmanns technischen Beschreibungen des Optophons wieder. Hausmanns Beitrag zur Technikentwicklung seiner Zeit war marginal, das Bedürfnis nach Patentierung der Produktionsmittel jedoch unter Avantgarde-Künstlern verbreitet. Vgl. den Lichtprojektor *Clavilux* von Thomas Wilfred (US 1825497, 1973454) oder das Tricktisch-Patent Walter Ruttmanns (DE 338774). Moholy-Nagy ist Inhaber zweier Desk-Set Patente der Firma Parker (US 2510648, 2503061A) aus den 1940er Jahren.

47 Der Text war einem Brief an Henry Chopin vom 18. Januar 1970 beigefügt. Vgl. Hausmann: Correspondence, Getty Research Institute, Los Angeles, Special Collection ID 850994. Mit Dank an Sally McKay, Getty Research Library.

Ablehnung des Patents gibt es jedoch abgesehen von Hausmanns eigenen Bekundungen keine Hinweise.[48] In privaten Korrespondenzen ist die Rede davon, dass ihm für das vom Amt geforderte Modell die Mittel gefehlt hätten und der Antrag aus diesem Grund fallengelassen worden sei.[49]

In seinen publizierten Aufsätzen hingegen führte Hausmann gern ein Zitat aus dem angeblichen Ablehnungsschreiben des Amtes an. Diesem Schreiben zufolge hielt man das Optophon zwar für realisierbar, doch sei zu beanstanden, »dass dabei keinerlei im üblichen Sinne angenehmer Effekt herauskäme.«[50] Hausmann konterte: »Diese Sorge konnte das Patentamt dem Erfinder überlassen« und stilisierte seinen Antrag so offenkundig zu einer Auseinandersetzung über ästhetische und weniger technische Fragestellungen.[51] Es scheint also vielmehr, als spielte der Künstler hier mit beachtlicher Konsequenz den Ingenieur.

Zu einer Konstruktion von Hausmanns Optophon ist es nie gekommen.[52] Auch die technischen Zeichnungen, welche Hausmann 1932 einem Zeitschriftenartikel beigeben wollte, sind offenbar nie angefertigt worden.[53] Wer das Optophon in

48 Die Ablehnung des Patentantrags erwähnt Hausmann in Briefen an Daniel Broïdo, Franz Wilhelm Seiwert und Henri Chopin sowie in seinem Roman *Hyle*. In seinem Text »Über Farbenklaviere« (1932) ist sogar von »fünf verschiedenen Konstruktionen« (ebd., S. 173) die Rede, welche 1927 eingereicht und abgelehnt worden seien. Es ist auch möglich, dass sich Hausmann hier auf sämtliche seiner Patentanträge bezog (Schalldose, Endoskop und Rechenmaschine samt Zusatzanmeldungen). Weder beim deutschen Patentamt noch im Hausmann Archiv der Berlinischen Galerie liegen Unterlagen zum Patentantrag eines Optophons vor.

49 Hausmann schrieb 1963 an Henry Chopin, dass ihm für eine Konstruktion des Optophons das Geld gefehlt habe. Dem entsprechen auch die Angaben in seinem Brief an Chopin vom 18.01.1970. Vgl. Hausmann: Correspondence.

50 Hausmann: »Die Überzüchteten Künste«, S. 144. So auch in »Über Farbenklaviere«, S. 173: »dass dabei nichts menschlich Angenehmes herauskäme« und in einem Brief an Franz W. Seiwert, Berlin 15.01.1932, (BG-RHA 731a): »kein menschlich-angenehmer Effekt«, abgedruckt in Züchner: Scharfrichter, S. 409f.

51 Hausmann: » Über Farbenklaviere«, S. 173.

52 Zwar hat Hausmann in Zusammenarbeit mit dem Ingenieur Daniel Broïdo Anfang der 1930er Jahre eine Rechenmaschine entwickelt, die gelegentlich auf das Optophon bezogen wurde, weil sie ebenfalls mit der Fotozelle als Lichtsensor arbeitet. Mit fotoelektrischer Klangerzeugung hatte diese Rechenmaschine allerdings nichts zu tun.

53 Im oben genannten Brief an Franz Wilhelm Seiwert, dem Herausgeber der Künstler-Zeitschrift *a bis z* vom 15.01.1932, kündigte Hausmann für einen Textbeitrag zwei bis drei erläuternde Zeichnungen des Optophons an, die er in einem Brief vom 12.02.1932 wieder zurückzog, »damit es nicht zu leicht nachgemacht werden kann.« (BG-RHA

seiner Operationsweise nachvollziehen will, ist somit auf mitunter recht kryptische Kurzbeschreibungen und mindestens zwei sehr grob vereinfachte schematische Skizzen angewiesen.[54] Zudem handelt es sich auch bei Hausmanns Optophon weniger um eine konkrete Maschine, als um eine langfristig geplante Versuchsreihe in zwei verschiedenen technischen Ausführungen.

Den Begriff Optophon bezog Hausmann zunächst auf das Tonfilmverfahren des Physikers und Ingenieurs Ernst Ruhmer. Dabei wird ein Telefon in den Stromkreis einer Bogenlampe eingeschaltet und die akustisch verursachten Helligkeitsschwankungen des Lichtbogens als Streifenmuster – die sogenannte Intensitätsschrift, welche Hausmann als »lebendiges Panorama« beschrieb – auf einem vorbeilaufenden Filmstreifen optisch aufgezeichnet.[55] Die zeitbasierte Abtastung mit einer Fotozelle macht den in der optischen Aufzeichnung codierten Klang wieder hörbar.

Hausmanns eigenes Optophon baute auf Ruhmers Erfindung auf. Er schlug vor, »kleinste plastische Veränderungen gewollter Art (etwa eines Chromgelatinereliefs)« durch bestimmte Arten der Abtastung simultan in Lichtspiele und Klangerscheinungen umzusetzen.[56] Lichtspiele und Klänge sollten so durch Transduktion aus einer gemeinsamen Signalquelle erzeugt werden. Hausmann versuchte damit, ein medientechnisches Modell für sein vor allem von Ernst Marcus inspiriertes Konzept von Wahrnehmungsprozessen herzustellen. Das Gehirn, »wo, wie in einer elektrischen Zentrale, sich die verschiedenen Signale austauschen, die die Sinne

731a), abgedruckt in Züchner: Scharfrichter, S. 409f. und S. 413. Außerdem habe er sich entschlossen »die Sache für jeden Radiobastler verständlich zu schreiben«, was in Anbetracht der äußerst ungenauen technischen Andeutungen im veröffentlichten Text kaum gelungen sein dürfte. Der Artikel erschien letztlich ohne die angekündigten Zeichnungen.

54 Bei den zwei Skizzen handelt es sich um das in diesem Text abgedruckte Schema (Abb. 4) und eine rudimentäre Bleistiftzeichnung auf der Rückseite einer Blaupause, die zu Hausmanns geplantem Patent einer Grammophon-Schalldose (1922) gehörte (BG-RHA 1171). Mit Dank an Wolfgang Erler vom Archiv der Berlinischen Galerie. Des Weiteren existieren im Hausmann-Archiv Rouchechouart zwei Zeichnungen, die optische Anordnungen mit ähnlichem Strahlengang zeigen. Ein Mikrorelief oder eine Fotozelle sind in diesen jedoch nicht enthalten. Für diesen Hinweis danke ich Daniel Hackbarth. Die Zeichnungen sind inventarisiert unter der Nummer A.IV.1/des-01-02: Deux dessins sur le principe interférométrique. Vgl. Koch-Didier, Adelheid: Je suis l'Homme De 5000 paroles Et de 10000 formes. Ecrits de Raoul Hausmann et documents annexes, Musée Départemental de Rochechouart, 1997, S. 64, http://www.musee-rochechouart.com/images/inventaire-raisonne.pdf (letzter Zugriff: 19.01.2016).

55 Hausmann: »Optophonetik«, S. 54.

56 Hausmann: »Über Farbenklaviere«, S. 174.

vermitteln«, stellte für Hausmann eine paradigmatische Struktur taktil-somatischer Transduktion dar, und die wechselseitige Transformation von Undulationsformen in der Optophonie sollte diesem Prozess technisch entsprechen.[57]

Die umfangreichste technische Beschreibung des Optophons findet sich in Hausmanns Artikel »Die überzüchteten Künste« aus dem Jahr 1930, welcher zugleich als emphatisches Plädoyer für ein erweitertes Materialverständnis in Bildender Kunst und Musik angelegt ist.[58] Diesem Text sind zwei Experimentierstadien zu entnehmen. Im ersten Stadium greift Hausmann abermals auf die Tonfilmtechnologie als Grundlage für einen »Versuchsapparat« zurück, »der die Struktur des Tones mittels der Struktur des Lichtes darstellt«.[59] Dazu sollte die Struktur des Lichts, d.h. bei Hausmann »die sämtlichen Linien des Sonnenspektrums« zwanzig Mal hintereinander auf eine mit Chromgelatine beschichtete Filmschleife belichtet werden.[60] Nachdem die Chromgelatine zu einem Mikrorelief ausgehärtet wäre, sollte dieser Film im Ablaufen von einem »Kondensatorfühler« elektroakustisch abgetastet und gleichzeitig dessen mechanische Vibrationen über eine Spiegelmembran als reflektorische Lichtspiele projiziert werden. Hier hat Hausmann direkt aus Emil Waltz' und Hermann Meussers Tonfolgerelief-Patent von 1919 exzerpiert.[61] Nicht nur das gesamte Verfahren, ein Tonfolgerelief aus Chromgelatine als Dielektrikum von Fühlerelektroden eines Wiedergabekondesators abtasten zu lassen und die auftretenden Kapazitätsänderungen auditiv wahrnehmbar zu machen, stammt aus dieser Patentschrift. Die Erfinder weisen in ihrem Patent ebenfalls auf die Ähnlichkeit der Intensitätsschrift mit den Fraunhofer'schen Absorptionslinien des Sonnenspektrums hin, was Hausmann prompt

57 Hausmann: Die exzentrische Empfindung. La Sensorialité Excentrique, hg. v. Adelheid Koch, Graz: Droschl 1994, S. 37. Ernst Marcus' Theorie der exzentrischen Empfindung postuliert zudem, dass das Gehirn nicht Sitz der Empfindung sei bzw. wir in der Wahrnehmung nicht auf interne Sinnesdaten bezogen seien. Wie Salomo Friedlaender/Mynona erklärt Marcus die Erscheinung von Objekten als äußerliche Gegenstände durch eine reziproke transsomatische Verbindung der Sinne mit der Außenwelt über den Äther. Darauf hat sich Hausmann wiederholt bezogen. Zur Marcus-Rezeption Hausmanns vgl. Niebisch: »Einleitung zu Dada-Wissenschaft« sowie Harrasser: »Synthese als Vermittlung«.

58 Hausmann: »Die Überzüchteten Künste«, S. 133-144.

59 Ebd. S. 143.

60 Ebd.

61 Waltz, Emil/Meusser, Hermann: Vorrichtung zur Aufnahme von Lauten bzw. deren Wiedergabe mittels eines Tonfolgereliefs, 1919 (DE 330990).

zur strukturellen Analogiebildung veranlasste.[62] Die vibrierende Spiegelmembran, welche einen Lichtstrahl reflektieren sollte, aber im Tonfolgerelief-Patent gar nicht erwähnt wurde, stellt wiederum ein Versatzstück aus dem oben beschriebenen Photophon Bells dar.

Abbildung 4: Raoul Hausmann – schematische Konstruktionszeichnung des Optophons

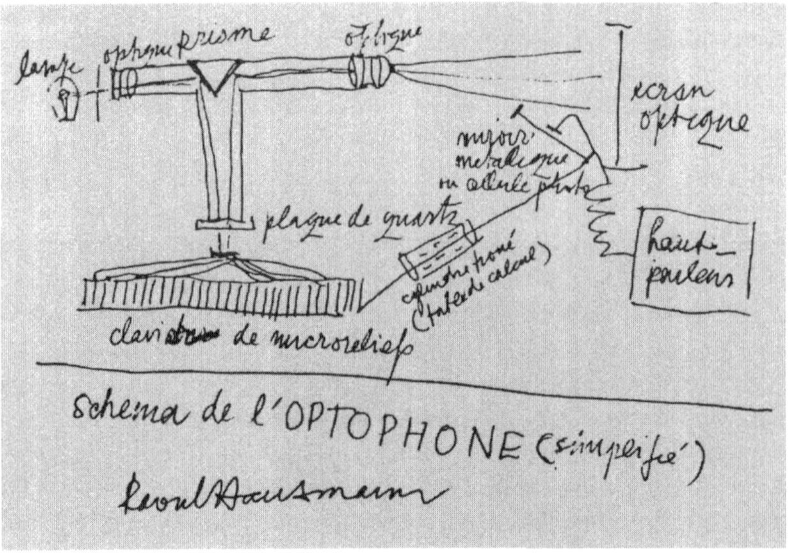

Quelle: Reproduktion einer heute verlorenen Skizze des Optophons (undatiert), vermutlich erstmals reproduziert in Raoul Hausmann (Kat. Ausst.), Moderna Museet Stockholm, 21.10.-19.11.1967, unpaginiert.

In einem zweiten Versuchsstadium experimentierte Hausmann mit der Beugung und Interferenz des Lichts sowie seiner Umwandlung in Klang und verknüpfte damit den Anspruch, einen Beitrag zur Weiterentwicklung des Farbenklaviers zu leisten. Das oben abgedruckte Schema (Abb. 4) bezieht sich vor allem auf dieses zweite Versuchsstadium. Die von Hausmann skizzierte Anordnung besteht aus zwei senkrecht zueinander stehenden Strahlenleitrohren. In der Mitte der beiden Strahlengänge sind zwei reflektierende Umlenkprismen angebracht, die den von der Neonlampe links durch eine Blende einfallenden Lichtstrahl rechtwinklig nach

62 Fournier d'Albe wies in The Moon Element, S. 155 ebenfalls auf diese Ähnlichkeit des Spektrums mit der Tonaufzeichnung im Intensitätsverfahren hin. Dass Hausmann sein Buch gelesen hat, lässt sich allerdings nicht nachweisen.

unten knicken. Der Lichtstrahl soll an einem Mikrorelief reflektiert und über ein Linsensystem als Lichtspiel projiziert und zugleich mithilfe einer Anordnung, die eine Fotozelle enthält, in Klang gewandelt werden. Offensichtlich sollte das Mikrorelief aus der ersten Versuchsreihe nun als reflektierendes Beugungsgitter ein-gesetzt werden, um aus dem Licht der Neonlampe farbige Interferenzmuster bzw. »spektrale Linienverschiebungen« zu erzeugen.[63] Über die operative Funktion der Quarzplatte in der zweiten Skizze macht Hausmann keine Angaben. Sie sollte möglicherweise zur Drehung der Polarisationsebene des durch die Reflexionsprismen teilweise polarisierten Lichts eingesetzt werden, worauf eine Patentschrift in Hausmanns Nachlass hinweist.[64] Als User-Interface sollte eine Tastatur ähnlich der einer Rechenmaschine mit 100 Tasten dienen, die entsprechend an 100 verschiedene Relieffelder gekoppelt waren, um bei Tastendruck jeweils unterschiedliche Farblinienmuster zu erzeugen. Die Schwierigkeit an Hausmanns weiterer Beschreibung besteht darin, dass ihr keine hinreichend nachvollziehbaren Angaben zur Wandlung dieser farbigen Lichtprojektionen in Klang zu entnehmen sind.[65] 1930 spricht Hausmann von einer »Fotozelle, die mittels Relais und Verstärkerröhre die erhaltenen Helligkeits- und Dunkelheitswerte in elektrische Stromstöße umwandelt, die im Lautsprecher als akustische Wirkungen auftreten.«[66] 1932 verweist Hausmann hingegen auf »aus der Radiotechnik bekannte[n] Anordnungen,

63 Hausmann: »Die Überzüchteten Künste«, S. 144.

64 Gérard, Walter: Verfahren zur photographischen Aufnahme von Schallschwingungen (DE 221771). In einem Zusatz-Typoskript des eigenen Patents zur Beobachtung von Körperhöhlen weist Hausmann auf die teilweise Polarisation des Lichts bei Reflexion hin, welche von Etienne Louis Malus und David Brewster zu Beginn des 19. Jahrhunderts untersucht worden war. Vgl. Hausmann: Dada-Wissenschaft, S. 255.

65 Auch zur Funktion und Beschaffenheit des Hohlzylinders machte Hausmann unterschiedliche Angaben. Ob sich das Gelatine-Relief auf dem Hohlzylinder befinden sollte oder ob Hausmann einen perforierten Hohlzylinder im Sinn hatte, der die Lichtstrahlen von einem separaten Relieffeld zugeleitet bekommen sollte, ist aus seinen Beschreibungen nicht klar ersichtlich. Die erste Variante erinnert an die Chromgelatine-Phonogramme Otto von Bronks und Ernst Ruhmers, die zweite Variante an die mit Broïdo entworfene Rechenmaschine. Zum Chromgelatinecylinder siehe den Artikel »Der Photophonograph«, in: Der Mechaniker. Zeitschrift zur Förderung der Präzisions-Mechanik und Optik sowie verwandter Gebiete 9.11 (05.06.1901), S. 121.

66 Hausmann: »Optophonetik«, S. 144. Wahrscheinlich stehen diese Angaben Hausmanns in Zusammenhang mit Fournier d'Albes Berichten über lichtempfindliche Steuerschaltungen, bei denen Selenzellen an Relais gekoppelt wurden. Vgl. Fournier d'Albe: Moon Element, S. 63-74.

die aus den Farbwerten mittels Fotozellen und Lautsprecher Tonwerte erzeugen.«[67] Schließlich erläuterte er in einem Interview von 1970: »Wenn man nun in die optischen Strahlen einen Lautsprecher einschaltet, der zum Beispiel auf einem perforierten Zylinder funktioniert, dessen Löcher nach einem mathematischen Gesetzt angeordnet sind, hört man gleichzeitig eine abstrakte Musik [...].«[68] Dass Hausmann auf Anwendungen aus der Radiotechnik verwies, ist kein Zufall. 1926 hatte der Dadaist Walter Brinkmann kennengelernt, der zusammen mit dem Oberingenieur Friedrich Wilhelm Grunel von 1930-32 an der Berliner Rundfunkversuchsstelle an einer »Einrichtung zur Umsetzung farbiger Lichterscheinungen in Töne« arbeitete, die er 1930 auch patentiert hatte (Abb. 5).[69] Brinkmann hatte über seinen Apparat bereits 1927 in Moholy-Nagys *Malerei Fotografie Film* und mitsamt Schaltplänen auch im dritten Hamburger Kongressband für Farbe-Ton-Forschung von 1931 berichtet: »Die Apparatur dient der Umsetzung farbiger Lichterscheinungen, farbiger Gegenstände oder dgl. in tonfrequente elektrische Schwingungen mit dem Ziel musikalischer Klangbildungen.«[70]

Brinkmanns Einrichtung sollte additive Frequenzgemische erzeugen, die nicht manuell, sondern durch Spektralanalyse des Lichts gesteuert wurden. Dafür sollte zum einen das durch ein Kameraobjektiv eintreffende Lichtvolumen das Antriebsaggregat 5 und 6 (La Cour'sches Rad mit Stimmgabel-Unterbrecher) einer Lichttonsirene (Lochscheibe 1 mit Fotozelle 2) steuern, so dass bei Höchstbelichtung eine bestimmte Frequenz, bei abnehmender Belichtung entsprechend niedrigere Frequenzen erzeugt werden. Durch zusätzliche Perforation der Lochscheibe und

67 Hausmann: »Über Farbenklaviere«, S. 176.

68 Hausmann: »Ich spreche nicht von mir«, Gespräch mit Anne Clancier und Claude Viallat. Limoges, November 1970, in: Bartsch, Kurt/Koch, Adelheid (Hg.), Dossier 10: Raoul Hausmann, Graz 1996, S. 17. Die kryptischen Formulierungen der technischen Beschreibung in diesem Interview sind vermutlich der Übersetzung ins Deutsche geschuldet. Hier scheint der Zylinder die Funktion einer Blende wie im Patent von Brinkmann (s.u.) zu erfüllen.

69 Brinkmann, Walter: Einrichtung zur Umsetzung farbiger Lichterscheinungen in Töne (DE 649628). Für die Entwicklung der Farb-Ton-Sirene hatte die Versuchsstelle ursprünglich ein Budget von 2.115 RM vorgesehen. Vgl. dazu die Verwaltungsakten der Rundfunkversuchsstelle im Archiv der Universität der Künste Berlin, Bestand 16, Ordner Nr. 12, Blatt 192, 193. Mit Dank an Dietmar Schenk.

70 Brinkmann: »Spektralfarben und Tonqualitäten«, in: Anschütz, Georg (Hg.), Farbe-Ton-Forschungen, III. Band, Hamburg 1931, S. 355-366, hier S. 355. Der III. Band ist kurioserweise anlässlich des II. Kongresses in Hamburg vom 01.-05.10.1930 in Hamburg erschienen. Siehe auch Brinkmanns Beitrag in: Moholy-Nagy: Malerei, Fotografie, Film (= Bauhausbücher Bd. 8), Mainz und Berlin 1967 [1927], S. 20-22.

weitere angeschlossene Fotozellen (20, 21, 22) sollten so Intervallkombinationen erklingen, die sich je nach Belichtungsstärke in ihrer Tonhöhe ändern. Zugleich sollte das eintreffende Licht durch ein Ringprisma 11 in seine spektralen Bestandteile aufgespalten werden und auf ein Aggregat von Fotozellen (23) treffen. Diese Fotozellen waren jeweils in Schwingkreise (24) eingeschaltet, so dass die Intensität der Farben die Amplitude des Schwingkreises beeinflusste. Die Schwingkreise waren dabei in ihrer Frequenz manuell abzustimmen, so dass das spektralanalysierte Licht nach dem Prinzip der additiven Synthese ein je nach spektraler Zusammensetzung variierendes Klanggemisch erzeugen sollte. Ein dieser Vorrichtung vergleichbares Prinzip schwebte Hausmann also offensichtlich auch für die Klangerzeugung seines Optophons vor.

Abbildung 5: Walter Brinkmann – Einrichtung zur Umsetzung farbiger Lichterscheinungen in Töne (1930)

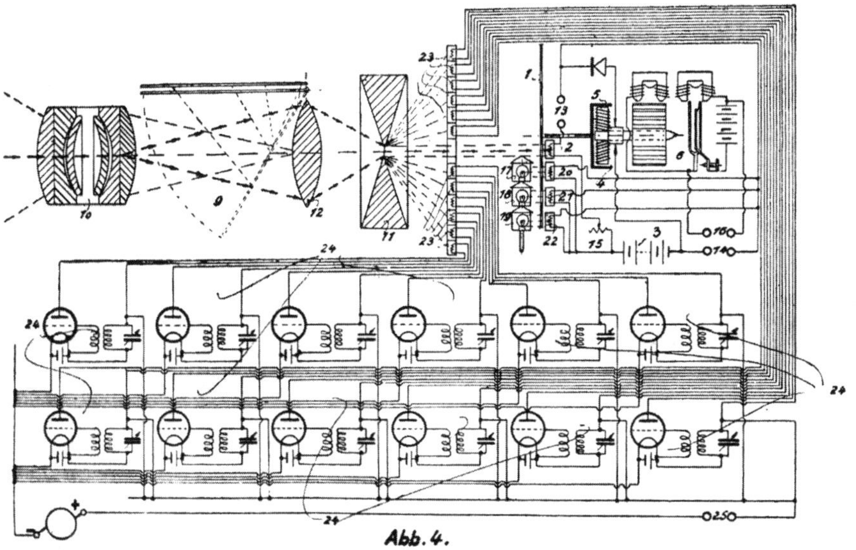

Abb. 4.

Quelle: Brinkmann: »Spektralfarben und Tonqualitäten«, S. 358.

Es wird deutlich, dass auch die Hardware des Optophons den synthetischen Gestus der Dada-Montage verkörperte. Hausmann bezog sein Material aus zahlreichen Ingenieurs-Patenten und technikhistorischen Versatzstücken.[71] Das Optophon sollte

71 Peter Bexte hat in seiner Analyse der Hausmannschen Textverarbeitung überzeugend nachgewiesen, dass dieser seine wissenschaftlichen Schriften offensichtlich »mit der Schere verfasst« hat. Vgl. Bexte: »Mit den Augen hören/mit den Ohren sehen«. Siehe

nicht nur Medium der Sinnesmontage sein, sondern war selbst Produkt einer Patentmontage – eine Schaltstelle, über die der Dadaist das technische Netzwerk seiner Zeit anzuzapfen gedachte, um »abstrakte bedeutungslose Formen« zu generieren.[72] An diesen bedeutungslosen Formen für Auge und Ohr sollte der Kurzschluss der Sinne selbst erfahrbar werden: »Ihr werdet durch die Ohren hören und mit den Augen sehen und den Verstand dabei verlieren.«[73] Während Moholy-Nagy die »Geradlinigkeit des Geistes« den »Umwege[n] der Technik« gegenüberstellte, die »länger und komplizierter sind, als sie – vom Geiste aus gesehen – sein müssten«[74] schien Hausmann gerade umgekehrt über medientechnische Kurzschlüsse jene Geradlinigkeit des Geistes medientechnisch aushebeln zu wollen: »DADA ist die die völlige Abwesenheit dessen, was man Geist nennt« und »die Kunst in Wirklichkeit doch so wie die Technik eine Erziehung vom Unbewussten aus.«[75]

---

dazu auch Niebisch: »Einleitung zu Dada-Wissenschaft«, S. 26. Diese auf Hausmanns Textarbeit bezogene These lässt sich auf seine Konstruktionspläne zum Optophon übertragen.

72 Hausmann: »Ich spreche nicht von mir«, S. 17.

73 Hausmann: »Über Farbenklaviere«, S. 144.

74 Moholy-Nagy: »Geradlinigkeit des Geistes – Umwege der Technik«, in: Bauhaus 1 (1926), Reprint Nendeln 1977, S. 5. Vgl. auch Ders.: »Musico-Mechanico, Mechanico-Optico. Geradlinigkeit des Geistes – Umwege der Technik.« In: Musikblätter des Anbruch VIII (1926), Sonderheft Musik und Maschine, S. 363-367.

75 Hausmann: »Dada in Europa«, in: Der Dada 3/19, Reprint in: Dada Zeitschriften, Hamburg 1980, S. 3 und Ders.: »Die überzüchteten Künste«, S. 138.

Autorinnen und Autoren

Ulrike Bergermann ist seit 2009 Professorin für Medienwissenschaft an der HBK Braunschweig. Nach der Promotion an der Universität Hamburg zur disziplinären Verortung von Gebärdensprachnotation (»Ein Bild von einer Sprache«, 2000) war sie Mitarbeiterin der Universität Paderborn und am SFB Medien und kulturelle Kommunikation Köln, Vertretungsprofessorin an der Ruhr-Universität Bochum 2003/2004 und Habilitationsstipendiatin des Landes NRW; außerdem ist sie Redakteurin der Zeitschrift für Medienwissenschaft seit 2008, Vizepräsidentin für Forschung 2010-2013, DFG-Lenkungsgremiumsmitglied seit 2010. Ihre Arbeitsschwerpunkte sind Gender Studies, Postcolonial Studies, Wissenschaftsgeschichte. Zu ihren Publikationen zählen unter anderem total. Universalismus und Partikularismus in post_kolonialer Medientheorie, hg. mit Nanna Heidenreich, Bielefeld 2015; Leere Fächer. Gründungsdiskurse von Kybernetik und Medienwissenschaft, Hamburg/Münster 2015; Disability trouble. Ästhetik und Bildpolitik bei Helen Keller, Berlin 2013; »Kettenagenturen. Latours Fotografien, Brasilien 1991«, in: Ilka Becker et al. (Hg.), Fotografisches Handeln, Marburg: Jonas (im Erscheinen); Connect and Divide. 3rd DFG Symposium of Media Studies, hg. mit Erhard Schüttpelz, Monika Dommann, Jeremy Stolow, Zürich: diaphanes (in Vorbereitung).

Karin Bijsterveld ist Historikerin und Professorin am Department of Technology and Society Studies der Universität Maastricht. Ihre Forschungsschwerpunkte sind die Kulturgeschichte des Klangs, öffentliche Debatten über Lärm und die Beziehungen von Technologie, Sound und Musik. Sie koordiniert verschiedene Forschungsprojekte, die auf der Schnittstelle von Science and Technology Studies und Sound Studies angesiedelt sind wie z.B. »Sonic Skills: Sound and Listening in Science, Technology and Medicine, 1920s–now«. Zusammen mit Trevor Pinch hat sie das Oxford Handbook of Sound Studies (2012) sowie das Themenheft »Sound Studies: New Technologies and Music« (Social Studies of Science, 2004) herausgegeben. Weitere Publikationen sind Mechanical Sound. Technology, Culture, and Public Problems of Noise in the Twentieth Century (MIT Press 2008) und Sound and Safe: A History of Listening Behind the Wheel, zusammen mit Eefje Cleophas, Stefan Krebs und Gijs Mom (Oxford: Oxford University Press).

Dieter Daniels ist Professor für Kunstgeschichte und Medientheorie an der Hochschule für Grafik und Buchkunst in Leipzig. Am Zentrum für Kunst und Medientechnologie in Karlsruhe hat er die Videosammlung aufgebaut. Er initiierte und kuratierte seit 1984 zahlreiche Projekte, Ausstellungen und Symposien im Bereich Medienkunst. Seit 2001 leitet er zusammen mit Rudolf Frieling (ZKM) das Internetportal www.medienkunstnetz.de. Bei seinen Publikationen sind Kunst als Sendung. Von der Telegrafie zum Internet (2002) sowie Audiovisuology, Compendium. An Interdisciplinary Survey of Audiovisual Culture (2010) und Audiovisuology, Essays. Histories and Theoriesof Audiovisual Media and Art (2011) hervorzuheben, die beiden letzteren zusammen mit Sandra Naumann herausgegeben. Daneben sind zwei weitere von ihm herausgegebene Bände zu erwähnen: Sounds like Silence. John Cage – 4'33"– Silence today (hg. zusammen mit Inke Arns), Spector Books, Leipzig 2012 sowie TeleGen. Kunst und Fernsehen / TeleGen. Art and Television (hg. zusammen mit Stephan Berg), Hirmer Verlag München 2015.

Arseli Dokumacı ist Post-Doctoral Fellow im Fachbereich Anthropologie an der Universität Kopenhagen. 2014 bis 2016 war sie Post-Doctoral Fellow des Fonds québécois de la recherche sur la société et la culture (FQRSC) im Department of Social Studies of Medicine an der McGill University. Sie ist außerdem wissenschaftliche Mitarbeiterin des Mobile Media Lab an der Concordia Universität, wo sie kürzlich ein Forschungsprojekt beendete. Arseli promovierte 2012 im Bereich Performance Studies an der Aberystwyth University. In ihrer Dissertation Misfires that Matter: Invisible Disabilities and Performances of the Everyday entwickelte sie eine ethnografische Dokumentation, die Behinderung als Methode denkt, um damit die Beziehung zwischen Verkörperung, Agency und Materie zu untersuchen. Ihr derzeitiges Postdoc-Projekt nimmt die Geschichte der Messbarkeit von Behinderung in den Fokus, bei welcher das Erfüllen von Aufgaben der zugrundeliegende Maßstab ist. Arseli Dokumacı hat unter anderem in den Sammelbänden Disability in Judaism, Christianity, and Islam (Schumm/Stoltzfus 2011), Misperformance: Essays in Shifting Perspectives (Blažević/Feldman 2014) und ReClaiming Participation (Denecke/Ganzert/Otto/ Stock 2016) publiziert.

Anthony Enns ist seit 2007 Associate Professor für Kulturwissenschaft an der Dalhousie-Universität in Halifax, Nova Scotia. Seitdem lehrt er auch als Gastdozent an verschiedenen Hochschulen, wie z.B. der Universität von Amsterdam und der Christian-Albrechts-Universität zu Kiel. Derzeit forscht er im Bereich der Mediengeschichte bzw. Wissenschaftsgeschichte mit Schwerpunkt auf Wahrnehmung, Technik und Ton. Mit Carolyn Birdsall hat er den Sammelband Sonic Mediations.

Body, Sound, Technology (2008) und ein Sonderheft der Zeitschrift Journal of Sonic Studies zum Thema »Rethinking Theories of Television Sound« herausgegeben. Zuletzt veröffentlichte er u.a. »Voices of the Dead. Transmission, Translation, Transgression«, in: Culture, Theory, and Critique (2005); »Telepathie-Telefon-Terror: Ausweitungen und Verstümmelungen des Körpers«, in: Nicola Gess/Florian Schreiner/Manuela K. Schulz (Hg.), Hörstürze. Akustik und Gewalt im 20. Jahrhundert (2005); »Psychic Radio. Sound Technologies, Ether Bodies, and Vibrations of the Soul«, in: The Senses and Society (2008); »The Human Telephone. Physiology, Neurology, and Sound Technologies«, in: Daniel Morat (Hg.), Sounds of Modern History. Auditory Cultures in the 19th and 20th Century (2014); »Sound Photography«, in: Nicoletta Leonardi/Simone Natale (Hg.), Photography and Other Media in the Nineteenth Century. Towards an Integrated History (im Erscheinen).

Nicola Gess ist Professorin für Neuere deutsche Literaturwissenschaft an der Universität Basel. Sie hat Germanistik, Musikwissenschaft und Querflöte in Hamburg und Princeton studiert, 2004 an der Humboldt-Universität zu Berlin und der Princeton University promoviert und 2012 an der Freien Universität Berlin habilitiert. Vor ihrem Ruf nach Basel war sie wissenschaftliche Mitarbeiterin am Peter Szondi-Institut für Allgemeine und Vergleichende Literaturwissenschaft der FU Berlin, Gastdozentin für AVL an der LMU und der Universität Zürich sowie Akademische Rätin auf Zeit am Institut für Germanistik der Universität Regensburg. Sie ist Modulleiterin im Nationalen Forschungsschwerpunkt Eikones-Bildkritik an der Universität Basel, stellvertretende Sprecherin der SNF-Forschergruppe »Ästhetik und Poetik des Staunens« und Gründungsmitglied im Wissenschaftlichen Netzwerk »Hör-Wissen im Wandel. Zur Wissensgeschichte des Hörens in der Moderne«. Zu ihren Veröffentlichungen zählen: Primitives Denken. Wilde, Kinder und Wahnsinnige in der literarischen Moderne (Müller, Musil, Benn, Benjamin) (2013), Gewalt der Musik. Literatur und Musikkritik um 1800 (2011 in zweiter Auflage), Barocktheater als Spektakel. Maschine, Blick und Bewegung auf der Opernbühne des Ancien Regime (Mhg., 2015), Primitivismus intermedial (Mhg., 2015), Wissens-Ordnungen. Zu einer historischen Epistemologie der Literatur (Mhg., 2014), Hörstürze. Akustik und Gewalt im 20. Jahrhundert (Mhg., 2005).

Karin Harrasser ist Professorin für Kulturwissenschaft an der Kunstuniversität Linz. Nach einem Studium der Geschichte und der Germanistik folgte die Dissertation an der Universität Wien, sowie die Habilitation an der Humboldt-Universität zu Berlin über Prothesen. Figuren einer lädierten Moderne. Neben ihren wissenschaftlichen Tätigkeiten war sie an verschiedenen kuratorischen Projekten beteiligt, z.B. NGBK Berlin, Kampnagel Hamburg, TQ Wien. Mit Elisabeth Timm gibt sie die Zeitschrift für Kulturwissenschaften heraus. Zu ihren Publikationen zählen u.a.

Körper 2.0. Über die technische Erweiterbarkeit des Menschen (Bielefeld, 2013) und Prothesen. Figuren einer lädierten Moderne (Berlin, im Erscheinen).

Christiane Heibach ist seit April 2016 Professorin für Medienästhetik am Institut für Information und Medien, Sprache und Kultur (I:IMSK) der Universität Regensburg. Zuvor hatte sie Vertretungsprofessuren in Konstanz und Karlsruhe inne und war Senior Researcher am Institut Experiementelle Design- und Medienkulturen der Hochschule für Gestaltung und Kunst FHNW Basel. In Basel leitet sie derzeit an der FHNW das SNF-Forschungsprojekt »Gestaltete Unmittelbarkeit. Atmosphärisches Erleben in einer affektiv-responsiven Umgebung«. Zu ihren Veröffentlichungen zählen u.a. Multimediale Aufführungskunst. Medienästhetische Studien zur Entstehung einer neuen Kunstform (München 2010), Atmosphären. Dimensionen eines diffusen Phänomens (München 2012) sowie Ästhetik der Materialität (München 2015, hg. zusammen mit Carsten Rohde).

Jan-Friedrich Missfelder ist seit 2014 Senior Researcher im NCCR »Mediality« an der Universität Zürich. Nach der Promotion an der Humboldt-Universität zu Berlin (gefördert durch die Studienstiftung des deutschen Volkes) war er wissenschaftlicher Assistent am Historischen Seminar der Universität Zürich. Im akademischen Jahr 2013/14 Fellow am Kulturwissenschaftlichen Kolleg des Exzellenzclusters »Kulturelle Grundlagen von Integration« an der Universität Konstanz. Seine Forschungsinteressen liegen in den Bereichen Historische Anthropologie und Mediengeschichte des Akustischen; Französische Geschichte der Frühen Neuzeit; Religiöse Toleranz und Intoleranz; Geistes- und Historiographiegeschichte der Nachkriegszeit. Zu den Veröffentlichungen zählen das Themenheft »Sound«, Historische Anthropologie. Kultur – Gesellschaft – Alltag 22.3 (2014, hg. zusammen mit Ludolf Kuchenbuch), »Akustische Reformation: Lübeck 1529«, in: Historische Anthropologie 20.1 (2012) sowie »Period Ear. Perspektiven einer Klanggeschichte der Neuzeit«, in: Geschichte und Gesellschaft 38 (2012).

Shintaro Miyazaki ist Medien- und Designwissenschaftler, Künstler und praxisbasierter Forscher künstlicher Welten. Er ist momentan Senior Researcher und Dozent am Institut Experimentelle Design- und Medienkulturen der Hochschule für Gestaltung und Kunst Basel (FHNW). Er promovierte in Medientheorie an der Humboldt-Universität zu Berlin (2012), nach seinem Studium der Medienwissenschaft, Philosophie und Musikwissenschaft an der Universität Basel. Seine Dissertation, erschienen beim Kadmos Kulturverlag Berlin, untersucht »Algorhythmen« und legte eine Medienarchäologie digitaler Welten vor. Seine aktuellen Forschungsschwerpunkte sind Kybernetik, Designtheorie und -forschung, Schaltkreise, Modelle, Gaia, Psychophysik, Synthese und Selbstorganisation. Weitere Informationen unter www.shintaro-miyazaki.com.

Daniel Morat ist Dilthey-Fellow der Fritz Thyssen Stiftung am Friedrich-Meinecke-Institut der Freien Universität Berlin. Er hat in Göttingen und Princeton Geschichte, Politikwissenschaft und Publizistik studiert und wurde 2006 in Göttingen mit einer Arbeit über konservatives Denken und politisches Handeln bei Martin Heidegger und den Brüdern Ernst und Friedrich Georg Jünger promoviert. Zurzeit arbeitet er an einem Habilitationsprojekt mit dem Arbeitstitel »Die Klanglandschaft der Großstadt. Kulturen des Auditiven in Berlin und New York, 1880-1930«. Seit 2013 ist er Sprecher des DFG-Forschernetzwerks »Hör-Wissen im Wandel. Zur Wissensgeschichte des Hörens in der Moderne«. Letzte Buchveröffentlichungen: (zusammen mit Tobias Becker, Kerstin Lange, Johanna Niedbalski, Anne Gnausch und Paul Nolte), Weltstadtvergnügen. Berlin 1880-1930, Göttingen 2016; (Hg.), Sounds of Modern History. Auditory Cultures in 19th- and 20th-Century Europe, New York/Oxford 2014.

Volkmar Mühleis ist seit 2004 Dozent für Philosophie und Kunstphilosophie an der Kunsthochschule Sint-Lucas in Gent, heute LUCA School of Arts in Brüssel und Gent. Zu seinen Büchern zählen Kunst im Sehverlust (2005), Ein Kind lässt einen Stein übers Wasser springen – Zu Entstehungsweisen von Kunst (2011) und Mädchen mit totem Vogel – Eine interkulturelle Bildbetrachtung (2014). Seine Forschungsschwerpunkte liegen im Bereich der Ästhetik und Phänomenologie, insbesondere mit Blick auf kunstpraktische Fragen der Gegenwart. Darüber hinaus ist er freier Rezensent philosophischer Schriften für die Philosophische Rundschau und freier Buchkritiker des Deutschlandfunks.

Beate Ochsner ist Professorin für Medienwissenschaft an der Universität Konstanz und Sprecherin der DFG-Forschergruppe »Mediale Teilhabe. Partizipation zwischen Anspruch und Inanspruchnahme«. Ihre Forschungsinteressen sind mediale Teilhabeprozesse, die audiovisuelle Produktion von Behinderung, mediale Praktiken des Hörens und Sehens, Monster und Monströsität sowie Film als Experimentalsystem. Ihre Habilitationsschrift ist DeMONSTRAtion. Zur Repräsentation des Monsters und des Monströsen in Literatur, Photographie und Film, München: Synchron Verlag 2010. Zusammen mit Isabell Otto und Markus Spöhrer hat sie das Themenheft: »Objekte medialer Teilhabe« AugenBlick. Konstanzer Hefte zur Medienwissenschaft 58 (2013), mit Anna Grebe den Band Andere Bilder: Zur Produktion von Behinderung in der visuellen Kultur, Bielefeld 2013 herausgegeben. Zu rezenten Veröffentlichungen zählen »Human, Non-Human, and Beyond: Cochlear Implants in Socio-Technological Environments«, in: NanoEthics 9.3 (2015, zus. mit Robert Stock and Markus Spöhrer); »Das Hören des Cochlea-Implantats«, Historische Anthropologie 22.3 (2014, zus. mit Robert Stock) und

»Documenting Neuropolitics: Cochlear-Implant-Activation-Videos«, in: Catalin Brylla/Helen Hughes Documentary and Disability, London, im Erscheinen.

Moritz Queisner ist Medienwissenschaftler mit Schwerpunkten in Science and Technology Studies, Bildtheorie und Kulturtechnikforschung. Er ist wissenschaftlicher Mitarbeiter des Exzellenzclusters »Bild Wissen Gestaltung« an der Humboldt Universität zu Berlin. Zuvor war er wissenschaftlicher Mitarbeiter in der Kolleg-Forschergruppe »Bildakt und Verkörperung« an der Humboldt-Universität zu Berlin, im »Post Media Lab« am Center for Digital Cultures der Leuphana Universität Lüneburg sowie Mitglied im Graduiertenkolleg »Sichtbarkeit und Sichtbarmachung. Hybride Formen des Bildwissens« an der Universität Potsdam. Sein Dissertationsprojekt untersucht das Verhältnis von visueller Wahrnehmung und Visualisierung im Rahmen von Augmented Reality. Seine aktuellen Forschungsschwerpunkte sind Head-Mounted Displays, 3D-Simulation und bildgeführte Interaktion in Militär und Medizin. Weitere Informationen unter www.moritzqueisner.de.

Siegfried Heinz Xaver Saerberg ist Soziologe und als Akustik-Künstler, Kurator und Kulturmanager tätig. Er studierte Soziologie, Philosophie sowie Ethnologie und promovierte 2005 über das Thema »Räumliche Orientierung eines Blinden« an der Universität Dortmund. Als wissenschaftlicher Mitarbeiter und Lehrbeauftragter war er an den Universitäten Dortmund, Hamburg, Köln und München beschäftigt, wo er im Bereich Disability Studies, Soziologie der Behinderung und qualitativer Forschung lehrte. Bei seiner Arbeiten im Bereich soziale Inklusion und künstlerisch-kulturelles Management für Menschen mit Behinderungen leitete er mehrere Ausstellungs- und Museumsprojekte wie »Dialog im Dunkeln«, »Blinde und Kunst e.V.«. und »Unten und Oben – Die NaturKultur des Ruhrgebietes« im Ruhrmuseum Essen (1999/2000). Zu seinen Veröffentlichungen zählen Geradeaus ist einfach immer geradeaus. Eine lebensweltliche Ethnographie blinder Raumorientierung (Konstanz 2006), Just go straight ahead: How blind and sighted pedestrians negotiate space, in: The Senses and Society 5.3 (2010) und »Sensorische Räume und museale Regimes. Von visueller Dominanz zu sensorischer Diversität.« In: Tervooren, Anja/Weber, Jürgen (Hg.): Wege zur Kultur. Barrieren und Barrierefreiheit in Kultur- und Bildungseinrichtungen (Wien 2012).

Michael Schillmeier ist Professor für Soziologie am Department of Sociology, Philosophy and Anthropology der University of Exeter und Mit-Herausgeber der Zeitschrift Space & Culture. Von 2010 bis 2015 war er Schumpeter-Fellow der Volkswagenstiftung und leitete das interdisziplinäre Forschungsprojekt »Innovationen der Nanomedizin« an der Ludwig-Maximilians-Universität München und an der Exeter University. In seiner Forschung beschäftigt er sich vor allem mit Fragen der Körperlichkeit, dem Verhältnis von Wissenschaft, Technologie und Gesellschaft aus der Perspektive der Science and Technology Studies, der Theorie des Sozialen und empirisch-spekulativer Philosophie. Konzeptueller Schwerpunkt ist die Ausarbeitung einer kosmopolitischen Sozialwissenschaft. Dabei steht die Analyse kosmopolitischer Ereignisse und die Infragestellung und Störung von Normalität im Zentrum im Zentrum des Interesses. Zu den wichtigsten Publikationen zählen Eventful Bodies – The Cosmopolitics of Illness (Ashgate, 2014), Rethinking Disability – Bodies Senses and Things (Routledge, 2012), Agency without Actors (Routledge 2012, hg. zusammen mit J.H. Passsoth und B. Peuker) sowie Un/Knowing Bodies (Sociologocal Review Monograph Series, Wiley-Blackwell, 2009, hg. zusammen mit Joanna Latimer).

Diana Schmidt-Pfister ist Geographin, Ethnologin und Politikwissenschaftlerin. Seit circa 15 Jahren adressieren ihre ethnographischen Forschungen verschiedene Themen unter der Metafrage, wie kulturell implizite Wissens- und Wertebestände weitergegeben und – wo dies nicht von selbst passiert – auch gezielt lernbar gemacht werden können. Im Konstanzer Exzellenzcluster »Kulturelle Grundlagen von Integration« forscht sie zu den Themen wissenschaftliche Integrität sowie geistige Behinderung und Gebärden. 2013-2016 hat sie die Transferplattform Lehrmedien-Werkstatt an der Universität Konstanz aufgebaut und geleitet. Zur nachhaltigen Fortsetzung dieser Initiative gründet sie derzeit das PS:Institut für praxisnahe Sozialforschung (gemeinsam mit Nina Reuther und Monika Schmidt). Ihre jüngeren Forschungs- und Medienprojekte sind angewandt, partizipativ und reflexiv, so auch der Lehrfilm »Mit GuK zur Sprache« (mit Etta Wilken und Carola Julia Schneider, im Erscheinen) oder die mit inklusiven Kindergruppen erschaffenen Kurzfilme mit Lautsprache und Deutscher Gebärdensprache (in Kooperation mit dem Kinderkulturzentrum der Stadt Konstanz, seit 2015).

Carola Julia Schneider ist als Medienkoordinatorin im Blended-Learning-Bereich tätig. Zuvor wirkte sie als wissenschaftliche Mitarbeiterin in der Lehrmedien-Werkstatt am Exzellenzcluster »Kulturelle Grundlagen von Integration« der Universität Konstanz mit – unter anderem mit Schwerpunkten in Forschung, Regie, Drehbuch, Kamera und Schnitt. Sie studierte Literatur-Kunst-Medien an der Universität Konstanz und schloss 2013 mit dem Master of Arts ab. Zu ihren medienwissenschaftlichen Interessen gehören die mediale Repräsentation von Normativitäten und Praktiken kultureller Grenzziehungen. Gemeinsam mit Prof. Dr. Etta Wilken und Dr. Diana Schmidt-Pfister produziert sie den Lehrfilm »Mit GuK zur Sprache« (Arbeitstitel), der dem sozialen Umfeld von sprachbeeinträchtigten Kindern einen fundierten Einblick in die Gebärden-unterstützte Kommunikation bieten soll. Als Filmemacherin beschäftigt sie sich zusätzlich mit Themen im Bereich Diversity.

Jens Schröter ist Inhaber des Lehrstuhls für Medienkulturwissenschaft an der Universität Bonn. Von 2008 bis 2012 war er Direktor der Graduiertenschule »Locating Media« und ist seit 2012 antragsstellendes Mitglied des DFG-Graduiertenkollegs »Locating Media« an der Universität Siegen. Zusammen mit Lorenz Engell (Weimar) leitete er bis 2014 das DFG-Forschungsprojekts »Die Fernsehserie als Reflexion und Projektion des Wandels« im Rahmen des DFG Schwerpunktprogramms »Mediatisierte Welten«. Seine Forschungsschwerpunkte sind Theorie und Geschichte digitaler Medien, Theorie und Geschichte der Fotografie, Dreidimensionale Bilder, Intermedialität, Kopierschutz, Medientheorie in Diskussion mit der Wertkritik, Fernsehserien. Zu aktuellen Publikationen gehören 3D. History, Theory and Aesthetics of the Transplane Image (New York u.a. 2014) und das Handbuch Medienwissenschaft (Stuttgart 2014, Hg.).

Holger Schulze ist Professor für Musikwissenschaft an der Universität Kopenhagen und leitet dort das Sound Studies Lab. Er promovierte an der Friedrich-Alexander-Universität Erlangen-Nürnberg mit einer Arbeit über die Literatur-, Musik und Kunstgeschichte der Aleatorik. Die Habilitation erfolgte 2007 mit einer Arbeit zum Verhältnis von Intimität und Medialität an der Universität der Künste Berlin. Schulze hatte Gastprofessuren an der Musashino Art University Tokyo, der Humboldt-Universität zu Berlin und der Leuphana Universität Lüneburg inne und leitet seit 2010 das internationale DFG-Netzwerk »Sound in Media Culture«. Seine Forschungsschwerpunkte sind die Kulturgeschichte der Sinne, Klang in der Popkultur sowie die Anthropologie der Medien. Zu seinen Buchveröffentlichungen zählen Sound Studies. Traditionen – Methoden – Desiderate (Bielefeld 2008, Hg.), Intimität und Medialität. Eine Anthropologie der Medien (Berlin 2012), Gespür (2014) und Sound as Popular Culture. A Research Companion (Cambridge 2016, hg. zusammen mit Jens Gerrit Papenburg).

Robert Stock ist Koordinator der DFG-Forschergruppe »Mediale Teilhabe. Partizipation zwischen Anspruch und Inanspruchnahme« an der Universität Konstanz. Seine Forschungsinteressen sind die Medialität von Teilhabeprozessen, Kulturtechniken und mediale Praktiken des Hörens und Sehens, die filmische Produktion von Behinderung sowie postkoloniale Erinnerungspolitiken. Zusammen mit Mathias Denecke/Anne Ganzert/Isabell Otto hat er den Band ReClaiming Participation. Technology – Mediation – Collectivity, Bielefeld 2016 herausgegeben. Zu seinen Veröffentlichungen zählen »Körper im/als Schaltkreis. DIY-Apparaturen und audiovisuelle Praktiken sinnlicher Wahrnehmung«, in: Adam, Marie-Hélène/Gellai, Szilvia/Knifka, Julia (Hg.): Technisierte Lebenswelt. Über den Prozess der Figuration von Mensch und Technik, Bielefeld 2016 sowie »Singing altogether now. Unsettling images of disability and experimental filmic practices«, in: Catalin Brylla/Helen Hughes (Hg.): Documentary and Disability, London (im Erscheinen).

Jürgen Tchorz studierte Physik an der Universität Oldenburg und am University College Galway. In seiner Promotion beschäftigte er sich mit Verfahren zur Spracherkennung und Störgeräuschunterdrückung, welche sich an Eigenschaften des menschlichen Gehörs orientieren. Von 2000 bis 2005 war er bei einem Hörgerätehersteller tätig. Seit 2005 ist er Professor für Hörakustik an der Fachhochschule Lübeck. Seine Schwerpunkte dort sind Hörsystemtechnik, Audiologie und Psychoakustik. Im Juniorcampus der FH Lübeck beteiligt er sich an Experimentierveranstaltungen für Kinder ab dem Vorschulalter, um ihr Interesse an Naturwissenschaften und Technik zu wecken.

Jan Thoben ist wissenschaftlicher Mitarbeiter am Institut für Theorie der Hochschule für Graphik und Buchkunst (HGB) in Leipzig und Lehrbeauftragter im Masterstudiengang Sound Studies der Universität der Künste (UdK) in Berlin. 2010-2011 war er Research Fellow am Ludwig Boltzmann Institut Medien.Kunst.Forschung in Linz und ist Mitherausgeber der Onlineplatform www.see-this.sound.at. Seit 2012 Redaktionsmitglied der Sektion »Auditive Perspektiven« bei www.kunsttexte.de. Thoben erhielt Lehraufträge am Institut für Europäische Medienwissenschaft der Uni/Fachhochschule für Design Potsdam, dem Goldsmiths College London und der HdK Bremen. Zu seinen Veröffentlichungen zählen »Die Stille der Bilder und die Macht der Töne. Spuren einer Medienästhetik der Audifikation in Rilkes Ur-Geräusch«, in: Andi Schoon/Axel Volmar (Hg.), Das geschulte Ohr. Eine Kulturgeschichte der Sonifikation, Bielefeld 2012 sowie »John Cage's Silent Scores«, in: Daniels, Dieter /Arns, Inke (Hg.), Sounds like Silence, John Cage – 4'33" –Silence Today, Leipzig 2012.

Margarete Vöhringer ist Kunst- und Wissenschaftshistorikerin und Leiterin des Forschungsbereichs »Visuelles Wissen« und des Forschungsprojekts »Das Auge im Labor« am Zentrum für Literatur und Kulturforschung Berlin (ZfL). 2006 promovierte sie an der Humboldt Universität zu Berlin über Avantgarde und Psychotechnik. Wissenschaft, Kunst und Technik der Wahrnehmungsexperimente in der frühen Sowjetunion. Einer ihrer weiteren Forschungs- und Arbeitsbereiche ist das DFG-Projekt »Reflex und Kognition. Zur Konfiguration der Neurosciences« am ZfL. Sie ist assoziierte Wissenschaftlerin beim Projekt »Epistemische Rückseite instrumenteller Bilder« am Exzellenzcluster »Bild Wissen Gestaltung« an der Humboldt Universität zu Berlin. Ihre Forschungsschwerpunkte sind Experimente in Kunst und Wissenschaft, Wahrnehmungsforschung, Russische Avantgarde, Geschichte der Kulturtechniken sowie Wissenstransfer Russland – Deutschland. Zu ihren Publikationen zählen Wissenschaft im Museum, Ausstellung im Labor, hrsg.

mit Anke Te Heesen (Berlin 2014) sowie Avantgarde und Psychotechnik. Wissenschaft, Kunst und Technik der Wahrnehmungsexperimente in der frühen Sowjetunion (Göttingen 2007).

Axel Volmar arbeitet zur Zeit als Mellon Postdoctoral Fellow am Department of Art History & Communication Studies der McGill University. Ab August 2016 ist er wissenschaftlicher Mitarbeiter im SFB »Medien der Kooperation« an der Universität Siegen mit einem Forschungsprojekt zur Geschichte audiovisueller Telekommunikation und digitaler Multimedia-Standards zwischen Spezialisierung und Universalisierung. Seine Forschungsschwerpunkte liegen im Bereich Geschichte digitaler Medien, Medien und Temporalität sowie Sound Studies und auditive Kultur. Seine Dissertation zum Klang als wissenschaftlichem Erkenntnismedium erschien 2015 unter dem Titel Klang-Experimente. Die auditive Kultur der Naturwissenschaften 1761–1961 im Campus Verlag. Er ist u.a. Herausgeber der Ausgabe »Von akustischen Medien zur auditiven Kultur. Zum Verhältnis von Medienwissenschaft und Sound Studies« der Zeitschrift Navigationen. Zeitschrift für Medien- und Kulturwissenschaften (Heft 15.2, 2015, zus. mit Bettina Schlüter) sowie der Sammelbände Auditive Medienkulturen. Techniken des Hörens und Praktiken der Klanggestaltung (Bielefeld 2013, hg. zusammen mit Jens Schröter) und Zeitkritische Medien (Berlin 2009).

Nachweise der Texte

Der Beitrag »Nichts zu sehen, aber viel zu hören. Lärmschutzwände und die Einführung von KFZ-Audiosystemen« von Karin Bijsterveld ist eine gekürzte und überarbeitete Fassung des Kapitels »›Like a Boxed Calf in a Traffic Drain‹. The Car on the Corridor«, das ursprünglich in Karin Bijsterveld/ Eefje Cleophas/Stefan Krebs/Gijs Mom: Sound and Safe: A History of Listening Behind the Wheel (Oxford University Press 2014) erschien. Die Übersetzung, Änderung und Kürzung des Texts wurde mit Erlaubnis von Oxford University Press und den Co-AutorInnen des Buchs vorgenommen. Um dieses Material zu reproduzieren, ist es notwendig http://www.oup.co.uk/academic/rights/permissions/ zu kontaktieren.

Der Aufsatz »An der Schnittstelle von Sound & Vision. Symptome und Denkmodelle der Hybridisierung von Kunst, Wissenschaft, Industrie und Unterhaltung« von Dieter Daniels ist die gekürzte und leicht veränderte deutsche Fassung des Artikels »Prologue. Hybrids of Art, Science, Technology, Perception, Entertainment, and Commerce at the Interface of Sound and Vision«, in: Daniels, Dieter/Naumann, Sandra (Hg.): Audiovisuology 2. Essays. Histories and Theories of Audiovisual Media and Art, Köln: König 2011, S. 8-25. Dieser Sammelband erschien 2015 in einer Neuauflage, bei der Band 1 und 2 zusammengeführt wurden.

Der Beitrag »Das Mensch-Telefon. Physiologische Akustik, auditive Wahrnehmung und die Entwicklung der Tontechnik im 19. Jahrhundert« von Anthony Enns erschien zuerst auf Englisch in dem von Daniel Morat herausgegebenen Sammelband Sounds of Modern History: Auditory Cultures in the 19th and 20th Century. Der Autor und die HerausgeberInnen dieses Bands danken Berghahn Books für die freundliche Erlaubnis zur Übersetzung und Veröffentlichung.

Der Aufsatz »Praktiken der Behinderung und Ermöglichung: Behinderung neu denken« von Michael Schillmeier ist eine leicht veränderte, deutsche Übersetzung von »Dis/Abling Practices: Rethinking Disability«. Der Artikel erschien 2007 in Human Affairs (17). Die HerausgeberInnen danken der Zeitschrift für die Erlaubnis zur Übersetzung und Veröffentlichung.

Edition Medienwissenschaft

Stefan Hauser, Roman Opilowski,
Eva L. Wyss (Hg.)
Alternative Öffentlichkeiten
Soziale Medien zwischen Partizipation, Sharing und Vergemeinschaftung

Mai 2017, ca. 270 Seiten, kart., ca. 29,99 €,
ISBN 978-3-8376-3612-3

Sven Grampp, Jens Ruchatz
Die Fernsehserie
Eine medienwissenschaftliche Einführung

Mai 2017, ca. 200 Seiten, kart., ca. 16,99 €,
ISBN 978-3-8376-1755-9

Thomas Morsch, Lukas Foerster,
Nikolaus Perneczky (Hg.)
Post TV – Debatten zum Wandel des Fernsehens

Januar 2017, ca. 300 Seiten, kart., zahlr. Abb., ca. 29,99 €,
ISBN 978-3-8376-2933-0

Leseproben, weitere Informationen und Bestellmöglichkeiten finden Sie unter www.transcript-verlag.de

Edition Medienwissenschaft

Dennis Göttel, Florian Krautkrämer (Hg.)
Scheiben
Medien der Durchsicht und Reflexion

Dezember 2016, ca. 200 Seiten, kart., zahlr. Abb., ca. 29,99 €,
ISBN 978-3-8376-3117-3

Julia Genz, Paul Gévaudan
Medialität, Materialität, Kodierung
Grundzüge einer allgemeinen Theorie
der Medien

Juli 2016, 240 Seiten, kart., zahlr. z.T. farb. Abb., 29,99 €,
ISBN 978-3-8376-3600-0

Gundolf S. Freyermuth
Games | Game Design | Game Studies
Eine Einführung

2015, 280 Seiten, kart., 17,99 €,
ISBN 978-3-8376-2982-8

Leseproben, weitere Informationen und Bestellmöglichkeiten finden Sie unter www.transcript-verlag.de